PAPILLON

HENRI CHARRIÈRE

PAPILLON

A HISTÓRIA REAL QUE DEU ORIGEM AO FILME

6ª edição

Tradução
Mário Varela Soares

BERTRAND BRASIL
Rio de Janeiro | 2026

Título original: *Papillon*

Capa: Raul Fernandes

Editoração: FA Studio

Texto revisado segundo o novo
Acordo Ortográfico da Língua Portuguesa

2026
Impresso no Brasil
Printed in Brazil

Cip-Brasil. Catalogação na fonte
Sindicato Nacional dos Editores de Livros. RJ

C435p Charrière, Henri, 1906-1973.
6ª ed. Papillon: A história real que deu origem ao filme/ Henri Charrière; tradução Mário Varela Soares. – 6ª ed. – Rio de Janeiro: Bertrand Brasil, 2026.

728 p.: 23 cm

Tradução de: Papillon
ISBN 978-85-286-1873-0

1. Charrière, Henri, 1906-1973. 2. Prisioneiros – Guiana Francesa – Biografia. I. Título.

CDD: 923.41
13-0269 CDU: 929:343.9

EDITORA BERTRAND BRASIL LTDA.
Rua Argentina, 171 – 3º andar – São Cristóvão
20921-380 – Rio de Janeiro – RJ
Tel.: (021) 2585-2000

Atendimento e venda direta ao leitor:
sac@record.com.br

SUMÁRIO

1 | O CAMINHO DA PODRIDÃO

NO TRIBUNAL DO JÚRI

Foi um trompaço tão forte, que só me levantei da queda treze anos mais tarde. Com efeito, não foi um bofetão comum. Para desfechá-lo foi preciso se juntar muita gente.

É o dia 26 de outubro de 1931. Tiraram-me às 8 da manhã da cela que ocupo faz um ano na prisão da Conciergerie. Estou barbeado, com boa cara, vestindo meu terno cortado por um bom alfaiate. Camisa branca e gravata borboleta azul pálido dão o último toque de elegância à minha roupa.

Tenho 25 anos, mas aparento apenas vinte. Os guardas, um tanto impressionados pela minha figura de *gentleman*, tratam-me cortesmente. Tiraram-me até as algemas. Estamos todos os seis, cinco guardas mais eu, sentados em dois bancos numa sala nua. À nossa frente, uma porta que deve comunicar com a sala do tribunal do júri, pois estamos no Palácio da Justiça do Departamento do Sena, em Paris.

Dentro de alguns instantes, serei julgado por homicídio. Meu advogado, Raymond Hubert, veio cumprimentar-me: "Não há qualquer prova contra você, tenho confiança, seremos absolvidos."

Acho graça nesse "seremos". Como se ele, o Dr. Hubert, fosse comparecer perante o tribunal como culpado e, se houvesse condenação, também tivesse que sofrê-la.

Um porteiro abre a porta e nos faz passar. Pelos dois batentes escancarados, enquadrado pelos quatro guardas e o sargento, penetro numa sala imensa. Para me aplicar a bofetada, eles cobriram tudo de pano vermelho-sangue: tapetes, cortinas nas altas janelas e até mesmo os magistrados que logo mais vão me julgar.

– Senhores, a corte!

De uma porta à direita surgem, um após outro, seis homens: o presidente, acompanhado de cinco magistrados. Na poltrona central fica o presidente, à direita e à esquerda estão seus assessores.

Silêncio impressionante na sala. Todos estão de pé. Os juízes se sentam e todo mundo faz o mesmo.

O presidente, sujeito bochechudo e corado, aparência austera, me fixa os olhos sem deixar transparecer qualquer sentimento. Chama-se Bevin. A seguir, ele vai começar a dirigir os debates com imparcialidade e, pela sua atitude, fará todos compreenderem que ele, magistrado de carreira, não está muito convencido da sinceridade das testemunhas e dos policiais. Não, ele não terá responsabilidade alguma no bofetão; será apenas o encarregado de desfechá-lo.

O promotor é o Dr. Pradel, um promotor muito temido por todos os advogados da Vara Criminal. Goza da triste fama de ser o maior fornecedor de carne humana para a guilhotina e as penitenciárias da França e do ultramar.

Pradel representa a vindita pública. É o acusador oficial e nada tem de humano. Simboliza a Lei; é ele quem maneja a Balança e faz sempre o possível para que ela se incline para o seu lado. Com seus olhos de abutre e abaixando um pouco as pálpebras, olha intensamente para mim, de todas as suas alturas. Primeiro, a altura da poltrona, que o coloca mais alto que eu; depois, a da sua própria estatura, 1 metro e 80 pelo menos, ostentada com arrogância. Não tira seu manto vermelho, mas coloca o chapéu sobre a mesa, na qual apoia as duas mãos enormes como pás de bater roupa. Uma aliança indica que é casado e, no dedinho, à guisa de anel, traz um cravo de ferradura polido e brilhante.

Inclina-se um pouco sobre mim para melhor me dominar. Parece estar dizendo:

"Meu velho, se você pensa que pode escapar, está muito enganado. Não percebe que as minhas mãos são garras, e as unhas que vão despedaçá-lo estão bem implantadas em minha alma. E, se sou temido por todos os advogados e cotado na magistratura como promotor perigoso, é porque jamais deixo escapar minha presa.

"Não quero saber se você é culpado ou inocente, quero apenas utilizar tudo o que existe contra você; sua vida boêmia em Montmartre, os testemunhos forçados pela polícia e as declarações dos próprios policiais. Com esse monte de sujeiras acumulado pelo juiz de instrução, tenho que pintar seu retrato tão repelente, que os jurados o farão desaparecer da sociedade."

Parece que o estou ouvindo falar nitidamente, salvo se eu estiver sonhando, pois sinto-me verdadeiramente impressionado por esse devorador de homens:

"Deixe que eu o conduza, acusado, e, sobretudo, não procure se defender: eu o levarei pelo 'caminho da podridão'.

"E espero que não acredite na benevolência dos jurados. Não se iluda, esses doze homens nada conhecem da vida.

"Olhe para eles, alinhados à sua frente. Olhe para esses doze patetas que Paris importou de afastadas vilas da província. São pequeno-burgueses, aposentados, comerciantes. Não adianta descrevê-los melhor. Não vai querer que eles compreendam os 25 anos que você tem e a vida que você leva em Montmartre. Para eles, Pigalle e a Place Blanche são o inferno e todas as pessoas que vivem à noite são inimigas da sociedade. Estão orgulhosos por serem jurados no tribunal do Sena. Além disso, garanto que se sentem frustrados pela vida que levam como pequeno-burgueses.

"E você aí, jovem e bonito, pode ficar sabendo que não vou ter escrúpulos em pintá-lo como um Don Juan noturno de Montmartre. Assim, logo de saída, transformarei esses jurados em inimigos seus. Você está muito bem-vestido, deveria ter vindo com roupas esfarrapadas. Foi um grande erro de tática. Não vê que eles têm inveja da sua roupa? Eles sempre usaram roupas compradas prontas e jamais se viram vestidos por um alfaiate, nem mesmo em sonhos."

São 10 horas e os debates se abrem. Na minha frente, seis magistrados, entre eles um promotor agressivo, que utilizará todo o seu poder maquiavélico, toda a sua inteligência, para convencer aqueles doze palhaços de que sou culpado e que o veredicto só pode ser a prisão perpétua ou a guilhotina.

Vou ser julgado pela morte de um agenciador de jogos ilícitos, rufião e dedo-duro da boca do lixo de Montmartre. Não há prova alguma, mas os policiais – promovidos a cada vez que descobrem o autor de um delito – vão sustentar que sou eu o culpado. Não tendo provas, vão jurar que possuem informações "confidenciais", que não deixam qualquer dúvida. Uma testemunha preparada por eles, verdadeiro disco gravado na Chefatura de Polícia, um homem chamado Polein, será a peça mais eficiente da acusação. Como sustento que não o conheço, o presidente, em dado momento, me pergunta, muito imparcialmente:

– Você diz que a testemunha está mentindo. Muito bem. Mas por que estaria mentindo?

– Senhor presidente, se eu passo noites sem dormir desde que fui preso, não é de remorso pelo assassinato de Roland le Petit, pois não fui eu. É justamente porque eu procuro saber o motivo que levou essa testemunha a ficar tão encarniçadamente contra mim. Cada vez que a acusação fraquejava, ele vinha com novos elementos para reforçá-la. Cheguei à conclusão, senhor presidente, de que a polícia o pegou num flagrante muito sério e que fez um acordo com ele: "Vamos esquecer o caso, mas você tem que acusar o Papillon."

Nem eu podia imaginar como estava certo, pois Polein, apresentado no tribunal como homem honesto e de folha limpa, foi preso e condenado alguns anos mais tarde por tráfico de cocaína.

O advogado Hubert procura defender-me mas não está à altura do promotor. Somente o Dr. Bouffay consegue, graças à sua calorosa indignação, manter em xeque por alguns instantes o promotor. Infelizmente isso dura pouco e a habilidade de Pradel leva a melhor nesse duelo. Além disso, ele adula os jurados, já cheios de orgulho por estarem sendo tratados, por aquele impressionante personagem, como iguais e colaboradores.

Às 11 horas da noite termina a partida de xadrez. Meus defensores estão em xeque-mate. Eu, inocente, sou condenado.

A sociedade francesa, representada pelo promotor-geral Pradel, acaba de eliminar, por toda a vida, um moço de 25 anos. E sem qualquer constrangimento. O prato bem cheio me é apresentado pela voz fria do presidente Bevin.

– Acusado, levante-se.

Levanto-me. Silêncio total no recinto, respirações suspensas. Meu coração bate um pouco mais depressa. Os jurados olham para mim ou abaixam a cabeça; parecem estar envergonhados.

– Acusado, já que os jurados responderam "sim" a todas as perguntas menos uma, a da premeditação, você está condenado à pena de prisão perpétua com trabalhos forçados. Tem alguma coisa a dizer?

Mantenho-me calmo, minha atitude é normal, apenas aperto com mais força a barra do banco dos réus.

– Sim, senhor presidente, tenho a dizer que sou inocente e que sou vítima de uma trama policial.

Do canto das senhoras elegantes, convidadas, de categoria, sentadas atrás da corte, chega um murmúrio aos meus ouvidos. Exclamo, em voz controlada:

– Silêncio, mulheres cheias de joias que vêm aqui para gozar emoções mórbidas. A farsa terminou. Um homicídio foi solucionado. Pela sua polícia e sua Justiça; vocês, então, devem estar satisfeitas!

– Guardas – diz o presidente –, levem o condenado.

Antes de sumir, ouço uma voz que grita:

– Não ligue, meu homem, eu irei lá buscar você.

É a minha Nénette, boa e valente, que reafirma o seu amor.

Os homens do meu meio que estão na sala aplaudem. Eles conhecem muito bem a história desse caso e assim demonstram que estão orgulhosos de mim por eu não ter "dado o serviço" nem denunciado ninguém.

De volta à sala onde nos achávamos antes do início dos debates, os guardas colocam-me as algemas e um deles ajusta uma corrente entre o meu pulso direito e o seu pulso esquerdo. Nem uma palavra. Peço um cigarro. O sargento me dá um. Cada vez que o ponho ou tiro da boca, o guarda tem de levantar ou abaixar o braço, para acompanhar o movimento.

Fumo, de pé, mais ou menos os três quartos do cigarro. Ninguém diz nada. Eu é que olho para o sargento e digo: "Vamos."

Descendo as escadas, escoltado por uns doze guardas, chego ao pátio interno do Palácio. A "viúva alegre" lá está à nossa espera. Não tem divisões internas. Todos se sentam juntos nos bancos, mais ou menos dez pessoas. O sargento dá a ordem: "Conciergerie."

A CONCIERGERIE

Quando chegamos ao último castelo, que foi de Maria Antonieta, os guardas me entregam ao chefe da guarda, que passa um recibo. Vão embora sem dizer nada, mas antes, para minha surpresa, o sargento me aperta as duas mãos algemadas.

O guarda-chefe pergunta:

– Quanto te lascaram?

– Prisão perpétua.

– Não é possível.

Olha para os guardas e compreende que é verdade. Esse carcereiro de cinquenta anos, que viu tantas coisas e conhece muito bem o meu caso, me diz estas boas palavras:

– Olhe, que sujos! Mas eles estão loucos!

Com bons modos, tira-me as algemas e tem a gentileza de levar-me pessoalmente a uma cela de paredes estofadas, especialmente preparada para os condenados à morte, os loucos, os muito perigosos ou os condenados à prisão perpétua.

– Coragem, Papillon – diz ele, fechando a porta atrás de mim. – Vou mandar algumas roupas e a comida que você tinha na outra cela. Coragem!

– Obrigado, chefe. Creia, tenho coragem e acho que minha prisão perpétua ficará atravessada na garganta deles.

Alguns minutos depois, ouço um arranhado na porta.

– O que é?

Uma voz responde:

– Não é nada. Estou só pendurando um cartão.

– Por quê? O que está escrito nele?

– "Trabalhos forçados perpétuos. Vigiar atentamente."

Eu penso: "Eles são mesmo loucos. Acreditam, por acaso, que o choque da avalancha que caiu sobre minha cabeça pode me perturbar e me levar ao suicídio? Sou e serei corajoso. Lutarei contra tudo e contra todos. A partir de amanhã começarei a agir."

Na manhã seguinte, tomando meu café, perguntei a mim mesmo: "Vou apelar? Por quê? Terei mais sorte diante de outro tribunal? E quanto tempo vou perder com isso? Um ano, talvez dezoito meses... e para quê? Para receber vinte anos em vez da perpétua?"

Como estou bem decidido a escapar, o prazo não importa. Lembro-me da frase de um condenado que perguntou ao presidente do tribunal: "Doutor, quanto tempo dura a prisão perpétua na França?"

Caminho sem parar em volta da minha cela. Mandei um telegrama à minha mulher para consolá-la, e outro a uma irmã que procurou defender-me, sozinha, contra todos.

Cai o pano, é o fim da peça. Os meus devem estar sofrendo mais do que eu, e meu pobre pai, nos confins da sua província, deve sofrer muito para carregar uma cruz tão pesada.

Tenho um sobressalto: mas, afinal, eu sou inocente! Sou, mas para quem? Sim, para quem sou inocente? Digo para mim mesmo: "Sobretudo, nunca se divirta contando que é inocente, todo mundo iria dar risada. Pegar prisão perpétua por causa de um rufião e, ainda por cima dizer que foi outro quem o matou, seria muito gozado! O melhor é calar a boca."

Como jamais durante a minha prisão preventiva, tanto na Santé como na Conciergerie, eu tinha imaginado receber uma condenação tão pesada, nunca tinha me preocupado em saber o que poderia ser o "caminho da podridão."

Muito bem. A primeira coisa a fazer: entrar em contato com homens já condenados, capazes, no futuro, de serem companheiros de fuga.

Escolhi um sujeito de Marselha, chamado Dega. Iria certamente encontrá-lo no barbeiro. Ele vai todo dia fazer a barba. Peço licença para ir lá também. De fato, quando chego, eu o encontro, encostado na parede. Vejo-o justamente quando ele, disfarçadamente, faz passar um outro à sua frente, a fim de poder ficar mais tempo esperando. Coloco-me ao seu lado, afastando um outro sujeito. Murmuro rapidamente:

– Então, Dega, como vão as coisas?

– Vão indo, Papi. Peguei quinze anos, e você? Me disseram que te salgaram direitinho.

– Sim, peguei a perpétua.

– Você vai apelar?

– Não. O que é preciso é comer bem e fazer exercícios físicos. Conserve as forças, Dega, porque certamente precisaremos ter bons músculos. Você está "carregado"?

– Sim, tenho dez "sacos"* em libras esterlinas. E você?

– Um bom conselho: "carrega" logo. Teu advogado é o Hubert? É uma besta, ele nunca vai lhe entregar o "canudo". Manda a sua mulher com o "canudo" carregado procurar o Dante. Ela que o entregue a Domingos, o Rico, e eu garanto que ele chegará até você.

– Cuidado, o guarda está olhando.

– Então, aproveitando para conversar? – diz o guarda.

---

* 10.000 francos de 1932.

– Não é nada – responde Dega. – Ele está me dizendo que está doente.

– Que é que ele tem? Uma indigestão de grades? – O gordo carcereiro cai na gargalhada.

Essa é a vida. Já estou no "caminho da podridão". Eles morrem de rir, gozando da desgraça de um moço de 25 anos condenado por toda a vida.

E recebi o "canudo". É um tubo de alumínio, cuidadosamente polido, que se abre desenroscando-se pelo meio. Tem uma rosca macho e uma fêmea. Contém 5.600 francos em notas novas. Quando me é entregue, beijo esse tubo de seis centímetros de comprimento, da espessura do polegar, sim, beijo-o antes de colocá-lo no ânus. Respiro forte para fazê-lo subir ao cólon. É o meu cofre. Podem me deixar pelado, me abrir as pernas, me fazer tossir, dobrar em dois, ninguém descobrirá se tenho alguma coisa escondida. Ele subiu bem, entrou no intestino grosso. Faz parte de mim mesmo. É a minha vida, a minha liberdade que trago comigo... é o caminho da vingança, pois eu penso sempre em me vingar! Aliás, só penso nisso.

Já é noite. Estou só em minha cela. Uma forte lâmpada no teto permite que o guarda me vigie por um orifício na porta. A luz possante ofusca meus olhos. Coloco o lenço dobrado sobre os olhos, pois a claridade é realmente insuportável. Estendido no colchão sobre a cama de ferro, sem travesseiro, evoco todos os detalhes do desgraçado processo.

Chegado a este ponto, para que se possa compreender a continuação desta longa narrativa, para que se percebam as bases que me serviram de sustentáculo em minha luta, precisarei talvez me alongar bastante para contar tudo que passou pela minha mente nos primeiros dias em que me tornei um enterrado vivo.

O que hei de fazer quando conseguir escapar? Pois agora estou com o canudo e não duvido um só instante de que um dia hei de fugir.

Em primeiro lugar, voltarei a Paris o mais depressa possível. O primeiro a liquidar é Polein, a falsa testemunha. Depois, os dois tiras. Mas dois policiais não bastam, tenho que matar todos os agentes da polícia. Pelo menos, o maior número possível. Ah, já sei! Uma vez livre, volto a Paris. Encho uma mala de explosivos. Quantos quilos, não sei; dez, quinze ou vinte. E procuro calcular quantos explosivos seriam necessários para fazer o maior número de vítimas.

Dinamite? Não, é preferível *cheddite*. E por que não nitroglicerina? Bom, não tem importância; pedirei instruções àqueles que sabem mais do que eu. Mas os policiais que me deem um crédito de confiança, hei de fazer as contas e eles serão bem-servidos.

Continuo de olhos fechados e com o lenço sobre as pálpebras. Vejo nitidamente a mala, de aparência inofensiva, carregada de explosivos, e o despertador, bem-regulado, que acionará o detonador. Atenção, ela tem que explodir às 10 horas da manhã, na sala de relatórios da Polícia Judiciária, no Quai des Orfèvres n.36, primeiro andar. Nessa hora, lá estarão pelo menos 150 investigadores, reunidos para receber ordens e ouvir os relatórios. Quantos degraus para subir? Não posso me enganar.

Será preciso calcular rigorosamente o tempo necessário para que a mala chegue da rua ao destino no segundo exato em que deve explodir. E quem carregará a mala? Bem, aí é que tenho de bancar o corajoso. Chego de táxi, bem diante da porta da Polícia Judiciária, e digo aos dois guardas de serviço, com voz imperativa: "Me subam esta mala na sala dos relatórios, eu já os acompanho. Digam ao comissário Dupont que essa mala foi enviada pelo inspetor-chefe Dubois e que eu já vou subir."

Mas será que obedecem? E se, por acaso, nesse monte de imbecis, eu caio sobre os dois únicos inteligentes da corporação? Então estará tudo perdido. Será preciso encontrar outra coisa. Procuro, procuro, não podendo admitir que não consiga encontrar um jeito cem por cento garantido.

Levanto-me para beber um pouco de água. De tanto pensar, estou com dor de cabeça.

Torno a me deitar sem o lenço, os minutos se escoam lentamente. E esta luz, esta luz na minha cara, Deus do céu! Molho o lenço e torno a colocá-lo. A água fresca me faz bem e, com o peso da água, o lenço adere melhor às pálpebras. Daqui por diante empregarei sempre este meio.

Essas longas horas em que arquiteto minha futura vingança são tão intensas, que eu me vejo agindo exatamente como se o projeto estivesse em vias de execução. Toda noite, e mesmo durante uma parte do dia, estou vagando por Paris, como se a minha fuga já fosse fato consumado. Tenho certeza, hei de escapar e de voltar a Paris. Bem entendido, a primeira coisa a fazer será apresentar a conta a Polein e, em seguida, aos policiais. E os jurados? Esses calhordas vão continuar a viver tranquilos? Decerto voltaram para casa, esses nojentos, satisfeitíssimos por terem cumprido o seu Dever, com D maiúsculo, arrotando importância, inchados de orgulho, bancando os heróis junto aos vizinhos e às respectivas patroas, que os esperam, despenteadas, para papar a sopa.

Muito bem. Que fazer, então, com os jurados? Nada. São uns pobres cretinos. Não estão preparados para serem juízes. Se um cara for guarda-civil ou alfandegário aposentado, ele reage como guarda-civil ou alfandegário. Se for leiteiro, como um labrego qualquer. Eles ficaram embasbacados pela oratória do promotor, que não teve dificuldade em pô-los no saco. Eles são verdadeiramente irresponsáveis. Então está decidido, julgado e acertado: não lhes farei mal nenhum.

Ao descrever todos esses pensamentos, que realmente passaram pela minha cabeça já faz tantos anos e que agora voltam em tropel com uma terrível nitidez, penso até que ponto o silêncio absoluto, o isolamento completo, total, infligido a um homem moço, fechado numa solitária, podem provocar, antes de causarem a loucura, uma verdadeira vida imaginativa. Tão intensa, tão viva, que o homem literalmente se desdobra. Ele sai voando e vai passear onde melhor lhe parece. Rememora sua casa, seu pai, sua mãe, sua família, sua infância, as diversas etapas da sua vida. E, além de tudo isso, viaja pelos castelos da Espanha que o seu espírito fecundo inventa, com imaginação tão incrivelmente aguda, que, nesse desdobramento fabuloso, chega a crer que vive tudo aquilo que está sonhando.

Trinta e seis anos já se passaram, mas é sem o menor esforço de memória que a minha caneta corre para relembrar o que realmente pensei naquele momento da minha vida.

Pois bem, não vou fazer mal aos jurados. Mas e o promotor público? Ah, esse não me escapa! Aliás, tenho para ele uma receita já pronta, dada por Alexandre Dumas em *O Conde de Monte Cristo*: aquele sujeito metido no calabouço, lá deixado para morrer de fome.

É ele o grande responsável. Abutre vestido de vermelho, merece ser executado da maneira mais horrível. Logo depois de liquidar Polein e os tiras, tratarei exclusivamente dessa ave de rapina. Alugarei uma casa isolada. Deverá ter uma adega muito profunda, com paredes espessas e uma porta pesada. Se a porta não for bastante grossa, eu a forrarei com um colchão e estopa. Quando tiver a casa, localizarei e raptarei o homem. Como já terei pregado anéis de ferro na parede, amarro-o com uma corrente logo que chegar. Então começo a degustar a boa sopa!

Estou em frente dele, vejo-o com extraordinária precisão através das minhas pálpebras fechadas. Sim, olho-o da mesma maneira que ele me olhava no tribunal. A cena é tão clara e nítida que sinto o calor do seu hálito no meu rosto, pois estou perto dele, face a face, quase que nos tocamos.

Seus olhos de gavião estão deslumbrados e apavorados pelo facho de uma lanterna muito forte que projeto sobre ele. Grossas gotas de suor escorrem em seu rosto congestionado. Sim, ouço minhas perguntas, escuto suas respostas. Vivo intensamente esse momento.

"Seu grandessíssimo porco, você me reconhece? Sou eu, Papillon, que você despachou tão alegremente para os 'duros'.* Você acha que valeu a pena ter estudado tantos anos para chegar a ser um homem muito instruído, ter passado noites em claro debruçado sobre os códigos romanos e outros, ter aprendido o latim e o grego, sacrificado anos de juventude, para ser um grande orador? Para chegar a quê, seu corno? A criar uma nova e boa lei social? A convencer os povos de que a paz é a melhor coisa do mundo? A pregar a filosofia de uma maravilhosa religião? Ou simplesmente a influenciar os outros, graças à superioridade do seu preparo universitário, para que se tornem melhores e deixem de ser malvados? Diga, você empregou o seu saber para salvar os homens ou para afogá-los?

"Nada disso, uma só aspiração faz você agir: subir, subir sempre. Escalar todos os degraus da sua carreira nojenta. A glória para você

---

* Condenados a trabalhos forçados, em degredo, na colônia penal.

consiste em ser o melhor fornecedor das penitenciárias, o provedor desenfreado do carrasco e da guilhotina.

"Se Deibler* fosse um pouco agradecido, mandaria a cada fim de ano para você uma caixa do melhor champanhe. Não foi graças a você, espécie de porco, que ele conseguiu cortar umas seis cabeças a mais neste ano? De qualquer maneira, sou eu quem prende você agora, acorrentado solidamente nessa parede. Lembro-me do seu sorriso, lembro-me do seu ar triunfante, quando leram minha condenação depois do requisitório. Parece-me que foi ontem, contudo já se passaram tantos anos. Quantos anos, dez, vinte?"

Mas o que se passa comigo? Por que dez anos? Por que vinte anos? Apalpe-se bem, Papillon, você é forte, jovem, e na barriga tem 5.600 francos. Dois anos, sim, farei dois anos de perpétua, nada mais do que isso – é um juramento que faço a mim mesmo.

Ora, está ficando bobo, Papillon. Esta célula, este silêncio deixam você louco. Estou sem cigarro. Acabo de fumar o último. Vou andar pela cela. Afinal, não preciso ter os olhos fechados, nem cobertos com o lenço, para continuar a ver o que se vai passar. Muito bem, levanto-me. A cela tem 4 metros de comprimento, ou seja, cinco passos pequenos, desde a porta até o muro. Começo a caminhar, com as mãos nas costas. E continuo o meu monólogo:

"Bem. Como já lhe disse, revejo muito claramente seu sorriso triunfante. Pois bem, vou transformá-lo numa careta horrorosa. Assim mesmo, você tem uma vantagem que eu não tinha: eu não podia gritar, mas você pode. Que vou fazer com você? A receita de Dumas? Deixar você morrer de fome? Não, isso não basta. Primeiro, eu furo os seus olhos. Assim, você não poderá mais me

---

* Carrasco oficial da França em 1932.

ver, mas, por outro lado, eu não terei o prazer de ler as suas reações em suas pupilas. Sim, tem razão, não vou furá-los agora. Fica para mais tarde.

"Vou cortar a sua língua, essa língua tão terrível, que corta como uma faca – mais do que como uma faca, como uma navalha! Essa língua que você prostituiu à sua gloriosa carreira. A mesma língua com que você fala gostoso à sua mulher, aos seus filhos e à sua amante. Mas que amante! Uma amante, você? Nada disso, acho que você deve ter um macho, isso sim! Você só pode ser um invertido sem-vergonha. De fato, preciso começar cortando sua língua, porque ela é, depois do cérebro, o maior instrumento das suas malvadezas. Graças a ela, que você sabe manejar tão bem, conseguiu convencer o júri a responder 'sim' às perguntas formuladas.

"Graças a ela, você apresentou os policiais como homens corretos, que se sacrificam pelo dever; graças a ela, a história falsa da testemunha conseguiu manter-se de pé. Graças a ela, eu aparecia aos doze patetas dos jurados como o homem mais perigoso de Paris. Se não fosse essa sua língua tão pérfida, tão hábil, tão convincente, tão bem-treinada em deformar a gente, os fatos e as coisas, eu estaria ainda sentado no terraço do Grand Café da Place Blanche, de onde jamais teria de sair. Então está entendido, vou arrancar essa língua. Mas com que instrumento?"

Caminho pela cela sem parar, minha cabeça está girando, mas estou sempre face a face com ele... quando, de repente, a lâmpada se apaga e a luz do dia consegue infiltrar-se, muito fraca, pelas frestas da tábua da janela.

Como? Já é dia? Passei a noite toda me vingando? Que belas horas acabo de passar! Essa noite tão longa, como foi curta!

Fico escutando, sentado na cama. Nada se ouve. Silêncio total. De vez em quando, ouço um ligeiro clique na minha porta.

É o guarda que, de chinelo para não fazer barulho, faz correr o pequeno tampo de ferro, a fim de espiar pelo visor minúsculo que lhe permite vigiar-me sem que eu o perceba.

A máquina concebida pela República Francesa chegou à segunda etapa. Ela funciona perfeitamente porque, desde a primeira, eliminou um homem que poderia colocá-lo em apuros. Mas isso não basta. É preciso que esse homem não morra depressa demais, é preciso que não escape pelo suicídio. Precisam dele. Que aconteceria com a administração da penitenciária se não houvesse prisioneiros? Estariam bem-arranjados. Então, é preciso vigiar o preso. Ele tem que seguir para a colônia penitenciária, onde garantirá a sobrevivência a outros funcionários. Volto a ouvir o clique na porta da cela, e isso me faz sorrir.

Não se preocupe, carcereiro vagabundo, não vou escapar. Pelo menos, não da maneira que você receia: o suicídio.

Só peço uma coisa: continuar a viver no melhor estado de saúde possível e partir logo para essa Guiana Francesa, para onde, graças a Deus, vocês fazem a besteira de me enviar.

Eu sei que os seus colegas, meu velho carcereiro que produz o clique a todo momento, não são inocentes coroinhas. Você é um bom velho, comparado com os guardas da colônia penal. Sei disso há muito tempo, pois Napoleão, quando criou a colônia, foi indagado: “Quem irá guardar esses bandidos?”, respondeu: “Outros mais bandidos que eles.” Mais tarde pude verificar que o fundador não havia mentido.

Clique-claque, uma portinhola de 20 centímetros por 20 se abre no meio da porta. Passam o café e uma bola de pão de 750 gramas. Já estando condenado, não tenho mais o direito de frequentar o restaurante, mas, sempre pagando, posso comprar cigarros e alguma comida numa modesta cantina. Mais alguns dias e não haverá mais nada. A Conciergerie é a antecâmara da reclusão. Fumo com gosto um Lucky Strike, cada pacote custa 6,60 francos. Comprei dois. Gasto meu pecúlio, porque será confiscado para pagamento das custas judiciárias.

Dega me informa de que devo ir à desinfecção, por meio de um bilhetinho que encontrei dentro do pão: "Na caixa de fósforos estão três piolhos." Tiro os fósforos e encontro os piolhos, gordos e bem vivos. Sei o que isso significa. Vou mostrá-los ao vigilante e amanhã ele vai me mandar, com todas as minhas roupas, colchão inclusive, para a câmara de vapor, para matar todos os parasitas – menos nós, é claro. De fato, no dia seguinte, lá me encontro com Dega. Nenhum guarda na câmara de vapor. Estamos sós.

– Obrigado, Dega. Graças a você, recebi o canudo.

– Não te incomoda?

– Não.

– Cada vez que você for à privada, lave bem antes de tornar a colocá-lo.

– Sim. Creio que ele veda bem, pois as notas dobradas em sanfona estão em perfeito estado. No entanto, já estou com ele faz sete dias.

– Então é que é bom mesmo.

– O que você pensa fazer, Dega?

– Vou me fingir de louco. Não quero seguir para a colônia. Aqui na França cumprirei talvez oito ou dez anos. Tenho conhecidos e poderei conseguir pelo menos cinco anos de indulto.

– Quantos anos você tem?

– Quarenta e dois.

– Você está louco? Se você apanhar dez ou quinze anos, sai daqui velho. Você tem medo de ir para os "duros"?

– Sim, tenho medo da colônia penal, não tenho vergonha de dizer, Papillon. Veja, é terrível na Guiana. Cada ano há uma perda de noventa por cento. Um comboio substitui outro e os comboios são de 1.800 a 2.000 homens. Se você não pega a lepra, apanha a febre amarela, ou a disenteria (que não perdoa), ou a tuberculose, o paludismo, a malária infecciosa. Se você escapa de tudo isso, tem uma grande chance de ser assassinado para roubarem o canudo ou então de morrer durante uma evasão. Acredite, Papillon, não é para lhe tirar a coragem que digo isso, mas conheci vários forçados que voltaram à França depois de terem cumprido pequenas penas, de cinco ou sete anos, e sei o que estou dizendo. São verdadeiros farrapos humanos. Passam nove meses por ano no hospital e, no que se refere às fugas, dizem que não é sopa, como muita gente acredita.

– Acredito em você, Dega, mas tenho confiança em mim e lá não hei de esquentar lugar durante muito tempo, fique certo. Sou marinheiro, conheço o mar e você pode estar certo de que não demoro a dar o fora. E você? Já pensou no que é cumprir dez anos de reclusão? Se descontarem cinco, o que não é certo, pensa que poderá aguentar, sem ficar louco, no isolamento completo? Neste momento, nesta cela, onde estou sozinho, sem livros, sem sair, sem poder falar com ninguém, as 24 horas de cada dia não devem ser multiplicadas por sessenta minutos, mas por seiscentos, e ainda assim estará longe da verdade.

– É possível, mas você é moço e eu tenho 42 anos.

– Escuta, Dega, francamente, de quem você tem mais medo? Não é dos outros sentenciados?

– Sim, francamente, Papi. Todo mundo sabe que sou milionário, e daí a me assassinarem pensando que eu carrego cinquenta ou cem mil "pacotes" é só um passo.

– Escuta, vamos fazer um pacto? Você me promete não bancar o louco e eu prometo estar sempre perto de você. Cada um se encosta no outro. Eu, nem precisa que diga, sou forte e rápido, aprendi a lutar muito moço e sei muito bem manejar a faca. Portanto, quanto aos outros forçados, pode ficar sossegado; seremos não só respeitados, mas temidos. Para a fuga, não precisamos de ninguém. Você tem grana, eu tenho grana, sei usar uma bússola e já pilotei um barco. Que é que você quer mais?

Ele me olha bem firme nos olhos... nos abraçamos. O pacto está assinado.

A porta se abre dentro de alguns instantes. Ele parte para um lado com seus troços e eu sigo para o meu. Não ficamos muito longe um do outro e vamos poder às vezes conversar no barbeiro, no médico ou na capela aos domingos.

Dega se estrepou no negócio dos bônus falsos da Defesa Nacional. Eram fabricados por um falsário, de modo muito original. Ele clareava os bônus de 500 francos e tornava a imprimir em cima, com toda a perfeição, títulos de 10.000 francos. O papel permanecia o mesmo, eles eram aceitos com toda a confiança pelos comerciantes e pelos bancos. A coisa durava havia muitos anos e a seção de fraudes financeiras do Departamento de Investigações não sabia mais o que fazer, até que um dia um tal de Brioulet foi preso em flagrante. Louis Dega estava bem sossegado à frente do seu bar em Marselha, onde se reunia todas as noites a fina flor do submundo do sul da França e que servia de ponto de encontro internacional para os grandes traficantes do vício de todo o mundo.

Era milionário em 1929. Um dia, uma mulher bem-vestida, moça e bonita, aparece no bar. Quer falar com Monsieur Louis Dega.

– Sou eu, minha senhora, que deseja? Entre na sala ao lado, por favor.

– Acontece que eu sou a mulher de Brioulet – disse ela. – Ele está preso em Paris, por haver passado bônus falsos. Estive com ele no parlatório da prisão da Santé e ele me mandou pedir ao senhor 20.000 francos para pagar o advogado.

É então que um dos grandes reis do vício da França, Dega, diante do perigo de uma mulher que estava a par do seu papel no negócio, só encontra a única resposta que não deveria dar:

– Minha senhora, não conheço seu marido e, se você precisa de dinheiro, vá fazer a vida. Ganhará mais dinheiro do que precisa, bonita como é.

A coitada da mulher, muito ofendida, sai correndo, em lágrimas, e vai contar toda a cena ao seu marido. Indignado, Brioulet, no dia seguinte, conta tudo o que sabia ao juiz de instrução, acusando formalmente Dega de ser o homem que fornecia os bônus falsos. Um mês mais tarde, Dega, o falsário, o gravador e onze cúmplices eram presos na mesma hora em diferentes lugares e logo trancafiados. Compareceram ao tribunal do Sena e o processo durou catorze dias. Cada acusado foi defendido por um grande advogado. Brioulet nunca se retratou. Conclusão: por causa de uns míseros 20.000 francos e uma palavra idiota, o maior líder do vício na França, arruinado, envelhecido de um decênio, pegou quinze anos de trabalhos forçados. Esse era o homem com quem eu acabava de assinar um pacto de vida e morte.

O Dr. Raymond Hubert me veio visitar. Não estava muito animado. Não lhe fiz qualquer recriminação.

Um, dois, três, quatro, cinco, meia-volta... Um, dois, três, quatro, cinco, meia-volta. Há várias horas que estou nessas idas e vindas da janela à porta da minha cela. Fumo, sinto-me consciente, equilibrado e capaz de aguentar qualquer coisa. Prometo a mim mesmo não pensar mais na vingança, por enquanto.

Deixemos o promotor no ponto em que ficou, amarrado às argolas do muro, à minha frente, sem que eu tenha decidido ainda de que maneira acabar com ele.

De repente, um grito, um grito desesperado, agudo, horrivelmente angustiado, consegue atravessar a porta da minha cela. Que será isso? Parece que estão torturando um homem; contudo, aqui não estamos na polícia judiciária. Não há meio de saber o que se passa. Esses gritos na noite me perturbam. Talvez seja um louco. É tão fácil ficar louco nestas celas onde nada chega até nós. Falo sozinho, em voz alta, pergunto a mim mesmo: "E o que é que você tem com isso? Pense em você, só em você e em Dega, seu novo sócio." Abaixo, levanto, finalmente dou um soco no peito. Doeu muito, portanto tudo vai bem. Os músculos dos meus braços funcionam perfeitamente. E as pernas? Felicitações, pois há mais de dezesseis horas que estou andando e não sinto nenhum cansaço.

Os chineses inventaram a gota de água que cai sobre a cabeça do prisioneiro. Os franceses, por sua vez, inventaram o silêncio. Suprimem qualquer meio de distração. Nem livros, nem papel, nem lápis, a janela fortemente gradeada está completamente tapada por tábuas, com alguns buraquinhos para deixar passar um pouco de luz muito filtrada.

Muito impressionado pelo grito dilacerante, volto-me como um animal preso numa gaiola. Tenho realmente a sensação de estar abandonado por todos e estar literalmente enterrado vivo. Sim, estou completamente só, e tudo o que chegar até mim não será mais que um grito.

Abrem a porta. Aparece um velho padre. Você não está sozinho, há um padre aí, na sua frente.

– Meu filho, boa-noite. Desculpe não ter vindo antes, mas estava de férias. Como vai você? – E o bom velho padre entra sem cerimônia na cela e senta-se sem hesitação no meu catre.

– De onde você é?

– Do departamento de Ardèche.

– Seus pais?

– Mamãe morreu quando eu tinha onze anos. Meu pai gostava muito de mim.

– Que fazia ele?

– Era professor primário.

– Ainda é vivo?

– Sim.

– Por que você fala no passado, se ele está vivo?

– Porque ele está vivo, mas eu estou morto.

– Oh, não diga isso! Que foi que você fez?

Como num relâmpago, passa pela minha cabeça a ideia de que seria ridículo dizer que sou inocente. Respondo logo:

– A polícia diz que matei um homem e, se ela diz isso, deve ser verdade.

– Era um comerciante?

– Não, era um rufião.

– E é por causa de uma história de submundo que condenaram você aos trabalhos forçados perpétuos? Não compreendo. Foi um assassinato?

– Não, um homicídio.

– É inacreditável, meu pobre filho. Que posso fazer por você? Quer rezar comigo?

– Seu padre, me perdoe, não recebi nenhuma educação religiosa, não sei rezar.

– Não tem importância, meu filho, vou rezar por você. O bom Deus ama todos os seus filhos, batizados ou não. Repita cada palavra que eu digo, você quer?

Seus olhos são tão suaves, sua cara redonda mostra tanta luminosa bondade que tenho vergonha de recusar e, tendo se ajoelhado, faço como ele: "Pai nosso, que estais no céu..." As lágrimas me vêm aos olhos e o bom padre, vendo isso, recolhe na minha cara, com seu dedo gordo, uma grossa lágrima, que leva aos lábios e bebe.

– Suas lágrimas, meu filho, são para mim a maior recompensa que Deus podia me enviar hoje através de você. Obrigado.

E, levantando-se, ele me beija na testa.

Estamos novamente sentados no catre, lado a lado.

– Há quanto tempo que você não chorava?

– Catorze anos.

– Catorze anos, por quê?

– No dia da morte da minha mãe.

Pega a minha mão e diz:

– Perdoa aos que tanto te fizeram sofrer.

Arranco a minha mão da sua e, de um pulo, estou novamente de pé no meio da cela.

– Ah, não! Isso, não! Nunca hei de perdoar. E o senhor quer que lhe diga uma coisa, padre? Pois bem, cada dia, cada noite, cada hora, cada minuto, passo meu tempo a imaginar quando, como, de que maneira poderei matar todos aqueles que me enviaram para cá.

– Você diz e acredita nisso, meu filho. Você é moço, muito moço. Quando tiver mais idade, renunciará às ideias de castigo e de vingança.

Agora, 34 anos mais tarde, penso como ele.

– Que posso fazer por você? – repete o padre.

– Um delito, padre.

– Qual?

– Ir à cela 37 para dizer a Dega que mande fazer pelo seu advogado um pedido para ser transferido à Central de Caen; diga a ele que já fiz meu pedido hoje. Precisamos sair logo da Conciergerie para uma das centrais onde se formam os comboios para a Guiana, porque, se a gente perde o primeiro navio, tem que esperar mais dois anos na reclusão até que tenha outro. Depois de ver meu amigo, senhor padre, precisa voltar aqui.

– Que motivo vou dar?

– Diga, por exemplo, que esqueceu o breviário. Eu espero a resposta.

– E por que está com tanta pressa de ir para aquela coisa horrível que é a colônia penal?

Olho para esse padre, verdadeiro caixeiro-viajante do bom Deus, e digo, certo de que não me vai trair:

– Para escapar mais depressa, padre.

– Deus há de ajudá-lo, meu filho, tenho certeza e sinto que você poderá reconstruir a sua vida. Vejo nos seus olhos que você é um bom rapaz e que a sua alma é nobre. Vou ao número 37. Espere a resposta.

Voltou bem depressa. Dega está de acordo. O padre me deixou o seu breviário até o dia seguinte.

Foi como se eu recebesse hoje um raio de sol, minha cela ficou toda iluminada. Graças àquele santo homem.

Porque, se Deus existe, ele permite que haja sobre a Terra seres humanos tão diferentes? O promotor, os policiais, os Polein e depois o padre, o padre da Conciergerie?

A visita desse santo homem me fez muito bem e também me prestou um bom serviço.

O resultado dos pedidos não demorou. Uma semana depois, lá estávamos, sete homens, às 4 da manhã, alinhados no corredor da Conciergerie. Os guardas estão todos presentes.

– Todos em pelo!

Tiramos a roupa lentamente. Faz frio, estou arrepiado.

– Deixem suas roupas em frente de vocês. Meia-volta, um passo para trás!

E cada um encontra um pacote.

– Vistam-se!

A camisa de linho que eu estava usando há poucos instantes é substituída por uma grossa camisa de pano cru, rijo, e meu belo terno por um blusão e uma calça de baeta. Meus sapatos desaparecem e enfio os pés num par de tamancos. Até hoje, tínhamos aspecto de homens normais. Olho para os meus seis companheiros: que horror! Acabou-se a personalidade de cada um: em dois minutos, nos transformamos em forçados.

"À direita, em fila! Avante, marche!" Escoltados por uns vinte guardas, chegamos ao pátio onde, um por um, somos introduzidos numa espécie de armário estreito dentro de um carro de transporte de prisioneiros. Estamos a caminho de Beaulieu, nome da Central de Caen.

A CENTRAL DE CAEN

Mal chegamos, somos introduzidos no escritório do diretor. Ele está sentado como num trono, atrás de uma mesa estilo império, sobre um estrado de 1 metro de altura.

– Sentido! O diretor vai lhes falar.

– Condenados, vocês estão aqui em custódia, aguardando transporte para a colônia penal. Isto é uma casa de detenção. Silêncio obrigatório a todo momento, nenhuma visita a esperar ou cartas de qualquer pessoa. Aqui, ou vocês dobram, ou quebram. Há duas portas à sua disposição: uma para a colônia penal, se vocês se comportam bem, outra para o cemitério. Em caso de má conduta, eis o que os espera: a menor falta será punida com sessenta dias de solitária, a pão e água. Ninguém resistiu a duas penas consecutivas de solitária. A bom entendedor, meia palavra basta.

Dirige-se então a Pierrot le Fou, extraditado da Espanha:

– Qual era sua profissão na vida?

– Toureiro, senhor diretor.

Enfurecido pela resposta, o diretor grita:

– Carreguem este homem, militarmente!

Em menos de dois segundos, o toureiro é espancado a porretadas por quatro ou cinco guardas, arrastado às pressas para longe de nós. "Cambada de frescos, vocês são cinco contra um e ainda por cima com cacetes, seus bastardos!" Ouve-se um "ah!", como de um animal ferido de morte, e mais nada. Apenas o roçar de alguma coisa arrastada sobre o chão de cimento.

Depois dessa cena, quem não entendeu nunca mais entenderá. Dega está a meu lado. Ele mexe um dedo, um só, para tocar a minha calça. Compreendi o que ele quer me dizer: "Aguente firme se quer chegar vivo à colônia penal." Dez minutos depois, cada um de nós se acha numa cela do setor disciplinar da Central, exceto Pierrot le Fou, que foi levado para o porão e metido num infame calabouço.

A sorte quis que Dega ficasse na cela pegada à minha. Antes fomos apresentados a uma espécie de monstro ruivo de 1 metro e 90 ou mais, caolho, com um nervo de boi novinho na mão direita. É um vigilante, um prisioneiro com função de torturador, às ordens dos guardas. É o terror dos condenados. Os guardas têm, com ele, a vantagem de poder espancar os homens sem se cansar; além disso, em caso de morte, não haverá responsabilidade para a administração do presídio.

Mais tarde, por ocasião de uma curta passagem pela enfermaria, vim a conhecer a história dessa besta humana. Merece felicitações o diretor da Central por ter sabido escolher tão bem esse carrasco. O sujeito em questão era canteiro de profissão. Um belo dia, na pequena cidade do norte onde morava, resolveu suicidar-se, liquidando ao mesmo tempo sua mulher. Para isso utilizou uma banana de dinamite bastante grossa. Deitou-se ao lado da mulher, que repousava no segundo andar de um prédio de seis. A mulher estava dormindo. Ele acendeu um cigarro e usou-o para pôr fogo no pavio do cartucho de dinamite que segurava com a mão esquerda, entre a sua cabeça e a da mulher. Deu-se uma explosão espantosa. Resultado: foi preciso recolher o corpo da mulher às colheradas, pois estava totalmente reduzido a migalhas. O prédio desmoronou em parte, três crianças morreram esmagadas nos escombros, bem como uma velha de setenta anos. Os outros moradores sofreram ferimentos de maior ou menor gravidade.

Ele, Tribouillard, perdeu uma parte da mão esquerda, da qual sobraram apenas o dedinho e a metade do polegar, perdeu a orelha e o olho esquerdos. Tem na cabeça uma ferida grave, que exigiu uma trepanação. Depois de condenado, tornou-se vigilante das células disciplinares da Central. Esse semilouco pode dispor como quer dos desgraçados que caem sob seu domínio.

Um, dois, três, quatro, cinco, meia-volta... um, dois, três, quatro, cinco, meia-volta... começa o vaivém interminável do muro à porta da cela.

Não temos o direito de nos deitar durante o dia. Às 5 horas da manhã, um apito estridente acorda todo mundo. É preciso levantar, arrumar a cama, lavar a cara e andar, ou sentar num tamborete preso à parede. Já disseram, não podemos usar a cama durante o dia. Cúmulo do refinamento do sistema penitenciário, a cama tem que ser dobrada contra o muro e ficar enganchada o dia todo. Assim, o prisioneiro não pode esticar-se e é mais fácil vigiá-lo.

Um, dois, três, quatro, cinco... catorze horas de marcha. Para bem adquirir o automatismo desse movimento contínuo, é preciso aprender a baixar a cabeça, as mãos atrás das costas, não andar nem muito depressa nem muito devagar, dar passos do mesmo tamanho e virar automaticamente numa ponta da cela, sobre o pé esquerdo, e na outra ponta, sobre o direito.

Um, dois, três, quatro, cinco... As celas são mais bem-iluminadas que na Conciergerie e se podem ouvir os ruídos exteriores, os do setor disciplinar e também alguns que chegam do campo. À noite ouvem-se os assobios ou as canções dos camponeses que voltam para casa, satisfeitos por terem bebido um bom copo de sidra.

Tive meu presente de Natal: por uma fenda nas tábuas, que vedam a janela, posso perceber o campo todo branco de neve e algumas árvores negras iluminadas pela lua cheia. Parece um daqueles cartões-postais típicos do Natal. Sacudidas pelo vento, as árvores despiram seu manto de neve e, por isso, podem ser vistas bem distintamente. Destacam-se como grandes manchas escuras sobre o fundo branco. É Natal para toda gente, até mesmo para uma parte do presídio. Para os sentenciados em custódia, a administração fez um esforço: tivemos o direito de comprar duas barras de chocolate. Digo bem, duas barras e não dois tabletes. Esses dois pedaços de chocolate de Aiguebelle foram meu *réveillon* de 1931.

Um, dois, três, quatro, cinco... A repressão judicial me transformou num pêndulo, a ida e a vinda numa cela compõem todo o meu universo. É matematicamente calculado. Nada, absolutamente nada, deve ser deixado na cela. É preciso impedir a qualquer custo que o condenado possa ter uma distração. Se eu for surpreendido olhando pela fenda da tábua da janela, sofrerei castigo severo. Aliás, acho que eles têm razão, pois não é verdade que sou para eles apenas um morto-vivo? Que direito me poderia arrogar para gozar de uma visão da natureza?

Voa uma borboleta azul-clara com uma pequena risca negra; zumbe uma abelha um pouco adiante, perto da janela. Que será que esses bichos vêm buscar neste lugar? Parecem estar enlouquecidos por este sol de inverno, ou estão com frio e querem abrigar-se na prisão. Uma borboleta, no inverno, é uma ressuscitada. Como não morreu? E essa abelha, por que saiu da sua colmeia? Para se aproximar de uma prisão é preciso ser muito caradura. Felizmente, o vigilante não tem asas, do contrário os bichinhos não viveriam muito tempo.

Esse Tribouillard é um sádico horroroso, e percebo que alguma coisa vai me acontecer com ele. Infelizmente não me enganei. Um dia depois da visita daqueles encantadores insetos, digo que estou doente. Não aguento mais, me abafo na minha solidão, preciso ver uma cara, ouvir uma voz, mesmo desagradável, mas sempre uma voz, preciso ouvir alguma coisa.

Nu em pelo no frio glacial do corredor, frente ao muro, meu nariz a quatro dedos de distância, eu era o penúltimo de uma fila de oito, aguardando minha vez de ser atendido pelo médico. Eu queria ver gente... pois bem, consegui! Fomos surpreendidos pelo vigilante no momento em que murmurava algumas palavras ao ouvido de Julot, alcunhado "o homem do martelo". A reação do ruivo selvagem foi terrível. Com um murro atrás do pescoço, quase me matou e, como eu não havia visto de onde viera o golpe, bati o nariz contra o muro. O sangue jorra e depois de me levantar, pois eu havia caído, me sacudo todo e procuro compreender o que me aconteceu. Esboço um gesto de protesto, mas o brutamontes, que só esperava isso, joga-me novamente ao chão com um pontapé na barriga e começa a me chicotear com seu nervo de boi. Julot não pode suportar isso. Pula em cima do vigilante, inicia-se uma luta terrível e, como Julot está por baixo, os guardas assistem impassíveis à batalha. Acabo de me levantar e ninguém presta atenção em mim. Olho em volta, para ver se encontro algo utilizável como arma. De repente, avisto o médico inclinado sobre a sua poltrona, procurando observar, da sala de consulta, o que se passa no corredor, e ao mesmo tempo vejo a tampa de uma marmita que se levanta sob a pressão do vapor. Essa grossa marmita esmaltada está colocada sobre o fogareiro a carvão que aquece a sala do médico. O vapor deve servir certamente para purificar o ar.

Então, num reflexo rápido, agarro a marmita pelas alças, queimo as mãos mas não largo e, de uma só vez, atiro a água fervente na cara do vigilante, que não me havia visto, tão ocupado estava em espancar Julot. Um grito espantoso sai da garganta do puto. Foi atingido em cheio. Ele rola no chão. Como está vestido com três pulôveres de lã, é obrigado a tirá-los com dificuldade, um depois do outro. Quando arranca o terceiro, a pele vem junto. A gola da malha é estreita e, no esforço de fazê-la passar, a pele do peito, parte da do pescoço e toda a da face se despregam e vêm coladas à malha. Também ficou queimado o seu único olho; está cego. Por fim, levanta-se, hediondo, sanguinolento, em carne viva, e Julot aproveita para lhe dar um tremendo pontapé nos testículos. O gigante desmorona, põe-se a vomitar e a babar. Ganhou o que merecia. Quanto a nós, não perdemos nada por esperar.

Os dois outros vigilantes que assistiram à cena não têm peito bastante para nos atacar. Tocam o alarme para chamar reforços.

Chegam guardas por todos os lados e as porretadas caem sobre nós como chuva de pedra. Tenho a sorte de perder logo a consciência, o que não me deixa sentir os golpes.

Quando acordo, estou no segundo subsolo, completamente pelado, numa solitária inundada de água. Recobro lentamente os sentidos. Minha mão percorre meu corpo dolorido. Tenho pelo menos doze ou quinze galos na cabeça. Que horas são? Não sei. Aqui não há nem dia nem noite, não há luz nenhuma. Ouço batidas contra o muro, vindas de longe.

Pã, pã, pã... Esses golpes são a campainha do "telefone". Tenho de bater duas pancadas na parede, se quiser receber a comunicação. Mas bater com quê? Na escuridão, não vejo nada que me possa servir. Com os punhos é impossível, os golpes não repercutiriam bastante. Aproximo-me do lado onde presumo que se encontre a porta, porque lá está um pouco menos escuro. Dou de cara numa grade que eu não havia visto. Às apalpadelas, percebo que a solitária está fechada por uma porta distante de mim mais de 1 metro, porta essa que a grade em que estou encostado me impede de atingir. Assim, quando alguém entra na cela de um preso perigoso, está livre de ser tocado por ele, que se encontra como numa gaiola. Pode-se então falar com o prisioneiro, molhá-lo, atirar-lhe comida ou insultá-lo sem risco. Mas a vantagem é que não se pode bater nele sem correr perigo, pois para isso seria preciso abrir a grade.

As batidas na parede se repetem de vez em quando. Quem será que quer falar comigo? Esse camarada merece uma resposta, pois ele corre risco se for descoberto. Andando pela cela, quase que quebro a cabeça tropeçando numa coisa dura e redonda. É uma colher de pau. Lanço mão dela e me preparo para responder. Espero, com a orelha encostada à parede. Pã, pã, pã, pã, pã-para, pã, pão. Eu respondo: pã, pão. Estes dois golpes querem dizer àquele que está chamando: pode ir, peguei a comunicação. Os golpes começam: pã, pã, pã... as letras do alfabeto desfilam rapidamente... *a b c d e f g h i j k l m n o p*, para. Ele para na letra *p*. Dou um golpe com força: pão. Assim, ele sabe que anotei a letra *p*. Depois vêm um *a*, um *p*, um *i* etc. Ele me diz: "Papi, como vai? Você está muito machucado? Eu estou com um braço quebrado." É Julot.

Telefonamos durante mais de duas horas, sem nos preocuparmos que nos descubram. Ficamos alucinados pela vontade de trocar frases. Digo a ele que nada tenho quebrado, que minha cabeça está cheia de galos, mas que não tenho ferimentos.

Ele me viu sendo arrastado, puxado por um pé, e me diz que em cada degrau minha cabeça batia, caindo do precedente. Ele não chegou a perder os sentidos. Acredita que Tribouillard ficou gravemente queimado, que, em virtude da lã, os ferimentos são profundos e ele vai sofrer algum tempo.

Três golpes muito rápidos e repetidos me avisam que há perigo. Paro de bater: de fato, dentro de alguns instantes, a porta se abre e alguém grita:

– No fundo da cela, seu bastardo. Em posição de sentido! – É o novo vigilante quem fala. – Eu me chamo Batton [Porrete]; é o meu próprio nome. Você vê que é o nome certo.

Com uma grande lanterna da marinha, ele ilumina o calabouço e o meu corpo nu.

– Tome lá roupa para vestir. Não se mexa daí. Aqui tem pão e água. Não coma tudo de uma vez, porque você não vai receber mais nada antes de 24 horas.*

Ele berra como um selvagem, depois levanta a lanterna à altura da minha cara. Vejo que sorri sem maldade. Coloca um dedo sobre

---

* Quatrocentos e cinquenta gramas de pão e 1 litro de água.

a boca e indica as roupas que deixou. No corredor deve estar outro guarda, e ele me quis fazer compreender que não é um inimigo.

De fato, na bola de pão encontro um pedaço de carne cozida e no bolso da calça – que sorte! –, um maço de cigarros e um isqueiro rústico. Aqui, tais presentes valem um milhão. Duas camisas em vez de uma e uma ceroula de lã que me desce até os tornozelos. Sempre hei de me lembrar desse Batton. Tudo isso significa que me está recompensando por haver eliminado Tribouillard. Antes do incidente, ele era apenas ajudante de vigilante. Agora, graças a mim, ele passou a chefe titular. Em suma, ele deve a mim a sua promoção e está demonstrando a sua gratidão.

Como é necessária uma paciência de pele-vermelha para localizar a proveniência dos golpes telefônicos e só o vigilante-chefe pode fazer isso, pois os outros guardas são muito preguiçosos, eu e Julot temos o campo livre, nada temendo do lado de Batton. O dia todo trocamos telefonemas. Por intermédio dele fico sabendo que está próxima a partida para a colônia penal: será dentro de três ou quatro meses.

Dois dias depois, somos tirados da solitária e, cada um enquadrado por dois guardas, levados ao escritório do diretor. Na frente da entrada acham-se três pessoas sentadas atrás da mesa. É uma espécie de tribunal. O diretor faz o papel de presidente; o subdiretor e o inspetor-chefe, de assessores.

– Ah, ah, seus malandros! Estão aí? Que têm a dizer?

Julot está muito pálido, os olhos inchados, certamente com febre. Há três dias com o braço quebrado, deve sofrer terrivelmente.

Com muita calma, Julot responde:

– Estou com um braço quebrado.

– Mas foi você quem quis que lhe quebrassem o braço. Isso lhe ensinará a não atacar as pessoas. Você será examinado pelo médico quando ele vier. Espero que demore uma semana. Essa espera será salutar, pois a dor servirá para lhe ensinar alguma coisa. Você não pensa que vou mandar vir um médico especialmente para um indivíduo da sua espécie? Aguarde que o médico da Central tenha tempo de vir e ele tratará de você. Isso não impede que eu condene vocês dois a ficarem na solitária até nova ordem.

Julot olha para mim, bem nos olhos. "Esse senhor bem-vestido dispõe bem facilmente da vida de seres humanos", é o que parece querer dizer.

Viro a cabeça de novo para o diretor e olho para ele. Ele pensa que lhe quero falar e me diz:

– E você, a decisão não lhe agrada? Que tem a reclamar?

Eu respondo:

– Nada, senhor diretor. Apenas sinto a necessidade de lhe cuspir na cara, mas não o faço de medo de sujar minha saliva.

Fica tão espantado, que enrubesce e não compreende imediatamente. Mas o inspetor-chefe logo reage. Grita aos vigilantes:

– Agarrem-no e tratem bem dele! Quero vê-lo dentro de uma hora pedindo perdão de rastos. Vamos ensiná-lo! Vou fazê-lo limpar meus sapatos com a língua, por cima e por baixo. Não o tratem com bons modos, isso fica a cargo de vocês.

Dois guardas me torcem o braço direito, dois outros o esquerdo. Estou achatado no chão, as mãos levantadas à altura das omoplatas. Eles me põem as algemas, com umas argolas especiais que me ligam o indicador esquerdo com o polegar direito. O inspetor-chefe me levanta do chão como a um animal, puxando-me pelos cabelos.

Nem é preciso contar tudo o que me fizeram. Basta dizer que fiquei com as mãos algemadas atrás das costas durante onze dias. Devo a vida ao guarda Batton. Cada dia, ele jogava no meu calabouço a bola de pão regulamentar, mas, privado das minhas mãos, eu não podia comer. Mesmo empurrando o pão com a cabeça contra a grade, eu não conseguia tirar uma migalha com os dentes. Mas Batton jogava também, em quantidade suficiente para me manter vivo, pedaços de pão que cabiam inteiros na boca. Com o pé, eu fazia montinhos, depois deitava-me de bruços e comia como se fosse um cachorro. Mastigava bem cada pedaço, para não perder nada.

No 12º dia, quando me tiraram as algemas, o aço havia penetrado na pele e o ferro estava, em alguns lugares, recoberto de carne tumefata. O guarda-chefe ficou com medo, ainda mais porque desmaiei de dor. Depois que me fizeram recuperar os sentidos, levaram-me à enfermaria, onde me limparam com água oxigenada. O enfermeiro exigiu que me dessem uma injeção antitetânica. Meus braços estavam anquilosados e não podiam voltar à posição normal. Depois de mais de meia hora de fricção com óleo canforado, conseguiu baixá-los ao longo do meu corpo.

Voltei ao calabouço e o vigilante-chefe, vendo as onze bolas de pão, ainda disse:

– Você vai tirar a barriga da miséria! É gozado, você não está tão magro, depois de onze dias de jejum...

– Bebi muita água, chefe.

– Ah, é por isso, compreendo. Agora coma bastante para se refazer.

E foi embora.

Pobre imbecil! Ele me diz isso porque acredita que nada comi durante onze dias e que, se eu me encher demais de uma só vez, vou morrer de indigestão. Desse susto você não morre. À noite, Batton me passa tabaco e papel. Fumo, fumo, soprando a fumaça pelo cano de aquecimento, que naturalmente nunca funciona. Desta vez, pelo menos, serviu para alguma coisa.

Mais tarde chamo Julot. Ele pensa que nada comi durante onze dias e me aconselha a ir devagar. Tenho medo de lhe contar a verdade, temendo que algum desgraçado possa decifrar o telegrama na transmissão. Julot está com o braço engessado, o seu moral é bom e ele se congratula pela minha resistência.

Segundo ele, a partida do comboio está próxima. O enfermeiro lhe disse que já chegaram as ampolas de vacina destinadas aos prisioneiros antes do embarque. Geralmente, elas chegam um mês antes da partida. Julot é bastante imprudente, porque me pergunta também se eu salvei meu canudo.

Sim, eu salvei, mas o que fiz para guardar essa fortuna nem posso descrever. Estou com feridas cruéis no ânus.

Três semanas mais tarde, tiram-nos do calabouço. Que está acontecendo? Fazem-nos passar por uma ducha sensacional, com sabão e água quente. Sinto-me reviver. Julot ri como uma criança e Pierrot le Fou irradia a alegria de viver.

Como estamos saindo da solitária, nada sabemos do que se passa. O barbeiro não quis responder à minha rápida pergunta, murmurada em voz baixa:

– Que se passa?

Um desconhecido de mau aspecto me diz:

– Creio que estamos anistiados do calabouço. Eles talvez estejam com medo de um inspetor que virá fazer uma visita. O essencial é que estamos vivos.

Cada um de nós é levado para uma cela normal. Ao meio-dia, na primeira sopa quente depois de 43 dias, encontro um pedaço de madeira, onde está escrito: "Partida, oito dias. Amanhã, vacina."

Quem é que me enviou isto?

Nunca soube. Certamente um recluso que teve a gentileza de nos avisar, sabendo que, se um de nós recebe a notícia, todos os outros serão avisados. A mensagem não deve ter chegado às minhas mãos por puro acaso.

Logo advirto Julot pelo telefone: "Passe adiante."

Ouvi telefonemas a noite toda. Mas eu, depois de transmitida a mensagem, não quis fazer mais nada.

Estou muito bem na minha cama. Não quero aborrecimentos. E não me agrada voltar ao calabouço. Hoje, menos do que nunca.

2 | A CAMINHO DO DEGREDO

SAINT-MARTIN-DE-RÉ

De tarde, Batton me passa três cigarros Gauloise e um pedaço de papel onde leio: "Papillon, sei que você vai embora levando boa recordação de mim. Colaboro na vigilância, mas procuro fazer o menor mal possível aos presos. Peguei este cargo porque tenho nove filhos e tenho pressa de ser indultado. Vou tentar, sem fazer muito mal, ganhar o meu indulto. Adeus. Boa sorte. O comboio sai amanhã de manhã."

Com efeito, no dia seguinte estamos reunidos em grupos de trinta no corredor do quartel disciplinar. Enfermeiros vindos de Caen nos vacinam contra as doenças tropicais. Para cada um, três vacinas e 2 litros de leite. Dega está junto comigo, pensativo. Não respeitamos mais nenhuma ordem de silêncio, porque sabemos que não nos podem botar no calabouço logo depois de vacinados. Batemos papo em voz baixa, juntinho dos guardas, que não ousam dizer nada, por causa dos enfermeiros da cidade. Dega me diz:

– Será que eles vão ter carros de presos suficientes para levar a gente de uma só vez?

– Acho que não.

– Saint-Martin-de-Ré é longe e, se levarem sessenta por dia, isso vai durar dez dias, porque, só aqui, há quase seiscentos.

– O essencial é estar vacinado. Isso quer dizer que estamos na lista e que daqui a pouco estaremos no degredo de forçados. Coragem, Dega, uma outra etapa vai começar. Conte comigo, como eu conto com você.

Ele me fita com seus olhos brilhantes de satisfação, põe sua mão em meu braço e diz:

– Para a vida ou para a morte, Papi.

Quanto ao comboio, foram poucos os incidentes dignos de narração, exceto que a gente morria asfixiado, cada um no seu pequeno espaço do furgão de presos. Os guardas se recusaram a entreabir as portas, para que tivéssemos um pouco mais de ar. Na chegada em La Rochelle, dois dos nossos companheiros de furgão haviam morrido por asfixia.

Os bobalhões reunidos no cais, porque Saint-Martin-de-Ré é uma ilha e teríamos de tomar um barco para atravessar o braço de mar, assistiram à retirada dos dois pobres-diabos. Sem, por sinal, manifestarem qualquer sentimento em relação a nós. E, como os policiais deviam entregar-nos à Cidadela, mortos ou vivos, carregaram os cadáveres conosco para o barco.

A travessia não é longa, mas podemos respirar um pouco de ar marítimo. Falo a Dega: "Isto cheira a fuga." Ele sorriu. E Julot, que está ao lado, nos diz:

– Sim. Isto cheira a fuga. Estou de volta pra lá, de onde fugi há cinco anos. Fui em cana como uma besta, no momento em que ia apagar meu receptador, que me delatou no meu processo, há dez anos. Procuremos ficar uns ao lado dos outros, porque em Saint-Martin eles nos botam ao acaso, em grupos de dez, em cada cela.

Julot estava enganado. Quando chegamos ali, ele e dois outros são chamados e colocados à parte. Eram três fugitivos do degredo, recapturados na França e mandados para lá pela segunda vez.

Nas celas, em grupos de dez, começa para nós uma vida de expectativa. A gente tem o direito de falar, de fumar, a alimentação é muito boa. Esse período não é perigoso, a não ser para o plano. Sem que saibamos por quê, somos chamados de repente, desnudados e minuciosamente revistados. Em primeiro lugar, os esconderijos do corpo, até a planta dos pés, depois as roupas. "Vistam-se!" E voltamos para o lugar de onde viemos.

A cela, o refeitório, o pátio onde passamos longas horas marchando em fila. Um, dois! Um, dois! Um, dois!... Marchamos em grupos de 150 detidos. A cauda do salsichão é comprida, os tamancos ressoam. Silêncio absoluto obrigatório. Depois vem o "Desfazer as fileiras!". Cada um se senta no chão, grupos se formam, por categorias sociais. Em primeiro lugar, os homens do autêntico submundo, entre os quais a origem tem pouca importância: corsos, marselheses, toulousanos, bretões, parisienses etc. Tem até um de Ardèche, sou eu. E devo dizer, em favor de Ardèche, que só há dois de seus filhos neste comboio de 1.900 homens: um guarda campestre que matou sua mulher e eu. Conclusão: os naturais de Ardèche são boa gente. Os outros grupos se formam de qualquer maneira, uma vez que há mais otários do que malandros a caminho do degredo. Esses dias de expectativa se chamam dias de observação. E é verdade que somos observados sob todos os ângulos.

Numa tarde, eu estou sentado ao sol, quando um homem se aproxima de mim. Usa óculos, é miúdo, magro. Tento adivinhar que tipo de gente é; porém, com o nosso uniforme, é difícil.

– Você que é o Papillon? – pergunta, com um sotaque corso muito forte.

– Sim, sou eu. Quer alguma coisa de mim?

– Venha às privadas – diz ele e se afasta.

– É um prisioneiro corso – fala Dega. – Com certeza, um bandido das montanhas. Que é que ele vai querer com você?

– Vou saber.

Caminho para as privadas, instaladas no meio do pátio, e finjo estar mijando. O homem está ao meu lado, na mesma posição. Ele me diz, sem me olhar:

– Sou cunhado de Pascal Matra. Ele me disse, no parlatório, que se precisasse de ajuda, procurasse você, da parte dele.

– Sim, Pascal é meu amigo. Que é que você quer?

– Não posso guardar o canudo: estou com diarreia. Não sei em quem confiar e tenho medo de que seja roubado ou que os guardas o encontrem. Eu lhe imploro, Papillon, fique com o meu canudo alguns dias.

E ele me mostra um canudo muito mais grosso do que o meu. Fico com receio de que esteja armando uma cilada e pedindo isso para saber se carrego um canudo: se disser que não tenho certeza de poder guardar dois, ele ficará sabendo. Então, friamente, pergunto:

– Quanto tem aí dentro?

– Vinte e cinco mil francos.

Sem mais nada, pego o canudo, aliás muito limpo, e, na frente dele, o introduzo no ânus, perguntando a mim mesmo se um homem é capaz de carregar dois tubos ali. Não sei se pode. Levanto, visto minhas calças... tudo vai bem, não me sinto incomodado.

– Meu nome é Ignace Galgani – diz ele, antes de ir embora. – Obrigado, Papillon.

Volto para junto de Dega e lhe conto o caso, à parte.

– Não é pesado demais?

– Não.

– Então, deixa pra lá.

Procuramos entrar em contato com os que fugiram, se possível Julot ou Guittou. Temos sede de informações: como é a coisa por lá; como a gente é tratado; como fazer para ficar junto com gente confiável etc. O acaso faz com que encontremos um tipo curioso, um caso à parte. É um corso que nasceu na prisão de forçados. Seu pai era vigilante e vivia com sua mãe nas Ilhas da Salvação. Ele nasceu na Ilha Royale, uma das três ilhas, sendo as outras a Saint-Joseph e a do Diabo. Que destino! Agora voltava para lá não como filho de guarda, porém como forçado.

Ele tinha sido presenteado com doze anos de trabalhos forçados por crime de roubo com arrombamento. Rapaz de dezenove anos, um tipo camarada, olhos claros e honestos. Tal como Dega, vê-se logo que ele não está por dentro. Tem pouca noção dos macetes do submundo, mas vai ser útil nos fornecendo todas as informações possíveis sobre o que está à nossa frente. Ele nos conta a vida nas ilhas, onde viveu catorze anos. E nos informa, por exemplo, que, nas ilhas, fora criado por um forçado, um famoso durão capturado num caso de duelo a faca em Butte, pelos belos olhos de uma certa Casque d'Or.

Ele nos dá conselhos preciosos: é preciso começar a fuga na Terra Grande, porque das ilhas é impossível; em seguida, não ser catalogado como perigoso, porque, com essa anotação, assim que se desembarca em Saint-Laurent-du-Maroni, porto de chegada, somos internados por um certo prazo ou para toda a vida, conforme o grau da anotação. As ilhas são sadias, mas a Terra Grande, conforme Dega havia contado, é uma imundície que pouco a pouco vai destruindo o preso por meio de toda espécie de doenças, de mortes diversas, assassinatos etc.

Como Dega, espero não ser internado nas ilhas. Mas um nó se forma em minha garganta: e se fui registrado como perigoso? Com minha prisão perpétua, o caso de Tribouillard e o do diretor, estou frito!

Um dia, corre depressa um boato: não devemos ir à enfermaria, sob pretexto nenhum, porque os que estão muito fracos ou muito doentes para suportar a viagem são ali envenenados. Só pode ser boato. De fato, um parisiense, Francis la Passe, nos confirma que é conversa fiada. Houve, na verdade, um envenenado, mas o irmão dele, empregado na enfermaria, explicou-nos o que aconteceu.

O cara que morreu, grande especialista em cofres-fortes, tinha, segundo se dizia, arrombado a embaixada da Alemanha, em Genebra ou em Lausanne, durante a guerra, por conta dos serviços secretos franceses. Apanhou ali documentos muito importantes, que passou aos agentes franceses. Em troca dessa operação, os tiras o libertaram da prisão, onde cumpria uma pena de cinco anos. E, a partir de 1920, com uma ou duas operações por ano, vivia tranquilo. Toda vez que ia em cana, fazia uma chantagem com a Segunda Seção, que se apressava em intervir. Mas, desta vez, não deu certo. Pegou vinte anos e devia partir conosco. Para não ir no comboio, fingiu estar doente e foi introduzido na enfermaria. Uma pastilha de cianureto – sempre segundo o irmão de Francis la Passe – liquidou o assunto. Os cofres-fortes e a Segunda Seção já podiam dormir sossegados.

Este pátio é cheio de casos, uns verdadeiros, outros falsos. De qualquer maneira, a gente vai ouvindo, com isso o tempo passa.

Quando vou à privada, no pátio ou na cela, é preciso que Dega me acompanhe, por causa dos canudos. Ele fica na minha frente, enquanto faço o serviço, e me dá cobertura contra olhares muito abelhudos. Um canudo já é toda uma história, mas eu estou com dois, porque Galgani está cada dia mais doente. E aí há um mistério: o canudo que introduzo por último é sempre o último que sai, enquanto o que foi introduzido antes sai sempre primeiro. Como eles viravam na minha barriga, não sei, mas era assim.

Ontem, no barbeiro, tentaram assassinar Clousiot, enquanto fazia a barba. Duas facadas perto do coração. Não morreu por milagre. Soube do caso por um dos seus amigos. É uma história curiosa, que contarei um dia. Esse assassinato era um ajuste de contas. O autor da tentativa fracassada morreu seis anos mais tarde, em Caiena, engolindo bicromato de potássio num prato de lentilhas. Morreu com dores pavorosas. O enfermeiro, que ajudou o médico na autópsia, trouxe um pedaço de tripa de uns 10 centímetros. Tinha dezessete buracos. Dois meses mais tarde, seu assassino era encontrado estrangulado na sua cama de doente. Nunca se soube por quem.

Agora, já são onze dias que estamos em Saint-Martin-de-Ré. A fortaleza está superlotada. Dia e noite, as sentinelas dão guarda no caminho de ronda.

Uma briga explodiu no banheiro, entre dois irmãos. Brigaram como cães e um deles é colocado dentro de nossa cela. Chama-se André Baillard. Ele me diz que não pode ser punido, porque a culpa é da administração: os guardas têm ordem de não deixar que os dois irmãos se encontrem, sob pretexto algum. Quando a gente fica sabendo do caso deles, a coisa se esclarece.

André tinha assassinado uma mulher que vivia de rendas e o irmão dele, Émile, escondia o dinheiro roubado. Émile caiu por causa de um roubo e pegou três anos. Um dia, no calabouço com outros punidos, furioso contra seu irmão, que não lhe mandava dinheiro para comprar cigarros, soltou a língua e disse que André ia ver: porque foi André, explicou ele, quem matou a velha, ao passo que ele, Émile, escondeu o dinheiro. Também, quando saísse, não lhe daria nada. Um preso se apressou em ir contar o que ouvira ao diretor da prisão. A coisa não ficou nisso. André é detido e os dois irmãos são condenados à morte. No quarteirão dos condenados à morte, na Santé, os dois têm celas vizinhas. Cada um deles apresenta um recurso de graça. O de Émile é aceito no 43º dia, mas o de André é recusado. Entretanto, por medida de humanidade para com André, Émile é mantido no quarteirão dos condenados à morte e os dois irmãos fazem, todos os dias, seu passeio, um em seguida ao outro, com as correntes nos pés.

No 46º dia, a porta de André vai ser aberta às 4 horas e meia. Já estão todos ali: o diretor, o escrivão, o promotor que pediu a cabeça dele. É a execução. Mas, no momento em que o diretor se adianta para falar, seu advogado chega correndo, seguido de uma outra pessoa, que entrega um papel ao procurador. Todo mundo se retira para o corredor. A garganta de André fica tão apertada, que ele não consegue engolir a saliva. Não é possível, nunca, interromper uma execução encaminhada. Mas é o que acontece. Foi só no dia seguinte, depois de horas de angústia e de interrogação, que ele soube por seu advogado que, na véspera de sua execução, o Presidente Doumer foi assassinado por Gorguloff. Mas Doumer não morreu na hora. Toda a noite, o advogado ficou de guarda diante da clínica, após ter informado à Guarda dos Selos que, se o presidente morresse antes da hora da execução (das 4 horas e meia às 5), ele solicitaria o adiamento da execução, por vacância do cargo de chefe do Executivo. Doumer morreu às 4 horas e 2 minutos. Foi o tempo de prevenir a Chancelaria, tomar um táxi seguido pelo portador da ordem de suspensão e chegar em três minutos, para impedir que se abrisse a porta da cela de André. A pena dos dois irmãos foi comutada para prisão perpétua com trabalhos forçados.

De fato, no dia da eleição do novo presidente, o advogado foi a Versalhes e, assim que Albert Lebrun foi eleito, o advogado lhe apresentou seu pedido de graça. Jamais um presidente recusou o primeiro pedido de graça que lhe solicitam: "Lebrun assinou", conclui André, "e cá estou, meu chapa, vivinho e bem-arranjado, a caminho da Guiana". Olho para este salvado da guilhotina e digo para mim mesmo que tudo o que sofri não pode ser comparado ao calvário que ele sofreu.

No entanto, nunca fiz amizade com o cara. Saber que matou uma pobre velhinha para roubar me dá nojo. Ele, aliás, terá sempre sorte. Mais tarde, na Ilha de Saint-Joseph, matará o irmão. O fato foi visto por vários forçados. Émile pescava com linha, em pé sobre um rochedo, só pensando em sua pescaria: o ruído das ondas, muito forte, amortecia qualquer outro ruído. André se aproximou do irmão por trás, com um grosso bambu de 3 metros de comprimento na mão, e, com um único empurrão nas costas, fez com que ele perdesse o equilíbrio. O lugar estava infestado de tubarões, e Émile não demorou em ser o prato do dia deles. Ausente na chamada da noite, foi dado como desaparecido durante uma tentativa de evasão. Não se falou mais no assunto. Somente quatro ou cinco forçados, que empilhavam cocos no alto da ilha, assistiram à cena. Está claro, todo mundo ficou sabendo, com exceção dos guardas. André nunca foi incomodado.

Foi transferido da ilha por "bom comportamento" e, em Saint-Laurent-du-Maroni, gozava de um regime de favor. Tinha uma pequena cela só para ele. Um dia, tendo uma desavença com outro forçado, convidou este, perversamente, para entrar em sua cela e o matou com uma facada no coração. Reconhecido que agiu em legítima defesa, foi absolvido. Por ocasião do término do degredo, sempre por motivo da sua "boa conduta", foi agraciado.

Saint-Martin-de-Ré está repleta de prisioneiros. Duas categorias bem diferentes: oitocentos ou mil forçados e novecentos desterrados. Para ser forçado é preciso ter feito alguma coisa grave ou, no mínimo, ter sido acusado de um crime sério. A pena mais fraca é sete anos de trabalhos forçados, o restante indo, por escalas, até a prisão perpétua. Com os desterrados, o caso é diferente. Três a sete condenações e um homem pode ser desterrado. É verdade que são todos ladrões incorrigíveis e se compreende que a sociedade tem o dever de se defender. No entanto, é vergonhoso que um povo civilizado tenha a pena acessória do desterro. Há pequenos gatunos, desastrados, já que são presos com frequência, que são desterrados – o que, no meu tempo, dava no mesmo que ser condenado à prisão perpétua –, e, em toda a sua vida, não roubaram nem 10.000 francos. Nisso está o maior absurdo da civilização francesa. Um povo não tem o direito de se vingar nem de eliminar de modo tão sumário as pessoas que dão aborrecimentos à sociedade. Essas pessoas merecem mais ser curadas do que punidas de modo tão desumano.

Há dezessete dias que estamos em Saint-Martin-de-Ré. Já sabemos o nome do barco que nos levará ao degredo, é o *La Martinière*. Vai transportar 1.870 condenados. Os oitocentos ou novecentos forçados são reunidos nesta manhã, no pátio da fortaleza. Desde há uma hora, aproximadamente, estamos em pé em fileira de dez, enchendo o retângulo do pátio. Uma porta se abre e vemos aparecerem homens vestidos de jeito diferente do dos guardas, que conhecemos. Trazem uma roupa de corte militar azul-celeste e estão bem-vestidos. É uma roupa diferente da de um policial e também da de um soldado. Todos trazem um cinturão do qual pende um coldre de revólver. São quase uns oitenta. Alguns usam galões. Todos têm a pele queimada de sol, são de todas as idades, de 35 aos cinquenta. Os velhos são mais simpáticos do que os jovens, que enchem o peito com um ar importante. O estado-maior destes homens vem acompanhado pelo diretor de Saint-Martin-de-Ré, por um coronel de polícia, por três ou quatro médicos em roupa colonial e por dois padres de batinas brancas. O coronel de polícia toma um megafone nas mãos e o leva à boca. Ficamos à espera de uma ordem de "posição de sentido!" e não vem nada disso. Ele grita:

– Todos vocês, ouçam atentamente. A partir deste instante, passam para a responsabilidade das autoridades do Ministério da Justiça, representando a Administração Penitenciária da Guiana Francesa, cujo centro administrativo é a cidade de Caiena. Senhor Comandante Barrot, eu lhe entrego os 816 condenados aqui presentes, constantes desta lista. Peço-lhe verificar se estão todos presentes.

Imediatamente começa a chamada: "Fulano, presente; sicrano etc." Isso dura duas horas e tudo está em ordem. A seguir, a gente assiste às trocas de assinaturas entre as duas administrações, sobre uma mesinha trazida para o ato.

O Comandante Barrot, que possui tantos galões quanto o coronel, mas de cor dourada e não prateada, como na polícia, pega, por sua vez o alto-falante:

– Deportados, daqui por diante é a palavra pela qual vocês serão sempre designados: deportado fulano ou deportado matrícula tal, conforme ela lhes for atribuída. Desde agora, encontram-se sob as leis especiais do degredo de forçados, seus regulamentos, seus tribunais internos, que adotarão, quando preciso, as decisões necessárias a respeito de vocês. Esses tribunais autônomos podem condená-los, pelos diferentes delitos cometidos no degredo, desde a simples prisão até a pena de morte. Que fique claro, as penas disciplinares, prisão e reclusão, são efetuadas nos diferentes locais que pertencem à administração. Os policiais que vocês veem à sua frente se chamam vigilantes. Quando se dirigirem a eles, vocês dirão: "Senhor vigilante" ou "Senhor guarda". Após a sopa, cada um de vocês receberá um saco de viagem com as roupas para o degredo. Tudo está previsto, não deverão ter outras roupas além destas aí. Amanhã embarcarão no *La Martinière*. Viajaremos juntos. Não se desesperem por partir, vocês ficarão melhor no degredo do que numa reclusão na França. Poderão falar, jogar, cantar e fumar, não devem temer violências, se se comportarem bem. Peço-lhe aguardar a chegada ao degredo para acertar as diferenças pessoais entre vocês. A disciplina durante a viagem deve ser muito severa, espero que compreendam isso. Se, entre vocês, há homens que não se sentem em condições físicas para fazer a viagem, que se apresentem na enfermaria, onde serão examinados pelos capitães médicos que acompanham o comboio. Eu lhes desejo uma boa viagem.

A cerimônia está terminada.

– Então, Dega, que é que acha disso?

– Papillon, meu velho, vejo que eu tinha razão quando lhe dizia que o maior perigo para a gente são os outros forçados. Isso que ele disse – "Esperem a chegada ao degredo para acertar suas diferenças" – diz tudo. Como deve haver assassinatos por aí!

– Não se preocupe com isso, vá por mim.

Procuro Francis la Passe e lhe falo:

– Seu irmão ainda é enfermeiro?

– Sim, ele não é um forçado, é um desterrado.

– Entre em contato com ele o mais depressa possível, peça para lhe dar um bisturi. Se ele quiser que a gente pague, você me diz quanto é, eu pago o que ele pedir.

Duas horas depois, eu estava de posse de um bisturi com um cabo de aço muito forte. Seu único defeito era ser um pouco grande, mas era uma arma de meter medo.

Sentei-me muito perto das privadas do centro do pátio e mandei procurar Galgani, para lhe entregar seu canudo, mas deve ser difícil encontrar o homem nessa barafunda movimentada que é o imenso pátio, abarrotado com oitocentos homens. Nem Julot, nem Guittou, nem Suzini foram vistos desde a nossa chegada.

A vantagem da vida em comum é que a gente vive, fala, pertence a uma sociedade, se é que isso pode ser chamado de sociedade. Há tanta coisa para falar, ouvir e fazer, que não se tem mais tempo para pensar. Ao constatar quanto o passado vai-se apagando e passa a segundo plano com relação à vida do dia a dia, penso que, chegando ao degredo, a gente deve quase esquecer quem foi, por que foi parar ali e de que maneira, para só se ocupar com uma coisa: como cair fora. Eu me enganava, porque a coisa absorvente e mais importante é sobretudo se conservar vivo. Onde estão os tiras, os jurados, as sessões do tribunal, os magistrados, minha mulher, meu pai, meus amigos? Estão aqui, bem vivos, cada um com seu lugar no meu coração, mas a gente diria que – por causa da febre da partida, do grande salto no desconhecido, destas novas amizades e destes diferentes conhecimentos – eles não têm mais a importância de antes. Mas isso não é mais do que uma simples impressão. Quando eu quiser, no momento em que meu cérebro quiser abrir a gaveta que corresponde a cada um, eles estarão todos de novo presentes.

Aí vem Galgani, está sendo trazido para junto de mim porque, mesmo com seus óculos de lentes grossas, quase não enxerga. Parece melhor de saúde. Ele se aproxima de mim e, sem abrir a boca, me aperta a mão. Eu lhe digo:

– Gostaria de lhe devolver seu canudo. Você agora está bem, pode carregar e guardar o canudo. É uma responsabilidade grande demais para mim durante a viagem e não se sabe se a gente vai conseguir ficar um perto do outro e também se, no degredo, vamos nos ver. É melhor, então, que você fique com o canudo.

Galgani me olha com um ar infeliz.

– Vamos à privada, que lhe dou seu canudo.

– Não quero isso, guarde para você, dou de presente, é seu.

– Que é que há?

– Não quero ser assassinado por causa de meu canudo. Prefiro viver sem dinheiro a esticar a canela por causa dele. Dou para você porque, no final das contas, não há razão para que você arrisque a vida para guardar minha gaita. Pelo menos, se você arrisca, tira alguma vantagem.

– Está com medo, Galgani. Alguém ameaçou você? Tem gente desconfiando de que você anda carregado?

– Sim, sou constantemente acompanhado por três árabes. É por isso que nunca vim vê-lo, para que eles não desconfiem de que estamos ligados. Toda vez que vou à privada, seja de noite ou de dia, um dos três sujeitos fica perto de mim. Como quem não quer nada, já mostrei a eles, às claras, que não estou carregado, mas eles não arredam pé. Acham que alguém está com o meu canudo, não sabem quem é e ficam na minha pista para ver em que momento o canudo voltará às minhas mãos.

Olho para Galgani e vejo que está aterrorizado, verdadeiramente aflito. Eu lhe digo:

– Qual é o lugar do pátio que eles frequentam?

Ele me responde:

– Perto da cozinha e da lavanderia.

– Bem, fique aí, eu vou. Não, venha comigo também.

Vou com ele para o lado dos sujeitos. Tiro o bisturi de meu boné e o seguro com a lâmina por dentro de minha manga direita e o cabo em minha mão. Efetivamente, chegando ao lugar, eu os vejo. São quatro: três árabes e um corso, um chamado Girando. Compreendo tudo num relance: foi o corso quem, deixado de lado pelos homens do submundo, soprou a história para os sujeitos. Ele deve saber que Galgani é o cunhado de Pascal Matra e que não é possível que não tenha o canudo.

– Então, Mokrane, vai levando?

– Sim, Papillon. E você, vai levando?

– Não, o negócio vai mal. Vim ver vocês para dizer que Galgani é meu amigo. O que acontecer a ele, o primeiro a pagar é você, Girando; depois, os outros. Entendam como quiserem.

Mokrane se levanta. É do mesmo tamanho que eu, mais ou menos 1 metro e 74, e também é forte. A provocação desagrada-o e ele esboça um gesto para começar a luta quando, rapidamente, tiro o bisturi reluzente e novinho em folha e, com ele na mão, digo:

– Dê um passo e morre que nem cachorro.

Desorientado por me ver armado num lugar onde a gente está sendo constantemente revistado, impressionado pela minha atitude e pelo comprimento da arma, ele diz:

– Eu me levantei para discutir, não para brigar.

Sei que não é verdade, mas é de meu interesse que ele não saia humilhado na frente de seus amigos. Ofereço uma saída elegante.

– Bem, já que você se levantou para discutir...

– Não sabia que Galgani era seu amigo. Pensava que era um otário e você deve compreender, Papillon, que, se a gente está depenado, o jeito é achar uma gaita para fugir daqui.

– Vá lá, isso é normal. Você tem o direito, Mokrane, de se defender. Só que já sabe que deste lado não dá pé. Vá se virar em outra banda.

Ele me estende a mão e eu aceito. Ufa! Livrei-me de uma boa, porque, se matasse o cara, não viajava amanhã. Um pouco mais tarde, percebi que tinha cometido um erro. Galgani volta comigo. Eu lhe digo:

– Não fale a ninguém sobre este incidente. Não quero ouvir bronca do tio Dega.

Procuro convencer Galgani a aceitar o canudo e ele me diz: "Amanhã, antes da partida." Mas, no dia seguinte, ele sumiu de tal maneira, que embarquei para o degredo com dois canudos no rabo.

Nesta noite, nesta cela onde somos uns onze homens, ninguém fala. É que todos pensam que é o último dia passado sobre a terra francesa. Cada um de nós fica um tanto dominado pela saudade de deixar a França para sempre, tendo por destino uma terra desconhecida, onde vamos viver num regime desconhecido.

Dega não fala. Está sentado a meu lado, junto da porta gradeada que dá para o corredor e por onde chega um pouco mais de ar do que em outros lugares. Eu me sinto completamente desorientado. Temos informações tão desencontradas sobre o que nos aguarda, que não sei se devo estar contente, triste ou desesperado

Os tipos que me cercam nesta cela são todos do submundo. Só não é do submundo o pequeno corso, que nasceu no degredo. Todos estes homens se encontram num estado amorfo. A gravidade e a importância do momento tornaram-nos quase mudos. A fumaça dos cigarros percorre a cela como uma nuvem, levada pela corrente de ar do corredor, e, se a gente não quiser irritar os olhos, o jeito é se sentar mais baixo do que as nuvens de fumaça. Ninguém dorme, com exceção de André Baillard, o que se justifica, pois já havia perdido a vida. Para ele, o que vier não deixará de ser um paraíso inesperado.

O filme de minha vida se desenrola rapidamente à minha frente: minha infância numa família cheia de amor, de educação, de boas maneiras e de nobreza; as flores do campo, o murmúrio dos riachos, o gosto das nozes, dos pêssegos e das ameixas, que o nosso pomar nos oferecia copiosamente; o perfume de mimosa que, em toda primavera, florescia diante de nossa porta; o exterior de nossa casa e o interior, com as atitudes da minha gente. Tudo isto desfila rapidamente diante dos meus olhos. Este filme sonoro em que ouço a voz da minha pobre mãe, que tanto me amou, e, depois, a do meu pai, sempre cheia de ternura e carícia, e os latidos de Clara, a cadela de caça de papai, que me chama do jardim para brincar, as meninas e os meninos de minha infância, companheiros de brincadeiras dos melhores momentos de minha vida; este filme, ao qual assisto sem querer, esta projeção de uma lanterna mágica iluminada contra minha vontade pelo meu subconsciente, enche de doce emoção esta noite de expectativa para o salto em direção ao grande e desconhecido futuro.

É hora de fazer o balanço. Vejamos: tenho 26 anos, estou com ótima saúde, tenho na barriga 5.600 francos, que são meus, e 25.000 francos de Galgani. Dega, ao meu lado, tem 10.000. Acho que posso contar com 40.000 francos, porque se Galgani é incapaz de defender esta bolada aqui, ainda menos capaz será a bordo do navio e na Guiana. Ele sabe disso, aliás, e foi por isso que não veio buscar seu canudo. Logo, posso contar com este dinheiro, levando, está claro, Galgani comigo: é preciso que ele tire vantagem deste dinheiro, que é dele e não meu. Vou empregá-lo para o bem dele, mas também saio ganhando. Quarenta mil francos é um dinheirão, portanto, vou poder comprar facilmente cúmplices, forçados cumprindo pena, libertos e vigilantes.

O balanço é positivo. Assim que chegar, devo fugir em companhia de Dega e Galgani, é só isso que importa. Apalpo o bisturi, satisfeito por sentir o frio de seu cabo de aço. Ter comigo uma arma tão temível me dá segurança. Já vi sua utilidade no incidente com os árabes. Por volta das 3 horas da manhã, reclusos alinham à frente da guarda da cela onze sacos de viagem de tecido grosso, cheios de arrebentar, cada um com uma grande etiqueta. Posso ver um que pende para o interior da grade. Leio: C... Pierre, 30 anos, 1,73m, tamanho 42, sapatos 41, matrícula X... Este Pierre C... é Pierrot le Fou, um bordelês condenado em Paris, por crime de homicídio, a vinte anos de trabalhos forçados.

É um homem do nosso meio, bom rapaz, direito e correto, eu o conheço bem. Esta ficha me mostra como é minuciosa e bem organizada a administração que dirige a prisão de forçados. É melhor que a da caserna, onde fazem uma prova sumária das roupas. Aqui, tudo é registrado e cada um receberá, portanto, roupas sob medida. Por uma abertura na boca do saco, vejo que a roupa é branca com listras verticais de cor vermelha. Com este traje, ninguém passa despercebido.

Faço força para que meu cérebro avive as imagens dos jurados, do promotor etc. Ele se recusa categoricamente a me obedecer e não consigo obter senão pálidas imagens. Compreendo que, para viver intensamente, como vivi, as cenas da Conciergerie ou de Beaulieu, é preciso estar só, completamente só. Sinto um alívio ao constatar isso e compreendo que a vida coletiva, que me aguarda, provocará outras necessidades, outras reações, outros projetos.

Pierrot le Fou se aproxima da grade e me diz:

– Como vai, Papi?

– Bem. E você?

– Ora, bem, sempre sonhei viajar para a América, mas, como sou jogador, nunca pude fazer economia para comprar a passagem. Os tiras acabaram de me oferecer esta viagem gratuita. Legal, não reclamo, é ou não é, Papi?

Ele fala com naturalidade, não há nenhuma fanfarronada nas suas palavras. A gente sente que ele está muito seguro de si:

– Esta viagem gratuita oferecida pelos tiras para ir à América tem mesmo suas vantagens. Prefiro o degredo a apanhar quinze anos de reclusão na França.

– Falta saber o resultado final, Pierrot. Não acha? Ficar biruta numa cela ou morrer de desnutrição num calabouço de uma reclusão qualquer na França é ainda pior do que morrer de lepra ou febre amarela. É a minha opinião.

– Também é a minha.

– Olhe, Pierrot, esta ficha é sua.

Ele se inclina, olha muito atentamente para ler e fala devagar:

– Estou com pressa de botar esta roupa, estou com vontade de abrir o saco e me vestir, ninguém vai dizer nada. Afinal de contas, estes troços são para mim.

– Tenha calma, espere a hora. Não é o momento de arranjar trapalhadas, Pierrot. Precisamos de tranquilidade.

Ele compreende e se afasta da grade.

Louis Dega me olha e diz:

– Garotão, é a última noite. Amanhã, a gente se afastará de nosso belo país.

– Nosso país tão belo não tem uma bela justiça, Dega. Talvez venhamos a conhecer outros países, que não sejam bonitos como o nosso, porém que tenham uma maneira mais humana de tratar os que erraram.

Não acreditava muito no que dizia, mas o futuro me confirmaria que tinha razão. De novo, o silêncio.

PARTIDA PARA O DEGREDO

Às 6 horas, rebuliço. Reclusos vêm nos dar café, depois chegam quatro vigilantes. Hoje estão de branco, o revólver sempre na ilharga. Os botões de suas túnicas impecavelmente brancas são dourados. Um deles tem três galões dourados em V na manga esquerda, nada nos ombros.

– Deportados, vocês vão sair dois a dois para o corredor. Cada um procurará o saco que lhe corresponde, tem o nome de vocês na etiqueta. Peguem o saco e se coloquem de costas para a parede do corredor, o saco na frente de vocês.

São precisos vinte minutos para que todos nos alinhemos com o saco à nossa frente.

– Tirem a roupa, juntem os troços de vocês, façam uma trouxa com a camisa e amarrem com as mangas... muito bem. Você aí, junte as trouxas e bote tudo na cela... Vistam-se, botem uma cueca, uma camisa de meia, uma calça listrada, um blusão destes, sapatos e meias... Todos já estão vestidos?

– Sim, senhor vigilante.

– Bem. Guardem a blusa de lã fora do saco, para o caso de chuva e para se protegerem do frio. Sacos em cima do ombro esquerdo! Em fila, dois a dois, sigam-me.

O agaloado na frente, dois vigilantes dos lados, o quarto atrás, nossa pequena coluna se dirige para o pátio. Em menos de duas horas, oitocentos forçados são alinhados. São chamados quarenta homens, entre os quais estou eu com Louis Dega e com os três fugitivos recambiados: Julot, Galgani e Santini. Estes quarenta homens são alinhados de dez em dez. Na cabeça da coluna que se forma, cada fileira tem um vigilante ao lado. Nada de correntes nem de algemas. À nossa frente, a 3 metros, marcham de costas dez policiais. Estão com o rosto virado para nós, mosquetão na mão, marcharão desse jeito durante todo o trajeto, cada um deles guiado por um outro policial, que o puxa pelo seu talabarte.

A grande porta da Cidadela se abre e lentamente a coluna se põe em marcha. À medida que a gente vai saindo da fortaleza, policiais, de fuzil ou metralhadora na mão, juntam-se ao comboio, a 2 metros aproximadamente dele, e o acompanham assim. Uma multidão de curiosos é mantida afastada pelos policiais: vieram assistir à partida para o degredo. No meio do percurso, das janelas de uma casa assobiam suavemente entre os dentes. Levanto a cabeça e vejo numa janela minha mulher, Nénette, e Antoine D..., meu amigo; Paula, a mulher de Dega, e Antoine Giletti em outra janela. Dega também os viu e nós marchamos com os olhos fixos nessas janelas, durante todo o tempo que podemos. Será a última vez que verei minha mulher e também meu amigo Antoine, que morrerá, mais tarde, num bombardeio, em Marselha. Como ninguém fala, o silêncio é absoluto. Nem prisioneiro, nem vigilante, nem policial, nem público, ninguém perturba este momento verdadeiramente pungente em que todo mundo compreende que estes 1.800 homens vão desaparecer para sempre da vida normal.

Subimos a bordo. Nós, os quarenta primeiros, somos levados para o fundo do porão, para dentro de um cárcere cercado de barras grossas. Um cartão está afixado aí. Leio: "Sala nº 1, 40 homens, categoria muito especial. Vigilância contínua e estrita." Cada um recebe uma rede enrolada. Há anéis em quantidade para pendurar as redes. Alguém me abraça: é Julot. Ele está por dentro, porque já fez, há dez anos, a viagem. Sabe como se virar. Ele me diz:

– Depressa, venha por aqui. Dependure seu saco onde dependurar sua rede. Este lugar fica junto de duas vigias fechadas, mas, no mar, serão abertas e a gente vai respirar sempre melhor aqui do que em qualquer outro lugar do cárcere.

Eu lhe apresento Dega. Vamos começar a conversar, quando um homem se aproxima. Julot barra sua passagem com o braço e lhe diz:

– Não se meta nunca por aqui, se quer chegar vivo ao degredo. Manjou?

– Sim – diz o outro.

– Entende por quê?

– Sim.

– Então, cai fora.

O sujeito se afasta. Dega fica feliz com esta demonstração de força e não o esconde:

– Com vocês dois, posso dormir sossegado.

Julot responde:

– Conosco, você está aqui mais em segurança do que numa casa de beira-mar que tenha uma janela aberta.

A viagem dura dezoito dias. Um único incidente: uma noite, um grande grito desperta todo mundo. Um cara é encontrado morto, com um facão plantado entre os ombros. A faca furou de baixo para cima e atravessou a rede, antes de atingi-lo. É uma arma de meter medo, tinha mais de 20 centímetros de comprimento. Imediatamente, 25 ou trinta vigilantes apontam para nós seus revólveres e mosquetões, gritando:

– Todo mundo nu, e rápido!

Todo mundo fica nu. Compreendo que vai ser feita a revista. Boto o bisturi debaixo de meu pé direito desnudo, apoiando-me com mais força sobre minha perna esquerda do que sobre a direita, porque o metal me fere. Mas meu pé cobre o bisturi. Quatro vigilantes passam para dentro e começam a revistar os sapatos e as roupas. Antes de entrar, eles deixam de lado suas armas e os outros fecham atrás deles a porta da cela; mas, do lado de fora, estamos sempre sob vigilância, as armas apontadas para nós.

– O primeiro que se mexer morre – diz um dos chefes.

Na revista descobrem três facas, dois pregos de carpinteiro aguçados, um saca-rolhas e um canudo de ouro. Seis homens são levados para o corredor, sempre nus. O chefe do comboio, Comandante Barrot, chega acompanhado por dois médicos e pelo comandante do navio. Quando os guardas saem de nossa cela, todo mundo torna a se vestir, sem aguardar ordem. Conservei o meu bisturi.

Os vigilantes se retiram para o fundo do corredor. No meio, Barrot, os outros junto da escada. Na frente deles, em linha, os seis homens nus; todos em posição de sentido.

– Isto é deste aqui – diz o guarda que fez a revista, apanhando uma faca e indicando o proprietário.

– É verdade, é minha.

– Bem – diz Barrot –, ele fará a viagem na cela que fica em cima das máquinas.

Cada um é indicado, seja pelos pregos, seja pelo saca-rolhas, seja pelas facas, e reconhece ser o proprietário do objeto encontrado. Sempre nus, sobem as escadas, acompanhados por dois guardas. Ficam no chão uma faca e o canudo de ouro: um único homem para os dois. É jovem, 23 ou 25 anos, bem-constituído, 1 metro e 80 de altura pelo menos, físico de atleta, olhos azuis.

– É seu, não é? – diz o guarda e lhe estende o canudo de ouro.

– Sim, é meu.

– Que é que contém? – perguntou o Comandante Barrot, que o pega entre as mãos.

– Trezentas libras inglesas, 200 dólares e dois diamantes de 5 quilates.

– Está bem, vamos ver.

Ele o abre. Como o comandante está cercado pelos outros, a gente não vê nada, mas se ouve dizer:

– Está certo. Seu nome?

– Salvidia Romeo.

– Você é italiano?

– Sim, senhor.

– Você não vai ser punido pelo canudo, mas pela faca, sim.

– Mas a faca não é minha.

– Não diga isso. Vejamos, eu a encontrei no seu sapato – diz o guarda.

– A faca não é minha, já disse.

– Então eu sou mentiroso?

– Não, o senhor se engana.

– Nesse caso, de quem é a faca? – perguntou o Comandante Barrot. – Se não é sua, deve ser de alguém, não é verdade?

– Não sei.

– Você quer me gozar? A gente acha uma faca no seu sapato e você não sabe de quem é? Acha que sou um imbecil? Ou é sua ou você sabe quem pôs lá. Responda.

– A faca não é minha e não me cabe dizer de quem é. Não sou delator. Será que tenho cara de tira?

– Vigilante, algeme este sujeito. Você vai pagar caro por esta manifestação de indisciplina.

Os dois comandantes falam entre si, o do navio e o do comboio. O comandante do navio dá uma ordem a um imediato, que sobe. Alguns instantes depois, chega um marinheiro bretão, verdadeiro colosso, com um balde de madeira, cheio de água do mar, sem dúvida, e uma corda grande, da grossura de um punho. O homem é amarrado ao último degrau da escada, de joelhos. O marinheiro molha a corda no balde e depois bate pausadamente, com toda a força, sobre as nádegas, os rins e o dorso do pobre-diabo. Nem um grito sai dos seus lábios, o sangue corre das nádegas e das costas. Neste silêncio de cemitério, parte um grito de protesto de nosso cárcere:

– Bando de miseráveis!

Era só o que faltava para desencadear os gritos de todo mundo: "Assassinos! Porcos! Sujos!" Mais ameaçam atirar em nós se não nos calarmos, mais a gente berra, quando, de repente, o comandante grita:

– Mandem o vapor!

Dois marujos giram umas rodas e jatos de vapor caem sobre nós com uma potência tal que, em menos de um segundo, todo mundo está com a barriga no chão. Os jatos de vapor são projetados à altura do peito. Um pavor coletivo se apossa de todos. Os queimados não ousam se queixar; isso não dura mais de um minuto, mas aterroriza todo mundo.

– Espero que tenham compreendido, não é, seus cabeças-duras? Ao menor incidente, mando vapor. Entendido? Levantem-se!

Só três homens ficaram realmente queimados. São conduzidos à enfermaria. O flagelado é recolocado junto conosco. Seis anos depois, morreria numa tentativa de fuga comigo.

Durante estes dezoito dias de viagem, temos tempo para nos informar ou para tentar formar uma visão do degredo. Nada será como imaginamos, apesar de Julot ter procurado informar-nos o melhor possível. Por exemplo, já sabemos que Saint-Laurent-du-Maroni é um povoado a 120 quilômetros do mar, à margem de um rio chamado Maroni. Julot nos explica:

– É neste povoado que fica a penitenciária, o centro do degredo de forçados. Neste centro é feita a triagem por categoria. Os desterrados vão diretamente para 50 quilômetros dali, uma penitenciária chamada Saint-Jean. Os forçados são imediatamente classificados em três grupos:

– Os muito perigosos, que serão chamados na hora da chegada e colocados nas celas do quartel disciplinar, à espera de sua transferência para as Ilhas da Salvação. Ficam aí internados para o resto da vida. Estas ilhas estão a 500 quilômetros de Saint-Laurent e a 100 quilômetros de Caiena. Elas se chamam: 1) Ilha Royale; 2) a maior, que é a Ilha de Saint-Joseph, onde está a reclusão do degredo; e 3) a Ilha do Diabo, a menor de todas. Os forçados não vão para a Ilha do Diabo, salvo exceções muito raras. Os homens da Ilha do Diabo são forçados políticos, em geral.

– Vêm a seguir os perigosos de segunda categoria: ficarão no campo de Saint-Laurent e serão obrigados a fazer trabalhos de jardinagem e cultivar a terra. Toda vez que houver necessidade, são enviados para campos muito duros: Campos Florestal, Charvin, Cascata, Enseada Vermelha, Quilômetro 42, chamado "o campo da morte".

– Enfim, a categoria normal: são empregados na administração, nas cozinhas, na limpeza do povoado e do campo ou em diversos trabalhos: oficinas, marcenaria, pintura, forja, eletricidade, colchoaria, alfaiataria, lavanderia etc.

– Portanto, a hora H é a da chegada: se a gente é chamado e levado para a cela, é porque vai ser internado nas ilhas, o que tira toda esperança de evasão. Só há uma chance: ferir-se depressa, abrir os joelhos ou a barriga, para ir ao hospital e dali fugir. É preciso evitar, a qualquer preço, ir para as ilhas. Outra esperança: se o barco que deve levar os internados para as ilhas não estiver pronto para fazer a viagem, então é preciso largar a gaita e oferecer alguma coisa ao enfermeiro. Este nos aplicará uma injeção de essência de terebintina numa articulação ou passará um cabelo molhado em urina na pele, para que ela se infeccione. Ou nos dará enxofre para respirar e depois dirá ao médico que estamos com 40 graus de febre. Durante estes poucos dias de expectativa, é preciso ir para o hospital, seja de que maneira for.

– Se não formos chamados e ficarmos com os outros, nos barracões, no campo, então há tempo para agir. Neste caso, não se deve procurar um trabalho no interior do campo. É preciso pagar ao administrador para arranjar, no povoado, um lugar de limpador de privadas, de varredor, ou ser empregado na serraria de uma empresa civil. Saindo para trabalhar fora da penitenciária e voltando a cada tarde ao campo, a gente tem tempo para entrar em contato com forçados libertos, que vivem no povoado, ou com chineses, para que eles preparem a fuga. É preciso evitar os campos em torno do povoado: todo mundo ali morre depressa; há campos onde ninguém resistiu três meses. Em pleno mato, os homens são obrigados a cortar 1 metro cúbico de madeira por dia.

Julot ruminou para nós todas essas informações preciosas, ao longo da viagem. Quanto a ele, está preparado. Sabe que vai diretamente para o calabouço, por ter tentado fugir. Por isso, tem uma faquinha, quase canivete, dentro do seu canudo. Na chegada, vai tirar a faquinha e abrir o joelho. Ao descer do navio, cairá da escada na frente de todo mundo. Acha que será transportado diretamente do cais para o hospital. Exatamente isto, aliás, é o que acontecerá.

SAINT-LAURENT-DU-MARONI

Os vigilantes se revezaram para ir trocar de roupa. Voltam todos vestidos de branco, com um capacete colonial no lugar do quepe. Julot diz: "Estamos chegando." Faz um calor de matar, porque fecharam as vigias. Através delas, a gente vê o mato. Estamos, portanto, em Maroni. A água é lamacenta. Esta floresta virgem é verde e impressionante. Pássaros alçam voo, perturbados pelo apito do navio. Vamos muito devagar, o que permite observar calmamente a vegetação, exuberante e densa. Vemos as primeiras casas de madeira, com seu teto de folha de zinco. Negros e negras estão na frente das portas, espiando o navio passar. Já se acostumaram a vê-lo descarregar seu carregamento humano e é por isso que não fazem nenhum gesto de boas-vindas à sua passagem. Três toques de apito e ruídos de hélice nos informam que estamos chegando; depois cessa todo o ruído das máquinas. Seria possível ouvir o voo de uma mosca.

Ninguém fala. Julot tem sua faca aberta e corta sua calça no joelho, rasgando as bordas das costuras. Ainda não é o momento de cortar o joelho – para não deixar um rastro de sangue. Os vigilantes abrem a porta da cela e somos enfileirados três em três. Estamos na quarta fileira, Julot entre mim e Dega. Subimos para a coberta. São 14 horas. Um sol de fogo surpreende meu crânio raspado e meus olhos. Alinhados sobre a coberta, somos levados para a passarela. Em uma parada da coluna, provocada pela entrada dos primeiros na passarela, sustento o saco de Julot em suas costas e ele, com as duas mãos, arranha a pele de seu joelho, afunda a faca e corta, com um só golpe, 7 a 8 centímetros de carne. Passa a faca para mim e aguenta sozinho seu saco. No momento em que entramos na passarela, cai de propósito e rola até embaixo. É levantado pelos que estão perto e, sendo visto ferido, chamam padioleiros. O roteiro se desenvolve como ele tinha previsto: vai embora carregado numa padiola por dois homens.

Uma multidão variada nos olha, curiosa. Pretos, mulatos, índios, chineses, brancos na miséria (que devem ser forçados libertos) examinam cada um dos que chegam à terra e se enfileiram atrás dos outros. Do outro lado, vigilantes, civis bem-vestidos, mulheres na moda de verão, rapazes com o capacete colonial na cabeça. Também eles olham os recém-chegados. Quando já somos duzentos, o comboio se move. Marchamos durante quase dez minutos e chegamos diante de uma porta de tábuas muito alta, onde está escrito: "Penitenciária de Saint-Laurent-du-Maroni. Capacidade: 3.000 homens." A porta se abre e entramos em fileiras de dez. "Um, dois, um, dois, marche!" Numerosos forçados assistem à nossa chegada. Estão empoleirados nas janelas ou sobre grandes pedras, para ver melhor.

Chegando ao meio do pátio, ouvimos a ordem gritada:

– Alto! Coloquem seus sacos na frente de vocês. Distribuam os chapéus, vocês aí!

Dão a cada um de nós um chapéu de palha, muito necessário: dois ou três já caíram de insolação. Dega e eu nos olhamos, porque um guarda agaloado pegou uma lista entre as mãos. Pensamos no que disse Julot. Chamam Guittou: "Por aqui!" Ele é escoltado por dois vigilantes e vai embora. Suzini, a mesma coisa; Girassol, igualmente.

– Jules Pignard!

– Jules Pignard (é Julot) se feriu, foi para o hospital

– Está bem.

Estes são os internados nas ilhas, depois o vigilante prossegue:

– Escutem atentamente. Cada pessoa que eu chamar sairá da fila com seu saco em cima do ombro e irá se enfileirar diante desse barracão amarelo, o nº 1.

Fulano, presente etc. Dega, Carrier e eu logo nos encontramos com os outros, alinhados na frente do barracão. Abrem a porta para nós e entramos numa sala retangular, com o comprimento aproximado de 20 metros. No meio, um corredor de 2 metros de largura; à direita e à esquerda, uma barra de ferro, que vai de uma ponta à outra da sala. Lonas, que servem de rede para dormir, estão estendidas entre a barra e a parede, cada lona com uma cobertura. Cada um se instala onde quiser. Dega, Pierrot le Fou, Santori, Grandet e eu nos arrumamos uns perto dos outros e imediatamente as corriolas se formam. Vou ao fundo da sala: à direita, o banheiro; à esquerda, as privadas, mas sem água corrente. Dependurados nas barras das janelas, assistimos à distribuição dos outros, que chegaram depois de nós. Louis Dega, Pierrot le Fou e eu estamos radiantes: não fomos internados, por isso estamos juntos num barracão. Se não fosse assim, já estaríamos numa cela, conforme explicou Julot. Todo mundo está contente, até o momento em que, quando tudo acaba, por volta das 5 horas da tarde, Grandet diz:

– É esquisito, neste comboio não chamaram um só internado. É estranho. Por mim, tanto melhor.

Grandet é o cara que roubou o cofre-forte de uma central, caso que fez rir toda a França.

Nos trópicos, a noite e o dia chegam sem crepúsculo nem aurora. Passa-se de uma ao outro de uma vez, o ano inteiro, na mesma hora. A noite cai bruscamente às 6 e meia da tarde. E, às 6 e meia, dois velhos forçados trazem dois lampiões de petróleo, que são pendurados em um gancho no teto e dão muito pouca luz. Três quartos da sala ficam em plena escuridão. Às 9 horas, todo mundo dorme, porque, passada a excitação da chegada, a gente morre de calor. Nem sinal de vento, todo mundo fica de cueca. Deito entre Dega e Pierrot le Fou, conversamos baixinho e depois dormimos.

Na manhã seguinte, é ainda noite quando toca o clarim. Todos se levantam, se lavam e se vestem. Dão-nos café e pão. Uma tábua está pregada à parede e serve para a gente botar o pão, o prato e o resto das coisas. Às 9 horas entram vigilantes e um forçado, jovem, vestido de branco sem listras. Os dois guardas são corsos e falam em corso com forçados conterrâneos. Durante este tempo, o enfermeiro passeia pela sala. Chegando junto de mim, diz:

– Como vai isso, Papi? Não me reconhece?

– Não.

– Eu sou Sierra, de Argel, conheci você na casa de Dante, em Paris.

– Ah, sim, agora me lembro. Mas você viajou em 29, já estamos em 33 e você continua sempre por aqui?

– Sim, a gente não se livra desta situação tão depressa. Finja que está doente. E ele, quem é?

– Dega? É meu amigo.

– Inscrevo ele também na consulta. Você, Papi, tem diarreia. E você, velhinho, está com crises de asma. A gente se vê na consulta das 11 horas, tenho coisas a falar com vocês.

Ele vai aos que levantam o dedo e os inscreve. Quando torna a passar à nossa frente, está acompanhado por um dos vigilantes, queimado de sol e muito velho.

– Papillon, apresento-lhe meu chefe, o vigilante enfermeiro Bartiloni. Senhor Bartiloni, estes dois são os meus amigos, de quem falei ao senhor.

– Está bem, Sierra, a gente arranja tudo na consulta, conte comigo.

Às 11 horas chegam para nos buscar. Somos nove doentes. Vamos a pé, entre os barracões. Chegando diante de um barracão mais novo e o único pintado de branco com uma cruz vermelha, entramos numa sala de espera, onde se acham uns sessenta homens. A cada canto da sala, dois vigilantes. Sierra aparece, vestido com uma blusa imaculada de médico. Ele diz: "Você, você e você, venham." Entramos numa sala e logo vemos que é o gabinete do médico. Ele fala com os três velhos em espanhol. Reconheço imediatamente um espanhol; é Fernández, que matou três argentinos no café Madrid, em Paris. Depois que conversam um pouco, Sierra o faz passar para uma privada, que dá para a sala, e vem até nós:

– Papi, deixe que eu abrace você. Estou contente de poder prestar um grande serviço, a você e ao seu amigo: os dois estão internados... Ah! Esperem eu falar! Você, Papillon, perpétua, e você, Dega, cinco anos. Têm gaita?

– Sim.

– Então me deem 500 francos cada um e, amanhã pela manhã, estarão hospitalizados, você por diarreia. E você, Dega, de noite, bata à porta, ou, melhor ainda, algum de vocês chama o guarda e pede o enfermeiro, dizendo que Dega está morrendo de falta de ar. Do resto, eu me encarrego. Papillon, peço-lhe só uma coisa: se houver problema, avise a tempo, que irei ao seu encontro. No hospital, por 100 francos semanais cada um de vocês vai poder ficar durante um mês. A coisa tem de ser feita depressa.

Fernández sai da privada e entrega, na nossa frente, 500 francos a Sierra. Eu entro também na privada e, quando saio, entrego-lhe não 1.000, mas 1.500 francos. Ele recusa os 500 francos. Não quero insistir. Ele me diz:

– Estes cobres, que você me dá, são para o guarda. Não levo nada para mim. Somos amigos ou não?

No dia seguinte, Dega, eu e Fernández estamos numa cela imensa, dentro do hospital. Dega foi hospitalizado no meio da noite. O enfermeiro da sala é um sujeito de 35 anos, que a gente chama Chatal. Tem todas as instruções de Sierra para nós três. Quando o médico passar, apresentará um exame de fezes onde eu aparecerei podre de amebas. Para Dega, dez minutos antes da consulta, ele queima um pouco de enxofre, que lhe forneceram, e manda ele respirar o gás com um pano na cabeça. Fernández sente enorme alegria: ele cortou a pele no interior da bochecha e soprou o mais possível durante uma hora. Fez isso tão conscientemente que a inchação cresceu ao ponto de tapar um olho. A cela fica no primeiro andar de um edifício, onde estão uns setenta doentes, muitos de diarreia. Pergunto ao enfermeiro onde está Julot. Ele me diz:

– Justamente no edifício defronte. Quer que lhe diga alguma coisa?

– Sim. Diga-lhe que Papillon e Dega estão aqui, que ele apareça na janela.

O enfermeiro entra e sai da sala quando quer. Para isso, não precisa mais do que bater à porta, que um árabe vem abri-la. É um guarda-chaves, um forçado que serve de auxiliar aos vigilantes. Nas cadeiras, à direita e à esquerda, ficam sentados três vigilantes, mosquetão nos joelhos. As grades da janela são trilhos de estrada de ferro e eu me pergunto como é que se faz para cortar isso. Sento-me junto à janela.

Entre o nosso edifício e o de Julot há um jardim cheio de flores alegres. Julot aparece na janela, uma lousa na mão, sobre o qual escreve com giz: "VIVA." Uma hora depois, o enfermeiro me traz uma carta de Julot. Ele me escreve: "Estou procurando dar um pulo à sua sala. Se fracassar, tentem vir à minha. O motivo é que vocês têm inimigos na sua sala. Como é, estão internados? Ânimo, dará tudo certo." O incidente da Central de Beaulieu, onde sofremos juntos, ligou-nos muito um ao outro. Julot era o especialista do bastão de madeira e foi apelidado de "homem do martelo". Ele chegava num carro diante de uma joalheria, em pleno dia, no momento em que as mais belas joias estavam em exposição nos seus estojos. O carro, guiado por um outro, parava, com o motor ligado. Julot descia rapidamente, munido de um grosso bastão de madeira, punha abaixo a vitrina com um só golpe, apanhava a maior quantidade possível de estojos e voltava ao carro, que disparava a toda a velocidade. Depois de ter sido bem-sucedido em Lyon, Angers, Tours, Le Havre, deu o golpe numa grande joalheria de Paris, às 3 da tarde, levando quase 1 milhão em joias. Nunca me contou como foi identificado. Foi condenado a vinte anos e fugiu ao fim de quatro. E foi ao regressar a Paris, conforme nos contou, que de novo o prenderam: estava atrás de seu receptador, para assassiná-lo, porque este não entregou à sua irmã uma grande soma de dinheiro que lhe devia. O receptador o viu vagando na rua onde morava, e avisou a polícia. Julot acabou em cana e regressou ao degredo conosco.

Já há uma semana que estamos no hospital. Ontem entreguei 200 francos a Chatal, é o preço por semana para nos manter, nós dois, no hospital. Para conquistar amizades, damos fumo a todos que não têm. Um forçado de sessenta anos, um marselhês chamado Carora, se fez muito amigo de Dega. Ele é seu conselheiro. Diz várias vezes por dia que, se tiver muito dinheiro e isso for sabido no povoado (pelos jornais chegados da França, sabe-se dos casos grandes), é melhor que ele não fuja, porque os libertos irão matá-lo para roubar seu canudo. Dega me conta estas conversas com o velho Carora. Sou obrigado a lhe dizer que o velho é certamente um galinha-morta, pois já está aqui há vinte anos, mas ele não me dá atenção. Dega está muito impressionado com a conversa fiada do velho e eu tenho de me esforçar para sustentar seu ânimo e o meu.

Mandei passar um bilhete a Sierra, para que traga Galgani. A coisa não demora. No dia seguinte, Galgani está no hospital, mas fora das grades. Como fazer para lhe entregar seu canudo? Digo a Chatal que tenho necessidade imperiosa de falar com Galgani, dou a entender que é uma preparação de fuga. Ele me diz que pode trazer Galgani precisamente cinco minutos antes do meio-dia. Na hora da mudança da guarda, ele o fará subir para a varanda e falar comigo pela janela, e isso sem cobrar nada. Galgani é trazido à janela ao meio-dia, eu boto o canudo diretamente em suas mãos. Ele introduz o canudo no rabo, em pé, na minha frente, e chora. Dois dias depois, eu recebi uma revista enviada por ele, com cinco notas de 1.000 francos e uma única palavra: "Obrigado."

Chatal, que me entregou a revista, viu o dinheiro. Ele não toca no assunto, mas eu insisto em oferecer alguma coisa. Ele recusa. Eu lhe digo:

– Nós queremos cair fora. Quer ir conosco?

– Não, Papillon, tenho outro compromisso, só vou tentar a fuga dentro de cinco meses, quando meu parceiro estiver libertado. A fuga vai ser mais bem-preparada e será mais segura. Você, como está internado, compreendo que esteja com pressa, mas sair daqui, com estas grades, vai ser duro. Não conte comigo para lhe dar uma mão, não quero arriscar meu lugar. Aqui, espero que meu amigo saia.

– Muito bem, Chatal. É preciso ser franco na vida, nunca vou-lhe dizer nada que possa comprometê-lo.

– Assim mesmo, levarei seus bilhetes e tratarei de suas encomendas.

– Obrigado, Chatal.

Nesta noite, ouvimos rajadas de metralhadora. Soubemos, no dia seguinte, que foi o "homem do martelo" que fugiu. Que Deus o ajude, era um bom amigo. Deve ter surgido uma oportunidade e ele aproveitou. Melhor para ele.

Quinze anos depois, em 1948, estava eu no Haiti, onde, acompanhado por um milionário venezuelano, tinha vindo fazer com o proprietário de um cassino um contrato para explorar o jogo. Uma noite, quando saí de um cabaré, onde bebemos champanhe, uma das mulheres que nos acompanhava, preta como carvão, mas educada como uma provinciana de boa família francesa, me diz:

– Minha avó, que é mãe de santo, vive com um velho francês. É um fugitivo de Caiena, há vinte anos que está com ela, bebe o tempo todo, chama-se Jules Marteau.

Fico imediatamente bom da bebida:

– Garota, me leve imediatamente para a casa de sua avó.

Em dialeto haitiano, ela fala ao chofer, que toca a toda a velocidade. Passamos por um bar noturno brilhante de luzes: "Pare." Entro no bar e compro uma garrafa de Pernod, duas garrafas de champanhe, duas garrafas de rum nacional. "Toca." Chegamos à beira do mar, diante de uma encantadora casinha branca com telhas vermelhas. A água do mar chega quase à escada. A mulher bate, bate, e sai primeiro uma preta corpulenta, os cabelos branquinhos. Está vestida com uma camisola, que vem até os tornozelos. As duas mulheres falam em dialeto. Ela me diz:

– Entre, senhor, esta casa é sua.

Uma lâmpada de carbureto ilumina uma sala muito limpa, cheia de pássaros e peixes.

– O senhor quer ver o Julot? Espere, ele vem aí. Jules, Jules! Tem alguém que quer ver você.

Vestindo um pijama listrado de azul, que me faz lembrar a roupa do degredo, chega um velho descalço.

– E então, Bola de Neve, quem é que vem me ver numa hora dessas? Papillon! Não é possível!

Pega-me os braços e continua falando.

– Chega para cá a lâmpada, Bola de Neve, para que eu veja a cara do meu amigo. Mas é você mesmo, homem! É você, sem dúvida! Então, seja bem-vindo. O barraco, o pouco dinheiro que tenho, a neta de minha mulher, tudo é seu. É só falar.

Bebemos o Pernod, o champanhe, o rum e, de vez em quando, Julot canta.

– A gente conseguiu, apesar de tudo, hein, meu amigo? Está vendo, nada como a aventura. Passei por Colômbia, Panamá, Costa Rica, Jamaica e depois, faz quase vinte anos, vim parar aqui e sou feliz com Bola de Neve, que é a melhor mulher que um homem pode encontrar. Quando vai embora? Demora aqui muito tempo?

– Não, uma semana.

– Que veio fazer?

– Explorar o jogo do cassino, assinei um contrato diretamente com o proprietário.

– Meu amigo, gostaria que você ficasse toda a vida junto comigo, nesta terra miserável de carvoeiros, mas, se você fez contrato com o proprietário, não deve ficar vivendo perto dele. O cara mandará assassinar você, quando souber que o seu *business* vai bem.

– Obrigado pelo conselho.

– Você, Bola de Neve, prepare a festa de candomblé, não para turista. Um candomblé de verdade para o meu amigo!

Em outra ocasião, contarei para vocês o que foi este famoso candomblé "não para turista".

Portanto, Julot fugiu e eu, Dega e Fernández continuamos na expectativa. De tempos em tempos, olho, como quem não quer nada, as grades das janelas. São verdadeiros trilhos de estrada de ferro, não dá pé. Resta, agora, a porta. Dia e noite, três vigilantes armados estão ali de guarda. Depois da fuga de Julot, a vigilância se acentuou. As rondas se sucedem mais próximas das outras, o médico é menos amável. Chatal só vem duas vezes por dia à sala, para as injeções e para tirar a temperatura. Passa uma segunda semana, pago, mais uma vez, 200 francos. Dega fala de tudo, menos de fuga. Ontem viu meu bisturi e me disse:

– Continua com isso? Por quê?

Respondi, de mau humor:

– Para defender minha pele e a sua, se for necessário.

Fernández não é espanhol, é argentino. É homem mesmo, um verdadeiro aventureiro, mas também ficou impressionado pela conversa mole do velho Carora. Um dia ouço ele dizer a Dega:

– Parece que nas ilhas é muito sadio, não é como aqui e não faz calor. Nesta sala, a gente pode apanhar ameba, é só ir à privada para pegar os micróbios.

Todos os dias, um ou dois homens, nesta sala de setenta, morrem de disenteria. Coisa curiosa a notar, todos morrem na maré vazante da tarde ou da noite. Nunca ninguém morre de manhã. Por quê? Mistério da natureza.

Nesta noite, tive uma discussão com Dega. Eu lhe disse que, às vezes, de noite, o guarda-chaves árabe comete a imprudência de entrar na sala e de levantar os lençóis dos doentes mais graves, que têm o rosto coberto. A gente poderia dar uma pancada nele e se vestir com sua roupa (estamos todos só de camisa e sandália). Uma vez vestido, saio e arranco de surpresa um mosquetão de um dos guardas, aponto para os outros e os faço entrar na cela, cuja porta fecho. A seguir, a gente salta o muro do hospital do lado do Maroni, cai na água e deixa que a corrente nos carregue, à deriva. Depois, veremos. Como a gente tem dinheiro, compra um barco e comida para partir pelo mar. Ambos recusam categoricamente este projeto e até o criticam. Sinto, então, que eles estão de crista caída, fico muito decepcionado e os dias passam.

Já há três semanas menos dois dias que a gente está aqui. Só restam de dez a quinze dias, no máximo, para tentar a fuga. Hoje, dia memorável, 21 de novembro de 1933, entra na sala Joanes Clousiot, o homem que tentaram assassinar em Saint-Martin, no barbeiro. Tem as vistas fechadas e está quase cego, os olhos cheios de pus. Depois que Chatal se retira, vou para perto dele. Rapidamente, ele me diz que os outros internados partiram para as ilhas há mais de quinze dias, porém que se esqueceram dele. Há três dias, um administrador o avisou. Ele botou um grão de mamona nos olhos e, com ambos purulentos, pôde vir para o hospital. Está seco para cair fora. Diz que está pronto para tudo, mesmo para matar, se for preciso, mas quer fugir. Tem 3.000 francos. Os olhos são lavados com água quente e logo ele pode ver melhor. Eu lhe explico meu plano para a fuga, ele acha bom, mas diz que, para surpreender os vigilantes, é preciso sair em dois, se possível em três. A gente poderia desmontar as pernas da cama e, cada um com uma perna de ferro na mão, cair em cima dos guardas. Na sua opinião, mesmo que tenhamos um mosquetão na mão, eles não acreditarão que vamos atirar e podem chamar os guardas de serviço no outro pavilhão, de onde Julot escapou e que fica a menos de 20 metros.

3 | PRIMEIRA FUGA

A FUGA DO HOSPITAL

Hoje à noite discuti com Dega e Fernández. Dega diz que não confia no plano, que paga um bom dinheiro, se for preciso, para sair da cadeia. Pede para eu escrever a Sierra a respeito dessa possibilidade. No mesmo dia, Chatal traz o bilhete e a resposta:

"Não pague nada a ninguém para sair. São ordens que vêm da França, e ninguém, nem o diretor da penitenciária, pode nos soltar. Se vocês estão desesperados no hospital, tentem sair um dia depois que o navio chamado *Mana* zarpar para as ilhas."

Vamos ficar oito dias nas celas, antes de ir para as ilhas, e talvez seja melhor fugir do hospital do que da enfermaria em que nos colocaram. No mesmo bilhete, Sierra diz ainda que, se eu concordar, vai mandar um condenado liberto falar comigo, para deixar o barco atrás do hospital. É um sujeito de Toulon, de nome Jesus; foi ele quem preparou a fuga do Dr. Bougrat dois anos atrás. Para encontrá-lo tenho que tirar uma radiografia num pavilhão que tem equipamento especial. O pavilhão fica dentro do recinto do hospital, mas os condenados em liberdade podem ser admitidos com uma autorização falsificada, para tirar uma radiografia. Ele diz para eu tirar o canudo antes de ir para a radiografia, porque o médico pode vê-lo, se olhar mais abaixo do pulmão. Mando um recado a Sierra, pedindo para mandar Jesus à radiografia e combinar com Chatal para eu ser mandado lá também. Na mesma noite, Sierra avisa que vai ser depois de amanhã, às 9 horas.

No dia seguinte, Dega pede alta e Fernández também. O *Mana* zarpou de manhã. Pretendem fugir das celas do presídio, desejo-lhes boa sorte, eu não mudo meus planos.

Encontrei Jesus. É um velho condenado liberto, seco como um bacalhau, rosto moreno, marcado por duas horríveis cicatrizes. Tem um olho que fica lacrimejando o tempo todo, quando olha a gente. Cara feia, olhar perigoso. Não me inspira a menor confiança, e o futuro vai provar que eu tenho razão. Entramos logo no assunto:

– Posso arranjar um barco para quatro homens, no máximo cinco. Um tonel de água, comida, café e fumo; três remos, uns sacos vazios, agulha e, linha para você mesmo fazer a vela e o cutelo, a vela menor; uma bússola, um machado, uma faca, 5 litros de tafiá (rum da Guiana), tudo por 2.500 francos. A lua some daqui a três dias. Se você aceitar, daqui a quatro dias vou ficar esperando no barco todas as noites, das 11 às 3 da manhã, durante oito dias. No primeiro quarto de lua não vou esperar mais. O barco estará exatamente no canto do muro, atrás do hospital. Vá andando pelo muro, porque enquanto você não estiver em cima do bote não vai conseguir enxergá-lo, nem a 2 metros.

Não confio nele, mas aceito assim mesmo.

– E a gaita? – pergunta Jesus.

– Mando por Sierra.

Despedimo-nos sem apertar as mãos. Nada elegante.

Às 3, Chatal vai até o presídio levar o dinheiro para Sierra, 2.500 francos. Penso comigo: "Jogo esse dinheiro por Galgani, porque é arriscado. Espero que ele não beba essas 2.500 pratas!"

Clousiot está radiante, cheio de confiança em si, em mim e no nosso plano. Só uma coisa o preocupa: quase todas as noites, o carcereiro árabe volta para a enfermaria e, além disso, não muito tarde. Outro problema: quem mais poderíamos escolher para fazer a proposta? Há um corso do submundo de Nice, chamado Biaggi. Está na colônia desde 1929, encontra-se em prisão preventiva na enfermaria, sob forte vigilância, porque matou um sujeito. Clousiot e eu discutimos se vamos falar com ele e quando. Enquanto conversamos em voz baixa, aproxima-se um rapazinho de uns dezoito anos, bonito como uma mulher. Chama-se Maturette e foi condenado à morte pelo assassinato de um chofer de táxi e mais tarde agraciado por causa da sua idade: dezessete anos. Eram dois rapazes os acusados, de dezesseis e dezessete anos; no tribunal, ao invés de se acusarem reciprocamente, esses dois garotos declararam-se ambos autores do crime. O chofer foi morto por um único tiro. Por essa atitude, na época do processo, os meninos ganharam a simpatia de todos os condenados.

Maturette, completamente efeminado, aproxima-se e pede um fósforo com uma voz de mulher. Acendo seu cigarro e dou-lhe ainda, de presente, quatro cigarros e uma caixa de fósforos. Agradece com um sorriso insinuante, deixamos que se afaste. De repente, Clousiot diz:

– Papi, estamos salvos. O árabe vai voltar quando a gente quiser e à hora que a gente quiser, está no papo.

– Como?

– É muito simples: pedimos a Maturette que se deixe seduzir por ele. Você sabe, os árabes adoram os rapazinhos. Daí a entrar de noite para visitar o menino, é um pulo. Maturette vai fazer onda, dizendo que tem medo de ser visto, e o árabe entrará à hora que for melhor para a gente.

– Deixe comigo.

Vou até Maturette, ele me recebe com um sorriso convidativo. Pensa que me conquistou com o seu primeiro sorriso insinuante. Vou logo dizendo:

– Está enganado, vá até as latrinas.

Chegando lá, começo:

– Se falar uma palavra do que vou dizer, você é um homem morto. Está disposto a fazer isso, isso e isso para ganhar uns cobres? Quanto? Prefere fazer o serviço ou quer ir com a gente?

– Quero ir com vocês, está certo?

Prometido. Apertamos as mãos.

Ele vai deitar-se e, depois de trocar algumas palavras com Clousiot, eu também me deito. De noite, lá pelas 8 horas, Maturette senta na janela. Nem precisa chamar o árabe, ele vem sozinho e começam a conversar em voz baixa. Às 10, Maturette se deita. Nós estamos deitados desde as 9 horas, com um olho aberto. O árabe entra na enfermaria, dá duas voltas, encontra um homem morto. Bate na porta e pouco depois entram dois padioleiros com uma maca e levam o morto. Esse morto vai servir para justificar as rondas do árabe a qualquer hora da noite. No dia seguinte, por sugestão nossa, Maturette marca encontro com ele às 11 da noite. O carcereiro chega na hora, passa pela cama do menino, puxa-o pelos pés para acordá-lo, depois dirige-se para as latrinas. Maturette segue-o. Quinze minutos depois aparece o carcereiro, que vai direto para a porta e sai. Imediatamente, Maturette vai deitar-se na sua cama, sem falar com a gente. Na noite seguinte, é a mesma coisa, desta vez à meia-noite. Tudo está dando certo, o árabe vem à hora que o menino indica.

Dia 27 de novembro de 1933. Dois pés da cama vão ser arrancados para servir de arma. Às 4 da tarde, espero um aviso de Sierra.

Chatal, o enfermeiro, chega sem bilhete. Ele diz apenas: – François Sierra falou para avisar que Jesus vai esperar no lugar que foi previamente combinado. Boa sorte.

Às 8 da noite, Maturette diz ao árabe:

– Venha depois da meia-noite; a essa hora, a gente vai poder ficar junto mais tempo.

O árabe diz que virá depois da meia-noite. À meia-noite em ponto estamos prontos. O árabe entra lá pela meia-noite e quinze, vai direto para a cama de Maturette, puxa os pés dele e segue para as latrinas. Maturette entra com ele. Arranco o pé da minha cama, que faz um pouco de barulho ao cair. Do lado de Clousiot nada se ouve. Tenho que ficar atrás da porta dos banheiros e Clousiot vai se aproximar para chamar sua atenção. Depois de vinte minutos de espera, tudo acontece muito rápido. O árabe sai dos banheiros e, surpreso de ver Clousiot, diz:

– O que é que você está fazendo aí, de pé no meio da sala a esta hora? Vá dormir.

Na mesma hora leva uma pancada em plena nuca e cai sem um ruído. Rápido, visto suas roupas, calço seus sapatos, arrasto-o para debaixo de uma cama e, antes de escondê-lo completamente, dou-lhe outra pancada na cabeça. É a conta.

Nenhum dos oitenta homens da enfermaria se mexeu. Dirijo-me rapidamente para a porta, seguido de Clousiot e Maturette, vestidos apenas com a camisa, e bato. O vigia abre, eu pego o ferro e tac!, na cabeça dele. O outro, da frente, deixa cair o fuzil, com certeza está dormindo. Antes que reaja, dou-lhe uma pancada. Os meus dois não gritaram, o de Clousiot emitiu um "ha!" antes de desmoronar. Os meus dois ficam sentados em suas cadeiras, o terceiro fica esticado no chão em todo o seu comprimento. A gente prende a respiração. Para nós, todos escutaram esse "ha!". Foi muito alto mesmo e, no entanto, ninguém se mexe. Não os levamos para a sala, partimos com os três fuzis. Clousiot primeiro, o rapazinho no meio e eu atrás, descemos pelas escadas mal-iluminadas por uma lanterna. Clousiot largou seu pedaço de ferro, eu tenho o meu na mão esquerda e o fuzil na direita. Embaixo, nada. À nossa volta, a noite está escura como breu. Precisamos olhar bem para enxergar o muro, perto do rio; dirigimo-nos rapidamente para lá. Chegando ao muro, faço escadinha. Clousiot sobe, fica escarranchado, puxa Maturette, depois é a minha vez. Escorregamos na escuridão do outro lado do muro. Clousiot cai de mau jeito dentro de um buraco e machuca o pé; eu e Maturette chegamos bem. Levantamos, abandonamos os fuzis antes de saltar. Quando Clousiot vai levantar, não consegue, diz que está com a perna quebrada. Deixo Maturette com Clousiot e corro até o canto do muro, segurando com a mão na parede. Está tão escuro, que não percebo quando chego ao fim do muro, minha mão cai e bato com o queixo. Do lado do rio ouço uma voz que diz:

– São vocês?

– Sim. É Jesus?

– É.

Ele acende um fósforo por um instante. Vejo onde ele está. Entro na água, chego até ele. São dois.

– Suba o primeiro. Quem é?

– Papillon.

– Bom.

– Jesus, precisa voltar um pouco mais para cima, meu amigo quebrou a perna caindo do muro.

– Então pegue essa pá e reme.

Os três remos afundam na água e o barco faz depressa os 100 metros que nos separam do lugar onde os outros dois devem estar. Não se enxerga nada. Chamo:

– Clousiot!

– Não fale, diabo! – diz Jesus. – Enflé, rode a pedra do isqueiro. Brilham algumas faíscas, eles perceberam. Clousiot assobia entre os dentes: é um assobio que não faz barulho, mas a gente escuta perfeitamente. Parece o silvo de uma cobra. Assobia sem parar, conduzindo-nos até ele. Enflé desce, carrega Clousiot nos braços e o coloca na barca. Maturette sobe também, depois Enflé. Somos cinco e a água chega a dois dedos da borda do barco.

– Não façam nenhum movimento sem avisar – diz Jesus. – Papillon, pare de remar, coloque a pá sobre os joelhos. Força, Enflé!

E rapidamente, com a ajuda da correnteza, a barca entra noite adentro.

Quando passamos, depois de 1 quilômetro, diante da penitenciária escassamente iluminada por um velho gerador, estamos no meio do rio, navegando a uma velocidade incrível, levados pela correnteza. Enflé levantou o remo. Somente Jesus, com o cabo do seu colado à coxa, mantém o equilíbrio do barco. Não rema, só maneja o leme.

Jesus diz:

– Agora, a gente pode falar e fumar. Deu tudo certo, acho. Tem certeza de que não matou ninguém?

– Acho que não.

– Diabo! Você me tapeou, Jesus! – diz Enflé. – Você disse que era uma fuga sem problema nenhum, no entanto é uma evasão de condenados, pelo que consegui entender.

– Pois é, são condenados, Enflé. Não quis falar para você, senão você não me ajudava, e eu precisava de um homem. Não tem nada. Se eles pegarem a gente, eu fico com toda a responsabilidade.

– Certo, Jesus. Pelas 100 pratas que você me deu, não quero arriscar o meu pescoço se tiver um morto, nem a prisão perpétua se tiver algum ferido.

Então eu digo:

– Enflé, vou dar de presente 1.000 francos para vocês dois.

– Tá certo, então, chefe. Regular. Obrigado, a gente morre de fome na aldeia, é pior estar livre do que preso. Pelo menos, preso, a gente tem comida todos os dias e roupa.

– Chefe – diz Jesus a Clousiot –, está sofrendo muito?

– Vai indo – diz Clousiot. – Mas como é que vamos fazer com minha perna quebrada, Papillon?

– Vamos ver. Para onde a gente vai, Jesus?

– Vou esconder vocês numa enseada a 30 quilômetros da saída do mar. Vocês vão ficar lá oito dias, para deixar esfriar o negócio da perseguição dos guardas e dos caçadores de homens. Precisa dar a impressão de que vocês saíram nesta mesma noite do Maroni e entraram no mar. Os caçadores de homens têm umas canoas sem motor, essas canoas são o maior perigo. Fogo, falar, tossir podem ser fatais se eles estiverem por perto, escutando. Os guardas têm uns barcos a motor muito grandes para entrar na enseada, podem tocar o fundo.

A noite fica clara. São quase 4 horas da manhã quando, depois de ter procurado bastante tempo, damos finalmente com o local que só Jesus conhece e entramos na mata. O barco achata os pequenos arbustos, que, após passarmos, tornam a se endireitar atrás de nós, formando uma cortina protetora bem fechada. Precisaria ser um adivinho para saber que ali há água suficiente para dar passagem a um barco. Entramos, penetramos na floresta durante mais de uma hora, afastando os galhos que barram a nossa passagem. De repente encontramo-nos numa espécie de canal e paramos. A margem está verde de grama limpa, as árvores são imensas e a claridade (são 6 horas) não chega a penetrar no meio da folhagem. Debaixo dessa abóbada imponente, os gritos de milhares de animais desconhecidos. Jesus diz:

– É aqui que vocês vão ter que esperar oito dias. Volto no sétimo dia, para trazer mantimentos.

Ele tira de baixo de uma vegetação cerrada uma pequena canoa de uns 2 metros. Dentro dela há dois remos. É com esse barco que ele vai voltar, com a maré montante, para Saint-Laurent.

Só então vamos ocupar-nos de Clousiot, que está deitado na margem. Veste ainda a camisa, mas tem as pernas nuas. Com o machado, arranjamos uns galhos secos do formato de ripas. Enflé puxa então o pé de Clousiot, que, suando gotas enormes, num certo momento diz: "Pare! Nessa posição dói menos, o osso deve estar no lugar." Colocamos as ripas e as amarramos com a corda de cânhamo nova que está dentro da canoa. Ele fica aliviado. Jesus tinha comprado quatro calças, quatro camisas e quatro malhas de lã dos deportados. Maturette e Clousiot se vestem, eu fico com as roupas do árabe. Tomamos um pouco de rum. É a segunda garrafa que esvaziamos desde a partida: esquenta, felizmente. Os mosquitos atacam a gente sem parar: precisamos sacrificar um pacote de fumo. Colocamos o fumo de molho numa cabaça e passamos o caldo da nicotina no rosto, nas mãos e nos pés. As malhas são de lã e esquentam, apesar dessa umidade que penetra na gente.

Enflé diz:

– Vamos embora. E as pratas que você prometeu?

Afasto-me um pouco e volto com uma nota de 1.000 novinha em folha.

– Até logo, não saiam daí durante oito dias – diz Jesus. A gente volta daqui a sete dias. No oitavo dia, vocês embarcam. Nesse tempo todo façam as velas e arrumem o barco, cada coisa no seu lugar, coloquem os gonzos do leme, que não está montado. Se passarem dez dias e a gente não voltar, é porque fomos agarrados na aldeia. Como o negócio engrossou com o ataque ao guarda, vai ter uma encrenca danada.

Por outro lado, Clousiot informa que ele não deixou o fuzil perto do muro. Jogou-o por cima do muro, e o rio fica tão perto (ele não sabia disso), que certamente o fuzil caiu na água. Jesus diz que isso é bom, porque, se ele não foi encontrado, os caçadores de homens vão pensar que estamos armados. Ele são os mais perigosos, mas não devemos ter medo: só estão armados com um revólver e um facão e, pensando que temos fuzis, não vão aventurar-se. Até logo, até logo. Se nos descobrirem e precisarmos abandonar a canoa, vamos ter que subir o riacho até a floresta; com a bússola, iremos para o norte. Há muitas chances de a gente encontrar, depois de dois ou três dias de marcha, o presídio da morte chamado Charvein. Lá vamos ter que pagar a alguém para avisar Jesus de que estamos naquele lugar. Vão embora os dois velhos condenados. Alguns minutos depois, sua canoa já desapareceu, não se ouve nada e não se vê nada.

A claridade do dia penetra na floresta de uma maneira toda particular. Parece que estamos embaixo de uma abóbada que recebe o sol pelo alto e não deixa passar nenhum raio. Começa a esquentar. Então, Maturette, Clousiot e eu nos sentimos sós. Primeiro reflexo: damos risada. Tudo correu com a maior facilidade. O único inconveniente é a perna de Clousiot. Ele diz que agora, que ela está presa nas ripas, passa bem. A gente pode esquentar um café. É rápido; acendemos o fogo e tomamos uma bela caneca de café preto cada um, adoçado com açúcar mascavo. Está delicioso. Gastamos tanta energia desde ontem à noite, que não temos coragem de olhar as coisas nem de inspecionar o barco. A gente vê depois. Estamos livres, livres, livres. Faz exatamente 37 dias que chegamos à colônia. Se a fuga der certo, minha prisão perpétua não foi muito longa. Eu falo: "Senhor presidente, quanto tempo duram os trabalhos forçados na prisão perpétua, na França?" E damos uma gargalhada. Maturette também pegou prisão perpétua. Clousiot diz: "Não vamos cantar vitória, ainda. A Colômbia está longe, e esse barco feito com uma árvore queimada me parece bem pouca coisa para entrar no mar."

Não respondo nada porque eu, francamente, até o último momento, pensei que a canoa fosse levar-nos ao lugar onde estaria o barco apropriado para entrar no mar. Descobrindo que estava enganado, não tive a coragem de dizer nada, para não influenciar mal os meus amigos logo no começo. Por outro lado, como Jesus parecia achar tudo aquilo muito natural, não queria dar a impressão de não conhecer os barcos habitualmente utilizados para fugas.

Passamos este primeiro dia falando e tomando contato com essa mata tão desconhecida. Os macacos e pequenas espécies de esquilos fazem terríveis cabriolas em cima das nossas cabeças. Um bando de pequenos porcos selvagens veio beber água e tomar banho. Havia pelo menos 2.000. Entram na enseada e nadam, arrancando as raízes que estão penduradas. Um jacaré sai de não sei onde e agarra a pata de um porco, que começa a se esgoelar como um louco; então, os porcos atacam o jacaré, sobem em cima dele, tentando mordê-lo na junção de sua enorme boca. A cada golpe de rabo, o jacaré faz dançar um porco à direita ou à esquerda. Um deles morre e boia com o ventre para o ar. Imediatamente, seus companheiros o comem. A enseada está cheia de sangue. O espetáculo dura vinte minutos, o jacaré foge debaixo da água. Não o vimos mais.

Dormimos bem e de manhã fazemos café. Tiro minha malha, para me lavar com um sabonete grande de Marselha que foi encontrado no barco. Com minha navalha, Maturette corta como pode minha barba, depois barbeia Clousiot. Ele, Maturette, não tem barba. Quando pego a malha para vestir, dela cai uma aranha enorme, aveludada e de uma cor negro-violeta. Os pelos são muito compridos e acabam, na ponta, com uma bolinha platinada. Deve pesar pelo menos uns 500 gramas, é enorme e eu a esmago com nojo. Tiramos todas as coisas do barco, inclusive o pequeno tonel de água. A água está violeta, acho que Jesus colocou permanganato demais dentro dela, para impedir que apodreça. Numas garrafas bem fechadas estão fósforos e lixas. A bússola é daquelas de crianças: marca somente norte, sul, leste e oeste, e não tem graduação. O mastro tem só 2 metros e 50 de altura. Cortamos os sacos de farinha em trapézio e colocamos uma corda na volta toda, para reforçar a vela. Faço uma pequena vela triangular, o cutelo, cortada em forma de triângulo isósceles: ajudará a levantar o nariz do barco na onda.

Quando colocamos o mastro, percebo que o fundo do barco não é sólido: o buraco onde se fixa o mastro está comido e perigosamente gasto. Ao colocarmos as dobradiças que segurarão o leme, os parafusos entram como se a madeira fosse manteiga. Este barco está podre. Aquele porco do Jesus está querendo matar a gente. Contrariado, mostro isso tudo aos dois, não tenho o direito de esconder deles a situação. O que é que vamos fazer? Quando Jesus vier, vamos obrigá-lo a encontrar um barco mais seguro para a gente. Para isso vamos desarmá-lo e eu, armado com faca e machado, vou partir com ele para procurar outro barco na aldeia. É um grande risco, mas é um risco menor do que entrar no mar com um caixão de defunto. Os mantimentos estão em ordem: há um garrafão de óleo e umas caixas cheias de farinha de mandioca. Com isso, a gente vai longe.

Hoje de manhã assistimos a um curioso espetáculo: um bando de macacos de focinho cinzento brigou com uns macacos de focinho preto e aveludado. Maturette, no meio da baderna, levou um pedaço de galho na cabeça e está com um galo grande como uma noz.

Há cinco dias e quatro noites que estamos aqui. Nesta noite choveu torrencialmente. Abrigamo-nos com folhas de bananeiras selvagens. A água escorria em cima de seu verniz, mas não nos molhamos muito, só os pés. Hoje de manhã, tomando café, penso em como Jesus é um criminoso. Ter se aproveitado de nossa inexperiência para empurrar para a gente este barco podre! Para economizar 500 ou 1.000 francos, ele manda três homens à morte certa. Pergunto a mim mesmo se, depois de obrigá-lo a me fornecer um outro barco, não vou matá-lo.

Gritos de gaios alvoroçam todo o nosso pequeno mundo, gritos tão agudos e irritantes que digo a Maturette para pegar o facão e ir ver o que é. Ele volta depois de cinco minutos e me faz sinal para segui-lo. Chegamos a um local a uns 150 metros do barco e vejo, pendurado no ar, um maravilhoso faisão (ou uma ave parecida com um faisão), duas vezes maior que um galo grande. Está preso num laço e pendurado pela perna num galho. Com um golpe de facão, corto seu pescoço, para acabar com aqueles gritos horripilantes. Suspendo-o, para calcular seu peso – tem pelo menos 5 quilos. Seus esporões são como os dos galos. Decidimos comê-lo, mas, refletindo, achamos que o laço foi colocado lá por alguém e que deve haver outros. Vamos ver. Voltamos para o lugar e encontramos uma coisa curiosa: é uma verdadeira barreira de 30 centímetros de altura, feita de folhas e cipós entrelaçados, a uns 10 metros da enseada. Essa barreira corre paralelamente à água. De vez em quando, uma porta, e na porta, disfarçado por uns galhos pequenos, um laço de arame preso por uma extremidade a um galho de árvore dobrado. Logo imagino que o animal deve chocar com a barreira e percorrê-la até encontrar uma passagem. Quando encontra a porta, passa, mas seu pé fica preso no arame, soltando o galho. Fica então pendurado no ar, até que o proprietário das armadilhas venha buscá-lo.

Essa descoberta nos preocupa. A barreira parece bem conservada e não é velha; corremos o perigo de ser descobertos. Não podemos acender fogo de dia, mas de noite o caçador não vai aparecer. Decidimos fazer um turno de guarda para vigiar, olhando sempre na direção das armadilhas. O barco está escondido embaixo dos galhos e todo o material está na floresta.

Estou de guarda no dia seguinte, às 10 horas. De noite comemos o faisão ou galo, não sabemos bem. O caldo nos fez um bem enorme e a carne, mesmo cozida, era deliciosa. Cada um comeu duas tigelas. Agora estou de guarda. Mas, intrigado com umas formigas-de-mandioca enormes, pretas, cada uma carregando grandes pedaços de folhas, que levam para um enorme formigueiro, esqueço minha guarda. Essas formigas têm mais ou menos 1 centímetro e meio de comprimento e ficam erguidas sobre as patas. Cada uma delas carrega pedaços enormes de folhas. Sigo-as até a árvore que estão descascando e vejo toda uma organização. Antes de tudo, há as cortadeiras, que só preparam os pedaços. Rapidamente cortam com suas tesouras uma enorme folha de uma espécie de bananeira, recortam uns pedaços, todos do mesmo tamanho, com uma habilidade incrível, e os pedaços caem no chão. Embaixo há uma fileira de formigas da mesma espécie, mas um pouco diferentes. Têm do lado da mandíbula um risco cinzento e estão em semicírculo, fiscalizando as carregadeiras. Estas chegam pela direita, em fila, e vão para o formigueiro pela esquerda. Rápidas, elas apanham sua carga antes de entrar na fila, mas, de vez em quando, na pressa de se carregarem e entrarem na fila, criam um atravancamento. Então as formigas policiais intervêm e empurram cada uma das operárias para o lugar que elas devem ocupar. Não consigo compreender que falta grave cometeu uma operária, mas ela é retirada da fileira por duas formigas policiais: uma arranca-lhe a cabeça; a outra corta-lhe o corpo em dois, na altura da cintura. Duas operárias são obrigadas a parar pelos guardas; colocam no chão seu pedaço de folha, fazem um buraco com suas patas, e as três partes da formiga, cabeça, peito e o resto do corpo, são enterradas e depois cobertas de terra.

A ILHA DOS POMBOS

Estava tão absorvido, olhando esse pequeno mundo e seguindo os soldados, para ver se sua vigilância ia até a entrada do formigueiro, que fiquei totalmente surpreso quando uma voz disse:

– Não se mova, ou você é um homem morto. Vire.

É um homem de peito nu, *short* cáqui, calçado com um par de botas de couro vermelho. Segura na mão um fuzil de dois canos. É de estrutura média, atarracado, queimado pelo sol. É careca e seus olhos e seu nariz estão cobertos por uma máscara azul forte, tatuada. Bem no meio da testa, está tatuada também uma barata.

– Você está armado?

– Não.

– Está sozinho?

– Não.

– Quantos vocês são?

– Três.

– Leve-me até os seus amigos.

– Não posso, porque um deles está com um fuzil e não quero que você seja morto antes de saber suas intenções.

– Ah! Então não se mova e fale delicadamente. São vocês os três caras que fugiram do hospital?

– Somos.

– Quem é Papillon?

– Sou eu.

– Muito bem, você pode dizer que fez uma revolução na aldeia com sua fuga! A metade dos libertos está presa no quartel de polícia.

Ele se aproxima de mim e, abaixando o cano do fuzil para o chão, estende a mão para mim e diz:

– Sou o bretão mascarado, já ouviu falar de mim?

– Não, mas estou vendo que você não é um caçador de homens.

– Você tem razão, coloco armadilhas aqui para apanhar aves. O tigre deve ter comido uma, a não ser que tenham sido vocês.

– Fomos nós.

– Você quer café?

Num saco que ele carrega nas costas há uma garrafa térmica; ele me dá um pouco de café e toma também. Digo-lhe:

– Venha ver meus amigos.

Ele vem e se senta com a gente. Ri calmamente da história do fuzil e diz:

– Eu acreditei mesmo, porque nenhum dos caçadores de homens quis vir procurar vocês; todo mundo acha que estão com um fuzil.

Explica que vive na Guiana há vinte anos e está livre há cinco. Tem 45 anos. Por causa dessa besteira que ele fez, de tatuar aquela máscara no rosto, a vida na França não lhe interessa. Adora a floresta e vive exclusivamente dela: pele de cobra, pele de tigre, coleção de borboletas e sobretudo a caça ao *hocco* vivo, o pássaro que nós comemos. Ele os vende a 200 ou 250 francos. Eu me ofereço para pagar, ele recusa, indignado. Conta-nos o seguinte:

– Esse pássaro selvagem é um galo-do-mato. Claro que ele nunca viu nem galinha, nem galo, nem homens. Bom, eu apanho um, levo até a aldeia e o vendo logo para alguém que tenha um galinheiro, porque ele é muito procurado. Bom. Sem cortar as asas, sem fazer nada, você o coloca à tardinha, no princípio da noite, dentro do galinheiro, e de manhã, quando a gente abre a porta, ele fica plantado na frente e parece que conta as galinhas e os galos que vão saindo. Ele os segue e, comendo com eles, olha com os olhos bem abertos para todos os lados, para baixo, para cima, nos arbustos em volta. É um cão de guarda sem igual. De noite, fica na porta e não se entende como sabe quando falta uma galinha ou duas, mas sabe, e vai procurá-las. E, galo ou galinha, ele os bota para dentro a fortes bicadas, para ensiná-los a chegar na hora. Mata ratos, cobras, aranhas, musaranhos, centopeias e, assim que uma ave de rapina aparece no céu, manda todo mundo se esconder no meio do capim, enquanto ele a enfrenta. Nunca mais sai do galinheiro.

Esse pássaro extraordinário, nós o comemos como um galo vulgar. O bretão mascarado diz que Jesus, Enflé e mais uns trinta libertos estão na cadeia, no posto de polícia de Saint-Laurent, onde iam olhar os libertos para ver se reconheciam alguém que rondava em volta do prédio de onde nós saímos. O árabe está na masmorra do posto, incomunicável, acusado de cumplicidade. As duas pancadas que levou não provocaram ferimento algum, enquanto os guardas têm um ligeiro inchaço na cabeça. "Eu não fui incomodado porque todo mundo sabe que nunca me preocupei em preparar uma fuga." Diz que Jesus é um grandessíssimo porco. Quando falo do barco, ele quer vê-lo. Depois de examiná-lo, exclama:

– Mas ele ia matar vocês, esse cara! Nunca essa canoa aguentaria mais de uma hora no mar. Com a primeira onda um pouco forte, quando bater o fundo na água, vai se partir em dois. Jamais embarquem nisso aí, é um suicídio.

– E então, o que é que vamos fazer?

– Você tem um pouco de grana?

– Tenho.

– Vou lhe dizer o que é que você deve fazer, e mais do que isso, vou ajudar você, você merece. Vou ajudar você e seus amigos a saírem dessa e não quero nada.

"Não devem chegar perto da aldeia de jeito nenhum. Para arranjar uma boa embarcação, precisam ir até a Ilha dos Pombos. Nessa ilha se encontram uns duzentos leprosos. Não existem guardas e nenhuma pessoa sadia vai até lá, nem o médico. Todos os dias, uma barca leva os mantimentos para 24 horas, crus. O enfermeiro do hospital manda uma caixa de medicamentos aos dois enfermeiros, também leprosos, que tomam conta dos doentes. Ninguém, nem guarda, nem caçadores de homens, nem padre, desce na ilha. Os leprosos vivem numas palhoças pequenininhas construídas por eles mesmos. Têm um salão onde se reúnem. Criam galinhas e patos que servem para melhorar o trivial. Oficialmente, não podem vender nada fora da ilha, mas traficam clandestinamente com Saint-Laurent, Saint-Jean e os chineses de Albina, na Guiana Holandesa. São todos assassinos perigosos. Raramente se matam entre si, mas praticam inúmeras malvadezas quando saem clandestinamente da ilha, aonde voltam para não serem presos pelos crimes cometidos. Para essas excursões têm alguns barcos, roubados na aldeia vizinha. O crime maior é ter um barco. Os guardas atiram em todo barco que entra ou sai da Ilha dos Pombos. Os leprosos afundam seus barcos, enchendo-os de pedras: quando precisam de uma embarcação, mergulham para tirar as pedras e a barca vem à tona. Tem de tudo na ilha, de todas as raças e de todas as regiões da França. Conclusão: sua canoa só serve dentro do Maroni e, ainda assim, pouco carregada. Para entrar no mar, precisa encontrar outro barco, e o melhor é ir até a Ilha dos Pombos.

– Como é que a gente faz?

– Olhe. Eu vou acompanhar você pelo rio até avistar a ilha. Você não a encontraria ou poderia errar. Ela fica a mais ou menos 150 quilômetros da embocadura; é preciso, então, voltar para trás. Essa ilha fica longe de Saint-Laurent, a mais de 50 quilômetros. Vou deixá-lo o mais próximo possível; depois, passo para a minha canoa, que vamos rebocar, e você se vira na ilha.

– Por que é que você não vem até a ilha com a gente?

– Barbaridade – diz o bretão –, só botei o pé um dia no pontão onde oficialmente atraca o barco da administração. Era dia claro e, portanto, o que vi foi bastante para mim. Desculpe, Papi, mas nunca mais na minha vida vou botar os pés naquela ilha. Inclusive, seria incapaz de vencer minha repulsão perto deles, falando e tratando com eles. Eu seria mais prejudicial do que útil.

– Quando vamos partir?

– À noitinha.

– Que horas são, bretão?

– Três horas.

– Bom, vou dormir um pouco.

– Não, você precisa carregar tudo e arrumar na canoa.

– Não, eu vou com a canoa vazia e volto para procurar Clousiot, que vai ficar aqui para vigiar as coisas.

– Impossível, você nunca poderá encontrar o lugar, mesmo em pleno dia. E, de dia, de maneira nenhuma você deve ficar no rio. A caçada contra vocês não acabou. O rio ainda é muito perigoso.

Chega a noite. Ele vai buscar sua canoa, que amarramos atrás da nossa. Clousiot fica perto do bretão, manejando a pá do leme, Maturette no meio, eu na frente. Saímos com dificuldade da enseada e, quando desembocamos no rio, a noite vai caindo. Um sol imenso, de um vermelho-pardacento, incendeia o horizonte no mar. Mil fagulhas, como as de um enorme fogo de artifício, lutam entre si para serem as mais intensas, as mais vermelhas entre as vermelhas, as mais amarelas entre as amarelas, as mais matizadas nas partes onde as cores se misturam. Vemos claramente, a 20 quilômetros na nossa frente, o estuário desse rio majestoso que se precipita todo cintilante de lantejoulas rosadas dentro do mar. O bretão diz:

– É o fim da vazante. Dentro de uma hora teremos a maré montante; vamos aproveitá-la para subir o Maroni e assim, sem esforço, empurrados por ela, iremos bem rápido até a ilha.

A noite cai de repente.

– Para frente – diz o bretão. – Vamos remar com força, para pegar o meio do rio. Não fumem mais.

As pás dos remos entram na água e nós voamos, cortando a correnteza, rapidamente, chuá, chuá, chuá. Bem-cadenciados, eu e o bretão puxamos sincronizadamente os remos. Maturette faz o que pode. Quanto mais avançamos para o meio do rio, mais sentimos que a maré nos empurra. Deslizamos rapidamente, percebe-se a mudança a cada meia hora. A maré ganha força e nos arrasta sempre mais depressa. Depois de seis horas, estamos bastante perto da ilha. Vamos direto para cima: uma grande mancha, quase no meio do rio, levemente para a direita. "É lá", diz em voz baixa o bretão. A noite não está muito negra, mas deve ser difícil nos enxergarem de longe, por causa da neblina na superfície do rio. Vamos chegando. Quando distinguimos melhor a silhueta das rochas, o bretão passa para a sua canoa, desamarra-a rapidamente da nossa e diz simplesmente, em voz baixa:

– Boa sorte, amigos!

– Obrigado.

– Não tem de quê.

O barco, não mais dirigido pelo bretão, é empurrado na direção da ilha, mas vai atravessado. Tento endireitá-lo, fazer meia-volta, mas sou malsucedido e, levados pela corrente, entramos até três quartos da vegetação que invade a água. Chegamos com tanta velocidade que, mesmo freando com meu remo, se tivéssemos encontrado uma rocha, em vez de galhos e folhas de árvores, teríamos quebrado a canoa; então estaria tudo perdido, mantimentos, material etc. Maturette pula dentro da água e puxa a canoa. Estamos debaixo de um enorme tufo de plantas. Ele puxa mais um pouco e amarramos nele a canoa. Tomamos um gole de rum e eu desço sozinho para a margem, deixando meus dois amigos no barco.

Com a bússola na mão, vou andando, depois de partir vários galhos e prender em diferentes lugares tiras de sacos de farinha que preparei antes de partir. Vejo um clarão e escuto de repente vozes, vindas de três palhoças. Aproximo-me e, como não sei de que forma me apresentar, decido deixar que me descubram. Acendo um cigarro. No instante em que a luz brilha, um cachorrinho precipita-se em minha direção latindo e dá pulos para morder minhas pernas. "Será que o cachorro é leproso?", penso. "Idiota, os cachorros não têm lepra."

– Quem está aí? Quem é? É você, Marcel?

– É um foragido.

– O que é que você vem fazer aqui? Roubar a gente? Acha que temos alguma coisa pra ser roubada?

– Não, preciso de ajuda.

– Grátis ou paga?

– Cale a boca, Chouette!

Quatro sombras saem das palhoças.

– Venha devagar, amigo, aposto que é você o sujeito do fuzil. Se está com ele, ponha-o no chão; aqui, você não tem nada a temer.

– Sou eu, mas o fuzil não está comigo.

Vou para a frente, estou perto deles, é noite e não posso distinguir os traços. Bestamente estendo a mão, ninguém toca nela. Compreendo tarde demais que é um gesto que aqui não se faz: eles não querem me contaminar.

– Vamos para a cabana – diz Chouette.

A palhoça é iluminada por um lampião a óleo colocado em cima da mesa.

– Sente-se.

Sento-me numa cadeira de palha, sem encosto, Chouette acende três outros lampiões a óleo e coloca um sobre a mesa, bem à minha frente. A fumaça que o pavio deste lampião de óleo de coco solta tem um cheiro enjoativo. Estou sentado, eles cinco de pé, não enxergo seus rostos. A luz ilumina o meu porque estou bem na altura do lampião, como eles queriam. A voz que mandou Chouette calar a boca diz:

– Anguille, vá perguntar à casa comum se querem que a gente o leve para lá. Traga logo a resposta e pergunte se Toussaint está de acordo. Aqui não lhe podemos oferecer nada para beber, meu amigo, a não ser que você queira chupar uns ovos.

Coloca na minha frente um cesto trançado cheio de ovos.

– Não, obrigado.

À minha direita, bem perto de mim, um deles se senta e é então que vejo o primeiro rosto de um leproso. É horrível e faço um esforço enorme para não virar a cara nem exteriorizar minha impressão. O nariz está completamente corroído, osso e carne, um buraco bem rente no meio do rosto. Tenho certeza: não são dois buracos, mas um só, grande como uma moeda de 2 francos. O lábio inferior, à direita, está comido e deixa aparecerem, descarnados, três dentes muito compridos e amarelos que se encravam no osso do maxilar superior a nu. Só tem uma orelha. Coloca a mão em cima da mesa, enrolada num curativo. É a direita. Com os dois dedos que restam na mão esquerda, segura um charuto grosso e comprido, feito na certa por ele mesmo, com folha de fumo meio maduro, porque o charuto está esverdeado. Só tem pálpebras no olho esquerdo; no direito, não. Uma ferida profunda sai do olho para o alto da testa, perdendo-se nos cabelos grisalhos abundantes.

Com uma voz muito rouca, ele me diz:

– Vamos ajudar você, amigo; você levaria muito tempo para ficar como eu, e não quero isso.

– Obrigado.

– Meu nome é Jean Sans Peur, sou dos subúrbios de Paris. Eu era mais bonito, mais sadio e mais forte do que você, quando cheguei à colônia. Em dez anos, olhe aqui o que eu fiquei.

– Não cuidam de você?

– Cuidam. Melhoro depois que tomo umas injeções de óleo de chaulmogra. Olhe.

Vira a cabeça e me apresenta o lado esquerdo:

– Secou desse lado.

Uma imensa piedade me invade e faço um gesto para tocar sua face esquerda, como demonstração de amizade. Ele se joga para trás e me diz:

– Obrigado por querer me tocar, mas nunca toque um doente, nem coma nem beba na sua tigela.

Só pude ver o rosto de um dos leprosos: aquele que teve a coragem de suportar que eu o olhasse.

– Onde está o cara?

Na porta, uma sombra de um homenzinho do tamanho de um anão:

– Toussaint e os outros querem vê-lo. Leve-o para o centro.

– Jean Sans Peur levanta e me diz: "Siga-me." Saímos todos na noite, quatro ou cinco na frente, eu ao lado de Jean Sans Peur, outros atrás. Quando chegamos, depois de três minutos, em cima de uma esplanada, um pouco de lua ilumina o lugar. É o topo plano da ilha. No meio, uma casa. Sai luz de duas janelas. Na frente da porta, uns vinte homens esperam a gente, vamos na direção deles. Quando chegamos diante da porta, eles se afastam para dar passagem. É uma sala retangular de 10 metros de comprimento por aproximadamente 4 de largura, com uma espécie de fogão onde queima lenha, cercado por quatro enormes pedras, todas da mesma altura. A sala está iluminada por dois grandes lampiões a petróleo. Sentado num banquinho, um homem de idade indefinida, branco de rosto. Atrás dele, num banco, cinco ou seis homens. Ele tem olhos negros e me diz:

– Sou Toussaint, o corso, e você deve ser Papillon.

– Sou.

– As notícias correm rapidamente na colônia, tão rapidamente quanto você. Onde você botou o fuzil?

– Jogamos no rio.

– Em que lugar?

– Em frente ao muro do hospital, exatamente onde pulamos.

– Então, será que pode ser recuperado?

– Acho que sim, porque a água não é funda naquele lugar.

– Como é que você sabe?

– Tivemos que entrar na água para carregar meu amigo ferido e colocá-lo dentro da canoa.

– O que ele tem?

– Uma perna quebrada.

– O que você fez com ele?

– Coloquei em volta da perna uns galhos quebrados pela metade e fiz uma espécie de tala.

– Ele está sentindo dor?

– Está.

– Onde ficou?

– Na canoa.

– Você disse que veio procurar ajuda. Que tipo de ajuda?

– Um barco.

– Você quer que a gente dê um barco para você?

– Quero, tenho dinheiro para pagar.

– Bom. Vou lhe vender o meu, é formidável e novo em folha, roubei na semana passada, em Albina. Não é um barco, é um transatlântico. Só falta uma coisa, uma quilha. Não está quilhado, mas, em duas horas, a gente vai colocar uma boa quilha. Tem tudo que precisa: um leme com a cana completa, um mastro de 4 metros de madeira de lei e uma vela novinha de tela de linho. Quanto é que você oferece?

– Diga seu preço, eu não sei quanto valem essas coisas.

– Três mil francos, se você puder pagar; se não puder, vá buscar o fuzil amanhã à noite e, em troca, eu dou o barco.

– Não, eu prefiro pagar.

– Está certo, negócio feito. La Puce, sirva café.

La Puce, o quase anão que me foi buscar, vai até uma prateleira presa na parede em cima do fogo, pega uma tigela brilhante de nova e de limpeza, despeja nela o café de uma garrafa e a coloca no fogo. Um minuto depois retira a tigela e despeja um pouco de café numas canecas, que estão perto das pedras. Toussaint se debruça e passa as canecas para os homens atrás dele. La Puce estende a tigela para mim e diz:

– Beba sem medo, porque esta tigela é só para as visitas. Nenhum doente bebe nela.

Pego a tigela e bebo; depois coloco-a em cima do joelho. Nesse momento, percebo que colado na tigela tem um dedo. Enquanto o observo, La Puce diz:

– Olhe, perdi outro dedo! Onde será que caiu?

– Está aí – digo, mostrando para ele a tigela. Ele desgruda o dedo e joga-o no fogo; devolve a tigela e diz:

– Pode beber, eu tenho a lepra seca. Vou acabando aos pedaços, mas não apodreço, não sou contagioso.

Um cheiro de carne grelhada chega até mim. Raciocino comigo mesmo: "Isso deve ser aquele dedo."

Toussaint diz:

– Vai ter que passar o dia todo aqui, até a noite, quando vier a vazante. Você precisa avisar seus amigos. Traga o ferido para dentro da canoa e deixe que vá. Nenhum de nós pode ajudá-los, você compreende por quê.

Rapidamente vou até os outros dois, pegamos Clousiot e depois o levamos até uma palhoça. Uma hora depois, já tiramos tudo e o material da canoa está cuidadosamente arrumado. La Puce pede que lhe dê de presente a canoa com um remo. Dou e ele vai levá-la até um lugar que conhece. A noite passou depressa. Estamos os três dentro da palhoça, deitados em cima de cobertas novas que Toussaint mandou. Chegaram embrulhadas num papel resistente de embalagem. Esticado em cima dessas cobertas, conto a Clousiot e a Maturette os detalhes daquilo que se passou depois da minha chegada na ilha e do negócio concluído com Toussaint. Clousiot fala uma coisa besta, sem refletir:

– A fuga custa, então, 6.500 francos. Vou dar a metade, Papillon, isto é, os 3.000 francos que tenho.

– Não estamos aqui para fazer contas de mascate. Enquanto tiver dinheiro, eu pago. Depois, a gente vê.

Nenhum leproso entra na palhoça. Amanhece, Toussaint chega:

– Bom-dia. Podem sair sossegados. Aqui, ninguém vem incomodar. Em cima de um coqueiro, no alto da ilha, tem um sujeito para ver se há embarcações de guardas no rio. Não se vê nada. Enquanto o trapo branco ficar agitando é porque não tem nada à vista. Se ele vê alguma coisa, desce para dizer. Podem pegar uns mamões e comer, se quiserem.

– Toussaint, e a quilha? – digo eu.

– Vamos fazer a quilha com uma tábua da porta da enfermaria. É madeira pesada. Com duas tábuas, podemos fazer a quilha. Já carregamos o barco até o alto, aproveitando a noite. Venha ver.

Vamos. É um barco magnífico de 5 metros de comprimento, novo em folha, dois assentos, um deles furado para deixar passar o mastro. É pesado e eu e Maturette custamos para virá-lo. A vela e as cordas são novas. Do lado, estão pregadas umas argolas, para amarrar a carga e o tonel da água. Começamos a trabalhar. Ao meio-dia, uma quilha, que se vai alinhando da parte traseira até a frente, é solidamente fixada com porcas largas e os quatro parafusos que eu tinha.

Em círculo, à volta da gente, os leprosos nos olham trabalhar sem dizer uma palavra. Toussaint diz como se deve fazer e nós obedecemos. Não existe nenhuma chaga no rosto de Toussaint, que parece normal; mas, quando ele fala, percebe-se que só um lado do rosto se mexe, o esquerdo. Ele me falou que também sofre de lepra seca. Seu peito e seu braço direito estão igualmente paralisados e ele sabe que daqui a pouco a perna direita vai ficar paralisada. O olho direito é fixo como um olho de vidro, enxerga mas não se mexe. Não dou aqui o nome de nenhum dos leprosos. Talvez nunca aqueles que os amaram ou conheceram cheguem a saber de que maneira horrível eles foram se decompondo ainda vivos.

Sempre trabalhando, converso com Toussaint. Ninguém mais fala. Só uma vez, quando ia buscar algumas dobradiças que eles tinham arrancado de um móvel da enfermaria para reforçar o assentamento da quilha, um deles disse:

– Não pegue nelas ainda, deixe onde estão. Eu me cortei arrancando uma e tem sangue; o sangue ficou, por mais que eu tenha enxugado.

Um leproso derramou um pouco de rum em cima e botou fogo duas vezes.

– Agora – disse o homem – você pode usá-las.

Enquanto trabalhamos, Toussaint diz a um leproso:

– Você, que fugiu muitas vezes, explique bem a Papillon como é que precisa fazer, porque nenhum dos três tem experiência.

Imediatamente ele explica:

– Daqui a pouquinho vai anoitecer e virá o refluxo. A maré vazante começa às 3 horas. Assim que escurecer, lá pelas 6 horas, você tem pela frente uma correnteza muito forte que vai levar você em menos de três horas a uns 100 quilômetros da embocadura. Quando você tiver que parar, serão 9 horas. Vai ter que esperar, bem amarrado a uma árvore da floresta, as seis horas da montante, até as 3 da manhã. Não saia a essa hora, porque a correnteza não cessa logo. Siga pelo meio do rio, às 4 e meia da manhã. Você tem uma hora e meia antes do amanhecer para fazer 50 quilômetros. Essa hora e meia é toda a chance que você tem. Às 6 horas, ao amanhecer, você precisa entrar no mar. Mesmo que os guardas vejam você, não podem persegui-lo, porque chegaria na barra da embocadura justo quando começa a montante. Eles não vão poder passar e você já terá passado a barra. Desse quilômetro de vantagem que você precisará ter quando eles o enxergarem é que vai depender sua vida. Aqui só há uma vela, o que é que você tinha na canoa?

– Uma vela e um cutelo.

– Este barco é pesado, pode aguentar dois cutelos: um o traquete, da ponta do barco à parte de baixo do mastro; o outro enfunado, saindo da ponta da embarcação, para poder levantar bem a proa. Solte todas as velas, direto em cima das ondas do mar, que está sempre agitado no estuário. Mande seus amigos se deitarem no fundo do barco, para dar maior estabilidade, e segure firme o leme na mão. Não amarre a corda que segura a vela na sua perna, enfie-a na argola que existe para isso dentro do barco e prenda-a no seu pulso com uma volta só. Quando notar que a força do vento está formando um vagalhão e você poderá cair na água, com risco de virar, solte tudo e imediatamente verá que seu barco vai readquirir equilíbrio. Se acontecer isso, não pare, deixe a vela esvoaçar e vá sempre para a frente a todo o pano, com o traquete e o cutelo. Só em alto-mar você vai ter tempo de descer a vela pelo menor, trazê-la a bordo e partir de novo, depois de tornar a colocá-la. Você conhece a rota?

– Não. Sei somente que a Venezuela e a Colômbia ficam a noroeste.

– É isso, mas cuidado para não se deixar atirar na costa. A Guiana Holandesa, em frente, devolve os fugitivos; a Guiana Inglesa também. Trinidad não devolve, mas obriga-os a ir embora depois de quinze dias. A Venezuela devolve, depois de obrigar a gente a trabalhar nas estradas por um ano ou dois.

Escuto com os ouvidos bem atentos. Ele diz que foge de tempos em tempos, mas, como é leproso, é mandado de volta imediatamente. Confessa que nunca foi mais longe do que a Guiana Inglesa, Georgetown. Só tem lepra visível nos pés, onde todos os dedos desapareceram. Está descalço. Toussaint pede para eu repetir todos os conselhos que acabaram de me dar e eu repito sem me enganar. Nessa hora, Jean Sans Peur diz:

– Quanto tempo ele vai levar em alto-mar?

Respondo logo, antes de qualquer outra pessoa:

– Vou fazer três dias nor-nordeste. Com a deriva, norte-norte e no quarto dia vou tocar para noroeste, que vai dar oeste pleno.

– Ótimo – diz o leproso. – Eu, a última vez, só fiz dois dias para nordeste; assim, fui cair na Guiana Inglesa. Com três dias para norte, você vai passar ao norte de Trinidad ou de Barbados, e de uma vez só você passará a Venezuela sem perceber; vai dar em cima de Curaçau ou na Colômbia.

Jean Sans Peur diz:

– Toussaint, por quanto você vendeu o barco?

– Três mil – diz Toussaint. – É caro?

– Não, não estou falando por causa disso. Para saber, só. Você pode pagar, Papillon?

– Posso.

– Vai sobrar algum dinheiro para vocês?

– Não, é tudo o que temos, exatamente 3.000, que são do meu amigo Clousiot.

– Toussaint, dou meu revólver para você – diz Jean Sans Peur.

– Vou ajudar esses caras. Por quanto você fica com o revólver?

– Mil francos – diz Toussaint. – Eu também quero ajudá-los.

– Obrigado por tudo – diz Maturette a Jean Sans Peur.

– Obrigado – diz Clousiot.

Eu nessa hora fico com muita vergonha por ter mentido a eles e digo:

– Não, não posso aceitar isso de você, não há razão nenhuma. Ele olha para mim e diz:

– Há, há uma razão. Três mil francos é muito dinheiro e, no entanto, por esse preço, Toussaint perde pelo menos 2.000 porque é um barco excelente que ele dá para vocês. Não há razão para que eu não faça alguma coisa também para vocês.

Acontece então uma coisa emocionante: Chouette coloca no chão um chapéu e os leprosos vão jogando dentro dele notas ou moedas. Aparecem leprosos de todas as partes e todos põem alguma coisa. Fico cheio de vergonha. E, no entanto, não posso dizer que ainda tenho dinheiro. Que fazer, meu Deus, é uma infâmia que estou cometendo contra tanta nobreza: "Por favor, não façam esse sacrifício!" Um negro do Sudão, completamente mutilado – tem dois cotos no lugar das mãos e nem um dedo –, diz:

– O dinheiro não serve para a gente viver. Pode aceitar sem se envergonhar. O dinheiro só serve para a gente jogar ou trepar com as leprosas que vêm de vez em quando de Albina.

Estas palavras me consolam e me impedem de confessar que tenho mais dinheiro.

Os leprosos cozinharam duzentos ovos. Eles os trazem dentro de uma caixa marcada com uma cruz vermelha. É o caixote que receberam pela manhã, com os remédios do dia. Trazem também duas tartarugas vivas de pelo menos 30 quilos cada uma, fumo em folhas, duas garrafas cheias de fósforos e de lixas, um saco de pelo menos 50 quilos de arroz, dois sacos de carvão de lenha, um fogareiro, o da enfermaria, e um botijão de querosene. Toda essa miserável comunidade comove-se com nosso caso e querem todos contribuir para o nosso bom êxito. Parece que são eles que vão fugir. Puxamos a barca para perto do lugar onde chegamos. Contaram o dinheiro do chapéu: 810 francos. Tenho que dar só 1.200 francos a Toussaint. Clousiot me dá o seu canudo, eu o abro na frente de todo mundo. Contém uma nota de 1.000 e quatro notas de 500 francos. Dou a Toussaint 1.500 francos, ele me devolve 300 e depois diz:

– Tome, pegue o revólver, dou de presente. Você apostou tudo ou nada, não quero que na última hora falte uma arma, esta serve. Espero que você não vá precisar dela.

Não sei como agradecer, antes de tudo a ele e depois a todos os outros. O enfermeiro preparou uma caixinha com algodão, álcool, aspirina, ataduras, iodo, uma tesoura e esparadrapo. Um leproso traz umas ripas bem-aplainadas e finas e duas ataduras Velpeau dentro de uma embalagem nova em folha. Ele as oferece, para que eu troque as ripas de Clousiot.

Lá pelas 5 horas começa a chover. Jean Sans Peur diz:

– Vocês têm todas as chances. Não há perigo de vocês serem vistos, podem partir imediatamente e ganhar uma boa meia hora. Assim, vocês vão estar mais perto da embocadura para sair às 4 e meia da manhã.

– Como é que vou saber a hora? – digo-lhe.

– A maré vai-lhe dizer quando sobe e quando desce.

Colocamos o barco na água. Não é como a canoa. Fica acima da água mais de 40 centímetros, carregado com todo o material e nós três. O mastro, com a vela enrolada, está deitado porque só vamos colocá-lo na saída. Colocamos o leme com seu varão de segurança e a cana, mais uma almofada de cipós para eu sentar. Com as cobertas, arranjamos um canto no fundo do barco para Clousiot, que não quis trocar o curativo. Ele está junto aos meus pés, entre mim e o tonel de água. Maturette fica no fundo, mais para a frente. Tenho imediatamente uma impressão de segurança que nunca tive com a canoa.

Chove sempre, eu tenho que descer o rio pelo centro, mas um pouco à esquerda do lado da costa holandesa. Jean Sans Peur diz:

– Adeus, desapareçam logo!

– Boa sorte! – diz Toussaint e dá um empurrão no barco com o pé.

– Obrigado, Toussaint, obrigado, Jean, mil vezes obrigado a todos!

E nós desaparecemos logo, levados pelo refluxo que já começou há duas horas e meia, navegando com uma rapidez incrível.

Continua chovendo, não enxergamos 2 metros à nossa frente. Como há duas pequenas ilhas mais para baixo, Maturette se debruça para a frente, os olhos fixos adiante, para não irmos na direção das pedras. Anoiteceu. Uma árvore enorme que desce o rio conosco, felizmente mais lenta, nos atrapalha um instante com seus galhos. Livramo-nos rapidamente e continuamos, a 30 por hora pelo menos. Fumamos, tomamos rum. Os leprosos nos deram seis garrafas de *chianti* com guarnição de palha, cheias de rum. Coisa gozada, nenhum de nós fala das feridas horrorosas que vimos nos leprosos. O único assunto da conversa: a bondade, a generosidade, a honestidade deles, nossa sorte de ter encontrado o bretão mascarado que nos conduziu até a Ilha dos Pombos. Chove cada vez mais forte, estou ensopado até a alma, mas as malhas de lã são tão boas, que, mesmo ensopadas, esquentam. Não estamos com frio. Só a mão que maneja o leme se endurece debaixo da chuva.

– Agora – diz Maturette – estamos descendo a mais de 40 por hora. Há quanto tempo você acha que a gente saiu?

– Vou lhe dizer – diz Clousiot. – Espere um pouco: três horas e quinze minutos.

– Está louco? Como é que você sabe?

– Depois da saída contei trezentos segundos e a cada vez cortei um pedaço de papelão. Tenho 39 pedaços. A cinco minutos cada um, são três horas e um quarto que estamos descendo. Se não estiver enganado, daqui a quinze ou vinte minutos não vamos mais descer, vamos voltar para onde viemos.

Puxo o leme à direita, para pegar o rio em diagonal e me aproximar da margem, do lado da Guiana Holandesa. Antes de a gente chocar com a vegetação, a correnteza para. Não descemos mais nem subimos. Chove sempre. Não fumamos mais, não falamos mais, murmuramos: "Pegue o remo e puxe para cima." Eu mesmo remo, prendendo o leme embaixo da minha coxa direita. Suavemente encostamos na vegetação, puxamos os galhos e nos abrigamos debaixo deles. Estamos sob a sombra formada pela vegetação. O rio está cinzento, cheio de neblina. Seria impossível dizer, sem se basear no fluxo e refluxo, onde está o mar e onde está o rio.

A GRANDE PARTIDA

A maré montante vai durar seis horas. Além delas, durante mais uma hora e meia temos que esperar o refluxo. Posso dormir sete horas, portanto, apesar de estar excitadíssimo. Preciso dormir, porque, depois de entrarmos no mar, quando vou poder? Estico-me entre o tonel e o mastro, Maturette coloca uma coberta como abrigo entre o banco e o tonel; bem protegido, durmo, durmo. Absolutamente nada vem perturbar meu sono de chumbo, nem sonhos, nem chuva, nem má posição. Durmo, durmo, até o momento em que Maturette me acorda:

– Papi, achamos que está na hora, ou quase. O refluxo começou faz tempo.

O barco está seguindo para o mar e a correnteza embaixo dos meus pés corre depressa, depressa. Não chove mais, um quarto de lua permite enxergar claramente o rio 100 metros adiante, que arrasta capim, árvores, formas negras. Procuro ver a divisão entre o rio e o mar. Onde nós estamos não tem vento. Será que há no meio do rio? É forte? Saímos de baixo dos arbustos, o barco sempre preso a uma raiz grande com um nó corredio. É olhando para o céu que descubro a costa, o fim do rio, o começo do mar. Descemos muito mais do que pensávamos e tenho a impressão de que não estamos a 10 quilômetros da embocadura. Tomamos um bom gole de rum. Pergunto: "Colocamos o mastro agora?" Colocamos. Endireitamos o mastro e ele fica bem-encaixado no seu soquete, no buraco do banco. Iço a vela sem soltá-la, ela fica enrolada, em volta do mastro. O traquete e o cutelo vão ser imediatamente içados por Maturette quando eu achar necessário. Para fazer funcionar a vela, basta soltar a corda que a mantém colada ao mastro; e eu, do meu lugar, farei a manobra. Na frente, Maturette com um remo, eu atrás com outro. A gente precisa se afastar com um impulso muito forte e muito rápido da margem para onde a correnteza nos empurra.

– Atenção. Para a frente, com a graça de Deus!

– Com a graça de Deus – repete Clousiot.

– Em tuas mãos eu me entrego – diz Maturette.

E arrancamos. Ao mesmo tempo, puxamos a água com os remos; eu afundo bastante e puxo, Maturette também. Afastamo-nos facilmente. Não estamos nem 20 metros da margem e já descemos 100 com a correnteza. De repente, o vento se faz sentir e nos carrega para o meio do rio.

– Ice o traquete e o cutelo, bem amarrados os dois!

O vento os enche, o barco empina como um cavalo e voa como uma flecha. Deve ser mais tarde que a hora combinada porque, de uma hora para outra, o rio se ilumina como em pleno dia. Distinguem-se facilmente, a uns 2 quilômetros, a costa francesa à nossa direita, e a 1 quilômetro, à esquerda, a costa holandesa. Na nossa frente, bem visíveis, os carneiros brancos da crista das ondas.

– Diabo! Erramos a hora – diz Clousiot. – Você acha que vai dar tempo de a gente sair?

– Não sei.

– Olhe como as ondas do mar são altas e as cristas brancas! Será que o refluxo já começou?

– Impossível, vejo coisas descendo.

Maturette diz:

– Não vamos conseguir sair, não vamos chegar a tempo.

– Cale a boca e fique sentado do lado das cordas do cutelo e do traquete. Você também, Clousiot, cale a boca!

Pan-inh... Pan-inh... Tiros de carabina são disparados contra a gente. O segundo, localizei claramente. Não são dos guardas, vêm da Guiana Holandesa. Iço a vela, que incha com tanta força que por pouco não me arrasta, puxando-me pelo pulso. O barco está inclinado a mais de 45 graus. Pego vento o máximo possível, não é difícil, tem vento demais. Pan-inh, pan-inh, pan-inh, depois mais nada. Somos carregados mais para o lado francês que para o holandês, certamente por isso que os tiros pararam.

Navegamos a uma velocidade vertiginosa, com um vento desenfreado. Vamos tão depressa, que me vejo lançado no meio do estuário, de tal forma que em poucos minutos vou tocar a margem francesa. Enxergam-se claramente uns homens correndo em direção à margem. Viro suavemente de bordo, o mais suavemente possível, puxando com todas as minhas forças a corda da vela. Ela está reta à minha frente, o cutelo mudou sozinho de bordo e o traquete também. O barco vira três quartos, solto a vela e saímos do estuário com todo o vento por trás. Ufa! Aí está! Dez minutos depois, a primeira onda do mar tenta barrar-nos a passagem; passamos facilmente por cima dela e o chuá-chuá que o barco fazia no rio transforma-se em tac-i-tac-i-tac. Atravessamos mesmo ondas altas com a facilidade de um garoto que pula barreira Tac-i-tac, o barco sobe e desce as ondas sem vibrar nem sacudir. Só o tac do casco, que bate no mar, caindo da onda.

– Hurra! Hurra! Saímos – grita Clousiot a plenos pulmões.

E, para iluminar a vitória da nossa energia sobre os elementos, o bom Deus nos manda um nascer do sol deslumbrante. As ondas se sucedem, todas com o mesmo ritmo. Diminuem de altura à medida que penetramos no mar. A água é suja, lamacenta. Na frente, ao norte, ela está negra, mais tarde vai ficar azul. Não preciso olhar minha bússola: com o sol no meu ombro direito, sigo reto, com todo o vento, mas o barco menos inclinado, porque deixei a corda da vela correr e ela se enfunou pela metade, sem ficar completamente estendida. Começamos a grande aventura.

Clousiot se levanta. Quer pôr a cabeça e o corpo para fora, a fim de ver melhor. Maturette vai ajudá-lo a se ajeitar, coloca-o sentado na minha frente, as costas apoiadas no tonel; faz um cigarro para mim, acende-o, passa-o e fumamos os três.

– Passe para cá a garrafa, para comemorarmos a partida – diz Clousiot.

Maturette põe um bom gole em três canecas de lata e bebemos. Maturette está sentado ao meu lado, à minha esquerda. Nós nos olhamos: seus rostos estão iluminados de felicidade, o meu deve estar também. Então, Clousiot diz:

– Capitão, aonde o senhor vai, por favor?

– Para a Colômbia, se Deus quiser.

– Deus vai querer, que diabo! – diz Clousiot.

O sol vai subindo rapidamente e não demora a nos secar. A camisa do hospital se transforma num capuz à maneira árabe. Molhada, ela refresca a cabeça e evita que soframos uma insolação. O mar está de um azul cor de opala, as ondas são de 3 metros e muito longas, o que ajuda a viajar confortavelmente. O vento se mantém forte e nos afasta depressa da costa, que, de vez em quando, vejo esboçada no horizonte. Essa massa verde, quanto mais nos afastamos, mais nos revela os segredos de seu rendilhado. Viro-me para olhar atrás de mim, mas uma onda malcortada chama-me à obrigação e também à responsabilidade de resguardar a vida dos meus companheiros e a minha.

– Vou cozinhar um pouco de arroz – diz Maturette.

– Eu seguro o fogareiro – diz Clousiot – e você a panela.

O botijão de querosene está colocado bem na frente, para evitar a fumaça. O arroz feito na gordura tem um gosto muito bom. Comemos o arroz bem quente, misturado com duas latas de sardinhas. Em cima disso, um bom café. "Um gole de rum?" Eu recuso, faz muito calor. Além disso, não sou um bebedor. Clousiot, a cada instante, faz cigarros para mim e os acende. A primeira refeição a bordo foi bem. Pela posição do sol, imaginamos que são 10 da manhã. Temos apenas cinco horas de alto-mar, mas percebemos que aqui a água já é muito profunda. As ondas diminuíram de altura e vamos cortando-as sem o barco bater. O dia é maravilhoso. Percebo que durante o dia não preciso da bússola constantemente. De vez em quando, comparo a posição do sol em relação à da agulha e me guio por ele; é facílimo. A reverberação do sol cansa os olhos. Sinto não ter pensado em arranjar uns óculos escuros. De repente, Clousiot diz:

– Que sorte eu tive de encontrar você no hospital.

– Não é só você, eu também tive sorte em que você viesse. Pense em Dega, em Fernández... se eles tivessem concordado, estariam aqui conosco.

– Quem sabe? – diz Clousiot. – Você poderia ter complicações para conseguir que o árabe fosse na hora exata à enfermaria.

– É, Maturette foi muito útil e eu me felicito por tê-lo trazido, porque ele é muito dedicado, corajoso e esperto.

– Obrigado – diz Maturette –, e obrigado a vocês dois por terem confiança em mim, apesar da minha pouca idade e do que eu sou. Vou fazer de tudo para estar sempre à altura.

Depois eu digo:

– E François Sierra, gostaria tanto que ele estivesse aqui, e também Galgani...

– Do jeito que as coisas mudaram, Papillon, não era possível. Se Jesus fosse um homem correto e tivesse arranjado um bom barco, a gente poderia esperar por eles num lugar certo. Jesus os ajudaria a fugir e nós os levaríamos. Enfim, eles conhecem você e sabem que, se você não mandou buscá-los, é porque era impossível.

– A propósito, Maturette, como é que você foi parar naquela enfermaria especial, no hospital?

– Eu não sabia que estava internado. Fui ao exame médico porque estava com dor de garganta e também para passear; e o médico, quando me viu, disse: "Vejo, pela sua ficha, que você está internado nas ilhas. Por quê?" Respondi: – "Eu não sei, doutor. O que é 'internado'?"

"'Bom, nada. Vá para o hospital.' E eu me encontrei hospitalizado, só isso."

– Queria agradar você – diz Clousiot.

– Não sei por que motivo o doutor fez isso. Deve estar dizendo: "Meu protegido, com sua garganta de menino de coro, não era tão besta assim, pois conseguiu fugir."

Falamos de bobagens. Digo: "Quem sabe, a gente vai se encontrar de novo com Julot, o 'homem do martelo'? Deve estar longe, a não ser que continue escondido na floresta." Clousiot diz: "Eu, antes de sair, deixei um bilhete debaixo do meu travesseiro: *Mudou-se sem deixar endereço*." Explodimos numa gargalhada.

Navegamos cinco dias sem problemas. De dia, o sol, com sua trajetória leste-oeste, me serve de bússola. De noite, uso a bússola. No sexto dia, de manhã, um sol brilhante nos saúda, o mar acalmou-se de repente, peixes-voadores passam não muito longe de nós. Estou arrebentado de cansaço. Durante a noite, para me impedir de dormir, Maturette passava no meu rosto um pano molhado de água do mar mas, mesmo assim, eu pegava no sono. Então Clousiot me queimava com seu cigarro. Como está tudo calmo, resolvo dormir. Baixamos a vela e o cutelo, conservamos somente o traquete, e eu durmo como uma pedra no fundo do barco, bem protegido contra o sol pela vela que fica estendida por cima de mim. Acordo sacudido por Maturette, que diz:

– É meio-dia ou 1 hora, mas estou acordando você porque o vento está esfriando e no horizonte, do lado de onde vem o vento, ficou tudo preto.

Levanto-me e tomo meu lugar. O cutelo, o único que colocamos, nos faz deslizar sobre o mar sem rugas. Atrás de mim, a leste, está tudo preto, o vento vai esfriando cada vez mais. O traquete e o cutelo são suficientes para puxar o barco rapidamente. Fiz bem em deixar a vela enrolada no mastro.

– Segurem-se firmes, porque o que vem chegando aí é uma tempestade.

Gotas grandes começam a cair na gente. A escuridão se aproxima com uma rapidez vertiginosa, em menos de um quarto de hora veio do horizonte até bem perto de nós. Agora, um vento de violência nunca vista nos ataca. As ondas, como por encanto, se formam com rapidez incrível, todas cobertas de espuma; o sol sumiu por completo, chove torrencialmente, não se enxerga nada e as ondas, batendo contra o barco, lançam fortes jatos de água em nosso rosto. É tempestade, minha primeira tempestade, com toda a fanfarra da natureza desencadeada, o trovão, os relâmpagos, a chuva, as ondas, os uivos do vento que ruge em cima de nós, em volta de nós.

O barco, carregado como uma palha, sobe e desce a alturas incríveis e a abismos tão profundos que a gente tem a impressão de não poder mais sair deles. No entanto, apesar desses mergulhos fantásticos, o barco torna a subir, vence mais uma crista de onda e passa e torna a passar. Seguro a barra do leme com as duas mãos, pensando como enfrentar um vagalhão um pouco mais alto que vem vindo mas, na hora em que aponto o barco para cortá-lo, faço-o rápido demais e deixo entrar grande quantidade de água. O barco todo fica inundado. Deve haver mais de 75 centímetros de água. Nervosamente, sem querer, fico enviesado diante de uma onda, o que é extremamente perigoso, e o barco fica tão inclinado, prestes a virar, que devolve uma enorme quantidade de água que tinha entrado.

– Grande! – grita Clousiot. – Você entende um bocado, Papillon! Você foi rápido para esvaziar o barco.

– Pois é, você viu? – digo-lhe.

Se ele soubesse que, pela minha falta de experiência, quase a gente afundava, virando em alto-mar... Desisto de lutar contra o curso das ondas, não me preocupo mais com a direção a seguir, simplesmente mantenho o barco em equilíbrio, na medida do possível. Pego as ondas a três quartos, desço voluntariamente ao fundo com elas e subo novamente, junto com o próprio mar. Logo me dou conta de que minha descoberta é importante e que assim eu eliminei 90% do perigo. A chuva para, o vento sopra, sempre com fúria, mas agora posso enxergar bem à frente e atrás de mim. Atrás está claro; na frente, preto, e nós estamos no meio desses dois extremos.

Lá pelas 5 horas, tudo já passou. O sol brilha de novo em cima de nós, o vento é normal, as ondas menos altas; iço a vela e partimos novamente, satisfeitos. Com umas panelas, meus companheiros tiraram a água que restava dentro do barco. Tiramos as cobertas: amarradas ao mastro, com o vento vão secar-se logo. Arroz, farinha, óleo e café duplo, um bom gole de rum. O sol desce, iluminando com todos os seus fogos este mar azul, num quadro inesquecível: o céu está todo vermelho-pardacento; o sol, em parte afundado no mar, projeta longas línguas amarelas, tanto em direção ao céu, e a algumas nuvens brancas, quanto em direção ao mar; as ondas, subindo, são azuis no fundo, depois verdes, e a crista vermelha, rosa ou amarela, de acordo com a cor do raio que a toca.

Uma paz me invade com uma doçura pouco comum e, com a paz, a sensação de que posso ter confiança em mim. Havia perdido bastante dessa confiança e a pequena tempestade foi muito útil para mim. Sozinho, aprendi como manobrar nesses maus momentos. Vou enfrentar a noite com uma serenidade completa.

– Então, Clousiot, você viu aquela manobra para esvaziar o barco?

– Amigo, se você não fizesse isso e se uma outra onda nos apanhasse naquela situação, a gente afundava. Você é um campeão.

– Você aprendeu tudo isso na Marinha? – perguntou Maturette.

– Aprendi. Você vê como servem para alguma coisa as lições da Marinha de Guerra?

Fomos bastante à deriva. Com um vento e umas ondas como aquelas, quanto a gente não deve ter ido à deriva em quatro horas? Vou dirigir para noroeste e corrigir isso. A noite cai de repente, depois que o sol desaparece no mar, enviando as últimas faíscas agora de cor violeta, como fogo de artifício.

Durante seis dias, ainda, navegamos sem incidentes, a não ser algumas chuvas fortes que nunca ultrapassam três horas de duração nem têm a eternidade da primeira tempestade. São 10 horas da manhã. Nenhum sinal de vento, uma calmaria total. Durmo umas quatro horas. Quando acordo, meus lábios ardem. Não têm mais pele, e nem meu nariz. Minha mão direita também está sem pele, em carne viva. Com Maturette se passa a mesma coisa, e também com Clousiot. Passamos óleo duas vezes por dia no rosto e nas mãos, mas não basta: o sol dos trópicos o seca logo.

Devem ser 2 horas da tarde, de acordo com o sol. Comemos e depois, como está tudo calmo, tratamos de fazer um pouco de sombra com a vela. Alguns peixes acompanham o barco à direita, onde Maturette lavou a louça. Pego o facão e digo a Maturette para jogar uns grãos de arroz que, depois de molhados, já começam a fermentar. Os peixes se juntam onde cai o arroz, à tona da água, e, como um deles tem quase toda a cabeça fora, dou-lhe uma bela facada; na mesma hora, ele fica de barriga para cima. É um peixe de uns 10 quilos. Limpamos o bicho e cozinhamos em água e sal. Comemo-lo de noite, com a farinha de mandioca.

Há onze dias que estamos no mar. Vimos só um navio nesse tempo todo, muito longe no horizonte. Começo a me perguntar: onde estamos, que diabo? Em alto-mar, certo, mas em que posição em relação a Trinidad ou a qualquer uma das ilhas inglesas? Quando se fala no diabo... De fato, à frente e em nossa direção surge um ponto preto que vai aumentando pouco a pouco. Será um navio ou uma chalupa de alto-mar? Mas há um engano: não vem em nossa direção. Agora, de lado, distingue-se bem: é um navio. Aproxima-se, é verdade, mas em diagonal, sua rota não vai levá-lo até nós. Como há vento, nossas velas pendem lamentavelmente, o navio certamente não nos viu. De repente, o apito de uma sirene, depois três tiros, em seguida ele muda de rota e vem direto sobre a gente.

– Espero que não se aproxime demais – diz Clousiot.

– Não há perigo, o mar está uma pintura.

É um petroleiro. Quanto mais ele se aproxima, melhor distinguimos as pessoas na ponte. É claro que eles se devem perguntar o que essas pessoas fazem nessa casquinha de noz aqui, em alto-mar. Suavemente, ele se aproxima de nós, distinguem-se bem agora os oficiais de bordo e outros homens da tripulação, inclusive o cozinheiro; depois vemos chegarem na ponte mulheres com vestidos de cores vivas e homens com camisas coloridas. Percebe-se que são passageiros. Passageiros num petroleiro parece coisa pouco comum. Mansamente, o petroleiro se aproxima e o capitão fala em inglês com a gente:

– *Where are you coming from?*

– *French Guyane.*

– Falam francês? – diz uma mulher.

– Sim, senhora.

– O que fazem em alto-mar?

– Vamos aonde Deus nos levar.

A dama fala com o capitão e diz:

– O capitão pede para subirem a bordo, vai içar a barca.

– Diga-lhe que agradecemos, mas estamos muito bem na nossa barca.

– Por que não querem ajuda?

– Porque somos foragidos e não vamos na sua direção.

– Aonde é que vocês vão?

– Para a Martinica. Para além da Martinica, aliás. Onde estamos?

– Em alto-mar.

– Qual é a rota para chegar às Antilhas?

– Sabe ler um mapa marítimo com legendas em inglês?

– Sei.

Pouco depois, descem por uma corda um mapa inglês, pacotes de cigarro, pão, um pernil assado.

– Olhe o mapa!

Olho e digo:

– Preciso fazer oeste, um quarto para sul, para encontrar as Antilhas Inglesas, é isso?

– Sim.

– Quantas milhas aproximadamente?

– Em dois dias, vocês estarão lá – diz o capitão.

– Até logo, obrigado a todos!

– O comandante do navio cumprimenta-os por sua coragem de marinheiros!

– Obrigado, adeus!

E o petroleiro vai embora suavemente, quase raspando na gente. Eu me afasto depressa, com medo dos redemoinhos das hélices; nesse momento, um marinheiro joga para mim um boné de marinheiro. Cai no meio do barco e com esse boné (com um galão dourado e uma âncora) na cabeça, dois dias depois, sem incidentes, chegamos a Trinidad.

TRINIDAD

Os pássaros, muito antes que os víssemos, nos anunciaram a terra. São 7 horas e meia da manhã quando eles vêm dar voltas em torno da gente: "Chegamos, chefe! Chegamos! Conseguimos a primeira parte da fuga, a mais difícil. Viva a liberdade!" Cada um de nós exterioriza sua alegria com exclamações infantis. Nosso rosto está coberto de manteiga de cacau que o navio encontrado nos deu de presente, para aliviar as queimaduras. Lá pelas 9 horas vemos terra. Um vento fresco e suave leva a gente a uma boa velocidade, sobre um mar pouco agitado. Somente por volta das 4 horas da tarde é que percebemos os detalhes de uma ilha comprida, cercada por pequenos grupos de casas brancas e com o cume coberto de coqueiros. Ainda não se consegue distinguir se é mesmo uma ilha ou a ponta de uma península, nem saber se as casas são habitadas. Foi necessária mais uma hora ainda para distinguirmos as pessoas que correm para a praia aonde estamos chegando. Em menos de vinte minutos, uma multidão colorida está reunida. Essa pequena aldeia veio receber-nos, à beira do mar. Mais tarde ficamos sabendo que a ilha se chama San Fernando.

A 300 metros da costa jogo a âncora, que se fixa imediatamente. Faço isso porque quero ver a reação dessas pessoas e também para não arrebentar o meu barco quando encostar, se o fundo for de coral. Recolhemos as velas e esperamos. Uma pequena canoa vem em nossa direção. A bordo, dois negros que remam e um branco com um capacete colonial.

– Bem-vindos a Trinidad – diz em francês castiço o branco. Os negros riem com todos os dentes.

– Obrigado, senhor, pelas suas boas palavras. O fundo da praia é de coral ou de areia?

– É de areia, pode chegar sem perigo até a praia.

Levantamos a âncora e as ondas nos empurraram mansamente até a praia. Assim que tocamos, dez homens entram na água e, com um puxão só, arrastam o barco para o terreno seco. Olham para a gente, tocam a gente com gestos acariciantes, as mulheres, pretas ou índias, ou chinesas, nos convidam com gestos. Todos querem levar-nos a casa deles, é o que explica em francês o branco. Maturette pega um punhado de areia e a leva a boca, para beijá-la. É um delírio. O branco, com quem já falei do estado de Clousiot, faz com que o transportem para sua casa, bem perto da praia. Diz que podemos deixar tudo até amanhã no barco, que ninguém vai mexer em nada. Todos me chamam de "*captain*", dou risada com esse apelido. Todos me dizem: "*Good captain, long ride on small boat!*" [Bom capitão; viagem longa em barco pequeno!]

Desce a noite e, depois de pedir para empurrarem o barco um pouco mais para longe do mar e amarrá-lo a outro muito maior que está sobre a areia, sigo o inglês até a casa dele. É um bangalô como os que se veem por toda parte, em terra inglesa; alguns degraus de madeira, uma porta com tela metálica. Entro atrás do inglês, Maturette me segue. Ao entrar, vejo Clousiot, sentado numa poltrona, com a perna ferida em cima de uma cadeira, se pavoneando entre uma senhora e uma jovem.

– Minha esposa e minha filha – diz o senhor. – Tenho um filho que está estudando na Inglaterra.

– Sejam bem-vindos a esta casa – diz a senhora em francês.

– Sentem-se, senhores – diz a jovem, que puxa duas poltronas de vime para a frente.

– Obrigado, senhoras, não se incomodem conosco.

– Por quê? Sabemos de onde vocês vêm, fiquem tranquilos. Bem-vindo a esta casa!

O homem é advogado, chama-se Dr. Bowen, tem seu escritório na capital, a 40 quilômetros, em Port of Spain, capital de Trinidad. Trazem chá com leite, torradas, manteiga, geleia. Foi nossa primeira noite de homens livres, nunca mais vou esquecer. Nem uma palavra sobre o passado, nenhuma pergunta indiscreta, somente há quantos dias estávamos no mar e como foi a viagem; se Clousiot sofria muito e se nós queríamos a polícia amanhã ou esperar mais um dia antes de avisá-la; se tínhamos parentes vivos, mulheres, filhos. Se queríamos escrever para eles, as cartas seriam colocadas no correio. O que quer dizer: uma recepção excepcional, tanto do povo na praia quanto dessa família cheia de atenções incríveis para com três foragidos.

O Dr. Bowen consulta pelo telefone um médico, que diz para levarmos o ferido à sua clínica amanhã de tarde, para ele tirar uma radiografia e ver o que precisa fazer. O Dr. Bowen telefona para Port of Spain, ao comandante do Exército de Salvação. Ele diz que vai providenciar para nós um quarto na hospedaria do Exército de Salvação, que poderemos ir quando quisermos, e que devemos deixar o barco bem guardado, se for bom, porque vamos precisar dele para ir embora. Pergunta se somos forçados ou exilados: respondemos que somos forçados. O advogado parece gostar do fato de sermos forçados.

– Querem tomar banho e fazer a barba? – pergunta a jovem.

– Por favor, não recusem, isso não nos incomoda nem um pouco. No banheiro vão encontrar umas roupas, espero que sirvam.

Vou ao banheiro, tomo um banho, faço a barba e saio bem-penteado e com uma calça cinzenta, uma camisa branca, sapatos de tênis e meias brancas.

Um índio bate à porta com um pacote debaixo do braço e o dá para Maturette, dizendo que o médico falou que eu era mais ou menos do mesmo tamanho do doutor e que não precisava de nada para me vestir, mas que ele, o pequeno Maturette, não conseguiria encontrar roupas para seu uso porque ninguém na casa do advogado tinha seu tamanho. Faz uma mesura na frente da gente, como os muçulmanos, e se retira. Diante de tanta bondade, o que dizer? A emoção que enche meu coração é indescritível. Clousiot vai deitar-se primeiro e nós cinco ficamos trocando ideias sobre coisas diferentes. O que mais intrigava as encantadoras senhoras era o que pensávamos fazer para reconstruir nossa existência. Nada do passado, tudo a respeito do presente e do futuro. O Dr. Bowen lastimava que Trinidad não permitisse que os foragidos se instalassem na ilha. Ele explica que, por várias vezes, havia solicitado essa medida para alguns, mas nunca fora aceita.

A jovem fala um francês castiço, como o pai, sem sotaque nem erros de pronúncia. É loira, cheia de pintinhas e deve ter entre dezessete e vinte anos, prefiro não perguntar sua idade. Ela diz:

– Vocês são muito jovens e a vida espera por vocês; não sei o que fizeram para ser condenados e não quero saber, mas o fato de terem a coragem de se lançar no mar num barco tão pequeno, para fazer uma viagem tão longa e tão perigosa, demonstra que vocês estão dispostos a pagar qualquer preço para serem livres, e isso tem muito mérito.

Dormimos até as 8 da manhã. Ao levantar, encontramos a mesa posta. As duas senhoras falam muito naturalmente que o Dr. Bowen partiu para Port of Spain e só vai voltar à tarde com as informações necessárias para agir em nosso favor.

Esse homem que abandona a casa com três forçados foragidos dá uma lição sem igual para nós, querendo dizer: "Vocês são pessoas normais; julguem se tenho ou não confiança em vocês; doze horas depois de conhecer vocês, deixo-os sozinhos na minha casa, com minha esposa e minha filha." É uma maneira muda de nos dizer também: "Depois de conversar com vocês três, vi seres perfeitamente dignos de confiança, a ponto de me sentir seguro de que nem por gestos nem por palavras vão se portar mal dentro de minha casa; por isso vou deixá-los no meu lar, como se fossem velhos amigos." Essa manifestação nos emocionou muito.

Não sou um intelectual para pintar, caro leitor – se um dia esse livro tiver leitores –, com a intensidade necessária, com inspiração bastante forte, a emoção, a formidável impressão de respeito por nós mesmos; sentimos que éramos capazes de uma reabilitação, se não de uma nova vida. Esse batismo imaginário, esse banho de pureza, essa elevação do meu ser acima do lodo onde eu estava atolado, essa maneira de me colocar diante de uma responsabilidade real da noite para o dia acabam de fazer de mim um outro homem de uma maneira tão simples, que o complexo do forçado que mesmo livre traz consigo seus grilhões e acredita que alguém sempre o vigia, que tudo que vi, passei e suportei, tudo que aguentei, tudo que me levava a ser um homem tarado, podre, perigoso, passivamente obediente por fora e terrivelmente insidioso em sua revolta, tudo isso desapareceu como por encanto. Obrigado, Dr. Bowen, advogado de Sua Majestade, obrigado por ter feito de mim um outro homem em tão pouco tempo!

A loiríssima jovem dos olhos azuis como o mar está sentada comigo, embaixo dos coqueiros da casa de seu pai. Buganvílias vermelhas, amarelas e malva, todas floridas, dão ao jardim o toque de poesia que é necessário neste instante.

– Senhor Henri (ela diz "Senhor"; há quanto tempo não me chamam de "Senhor"!), como papai disse ontem, uma incompreensão injusta das autoridades inglesas faz com que infelizmente vocês não possam ficar aqui. Eles dão apenas quinze dias para que vocês descansem e tornem a partir por mar. De manhã cedo fui ver seu barco, é muito leve e pequeno para a viagem tão longa que os aguarda. Espero que vocês cheguem a uma nação mais hospitaleira que a nossa e mais compreensiva. Todas as ilhas inglesas têm a mesma atitude nesses casos. Peço ao senhor que, se na futura viagem sofrer muito, não guarde rancor do povo que vive nessas ilhas; ele não é responsável por essa maneira de ver as coisas, são ordens da Inglaterra, emanadas de pessoas que não conhecem vocês. O endereço de papai é 101 Queen Street, Port of Spain, Trinidad. Peço-lhe, se Deus quiser que isso seja possível, que nos escreva algumas palavras para sabermos do seu destino.

Fico tão emocionado, que não sei o que responder. A Sra. Bowen aproxima-se de nós. É uma mulher muito bonita; tem uns quarenta anos, cabelos de um loiro-escuro, olhos verdes. Usa um vestido branco muito simples, preso por um cordão branco, e umas sandálias verde-claras.

– Senhor, meu marido só vai voltar às 5 horas. Está tentando conseguir que vocês possam ir no seu carro, sem escolta policial, até a capital. Quer evitar também que vocês passem a primeira noite na Delegacia de Polícia de Port of Spain. O seu amigo ferido irá diretamente para a clínica de um médico amigo, e vocês dois irão para a hospedaria do Exército de Salvação.

Maturette vem encontrar-se com a gente no jardim, foi ver o barco, que está cercado, ele diz, de curiosos. Não mexeram em nada. Examinando o barco, os curiosos encontraram uma bala encravada na parte de baixo do leme, alguém pediu licença para tirá-la como lembrança. Ele respondeu: "*Captain, captain.*" O índio compreendeu que precisava perguntar ao capitão. Lá pelas tantas, o índio quer saber por que não soltamos as tartarugas.

– Vocês têm tartarugas? – pergunta a jovem. – Vamos ver. Vamos até o barco. No caminho, um indiozinho encantador pega sem cerimônia a minha mão. "*Good afternoon*", boa-tarde, dizia toda essa gente colorida. Tiro as duas tartarugas:

– O que é que a gente vai fazer? Vamos jogá-las no mar? Ou a senhora quer ficar com elas para pôr no seu jardim?

– O tanque do quintal é de água do mar. Vamos colocá-las nesse tanque, assim terei uma lembrança sua.

– Isso mesmo – respondo.

Distribuo entre as pessoas que lá estão tudo que há dentro do barco, menos a bússola, o fumo, o tonel, a faca, o facão, o machado, as cobertas e o revólver, que escondo entre as cobertas (o que ninguém viu). Às 5 horas chega o Dr. Bowen:

– Senhores, está tudo arranjado. Eu mesmo vou levá-los até a capital. Antes disso vamos deixar o ferido na clínica e depois vamos imediatamente para a hospedaria.

Instalamos Clousiot no assento traseiro do carro. Vou agradecer à filha, quando sua mãe chega com uma mala na mão, dizendo:

– Queiram aceitar algumas coisas de meu marido, nós as oferecemos de todo o coração.

Que dizer diante de tanta bondade humana? "Obrigado, infinitamente obrigado." E partimos no carro, que tem a direção à direita. Às 15 para as 6 chegamos à clínica. Chama-se Saint George.

Uns enfermeiros colocam Clousiot em cima de uma maca, numa enfermaria onde há um índio sentado na cama. O médico chega, aperta a mão de Bowen e depois a nossa, não fala francês, mas pede Bowen para nos dizer que Clousiot será bem-atendido e que nós poderemos vir vê-lo sempre que quisermos. Com o carro de Bowen atravessamos a cidade. Ficamos maravilhados de ver que é iluminada, com seus carros, suas bicicletas. Brancos, negros, amarelos, índios, chineses andam juntos pelas calçadas desta cidade toda de madeira que é Port of Spain. Chegamos ao Exército de Salvação, uma hospedaria na qual somente o andar térreo é de pedra e o restante é de madeira, casa bem-situada numa praça iluminada onde consegui ler "Fish Market" [mercado de peixe]; o capitão do Exército de Salvação nos recebe em companhia de todo o seu estado-maior, mulheres e homens. Fala um pouco de francês, todos nos dirigem palavras em inglês, que não entendemos, mas os rostos são tão sorridentes, os olhares tão acolhedores, que sabemos que eles dizem coisas delicadas.

Levam-nos para um quarto no segundo andar, com três camas – a terceira reservada para Clousiot –, um banheiro pegado ao quarto, com sabonete e toalha à nossa disposição. Depois de nos ter indicado o quarto, o capitão diz:

– Se quiserem comer, o jantar é em comum, às 7 horas, portanto daqui a meia hora.

– Não, não temos fome.

– Se quiserem passear pela cidade, aqui estão dois dólares antilhanos para tomarem um café, um chá, ou um sorvete. Por favor, não se percam. Quando quiserem voltar, perguntem o caminho com estas palavras: "*Salvation Army, please*?"

Dois minutos depois, estamos na rua, andamos na calçada, acotovelamo-nos com as pessoas, ninguém olha para nós, ninguém presta atenção em nós; respiramos profundamente, gozando com emoção esses primeiros passos livres numa cidade. Essa confiança contínua em nós, presente no fato de nos deixarem livres numa cidade bastante grande, nos anima e dá não apenas confiança em nós mesmos, mas também a perfeita consciência de que é impossível trair essa fé depositada em nós. Maturette e eu andamos lentamente no meio da multidão. Sentimos necessidade de nos aproximar das pessoas, de ser empurrados, de nos assimilar a elas para fazer parte do povo. Entramos num bar e pedimos cerveja. Parece que não é difícil dizer: "*Two beers, please.*" É tão natural! Bom, e além do mais parece-nos fantástico que uma índia com sua conchinha de ouro no nariz diga, depois de servir a gente: "*Half a dollar, sir.*" Seu sorriso de dentes de pérola, seus grandes olhos de um negro violeta, um pouquinho apertados nos cantos, os cabelos de azeviche que caem sobre seus ombros, o vestido meio aberto no princípio dos seios, deixando perceber a grande beleza deles, essas coisas fúteis, tão naturais para todo mundo, parecem para nós fantasticamente feéricas. Escute, Papi, não é verdade, não pode ser verdade que tão rapidamente, de morto-vivo, de forçado perpétuo, você esteja se transformando num homem livre!

Maturette paga, fica só com meio dólar. A cerveja é deliciosamente fresca e ele diz: "Tomamos outra?" A segunda rodada que ele gostaria de beber me parece uma coisa que não devemos fazer.

– Escute, não faz nem uma hora que você está em verdadeira liberdade e já pensa em se encher de bebida.

– Oh! Por favor, Papi, não exagere! Entre tomar duas cervejas e se encher de bebidas há muita diferença.

– Pode ser que você tenha razão, mas eu acho que decentemente não devemos cair em cima dos prazeres que o momento oferece para a gente. Acho que precisamos saboreá-los pouco a pouco e não como um glutão. Para começar, esse dinheiro não é nosso.

– É, é verdade, você tem razão. Vamos aprender a ser livres com conta-gotas, está mais de acordo.

Saímos e descemos a grande Watters Street, avenida principal, que atravessa a cidade de um lado ao outro, e, sem perceber, espantados, maravilhados com os bondes que passam, com os burros puxando suas charretezinhas, com os carros, os anúncios resplandecentes dos cinemas e das boates, com os olhos das jovens negras e índias que olham para a gente rindo, encontramo-nos no porto. Chegamos ali sem querer. Na nossa frente, os navios, todos iluminados, navios de turistas com nomes fascinantes: *Panamá*, *Los Angeles*, *Boston*, *Quebec*; navios cargueiros: *Hamburgo*, *Amsterdã*, *Londres* etc. E, estendendo-se ao longo do cais, colados uns aos outros, bares, cabarés, restaurantes, todos cheios de homens e de mulheres que bebem, cantam, discutem em voz alta. De repente, uma necessidade irresistível me impele a me misturar com essa multidão, vulgar talvez, mas tão cheia de vida. No terraço de um bar, enfileirados no gelo, ostras, ouriços-do-mar, caranguejos, mexilhões, facas-do-mar, toda uma exposição de frutos do mar que provoca os transeuntes. As mesas com toalhas xadrezes vermelhas e brancas, a maior parte ocupadas convidam a sentar. Moças de pele morena-clara, o perfil fino, mulatas sem nenhum traço negroide, modeladas dentro de blusas coloridas, amplamente decotadas, nos aconselham implicitamente a aproveitar tudo aquilo. Aproximo-me de uma delas e digo: "*French money good?*", apresentando uma nota de 1.000 francos. "*Yes, change for you.*" "O.K." Ela pega a nota e desaparece na sala repleta de gente. Volta. "*Come here*", e me leva até a caixa onde está um chinês.

– Você francês?

– Sim.

– Trocar 1.000 francos?

– Sim.

– Passaporte?

– Não tenho.

– Carteira de marinheiro?

– Não tenho.

– Documento de imigração?

– Não tenho.

– Bom.

Diz duas palavras para a moça, ela olha para a sala, vai até um sujeito, um marinheiro que tem um boné como o meu, um galão dourado e uma âncora, e o leva até a caixa. O chinês diz:

– Sua carteira de identidade?

– Aqui está.

O sujeito apresenta a carteira e o chinês faz uma ficha de câmbio de 1.000 francos em nome do desconhecido, manda que ele assine, a mulher o pega pelo braço e o leva. O outro não sabe certamente o que está se passando, eu recebo 250 dólares antilhanos, sendo 50 em notas de 1 e 2 dólares. Dou 1 dólar para a moça, saímos e, sentados numa mesa, fazemos uma orgia de frutos do mar, acompanhados de um vinho branco seco delicioso.

4 | PRIMEIRA FUGA (CONTINUAÇÃO)

TRINIDAD

Lembro-me, como se fosse ontem, da primeira noite de liberdade nessa cidade inglesa. Nós íamos a toda parte, embriagados de luz e de calor em nossos corações, namorando a alma desse povo feliz e risonho, que transborda de felicidade. Chegamos a um bar cheio de marinheiros e dessas mulheres dos trópicos que os aguardam para depená-los. Mas essas mulheres não têm nada de sórdido, nada que se compare às suas colegas das bocas do lixo de Paris, do Havre ou de Marselha. É outra coisa, algo muito diferente. Em vez das caras muito maquiladas, marcadas pelo vício, iluminadas por olhos febris cheios de astúcia, o que se vê em Trinidad são moças de todas as cores de pele, desde a chinesa até a negra africana, passando pela chocolate-claro de cabelos lisos, pela hindu ou a javanesa cujos pais se juntaram nos campos de cacau ou de cana-de-açúcar, ou a *coolie* mestiça de chinês e de hindu, ostentando uma conchinha de ouro numa venta do nariz, ou a cafuza de perfil romano, de rosto bronzeado iluminado por dois olhos enormes, negros, brilhantes, de longos cílios, e projetando uns seios quase inteiramente nus, como que dizendo:

"Olhe meus seios, como são perfeitos"; todas essas mulheres, cada uma com flores de cor diferente nos cabelos, exteriorizam o amor, provocam o gosto pelo sexo, sem nada de sujo ou de comercial; não dão a impressão de serem profissionais. Elas se animam de verdade e a gente tem a impressão de que para elas o dinheiro não é a principal motivação da vida.

Como duas mariposas atraídas pelas lâmpadas, vamos nós dois, Maturette e eu, tropeçando de botequim em botequim. Ao desembocar numa pequena praça inundada de luz, vejo a hora, no relógio de uma igreja ou de um templo: 2 horas. São 2 horas da manhã! Depressa, vamos para casa! Já abusamos da situação. O capitão do Exército de Salvação vai ter de nós uma opinião muito esquisita. Vamos voltar depressa. Pego um táxi para nos levar, *two dollars*. Pago e entramos muito envergonhados na hospedaria. No *hall*, uma soldado do Exército de Salvação, loira, jovem, dos seus 25 a trinta anos, nos acolhe gentilmente. Não parece espantada nem chocada por voltarmos tão tarde. Depois de algumas palavras em inglês, que adivinhamos serem amáveis e acolhedoras, ela nos dá a chave do quarto e nos deseja boa-noite. Deitamos. Na valise encontrei um pijama. Antes de apagar a luz, Maturette me diz:

– Acho que a gente podia agradecer ao bom Deus por tudo que Ele nos deu em tão pouco tempo. Que é que você diz, Papi?

– Agradece por mim ao teu bom Deus, é um grande sujeito. Como você diz muito bem, ele foi bárbaro de generosidade conosco. Boa-noite – e apago a luz.

Essa ressurreição, essa volta do túmulo, essa saída do cemitério onde eu estava enterrado, todas essas emoções sucessivas e o banho desta noite, que me reintegrou na vida ao lado de outras criaturas, me excitaram tanto que não consigo dormir. No calidoscópio dos meus olhos fechados, as imagens, as coisas, toda essa mistura de sensações chegam ao meu espírito sem ordem cronológica e se apresentam com precisão, mas de modo completamente desordenado: o tribunal, a Conciergerie, a seguir os leprosos, depois Saint-Martin-de-Ré, Tribouillard, Jesus, a tempestade... Numa dança fantasmagórica, parece que tudo o que vivi neste último ano está querendo se apresentar ao mesmo tempo na galeria das minhas recordações. Por mais que procure espantar essas imagens, não consigo. E o mais engraçado é que elas estão misturadas aos gritos dos porcos, do *hocco*, ao ulular do vento, ao marulho das ondas, tudo revestido pela música dos violões de uma corda só que os hindus tocavam há poucos instantes nos diversos bares por onde passamos.

Por fim, adormeço ao despontar do dia. Pelas 10 horas, batem à porta. É o Dr. Bowen, sorridente:

– Bom-dia, amigos. Ainda deitados? Vocês voltaram tarde. Divertiram-se bastante?

– Bom-dia. Sim, voltamos tarde, desculpe.

– De nada, ora essa! É muito natural, depois de tudo que sofreram. Vocês tinham de aproveitar a primeira noite de homens livres. Estou aqui para acompanhá-los à Delegacia de Polícia. Vocês têm que se apresentar à polícia para declarar oficialmente que entraram no país clandestinamente. Depois dessa formalidade, iremos ver o seu amigo. Ele fez radiografia hoje muito cedo. Saberemos o resultado mais tarde.

Depois de nos lavarmos rapidamente, descemos para o vestíbulo, onde encontramos Bowen à nossa espera, ao lado do capitão.

– Bom-dia, amigos – diz em mau francês o capitão.

– Bom-dia para todos, tudo bem? – uma graduada do Exército de Salvação nos diz. – Vocês gostaram de Port of Spain?

– Oh, sim, senhora! Ficamos encantados.

Tomamos uma xicarazinha de café e seguimos para a delegacia. Vamos a pé, pois dista apenas 200 metros. Todos os policiais nos saúdam e nos olham sem qualquer curiosidade especial. Entramos num escritório austero e imponente, depois de passar por duas sentinelas cor de ébano, de uniforme cáqui. Um oficial dos seus cinquenta anos, camisa e gravata cáqui, coberto de insígnias e de medalhas, levanta-se. Está de *short* e nos diz em francês:

– Bom-dia. Sentem-se. Antes de registrar oficialmente as suas declarações, quero conversar um pouco com vocês. Quantos anos vocês têm?

– Vinte e seis anos e dezenove anos.

– Por que foram condenados?

– Por homicídio...

– Quais são as suas penas?

– Trabalhos forçados perpétuos.

– Então não foi homicídio simples, foi homicídio qualificado?

– Não, senhor. O meu foi um homicídio simples.

– Comigo foi um homicídio qualificado – diz Maturette. – Eu tinha dezessete anos.

– Aos dezessete anos, a gente já sabe o que faz – diz o oficial. – Na Inglaterra, se o fato fosse provado, você teria sido enforcado. Muito bem, as autoridades inglesas não têm que julgar a justiça francesa. Mas não estamos de acordo é com o desterro dos condenados na Guiana Francesa. Sabemos que é um castigo desumano e indigno de uma nação civilizada como a França. Mas, infelizmente, vocês não podem ficar em Trinidad ou em qualquer outra ilha britânica. É impossível. Por isso, peço-lhes que procedam honestamente e não procurem escapatória, ou qualquer outro pretexto, para retardar sua saída. Vocês podem descansar livremente em Port of Spain de quinze a dezoito dias. O seu barco é bom, ao que dizem. Vou dar ordem para que o tragam aqui ao porto. Se houver reparações a fazer, os carpinteiros da Marinha Real se encarregarão disso. Antes de partir, vocês receberão uma boa bússola e uma carta marítima. Espero que os países sul-americanos recebam bem vocês, mas não procurem a Venezuela, pois ali vocês serão presos e obrigados a trabalhar nas estradas até serem entregues às autoridades francesas. Depois de um grande erro, um homem não é obrigado a ficar perdido para sempre. Vocês são jovens e têm saúde, têm um jeito simpático e espero que, depois de tudo que sofreram, nunca mais se darão por vencidos. O simples fato de terem vindo para este país demonstra o contrário. Sinto-me feliz em poder ajudá-los a se tornarem homens bons e responsáveis. Boa sorte. Se vocês tiverem algum problema, telefonem para este número, que serão atendidos em francês.

Ele toca uma campainha e um funcionário civil vem nos buscar. Numa sala onde vários policiais e civis estão batendo a máquina, outro funcionário à paisana toma as nossas declarações.

– Por que vieram a Trinidad?

– Para descansar.

– De onde vocês vêm?

– Da Guiana Francesa.

– Para fugir, vocês cometeram algum delito, provocaram lesões ou morte em outras pessoas?

– Não ferimos ninguém gravemente.

– Como é que vocês sabem?

– Soubemos antes de partir.

– Quais são suas idades, suas situações penais em relação à justiça francesa? (etc.) Senhores, vocês têm de quinze a dezoito dias para descansar aqui. Estão completamente livres para fazer o que quiserem durante esse tempo. Se mudarem de moradia, avisem-nos. Eu sou o sargento Willy. Aqui está o meu cartão, com dois telefones: um é o meu número oficial na polícia; o outro, meu número particular. Seja o que for que lhes aconteça, se precisarem de minha ajuda, me chamem imediatamente. Temos confiança em vocês. Estou certo que se comportarão corretamente.

Alguns instantes depois, o Dr. Bowen nos acompanha à clínica. Clousiot está contente de nos ver. Nada lhe contamos da noite que passamos nos divertindo na cidade. Apenas lhe dizemos que estamos autorizados a passear à vontade. Ele fica tão surpreendido, que nos diz:

– Sem escolta?

– Sim, sem escolta.

– Ora essa, então os rosbifes (os ingleses) são uns caras muito gozados!

Bowen, que tinha ido à procura do médico, volta com ele. Pergunta a Clousiot:

– Quem foi que reduziu a fratura, antes de entalar a perna?

– Fui eu mesmo e mais um camarada que não está aqui.

– Vocês trabalharam tão bem, que não é preciso quebrar novamente a perna. A fíbula fraturada foi bem encaixada. Vamos simplesmente engessar e colocar um estribo, para que você possa andar um pouco. Prefere ficar aqui ou ir com seus companheiros?

– Prefiro ir com eles.

– Muito bem, amanhã cedo você poderá sair.

Agradecemos efusivamente. O Dr. Bowen e o médico se retiram e nós passamos o fim da manhã e parte da tarde com nosso amigo. Estamos jubilosos quando, no dia seguinte, nos encontramos os três reunidos em nosso quarto de hotel, a janela toda aberta e os ventiladores funcionando para refrescar o ar. Congratulamo-nos uns com os outros pela nossa cara saudável e pela boa aparência que as roupas novas nos dão. Quando vejo que a conversa volta para o passado, digo aos meus companheiros.

– Agora, vamos tentar ao máximo esquecer o passado. Vamos tratar do presente e do futuro. Para onde vamos? Colômbia? Panamá? Costa Rica? Precisamos consultar Bowen para saber quais os países onde temos alguma chance de ser admitidos.

Chamo Bowen em seu escritório, ele não está. Ligo para a casa dele, em San Fernando. É a sua filha quem atende. Depois de uma troca de palavras amáveis, ela me diz:

– Sr. Henri, perto do hotel, no Fish Market, há ônibus que vêm para San Fernando. Por que vocês não vêm passar a tarde em nossa casa? Podem vir, eu espero.

E lá vamos os três para San Fernando. Clousiot está magnífico em sua roupa meio militar, cor de tabaco.

A volta a essa casa que nos acolheu com tanta bondade nos deixa comovidos. Parece que essas mulheres compreendem nossa emoção, porque elas dizem ao mesmo tempo: "Vocês estão de volta à sua casa, caros amigos. Sentem-se e estejam à vontade." E em vez de dizer "o senhor" cada vez que se dirigem a nós, elas nos chamam pelo nosso nome: "Henri, passe o açúcar; André (é o nome de Maturette), quer mais pudim?"

Senhora e senhorita Bowen, espero que Deus as tenha recompensado por tanta bondade que tiveram para conosco e que suas belas almas, que nos prodigalizaram tão finas alegrias, tenham desfrutado pelo resto da vida uma felicidade inefável.

Discutimos com elas e estendemos um mapa sobre a mesa. As distâncias são grandes: 1.200 quilômetros para chegar a Santa Marta, porto colombiano mais próximo; 2.100 quilômetros para o Panamá; 2.500 para Costa Rica. Chega o Dr. Bowen:

– Telefonei a todos os consulados e tenho uma boa notícia: vocês podem fazer escala de alguns dias em Curaçau para descansar. A Colômbia não tem nada estabelecido a respeito de fugitivos. Pelo que o cônsul sabe, nunca um fugitivo chegou pelo mar à Colômbia. Ao Panamá e a outros lugares também não.

– Conheço um lugar seguro para vocês – diz Margaret, a filha do Dr. Bowen. Mas é bem longe, 3.000 quilômetros pelo menos.

– Onde é? – pergunta o pai.

– Honduras britânica. O governador é meu padrinho.

Olho para os meus amigos e digo:

Destino: Honduras britânica. É uma possessão inglesa limitada ao sul pela República de Honduras e ao norte pelo México.

Ajudados por Margaret e sua mãe, passamos a tarde toda a traçar o caminho. Primeira etapa: Trinidad-Curaçau, 1.000 quilômetros. Segunda etapa: Honduras britânica.

Como nunca se sabe o que pode acontecer no mar, decidimos que, além dos víveres que a polícia nos dará, levaremos uma reserva de conservas: carnes, legumes, doces, peixe etc. Margaret nos diz que o supermercado Salvattori nos dará com muito prazer essas conservas de presente. "Se eles não derem", acrescenta simplesmente, "mamãe e eu compramos para vocês".

– Isso, não, senhorita.

– Cale-se, Henri.

– Mas não, não é possível, pois nós temos dinheiro e não ficaria bem abusar da sua bondade quando podemos muito bem comprar nós mesmos essas provisões.

O barco está em Port of Spain, na água, sob um abrigo da Marinha de Guerra. Despedimo-nos, prometendo mais uma visita antes da nossa partida. Todas as noites, saímos religiosamente às 11 horas. Clousiot senta-se num banco da praça mais animada e um de nós dois – eu ou Maturette – lhe faz companhia, enquanto o outro perambula pela cidade. Já estamos aqui há dez dias. Clousiot anda sem muita dificuldade graças ao ferro fixado no gesso. Aprendemos a ir ao porto de bonde. Vamos lá muitas vezes à tarde e sempre à noite. Já somos conhecidos e fomos adotados em alguns bares do porto. Os policiais de guarda nos cumprimentam, toda a gente sabe quem nós somos e de onde viemos, mas ninguém jamais toca em qualquer assunto que diga respeito ao nosso passado. Reparamos que os bares onde somos conhecidos nos fazem pagar menos que os marinheiros pelo que comemos ou bebemos. A mesma coisa com as mulheres. De costume, quando elas se sentam às mesas dos marinheiros, dos oficiais ou dos turistas, elas bebem sem parar e procuram fazê-los gastar o máximo possível. Nos bares onde se dança, elas nunca dançam com alguém antes que lhes ofereçam vários copos. Mas, conosco, todas se comportam de modo diferente. Sentam-se bastante tempo e precisamos insistir para que tomem um drinque. Se elas aceitam, não é para tomar aquele famoso copo minúsculo, mas uma cerveja ou um verdadeiro *whisky and soda*. Tudo isso nos dá grande prazer, pois é um modo indireto de nos dizer que conhecem nossa situação e que estão conosco de coração.

O barco foi pintado de novo e acrescentaram uma borda de 10 centímetros de altura. A quilha foi reforçada. Nenhuma parte do cavername sofreu com a viagem, o barco está intacto. O mastro foi trocado por outro mais alto, porém mais leve; o cutelo e o traquete, feitos de sacos de farinha, por outras velas de bom pano cor de ocre. Na capitania, um capitão de mar e guerra nos entregou uma bússola com uma rosa dos ventos (que eles chamam de compasso) e me explicou de que maneira, ajudado pelo mapa, posso saber aproximadamente a minha posição. A rota já está traçada, "oeste um quarto norte", para chegar a Curaçau.

O capitão de mar e guerra me apresenta a um oficial de marinha, comandante do navio-escola *Tarpon*, que me pede o favor de sair para o mar lá pelas 8 horas da manhã seguinte e navegar um pouco fora do porto. Não compreendo por quê, mas mesmo assim, prometo fazer o que ele pede. No dia seguinte, estou na capitania na hora combinada, com Maturette. Um marinheiro sobe conosco e saímos do porto com bom vento. Duas horas depois, enquanto estamos bordejando para dentro e para fora do porto, chega um navio de guerra e se aproxima de nós. No convés, alinhados, estão os oficiais e os marinheiros, todos de branco. Passam perto e dão a volta em torno do nosso barco, gritando "Hurra!", e abaixam duas vezes a bandeira. É uma saudação oficial, cujo significado não entendo. Voltamos para a capitania, onde o navio de guerra já está atracado. Também amarram nosso barco no cais. Um marinheiro nos faz sinal para segui-lo e subimos a bordo, onde o comandante nos recebe no alto da escada. Um apito modulado saúda nossa chegada e, após nos haver apresentado aos oficiais, ele nos faz passar diante dos alunos e dos suboficiais, alinhados em posição de sentido. O comandante pronuncia algumas palavras em inglês e, a seguir, ordena o "fora de forma". Um jovem oficial me explica que o comandante acaba de dizer aos alunos quanto merecemos o respeito dos marinheiros por havermos feito, nessa pequena embarcação, uma viagem tão longa, e que íamos fazer outra ainda maior e mais perigosa. Agradecemos ao oficial por tanta honra. Ele nos presenteia com três capotes de oleado, que nos serão muito úteis mais tarde. São impermeáveis pretos, com um grosso fecho francês e o respectivo capuz.

Dois dias antes da partida, o Dr. Bowen nos procura para nos pedir, por parte do superintendente da polícia, que levemos conosco três degredados que chegaram aqui faz uma semana. Foram desembarcados na ilha e seus companheiros voltaram para a Venezuela, segundo dizem. Não estou gostando disso, mas fomos tratados com demasiada nobreza para podermos recusar receber esses três homens a bordo. Peço para falar com eles antes de dar minha resposta. Um carro da polícia vem me buscar. Sou levado para falar com o superintendente, o oficial cheio de galões que nos interrogou quando da nossa chegada. O sargento Willy serve de intérprete.

– Como vai o senhor?

– Bem, obrigado. Estamos precisando que vocês nos prestem um serviço.

– Se for possível, com muito prazer.

– Temos, na cadeia, três franceses degredados. Eles vêm vivendo clandestinamente há algumas semanas na ilha e alegam que seus companheiros os desembarcaram e foram embora. Achamos que afundaram o barco, mas eles dizem que nem sabem manejar uma embarcação. Talvez seja uma manobra para que lhes forneçamos um barco. Precisamos mandá-los embora: seria lamentável, se eu me visse obrigado a entregá-los ao comissário do primeiro navio francês de passagem.

– Senhor superintendente, vou fazer o impossível para atendê-lo, mas antes quero falar com eles. O senhor deve compreender que é perigoso acolher a bordo três desconhecidos.

– Compreendo. Willy, dê ordem para os três franceses saírem ao pátio.

Quero conversar sozinho com eles e peço ao sargento que se retire.

– Vocês são degredados?

– Não, somos "duros" (forçados).

Por que disseram que eram degredados?

– A gente pensava que eles preferem um homem que cometeu alguns pequenos delitos do que um cara que cometeu algum crime muito grave. Vê-se que estávamos enganados. E você, quem é?

– Um "duro".

– Não te conhecemos.

– Eu sou do último comboio. E vocês?

– Do comboio de 1929.

– E eu de 27 – diz o terceiro.

– O negócio é o seguinte: o superintendente me chamou para me pedir que levássemos vocês a bordo, onde já somos três. Ele diz que, se eu não aceitar, como nenhum de vocês sabe manejar um barco, ele será obrigado a entregá-los ao primeiro navio francês que passar. Que é que vocês acham?

– Por motivos que são só da nossa conta, não queremos voltar para o mar. Poderíamos fingir que partimos com vocês, você nos deixa na ponta da ilha e continua a sua fuga.

– Não posso fazer isso.

– Por quê?

– Porque não quero pagar com uma sujeira as atenções que tiveram conosco.

– Mas eu acho, companheiro, que, antes dos rosbifes, você deve ajudar os duros.

– Por quê?

– Porque você também é um duro.

– Sim, mas há tantas espécies de duros, que talvez haja mais diferença entre mim e vocês do que entre mim e os rosbifes, depende do ponto de vista.

– Então você vai deixar que nos entreguem às autoridades francesas?

– Não, mas também não vou desembarcar vocês antes de Curaçau.

– Não tenho coragem de recomeçar – diz um deles.

– Escutem, vejam primeiro o meu barco. Talvez aquele no qual vocês vieram fosse ruim.

– Bem, vamos experimentar – dizem os dois outros.

– Muito bem. Vou pedir ao superintendente licença para vocês verem o barco.

Acompanhados pelo sargento Willy, vamos para o porto. Os três sujeitos parecem ter mais confiança depois que veem o barco.

NOVA PARTIDA

Partimos dois dias depois, nós três e mais os três desconhecidos. Não sei como souberam da notícia, mas uma dúzia das mulheres dos bares assistem à partida, bem como a família Bowen e o capitão do Exército de Salvação. Como uma das mulheres me abraça, Margaret me diz, rindo:

– Henri, como você ficou noivo tão depressa? Isso não está direito!

– Até logo para todos. Não, adeus! Mas fiquem sabendo que vocês deixaram em nossos corações uma marca tão grande, que nunca se apagará.

E às 4 horas da tarde partimos, puxados por um rebocador. Fomos muito rápidos ao sair da barra, não deixando de enxugar uma lágrima e de olhar até o último momento o grupo que veio nos dizer adeus e que agita grandes lenços brancos. Logo que é desamarrado o cabo que nos liga ao rebocador, todas as velas se inflam e enfrentamos as primeiras dos milhões de ondas que teremos de furar antes de chegar ao destino.

Há duas facas a bordo, uma comigo, outra com Maturette.

O machado está perto de Clousiot, bem como o facão. Temos certeza de que nenhum dos outros está armado, mas combinamos que nunca nós três vamos dormir ao mesmo tempo durante a viagem. Ao pôr do sol, o navio-escola nos acompanha durante meia hora, saúda-nos e vai embora.

– Como é que você se chama?

– Leblond.

– Que comboio?

– Vinte e sete.

– Qual a pena?

– Vinte anos.

– E você?

– Kergueret. Comboio 29, quinze anos, sou bretão.

– Você é bretão e não sabe dirigir um barco?

– Não.

– Eu me chamo Dufils e sou de Angers. Peguei perpétua por causa de uma palavra cretina que eu disse no tribunal, do contrário teria tido dez anos, no máximo. Comboio 29.

– Que palavra foi essa?

– Vou explicar. Matei minha mulher com o ferro de passar roupa. Durante os debates, um jurado me perguntou por que tinha usado um ferro de passar roupa para matar. Não sei por quê, respondi que a tinha matado com um ferro de passar roupa porque ela estava desrespeitando o vinco das minhas calças. E foi por causa dessa frase idiota que eles me salgaram tanto, disse o meu advogado.

– De onde vocês fugiram?

– De um campo de trabalho florestal chamado Cascade, a 80 quilômetros de Saint-Laurent. Não foi difícil partir porque gozávamos de muita liberdade. Éramos cinco, foi tudo facílimo.

– Como, cinco? E onde estão os outros dois?

Criou-se um silêncio embaraçoso. Clousiot então disse:

– Camarada, aqui somos todos homens; como estamos juntos, nós precisamos saber. Desembuche.

– Eu vou contar tudo – disse o bretão. – De fato, éramos cinco na saída, mas os dois sujeitos de Cannes que estão faltando nos disseram que eram pescadores da costa. Eles não tinham pago nem um tostão para a fuga e diziam que o trabalho deles a bordo valia mais que dinheiro. Ora, logo percebemos que nem um nem outro conheciam coisa alguma de navegação. Corremos vinte vezes o risco de morrer afogados. A gente ia acompanhando a costa bem de perto, primeiro a Guiana Holandesa, depois a Inglesa e por fim Trinidad. Entre Georgetown e Trinidad, eu matei aquele que tinha dito que podia ser o capitão da fuga. Aquele cara merecia a morte, porque para viajar grátis ele enganou todo mundo quanto à sua capacidade de marinheiro. E o outro pensou que iam matá-lo também, e num dia de temporal ele se jogou no mar por vontade própria, largando o leme do barco. Tivemos que nos arranjar como pudemos. A embarcação ficou várias vezes cheia de água, finalmente nos arrebentamos contra um rochedo e nos salvamos por milagre. Dou minha palavra de honra de que tudo o que disse é a pura verdade.

– É verdade – dizem os outros dois. – A coisa se passou exatamente assim e nós três estávamos de acordo em matar aquele sujeito. Que é que você acha, Papillon?

– Não estou em condições de ser juiz.

– Mas – insiste o bretão – o que você teria feito em nosso caso?

– É um caso para pensar. Para ser justo nessa história, é preciso ter vivido o momento, sem isso não se sabe onde está a verdade.

Clousiot acrescenta:

– Eu também o teria matado, porque é uma mentira que pode custar a vida a todo mundo.

– Bem, não falemos mais nisso. Mas tenho a impressão de que vocês tiveram muito medo, que vocês ainda estão com medo e que estão no mar porque foram obrigados, não é verdade?

– Pois é isso mesmo! – respondem em coro.

– Pois bem, aqui, nada de pânico, aconteça o que acontecer. Ninguém pode, em nenhum caso, mostrar o seu medo. Quem estiver com medo, que cale a boca. Este barco deu provas de que é bom. Agora estamos mais carregados que da outra vez, mas ele está mais alto 10 centímetros, o que compensa, largamente, a sobrecarga.

Fumamos e tomamos café. Comemos muito bem antes de partir e por isso decidimos só comer na manhã seguinte.

Estamos a 9 de dezembro de 1933. Faz quarenta dias que a fuga começou, na sala blindada do hospital de Saint-Laurent. É Clousiot, o "contador" da nossa turma, quem informa isso. Tenho agora três coisas preciosas que não possuía na partida: um relógio de aço à prova de água, comprado em Trinidad; uma bússola autêntica com dupla caixa de suspensão, com rosa dos ventos exata; e um par de óculos pretos de celuloide. Clousiot e Maturette têm cada um o seu boné.

Três dias se passam sem incidentes, a não ser termos topado duas vezes com bandos de golfinhos. Fizeram-nos suar frio, quando um grupo de oito se pôs a brincar com o barco. Eles passavam em toda a extensão por baixo, vindos da popa, e emergiam justo diante da proa. Às vezes podíamos tocar algum com a mão. Mas o que mais nos impressionou foi o jogo seguinte: três golfinhos em triângulo, um na frente e dois atrás, em linhas paralelas, investem numa velocidade louca, firmes, contra a nossa proa. No momento em que estão quase chocando com o barco, mergulham e voltam à tona, à direita e à esquerda da embarcação. Embora estejamos navegando com vento forte e com as velas desfraldadas, os bichos correm mais depressa do que nós. É um brinquedo que dura horas, é alucinante. O menor erro em seus cálculos e eles nos farão virar! Os três novos companheiros nada dizem, mas suas caras estão transtornadas!

No meio da noite do quarto dia desencadeou-se uma tempestade horrorosa. Foi realmente uma coisa espantosa. O pior é que as ondas não seguiam o mesmo sentido. Muitas vezes chocavam umas com as outras. Algumas eram extensas, outras curtas, não se compreendia nada. Ninguém abria a boca a não ser Clousiot, que me gritava de vez em quando: "Aguenta firme, meu chapa! Pula nessa como pulou nas outras!" ou "Cuidado com o que vem atrás!" Coisa rara, os vagalhões chegavam às vezes a três quartos, rugindo e espumejando. Eu calculava a velocidade deles e previa muito bem o ângulo de ataque. E sem qualquer lógica chegava de repente, de um só golpe, um vagalhão que batia na traseira do barco, completamente de pé. Várias vezes essas ondas desabaram sobre as minhas costas e, naturalmente, uma boa parte entrava na embarcação. Os cinco homens, armados de panelas e latas, tiravam a água sem interrupção. Apesar de tudo, nunca encheu mais de um quarto do barco e portanto nunca corremos o risco de afundar. Esse parque de diversões durou metade da noite, quase sete horas. Por causa da chuva, só avistamos o sol às 8 horas.

Acalmada a tempestade, o sol novinho do começo do dia, brilhando com toda a sua plenitude, foi aclamado por todos com alegria. Antes de mais nada, o café. Um café com leite Nestlé quente, bolachas de marinheiro, duras como ferro, mas que, molhadas no café, são deliciosas. A luta noturna contra a tempestade me arrebentou todo, não aguento mais e, embora o vento ainda sopre fortemente e as ondas continuem altas e indisciplinadas, peço a Maturette para me substituir um pouco. Quero dormir. Não faz nem dez minutos que estou deitado, quando Maturette se deixa pegar de banda por uma onda, que alaga três quartos do barco. Tudo está flutuando: latas, fogareiro, cobertores... Chego até o leme com a água pela barriga, justo em tempo para agarrá-lo e evitar um vagalhão quebrado que avança direto sobre nós. Com uma virada do leme, consigo receber a onda pela popa; não entra água, mas somos projetados com força a mais de 10 metros do impacto.

Todo mundo tira água do barco. Um grande caldeirão, manejado por Maturette, retira 15 litros de cada vez. Ninguém se preocupa em salvar coisa alguma, todos só têm uma ideia fixa: botar para fora o mais depressa possível essa água que torna o barco tão pesado e o impede de se defender bem das ondas. Devo reconhecer que os três novos se comportam bem; o bretão, vendo a sua caixa levada pelo mar, tomou sozinho, sem hesitar, a decisão de desprender a barrica de água potável e atirá-la para fora do barco. Duas horas depois, tudo está seco, mas perdemos os cobertores, o fogareiro, o fogão, os sacos de carvão, o garrafão de querosene e a barrica de água, esta voluntariamente.

Ao meio-dia, querendo trocar de calça, percebo que a minha maleta também foi carregada pelo mar, bem como dois dos três oleados. Bem no fundo do barco, encontramos duas garrafas de rum. Todo o tabaco foi perdido ou molhado e o papel para enrolar cigarros desapareceu com a lata à prova de água.

– Companheiros, primeiro uma talagada de rum, uma boa dose; depois abram a caixa de reserva, para ver com que recursos ainda podemos contar. Ainda tem suco de frutas, muito bem, vamos racionar a bebida. Esvaziem uma das latas de biscoitos *petit-beurre* e façam um fogareiro com ela. Vamos pôr as latas de conserva no fundo do barco e fazer fogo com as tábuas da caixa. Estivemos todos com medo, mas agora o perigo passou. Cada um precisa se recuperar e enfrentar a realidade. A partir deste momento, ninguém deve dizer: estou com sede, estou com fome, ou tenho vontade de fumar. Estão de acordo?

– Sim, Papi, estamos.

Todo mundo se comportou bem e a Providência fez amainar o vento, para que pudéssemos fazer uma sopa na base do *corned-beef*. Com uma tigela cheia dessa sopa, na qual mergulhamos as bolachas de marinheiro, enchemos a barriga com um grude gostoso e quente, suficiente para nos manter até o próximo dia. Fizemos um pouquinho de chá verde para cada um. Na caixa intacta, encontramos um pacote de cigarros. São 24 macinhos de oito cigarros. Os cinco outros decidem que somente eu devo fumar, para me ajudar a ficar acordado; para evitar invejosos, Clousiot não acende mais os cigarros para mim, dando a primeira tragada, mas só me dá fogo. Graças a essa compreensão, não surge nenhum incidente desagradável entre nós.

Já faz seis dias que partimos e ainda não pude dormir. Como esta noite o mar está feito um lago, aproveito para dormir, durmo quase cinco horas a sono solto. Continua a calmaria. Eles comeram sem mim e eu encontro, ao acordar, uma espécie de polenta, muito bem-feita, com farinha de milho de lata, que devoro com algumas linguiças defumadas. É delicioso. O chá está quase frio, mas não tem importância. Fumo e espero que o vento nos faça o favor de reaparecer.

A noite está maravilhosamente estrelada. A estrela Polar brilha com toda a sua luz e somente o Cruzeiro do Sul ganha dela em matéria de luminosidade. Veem-se nitidamente a Ursa Maior e a Ursa Menor. Não há uma nuvem e a lua cheia já está bem alta no céu estrelado. O bretão está tremendo de frio; perdeu sua malha e está em mangas de camisa. Empresto-lhe o meu oleado. E assim enfrentamos o sétimo dia.

– Gente, não podemos estar muito longe de Curaçau. Tenho a impressão de ter subido um pouco demais para o norte. Agora vou virar em cheio para oeste, porque não podemos perder as Antilhas holandesas. Seria um caso sério, pois já estamos sem água doce e sem víveres, só com a reserva.

– Temos confiança em você, Papillon – diz o bretão.

– Sim, temos confiança – repetem os outros, em coro. – Faça como você quiser.

– Obrigado.

Creio que falei bem. O vento se faz esperar toda a noite e é somente às 4 da manhã que começa a empurrar o barco. Esse vento, que aumenta bastante durante a manhã, dura mais de 36 horas, com uma força suficiente para imprimir boa velocidade à embarcação, e com vagas tão pequenas que a quilha não bate.

CURAÇAU

Gaivotas. Primeiro só se ouvem os gritos, porque é noite, a seguir se veem as próprias aves, voando em volta do barco. Uma delas pousa no mastro, parte e volta novamente. O manejo dura mais de três horas, até que se levante o dia, com sol radioso. Nada no horizonte a indicar a terra. Que diabo! De onde vêm essas gaivotas, grandes e pequenas? Nossos olhos observam o horizonte o dia todo. Nenhum indício de terra próxima. A lua cheia se levanta no momento em que o sol se deita, essa lua tropical é tão brilhante, que a reverberação me incomoda. Já não tenho os óculos, que se foram com o famoso vagalhão, que levou também todos os bonés. Lá pelas 8 da noite, percebe-se no horizonte, muito distante, iluminada pela luar, uma linha negra.

– Dessa vez deve ser a terra! – diz o primeiro.

– Sim, com certeza.

Logo, todos nós percebemos que há realmente uma linha escura, que deve ser a terra. Durante o resto da noite fico com a minha proa dirigida para essa sombra, que aos poucos vai adquirindo contornos mais precisos. Estamos chegando. Empurrados por um forte vento sem névoa e por uma onda alta mas longa e calma, chegamos à terra com boa velocidade. A massa negra não é muito alta e nada indica se a costa é constituída de falésias, rochedos ou praias. A Lua, que está se deitando do outro lado dessa terra, projeta uma sombra que não me deixa ver nada, a não ser, na superfície da água, uma fileira luminosa, primeiro unida e depois fragmentada. Vou chegando para perto e, a cerca de 1 quilômetro, lanço a âncora. O vento é forte, o barco vira sobre si mesmo e enfrenta as ondas, que o pegam bem de frente a cada vez que passam. O balanço do barco é grande e, portanto, muito incômodo. Naturalmente, as velas estão abaixadas e dobradas. Poderíamos ter esperado até o nascer do dia nessa posição desagradável porém segura, mas por desgraça a âncora se afrouxa de repente. Preparamos o cutelo e o traquete. É estranho, não conseguimos sentir a âncora. Meus camaradas puxam o cabo, ele volta sem a âncora, ela está perdida. Apesar de todos os meus esforços, as ondas nos aproximam tão perigosamente dos rochedos que resolvo armar as velas e dirigir-me para a terra, voluntariamente, a toda a força. A manobra é tão bem-sucedida, que de repente nos encontramos encravados entre dois rochedos, o barco inteiramente desconjuntado. Ninguém grita "salve-se quem puder", mas, quando chega a onda seguinte, lançamo-nos todos à água para chegar à terra, rolando, batendo, mas vivos. Somente Clousiot, com a perna engessada, sofreu mais que os outros. Está com o braço, o rosto e as mãos ensanguentados, cheio de arranhões. Os outros apenas sofreram algumas pancadas nos joelhos, nas mãos e nos tornozelos. Estou sangrando de uma orelha, que bateu fortemente contra uma rocha.

De qualquer maneira, estamos todos vivos, a salvo das ondas, na terra seca. Quando o dia nasce, recuperamos um oleado e volto para o barco, que começa a se desmanchar. Consigo arrancar a bússola, pregada no banco traseiro. Não há viva alma em toda a região. Olhamos para o lugar em que se encontravam aquelas luzes: é uma fileira de lâmpadas que, segundo soubemos mais tarde, serve para indicar aos pescadores que o lugar é perigoso. Caminhamos a pé para o interior da terra. Só se veem cactos, enormes cactos e uma porção de burricos. Chegamos a um poço, muito cansados, pois, nos revezando, dois de cada vez, somos obrigados a fazer "cadeirinha" para carregar Clousiot. Em volta do poço, carcaças ressequidas de burros e de cabras. O poço está seco, as pás do moinho que o faziam funcionar giram à toa, sem puxar água. Não se avista uma pessoa viva, apenas burros e cabras.

Caminhamos até uma pequena casa, cujas portas abertas nos convidam a entrar. Gritamos: "Ó de casa!" Ninguém aparece. Sobre o fogão está uma bolsa de pano, fechada por um barbante.

Passo a mão nela e abro o nó. Nisso, o barbante se rompe: a bolsa está cheia de florins, moeda holandesa. Estamos, portanto, em território holandês: Bonaire, Curaçau ou Aruba. Tornamos a colocar a bolsa no lugar sem tirar nada, encontramos uma talha de água e bebemos com uma concha. Ninguém na casa, ninguém nas vizinhanças. Recomeçamos a caminhar, muito lentamente por causa de Clousiot, quando um velho Ford surge em nosso caminho.

– Vocês são franceses?

– Sim, senhor.

– Podem subir no meu carro.

Instalamos Clousiot sobre os joelhos dos três, que se sentam atrás. Fico junto do motorista, Maturette ao meu lado.

– Vocês naufragaram?

– Sim.

– Alguém se afogou?

– Não.

– De onde vocês vêm?

– De Trinidad.

– E antes disso?

– Da Guiana Francesa.

– Sentenciados?

– Sentenciados.

– Eu sou o Dr. Naal, proprietário desta faixa de terra, uma península pegada a Curaçau. Esta península é chamada Ilha dos Burros. Os burros e as cabras vivem aqui comendo cactos espinhosos. Esses espinhos são chamados pelo povo "as senhoritas de Curaçau". Para mim, isso não é muito gentil com as verdadeiras senhoritas de Curaçau.

O doutor, grande e gordo, ri ruidosamente. O Ford, sem fôlego, chiando como um asmático, para por si mesmo. Mostrando então alguns burros, digo:

– Se o carro não quer andar, pode facilmente ser rebocado. – Tenho uma espécie de arreio no porta-malas, mas o problema é pegar dois burros e arreá-los. Não é nada fácil!

O gordo motorista levanta a capota e logo verifica que um solavanco mais forte desligou um fio que vai para as velas. Antes de tornar a subir no carro, olha para todos os lados, com ar inquieto. Partimos novamente e, após haver passado por caminhos desbarrancados, chegamos a uma barreira branca, que interrompe a passagem. Ao lado se ergue uma casinha branca. Nosso condutor conversa em holandês com um mulato bem-vestido, que diz, a todo instante: "*Ya master, ya master.*" Em seguida, ele nos diz:

– Dei ordem a esse homem para que lhes faça companhia e lhes dê água para beber, se estiverem com sede, até que eu volte. Podem descer do carro.

Descemos e nos sentamos ao lado do carro, sobre o capim e na sombra. O Ford asmático vai embora. Está a 50 metros, quando o mulato nos diz, em *papiamento* – dialeto holandês das Antilhas, mistura de palavras inglesas, holandesas, francesas, espanholas e portuguesas –, que seu patrão, o Dr. Naal, foi buscar a polícia, porque está com muito medo de nós, e também lhe disse para tomar cuidado, porque somos ladrões foragidos. E o coitado do mulato não sabe o que fazer para nos agradar. Prepara um café muito ralo, mas que nos faz bem, com esse calor. Esperamos mais de uma hora, até que chega uma caminhonete, espécie de carro de presos, com seis policiais vestidos à moda alemã, mais um carro conversível com motorista de uniforme policial e três senhores sentados no banco de trás, sendo um deles o Dr. Naal.

Descem todos e um deles, o menor, com uma cara de padre, muito escanhoada, nos diz:

– Sou o chefe de segurança da ilha de Curaçau. Pela minha própria obrigação, vejo-me constrangido a prendê-los. Vocês cometeram algum delito depois da sua chegada à ilha? Qual delito? E qual de vocês?

– Meu senhor, nós somos sentenciados foragidos. Viemos de Trinidad e faz poucas horas que o nosso barco se arrebentou contra os rochedos da ilha. Sou o chefe deste pequeno grupo e posso afirmar que nenhum de nós cometeu o menor delito.

O comissário vira-se para o Dr. Naal e lhe fala em holandês. Enquanto discutem, chega um sujeito de bicicleta. Fala alto e depressa, dirigindo-se tanto ao Dr. Naal quanto ao comissário.

– Sr. Naal, por que disse a esse senhor que nós éramos ladrões?

– Porque este homem que chegou agora me avisou, antes que eu me encontrasse com vocês, que, escondido atrás de um cacto, ele os vira entrar e sair da sua casa. Este homem é um empregado meu que trata de uma parte dos burros.

– Então, só porque entramos na casa, somos ladrões? O senhor está dizendo uma bobagem, nós só bebemos água. Acha que isso é roubo.

– E a bolsa de florins?

– A bolsa eu abri, é verdade, e até quebrei o cordão. Mas não fiz nada senão espiar que espécie de dinheiro era, para saber em que país tínhamos chegado. Tornei a colocar escrupulosamente o dinheiro e a bolsa onde eles estavam, sobre a beirada do fogão.

O comissário me encara fixamente nos olhos e, voltando-se bruscamente para o homem da bicicleta, fala duro com ele. O Dr. Naal faz um gesto e quer falar. Secamente, à moda alemã, o comissário não o deixa intervir. O comissário faz subir o homem da bicicleta ao lado do motorista do seu carro, sobe atrás, acompanhado de dois policiais, e vai embora.

– Devo explicar a vocês – diz ele – que esse homem me disse que a bolsa havia desaparecido. Antes de mandar revistá-los, o comissário interrogou o homem, suspeitando de que ele mentia. Se vocês são inocentes, lamento muito o incidente, mas não tenho culpa.

Cerca de um quarto de hora o carro está de volta e o comissário me diz:

– Você disse a verdade, esse homem é um infame mentiroso. Ele será punido por tentar prejudicar vocês gravemente.

Enquanto isso, o sujeito é embarcado na "viúva alegre", meus cinco companheiros também sobem e eu vou embarcar também, mas o comissário me segura, dizendo:

– Venha no meu carro, ao lado do chofer.

Partimos à frente da caminhonete e logo a perdemos de vista. Seguimos por estradas muito bem asfaltadas e penetramos na cidade, cujas casas são de estilo holandês. Tudo é muito limpo e toda a gente anda de bicicleta. Centenas de pessoas sobre duas rodas, assim, vão e vêm pela cidade. Entramos na Central de Polícia. Atravessando uma grande sala, onde vários oficiais da polícia, todos vestidos de branco, tem as suas escrivaninhas, entramos noutra sala, com ar-condicionado. Aí, a temperatura é bem fresca. Um homem alto e forte, louro, de seus quarenta anos, está sentado numa poltrona. Levanta-se e fala em holandês. Terminados os cumprimentos, o comissário diz, em francês:

– Apresento-lhe o primeiro-comandante da polícia de Curaçau. Senhor comandante, este homem é um francês, chefe do grupo de seis homens que detivemos.

– Muito bem, comissário.

E, dirigindo-se a mim:

– Seja bem-vindo a Curaçau em sua qualidade de náufrago. Qual é o seu nome?

– Henri.

– Pois bem, Henri, você passou um mau quarto de hora por causa do incidente da bolsa, mas esse incidente também foi favorável para você, porque demonstrou que é mesmo honesto. Vou mandar pôr à sua disposição uma sala bem-iluminada, com beliches, para que vocês descansem. O seu caso será submetido ao governador, que tomará as providências necessárias. Tanto o comissário quanto eu faremos todo o possível para ajudar vocês.

Apertou-me a mão e saímos. No pátio, o Dr. Naal pede desculpas pelo acontecido e promete interessar-se pelo nosso caso. Duas horas depois, estamos todos trancados numa sala muito grande, retangular, com umas doze camas, uma mesa comprida com bancos no centro. Com os dólares de Trinidad, pedimos a um guarda, pela janela gradeada, que nos compre fumo, papel e fósforos. Ele não apanha o nosso dinheiro.

– Esse negro de ébano – diz Clousiot – está com cara de cumpridor fanático do regulamento. Parece que não vamos ter esse fumo tão cedo.

Passo então a bater na porta, que se abre no mesmo momento. Um homenzinho, com aparência de *coolie*, com uma roupa cinzenta típica de preso e ainda por cima um número no peito, para que ninguém se engane, diz para mim:

– Dinheiro, cigarros.

– Não. Tabaco, fósforos e papel.

Ele volta dentro de poucos minutos, com tudo o que pedimos e mais um bule fumegante de chocolate. Nós todos bebemos, em grandes vasilhas trazidas pelo prisioneiro.

À tarde, eles vêm me procurar. Volto à sala do comandante.

– O governador me deu ordem de deixar vocês livres no pátio da cadeia. Diga aos seus companheiros que não procurem fugir, pois as consequências seriam graves para todos nós. Você, como chefe do grupo, pode ir à cidade todos os dias de manhã, das 10 ao meio-dia, e todas as tardes, das 3 às 5. Você tem dinheiro?

– Sim. Moedas inglesa e francesa.

– Um policial à paisana acompanhará você aonde queira ir, durante as suas saídas.

– Que vão fazer com a gente?

– Pelo que me parece, vamos procurar embarcá-los, um de cada vez, nos petroleiros de várias nações. Como Curaçau tem uma das maiores refinarias do mundo, que processa o petróleo da Venezuela, entram e saem por dia uns vinte a 25 petroleiros de todos os países. Seria a solução ideal para vocês, porque chegariam em outros países sem problema algum.

– Que outros países, por exemplo? Panamá, Costa Rica, Guatemala, Nicarágua, México, Canadá, Cuba, Estados Unidos e os países de lei inglesa?

– Impossível. A Europa também é impossível. Fiquem tranquilos, tenham confiança, deixem-nos trabalhar para ajudá-los a pôr o pé no estribo, no caminho de uma vida nova.

– Obrigado, comandante.

Conto tudo fielmente aos meus companheiros. Clousiot, o mais desconfiado do bando, pergunta:

– Qual é a sua opinião, Papillon?

– Não sei ainda. Acredito que estão nos levando na conversa, para ficarmos quietos e não fugirmos.

– Pois olhe – diz ele –, acho que você tem razão.

Já o bretão acredita naquele plano maravilhoso. O sujeito do ferro de passar roupa demonstra também seu júbilo, dizendo:

– Acabaram-se as canoas e as aventuras, agora estamos garantidos. Chegaremos a um país qualquer num grande petroleiro e ficaremos oficialmente lá; acabou tudo.

Leroux tem a mesma opinião.

– E você, Maturette?

E o menino de dezenove anos, esse pequeno-burguês acidentalmente transformado em presidiário, esse garoto de traços mais finos que os de uma mulher, diz com sua voz suave:

– E vocês acreditam que esses policiais de cabeças quadradas vão fabricar para cada um de nós carteiras de identidade duvidosas ou falsas? Eu, não. O máximo que podem fazer é fechar os olhos para que a gente, clandestinamente, embarque um por um num petroleiro de partida, e nada mais. Aliás, eles fariam isso para se livrar de nós sem dor de cabeça. Esta é a minha opinião. Não acredito na história.

Saio poucas vezes, de manhã, para fazer algumas compras. Já estamos aqui há uma semana e nada de novo aconteceu. Estamos ficando nervosos. Certa tarde, aparecem três padres, acompanhados de policiais, visitando uma por uma todas as salas e todas as celas. Ficam muito tempo na cela mais próxima de nós, onde está um negro acusado de estupro. Supondo que eles virão nos ver, entramos todos em nossa sala e nos sentamos nas camas. De fato, chegam os três padres, acompanhados pelo Dr. Naal, pelo comandante da polícia e por um sujeito cheio de galões e vestido de branco, que deve ser oficial de marinha.

– Monsenhor, aqui estão os franceses – diz em francês o chefe de polícia. – Tiveram conduta exemplar.

– Congratulo-me com vocês, meus filhos. Vamos sentar nos bancos em volta da mesa, aí estaremos melhor para conversar.

Todo mundo senta, inclusive os que acompanham o bispo. Trazem um tamborete que se encontrava diante da porta, no pátio, e o colocam na cabeceira da mesa. Dessa maneira, o bispo poderá ver bem todos nós.

– Os franceses são quase todos católicos, qual de vocês não é?

Ninguém levanta a mão. Penso que o padre da Conciergerie quase me batizou e que posso me considerar católico, eu também.

– Meus amigos, eu sou descendente de franceses e me chamo Irénée de Bruyne. Meus antepassados eram protestantes huguenotes refugiados na Holanda, na época em que Catarina de Médicis os perseguia para matar. Sou, portanto, de sangue francês, bispo de Curaçau, cidade onde há mais protestantes que católicos, mas onde os católicos são todos crentes e praticantes. Em que situação vocês se acham?

– Estamos esperando para ser embarcados nos petroleiros, um por um.

– Quantos já partiram dessa maneira?

– Até agora, nenhum.

– Hum! Que diz a isso, comandante? Responda em francês, por favor, o senhor fala francês tão bem!

– Monsenhor, o governador, sinceramente, tem a ideia de ajudar esses homens empregando essa fórmula, mas devo dizer, com toda a sinceridade, que até hoje nenhum capitão de navio aceitou levar qualquer um deles, principalmente porque eles não têm passaporte.

– É por aí que devíamos começar. O governador não poderia, excepcionalmente, dar a cada um deles um passaporte?

– Não sei. Nunca falou nisso.

– Depois de amanhã, vou rezar uma missa por vocês. Querem vir se confessar, amanhã à tarde? Eu os ouvirei pessoalmente, a fim de ajudá-los, para que o bom Deus perdoe os seus pecados. Será possível o senhor enviá-los à catedral às 3 horas?

– Sim.

– Gostaria que eles fossem de táxi ou em carro particular.

– Eu mesmo os acompanharei, monsenhor – diz o Dr. Naal.

– Obrigado, meu filho. Meus filhos, não posso lhes prometer nada. Apenas posso lhes dizer uma palavra verdadeira: a partir deste momento, vou me esforçar para lhes ser o mais útil possível.

Vendo que Naal lhe beija o anel e que o bretão faz o mesmo, nós também beijamos de leve o anel episcopal e o acompanhamos até o seu carro, estacionado no pátio.

No dia seguinte, todos se confessam com o bispo. Eu sou o último.

– Vamos, meu filho. Comece primeiro pelo maior pecado.

– Meu padre, em primeiro lugar não sou batizado, mas um padre da prisão na França me disse que, batizados ou não, somos todos filhos do bom Deus.

– Ele tinha razão. Pois bem, vamos sair do confessionário e você vai me contar tudo.

Conto a minha vida, com todos os episódios. Demorada e pacientemente, com a maior atenção, o príncipe da Igreja me escuta sem me interromper. Pega minhas mãos entre as suas e me fita muitas vezes nos olhos; às vezes, nas passagens difíceis de confessar, ele baixa os olhos para me ajudar. Esse padre de sessenta anos tem o olhar e o rosto tão puros, que refletem a infinita bondade que se irradia em todos os seus traços, e seu olhar cinza-claro penetra em mim como um bálsamo sobre uma ferida. Calmamente, muito devagar, sempre com as minhas mãos entre as suas, ele me fala numa voz tão suave que é quase um murmúrio:

– Deus concede às vezes aos seus filhos a graça de suportar a maldade humana, para que aquele que escolheu como vítima saia da prova mais forte e mais nobre do que nunca. Veja, meu filho, se você não tivesse tido esse calvário para subir, jamais poderia ter se elevado tão alto e se aproximado tão intensamente da verdade de Deus. Digo melhor: as pessoas, os sistemas, as engrenagens dessa máquina horrível que esmagou você, os seres fundamentalmente maus que de várias maneiras torturaram e prejudicaram você prestaram-lhe o maior serviço que poderiam prestar. Provocaram em você o aparecimento de um novo ser, superior ao primeiro e, hoje, se você tem o sentido da honra, da bondade, da caridade e a energia necessária para vencer todos os obstáculos e tornar-se um indivíduo superior, deve tudo isso a eles. Essas ideias de vingança, de punir cada um proporcionalmente à importância do mal que lhe fez, não podem ir adiante numa criatura como você. Você deve ser um salvador de homens e não viver para fazer o mal, mesmo acreditando que isso seria justificado. Deus foi generoso com você. Ele disse: "Ajuda-te, eu te ajudarei." Ele ajudou você em tudo e até lhe permitiu salvar outros homens e levá-los à liberdade. Sobretudo, não creia que são muito graves todos esses pecados que você cometeu. Há muita gente de alta posição social que se tornou culpada de pecados bem mais graves que os seus. Só que eles não tiveram, no castigo imposto pela justiça dos homens, a oportunidade de elevar-se, como você o fez.

– Obrigado, padre. O senhor me fez um bem enorme, para toda a minha vida. Nunca hei de esquecer.

E lhe beijo as mãos.

– Você vai partir novamente, meu filho, e enfrentar outros perigos. Eu queria batizá-lo antes que partisse. Que acha?

– Padre, deixe-me ficar como estou, por enquanto. Meu pai me criou sem religião. Ele tem um coração de ouro. Quando minha mãe morreu, ele soube encontrar, para me amar ainda mais, gestos, palavras e atenções de mãe. Me parece que, se eu me deixasse batizar, estaria cometendo uma espécie de traição para com ele. Me deixe ficar completamente livre, com uma identidade estabelecida, um modo de viver normal, e então, quando escrever a ele, perguntarei se posso, sem magoá-lo, abandonar a sua filosofia e me fazer batizar.

– Compreendo, meu filho, e tenho certeza de que Deus está com você. Dou-lhe a minha bênção e peço a Deus que o proteja.

– É assim. Dom Irénée de Bruyne se espelha por inteiro nesse sermão – me diz o Dr. Naal.

– Exatamente. E o que o senhor pensa fazer agora?

– Vou pedir ao governador que dê ordem à alfândega para que me conceda preferência na primeira venda de barcos apreendidos aos contrabandistas. Você virá comigo, para dar sua opinião e escolher aquele que mais lhe convém. Quanto ao resto, alimentos e roupas, será fácil.

Desde o dia do sermão do bispo, temos constantemente visitas, especialmente às 6 horas da tarde. Essa gente quer nos conhecer. Sentam-se nos bancos junto à mesa, cada um traz alguma coisa, que deposita discretamente sobre uma cama, sem mesmo dizer: "Olhem, eu trouxe isso para vocês." Lá pelas 2 horas da tarde, sempre aparecem algumas Irmãzinhas dos Pobres, acompanhadas da superiora e falando muito bem o francês. A sua cesta está sempre cheia de boas coisas preparadas por elas. A superiora é ainda moça, menos de quarenta anos. Não se veem seus cabelos, presos na coifa branca, mas ela tem os olhos azuis e as sobrancelhas loiras. Pertence a uma importante família e – segundo nos disse o Dr. Naal – escreveu para a Holanda, a fim de que se encontre outro meio que não seja o de nos obrigar a partir novamente pelo mar. Passamos juntos uns bons momentos e ela nos pede várias vezes para narrar a nossa evasão. Às vezes, me pede para contar diretamente a umas freiras que a acompanham e que falam francês. E, se eu esqueço ou omito um detalhe, ela me chama docemente à ordem:

– Henri, não conte tão depressa. Você está pulando a história do *hocco*... E por que está esquecendo hoje as formigas? São muito importantes as formigas, pois foi por causa delas que você foi surpreendido pelo bretão mascarado.

Estou contando tudo isso porque são momentos tão doces, tão completamente opostos a tudo o que temos vivido, que uma luz celestial parece iluminar de modo irreal esse caminho da podridão, que está em vias de desaparecer.

Fui ver o barco, magnífica embarcação de 8 metros de comprimento com uma bela quilha, um mastro muito alto e velas imensas. É realmente adequado para o contrabando. Está completamente equipado, mas todo lacrado pela alfândega. No leilão, um senhor começa com um lance de 6.000 florins, mais ou menos 1.000 dólares; mas o barco fica sendo nosso por 6.001 florins, depois que o Dr. Naal murmura algumas palavras ao ouvido daquele cavalheiro.

Em cinco dias estamos prontos. Pintado de novo, repleto de víveres, bem-ajeitados no porão, esse barco com meio convés é um presente de rei. Seis maletas, uma para cada um de nós, com roupas novas, sapatos, tudo que é necessário para a gente se vestir, são protegidas por um pano impermeável e colocadas na coberta do barco.

A PRISÃO DO RIO HACHA

Partimos ao raiar do dia. O doutor e as Irmãzinhas dos Pobres vieram nos dizer adeus. Largamos facilmente do cais, o vento logo nos pega e vogamos normalmente. O sol se levanta radioso, temos pela frente um dia sem histórias. Logo percebo que o barco tem velas demais e não há lastro suficiente. Tenho que ser prudente. Deslizamos a toda a velocidade. Este barco é um verdadeiro puro-sangue, quanto à velocidade, mas também é ciumento e irritável. Tomo a direção pleno oeste. Ficou decidido que desembarcaríamos clandestinamente na costa colombiana, e os três homens que se juntaram a nós, em Trinidad. Eles não querem saber de uma longa travessia, dizem que têm confiança em mim, mas não no tempo. Com efeito, segundo os boletins meteorológicos dos jornais lidos na prisão, prevê-se mau tempo e até mesmo furacão.

Reconheço os seus direitos e fica combinado que eles desembarcarão numa península desolada e desabitada, chamada La Guarija. Quanto a nós, do grupo inicial dali zarparemos os três para a Honduras britânica. O tempo está esplêndido e a noite estrelada que sucede ao dia radioso facilita, por meio de uma meia-lua muito brilhante, esse projeto de desembarque. Vamos direto para a costa colombiana, lanço a âncora e começamos a sondar, devagar, para ver se eles podem desembarcar. Infelizmente, a água é muito profunda e temos de nos aproximar perigosamente de um costão rochoso, para chegarmos a ter menos de 1 metro e 50 de água. Apertamos as mãos, cada um deles desce, toma pé e, com a mala na cabeça, avança para a terra firme. Observamos a manobra com interesse e um pouco de tristeza. Esses camaradas se comportaram bem conosco, estiveram à altura das necessidades em todas as circunstâncias. É uma pena que abandonem o barco. Enquanto eles se aproximam da costa, o vento desaparece completamente. Merda! Tomara que não nos vejam da aldeia marcada no mapa e que se chama Rio Hacha. É o primeiro porto onde se acham autoridades policiais. Esperemos que a desgraça não aconteça. Acho que estamos bem em frente daquele ponto, por causa do pequeno farol que se encontra na ponta que acabamos de passar.

Temos de esperar, esperar... Os três desapareceram, depois de nos dizer adeus com lenços brancos. Vento, por Deus do céu! Vento para nos despregarmos dessa terra colombiana, que constitui para nós um ponto de interrogação. Com efeito, não se sabe se eles devolvem ou não os fugitivos. Nós três preferimos, naturalmente, a certeza da Honduras britânica ao desconhecido da Colômbia. Somente às 3 da tarde é que reaparece o vento e podemos partir. Armamos todas as velas e, talvez um pouco inclinado demais, o barco desliza suavemente durante mais de duas horas; mas eis que surge uma lancha a motor, carregada de homens, e aproa para nós, atirando para cima, a fim de nos fazer parar. Tento desobedecer e fugir, procurando o alto-mar, para sair das águas territoriais. Nada feito. A possante lancha chega perto de nós em menos de hora e meia de perseguição e, sob a mira de dez homens de fuzil na mão, somos obrigados a nos entregar.

Esses soldados, ou policiais, que nos prenderam têm um aspecto muito esquisitos: calças sujas que já foram brancas, malhas de lã esburacadas que certamente nunca foram lavadas. Estão todos descalços, menos o "comandante", este mais bem-vestido e mais limpo. Se estão malvestidos, em compensação estão armados até os dentes: um cinturão cheio de balas, fuzis de guerra bem engraxados e, como complemento, um grande punhal embainhado, com o cabo ao alcance da mão. O sujeito que eles chamam de "comandante" tem uma cara de mestiço assassino. Carrega um grande revólver, numa cartucheira também cheia de balas. Como só falam espanhol, mal compreendemos o que dizem, mas nem o olhar, nem os gestos, nem o tom da voz são simpáticos: tudo é hostil.

Vamos a pé do porto até a prisão, atravessando a aldeia, que é mesmo Rio Hacha, escoltados por seis soldados esfarrapados e mais três na retaguarda, com as armas apontadas para nós. É uma recepção nada simpática.

Chegamos ao pátio de uma cadeia cercada por um pequeno muro. Uns vinte presos, barbudos e sujos, ali se encontram de pé ou sentados, olhando-nos em atitude hostil. "Vamos, vamos", mas é difícil andar mais depressa porque Clousiot, embora esteja bem melhor, caminha ainda sobre o estribo da sua perna engessada e não pode ir mais depressa. O "comandante", que ficou para trás, nos alcança, carregando a bússola e o oleado. Está comendo nossos biscoitos e nossos chocolates, e compreendemos perfeitamente que vamos ser despojados de todos os nossos pertences. Não nos enganamos. Ficamos fechados numa sala nojenta, com uma janela de grades grossas. No chão, umas tábuas, tendo numa extremidade uma espécie de travesseiro de madeira: são as camas.

– Franceses, franceses – grita perto da janela um prisioneiro, quando os policiais partem, após nos haverem trancafiado.

– Que é que você quer?

– Franceses, mau, mau!

– Mau, o quê?

– A polícia?

– A polícia.

– Sim, polícia mau.

E se afasta. Caiu a noite, uma lâmpada elétrica de fraca voltagem ilumina mal a sala. Mosquitos em quantidade zunem em nossos ouvidos e nos entram pelo nariz.

– Muito bem, estamos fritos! Vai nos custar caro ter concordado em desembarcar aqueles três cretinos.

– Que é que você quer, a gente não sabia. O pior é que não tivemos vento.

– Você se aproximou demais – diz Clousiot.

– Ora, cale essa boca. Não é a hora de se acusar ou de acusar os outros, é hora de cerrar fileiras. Precisamos estar mais unidos do que nunca.

– Você tem razão, Papi, perdão. Não é culpa de ninguém.

Que merda! Seria muito injusto que, depois de tanta luta, a fuga terminasse aqui, desse jeito, tão lamentavelmente. Não fomos revistados. Estou com meu canudo e trato logo de enfiá-lo naquele lugar. Clousiot introduz também o seu. Tivemos razão em não nos desfazermos deles. São "carteiras" impermeáveis e pouco volumosas, fáceis de guardar em nosso corpo. No meu relógio são 8 horas da noite. Trazem-nos um pedaço de rapadura para cada um, do tamanho de um punho fechado, e três bolas de massa de arroz, cozidos com água e sal. "*Buenas noches*!" – "Deve ser boa-noite", diz Maturette. No dia seguinte, às 7 horas da manhã, servem no pátio um café muito gostoso, em copos de madeira. Lá pelas 8 horas, aparece o "comandante". Peço licença para ir ao barco pegar as nossas coisas. Ou ele não compreende, ou faz de conta que não entende. Quanto mais olho para ele, mais acho que tem cara de assassino. Traz na cinta, à esquerda, uma garrafinha dentro de um estojo de couro: puxa para fora, destampa, bebe um trago, cospe e me estende o frasco. Diante desse primeiro gesto amável, pego a garrafa e bebo. Felizmente só tomo um traguinho, é puro fogo, com gosto de álcool para queimar. Engulo rapidamente e o desgraçado índio mestiço de preto se põe a rir desbragadamente!

Às 10 horas chegam vários civis, vestidos de branco e engravatados. São seis ou sete e entram num edifício que parece ser a diretoria da prisão. Somos chamados. Estão todos sentados em cadeiras dispostas em semicírculo, debaixo de um grande quadro representando um oficial branco coberto de condecorações: "Presidente Alfonso López de Colômbia." Um desses senhores dá uma cadeira para Clousiot, falando com ele em francês, os outros presos ficam de pé. O sujeito que está no centro, magro, nariz adunco, óculos de vidros cortados, começa a me interrogar. O intérprete não traduz coisa nenhuma e conversa comigo:

– O senhor que acaba de falar e que vai interrogá-lo é o juiz da cidade de Rio Hacha, os outros são pessoas importantes, amigos dele. Eu, que estou aqui como tradutor, sou haitiano e encarregado das obras elétricas deste departamento. Creio que alguns deles, embora não queiram dizer, compreendem um pouco o francês, talvez o próprio juiz.

O juiz se impacienta com esse preâmbulo e começa o interrogatório em espanhol. O haitiano vai traduzindo as perguntas e as respostas.

– Vocês são franceses?

– Sim, senhor.

– De onde vêm?

– De Curaçau.

– E antes?

– Trinidad.

– E antes?

– Martinica.

– É mentira. O nosso cônsul em Curaçau avisou, há mais de uma semana, para vigiarmos a costa, porque seis foragidos da penitenciária francesa estavam para desembarcar em nosso país.

– Muito bem, somos fugitivos da penitenciária.

– Caienenses, portanto?

– Sim, senhor.

– Se um país tão nobre como a França puniu-os tão severamente e deportou vocês para tão longe, quer dizer que vocês são bandidos muito perigosos?

– Talvez.

– Ladrões ou assassinos?

– Homicidas.

– *Matadores*. Então vocês são *matadores*. Onde estão os três outros?

– Ficaram em Curaçau.

– Você está mentindo mais uma vez. Desembarcaram a 60 quilômetros daqui, num lugar chamado Castillette. Já foram presos, felizmente, e estarão aqui dentro de poucas horas. Vocês roubaram aquele barco?

– Não, foi dado de presente pelo bispo de Curaçau.

– Bem. Vocês vão ficar presos aqui até que o governo decida o que fazer com vocês. Pelo delito de ter feito desembarcar três dos seus cúmplices em território colombiano, procurando em seguida voltar ao mar, condeno você, o capitão do navio, a três meses de prisão, e a um mês os dois outros. Comportem-se bem, se não quiserem ser castigados fisicamente pelos guardas, que são homens muito duros. Têm algo a dizer?

– Não. Apenas quero recolher as roupas e os víveres que ficaram a bordo da embarcação.

– Tudo isso foi confiscado pela alfândega, menos uma calça, uma camisa, um paletó e um par de sapatos para cada um de vocês. O resto é confiscado e não adianta insistir: não há nada a fazer, é a lei.

Voltamos para o pátio. O juiz é cercado pelos desgraçados prisioneiros do país: "Doutor, doutor!" Ele passa no meio deles, cheio de importância, sem responder e sem parar. Sai da prisão com a comitiva e desaparece.

À 1 hora chegam os nossos três outros companheiros, num caminhão com sete ou oito homens armados. Descem cabisbaixos, com as suas maletas. Entramos com eles na sala.

– Que bruta besteira fizemos, prejudicando também vocês. Não merecemos perdão, Papi – diz o bretão. – Se você quiser nos matar, pode agir, eu nem me defendo. Nós não somos homens, somos uns putos. Fizemos isso porque tínhamos medo do mar; pois bem, pelo que vi da Colômbia e dos colombianos, o perigo do mar é café pequeno, comparado com o perigo de estar nas mãos desses caras. Foi por causa da falta de vento que vocês se estreparam?

– Sim, bretão. Não tenho que matar ninguém, todos nós erramos. Eu não devia ter deixado vocês descerem, e nada teria acontecido.

– Você é muito bom, Papi.

– Não, sou apenas justo – digo, e conto para eles o interrogatório. – Enfim, talvez o governador nos ponha em liberdade.

– Pois sim... Como diz o provérbio: esperemos, a esperança faz viver.

A meu ver, as autoridades deste fim de mundo semibárbaro não podem tomar nenhuma decisão a nosso respeito. Somente as altas autoridades poderão resolver se podemos ficar na Colômbia, se vamos voltar à França ou vamos ser recolocados em nosso barco, para prosseguir a viagem. Seria o diabo se essa gente, à qual não causamos prejuízo, adotasse a decisão pior, pois, afinal de contas, não cometemos nenhum delito na terra deles.

Faz uma semana que estamos aqui. Não houve qualquer mudança, a não ser que estão falando agora de nos transferir com uma boa escolta para uma cidade mais importante, Santa Marta, a 200 quilômetros daqui. Esses policiais com cara de bucaneiros ou de corsários não melhoraram de atitude. Ontem, quase levei um tiro de fuzil de um deles, porque reclamei com ele a restituição do meu sabão no tanque. Continuamos nesta sala podre, cheia de mosquitos, agora um pouco mais limpa graças a Maturette e ao bretão, que a lavam todos os dias. Começo a ficar desesperado, perco a confiança. Essa raça de colombianos, mistura de índios e de pretos, esses mestiços de índios e de espanhóis que foram no passado os donos do país não me inspiram confiança. Um preso colombiano nos emprestou um velho jornal de Santa Marta. Na primeira página estão os nossos seis retratos e, embaixo, a cara do comandante da polícia, com seu enorme chapéu de feltro, de charuto na boca, acompanhado de uns dez policiais, empunhando seus paus-furados. Percebo que a captura foi romanceada e valorizado o papel desempenhado por eles. Parece que toda a Colômbia foi salva de um terrível perigo, graças à nossa detenção. Contudo, o retrato dos bandidos é muito mais simpático que o dos policiais. Os bandidos têm até cara de gente honesta, enquanto os policiais, Deus que me perdoe!, começando pelo comandante, é só dar uma olhada e estamos conversados! Que fazer? Já sei algumas palavras de espanhol: dar o fora, *fugar-se*; prisioneiro, *preso*; matar, *matar*; corrente, *cadena*; algemas, *esposas*; homem, *hombre*; mulher, *mujer*.

FUGA DE RIO HACHA

Há um cara no pátio que está constantemente algemado e com o qual fiz amizade. Fumamos o mesmo charuto comprido e fino, muito forte, mas, enfim, fumamos. Compreendi que é contrabandista e operava entre a Venezuela e a ilha de Aruba. Está sendo acusado de ter matado uns guardas de fronteira e aguarda o processo. Certos dias, mostra-se extraordinariamente calmo; nos outros, nervoso e excitado. Percebo que ele fica calmo depois que recebe visitas e mastiga folhas que lhe trazem. Um dia, ele me dá a metade de uma e logo compreendo. Minha língua, o céu da boca e os lábios, tudo ficou insensível. São folhas de coca. Esse homem de 35 anos, de braços peludos e com o peito recoberto de pelos encaracolados muito negros, deve ser dotado de força descomunal. Seus pés descalços têm, na sola, um casco tão espesso que muitas vezes ele tira um pedaço de vidro ou um prego que ali penetraram, mas sem atingir a carne.

"Fuga, você e eu", digo uma noite ao contrabandista. Numa visita do haitiano eu lhe havia pedido um dicionário francês-espanhol. O cara compreende e me deixa entender que gostaria de fugir, mas e as algemas? São algemas americanas. Têm uma fenda para a chave, que com certeza deve ser chata. Com um fio de arame achatado na ponta, o bretão me fabrica um gancho. Depois de várias tentativas, consigo abrir as algemas do meu novo amigo, à vontade. À noite, ele fica sozinho num calabouço, cujas grades são bastante grossas. Em nosso quarto, as grades são finas e podem certamente ser torcidas. Portanto, só teremos que serrar uma grade, a de Antonio (é o nome do colombiano). "Como é que se pode conseguir uma serra?" – "*Plata* (dinheiro)" "Quanto?" – "Cem pesos." – "Dólares?" – "Dez." Finalmente, com 10 dólares que eu lhe dou, ele consegue duas serras para metais. Explico para ele, desenhando sobre a terra do pátio, que, a cada vez que ele serrar um pouco, deve misturar a serragem de ferro com um pouco de massa dos bolinhos de arroz que nos dão e tapar bem as fendas. No último momento, antes de entrarmos nos alojamentos para passar a noite, abro a sua algema, deixando-a pendurada num dos punhos. No caso de uma inspeção, é só colocar no outro pulso e apertar, para que ela se feche automaticamente. Leva três noites para serrar a barra. Ele me explica que em menos de um minuto terminará de cortar e que está certo de poder dar uma torcida final com as mãos. Então, virá me procurar.

Chove muito por aqui; então, ele me diz que na "*primeira noche de lluvia*" ele virá me chamar. Esta noite, começa a chover torrencialmente. Meus companheiros estão a par dos meus projetos, ninguém quer me acompanhar, acreditam que o lugar para onde quero fugir fica muito longe. Quero ir para a ponta da península colombiana, na fronteira da Venezuela. O mapa que possuímos diz que esse território se chama Guajira e que é uma região contestada nem colombiana nem venezuelana. O colombiano diz que "*eso es la tierra de los índios*" e que não há qualquer polícia, nem colombiana nem venezuelana. Alguns contrabandistas costumam passar por ali. É perigoso, porque os índios guajiros não permitem que um civilizado penetre em seu território. Mas Antonio se comprometeu a me levar até muito perto de Guajira: dali por diante, terei que continuar sozinho. Tudo isso, é inútil que o diga, foi muito difícil de combinar entre nós, porque ele emprega palavras que não estão no dicionário. Esta noite chove a cântaros. Estou perto da janela. Uma tábua foi despregada há muito tempo do batente. Com ela faremos uma alavanca para afastar as barras. Há duas noites, fizemos um ensaio e vimos que elas cedem fácil.

– *Listo* (pronto).

Aparece a cara de Antonio, colada às grades, do lado de fora. Com a ajuda de Maturette e do bretão, consigo, num único movimento, não somente afastar uma barra, mas desprendê-la por baixo. Sou empurrado para a frente e o pessoal me dá umas palmadas na bunda, antes de eu pular. As palmadas são como o aperto de mão dos meus amigos. Antonio me pega pela mão e me arrasta para o muro. Pular o muro não é difícil, ele só tem 2 metros, mas assim mesmo corto a mão num dos cacos de vidro que o recobrem; não faz mal, vamos em frente. O danado do Antonio consegue descobrir o caminho no meio dessa chuva que não deixa enxergar 3 metros à frente. Aproveita para atravessar bem pelo centro da aldeia, depois tomamos um caminho entre o mato e a costa. Já bem adiantada a noite, percebemos uma luz. Temos que fazer um longo desvio pelo mato, felizmente pouco espesso, até retornarmos ao caminho. Prosseguimos sob a chuva até o despontar do dia. Na saída, Antonio me deu uma folha de coca, que eu mastigo da mesma maneira que o vi fazer na prisão. Quando o sol desponta, não me sinto cansado. Será efeito da coca? Com certeza. Apesar de o dia já estar claro, continuamos a andar. De vez em quando, Antonio se deita no chão e coloca o ouvido contra o solo empapado de água. E vamos adiante.

Antonio tem um modo curioso de caminhar. Ele não corre nem anda, dá uma espécie de sucessivos pulinhos, todos do mesmo comprimento, enquanto seus braços balançam como se estivessem remando no ar. Parece que ouviu algum ruído, porque me arrasta para o mato. Continua chovendo. De fato, vemos passar um rolo compressor, puxado por um trator, certamente para comprimir a terra da estrada.

Dez e meia da manhã. A chuva parou, o sol se levantou. Entramos no mato, depois de havermos caminhado mais de 1 quilômetro sobre o capim e não na estrada. Deitados sob uma árvore muito copada, escondidos por uma vegetação espessa e cheia de espinhos, acredito que nada temos a temer, contudo Antonio não me deixa fumar nem mesmo falar baixo. Ele não para de engolir o suco das folhas, faço como ele, mas com mais moderação. Tem um saquinho com mais de vinte folhas dentro, que me mostra. Seus dentes magníficos brilham na escuridão quando ri sem fazer barulho. Como estamos numa verdadeira nuvem de mosquitos, ele mastiga um charuto e, com a saliva cheia de nicotina, lambuzamos a cara e as mãos. Assim ficamos sossegados. Sete horas da noite. A noite desceu, mas a lua ilumina demais o caminho. Coloca o dedo sobre as 9 horas, e diz: "*lluvia* (chuva)." Compreendo que às 9 horas vai chover. Com efeito, às 9 e 20 recomeça a chover e nos pomos novamente a caminho. Para me manter à altura do meu companheiro, aprendi a andar pulando e a remar com os meus braços. Não é difícil, avança-se mais rápido do que andando depressa e, no entanto, não se corre. Durante a noite, tivemos que entrar três vezes no mato, para deixar passar um automóvel, um caminhão e uma carroça puxada por dois burros. Graças às folhas, não sinto cansaço quando o dia se levanta. A chuva para às 8 horas, e então, como fizemos na véspera, caminhamos pelo capim mais de 1 quilômetro e entramos no mato, para nos esconder. O inconveniente dessas folhas é que tiram completamente o sono. Não fechamos o olho desde que partimos. As pupilas de Antonio estão tão dilatadas, que não se vê mais a íris. As minhas devem estar iguais.

Nove horas da noite. Chove. Parece que a chuva espera exatamente essa hora para recomeçar a cair. Mais tarde, eu iria saber que nos trópicos, quando a chuva começa a cair a tal hora, durante todo o quarto de lua ela cairá à mesma hora todo dia, parando também mais ou menos à mesma hora. Esta noite, no início da marcha, ouvem-se vozes e luzes. "Castillette", diz Antonio. O diabo do homem me pega pela mão sem hesitar, entramos no mato e, depois de um desvio de mais de duas horas, nos encontramos novamente na estrada. Caminhamos, ou melhor, andamos aos saltos durante toda a noite e grande parte da manhã. O sol secou as nossas roupas no corpo. Fazia três dias que estávamos molhados, três dias em que só comemos um pedaço de rapadura na partida. Antonio parece estar quase certo de que agora estamos livres de encontros perigosos. Caminha despreocupadamente e já há várias horas que não encosta o ouvido no chão. O caminho segue pela praia e Antonio corta uma vara. Caminhamos agora sobre a areia úmida. Afastamo-nos do caminho. Antonio para a fim de examinar uma longa faixa de areia pisada, de 50 centímetros de largura, que sai do mar e chega, até a parte seca. Acompanhamos as pegadas e, chegando a um lugar em que a risca se alarga em forma de círculo, Antonio enfia a vara na terra fofa. Quando a retira, a ponta está suja de um líquido amarelo como gema de ovo. De fato, cavamos um buraco na areia com as mãos e logo aparecem uns ovos, trezentos ou quatrocentos, mais ou menos, nem sei dizer. São ovos de tartaruga-do-mar. Esses ovos não têm casca, somente uma pele. Enchemos de ovos a camisa que Antonio tirou do corpo, cabem talvez uns cem. Saímos da praia e atravessamos a estrada, para penetrar no mato. Abrigados dos olhares estranhos, começamos a comer, mas somente a gema, me explica Antonio. Com um golpe de seus dentes de lobo, ele corta a pele que envolve o ovo, deixa escorrer a clara e chupa a gema, um ovo para ele, outro para mim. Abre uma quantidade enorme, sempre dividindo comigo. Logo estamos cheios a ponto de quase estourar. Deitamo-nos no chão, fazendo do nosso paletó travesseiro. Diz Antonio:

– *Manãna tu sigues solo dos días más. De manãna en adelante no hay policías.*

Esta noite, às 10 horas, chegamos às vizinhanças do último posto de fronteira. Nós o reconhecemos pelos latidos dos cães e pela farta iluminação da casinha. Tudo isso é contornado de modo magistral por Antonio. Daí por diante, andamos a noite inteira sem tomar precauções. O caminho não é largo, apenas um vereda, que a gente percebe ser bastante frequentada, pois está sem capim. Tem mais ou menos 50 centímetros de largura e contorna o mato, dominando a praia de uma altura de cerca de 2 metros. Percebem-se também, em certos lugares, umas pegadas de ferraduras de cavalos e de burricos. Antonio senta-se numa grossa raiz de árvore e me faz sinal para fazer o mesmo. O sol bate firme. No meu relógio são 11 horas, pelo sol deve ser meio-dia: um pauzinho fincado na terra não projeta nenhuma sombra, portanto é meio-dia e eu acerto meu relógio. Antonio esvazia o saquinho de folhas de coca: ainda tem sete. Ele me dá quatro e guarda três. Afasto-me um pouco, entro no mato, volto com 150 dólares de Trinidad e 60 florins e os estendo a Antonio. Ele me olha espantado, apalpa as notas, não compreende por que estão novas em folha e não estão molhadas, pois ele nunca me viu secá-las. Ele me agradece, com as notas na mão, reflete demoradamente, depois pega seis de 5 florins (portanto 30 florins) e me devolve o resto. Apesar da minha insistência, não quer receber mais nada. Nesse momento, parece que algo muda em sua atitude. Havíamos decidido nos separar ali mesmo, mas agora ele parece querer me acompanhar por mais um dia. Ele me faz compreender que depois dará meia-volta. Pois bem, partimos após engolir algumas gemas de ovo. Fumamos um charuto, depois de muito pelejar para fazer fogo, esfregando mais de meia hora duas pedras uma contra a outra, até saltar uma faísca sobre um pouco de musgo seco.

Faz três horas que estamos andando, e eis que surge um homem a cavalo, aproximando-se diretamente de nós. O homem usa um imenso chapéu de palha, botas e, em vez de calça, veste uma espécie de calção de couro; usa camisa verde e um blusão desbotado, também verde, tipo militar. Como armas, uma belíssima carabina e um revólver na cinta.

– *Caramba! Antonio, hijo mio* (meu filho)!

De muito longe, Antonio havia reconhecido o cavaleiro; nada disse, mas é certo que sabia quem estava chegando. É um belo tipo, de seus quarenta anos, pele bronzeada. Desce do cavalo e os dois se dão mutuamente grandes pancadas nas costas. Esse modo de se abraçar, eu pude observar, tempos depois, em toda a parte.

– E quem é esse aí?

– *Compañero de fuga, un francés.*

– Aonde vai?

– O mais perto possível dos pescadores índios. Ele quer passar pelo território dos índios, entrar na Venezuela e ali buscar um meio para voltar a Aruba ou a Curaçau.

– Índio guajiro é mau – diz o homem. – Você não está armado, tome lá. – Me entrega um punhal de cabo de chifre, dentro de sua bainha de couro.

Sentamo-nos à beira da vereda. Tiro os sapatos, meus pés estão ensanguentados. Antonio e o cavaleiro falam rapidamente; vê-se claramente que não lhes agrada a minha ideia de atravessar Guajira. Antonio, com um gesto, me manda subir na garupa; com meus sapatos amarrados no ombro, vou ficar descalço para secar minhas feridas. Compreendo tudo isso por gestos. O cavaleiro monta no cavalo, Antonio me ajuda e, sem entender muito bem, sou levado a galope, escanchado atrás daquele amigo. Trotamos o dia inteiro e a noite toda. Paramos de vez em quando e ele me passa uma garrafa de anis; bebo um pouco de cada vez. Ao despontar do dia, ele para. O sol se levanta; ele me dá um pedaço de queijo duro como pedra, duas bolachas, seis folhas de coca e um saco especial para carregá-las, impermeável, para pendurar no cinto. Aperta-me nos braços, batendo nas minhas costas, como fez com Antonio, torna a montar a cavalo e parte a toda a brida.

OS ÍNDIOS

Caminho até 1 hora da tarde. Não há mais nenhuma árvore, nenhum mato, no horizonte. O mar está brilhando, prateado, e acima dele o sol queima. Caminho descalço, meus sapatos estão sempre dependurados, um de cada lado do ombro esquerdo. No momento em que resolvo me deitar, parece-me que estou vendo ao longe, bem afastadas da praia, cinco ou seis árvores ou pedras grandes. Procuro calcular a distância: 10 quilômetros, talvez. Apanho metade de uma folha grande de coca e, mastigando-a, recomeço minha caminhada em um passo bastante rápido. Uma hora depois, identifico as cinco ou seis coisas: são cabanas com teto de bambu, ou de palha, ou de folhas marrom-claro. De uma delas está saindo fumaça. Em seguida, vejo pessoas e elas já me viram. Percebo que um grupo grita e faz gestos na direção da praia. Vejo, então, quatro barcos que se aproximam rapidamente da praia e desembarcam umas dez pessoas. Todos estão reunidos diante das casas e olham para mim. Vejo nitidamente que tanto os homens como as mulheres estão nus, têm somente alguma coisa presa na frente para esconder o sexo. Caminho devagar na direção deles. Três estão segurando arcos, com flechas na mão. Não fazem gestos, nem de hostilidade nem de amizade. Um cachorro começa a latir e, irritado, se lança sobre mim. Acaba me mordendo na parte de baixo da panturrilha e arranca um pedaço da calça... Quando torna a investir, é atingido no traseiro por uma pequena flecha, saída não sei de onde (depois fiquei sabendo: de uma zarabatana), foge ganindo e parece entrar numa casa. Aproximo-me mancando, pois a mordida foi realmente séria. Paro a apenas 10 metros do grupo. Nenhum deles se mexe nem diz nada, as crianças ficam atrás das mães. Os corpos, cor de cobre, nus, musculosos, são esplêndidos. As mulheres têm seios empinados, duros e firmes, com bicos enormes. Só uma delas tem seios grandes e caídos.

A aparência de um deles é tão nobre, seus traços são tão finos, sua raça é de uma nobreza que se manifesta tão claramente, que caminho diretamente em sua direção. Ele não tem arco nem flecha. É tão alto como eu, seus cabelos estão bem-cortados, com uma franja comprida que se detém na altura das sobrancelhas. Suas orelhas estão escondidas pelos cabelos, que, na parte de trás, chegam à altura do lóbulo das orelhas e são negros como azeviche, quase violeta. Seus olhos são cinzentos como ferro. Não tem um só pelo, quer no peito, quer nos braços, quer nas pernas. As coxas, cor de cobre, são musculosas, as pernas são bem-torneadas e esbeltas. Está descalço. A 3 metros dele, paro. Ele, então, dá dois passos e me olha fixamente nos olhos. Esse exame dura dois minutos. O rosto, onde nada se move, parece o de uma estátua de cobre de olhar severo. Depois, ele sorri e me toca o ombro. Em seguida, todos me tocam e uma jovem índia me segura pela mão e me leva à sombra de uma das cabanas. Lá, ela ajeita a perna da minha calça. Todo mundo está em volta, sentado em círculo. Um homem me estende um cigarro aceso, aceito-o e começo a fumar. Todos riem da minha maneira de fumar, pois eles – tanto os homens como as mulheres – fumam com a brasa dentro da boca. A ferida não está mais sangrando, mas falta um pedaço mais ou menos do tamanho da metade de uma moeda de 5 francos. A mulher arranca os pelos e, quando tudo já está bem-depilado, lava a ferida com a água do mar que uma indiazinha fora buscar. Com a água, ela pressiona, para fazer o sangue correr outra vez. Ainda não satisfeita, espeta cada lesão com um ferro pontudo. Como todo mundo está me olhando, esforço-me para não me agitar. Outra índia jovem quer ajudá-la, mas ela a repele com dureza. Todos riem desse gesto. Compreendo que ela quisera mostrar à outra que eu lhe pertencia com exclusividade e que foi por isso que todos riram. Depois, ela corta as duas pernas da minha calça logo acima dos joelhos. Sobre uma pedra, prepara algas do mar que lhe trouxeram, coloca-as sobre a ferida e prende-as com o pano tirado da calça. Contente com seu trabalho, faz-me sinal para que eu me levante.

Levanto-me, começo a tirar a roupa. Neste momento, ela vê logo abaixo do colarinho uma borboleta que me fiz tatuar perto da base do pescoço. Olhando-a e descobrindo outras tatuagens, dispõe-se a me tirar a camisa ela mesma, para ver melhor. Todos, homens e mulheres, estão muito interessados nas tatuagens de meu peito: à direita, algemas de Calvi; à esquerda, uma cabeça de mulher; sobre o estômago, o focinho de um tigre; sobre a coluna vertebral, um grande marinheiro crucificado e sobre toda a largura dos rins uma cena de caça com caçadores, palmeiras, elefantes e tigres. Ao perceberem essas tatuagens, os homens afastam as mulheres e se põem a examinar longamente, minuciosamente, cada tatuagem, tocando-a. Cada um dá a sua opinião e, antes de todos, o chefe. A partir desse momento, sou aceito pelos homens. As mulheres me haviam aceitado desde o início, quando o chefe sorrira e me tocara o ombro.

Entramos na maior das cabanas, e lá eu me sinto completamente desconcertado. O chão é de terra batida, vermelha, cor de tijolo. A cabana tem oito portas, é redonda, as vigas suportam redes de cores vivas, feitas de pura lã. No centro, uma pedra redonda e achatada, castanha e polida, cercada de outras pedras chatas para servir de assento. Nas paredes, vários fuzis de cano duplo e um sabre militar. Espalhados por toda parte, arcos de variadas dimensões. Noto também uma carapaça de tartaruga na qual um homem poderia se deitar, um fogão de pedras secas bem-dispostas umas sobre as outras, sem qualquer indício de cimento. Sobre a mesa, metade de uma cabaça contendo no fundo uns dois ou três punhados de pérolas. Num chifre de boi, dão-me para beber um suco de fruta fermentado, agridoce, muito bom; em seguida, sobre uma folha de bananeira, trazem-me um peixe grande de pelo menos 2 quilos, assado sobre a brasa. Convidam-me a comer e eu como lentamente. Quando acabo o peixe, que estava delicioso, a mulher me toma pela mão e me leva à praia, onde lavo as mãos e a boca com a água do mar. Depois, voltamos. Com os outros sentados em círculos e a jovem índia a meu lado, a mão na minha coxa, tentamos trocar algumas informações a nosso respeito por meio de gestos e palavras.

Num movimento único, o chefe se levanta, vai até o fundo da cabana, volta com um pedaço de pedra branca e faz desenhos sobre a mesa. Começa por desenhar índios nus, a aldeia deles e depois o mar. À direita do povoado indígena, casas com janelas, homens e mulheres vestidos. Os homens aparecem com um fuzil na mão ou com um pedaço de pau. À esquerda, outro povoado, homens com fuzil e chapéu, caras antipáticas, mulheres vestidas. Depois de eu ter observado bastante os desenhos, ele percebe que esquecera qualquer coisa e desenha um caminho que vai da aldeia indígena ao povoado da direita e outro que segue pela esquerda, na direção do outro povoado. Para me indicar como eles estão colocados em relação à aldeia, ele desenha na costa venezuelana, à direita, um sol, representado por um círculo do qual saem raios em todas as direções e, na costa colombiana, do lado da outra aldeia, um sol cortado no horizonte por uma linha sinuosa. Não havia como se enganar:

de um lado, o sol nascia; do outro, se punha. O jovem chefe olha com orgulho para sua obra. Todos a olham, cada um por sua vez. Quando percebe que compreendi mesmo o que ele queria dizer, empunha novamente o giz e cobre de traços os povoados de ambos os lados, deixando intacta somente a sua aldeia. Compreendo que ele quer me dizer que as pessoas daqueles lugares são más, que ele não quer nada com elas e só a sua aldeia é boa. A quem o diz!

Limpam a mesa com um pedaço de lã molhada. Depois que ela secou, ele me dá o giz e cabe a mim contar a minha história em desenhos. É mais complicada do que a dele. Desenho um homem com as mãos amarradas, com dois homens animados que o vigiam; depois, faço o mesmo homem correr, perseguido pelos dois com os fuzis. Desenho três vezes a mesma cena e cada vez me distancio mais dos meus perseguidores; na última, os policiais param e eu continuo a correr, na direção da aldeia, que desenho com os índios, com o cão e, diante deles, o chefe de braços abertos para mim.

Meu desenho não deve ter saído tão ruim, pois, em seguida a umas conversas bastante longas entre os homens, o chefe abre os braços, tal como no meu desenho. Eles tinham compreendido.

Nessa mesma noite, a índia me leva para a cabana dela, onde vivem seis índias e quatro índios. Instala uma magnífica rede de lã, muito larga, onde duas pessoas podem facilmente dormir atravessadas. Eu me deito na rede, mas ao comprido; ela então se deita numa outra rede, no sentido da largura. Faço a mesma coisa e ela vem se deitar a meu lado. Toca o meu corpo, as orelhas, os olhos, a boca, com seus dedos longos e finos, mas muito nodosos, cheios de cicatrizes pequenas e estriadas. São as feridas feitas nas conchas, quando ela mergulha para apanhar ostras com pérolas. Quando acaricio seu rosto, ela me pega a mão, espantada de vê-la fina e sem marcas. Depois desse momento na rede, a gente se levanta e vai para a cabana grande do chefe. Dão-me os fuzis para examinar: são de calibre 12 e 16, de Saint-Étienne. Há seis caixas cheias de cartuchos de chumbo tipo zero-zero.

A índia é de estatura mediana, tem os olhos cinzentos cor de ferro como os do chefe, seu perfil é muito puro, os cabelos trançados lhe chegam até os quadris e são repartidos ao meio. Seus seios são admiravelmente bem-feitos, altos e em forma de pera. Os bicos são mais escuros do que a pele cor de cobre e são grandes. Quando beija, ela morde, não sabe beijar. Rapidamente eu lhe ensino a beijar à maneira civilizada. Quando caminhamos, não quer andar do meu lado e não é possível fazer nada, pois ela vem andando atrás de mim. Uma das cabanas não tem moradores e está em mau estado. Auxiliada pelas outras mulheres, ela ajeita o teto com folhas e endireita o muro com aplicações de uma terra vermelha cheia de argila. Os índios possuem todos os tipos de ferramenta cortante: facas, facões, sabres, machados, enxadas e um ancinho com dentes de ferro. Há utensílios de cobre e de alumínio, regadores, panelas, uma mó de esmeril, um forno, tonéis de ferro e de madeira. Redes desmesuradamente grandes, de pura lã, enfeitadas com franjas trançadas e desenhos de cores muito violentas, vermelho-sangue, azul-da-prússia, negro tom de azeviche, amarelo-canário. Logo a casa está pronta e ela começa a trazer coisas recebidas das outras índias (até um arreio de burro), um tripé de ferro para colocar sobre o fogo, uma rede onde quatro adultos poderiam dormir atravessados, vidros, latas, panelas etc.

Há quinze dias que cheguei, nós nos acariciamos mutuamente, mas ela se recusa violentamente a ir até o fim. Não compreendo, pois foi ela quem me provocou e, quando chega a hora, não quer. Não se cobre nunca com pano algum, a única roupa que usa é o *cache-sexe*, preso à sua cintura estreita por uma cordinha bastante fina; as nádegas permanecem inteiramente nuas. Instalamo-nos sem cerimônia alguma na cabana, que tem três portas, a da entrada principal e duas outras em posições opostas. Na circunferência da cabana, que é redonda, essas três portas formam um triângulo isósceles. Cada uma das portas tem sua própria razão de ser. Eu, por exemplo, devo entrar e sair pela porta do norte. Ela deve sempre entrar e sair pela porta do sul. Não devo entrar ou sair pela sua porta e nem ela deve utilizar a minha. Os amigos entram pela porta principal e tanto eu como ela só a devemos usar quando acompanhados de visitas.

Foi só depois que nos instalamos na casa que ela se entregou a mim. Não quero entrar em pormenores, mas era uma amante ardente e hábil por intuição, que se enrolava em mim como um cipó. Escondidos de todos, sem exceção, eu a penteio e lhe faço as tranças nos cabelos. Ela fica feliz quando a penteio, uma felicidade indescritível pode ser vista em seu rosto juntamente com o medo de que nos surpreendam, pois percebo que um homem não deve pentear sua mulher nem polir-lhe as mãos com uma pedra semelhante à pedra-pomes, nem beijar-lhe de determinada maneira a boca e os seios.

Lali (é o nome dela) e eu nos instalamos, portanto, na casa. Há uma coisa que me surpreende: ela nunca usa as frigideiras ou as panelas de ferro ou de alumínio, nunca bebe num copo de vidro, faz tudo nos recipientes de barro fabricados por eles próprios.

O regador serve para nos lavarmos, com a pedra. As necessidades são feitas no mar.

Vou observar o trabalho de abertura de ostras e busca de pérolas. São as mulheres mais velhas que o fazem. Cada mulher jovem que pesca pérolas tem a sua sacola. As pérolas encontradas nas ostras são repartidas da seguinte maneira: uma parte para o chefe, que representa a comunidade; uma parte para o pescador; meia parte para a mulher que abre as ostras; e uma parte e meia para a mergulhadora. Quando vive com a família, ela dá as pérolas a seu tio, irmão de seu pai. Nunca compreendi por que é o tio também quem entra em primeiro lugar na casa dos noivos que estão em vias de se casar, coloca o braço da mulher em volta da cintura do marido e põe o braço direito do homem em torno da cintura da mulher, de maneira que o dedo indicador entre no umbigo. Depois de fazer isso, vai embora.

Vejo, pois, a abertura das ostras, mas não vejo a pesca, já que não me convidaram a entrar na canoa. Eles pescam bem longe da costa, cerca de 500 metros. Há dias em que Lali volta toda arranhada nas coxas ou nos flancos pelo coral. Às vezes sai sangue das feridas. Então, ela prepara uma pasta de algas marinhas e a aplica sobre os ferimentos. Não faço coisa alguma sem que me tenham feito sinais convidando-me a fazê-la. Nunca entro na cabana do chefe sem que alguém ou ele próprio me pegue pela mão e me leve lá. Lali está desconfiada de que três moças índias da idade dela se deitam no capim o mais perto possível da porta da nossa casa, para tentar ver ou ouvir o que fazemos quando ficamos sozinhos.

Ontem vi o índio que faz a ligação entre a aldeia indígena e o povoado colombiano mais próximo, situado a 2 quilômetros do posto da fronteira. Esse povoado se chama La Vela. O índio tem dois jumentos e uma carabina Winchester de repetição; não usa roupa alguma, limitando-se, como todos, ao *cache-sexe*. Não fala uma única palavra em espanhol. Como, então, faz o seu comércio? Com a ajuda do dicionário, escrevo num papel: *agujas* (agulhas), tinta nanquim azul e vermelha e linha de costura, pois o chefe me pede constantemente para tatuá-lo. O índio da ligação é pequeno e magro. Tem uma horrível ferida que começa no flanco esquerdo, atravessa todo o tórax e acaba na espádua direita. Essa ferida cicatrizou, deixando uma marca empolada da grossura de um dedo. Numa caixa de charutos são guardadas as pérolas. A caixa está dividida em compartimentos e as pérolas são postas nos diversos compartimentos, de acordo com o tamanho delas. Quando o índio parte, o chefe me autoriza a acompanhá-lo um pouco. Para me obrigar a voltar, ele tem o simplismo de me emprestar um fuzil de cano duplo e seis cartuchos: está seguro de que assim serei obrigado a regressar, pois não poderia levar comigo algo que não é meu. Como os jumentos não estão com muita carga, o índio monta em um deles e eu no outro. Durante o dia todo percorremos a mesma rota que eu segui para chegar até a aldeia, mas, a uns 3 ou 4 quilômetros do posto da fronteira, o índio dá as costas ao mar e entra na direção do interior do país.

Lá pelas 5 horas, chegamos às margens de um riacho onde estão cinco casas de índios. Todos vêm me ver. O índio fala, fala, fala até o momento em que chega um tipo que tem os olhos, os cabelos, o nariz, todos os traços de um índio, exceto a cor. É branco, pálido e tem os olhos vermelhos como os de um albino. Está vestindo calças cáqui. Compreendo, então, que o índio da minha aldeia nunca ultrapassa esse lugar aqui. O índio branco me diz:

– *Buenos dias. Tu eres el matador que se fué con Antonio? Antonio es compadre mio de sangre.* (Para se ligarem por um pacto de sangue, dois homens agem da seguinte maneira: colocam seus braços um ao lado do outro, depois cada um deles fere com a faca o braço do amigo; em seguida, juntam os ferimentos para misturar o sangue e, reciprocamente, dão uma lambida nas mãos tingidas pelo sangue de ambos.) *Que quieres?*

– *Agujas, tinta china roja y azul. Nada más.*

– *Tu lo tendrás de aqui a un cuarto de luna.*

Ele fala o espanhol melhor do que eu e se percebe que sabe entrar em contato com os civilizados, organizando o comércio de maneira a defender encarniçadamente os interesses de sua raça. Na hora da partida, me dá um colar feito com peças de prata colombiana, muito brancas. Diz que é para Lali.

– *Vuelva a verme* – fala o índio branco. E, para assegurar-se de que voltarei, me dá um arco.

Torno a partir, sozinho, e ainda não havia percorrido a metade do caminho quando vejo Lali, na companhia de uma de suas irmãs, muito jovem, que teria talvez doze ou treze anos. Lali tem, com certeza, uma idade entre dezesseis e dezoito anos. Lançando-se sobre mim como uma louca, ela me arranha o peito – pois protejo o rosto – e depois me morde cruelmente no pescoço. Custo a controlá-la, empregando todas as minhas forças. De repente, ela se acalma. Ponho a menina índia montada no jumento e vou caminhando atrás, abraçado com Lali. Voltamos devagar à aldeia. Durante o retorno, mato uma coruja. Atirei nela sem saber o que era, apenas porque vira os olhos brilhando no meio da noite. Lali quer levá-la de qualquer maneira conosco e resolve amarrá-la na sela do burrico. Chegamos de madrugada. Estou tão cansado, que quero tomar um banho. Lali me lava e, em seguida, na minha frente, tira o *cache-sexe* da irmã, lava-a e depois toma um banho ela própria.

Quando as duas voltam, estou sentado, esperando que a água posta por mim no fogo esquente, para bebê-la com limão e açúcar. Então acontece uma coisa que eu só pude entender direito depois: Lali coloca sua irmã entre as minhas pernas e põe os meus braços em torno da cintura dela. Percebo que a garota está sem o *cache-sexe* e com o colar que eu dera de presente a Lali. Não sei como sair de uma situação tão estranha. Com jeito, retiro a menina do lugar, pego-a no colo e levo-a para a rede, onde a deito. Tiro-lhe o colar e o coloco no pescoço de Lali. Lali se deita ao lado da irmã e eu ao lado de Lali. Mais tarde percebi que Lali tinha pensado que eu estava colhendo informações para ir embora, que eu não estava satisfeito com ela e que talvez sua irmã me agradasse e me fizesse ficar. Acordei com a mão de Lali tapando meus olhos: era tarde, 11 horas da manhã. A garota não estava mais lá. Lali me olha com amor com seus grandes olhos cinzentos e me morde suavemente os lábios. Está feliz por compreender que é a ela que eu amo e que não parti porque estaria desinteressado dela.

Diante da casa está sentado o índio que costuma guiar a canoa em que Lali sai para pescar pérolas. Percebo que está esperando por ela. Ele sorri para mim e fecha os olhos, com uma expressão simpática que significa que sabe que Lali está dormindo. Sento-me a seu lado e ele me fala de coisas que não entendo. É excepcionalmente musculoso, jovem, robusto como um atleta. Observa minhas tatuagens, examina-as longamente e depois me faz sinais de que gostaria que eu o tatuasse. Respondo-lhe que sim com um gesto de cabeça, mas parece que ele pensa que não o compreendi. Chega Lali. Ela untou o corpo todo com óleo. Como sabe que eu não gosto disso, me faz compreender que, com o tempo nublado, a água deve estar muito fria. A mímica, feita meio a sério e meio na brincadeira, é tão graciosa que, fingindo que não a compreendi, faço com que ela a repita várias vezes. Quando lhe faço sinal para recomeçar uma vez mais, ela franze a boca de uma maneira que claramente significa: "Será que você é burro ou será que eu sou incapaz de explicar por que passei óleo?"

O chefe passa diante de nós com duas índias. Elas carregam um enorme lagarto verde de pelo menos 4 ou 6 quilos e ele leva um arco e algumas flechas. Acabou de caçá-lo e me convida a ir comê-lo mais tarde. Lali lhe fala e ele me toca o ombro e aponta para o mar. Compreendo que posso ir com Lali, se eu quiser. Vamos os três: Lali, seu habitual companheiro de pesca e eu. A pequena canoa, feita de madeira muito leve, é facilmente posta na água. Eles a levam no ombro e entram na água. O início da navegação é curioso: o índio é o primeiro que sobe e se instala na popa, com um grande remo na mão. Lali, com a água pela altura do busto, equilibra a canoa e a impede de recuar na direção da praia. Subo e coloco-me no meio. Em seguida, num único movimento rápido, Lali sobe e, ao mesmo tempo, com uma remada, o índio nos faz avançar mar adentro. As ondas vão aumentando de tamanho à medida que a gente progride. A 500 ou 600 metros da praia, encontramos uma espécie de canal, onde já estão dois barcos pescando. Lali prende as tranças no alto da cabeça por meio de cinco tiras de couro vermelho, três atravessadas, duas ao comprido, presas ao pescoço. Empunhando um facão, segue a haste de ferro de cerca de 15 quilos que serve de âncora e que o índio baixou até o fundo. O barco está ancorado, mas não fica quieto, pois a cada onda sobe e desce.

Durante mais de três horas, Lali desce ao fundo do mar e torna a subir. Não se vê o fundo, mas, pelo tempo que ela leva, deve estar a uns 15 a 18 metros. Cada vez que ela sobe, traz o saco com ostras e o índio o esvazia no barco. Durante essas três horas, nem uma vez Lali subiu para o barco. Para descansar, ela fica cinco ou dez minutos agarrada a ele sem sair da água. Mudamos duas vezes de lugar sem que Lali tenha entrado na canoa. No segundo local da nossa pesca, o saco vem com ostras mais numerosas e maiores. Dirigimo-nos para a terra. Lali sobe na canoa e as ondas nos levam rapidamente à praia. Uma índia velha nos espera.

Lali e eu a deixamos transportar as ostras para a areia seca, juntamente com o índio. Quando todas as ostras estão secas, Lali impede a velha de abri-las, pois faz questão de começar ela própria. Depressa, com a faca, ela abre umas trinta até encontrar uma pérola. Não preciso dizer que comi pelo menos umas duas dúzias de ostras. A água do fundo do mar deve ser fria, pois elas também estavam bastante frias. Delicadamente, Lali extrai a pérola de dentro da ostra: é do tamanho de uma ervilha pequena. Uma pérola grande, maior, provavelmente, que as pérolas médias. E como brilha! A natureza lhe deu tons que mudam, embora discretos. Lali segura a pérola com os dedos, coloca-a na boca e fica com ela aí durante um momento; depois retira-a e coloca-a na minha. Por meio de uma série de gestos e movimentos do queixo, explica-me que quer que eu a esmague com os dentes e a engula. Diante da minha recusa inicial, sua súplica é tão bela que eu faço aquilo que ela quer: trituro a pérola com os dentes e engulo os fragmentos. Ela abre quatro ou cinco ostras e me faz comê-las, para ajudar a engolir a pérola. Parece uma criança: abre minha boca, me faz deitar na areia e verifica se não ficou nem um pedacinho preso entre os dentes. Deixamos os outros continuarem a trabalhar e nos vamos.

Há um mês que estou ali. Não há engano possível, pois vou marcando os dias num papel. Faz tempo que as agulhas chegaram, com tinta nanquim vermelha, azul, violeta. Na cabana do chefe descobri três navalhas de barbear Solingen. Ele nunca as usa para se barbear, já que os índios são imberbes. Uma das navalhas serve para o corte gradual dos cabelos. Fiz uma tatuagem no braço de Zato, o chefe: um índio com plumas de todas as cores na cabeça. Ele ficou encantado e me fez compreender que não queria que eu fizesse tatuagem alguma nos outros antes de lhe fazer uma grande tatuagem no peito. Quer a mesma carantonha de tigre que eu tenho, com dentes igualmente grandes. Acho graça, não sei desenhar a ponto de fazer uma cabeça tão bonita. Lali me depilou o corpo todo. Logo que vê um pelo em mim, arranca-o e esfrega no lugar uma pasta feita de alga do mar e cinzas. Parece-me que há maior dificuldade, depois, para eles tornarem a crescer.

Essa comunidade índia se chama Guajira. Eles vivem tanto na costa como na planície interior que se estende até o pé das montanhas. Nas montanhas vivem outras comunidades, chamadas Motilones. Nos anos seguintes, eu haveria de lidar com eles. Por intermédio do comércio, conforme já expliquei, os guajiros têm contato com a civilização. Os índios da costa mandam ao índio branco pérolas e também tartarugas. As tartarugas são fornecidas vivas e chegam a pesar até por volta de 150 quilos. Nunca, entretanto, elas chegam ao peso e ao tamanho das do Orinoco ou do Maroni, que atingem 400 quilos e cuja carapaça às vezes vai além de 2 metros de comprimento e 1 metro no ponto de maior largura. Depois de viradas de barriga para cima, as tartarugas não conseguem mais se desvirar. Vi algumas serem levadas depois de terem ficado três semanas de costas no chão, sem comer e sem beber, e elas ainda estavam vivas. Os grandes lagartos verdes, por sua vez, são ótimos para comer. A carne deles é deliciosa, branca e mole; os ovos cozinhados na areia, ao sol, também são muito saborosos. Só o aspecto deles não anima muito a comê-los.

Cada vez que Lali volta da pesca, traz para casa as pérolas que lhe cabem e as dá para mim. Coloco-as num recipiente de madeira sem separar as grandes, as médias e as pequenas; ficam todas misturadas. Numa caixa de fósforos guardo separadas somente duas pérolas cor-de-rosa, três negras e sete cinzentas de aspecto metálico, fantasticamente belas. Guardo também uma pérola barroca* grande que tem o formato e o tamanho de um grão de feijão-branco. Essa pérola barroca tem três cores superpostas e, conforme o tempo, uma delas sobressai em relação às outras: a parte negra, a parte cor de aço ou a parte prateada com reflexos cor-de-rosa. Graças às pérolas e a algumas tartarugas, nada falta à tribo. Só que eles têm coisas que não servem para nada e deixam de ter coisas que lhes poderiam ser úteis. Por exemplo: em toda a tribo não há um único espelho. Para poder me barbear e me olhar, precisei encontrar – sem dúvida, proveniente de um naufrágio – uma placa de 40 centímetros, niquelada de um dos lados.

Minha política em relação aos meus amigos é simples: não faço coisa alguma que possa diminuir a autoridade e o saber do chefe e menos ainda a reputação de um índio muito velho que vive a apenas 4 quilômetros, no interior daquelas terras, cercado de cobras, duas cabras e uma dúzia de carneiros e ovelhas. É o feiticeiro das diferentes aldeias de guajiros. Minha atitude faz com que ninguém me inveje e me olhe com má vontade. Ao fim de dois meses, estou completamente adotado por todos. O feiticeiro tem também umas vinte galinhas. Nas duas aldeias que conheço não há cabras, nem galinhas, nem ovelhas, nem carneiros; concluo, portanto, que a posse de animais domésticos deve ser um privilégio do feiticeiro. Todo dia de manhã, uma índia (elas fazem rodízio) lhe leva peixe e ostras frescas num cesto posto sobre a cabeça. Leva-lhe também broinhas de milho, feitas no mesmo dia e assadas sobre pedras cercadas de fogo. Às vezes – mas não sempre –, elas voltam com ovos e leite coalhado. Quando o feiticeiro quer que eu vá vê-lo, me manda pessoalmente três ovos e uma faca de madeira, bem-polida. Lali me acompanha até a metade do caminho e me

---

* Pérola de superfície irregular.

espera à sombra de enormes cactos. Da primeira vez, ela pôs a faca de madeira na minha mão e me fez sinal de ir adiante, na direção de seu braço.

O índio velho vive em meio a uma sujeira enorme, numa tenda feita de couros de boi estendidos, com o lado peludo voltado para dentro. No interior da tenda há três pedras com um fogo que está sempre aceso, a gente percebe. Ele não dorme numa rede e sim numa espécie de cama feita com galhos de árvores e a mais de 1 metro do chão. A tenda é bastante grande, deve ter uns 20 metros quadrados. Não tem paredes: do lado por onde vem o vento há alguns arbustos. Vi duas cobras, uma de cerca de 3 metros, da grossura de um braço; a outra, com mais ou menos 1 metro, tinha um V amarelo na cabeça. Pensei: "Devem comer as galinhas e os ovos." Não compreendo como podem conviver dentro dessa tenda com as cabras, as galinhas, as ovelhas e também um jumento. O índio velho me examina de cima a baixo, me faz tirar as calças transformadas num *short* por Lali e, quando estou nu como um verme, faz com que me sente sobre uma pedra perto do fogo. Põe no fogo umas folhas verdes que fazem muita fumaça e cheiram a hortelã. A fumaça me envolve a ponto de sufocar, mas quase não tusso e durante uns dez minutos espero que isso passe. Depois, ele queima as minhas calças e me dá dois *cache-sexe* de índio, um de couro de carneiro e outro de cobra, mole como uma luva. Coloca no meu braço um bracelete feito com tiras de couro trançado de cabra, de carneiro e de cobra. É um bracelete com 10 centímetros de largura e se prende por intermédio de uma tira de couro de cobra que a gente aperta ou afrouxa à vontade.

No tornozelo esquerdo, o feiticeiro tem uma ferida do tamanho de uma moeda de 2 francos, coberta de moscas. De vez em quando, ele as enxota e, nas horas em que elas se tornam muito insistentes, espalha cinza em cima da chaga. Aceito pelo feiticeiro, disponho-me a partir, quando ele me dá uma faca de madeira menor do que aquela que me envia quando quer me ver. Em poucos minutos, Lali me explicaria que, quando quisesse ver o feiticeiro, de agora em diante, eu deveria lhe mandar essa faca pequena e, se ele concordasse em me receber, me mandaria a grande. Antes de deixá-lo, observei como seu rosto magro e seu pescoço são cheios de rugas. Sua boca tem apenas cinco dentes: três embaixo e dois em cima, na frente. Os olhos, amendoados como os de todos os índios, possuem nas pálpebras tanta pelanca que, quando elas se fecham, formam duas bolotas. Não tem cílios nem sobrancelhas. Os cabelos são lisos e negros, caídos, aparados na altura dos ombros, com uma franja igual à de todos os demais índios, à altura das sobrancelhas.

Vou-me embora e me desagrada ficar com a bunda de fora. Sinto-me gaiato. Mas, afinal, vai por conta da fuga! É preciso levar os índios a sério e a liberdade compensa alguns inconvenientes. Lali vê o *cache-sexe* e, rindo, mostra todos os dentes, que aliás são tão bonitos como as pérolas que ela pesca. Examina o bracelete e a outra tanguinha de cobra. Para ver se fui submetido à fumaça, ela me cheira. Os índios, diga-se de passagem, têm o olfato muito desenvolvido.

Acostumei-me a essa vida e percebi que era preciso não continuar nela por muito tempo mais, pois podia acontecer que eu perdesse a vontade de ir embora. Lali me observa sempre, ela gostaria de me ver participando mais ativamente da vida em comum. Por exemplo, ela me viu sair para a pesca de peixes, sabe que eu remo bem e sou capaz de conduzir a canoa pequena e leve. Daí a querer que eu conduza a embarcação em que ela sai não há muita distância. No entanto, isso não me convém. Lali é a melhor mergulhadora da aldeia, o barco dela é sempre aquele que traz as ostras maiores e em maior quantidade, pescadas mais no fundo. Sei também que o jovem pescador que a leva no barco é o irmão do chefe. Indo com Lali, eu o prejudicaria; portanto, é uma coisa que não devo fazer. Quando Lali me vê pensativo, ela chama outra vez a irmã, que vem correndo, alegre, e entra na casa pela minha porta. Isso deve ter uma significação importante. Por exemplo, elas chegam juntas diante da porta maior, que dá para o mar; ali, elas se separam, Lali faz uma volta e entra pela porta dela, enquanto Zoraima, a garota, passa pela minha porta. Os seios de Zoraima não são maiores do que tangerinas e seus cabelos não são compridos: são cortados na altura do queixo e a franja que cobre a testa desce além das sobrancelhas, chega quase ao começo das pálpebras. Cada vez que ela vem, chamada pela irmã, as duas tomam banho e, ao entrarem, tiram o *cache-sexe*, que fica pendurado na rede. A garota vai embora sempre triste, pelo fato de eu não a ter possuído. Outro dia, nós estávamos os três deitados na rede, Lali no meio; ela se levantou e me deixou colado ao corpo nu de Zoraima.

O índio que pesca com Lali se feriu no joelho, um ferimento grande e profundo. Os outros o levaram ao feiticeiro e ele voltou com um emplastro de argila branco. Nessa manhã, portanto, tive de ir pescar com Lali. Entramos na água com o barco da maneira usual e nos saímos bem. Levei-a um pouco mais longe do que costumava. Ela está radiante de me ver ali, com ela, na canoa. Antes de mergulhar, passa óleo no corpo. Imagino que no fundo negro do mar, que estou observando, a água deve ser um bocado fria. Três barbatanas de tubarão passam bastante perto de nós, eu as aponto, mas ela não lhes dá nenhuma importância. São 10 horas da manhã, o sol brilha. Com a sacola presa ao braço esquerdo, com o facão embainhado preso à cintura, ela mergulha; e, ao mergulhar, não empurra a canoa com os pés, como faria normalmente outra pessoa qualquer. Com incrível rapidez, desaparece no fundo escuro da água. Seu primeiro mergulho deve ter sido de exploração, pois a sacola volta com poucas ostras. Vem-me uma ideia. A bordo há um rolo de corda de couro. Amarro a ponta na sacola, entrego-a a Lali e desenrolo a corda à medida que Lali vai descendo, levando a sacola e a corda. Ela deve ter compreendido a manobra, pois retorna sem a sacola, após um demorado mergulho. Segura à borda da canoa para descansar, ela me faz sinal para puxar a sacola, Puxo-a, mas, em algum momento, ela parece ter ficado presa em algum coral. Ela mergulha e a desprende, de modo que a sacola acaba chegando, cheia pela metade. Esvazio-a no barco. Em oito mergulhos de 15 metros, nessa manhã, a canoa fica quase cheia. Quando Lali sobe, ficam faltando só dois dedos para que a água entre na embarcação. Ela está tão cheia de ostras que, quando vou puxar âncora, verifico que corremos o risco de afundar. Então, deixamos a âncora presa pela corda a um remo, que fica flutuando e assinalando o lugar para voltarmos. Chegamos à terra sem incidentes.

A velha nos espera e o índio que acompanha Lali está na areia seca, no lugar onde, após a pesca, eles costumam abrir as ostras. Está contente com o fato de nós termos trazido tantas ostras. Lali parece explicar a ele o que eu fiz, amarrando a sacola na corda, aliviando-lhe o esforço da subida e permitindo que ela pusesse mais ostras dentro dela. Ele examina o nó que eu dei na corda para prendê-la ao saco. Experimenta desfazê-lo e, logo na primeira tentativa, consegue refazê-lo com muita perícia. Então me olha, muito orgulhoso.

Abrindo as ostras, a velha encontra treze pérolas. Lali, que habitualmente não fica nunca para essa operação e espera em casa que lhe levem a parte dela, permaneceu até que abrissem a última ostra. Comi pelo menos três dúzias. Lali comeu cinco ou seis. A velha separa as pérolas, que são mais ou menos do mesmo tamanho, do tamanho de uma ervilha. Três pérolas para o chefe, três para mim, duas para a velha, cinco para Lali. Lali recebe as três pérolas que me cabem e as entrega a mim. Eu as recebo e as entrego ao índio machucado. Ele não quer recebê-las, mas eu lhe abro a mão, ponho as pérolas dentro dela e torno a fechá-la. Então aceita. Sua mulher e sua filha observam a cena um tanto afastadas do nosso grupo e estavam em silêncio, mas agora começam a rir e se aproximam. Ajudo o pescador a se deslocar até a cabana dele.

Esta cena se repete durante cerca de duas semanas. Todos os dias, entrego as pérolas ao pescador. Ontem, das seis que nos couberam, guardei uma. Chegando em casa, obriguei Lali a comê-la. Ela ficou louquinha de alegria e cantou a tarde toda. De vez em quando, vou ver o índio branco. Ele me disse que se chama Zorrillo, que em espanhol quer dizer raposinha. Falou que o chefe lhe pedira para me perguntar por que eu não fazia a tatuagem do focinho de tigre que fora pedida. Expliquei-lhe que não sei desenhar bem. Com a ajuda do dicionário, peço-lhe para me trazer um espelho retangular com a superfície do meu peito, papel transparente, um pincel fino, um tinteiro e papel-carbono (se ele não encontrar, um *crayon* grande e grosso). Digo-lhe também para trazer roupas do meu tamanho e guardá-las na casa dele com três camisas cáqui. Fico sabendo que a polícia lhe fez perguntas sobre Antonio e sobre mim. Ele lhes respondeu que eu tinha passado para a Venezuela pelas montanhas e que Antonio tinha sido mordido por uma cobra e estava morto. Disse-me também que os franceses estão na prisão em Santa Marta.

Na casa de Zorrillo há exatamente as mesmas coisas heterogêneas que na casa do chefe: muitos vasos decorados com desenhos de que os índios gostam, cerâmicas de muita arte, tanto pelo formato como pelos desenhos e pelas cores; redes de pura lã, magníficas, umas brancas, outras coloridas, com franjas; couros curtidos de cobras, lagartos e enormes sapos; cestos trançados, brancos e em cores. Segundo ele me falou, todos esses objetos são feitos por índios da mesma raça dos da minha tribo, mas que vivem em uma região de vegetação espessa, a 25 dias de viagem a pé, na direção do interior. Desse lugar é que vêm as folhas de coca, e ele me dá mais de vinte delas. Quando estiver deprimido, mastigarei uma. Despeço-me de Zorrillo, pedindo-lhe que, além de todos os meus pedidos anotados, me trouxesse alguns jornais ou revistas em espanhol, pois com meu dicionário consegui aprender bastante em dois meses. Não há notícias de Antonio; ele sabe apenas que houve um novo choque entre guardas costeiros e contrabandistas. Cinco guardas e um contrabandista morreram, o barco não foi capturado. Jamais vi na aldeia uma gota sequer de álcool, a não ser a bebida fermentada que é preparada com frutas. Enxergando uma garrafa de anis, peço-a, mas ele recusa. Se quiser, posso bebê-la aqui, mas não posso levá-la. Esse albino é um sábio.

Deixo Zorrillo e vou embora em um burrico que ele me emprestou e que amanhã voltará sozinho à sua casa. Levo apenas um pacote de bombons de várias cores, enrolados um por um em papel fino, e sessenta maços de cigarro. Lali está me esperando a mais de 3 quilômetros da aldeia, com a irmã; ela não faz nenhuma cena e concorda em vir andando ao meu lado, abraçada. De vez em quando, ela para e me beija à maneira civilizada, na boca. Quando chegamos, vou ver o chefe e lhe ofereço os bombons e os cigarros. Sentamos à porta, diante do mar. Tomamos a bebida fermentada, que, para ficar fresca, é guardada em moringas. Lali se senta à minha direita, com os braços em volta da minha coxa; sua irmã se senta à minha esquerda, na mesma posição. Elas comem os bombons. O pacote fica aberto diante de nós e as mulheres e as crianças se servem com discrição. O chefe empurra a cabeça de Zoraima para perto da minha e me faz compreender que ela quer ser minha mulher, como Lali. Lali faz gestos, segura seus próprios seios com as mãos e depois mostra que Zoraima tem seios pequenos e que é por isso que não a quero. Levanto os ombros e todo mundo ri. Percebo que Zoraima parece muito infeliz. Seguro-a nos meus braços e então envolvo seu pescoço e lhe acaricio os seios; ela fica radiante de felicidade. Fumo alguns cigarros; os índios experimentam e logo os rejeitam, preferem o cigarro deles, com a brasa dentro da boca. Cumprimento todos e pego Lali pelo braço para ir embora. Lali vem atrás de mim e Zoraima a segue. Peixes grandes estão sendo assados na brasa, é sempre uma delícia. Coloquei no fogo uma lagosta de pelo menos 2 quilos. Comemos com prazer essa carne delicada.

Recebi o espelho, o papel fino, o papel para decalcar, um tubo de cola que eu não tinha pedido, mas pode vir a ser útil, vários *crayons* grandes meio duros, o tinteiro e o pincel. Penduro o espelho em um fio, deixando-o à altura do meu peito, e fico sentado. No espelho aparece claramente, com todos os pormenores e do mesmo tamanho, a cabeça do tigre. Lali e Zoraima, curiosas e interessadas, me observam. Faço os traços com o pincel; como a tinta escorre, uso a cola, misturando-a com a tinta e, a partir de então, vai tudo bem. Depois de três sessões de uma hora de trabalho cada, consigo ter no espelho a réplica perfeita da cabeça do tigre.

Lali foi buscar o chefe, Zoraima pega minhas mãos e as coloca em seus seios, ela exprime tanta tristeza e desejo no rosto, seus olhos exprimem tanta volúpia e amor que, sem saber bem o que faço, acabo por possuí-la ali, no chão, no meio da cabana. Ela geme um pouco, mas seu corpo, tenso de prazer, me envolve e não quer me largar. Com suavidade, me desprendo e vou tomar banho no mar, pois estou cheio de terra; ela vem atrás de mim e nós nos lavamos juntos. Esfrego-lhe as costas, ela me esfrega as pernas e os braços, voltamos para casa. Lali está sentada no lugar onde nós nos deitamos e, quando entramos, ela percebe tudo. Levanta-se, põe os braços em volta do meu pescoço e me beija com ternura. Depois pega a irmã pelo braço, faz com que ela saia pela minha porta, enquanto a própria Lali sai pela dela. Ouço barulho fora, saio e vejo Lali, Zoraima e outras duas mulheres esforçando-se por furar a parede com um ferro. Percebo que elas vão fazer uma quarta porta. Para que a parede se abra sem rachar, elas a molham com o regador. Em pouco tempo, a porta está feita. Zoraima remove os escombros da parte derrubada. De agora em diante, ela entrará e sairá sempre por esta porta e nunca mais utilizará a minha.

Chega o chefe com três índios e com o irmão, cuja perna já está quase cicatrizada. O chefe olha o desenho no espelho e se mira. Está encantado de ver o tigre tão bem desenhado e de ver seu rosto. Não compreende o que estou querendo fazer. O desenho está seco: ponho o espelho deitado em cima da mesa, o papel transparente por cima, e começo a copiar. É coisa muito fácil e anda bastante depressa. O *crayon* meio duro acompanha os traços com fidelidade. Em menos de meia hora, diante dos olhos interessados de todos, parece um desenho tão perfeito como o original. Cada um dos índios segura a folha e a examina, comparando o tigre do meu peito com o do desenho. Faço Lali se deitar em cima da mesa, passo um pano ligeiramente úmido em seu ventre, ponho a folha para decalcar e, por cima, a folha do desenho que acabei de fazer. Faço alguns traços e o deslumbramento de todos chega ao auge quando surge na barriga de Lali uma pequena parte do desenho. É só neste momento que o chefe compreende que todo o trabalho que estou tendo é por ele.

Os seres que não têm a hipocrisia de uma educação de civilizados reagem com naturalidade à medida que vão percebendo as coisas.

É de imediato que ficam contentes ou descontentes, alegres ou tristes, interessados ou indiferentes. É espantosa a superioridade de índios puros como estes guajiros. Eles são muito superiores a nós, pois, quando acolhem uma pessoa, dão-lhe tudo o que possuem; e, por sua vez, quando recebem dela qualquer atenção, por menor que seja, estas criaturas supersensíveis ficam profundamente emocionadas. Resolvi fazer as linhas gerais maiores do desenho com a navalha, de maneira que logo na primeira aplicação o contorno da tatuagem estará definitivamente fixado. Depois completarei com três agulhas presas numa vareta. Na manhã seguinte, começo a trabalhar.

Zato está deitado sobre a mesa. Transportei o desenho do papel fino para um outro papel branco mais resistente e, com um *crayon* duro passo-o decalcando, para sua pele, já preparada com um leite de argila branca que deixei secar. O traço fixa melhor na superfície coberta pelo pó. O chefe fica estendido na mesa, duro, imóvel, sem mexer sequer a cabeça, com medo de prejudicar o desenho, que lhe mostro através do espelho. Faço os traços com a navalha. Sai um pouquinho de sangue e, a cada vez que isso acontece, enxugo-o. Quando todas as linhas foram cortadas e um traço vermelho fino substituiu o traço do desenho, passo tinta nanquim azul por todo o peito. A tinta é rejeitada pelo sangue e só se fixa bem nos lugares onde o corte foi um pouco mais fundo, mas o desenho está maravilhosamente nítido. Oito dias mais tarde, Zato pode exibir sua cabeça de tigre, a goela à mostra, a língua vermelha, os dentes brancos, as narinas, o bigode negro, os olhos. Estou satisfeito com a minha obra: a cabeça desse tigre está mais bela do que a do meu, seus tons estão mais vivos. Quando cai a casca da ferida, retoco alguns lugares com as agulhas. Zato está tão contente, que pediu seis espelhos a Zorrillo, um para cada cabana e dois para a dele.

Passam os dias, passam as semanas e os meses. Estamos em abril e há quatro meses que me encontro aqui. Minha saúde é excelente. Estou forte e os pés, acostumados a andar descalços, me permitem longas caminhadas sem cansaço algum, caçando lagartos grandes. Esqueci-me de dizer que, depois da minha primeira visita ao feiticeiro, tinha pedido a Zorrillo que me trouxesse tintura de iodo, água oxigenada, algodão, gaze, tabletes de quinino e Stovarsol. Tinha visto um preso no hospital com uma ferida grande como a do feiticeiro, e Chatal, o enfermeiro, amassava uma pílula de Stovarsol e a aplicava no ferimento. Recebi tudo o que pedira e mais uma pomada que Zorrillo trouxera por sua conta. Mandei a faca pequena de madeira ao feiticeiro e ele me respondeu mandando a dele. Levei muito tempo e tive muita dificuldade em convencê-lo a deixar-me tratar dele, mas, depois de algumas visitas, a chaga estava reduzida à metade; em seguida, ele continuou o tratamento sozinho e, um belo dia, me enviou a faca grande de madeira para que eu fosse vê-lo completamente curado. Ninguém soube jamais que tinha sido eu quem o curara.

Minhas mulheres não me deixam. Quando Lali está pescando, Zoraima fica comigo. Quando Zoraima vai mergulhar, Lali me faz companhia.

Nasceu um filho de Zato. No momento em que sentiu as dores do parto, sua mulher foi para a praia, escondeu-se atrás de uma rocha que a protegia do olhar de todos e uma outra mulher de Zato lhe levou um cesto grande com broas, água doce e açúcar escuro não refinado. O nascimento deve ter ocorrido por volta das 4 horas da tarde, pois, no pôr do sol, ela apareceu caminhando em direção à aldeia, gritando e levantando os braços com o neném. Antes de ela chegar, Zato já sabe que é um homem. Percebo que, se fosse uma menina, ela teria chegado sem gritar alegremente e não levantaria a criança nos braços, como estava fazendo. É Lali quem me explica isso, por mímica. A índia vem vindo, de repente para e levanta o garoto. Zato estende os braços e grita, sem se mexer. Ela torna a andar alguns metros, levanta outra vez o garoto e volta a parar. Zato grita e estende novamente os braços. Nos últimos 30 ou 40 metros da caminhada da mulher, a cena se repete cinco ou seis vezes. Zato não sai dos umbrais da sua cabana: permanece diante da porta maior de sua casa e todos estão colocados à sua direita ou à sua esquerda. Quando chega a apenas cinco ou seis passos, a mãe ergue o filho, para e grita. Então Zato avança, pega a criança, levanta-a em seus braços, volta-se para o oriente e grita três vezes, levantando três vezes o bebê. Senta-se, coloca a criança deitada atravessada sobre seu peito, sob o braço direito, com a cabeça sob a axila esquerda. Depois entra, sem se voltar, pela porta grande da casa. Todos o seguem e a mãe é quem entra por último. Bebemos todo o vinho fermentado que havia.

De manhã e de tarde, durante toda a semana, a terra diante da cabana de Zato é regada e os homens e as mulheres a pisam depois de ela ter sido regada. Fazem, assim, um círculo grande de argila vermelha bem batida. Armam uma grande tenda de couro de boi e eu adivinho que ali vai ser realizada uma festa. Grandes recipientes de barro, pelo menos umas vinte jarras enormes, são guardados nessa tenda com a bebida preferida dos índios. Dispõem-se diversas pedras e, em torno delas, vão sendo acumulados galhos secos e verdes, cuja quantidade aumenta a cada dia. Alguns desses galhos foram trazidos há muito tempo pelo mar, estão secos, brancos e polidos. Também há imensos troncos de árvores, vindos de longe, ninguém sabe como nem quando. Por cima das pedras foram instaladas duas forquilhas de madeira do mesmo tamanho: são as bases para uma enorme churrasqueira. Quatro tartarugas de barriga para cima, mais de trinta lagartos, uns maiores do que os outros, vivos, com as pernas amarradas umas às outras, para não poderem fugir, dois carneiros: toda essa carne espera o momento de ser sacrificada e devorada. Há pelo menos 2.000 ovos de tartaruga.

Um dia de manhã, chegam uns quinze homens a cavalo, todos índios, com colares à volta do pescoço, imensos chapéus de palha, *cache-sexe*, as coxas, as pernas e os pés nus, a bunda de fora, as costas cobertas por belas peles de carneiro. Todos com facões na cintura, dois com fuzis de cano duplo para caça, o chefe com uma carabina de repetição e uma magnífica blusa de couro negro, além de um cinturão cheio de balas. Os cavalos são excelentes, pequenos, mas muito fortes, todos cinzentos. Na garupa, cada um deles traz plantas secas. Desde quando ainda estavam longe, anunciaram a chegada com tiros de fuzil; porém vinham galopando tão depressa, que logo chegaram até nós. O chefe dos recém-chegados é estranhamente parecido com Zato e seu irmão, embora mais velho. Descendo de seu puro-sangue, ele se dirige a Zato e os dois se tocam nos ombros. Entra sozinho na casa e volta com a índia atrás dele e o bebê em seus braços. Ergue-o e apresenta-o a todos. Depois faz o mesmo gesto que Zato fizera: volta-o para o oriente, onde o sol nasce, coloca-o atravessado no peito, com a cabeça debaixo do braço esquerdo, e torna a entrar na casa. Então, todos os cavaleiros desmontam, prendem os cavalos um pouco afastados, com as plantas em fardos pendurados no pescoço de cada um. Por volta do meio-dia chegam as índias, numa charrete enorme puxada por quatro cavalos, guiada por Zorrillo. Na charrete estão pelo menos vinte índias, todas jovens, e sete ou oito crianças, todas do sexo feminino.

Antes da chegada de Zorrillo, eu tinha sido apresentado a todos os cavaleiros, a começar pelo chefe. Zato me chama a atenção para o fato de que o dedo menor de seu pé esquerdo é torto e fica por cima do outro. Com seu irmão e com o chefe que acabara de chegar é a mesma coisa. Depois, mostra-me que no braço de cada um dos três está uma idêntica mancha negra, uma espécie de sinal de distinção. Compreendo que o recém-chegado é seu pai. As tatuagens de Zato são muito admiradas por todos, sobretudo a da cabeça de tigre. Todas as índias que acabam de chegar têm desenhos coloridos no corpo e no rosto. Lali coloca, no pescoço de algumas, colares de pedaços de coral e, no pescoço de outras, colares de conchas. Noto uma índia admirável, mais alta do que as outras, que são de estatura média. Tem um perfil de italiana, parece uma figura de camafeu. Os cabelos dela são negro-violeta, os olhos completamente verde-jade, imensos, com cílios longos e sobrancelhas bem-arqueadas. Os cabelos estão cortados à maneira índia, repartidos ao meio, com franja, caídos à esquerda e à direita, cobrindo as orelhas. As pontas estão cortadas à altura da metade do pescoço. Os seios de mármore são próximos no tronco e se abrem harmoniosamente.

Lali me apresenta a ela e leva-a à nossa casa com Zoraima e uma outra índia muito jovem, que traz umas canecas e uma espécie de pincéis. De fato, as visitantes vão pintar as índias da aldeia. Vejo a índia bonita pintar obras-primas em Lali e Zoraima. Os pincéis são feitos com pedacinhos de lã atados em varetas. Ela os molha em tintas de cores diferentes, para desenhar. Então pego o meu pincel e, começando pelo umbigo de Lali, desenho uma planta com dois galhos, cada um dos quais vai até a base de um dos seios; depois pinto pétalas cor-de-rosa e o bico do seio em amarelo. Dir-se-ia uma flor semiaberta, com seu pistilo. As três outras querem que eu lhes faça a mesma coisa. Preciso perguntar a Zorrillo. Ele me diz que posso pintá-las como quiser, desde que elas estejam de acordo. Vocês podem imaginar o que fiz. Durante mais de duas horas, pintei os seios das jovens índias, tanto das visitantes como das outras. Zoraima exigiu uma pintura exatamente igual à de Lali. Enquanto isso, os índios assavam os carneiros e duas tartarugas. A carne delas é vermelha e bonita, parece carne de vaca.

Sento-me perto de Zato e do pai dele, na tenda. Os homens comem de um lado, as mulheres do outro, exceto as que nos servem. A festa termina com uma espécie de dança, noite alta. Para a música, há um índio que toca uma flauta de madeira de som rude e bate em dois tambores de pele de carneiro. Muitos índios, homens e mulheres, estão bêbados, porém não há nenhum incidente desagradável. O feiticeiro veio, montado num burrico. Todos olham a cicatriz cor-de-rosa que ficou no lugar da ferida, aquela ferida que todos conheciam: ficam espantados de vê-la fechada. Só Zorrillo e eu sabemos como foi a coisa. Zorrillo me explica que o chefe que veio à nossa aldeia é o pai de Zato e se chama Justo: é ele quem ajuda nas controvérsias surgidas entre as pessoas de sua tribo e entre as diversas tribos de guajiros. Zorrillo me diz também que, quando há incidentes com outra raça de índios, os lapus, eles se reúnem para discutir e ver se fazem a guerra ou resolvem amigavelmente as coisas. Quando um índio é assassinado por outro índio de outra tribo, faz-se um acordo segundo o qual, para evitar a guerra, o assassino pague pelo morto à tribo deste. O preço às vezes chega a duzentas cabeças de gado, pois, nas montanhas e ao pé delas, todas as tribos têm muitas vacas e muitos bois. Infelizmente, os índios nunca vacinam o gado contra a febre aftosa e as epidemias matam grande quantidade de animais. Em certo sentido – diz Zorrillo –, isso é bom, pois sem essas epidemias haveria gado demais. Esse gado não pode ser oficialmente vendido nem na Colômbia nem na Venezuela: deve ficar sempre em território indígena, pois as autoridades têm medo de que ele leve a febre aftosa para outras regiões de ambos os países. Zorrillo me informa, entretanto, que há muito contrabando de gado pelas montanhas.

O chefe visitante – Justo – me diz através de Zorrillo que eu vá vê-lo em sua aldeia, onde, segundo parece, há mais de cem cabanas. Diz que eu vá com Lali e Zoraima, que ele nos instalará numa cabana, e não leve coisa nenhuma, pois lá terei tudo de que precisarmos. Diz que eu leve apenas o meu material de tatuagem para fazer nele, também, um tigre. Tira sua pulseira de couro preto e me dá. Segundo Zorrillo, esse é um gesto importante que significa que ele é meu amigo e não será capaz de recusar a satisfação de qualquer desejo meu. Pergunta-me se eu quero um cavalo, respondo-lhe que quero mas não posso aceitar, pois aqui quase não existe capim para alimentá-lo. Diz que Lali ou Zoraima, quando for necessário, podem ir com o cavalo a uma distância de meio dia deste lugar, onde existe capim alto e bom. Aceito o cavalo e ele diz que logo o mandará para mim.

Aproveito esta longa visita de Zorrillo para dizer-lhe que confio nele, que espero que ele não me traia, falando sobre a minha ideia de ir para a Venezuela ou para a Colômbia. Ele me descreve os perigos dos primeiros 30 quilômetros de um lado e do outro das fronteiras. Pelas informações dos contrabandistas, o lado venezuelano é mais perigoso que o colombiano. Entretanto, ele próprio poderia ir comigo, no lado colombiano, até perto de Santa Marta, acrescentando que já fizera essa caminhada e que a Colômbia era realmente a melhor solução. Está de acordo com a minha ideia de comprar outro dicionário, ou melhor, livros que ensinam espanhol e nos quais eu aprenderia frases usuais. Segundo ele, se eu aprendesse a gaguejar bastante, seria uma grande vantagem para mim, pois as pessoas que me escutassem se impacientariam e acabariam as minhas frases, sem prestar muita atenção na pronúncia e no sotaque. Fica resolvido que ele me trará os livros, um mapa (o mais preciso que for possível) e se encarregará de vender as minhas pérolas, quando chegar a ocasião, e arranjar dinheiro colombiano. Zorrillo me explica que os índios, a começar pelo chefe, só podem me apoiar na minha decisão de partir, já que a partida é o que eu desejo. Lamentarão que eu vá embora, mas compreenderão que é normal eu querer voltar para junto dos meus. O difícil vai ser com Zoraima e, sobretudo, com Lali. Qualquer uma das duas, mas especialmente Lali, é muito capaz de me derrubar com um tiro de fuzil. Outra coisa: Zorrillo me faz notar algo que eu não sabia, isto é, que Zoraima está grávida. Não tinha percebido. Estou espantado.

A festa acabou, todos foram embora, a tenda de couro foi desmontada, tudo volta a ser como antes, pelo menos na aparência. Recebo o cavalo, um magnífico tordilho, com um rabo comprido que vai quase até o chão, e uma crina maravilhosa, cinzenta com reflexos prateados. Lali e Zoraima não estão nada contentes, e o feiticeiro manda me chamar para dizer que elas lhe haviam perguntado se podiam dar vidro moído ao cavalo para que este morresse, sem que elas sofressem coisa alguma. Ele lhes respondeu que não fizessem isso, porque eu estava protegido por não sei qual divindade indígena e o vidro podia aparecer dentro da barriga delas. Acrescenta que talvez o perigo tenha sido afastado, mas não é certo. Devo prestar atenção. E contra mim, há perigo? Não, diz ele. Se elas virem que estou me preparando seriamente para ir embora, então, sim, o que elas podem fazer, sobretudo Lali, é me matar com um tiro de fuzil. Posso tentar convencê-las a me deixarem partir, assegurando-lhes que voltarei? De modo nenhum! Nunca devo mostrar que tenho vontade de ir embora.

O feiticeiro pôde me dizer tudo isso graças a Zorrillo, que ele chamou no mesmo dia para servir de intérprete. A situação é muito séria, cumpre tomar todas as precauções, conclui Zorrillo. Volto para casa. Zorrillo chegou à cabana do feiticeiro e saiu dela por um caminho completamente diverso do meu. Ninguém na aldeia sabe que o feiticeiro nos chamou ao mesmo tempo.

Agora, seis meses já se passaram e eu estou com pressa de partir. Um dia, entro e vejo Lali e Zoraima debruçadas sobre o mapa. Elas tentam compreender o que representam aqueles desenhos. O que as inquieta é o desenho com as setas indicando os quatro pontos cardeais. Estão confusas, mas adivinham que esse papel tem algo de muito importante a ver com a nossa vida.

O ventre de Zoraima começou a crescer bastante. Lali está com um pouco de ciúme e me força a fazer amor em qualquer lugar, propício ou não, e a qualquer hora do dia ou da noite. Zoraima também me solicita a fazer amor, mas, felizmente, só de noite. Fui ver Justo, o pai de Zato. Lali e Zoraima foram comigo. Por sorte, eu guardara o desenho e utilizei-o para decalcar a cabeça de tigre no peito dele. Em seis dias, a tatuagem ficou pronta, pois a primeira casca caiu depressa, graças a um banho que ele tomou e no qual se lavou com um pedaço de cal viva. Justo está tão contente que vai se olhar no espelho diversas vezes ao dia. Durante a minha visita, chega Zorrillo. Com minha autorização, ele falou a Justo de meu projeto, pois pretendo trocar o cavalo. Os tordilhos dos guajiros não existem na Colômbia, porém Justo tem três cavalos de pelo ruço que são colombianos. Assim que toma conhecimento do meu plano, Justo manda buscar os cavalos. Escolho aquele que me parece ser o mais calmo, ele manda colocarem nele sela, estribos e freios de ferro, pois o freio deles é de osso e os cavalos não estavam com sela. Equipado à maneira colombiana, Justo põe as rédeas de couro na minha mão e, diante de mim, entrega a Zorrillo 39 moedas de ouro de 100 pesos cada uma, que ele deve guardar e me entregar no dia da minha partida. Quer me dar sua carabina Winchester de repetição, que não aceito; Zorrillo diz, aliás, que eu não poderia entrar armado na Colômbia. Então Justo me dá duas pequenas setas do comprimento de um dedo, envolvidas em lã e colocadas num pequeno estojo de couro. Zorrillo me explica que são setas envenenadas com um veneno muito violento e muito raro.

Zorrillo nunca havia visto nem tido setas envenenadas. Cabe-lhe a responsabilidade de guardá-las até a minha partida. Não sei como expressar o meu reconhecimento ante a generosidade de Justo. Ele me diz que soube por Zorrillo um pouco da minha vida e que imagina ter sido magnífica a parte que não conhece, pois me considera um homem completo. Diz que pela primeira vez na sua vida conheceu um homem branco e que anteriormente os considerava todos inimigos, mas agora lhes teria amizade e procuraria conhecer outro homem como eu.

– Antes de partir – disse-me –, pense apenas no fato de que vai para uma terra onde você tem muitos inimigos, ao passo que entre nós só tem amigos.

Acrescenta que Zato e ele olharão por Lali e por Zoraima, que o filho de Zoraima (se for um homem, é claro) terá sempre um lugar de honra na tribo.

– Não gostaria de vê-lo partir. Fique. Se ficar, eu lhe darei aquela índia bonita que conheceu na festa. É minha filha; ela o ama. Você poderá ficar aqui comigo. Terá uma cabana grande e todo o gado que desejar.

Despeço-me desse homem magnífico e volto para a minha aldeia. Durante todo o trajeto da volta, Lali não diz uma única palavra. Ela está montada atrás de mim, no cavalo de pelo ruço. A sela lhe machuca as coxas, porém ela fica o tempo todo em silêncio. Zoraima vem a cavalo com o índio. Zorrillo foi para a casa dele por outro caminho. Durante a noite, faz um pouco de frio. Cubro Lali com uma manta de pele de carneiro que Justo me deu e ela se deixa cobrir calada, sem dizer ou exprimir coisa alguma: aceita a roupa sem um gesto. Por mais que o cavalo trote com maior energia, ela não se agarra a mim em busca de segurança. Chegamos à aldeia: vou cumprimentar Zato, ela se afasta com o cavalo, prende-o à casa e põe diante dele algumas ervas, mas não lhe retira nem a sela nem os arreios. Depois de ter passado cerca de uma hora com Zato, volto.

Quando estão tristes, os índios – sobretudo as índias – mantêm o rosto impassível, não movem nem um músculo da face, ficam com os olhos tristíssimos, mas nunca choram. Podem até gemer, mas não choram. Ao me mexer, durante a noite, bati na barriga de Zoraima e a dor fez com que ela gritasse. Com medo de que isso tornasse a acontecer, levanto-me e vou me deitar em outra rede. É uma rede muito baixa. Quando já estou deitado nela, sinto que alguém a está tocando. Finjo que continuo a dormir. Percebo que Lali está sentada num tronco de árvore, imóvel, me olhando. Logo em seguida, sinto que Zoraima também está próxima: ela costuma se perfumar, passando flores de laranjeira na pele. As flores são compradas de uma índia que de vez em quando aparece na aldeia. Quando acordo, elas permanecem imóveis, no mesmo lugar. O sol já nasceu, são quase 8 horas. Vou com elas à praia e me deito na areia seca. Lali e Zoraima ficam sentadas. Acaricio os seios e o ventre de Zoraima, porém ela permanece insensível como mármore. Puxo Lali, faço-a deitar-se, beijo-a, mas ela fecha firmemente a boca. O pescador veio buscar Lali: bastou-lhe olhar para ela, ver sua expressão, e ele compreendeu tudo. Foi-se embora. Estou realmente deprimido, não sei o que fazer: limito-me a acariciá-las e a beijá-las para demonstrar que as amo. Nenhuma das duas fala coisa alguma. A ideia do que será a vida delas depois da minha partida me faz sofrer a ponto de me perturbar. Lali quer, por força, fazer amor. Com uma espécie de desespero, se entrega a mim. Por quê? Só pode ser por uma razão: ela está querendo engravidar, quer ficar esperando um filho meu.

Pela primeira vez, hoje de manhã, vi um gesto de ciúme dela em relação a Zoraima. Eu estava acariciando o ventre e os seios de Zoraima e ela estava me mordendo o lóbulo das orelhas. Estávamos deitados na areia fina, num canto escondido da praia. Lali chegou, segurou a irmã pelo braço, passou a mão na barriga arredondada dela e depois em seu próprio ventre, liso e chato. Zoraima se levantou e deixou-lhe o lugar a meu lado, como quem dissesse: tens razão.

Todos os dias, as mulheres me dão comida, mas elas próprias não comem. Há três dias que não comem nada. Montei a cavalo e cometi um erro grave, o primeiro em mais de cinco meses: parti para visitar o feiticeiro sem antes ter pedido autorização. No caminho, percebi o que estava fazendo e, em vez de ir diretamente à tenda dele, fiquei dando voltas a cerca de 200 metros dela. Ele me viu e fez sinal para que eu fosse lá vê-lo. Da maneira que me foi possível, consegui fazê-lo entender que Lali e Zoraima não estão se alimentando mais. Ele me dá uma espécie de noz, que devo colocar na água doce da casa. Volto para a cabana e ponho a noz no jarrão. Elas bebem água várias vezes e nem por isso recomeçam a comer. Lali não sai mais para pescar. Depois de quatro dias de absoluto jejum, ela fez hoje uma verdadeira loucura: entrou na água sem barco, nadou uns 200 metros, mergulhou e voltou com trinta ostras para eu comer. O desespero mudo delas me perturba a tal ponto, que também começo a não comer mais. Há seis dias que estamos nisso. Lali está deitada, com febre. Nestes seis dias, ela se limitou a chupar alguns limões, e foi só. Zoraima come uma vez por dia apenas, na hora do almoço. Não sei mais o que fazer. Estou sentado ao lado de Lali. Ela está deitada numa rede que estendi no chão, dobrada, para servir de cama, e olha fixamente para o teto, sem se mexer. Olho para ela, olho para Zoraima, cujo ventre está cada vez mais arredondado, e – sem saber exatamente por quê – começo a chorar. Estarei chorando por mim? Por elas, talvez? Quem sabe. Choro, lágrimas grossas me correm pelo rosto. Zoraima as vê e começa a gemer; então, Lali volta a cabeça e também me vê chorando. Rapidamente ela se levanta, vem sentar-se entre as minhas pernas, gemendo com doçura. Beija-me e me acaricia. Zoraima me abraça e Lali começa a falar, sem parar de gemer, e Zoraima lhe responde. Zoraima parece que censura alguma coisa em Lali. Lali me mostra um pedaço grande de açúcar mascavo, dissolve-o na água e o bebe em dois goles. Depois, ela e Zoraima saem, ouço o barulho delas aparelhando o cavalo e, quando saio, encontro-o já selado e com os arreios. Pego a manta de pele de carneiro para Zoraima e Lali coloca uma rede dobrada sobre a sela. Zoraima monta em primeiro lugar, bem na frente, eu no meio, Lali atrás. Estou tão confuso, que parto sem me despedir dos outros e sem prevenir o chefe.

Pensando que nós íamos à cabana do feiticeiro, voltei o cavalo na direção dela, porém Lali diz que não, puxa as rédeas e diz: "Zorrillo." Vamos ver Zorrillo. No caminho, segurando firme a minha cintura, por diversas vezes Lali me beija o pescoço. Por minha vez seguro as rédeas com a mão esquerda e com a direita acaricio minha Zoraima. Chegamos ao povoado de Zorrillo no momento em que ele próprio estava vindo da Colômbia, com três burros e um cavalo carregado. Entramos em sua casa. Lali é a primeira a falar; depois fala Zoraima.

Zorrillo me explica que, até o momento em que eu começara a chorar, Lali estava pensando que eu fosse um branco que não dava importância nenhuma a ela. Sabia que eu ia partir, mas me achava falso como uma cobra, pois nunca o havia dito ou comunicado a ela. Estava profundamente decepcionada, pois se achava uma índia capaz de fazer a felicidade de um homem, e um homem feliz não vai embora, de modo que ela pensava não haver mais razão para que continuasse a viver depois de tão grave fracasso. Zoraima disse mais ou menos a mesma coisa, acrescentando que tinha medo de que seu filho saísse ao pai e fosse um homem sem palavra, falso, capaz de pedir a suas mulheres coisas difíceis de serem feitas e, embora elas dessem a própria vida por ele, deixá-las sem condições de entendê-lo. Por que eu estava para fugir delas como se elas fossem o cachorro que tinha me mordido no dia da minha chegada? Respondi:

– Se o seu pai estivesse doente, Lali, o que você faria?

– Andaria até sobre espinhos para ir curá-lo.

– Se perseguissem você como se persegue um animal, se tentassem matá-la, se lhe fizessem mal sem dar oportunidade de defesa, o que faria?

– Perseguiria o meu inimigo por toda parte, para enterrá-lo tão fundo que ele não pudesse nem se mexer em sua cova.

– E se, depois de fazer essas coisas, houvesse duas mulheres maravilhosas esperando por você?

– Voltaria, montada num cavalo.

– Pois não tenha dúvida de que é o que eu farei.

– E se, quando você voltar, eu estiver velha e feia?

– Voltarei muito antes de você ficar velha e feia.

– Sim. Você deixou a água correr dos seus olhos, jamais poderia ter feito isso sem sinceridade. Assim, pode partir quando quiser, porém deve partir em pleno dia, diante de todos, e não como um ladrão. Deve partir como veio, na mesma hora, à tarde, inteiramente vestido. Deve dizer quem vai olhar por nós, dia e noite. Zato é o chefe, mas também deve haver outro homem olhando por nós. Deve dizer que a casa é sempre a sua casa e que nenhum homem, à exceção do seu filho (se é homem, a criança que está no ventre de Zoraima), deve entrar nela. Zorrillo precisa vir à nossa aldeia no dia da sua partida, para dizer o que você deve falar.

Dormimos na casa de Zorrillo. Foi uma noite deliciosa de ternura. Os murmúrios e os ruídos da boca dessas duas filhas da natureza tinham sons de amor tão perturbadores que me abalavam profundamente. Voltamos os três a cavalo, devagar, por causa da gravidez de Zoraima. Devo partir oito dias depois da primeira lua, porque Lali desconfia de que ela também está grávida, pois na última lua não viu sangue algum e, se nesta nova lua o sangue não aparecer outra vez, terá certeza de que está esperando um bebê. Zorrillo trará todas as roupas de que eu preciso: devo me vestir na aldeia, depois de ter falado como guajiro, quer dizer, nu. Na véspera, nós três precisamos ir à cabana do feiticeiro e ele nos dirá se devemos deixar a porta da casa aberta ou fechada. Essa volta à aldeia, lenta, não teve nada de triste. Elas preferem saber das coisas a serem abandonadas em uma situação ridícula ante as outras mulheres e os homens do povoado. Quando Zoraima tiver o filho, ela sairá com um pescador para apanhar muitas pérolas, que guardará para mim. Para se manter ocupada, Lali também passará mais tempo pescando diariamente. Lamento não ter aprendido mais do que uma dúzia de palavras em guajiro: gostaria de lhes dizer tantas coisas que não podem ser ditas através de um intérprete! Chegamos. A primeira coisa que devo fazer é ver Zato, para explicar-lhe que me desculpo por ter saído sem falar com ele. Zato é tão nobre como seu pai. Antes de eu falar, ele põe a mão no meu ombro e me diz: "Uilu" (cala-te). A lua nova será dentro de doze dias. Com mais oito que devo esperar depois dela, dentro de vinte dias estarei partindo.

Torno a examinar o mapa, mudando alguns pormenores na passagem pelas cidades. Ao fazê-lo, penso outra vez no que me disse Justo. Onde é que eu seria mais feliz do que aqui, onde todos me querem bem? Decidindo voltar para a civilização, não estou me condenando à infelicidade? O futuro o dirá.

Essas três semanas passam como por encanto. Lali comprovou que está grávida; portanto, serão duas ou três as crianças que me esperarão quando eu voltar. Por que três? Ela me diz que sua mãe teve gêmeos duas vezes. Fomos ao feiticeiro. Não devemos fechar a porta. Devemos somente colocar um galho de árvore atravessado nela. A rede em que dormimos os três deve ficar presa no teto da cabana e elas duas devem sempre dormir juntas, pois são uma pessoa só. Em seguida, ele nos faz sentar perto do fogo, queima folhas verdes e nos rodeia de fumaça durante mais de dez minutos. Voltamos para casa e ficamos à espera de Zorrillo, que chega, de fato, naquela mesma noite. Em torno de uma fogueira, diante da minha cabana, passamos toda a noite a falar. Por intermédio de Zorrillo, eu dizia a cada um dos índios uma palavra gentil e cada índio, por sua vez, me respondia alguma coisa. Quando o sol já começava a nascer, retirei-me com Lali e Zoraima. Passamos o dia inteiro fazendo amor. À tarde, chega o momento da partida. Zorrillo traduz o que eu vou falando:

– Zato, grande chefe desta tribo que me acolheu, que me deu tudo, devo dizer-lhe que é preciso que me autorize a deixar a aldeia por muitas luas.

– Por que quer deixar os seus amigos?

– Porque devo perseguir aqueles que me trataram como um animal. Graças a você, na sua aldeia, estive protegido e pude viver feliz, comer bem, encontrei amigos nobres, mulheres que colocaram o sol dentro do meu peito. Mas isso não pode transformar um homem como eu num animal, capaz de, após encontrar um abrigo quente e bom, permanecer nele a vida toda, por medo do sofrimento que a luta costuma trazer. Vou enfrentar meus inimigos. Parto em busca de meu pai, que precisa de mim. Deixo aqui minha alma, em minhas mulheres, Lali e Zoraima, deixo as crianças que são o fruto dessa união. Minha cabana é delas e das crianças que vão nascer. Se alguém esquecer isso, espero que você, Zato, saiba recordá-lo. Além da sua vigilância pessoal, peço que um homem chamado Usli também proteja dia e noite a minha família. Quero muito bem a todos e sempre hei de querer. Farei o possível para voltar depressa. Se morrer no cumprimento do meu dever, terei morrido pensando em vocês, pensando em Lali, em Zoraima, nos meus filhos e em todos os índios guajiros, que são a minha família.

Torno a entrar na minha cabana, seguido por Lali e Zoraima. Visto a camisa, as calças cáqui, meias e botas.

Durante muito tempo, olho parte por parte esta aldeia idílica onde passei seis meses. Essa tribo guajira, tão temida, que inspira medo tanto às outras tribos como aos brancos, foi para mim um porto onde pude respirar, um refúgio insuperável contra a maldade dos homens. Aqui encontrei amor, paz, tranquilidade e nobreza. Adeus, guajiros, índios selvagens da península colombovenezuelana. Felizmente, a terra de vocês é grande e está livre da ingerência das duas civilizações existentes ao lado dela. A maneira selvagem de viver de vocês, a maneira como vocês se defendem, me ensinou uma coisa muito importante para o futuro: que é melhor ser um índio selvagem do que um literato transformado em juiz.

Adeus, Lali e Zoraima, mulheres incomparáveis, de reações tão próximas da natureza, sem cálculos, espontâneas, mulheres que, no momento da minha partida, com um gesto simples, colocaram num saquinho de pano todas as pérolas existentes na cabana. Voltarei um dia, não há dúvida. Isso é certo. Quando? Como? Não sei. Mas faço a mim mesmo a promessa de voltar.

Lá pelo fim da tarde, Zorrillo monta a cavalo e nós partimos na direção da Colômbia. Vou com um chapéu de palha. Controlo com firmeza as rédeas do cavalo. Todos os índios da tribo, sem exceção, cobrem o rosto com o braço esquerdo e estendem o braço direito na minha direção. Com o gesto, eles querem dizer que não me desejam ver partir, que gostariam de me reter com eles. Lali e Zoraima me acompanham durante uns 100 metros. Penso que elas vão me beijar, mas, de repente, com um grito, elas saem correndo na direção da nossa casa, sem olhar para trás.

5 | VOLTA À CIVILIZAÇÃO

PRISÃO DE SANTA MARTA

Sair do território da Guajira índia não é difícil, e nós atravessamos sem problemas os postos fronteiriços de La Vela. A cavalo, podíamos percorrer em dois dias o que me custou tanto tempo com Antonio. Porém, não só estes postos fronteiriços são extremamente perigosos, como também há uma faixa de 120 quilômetros até Rio Hacha, o povoado de onde fugir.

Com Zorrillo junto, fiz minha primeira experiência de conversação com um civil colombiano, numa espécie de albergue onde vendem bebida e comida. Não me saí mal, e, conforme me diz Zorrillo, gaguejar fortemente ajuda muito a disfarçar o sotaque e a maneira de falar.

Saímos para Santa Marta. Zorrillo deve me deixar na metade do caminho e voltar esta manhã.

Zorrillo me deixou sozinho. Decidimos que ele levaria o cavalo. De fato, possuir um cavalo é ter um domicílio, pertencer a um determinado povoado e, então, correr o risco de ser obrigado a responder a perguntas aborrecidas: "Conhece fulano? Como se chama o prefeito? Que faz a senhora X? Quem é o dono do armazém?"

Não, é melhor que eu continue a pé, que viaje de caminhão ou de ônibus e, depois de Santa Marta, de trem. Devo ser para todo mundo um *forastero* nesta região, que trabalha num lugar qualquer e faz não se sabe o quê.

Zorrillo trocou para mim três moedas de ouro de 100 pesos e me deu 1.000 pesos. Um bom operário ganha de oito a dez pesos por dia; portanto, só com isto, já tenho dinheiro para me sustentar durante bastante tempo. Subi num caminhão que vai para muito perto de Santa Marta, um porto bem importante que fica a 120 quilômetros, mais ou menos, do lugar onde me deixou Zorrillo. O caminhão vai à procura de cabras ou de cabritos, sei lá.

A cada 6 ou 10 quilômetros há sempre um botequim. O chofer desce e me convida. Quem convida é ele, mas eu é que pago. E, cada vez que paramos, ele bebe cinco ou seis copos de uma cachaça que arde como fogo. De minha parte, faço de conta que bebo um copo. Depois de percorridos uns 50 quilômetros, ele está bêbado pra burro. Ficou tão alto que erra a direção e entra num caminho lamacento onde o caminhão se atola e de onde não pode mais sair. O colombiano não se inquieta: deita-se no caminhão, atrás, e me diz para dormir na cabine. Não sei o que fazer. Ainda devem faltar uns 40 quilômetros até Santa Marta. Ficando com ele, evito ser interrogado pelas pessoas que aparecem e, apesar das numerosas paradas, vou mais depressa do que a pé.

Assim, ao amanhecer, resolvo dormir. O dia começou, são quase 7 horas. Chega uma carroça puxada por dois cavalos. O caminhão impede que ela passe. Alguém me acorda, acreditando que o chofer seja eu, uma vez que era eu quem estava na cabine. Gaguejando, finjo estar na situação do cara que, despertado, não sabe bem onde está.

O chofer acorda e discute com o carroceiro. Apesar de várias tentativas, não se consegue tirar o caminhão. Tem lama até os eixos, a coisa não tem jeito. Na carroça estão duas irmãs de caridade vestidas de preto, com suas toucas, e três meninas. Depois de muita discussão, os dois homens concordam em abrir uma clareira no cerrado para que a carroça, com uma roda na estrada e a outra na parte desmatada, atravesse este pedaço ruim de cerca de 20 metros.

Cada um com um machete (um facão para cortar cana-de-açúcar, instrumento que todos trazem quando viajam), os dois cortam tudo o que poderia atrapalhar, enquanto vou arrumando o mato cortado no caminho, para diminuir a altura e também para proteger a carroça, que se arrisca a afundar na lama. Depois de quase duas horas, a passagem foi aberta. Foi então que as irmãs, depois de me agradecerem, me perguntam aonde eu vou. Digo: "Santa Marta."

– Mas o senhor não está no caminho certo, é preciso voltar conosco. Levaremos o senhor para muito perto de Santa Marta, a 8 quilômetros.

Não tenho jeito de recusar, pareceria anormal. Por outro lado, gostaria de dizer que vou ficar com o chofer do caminhão para ajudá-lo, mas, diante da dificuldade de falar tanta coisa, prefiro dizer: "*Gracias, gracias.*"

E aí estou na carroça, com as três meninas. As duas bondosas irmãs estão sentadas no banco com o carroceiro.

A gente começa a andar e, na verdade, viajamos bastante depressa para percorrer os 5 ou 6 quilômetros feitos por engano com o caminhão. Uma vez na estrada certa, vamos a bom passo e, por volta do meio-dia, paramos num albergue para comer. As três meninas e o carroceiro numa mesa e as duas boas irmãs e eu numa mesa vizinha. As freiras são jovens, de 25 a trinta anos. A pele muito branca. Uma é espanhola, a outra irlandesa.

– O senhor não é daqui, não é?

– Sim, sou de Barranquilla.

– Não, o senhor não é colombiano, seus cabelos são muito claros e sua pele está escura porque o senhor está queimado de sol. De onde vem?

– De Rio Hacha.

– Que fazia por lá?

– Eletricista.

– Ah! Tenho um amigo na companhia de eletricidade, chama-se Perez, é espanhol. Conhece?

– Sim.

– Isso me deixa satisfeita.

No fim do almoço, elas se levantam para ir lavar as mãos e a irlandesa fica sozinha. Olha-me e, a seguir, diz em francês:

– Não trairei o senhor, mas minha companheira diz que viu sua fotografia num jornal. O senhor é o francês que fugiu da prisão de Rio Hacha, não é?

Negar seria pior ainda.

– Sim, irmã. Peço-lhe, não me denuncie. Não sou o homem mau que andam dizendo. Amo a Deus e o respeito.

A espanhola chega, a outra diz: "É ele, sim." Ela responde muito depressa uma coisa que não entendo. Ficam com o ar de refletir, levantam-se e vão à privada de novo. Durante os cinco minutos da ausência delas, reajo rapidamente. Devo partir antes que voltem, devo ficar? Dá no mesmo, caso elas estejam pensando em me denunciar, porque, se dou o fora, me acharão muito depressa. Esta região não é uma "selva" muito espessa e os acessos aos caminhos que levam às cidades logo serão certamente vigiados. Vou me entregar ao destino, que até hoje não foi mau comigo.

Elas voltam muito sorridentes e a irlandesa pergunta pelo meu nome.

– Enrique.

– Bem, Enrique, o senhor virá conosco até o convento para onde vamos, que fica a 8 quilômetros de Santa Marta. Conosco na carroça, o senhor nada tem a temer na estrada. Não fale, todo mundo acreditará que o senhor é um trabalhador do convento.

As irmãs pagam o almoço de todos. Compro um pacote de doze maços de cigarros e um isqueiro. Saímos. Durante todo o trajeto, as irmãs não me dirigem mais a palavra e eu lhes fico agradecido. Dessa maneira, o carroceiro não percebe que falo mal a língua do país. Lá pelo fim da tarde, paramos num albergue grande. Vejo um ônibus onde leio: RIO HACHA-SANTA MARTA. Tenho vontade de tomá-lo. Aproximo-me da irmã irlandesa e lhe falo da minha intenção de utilizar este ônibus.

– É muito perigoso – diz ela –, porque, antes de chegar a Santa Marta há, pelo menos, dois postos de polícia, onde exigem dos passageiros sua *cédula* (documento de identidade), o que não acontecerá com a carroça.

Agradeço a ela vivamente e, então, a angústia que passei a sentir depois que me reconheceram desaparece imediatamente. Foi, pelo contrário, uma sorte enorme para mim ter encontrado estas boas irmãs. Efetivamente, ao anoitecer, chegamos a um posto de polícia (em espanhol, *alcabale*). Um ônibus, que vinha de Santa Marta e ia para Rio Hacha, estava sendo inspecionado pela polícia. Estou deitado de costas na carroça, meu chapéu de palha em cima do rosto, fingindo dormir. Uma menina de uns oito anos tem a cabeça apoiada no meu ombro e dorme de verdade. Quando a carroça passa, o carroceiro para seus cavalos justamente entre o ônibus e o posto.

– *Como están todos por aqui?* – diz a irmã espanhola.

– *Muy bien, hermana.*

– *Me alegro, vámonos, muchachos.*

E saímos andando, tranquilamente.

Às 10 horas da noite, um outro posto, muito iluminado. Duas filas de viaturas de todo tipo esperam, paradas. Uma vem pela direita, a nossa pela esquerda. As malas dos carros são abertas e os policiais olham dentro. Vejo uma mulher, obrigada a descer, remexendo na sua bolsa. Ela é levada ao posto de polícia. Não tem, provavelmente, a *cédula*. Neste caso, não há nada a fazer. Os veículos passam, um depois do outro. Como existem duas filas, não se pode cortar. Por falta de espaço, é preciso se resignar a esperar. Sinto-me perdido. À nossa frente, está um micro-ônibus cheio de passageiros. Em cima, sobre o teto, maletas e grandes embrulhos. Atrás, também, uma espécie de rede grossa cheia de embrulhos. Os policiais obrigam os passageiros a descer. Este ônibus não tem mais de uma porta, na frente. Homens e mulheres descem. Mulheres com crianças nos braços. Uma a uma, tornam a subir.

– *Cédula! Cédula!*

E todos saem e mostram um cartão com sua fotografia.

Zorrillo nunca me falou nisso. Se soubesse, teria talvez tentado arranjar uma *cédula* falsa. Fico pensando que, se passar por este posto, pagarei o que for preciso, mas arranjarei uma *cédula* antes de viajar de Santa Marta a Barranquilla, cidade muito importante da costa atlântica: 250.000 habitantes, diz o dicionário.

Deus do céu, como é demorada a inspeção desse ônibus. A irlandesa se volta para mim: "Fique calmo, Enrique." Tomo imediatamente um susto com esta frase imprudente, o condutor certamente ouviu.

Chegando nossa vez, a carroça avança nesta luz brilhante. Resolvo me sentar. Ficando deitado, segundo me parece, posso dar a impressão de que me escondo. Apoiei as costas nas tábuas da carroça e olho para as costas das irmãs. Só posso ser visto de perfil e tenho o chapéu afundado na cabeça, mas sem exagero.

– *Como están todos por aqui?* – repete a boa irmã espanhola.

– *Muy bien, hermanas. Y como viajan tan tarde?* (Muito bem, irmãs. E por que viajam tão tarde?)

– *Por una urgencia, por eso no me detengo. Somos muy apuradas.* (É um caso de urgência, por isso não paro. Estamos muito apressadas.)

– *Vayanse con Dios, hermanas.* (Vão com Deus, irmãs.)

– *Gracias, hijos. Que Dios les protega.* (Obrigado, meus filhos. Que Deus os proteja.)

– *Amén* – dizem os policiais.

E nós passamos tranquilamente, sem que ninguém nos exija coisa alguma. As emoções dos últimos minutos devem ter dado dor de barriga nas boas irmãs, porque, a 100 metros dali, fazem parar a viatura para descer e desaparecer por um instante no mato. Voltamos a andar. Acendo um cigarro. Estou tão emocionado, que, quando a irlandesa sobe, eu lhe digo:

– Obrigado, irmã.

Ela me diz:

– Não há de quê, mas nós sentimos tanto medo que isso nos desarranjou os intestinos.

Por volta da meia-noite, chegamos ao convento. Um grande muro, uma grande porta. O carroceiro saiu para ajeitar os cavalos e a carroça, e as três meninas são conduzidas ao interior do convento. Na escadaria do pátio, uma discussão acalorada se trava entre a irmã porteira e as duas irmãs. A irlandesa me diz que não quer acordar a madre superiora para lhe pedir autorização para que eu durma no convento. Aí, fico indeciso. Deveria aproveitar rapidamente este incidente para ir embora e partir para Santa Marta, uma vez que sabia que só faltavam 8 quilômetros.

Este erro me custou, mais tarde, sete anos de cana.

Por fim, a madre superiora foi acordada, e me dão um quarto no segundo andar. Da janela, vejo as luzes da cidade. Distingo o farol e as luzes fixas. Do porto sai um barco grande.

Adormeço e o sol está alto quando batem à minha porta. Tive um sonho atroz. Lali abria a barriga dela em minha presença e nosso filho saía de sua barriga aos pedaços.

Faço a barba e me lavo muito rapidamente. Desço. Ao pé da escada está a irmã irlandesa, que me recebe com um ligeiro sorriso:

– Bom-dia, Henri. O senhor dormiu bem?

– Sim, irmã.

– Venha, por favor, ao escritório de nossa madre superiora, ela quer ver o senhor.

Entramos. Uma mulher está sentada atrás de uma escrivaninha. Um rosto extremamente severo, de uma pessoa de cinquenta e tantos anos talvez, me encara com olhos negros sem brandura.

– *Señor, sabe usted hablar español?*

– *Muy poco.*

– *Bueno, la hermana va a servir de intérprete.*

– O senhor é francês, foi o que me disseram.

– Sim, madre.

– O senhor fugiu da prisão de Rio Hacha?

– Sim, madre.

– Há quanto tempo?

– Perto de sete meses.

– Que fez durante este tempo?

– Estive com os índios.

– O quê? O senhor, com os guajiros? Isso não se admite. Esses selvagens nunca permitiram ninguém no seu território. Nenhum missionário conseguiu penetrar ali, imagine. Não admito essa resposta. Onde o senhor esteve? Diga a verdade.

– Madre, estava com os índios e tenho prova.

– Qual?

– Pérolas que eles pescaram.

Desprego o saco que está preso com alfinetes no meio das costas do meu paletó e o entrego a ela. Ela abre o saco e dele sai um punhado de pérolas.

– Quantas pérolas há aí?

– Não sei, talvez quinhentas ou seiscentas. Mais ou menos.

– Isso não é uma prova. O senhor pode ter roubado em outro lugar.

– Madre, para que sua consciência fique em paz, se quiser, fico aqui o tempo que for preciso para que possa se informar se houve um roubo de pérolas. Prometo à senhora não me mexer de meu quarto até o dia em que a senhora decidir o contrário.

Ela me olha muito fixamente. Suponho que deve dizer a si mesma: "E se você fugir? Já fugiu da prisão, daqui é mais fácil..."

– Deixarei com a senhora o saco de pérolas, que são toda a minha fortuna. Sei que estou em boas mãos.

– Bem, está combinado. Não, o senhor não precisa ficar fechado no seu quarto. De manhã e à tarde, pode descer ao jardim, quando minhas filhas estão na capela. O senhor comerá na cozinha, junto com os empregados.

Saio desta entrevista um pouco tranquilizado. No momento em que vou subir ao meu quarto, a irmã irlandesa me leva para a cozinha. Uma grande xícara de café com leite, pão preto muito fresco e manteiga. A irmã me vê comer sem dizer uma palavra e sem se sentar, de pé à minha frente. Tem um aspecto preocupado. Digo:

– Obrigado, irmã, por tudo que fez em meu favor.

– Gostaria de fazer mais ainda, mas não posso fazer mais nada, meu amigo Henri – e, com estas palavras, sai da cozinha.

Sentado diante da janela, olho a cidade, o porto, o mar. O campo ao redor está bem-cultivado. Não consigo me desfazer da impressão de que me encontro em perigo. A tal ponto, que decido escapar na noite seguinte. Tanto pior para as pérolas, que fiquem para seu convento ou para ela própria, a madre superiora. Ela não confia em mim e, além do mais, não devo me enganar, porque não é possível que não fale francês, uma catalã, madre superiora de um convento, portanto instruída. Isso é bem esquisito. Conclusão: nesta noite caio fora.

Sim, nesta tarde vou descer ao pátio, para ver o lugar por onde posso saltar o muro. Por volta da 1 hora, batem à minha porta:

– Desça, por favor, para comer, Henri.

– Sim, já vou, obrigado

Sentado à mesa da cozinha, mal começo a me servir da carne com batatas cozidas, quando a porta se abre e aparecem, armados de fuzis, quatro policiais em uniformes brancos, um com galões, de revólver na mão.

– *No te mueve o te mato!* (Não te mexas ou te mato!)

Ele me põe algemas. A irmã irlandesa dá um grande grito e desmaia. Duas irmãs da cozinha a levantam.

– *Vamos* – diz o chefe.

Ele sobe comigo ao meu quarto. Minha trouxa é revolvida e encontram logo as 36 moedas de ouro de 100 pesos que ainda me restam, porém não examinam o estojo com as duas flechas. Sem dúvida, acreditaram que eram lápis. Com uma satisfação não escondida, o chefe bota nos seus bolsos as moedas de ouro. Saímos. No pátio, uma viatura comum.

Os cinco policiais e eu nos amontoamos nesta droga de carro e partimos a toda, conduzidos por um chofer com roupa de policial, negro como carvão. Estou arrasado e não protesto; procuro me manter digno. Não devo pedir compaixão nem perdão. Seja homem e pense que não deve jamais perder a esperança. Tudo isso passa rapidamente pelo meu cérebro. E, quando desço do carro, estou tão decidido a ter o ar de um homem e não de um trapo, e o consigo tão bem que a primeira palavra do oficial que me examina é para dizer: "Este francês é bem calejado, não parece muito emocionado por estar em nossas mãos." Entro no seu escritório. Tiro meu chapéu e, sem que me mandem, me sento, com a trouxa entre meus pés.

– *Tu sabes hablar español?* (Falas espanhol?)

– Não.

– *Llame el zapatero.* (Chame o sapateiro.)

Poucos instantes depois, chega um homenzinho com um avental azul e um martelo de sapateiro na mão.

– Você é o francês que fugiu de Rio Hacha há um ano?

– Não.

– Você está mentindo.

– Não estou mentindo. Não sou o francês que fugiu de Rio Hacha há um ano.

– Tirem-lhe as algemas. Tire o paletó e a camisa.

Ele pega um papel e olha. Todas as tatuagens são anotadas. – Você não tem o polegar da mão esquerda. Sim. Então é você.

– Não, não sou eu, porque eu não fui embora há um ano. Fui embora há sete meses.

– Dá no mesmo.

– Para você, sim, não para mim.

– Já vi tudo: você é o tipo do matador. Seja francês ou colombiano, todos os matadores são os mesmos: indomáveis. Sou somente o subcomandante desta prisão. Não sei o que se vai fazer com você. Por enquanto, vou botar você junto com os seus velhos camaradas.

– Que camaradas?

– Os franceses que você trouxe para a Colômbia.

Sigo os policiais, que me levam para um cárcere cujas grades dão para o pátio. Reencontro meus cinco amigos. A gente se abraça. "Pra nós, você estava salvo para sempre, meu camarada", diz Clousiot. Maturette chora como rapazola que é. Os três outros também estão consternados. O reencontro me dá forças.

– Vá contando – dizem.

– Mais tarde. E vocês?

– Estamos aqui há três meses.

– São bem-tratados?

– Nem bem, nem mal. Aguardamos para ser transferidos a Barranquilla, onde, parece, vão nos entregar às autoridades francesas.

– Aquele bando de miseráveis! E como faremos para fugir?

– Nem bem chegou e já pensa em fugir!

– Não, ora essa! Você pensa que entrego os pontos sem mais nem menos? Vocês são muito vigiados?

– De dia, não muito, mas de noite tem uma guarda especial para nós.

– Quantos?

– Três vigias.

– E sua perna?

– Vai indo, nem estou mancando.

– Vocês estão sempre fechados aqui dentro?

– Não, a gente passeia pelo pátio tomando sol, duas horas de manhã e três horas de tarde.

– Que jeito têm os outros, os prisioneiros colombianos?

– Tem uns caras muito perigosos, tanto os ladrões como os assassinos.

De tarde, estou no pátio, para falar em particular com Clousiot, quando sou chamado. Sigo o policial e entro no mesmo escritório da manhã. Aí encontro o comandante da prisão, acompanhado do que já me interrogou. A cadeira de honra é ocupada por um homem muito escuro, quase preto. Pela cor, puxa mais para o negro do que para o índio. Seus cabelos curtos, encarapinhados, são cabelos de negro. Tem cerca de cinquenta anos, olhos pretos e maus. Um bigode curtíssimo pende sobre um beiço grosso de uma boca raivosa. Tem a camisa meio aberta, sem gravata. À esquerda, a fita verde e branca de uma condecoração qualquer. O sapateiro também está aqui.

– Francês, você foi apanhado depois de sete meses de fuga. Que é que fez durante este tempo?

– Estava com os índios.

– Não brinque comigo ou mando lhe aplicar um corretivo.

– Digo a verdade.

– Ninguém nunca viveu com os índios. Só neste ano, houve mais de 25 guardas de fronteira mortos por eles.

– Não, os guardas de fronteira são mortos por contrabandistas.

– Como é que sabe?

– Vivi sete meses por lá. Os guajiros nunca saem de seu território.

– Bom, talvez seja verdade. Onde roubou as 36 moedas de 100 pesos?

– São minhas. Foi o chefe de uma tribo da montanha, chamado Justo, quem me deu.

– Como é que um índio chegou a ter esta fortuna e depois a deu a você?

– Bem, chefe, será que houve um roubo de moedas de ouro de 100 pesos?

– Não houve, é verdade. Os boletins não falam deste roubo. Isso não impede que a gente se informe.

– Faça isso, será em meu favor.

– Francês, você cometeu uma falta grave ao fugir da prisão de Rio Hacha e uma falta ainda mais grave, ajudando a fuga de um homem como Antonio, que ia ser fuzilado por ter matado vários guardas de fronteira. A gente sabe, agora, que você é procurado pela França, onde deve cumprir uma pena de prisão perpétua. Você é um assassino perigoso. De modo que não vou correr o risco de ver você fugir daqui, deixando-o com os outros franceses. Vai para o calabouço até sua partida de Barranquilla. Receberá as moedas de ouro, se não aparecer notícia de roubo.

Saio e sou arrastado até uma escada, que leva para baixo do solo. Depois de descer mais de 25 degraus, a gente chega a um corredor muito pouco iluminado, onde se acham celas de presos à direita e à esquerda. Abrem um calabouço e sou empurrado para dentro. Quando a porta que dá para o corredor se fecha, um cheiro de podridão sobe de um chão de terra viscosa. Sou chamado por todos os lados. Cada buraco gradeado tem um, dois ou três prisioneiros.

– *Francés, francés! Que has hecho? Por que estás acá?* (Que fez? Por que está aqui?) Você sabe que estes calabouços são os calabouços da morte?

– Calem a boca! Deixem que ele fale! – diz uma voz.

– Sim, sou francês. Estou aqui porque fugi da prisão de Rio Hacha.

Meu espanhol atrapalhado é compreendido por eles.

– Escute, francês: no fundo do seu calabouço tem uma tábua. É para dormir. À direita, você tem uma lata com água. Não desperdice, porque só dão muito pouca de manhã e você não pode pedir mais. À esquerda, tem um balde para fazer as necessidades. Tampe o balde com o paletó. Você aqui não precisa de paletó, faz calor demais, mas tampe o balde para não feder muito. Todos nós cobrimos nossos baldes com nossas roupas.

Eu me aproximo da grade, tentando distinguir os rostos. Só os dois da frente, colados às grades, com as pernas de fora, podem ser distinguidos. Um é uma espécie de índio espanholado, do tipo dos primeiros policiais que me prenderam em Rio Hacha. O outro é um negro claro, rapaz bonito e moço. O negro me avisa que, a cada maré, a água sobe aos calabouços. Não é preciso eu me assustar, porque ela nunca sobe mais alto do que a barriga. Não devo agarrar os ratos que subirem em mim, mas dar neles um golpe. Nunca agarrá-los, se não quiser ser mordido. Eu lhe pergunto:

– Há quanto tempo você está neste calabouço?

– Dois meses.

– E os outros?

– Não mais de três meses. Quem passa três meses e não é tirado é porque deve morrer aqui.

– Quanto tempo tem o mais antigo aqui?

– Oito meses, mas não vai demorar muito. Já faz quase um mês que ele não se levanta mais, fica só de joelhos. Não consegue ficar em pé. Num dia de maré alta, vai morrer afogado.

– Mas este país de vocês é um país de selvagens?

– Nunca lhe disse que nós éramos civilizados. Também o seu país não é mais civilizado que o nosso: você não está condenado à prisão perpétua? Aqui, na Colômbia, o negócio é assim: ou vinte anos ou a morte. Nunca a prisão para toda a vida.

– Ora, vá, é tudo igual.

– Você matou muita gente?

– Não, só um.

– Não é possível. Ninguém é condenado a tanto tempo por causa de um homem só.

– Eu lhe garanto que é verdade.

– Então já se vê que o seu país é tão selvagem quanto o meu.

– Tá, não vamos brigar por causa dos países da gente. Você tem razão. No mundo todo a polícia é uma merda. E você, que andou fazendo?

– Matei um homem, seu filho e sua mulher.

– Por quê?

– Deram meu irmãozinho para ser comido por uma porca.

– Não pode ser. Que horror!

– Meu irmãozinho, de cinco anos, todos os dias jogava pedras no filho deles e o menino foi ferido na cabeça várias vezes.

– Não era razão para isso.

– Foi o que eu disse, quando soube.

– E como soube?

– Meu irmãozinho tinha desaparecido há três dias e, quando procurava o garoto, achei uma sandália dele no estrume. Esse estrume tinha saído do chiqueiro onde estava a porca. Mexendo no estrume, achei uma meia branca cheia de sangue. Compreendi. A mulher confessou antes que eu matasse todos. Deixei que rezassem, antes de fuzilar. Com o primeiro tiro do fuzil, quebrei as pernas do pai.

– Você fez bem matando essa gente. O que é que os juízes vão lhe arranjar?

– Vinte anos, no máximo.

– Por que está no calabouço?

– Meti o braço num policial que era da família deles. Estava aqui, na prisão. Já foi tirado. Ele não está mais e eu fico sossegado.

A porta do corredor é aberta. Entra um guarda com dois prisioneiros que carregam um barril de madeira dependurado em duas barras de madeira.

Atrás deles, no fundo, percebemos dois outros guardas de fuzil na mão. Calabouço por calabouço, tiram os baldes que servem de latrina e os esvaziam no barril. Um fedor de mijo e de merda envenena o ar e nos deixa sufocados. Quando chegam junto de mim, o cara que pega o meu balde deixa cair um pacotinho no chão. Sem perda de tempo, chuto o pacotinho para mais longe, no escuro. Quando vão embora, apanho no embrulho dois maços de cigarro, um isqueiro e um papel escrito em francês. Em primeiro lugar, acendo dois cigarros e os jogo aos dois caras que estão à minha frente. Depois chamo meu vizinho, que, estendendo o braço, apanha os cigarros para fazê-los passar aos outros prisioneiros. Após a distribuição, acendo o meu cigarro e procuro ler à luz do corredor. Mas não consigo. Então, com o papel que envolvia o embrulho, faço um rolo afinado e, depois de muito esforço, meu isqueiro consegue botar fogo no papel. Leio depressa: “Papillon, coragem, conte com a gente. Preste atenção. Amanhã, vamos lhe mandar papel e lápis para que você nos escreva. Estamos com você até a morte.”

Isto me aquece o coração. Estas palavrinhas são para mim tão reconfortantes! Não estou mais sozinho e posso contar com meus amigos.

Ninguém fala. Todo mundo fuma. A distribuição dos cigarros me mostra que somos dezenove nas celas da morte. Estou, então, de novo no caminho da podridão, desta vez enterrado até o pescoço! Estas freirinhas do bom Deus eram irmãs do diabo. No entanto, não pode ter sido a irlandesa quem me denunciou, nem a espanhola. Ah, que besteira a minha de acreditar naquelas freirinhas! Não, não foram elas. Talvez o carroceiro? Duas ou três vezes, fomos imprudentes, falando em francês. Será que ele ouviu? Você se danou desta vez, e de verdade. Irmãs, carroceiro, madre superiora, o resultado é o mesmo.

Estou estrepado, neste calabouço nojento que, parece, é inundado duas vezes por dia. O calor é tão abafado, que tiro primeiro a camisa, depois as calças. Tiro os sapatos e dependuro tudo nas grades.

Dizer que andei 2.500 quilômetros para chegar a isto! Na verdade, que magnífico resultado! Meu Deus! Será que você vai me abandonar depois de ter sido tão generoso comigo? É possível que você, meu Deus, esteja aborrecido, porque, afinal, me deu a liberdade, a mais segura, a mais bonita. Me deu uma comunidade que me adotou inteiramente. Me deu não uma, mas até duas mulheres fabulosas. E o sol e o mar. E uma palhoça onde eu era o chefe incontestado. Esta vida na natureza, esta existência primitiva, como era doce e tranquila! Este presente único que você me deu, de ser livre, sem polícia, sem juiz, sem invejosos nem malvados em torno de mim! E eu não soube dar o valor justo a este presente. Este mar tão azul, ora verde e quase negro, estas alvoradas e crepúsculos que banhavam de paz tão serenamente suave, este modo de viver sem dinheiro, onde não me faltava nada de essencial à vida de um homem, tudo isso eu calquei com os pés, tudo isso desprezei. Para ir aonde? Para sociedades que não querem me aceitar. Para seres que não se dão sequer ao trabalho de saber o que existe em mim de recuperável. Para um mundo que me repele, que me joga longe de toda esperança. Para coletividades que não pensam senão numa coisa: me aniquilar de qualquer maneira.

Quando receberem a notícia de minha captura, bem que vão alegrar os doze patetas do júri, o podre do Polein, os tiras e o procurador. Porque certamente vai haver um jornalista para mandar a notícia à França.

E o meu pessoal? Eles que, quando tiveram de receber a visita dos guardas lhes anunciando minha fuga, devem ter ficado tão felizes com o fato de que seu filho ou seu irmão tenha escapado dos carrascos! Agora, ao saberem que fui recapturado, vão sofrer outra vez.

Fiz mal em renegar minha tribo. Sim, posso dizer "minha tribo", porque todos eles me adotaram. Fiz mal e mereço o que me acontece. E no entanto... Não fugi da cadeia para aumentar a população de índios da América do Sul. Bom Deus, compreenda que devo viver outra vez numa sociedade normalmente civilizada e demonstrar que posso fazer parte dela sem ser um perigo para ela. É o meu verdadeiro destino, com você ou sem a sua ajuda.

Preciso chegar a provar que posso ser, que sou – e que serei – um ser normal, ou até melhor, do que os outros indivíduos de qualquer coletividade de qualquer país.

Estou fumando. A água começa a subir. Já chega aos tornozelos. Chamo:

– Negro, quanto tempo a água fica na cela?

– Isso depende da força da maré. Uma hora, no máximo duas.

Ouço vários prisioneiros gritarem: "*Está llegando!*" (Está chegando!)

Devagar, bem devagar, a água sobe. Os mestiços e o preto estão empoleirados na grade. As pernas deles pendem para o corredor e seus braços se agarram a duas barras. Ouço ruído na água: é um rato de esgoto, grande como um gato, que vem nadando. Ele procura subir pela grade. Apanho um dos meus sapatos e, quando vem para o meu lado, lhe dou um golpe violento na cabeça. O rato sai guinchando pelo corredor. O negro me diz:

– Francês, você esta dando murro à toa. Não vai acabar, se quiser matar todos. Suba na grade, agarre-se nas barras e fique sossegado.

Sigo o seu conselho, mas as barras me cortam as coxas, não consigo resistir por muito tempo nesta posição. Destampo meu balde-latrina, tirando meu paletó, e o amarro nas barras, escorregando, depois, por cima dele. Tenho, assim, uma espécie de cadeira, que me permite suportar melhor a posição, porque agora estou quase sentado.

Esta invasão da água, de ratos, de centopeias, de caranguejos minúsculos, trazidos pela água, é a coisa mais repugnante, mais deprimente que um ser humano possa ser obrigado a suportar. Quando a água se retira, uma hora depois, fica uma lama viscosa de mais de 1 centímetro de espessura. Calço os sapatos para não chafurdar neste lodo. O negro me joga um pedaço de tábua de 10 centímetros de comprimento e me diz para empurrar a lama para o corredor, começando pela tábua, onde devo dormir, e, depois, pegando do fundo de minha cela em direção à entrada. Esta ocupação me toma uma boa meia hora e me obriga a pensar somente nela. Já é alguma coisa. Antes da maré seguinte, não terei água, isto é, durante onze horas exatamente, uma vez que a última hora é a da inundação. Para ter água de novo, é preciso contar as seis horas em que o mar baixa e as cinco horas em que sobe. Faço esta reflexão um pouco ridícula: "Papillon, você está destinado a viver em função das marés. A lua, quer você queira ou não, tem para você muita importância, para você e para a sua vida. Foi graças às marés, enchentes e vazantes que você pôde sair facilmente do Maroni, quando fugiu da prisão de forçados. Foi calculando a hora da maré que saiu de Trinidad e de Curaçau. Se parou em Rio Hacha, foi porque a maré não estava bastante forte para que você se afastasse mais depressa e, agora, aí está você na dependência permanente desta maré."

Entre os que lerão estas páginas, se um dia forem publicadas, alguns talvez sintam diante da narrativa do que tive de suportar nos calabouços colombianos um pouco de piedade de mim. Serão os bons. Os outros, os primos-irmãos dos doze imbecis que me condenaram, ou os irmãos do procurador, dirão: "Foi bem feito para ele; se ficasse na prisão, isso não lhe acontecia." Mas, vá lá, querem que lhes diga uma coisa, tanto a vocês, os bons, quanto a vocês, os idiotas? Não estou desesperado, de maneira nenhuma, e lhes direi ainda mais: prefiro estar nestes calabouços da velha fortaleza colombiana, construída pela Inquisição espanhola, do que nas Ilhas da Salvação, onde devia estar agora. Aqui, ainda me resta muita coisa para tentar a fuga; e, neste buraco fedorento, apesar de tudo, estou a 2.500 quilômetros da prisão de forçados. Vai ser preciso tomarem realmente muitas precauções para me obrigarem a fazer o caminho de volta. Só sinto falta de uma coisa: minha tribo guajira, Lali e Zoraima, aquela liberdade na natureza, sem o conforto de um civilizado, mas também sem polícia, sem prisão, sem calabouços. Penso que nunca passaria pela cabeça dos meus selvagens a ideia de aplicar suplício semelhante a um inimigo e, menos ainda, a um homem como eu, que não cometeu nenhum delito contra os colombianos.

Deito-me sobre a tábua e fumo dois ou três cigarros, no fundo de minha cela, para que os outros não me vejam fumar. Ao entregar a tabuazinha ao negro, joguei-lhe um cigarro aceso e ele, por pudor diante dos demais, fez como eu. Esses detalhes, que parecem um nada, têm, na minha opinião, muito valor. Isso prova que nós, os párias da sociedade, temos, pelo menos, um resto de *savoir-vivre* e um delicado respeito humano.

Aqui não estou como na Conciergerie. Posso sonhar e vagabundear pelo espaço, sem ter de botar um lenço para proteger meus olhos de uma luz muito forte.

Quem pode ter avisado a polícia de que eu estava no convento? Ah, se eu souber um dia, a pessoa me pagará! E então digo para mim mesmo: "Deixe de bobagem, Papillon! Com o que você tem a fazer na França para se vingar, esqueça o resto; você não veio a este país perdido para fazer mal! Esta pessoa será certamente punida pela própria vida e, se você tiver de voltar um dia, não será para se vingar, mas para dar felicidade a Lali e Zoraima e, talvez, aos filhos que elas tiverem de você. Se voltar a este buraco, voltará para elas e para todos os guajiros, que lhes deram a honra de acolhê-lo como se você fosse um deles. Estou ainda no caminho da podridão, mas, embora num calabouço submarino, estou, queiram ou não, em plena fuga e no caminho da liberdade. Isso é que é impossível negar."

Recebi papel, um lápis, dois maços de cigarros. Já lá vão três dias que estou aqui. Deveria dizer três noites, porque aqui é sempre noite. Enquanto acendo um cigarro Piel Roja, não posso deixar de admirar a dedicação mútua dos prisioneiros. O colombiano que me passa o pacote corre um grande risco. Se for surpreendido, terá de passar, sem dúvida, uma temporada nestes mesmos calabouços. Ele sabe disso e, quando topa me ajudar no meu calvário, mostra-se não só corajoso, mas de uma nobreza pouco comum. Sempre pelo mesmo sistema do papel em chamas, leio: "Papillon, a gente sabe que você está aguentando bem. Viva! Mande notícias. De nossa parte, estamos sempre na mesma. Uma boa irmã, que fala francês, veio ver você, não deixaram que falasse conosco, mas um colombiano nos disse que teve tempo de lhe dizer que o francês está nos calabouços da morte. Ela disse: voltarei. É tudo. Os amigos o abraçam."

Não foi fácil responder, mas eu consegui, ainda assim, escrever: "Obrigado por tudo. A coisa vai, eu aguento. Escrevam ao cônsul francês, a gente nunca sabe. Mandem as coisas sempre pelo mesmo cara, para que, em caso de acidente, só um seja punido. Não toquem nas pontas das flechas. Viva a fuga!"

FUGA DE SANTA MARTA

Somente 28 dias depois, com a intervenção do cônsul belga (um homem chamado Klausen), foi que saí deste antro imundo. O negro, que se chamava Palacios e tinha saído três semanas após minha chegada, teve a ideia de dizer à sua mãe, por ocasião de uma visita, para avisar ao cônsul belga que havia um cidadão belga naqueles calabouços. Esta ideia lhe veio quando viu, num domingo, um prisioneiro belga recebendo a visita do cônsul.

Um dia, portanto, me levaram ao escritório do comandante, que me disse:

– O senhor é francês, por que faz reclamações ao cônsul belga?

No escritório, um senhor vestido de branco, de uns cinquenta anos, os cabelos louros quase brancos por cima de uma cara redonda, fresca e rosada, estava sentado numa poltrona, com uma pasta de couro sobre os joelhos. Imediatamente compreendi a situação:

– É o senhor quem diz que sou francês. Reconheço que fugi da justiça francesa, mas sou belga.

– Ah! O senhor está vendo? – diz o homenzinho com cara de padre.

– Por que o senhor não me disse?

– Pensei que isto não tinha importância alguma para o senhor, porque realmente não cometi nenhum delito sério na sua terra, a não ser o de fugir da prisão, o que é normal para todo prisioneiro.

– *Bueno*, vou botar o senhor com os seus camaradas. Mas, senhor cônsul, eu lhe aviso que, na primeira tentativa de fuga, o remeterei para o lugar de onde veio. Levem-no ao barbeiro, depois ponham-no com os seus cúmplices.

– Obrigado, senhor cônsul – digo em francês –, muito obrigado por se ter incomodado por minha causa.

– Deus do céu! Como o senhor deve ter sofrido nestes horríveis calabouços! Depressa, vá embora. É preciso que ele não mude de opinião, este animal. Voltarei para ver o senhor. Até logo.

O barbeiro não estava e me botaram com meus amigos. Eu devia estar com uma cara dos diabos, porque eles não paravam de falar:

– Mas não é você! Não pode ser! Que é que esses canalhas lhe fizeram para deixar você deste jeito? Fale para a gente, diga alguma coisa. Será que você está cego? Que tem nos olhos? Por que fecha e abre os olhos sem parar?

– É que não consigo me acostumar com esta luz. Ela é luminosa demais para mim, fere meus olhos habituados à escuridão.

Sento-me, olhando o interior da cela.

– Por aqui, a coisa é melhor.

– Você cheira a podre, é incrível! Mesmo seu corpo cheira a podre!

Fiquei nu e eles colocaram meus troços perto da porta. Meus braços, minhas costas, minhas coxas, minhas pernas estavam cheios de picadas vermelhas, como a dos percevejos na França, e de mordidas de caranguejos minúsculos, que flutuavam com a maré. Eu estava horroroso, não precisava de um espelho para saber disso. Os cinco forçados, que tanta coisa já tinham visto, pararam de falar, comovidos por me verem nesse estado. Clousiot chama um policial e lhe diz que, se não tem barbeiro, tem água no pátio. O outro lhe responde para esperar a hora de ir ao pátio.

Saio nu. Clousiot leva as roupas limpas que vou vestir. Ajudado por Maturette, eu me lavo e torno a me lavar com o sabão preto do país. Quanto mais me lavo, mais imundície sai. Por fim, depois de me ensaboar e enxaguar muitas vezes, sinto que estou limpo. Enxugo-me em cinco minutos ao sol e visto minha roupa. Chega o barbeiro. Ele quer pelar minha cabeça, mas eu lhe digo:

– Não. Corte meus cabelos do jeito normal e faça minha barba. Eu lhe pagarei.

– Quanto?

– Um peso.

– Faça bem o serviço – diz Clousiot – e eu lhe dou 2 pesos.

Banhado, barbeado, os cabelos bem-cortados, roupa limpa, sinto que volto a viver. Meus amigos não param de me interrogar:

– E a água, subia a que altura? E os ratos? E as centopeias? E a lama? E os caranguejos? E a merda dos barris? E os mortos que saem? Eram de morte natural ou suicidas enforcados? Ou tinham sido "suicidados" pelos policiais?

As perguntas não paravam e, de tanto falar, acabei com sede. No pátio havia um vendedor de café. Durante as três horas que a gente passou no pátio, bebi, no mínimo, uns dez cafés, adoçados com *papelón* (açúcar mascavo). Este café me parecia a melhor bebida do mundo. O negro do calabouço da frente veio me dar bom-dia. Ele me explica, falando baixinho, a história do cônsul belga com sua mãe. Eu lhe aperto a mão. Ele está muito orgulhoso de ter sido a origem de minha saída. Sai um bocado feliz, dizendo para mim: "A gente se fala amanhã. Por hoje, foi o bastante."

Tenho a impressão de que a cela de meus amigos é um palácio. Clousiot tem uma rede, que lhe pertence, que comprou com dinheiro seu. Ele me obriga a dormir nela. Eu me estico, atravessado. Ele se espanta e eu lhe explico que se deita no sentido do comprimento quem não sabe se servir de uma rede.

Comer, beber, dormir, jogar damas ou baralho, com cartas espanholas, falar espanhol uns com os outros ou com os policiais e prisioneiros colombianos, para aprender bem a língua do país, todas essas atividades enchiam nosso dia e mesmo uma parte da noite. É duro ficar deitado nove horas por noite. Recordo, então, com muita intensidade, os detalhes da fuga do hospital de Saint-Laurent para Santa Marta; eles chegam, desfilam diante de mim e reclamam uma continuação. O filme não pode parar aí, é preciso que continue, e ele continuará, meu caro. Deixe que eu recupere as forças e virão novos episódios, tenha confiança em mim! Achei minhas flechinhas e duas folhas de coca, uma completamente seca, a outra ainda um pouco verde. Fico mascando a folha verde. Todos me olham assombrados. Explico aos meus amigos que são as folhas com as quais se fabrica a cocaína.

– Não brinca!

– Experimente.

– Sim, é verdade, o negócio insensibiliza a língua e os lábios.

– Vendem isto por aqui?

– Não sei. Clousiot, como é que você se arruma para fazer aparecer a gaita de tempos em tempos?

– Troquei em Rio Hacha e, desde então, todos sabem que tenho dinheiro.

– Tenho 36 moedas de ouro de 100 pesos com o comandante. Cada moeda vale 300 pesos. Um dia desses, vou levantar o problema.

– Este pessoal é fominha, é melhor oferecer a eles um negócio qualquer.

– Boa ideia.

Domingo, falei com o cônsul belga e o prisioneiro belga. Este prisioneiro cometeu um abuso de confiança com relação a uma companhia bananeira americana. O cônsul se pôs à minha disposição para nos proteger. Preencho uma ficha, onde declaro que sou filho de pais belgas, nascido em Bruxelas. Eu lhe falei das irmãs e das pérolas. Mas ele é protestante e não conhece nem as irmãs nem os padres. Conhece um pouquinho o bispo. Quanto às moedas, seu conselho é não reclamar. Muito arriscado. Ele deverá ser avisado, com 24 horas de antecedência, a respeito de nossa partida para Barranquilla.

– E o senhor – diz o cônsul – poderá reclamar as moedas em minha presença, uma vez que, se bem compreendi, existem testemunhas.

– Existem, sim.

– Mas, por enquanto, não reclame nada, ele seria capaz de colocar o senhor de novo naqueles horríveis calabouços e talvez mesmo de mandar matá-lo. Essas moedas de 100 pesos são uma verdadeira fortuna. Elas não valem 300 pesos, como o senhor pensa, mas 500 cada uma. É um dinheirão. É bom não cutucar o diabo com vara curta. Quanto às pérolas, é outra coisa. O senhor me dê tempo para refletir.

Pergunto ao negro se não gostaria de fugir comigo e como, em sua opinião, a gente deve agir. Sua pele de tom claro ficou cinza quando ele ouviu falar de fuga.

– Pelo amor de Deus, homem. Nem pense nisso. Se fracassar, vai ter a morte lenta mais horrorosa. Você já teve um gostinho. Espere para chegar a outro lugar, a Barranquilla. Aqui seria um suicídio. Quer mesmo morrer? Então fique sossegado. Em toda a Colômbia, não tem um calabouço como este em que esteve. Então, por que nos arriscarmos aqui?

– Sim, mas aqui o muro não é alto demais, isso deve ser relativamente fácil.

– Homem, fácil ou não, não conte comigo. Nem para cair fora, nem para ajudá-lo. Nem mesmo para falar nesta coisa.

E, ao me deixar, apavorado, ainda me diz:

– Francês, você não é um homem normal, está louco pensando uma coisa dessas aqui, em Santa Marta.

Todas as manhãs e todas as tardes, fico olhando os prisioneiros colombianos que estão aqui por causa de complicações sérias. Todos têm cara de assassino, mas a gente sente que estão dominados. O terror de ser enviado aos calabouços os paralisa completamente. Há uns quatro ou cinco dias, vimos sair do calabouço um diabo grandalhão, uma cabeça mais alto do que eu, chamado "El Caimán". Goza da reputação de ser um homem extremamente perigoso. Falo com ele e, depois de três ou quatro passeios, lhe digo:

– *Caimán, quieres fugarte conmigo?*

Ele me olha como se eu fosse o demônio e me diz:

– Para voltar ao mesmo lugar, se a gente fracassar? Não, obrigado. Prefiro matar minha mãe do que voltar para lá.

Esta foi minha última tentativa. Nunca mais falarei de fuga com alguém.

De tarde, vejo passar o comandante da prisão. Ele para, me olha, depois me diz:

– Como vai tudo?

– Vai andando, mas iria melhor se eu tivesse minhas moedas de ouro.

– Por quê?

– Porque poderia pagar um advogado para mim.

– Venha comigo.

Ele me leva ao seu escritório. Estamos sozinhos. Ele me estende um charuto – nada mal – e o acende – cada vez melhor.

– Você sabe falar espanhol o bastante para compreender e responder, falando devagar?

– Sim.

– Bem. Você me diz que gostaria de vender as suas 26 moedas.

– Não, minhas 36 moedas.

– Ah! Sim, sim! E com este dinheiro pagar um advogado? Mas só nós dois sabemos que você tem estas moedas.

– Não, há o sargento e os cinco homens, que me prenderam, e o subcomandante, que recebeu as moedas antes de entregá-las ao senhor. E ainda há o meu cônsul.

– Ah! Ah! *Bueno.* É até melhor que muita gente saiba, porque assim agimos às claras. Você sabe, eu lhe prestei um grande serviço. Fiquei na moita, não passei boletim de pedido de informações às diversas polícias por onde você passou, para saber se tinham conhecimento de um roubo de moedas.

– Mas o senhor devia ter feito isso.

– Não, para o seu bem, era melhor não fazer.

– Eu lhe agradeço, comandante.

– Quer que venda as moedas para você?

– A quanto?

– Bem, ao preço que me disse que três lhe pagaram: 300 pesos. Você me dará 100 pesos por moeda como recompensa pelo serviço. Que é que acha?

– Não. Você me dá as moedas, de dez em dez, e eu lhe darei não 100, mas 200 pesos por moeda. Isso vale o que fez por mim.

– Francês, você é malandro demais. Sou um pobre oficial colombiano muito confiante e um pouco besta, mas você é inteligente e, já lhe disse, malandro demais.

– Bem, então, faça uma proposta razoável.

– Amanhã, mando chamar o comprador aqui, no meu escritório. Ele vê as moedas, faz uma oferta, e nós rachamos meio a meio. Isto ou nada. Mando você para Barranquilla com as moedas ou guardo comigo as moedas para o inquérito.

– Não, aí vai minha última proposta: o homem vem aqui, vê as moedas e tudo que for acima de 350 pesos por moeda é seu.

– Está bem, você tem minha palavra. Mas onde vai botar tanto dinheiro?

– No momento de receber o dinheiro, você manda chamar o cônsul belga. Darei a ele o dinheiro para pagar meu advogado.

– Não, não quero testemunha.

– Você não arrisca nada, eu assinarei um papel dizendo que você me devolveu minhas 36 moedas. Aceite e, se você se comportar direito comigo, eu lhe proponho um outro negócio.

– Qual?

– Tenha confiança em mim. É um negócio tão bom como o outro e, neste segundo, a gente faz a 50 por cento.

– Qual é? Me diga.

– Arranje-se depressa amanhã, e de tarde, às 5 horas, quando meu dinheiro estiver seguro com meu cônsul, eu lhe falo do outro negócio.

A entrevista foi comprida. Quando voltava muito contente ao pátio, meus amigos já tinham entrado na cela.

– Então, que é que há?

Contei-lhes toda a nossa conversa. Apesar de nossa situação, morremos de rir.

– Que raposa, este cara! Mas você passou a perna nele. Acha que ele caiu nessa?

– Aposto 100 pesos contra 200 que ele está no papo. Alguém aposta?

– Não, eu também acho que ele caiu no laço.

Durante a noite inteira, fico pensando. Quanto ao primeiro negócio, está claro. O segundo – ele vai ficar um bocado contente de recuperar as pérolas – também está claro. Resta o terceiro. O terceiro... seria eu lhe oferecer tudo que me tocou para que me deixe roubar um barco no porto. Vamos ver se ele resiste à tentação. Que é que arrisco? Depois dos dois primeiros negócios, ele não pode mesmo me punir. Veremos. Não venda a pele do urso que ainda nem foi caçado. Você poderia aguardar Barranquilla. Mas por quê? Cidade mais importante, prisão mais importante, portanto mais vigiada e com muros mais altos. Precisava voltar a viver com Lali e Zoraima: fujo a toda pressa, espero por lá alguns anos, vou para a montanha com a tribo, que tem os bois, e, então, entro em contato com os venezuelanos. De qualquer jeito, preciso ser bem-sucedido nesta fuga. A noite toda, calculo o que deveria fazer para me sair bem com o terceiro negócio.

Na manhã seguinte, a coisa anda. Às 9 horas vêm me procurar para ver um senhor, que me aguarda no escritório do comandante.

Quando chego, o policial sai e eu me vejo diante de uma pessoa de uns sessenta anos, vestida de cinza-claro, gravata cinza. Sobre a mesa, um chapelão de feltro, do tipo *cowboy*. Uma grande pérola cinzenta e azul-prateada se exibe, como num estojo, pregada na gravata. Este homem magro e seco não deixa de apresentar certa elegância.

– Bom-dia, senhor.

– Fala francês?

– Sim, senhor, sou de origem libanesa. Vejo que o senhor tem moedas de ouro de 100 pesos, estou interessado. Quer 500 por cada uma?

– Não, 650.

– O senhor está mal-informado! O preço máximo por moeda é 550.

– Escute, como o senhor vai comprar todas, vendo a seiscentos.

– Não, 550.

Pouco depois, concordamos com 580. Negócio fechado.

– *Qué han dicho?* (Que disseram?)

– O negócio está fechado, comandante, a 580. A venda será feita de tarde.

Ele se retira. O comandante se levanta e me diz:

– Muito bem. E, então, quanto para mim?

– Duzentos e cinquenta por moeda. O senhor vê, eu lhe dou duas vezes e meia o que queria ganhar, 100 pesos por moeda.

Ele sorri e diz:

– E o outro negócio?

– Antes de mais nada, que o cônsul esteja aqui, à tarde, para receber o dinheiro. Quando ele tiver ido embora, falo no segundo negócio.

– É certo então que tem outro negócio?

– Você tem minha palavra.

– *Bien, ojalá!* (Tomara!)

Às 2 horas vieram o cônsul e o libanês. Este último me dá 20.880 pesos. Entrego 12.600 ao cônsul e 8.280 ao comandante. Assino um recibo para o comandante, como se ele me tivesse entregue minhas 36 moedas de ouro. Ficamos a sós, o comandante e eu. Eu lhe conto sobre o encontro com a madre superiora.

– Quantas pérolas?

– Quinhentas a seiscentas.

– Uma ladra, esta madre superiora. Devia ter devolvido logo as pérolas a você ou mandado entregá-las aqui ou, então, ter entregue à polícia. Vou denunciá-la.

– Nada disso, você vai ver a superiora e lhe entregar uma carta de minha parte, em francês. Antes de falar da carta, pedirá para conversar com a freira irlandesa.

– Entendo: é a irlandesa que deve ler a carta escrita em francês e traduzir para ela. Muito bem. Vou.

– Espera a carta.

– Ah! É verdade! José, prepare a viatura com dois policiais! – grita o comandante pela porta entreaberta.

Eu me instalo na escrivaninha do comandante e, no papel com o carimbo da prisão, escrevo a seguinte carta:

“Senhora Superiora do convento.

“Aos bons ofícios da boa e caridosa irmã irlandesa.

“Quando Deus me conduziu ao seu convento, onde acreditava receber a ajuda à qual tem direito todo perseguido segundo a lei cristã, confiei-lhe um saco de pérolas de minha propriedade a fim de lhe passar a confiança de que não partiria clandestinamente de sua residência, que é uma casa de Deus. Um ser vil acreditou ser de seu dever me denunciar à polícia, que rapidamente me prendeu em seu convento. Espero que a alma abjeta que cometeu este ato não pertença a uma das filhas de Deus desta casa. Não posso dizer que perdoo esta alma apodrecida, isto seria mentir. Ao contrário, pedirei com fervor que Deus ou um dos seus santos castigue sem misericórdia a culpada ou o culpado de um pecado tão monstruoso. Eu lhe peço, senhora Madre Superiora, para entregar ao Comandante Cesario o saco de pérolas que lhe confiei. Ele me entregará as pérolas, estou certo. Esta carta servirá de recibo para a senhora.

"Queira etc."

Estando o convento a 8 quilômetros de Santa Marta, a viatura voltou uma hora e meia depois. O comandante manda me procurar.

– Aqui está. Conte para ver se falta alguma.

Eu conto as pérolas. Não para saber se falta alguma, porque não sei quantas são, mas para saber quantas pérolas existem agora nas mãos deste rufião: 572.

– Está certo?

– Sim.

– Não falta?

– Não. Agora, diga como foi.

– Quando cheguei ao convento, a superiora estava no pátio. Os dois policiais me enquadraram e eu lhe disse: "Senhora, devido a uma coisa muito grave, de que deve ter ideia, é necessário que eu fale com a irmã irlandesa em sua presença."

– E então?

– Foi tremendo que esta irmã leu a carta à superiora. Esta não disse nada. Baixou a cabeça, abriu a gaveta da sua escrivaninha e me disse: "Eis a bolsa, intacta, com suas pérolas. Que Deus perdoe a culpada do crime praticado contra este homem. Diga-lhe que nós rezamos por ele." E aí está, *hombre*! – conclui o comandante.

– Quando a gente vende estas pérolas?

– *Mañana.* Não lhe pergunto de onde elas vêm, sei agora que você é um matador perigoso, mas sei também que é um homem de palavra, um homem honesto. Tome, leve este presunto, esta garrafa de vinho e este pão francês para festejar com seus amigos este dia memorável.

– Boa-noite.

E eu chego com uma garrafa de 2 litros de *chianti*, um presunto defumado de 3 quilos e quatro bengalas de pão francês. E uma comilança festiva. O presunto, o pão e o vinho diminuem rapidamente. Todo mundo come e bebe com bom apetite.

– Acredita que um advogado vai poder fazer alguma coisa por nós?

Estouro de rir. Coitadinhos, até eles caíram no golpe do advogado!

– Não sei. É preciso estudar e consultar antes de pagar.

– O melhor – diz Clousiot – seria pagar somente em caso de sucesso.

– É isso, preciso encontrar um advogado que aceite essa minha proposta.

E não falo mais no assunto. Tenho um pouco de vergonha.

No dia seguinte, o libanês volta: "É muito complicado", diz.

"É preciso classificar as pérolas por medidas, depois pela cor, pela dureza e segundo a forma: ver se são bem redondas ou barrocas." Em suma, não é só complicado, mais, ainda por cima, o libanês diz que deve trazer um outro possível comprador, mais competente do que ele. Em quatro dias, o negócio está feito. Ele paga 30.000 pesos. Na última hora, retirei uma pérola rosa e duas pérolas negras para dar de presente à mulher do cônsul belga. Como bons comerciantes, eles se aproveitam disso para dizer que essas três pérolas valem, elas somente, 5.000 pesos. Assim mesmo, fico com as pérolas.

O cônsul belga não quer, absolutamente, aceitar as pérolas. Ele guardará para mim os 15.000 pesos. Logo, estou na posse de 27.000 pesos. Trata-se de levar a bom termo o terceiro negócio.

Como, de que maneira vou me arranjar? Um bom operário ganha na Colômbia de 8 a 10 pesos por dia. Portanto, os 27.000 pesos são um dinheirão. Vou malhar o ferro enquanto está quente. O comandante recebeu 23.000 pesos. Com os 27.000 a mais, terá 50.000.

– Comandante, quanto vale uma loja que daria para viver melhor do que o senhor?

– Uma boa loja vale, em dinheiro, de 45 a 60.000 pesos.

– E quanto rende? Três vezes o que o senhor ganha? Quatro vezes?

– Mais. Rende cinco ou seis vezes o que eu ganho.

– E por que o senhor não vira comerciante?

– Precisaria ter duas vezes o que tenho.

– Escute, comandante, tenho um terceiro negócio a lhe propor.

– Não brinque comigo.

– Não, eu lhe garanto. Quer os 27.000 pesos que eu tenho? São seus, quando quiser.

– Como?

– Deixe-me ir embora.

– Escute, francês, sei que não tem confiança em mim. Antes, talvez tivesse razão. Mas agora que, graças a você, saí da miséria ou coisa parecida e que posso comprar uma casa e mandar meus filhos para a escola particular, saiba que sou seu amigo. Não quero lhe roubar, nem que seja morto. Aqui, não posso fazer nada por você, mesmo por uma fortuna. Não posso facilitar sua fuga com chances de êxito.

– E se eu lhe provar o contrário?

– Então, a gente vê, mas pense bem antes.

– Comandante, tem um amigo pescador?

– Sim.

– Será que ele é capaz de me levar para o mar e de me vender sua canoa?

– Não sei.

– Quanto, mais ou menos, vale seu barco?

– Dois mil pesos.

– Se lhe der 7.000 e 20.000 ao senhor, serve?

– Francês, 10.000 bastam para mim, guarda alguma coisa para você.

– Arrume as coisas.

– Irá sozinho?

– Não.

– Quantos?

– Três ao todo.

– Deixe eu falar com meu amigo pescador.

Estou assombrado com a mudança deste sujeito em relação a mim. Com a sua cara de assassino, tem no fundo do seu coração belas coisas escondidas.

No pátio, falo com Clousiot e Maturette. Eles me dizem que eu faça como achar melhor, que estão prontos para me seguir. Este abandono da vida deles em minhas mãos me dá uma satisfação bem grande. Não abusarei disso, serei prudente ao extremo, porque assumi uma grande responsabilidade. Mas devo avisar aos nossos outros companheiros. Acabamos de encerrar um torneio de dominó. São quase 9 horas da noite. É o último momento que temos para tomar café. Grito: "*Cafetero!*" E a gente se serve de seis cafés bem quentinhos.

– Preciso lhes falar. Aí está. Creio que vou conseguir fugir outra vez. Infelizmente, só três podem partir. É normal que vá com Clousiot e Maturette, que são homens com os quais já fugi do degredo. Se algum de vocês tem alguma coisa a criticar, que fale com franqueza, eu escutarei.

– Não – diz o bretão –, este é justamente o ponto de vista de todos. Antes de tudo, porque vocês saíram juntos do degredo. Além disso, se vocês estão nesta situação, a culpa é nossa, fomos nós que quisemos desembarcar na Colômbia. Papillon, obrigado, de qualquer maneira, por ter pedido nossa opinião. Que Deus ajude para que dê certo, porque, se vocês forem capturados, é morte certa e em condições horrorosas.

– Nós sabemos disso – dizem juntos Clousiot e Maturette. O comandante conversou comigo à tarde. Seu amigo está de acordo. Pergunta o que queremos levar na canoa.

– Um barril de 50 litros de água potável, 25 quilos de farinha de milho e 6 litros de azeite. É tudo.

– *Carajo!* – exclama o comandante. Você vai se meter no mar com tão pouca coisa?

– *Sí.*

– Você é valente, francês.

Feito. Fica resolvido, vamos fazer o terceiro negócio. Ele acrescenta friamente:

– Faço isto, creia ou não, por meus filhos e, em seguida, por você, que merece pela sua coragem.

Sei que é verdade e agradeço.

– Como fará para não deixar que percebam que estou de combinação com você?

– Sua responsabilidade não será comprometida. Partirei de noite, quando o subcomandante estiver de guarda.

– Qual é o seu plano?

– Comece amanhã a tirar um policial da guarda da noite. Dentro de três dias, tire outro. Quando houver apenas um, mande instalar uma guarita na frente da porta da nossa cela. Na primeira noite de chuva, a sentinela vai se abrigar na guarita e eu saltarei pela janela de trás. Quanto à luz em torno do muro, é preciso que você encontre, pessoalmente, o meio de provocar um curto-circuito. É tudo o que lhe peço. Pode provocar o curto-circuito jogando, você mesmo, um fio de cobre de 1 metro, com duas pedras amarradas, sobre os dois fios que vão até o poste da fileira das lâmpadas que iluminam a parte de cima do muro. Quanto ao pescador, a canoa deve estar amarrada por uma corrente, cujo cadeado ele mesmo deverá abrir, de maneira que eu não perca tempo, as velas devem estar prontas para serem içadas e deve haver três remos grandes para pegar o vento.

– Mas tem um motorzinho – diz o comandante.

– Ah! Nesse caso, melhor ainda: que ele coloque o motor no ponto morto, como se estivesse esquentando, e que vá ao primeiro café beber pinga. Quando vir a gente chegar, deve se colocar junto do barco num encerado preto.

– O dinheiro?

– Vou cortar em dois os 20.000 pesos que vou dar a você, cada nota será cortada na metade. Ao pescador, pago os 7.000 pesos adiantados. A você, dou adiantadamente a metade das notas e a outra metade lhe será entregue por um francês que vai ficar, lhe direi qual.

– Então, não acredita em mim? Estamos mal.

– Não, o caso não é este, mas você pode cometer um erro no curto-circuito e, então, não pago, porque sem curto-circuito não posso cair fora.

– Está bem.

Tudo pronto. Por intermédio do comandante, dei os 7.000 pesos ao pescador. Já faz cinco dias que só há uma sentinela. A guarita está instalada e aguardamos a chuva que não chega. A grade foi serrada com serras arranjadas pelo comandante, o entalhe bem tapado e, ainda por cima, disfarçado por uma gaiola com um papagaio, que já começa a dizer "merda" em francês. Pisamos sobre carvão em brasa. O comandante está com a metade das notas. Todas as noites, ficamos à espera. Não chove. O comandante deve, uma hora depois do começo da chuva, provocar o curto-circuito sob o muro, do lado de fora. Nada, nada, nenhuma chuva nesta estação, é incrível. A menor nuvem, em boa hora percebida através de nossas grades, nos enche de esperança, mas depois não vem nenhuma chuva. Está ficando um brinquedo besta. Já faz dezesseis dias que tudo está pronto, dezesseis noites de vigília, o coração em sobressalto. Um domingo, pela manhã, o próprio comandante me procura no pátio e me leva ao seu escritório. Ele me passa as metades das notas e 3.000 pesos em notas inteiras.

– Que é que há?

– Francês, meu amigo, você só tem esta noite. Amanhã, às 6, vocês vão para Barranquilla. Eu lhe entrego apenas 3.000 pesos do pescador, porque o resto ele gastou. Se Deus quiser que chova esta noite, o pescador espera você e, ao pegar o barco, dê a ele o dinheiro. Tenho confiança em você, sei que não tenho nada a temer.

Não choveu.

FUGA EM BARRANQUILLA

Às 6 da manhã, oito soldados e dois cabos, acompanhados de um tenente, nos botam as algemas e lá vamos para Barranquilla, num caminhão militar. Fazemos os 180 quilômetros em três horas e meia. Às 10 da manhã, estamos na prisão que se chama a "80", Rua Medellín, em Barranquilla. Tanto esforço para não ir a Barranquilla e aí estamos, apesar de tudo! É uma cidade importante. O primeiro porto colombiano no Atlântico, mas situado no interior do estuário de um rio, o Magdalena. Quanto à sua prisão, é importante: quatrocentos prisioneiros e cerca de cem guardas. Está organizada como qualquer prisão da Europa. Dois muros de ronda com mais de 8 metros de altura.

Somos recebidos pelo estado-maior da prisão, tendo à frente Don Gregorio, o diretor. A prisão se compõe de quatro pátios. Dois de um lado, dois de outro. São separados por uma capela comprida, onde se vai à missa e que serve de parlatório. Na revista encontraram os 23.000 pesos e as flechinhas. Creio ser meu dever avisar ao diretor que elas estão envenenadas, o que não é absolutamente coisa que me faça passar por bom moço.

– Estes franceses têm até flechas envenenadas!

Esta prisão de Barranquilla é para nós o momento mais perigoso da nossa aventura. É aqui, de fato, que seremos entregues às autoridades francesas. Sim, Barranquilla, que para nós se reduz à sua enorme prisão, representa o ponto crucial. É preciso a gente fugir, seja qual for o sacrifício. É preciso arriscar: tudo ou nada.

Nossa cela se acha no meio do pátio. Aliás, não é uma cela, é uma jaula: um teto de cimento repousando em grossas barras de ferro, tendo, nos ângulos, as privadas e os lavatórios. Os outros presos, uns cem, estão distribuídos em celas encravadas nos quatro muros deste pátio de 20 metros por 40, uma grade dando para o pátio. Cada grade é encimada por uma espécie de toldo de folha de zinco, para impedir que a chuva entre na cela. Somente nós, os seis franceses, estamos nesta jaula central, expostos, dia e noite, aos olhos dos presos, mas principalmente dos guardas. O dia é passado no pátio, das 6 da manhã às 6 da tarde. A gente entra ou sai da cela à vontade. Podemos conversar, passear, até comer no pátio.

Dois dias depois de nossa chegada, somos reunidos, os seis, na capela, na presença do diretor, de alguns policiais e de sete ou oito jornalistas e fotógrafos.

– Vocês fugiram da prisão francesa da Guiana?

– Nunca negamos isso.

– Quais os crimes pelos quais cada um de vocês foi condenado com tanto rigor?

– Isso não tem nenhuma importância. O importante é que não cometemos delito algum na terra colombiana e que a nação dos senhores não só nos recusa o direito de reconstruirmos a nossa vida, mas ainda se presta ao papel de caçadora de homens, de polícia do governo francês.

– A Colômbia acha que não deve aceitá-los no seu território.

– Mas eu, pessoalmente, e dois outros camaradas estávamos e continuamos bem decididos a não viver neste país. Fomos presos, os três, em alto-mar e não estávamos pensando em desembarcar nesta terra. Pelo contrário, fazíamos todos os esforços possíveis para nos afastarmos dela.

– Os franceses – diz um jornalista de um jornal católico – são quase todos católicos, como nós, os colombianos.

– É possível que os senhores se batizem no catolicismo, mas o seu modo de agir é muito pouco cristão.

– E de que nos censuram?

– De serem os colaboradores dos guardas forçados, que nos perseguem. Pior ainda, de fazer o trabalho deles. De terem tomado nosso barco, com tudo que nos pertencia e que era só nosso, doação dos católicos da ilha de Curaçau, representados com tanta nobreza pelo Bispo Irénée de Bruyne. Não podemos achar admissível que os senhores não queiram correr o risco de nossa problemática regeneração e que, para cúmulo de tudo, nos impeçam de ir mais longe, pelos nossos próprios meios, até um país que, talvez, aceite correr esse risco. Isso é inaceitável.

– Então, nos querem mal, a nós, colombianos?

– Não aos colombianos, mas ao seu sistema policial e judiciário.

– Que querem dizer com isso?

– Que todo erro pode ser corrigido, quando se tem boa vontade. Deixem-nos partir por mar para outro país.

– Tentaremos obter isso para os senhores.

Uma vez de volta ao pátio, Maturette me diz:

– E então? Já manjou? Desta vez, nada de ilusão, meu caro! Estamos fritos e para saltar da frigideira não vai ser fácil!

– Caros amigos, não sei se, unidos, seríamos mais fortes, mas vou lhes dizer que cada um pode fazer o que bem entender. Quanto a mim, tenho de fugir desta famosa 80.

Quinta-feira, sou chamado ao parlatório e vejo um homem bem-vestido de cerca de 45 anos. Eu o olho. Parece estranhamente com Louis Dega.

– Você é o Papillon?

– Sim.

– Sou Joseph, o irmão de Louis Dega. Li os jornais e vim ver você.

– Obrigado.

– Viu por lá meu irmão? Você o conhece?

Conto-lhe exatamente a odisseia de Dega até o dia em que a gente se separou no hospital. Ele me informa que seu irmão está nas Ilhas da Salvação, notícia que lhe chegou de Marselha. As visitas têm lugar na capela, às quintas e aos domingos. Ele me diz que, em Barranquilla, vive uma dúzia de franceses, que vieram fazer fortuna com suas mulheres. São todos cafetões. Num bairro especial da cidade, uma dúzia e meia de prostitutas mantém a alta tradição francesa da prostituição requintada e hábil. Sempre os mesmos tipos de homem, os mesmos tipos de mulher, que, do Cairo ao Líbano, da Inglaterra à Austrália, de Buenos Aires a Caracas, de Saigon a Brazzaville, vão levando pela terra sua especialidade, velha como o mundo, a prostituição e a maneira de bem vivê-la.

Joseph Dega me conta uma muito boa: os cafetões franceses de Barranquilla estão inquietos. Têm medo que nossa vinda à prisão desta cidade perturbe a tranquilidade deles e traga prejuízo ao seu florescente comércio. Com efeito, se um ou vários de nós fugirmos, a polícia irá nos procurar nas *casetas* das francesas, mesmo se o foragido nunca tiver aparecido por lá para pedir ajuda. Donde, indiretamente, o risco de a polícia descobrir muita coisa: documentos falsos, autorizações de permanência que já expiraram ou foram adulteradas. A perseguição a nós provocaria verificações de identidade e de permanência. E há mulheres e mesmo homens que, descobertos, poderiam ter grandes aborrecimentos.

Estou, dessa maneira, bem-informado. Ele acrescenta que fica à minha disposição para o que der e vier e que virá me ver nas quintas e domingos. Agradeço a este ótimo rapaz, que me demonstrou, mais tarde, que suas promessas eram sinceras. Ele me informa, igualmente, que, segundo os jornais, nossa extradição foi concedida à França.

– Muito bem, meus senhores! Tenho várias coisas a lhes dizer.

– O quê!? – exclamam todos a uma só voz.

– Em primeiro lugar, que não há por que alimentar ilusões. A extradição já foi acertada. Um barco especial da Guiana Francesa virá nos buscar aqui, para nos levar ao lugar de onde viemos. Em seguida, nossa presença preocupa os nossos conterrâneos cafetões, bem-instalados nesta cidade. Não falo do cara que fez a visita. Ele não liga para as consequências, mas os seus colegas de corporação temem que, se um de nós fugir, isto lhes dê aborrecimentos.

Todo mundo ri às gargalhadas. Pensam que estou fazendo gozação. Clousiot diz:

– Senhor cafifa fulano, será que posso fugir? O senhor me dá licença?

– Muito engraçado. Se ele vem nos ver da parte das putas, é bom dizer para não vir mais. Entendido?

– Entendido.

No nosso pátio se encontram, como já disse, uns cem presos colombianos. Estão bem longe de ser imbecis. Há, na verdade, bons ladrões, falsários refinados, escroques de espírito engenhoso, traficantes de entorpecentes e alguns assassinos especialmente preparados para esta profissão tão banal na América do Sul. Nesta parte do mundo, os ricos, os políticos e os aventureiros de boa situação alugam os serviços desses assassinos, que agem por eles.

As peles são de cores variadas. Vão do preto africano dos senegaleses ao bronzeado de nossos crioulos da Martinica; da cor de tijolo índio-mongólica, com os cabelos lisos preto-violeta, ao branco puro. Faço contatos, tento me informar sobre a capacidade e a vontade de fugir de alguns indivíduos escolhidos. A maioria deles é como eu: como temem receber ou já receberam uma pena grande para cumprir, vivem em permanente alerta, prontos para fugir.

Em cima dos quatro muros deste pátio retangular há um caminho de ronda muito iluminado à noite, tendo, a cada ângulo do muro, uma torrezinha onde se abriga uma sentinela. Assim, dia e noite, quatro sentinelas estão de serviço, mais uma no pátio, à porta da capela. Esta última, desarmada. A alimentação é suficiente e vários prisioneiros vendem comida e café ou sucos de frutas do país: laranjas, abacaxi, mamão etc., que vêm de fora. De tempos em tempos, esses pequenos comerciantes são vítimas de um ataque à mão armada, executado com surpreendente rapidez. Sem tempo de ver quem se aproxima, têm a cara coberta por um guardanapo grande, que os impede de gritar, e uma faca encostada nos rins ou no pescoço, pronta a entrar profundamente ao menor movimento. A vítima é despojada da receita antes de poder dar um ai. Um murro na nuca acompanha a retirada do guardanapo. Nunca, aconteça o que acontecer, alguém fala. Às vezes, o comerciante arruma seus pertences – maneira de fechar sua loja – e procura quem podia ter lhe dado o golpe. Se o descobre, há briga, sempre de faca.

Dois ladrões colombianos vêm me fazer uma proposta. Eu os escuto muito atentamente. Existem na cidade, ao que parece, policiais ladrões. Quando estão de serviço num setor, avisam aos cúmplices para que possam ir lá roubar.

Meus dois visitantes conhecem todos eles e me explicam que seria um azar se, durante a semana, não houvesse um desses policiais montando guarda na porta da capela. Seria preciso que eu mandasse vir um revólver para mim na visita. O policial ladrão aceitaria, sem esforço, fingir que foi obrigado a bater na porta de saída da capela, que dá para um pequeno posto de guarda, que tem, no máximo, seis homens. Surpreendidos por nós, de revólver na mão, eles não poderiam nos barrar o caminho da rua. E não restaria mais do que desaparecer no tráfego da rua, que aí é muito movimentado.

O plano não me agrada muito. Para poder entrar disfarçado, o revólver tem de ser uma arma muito pequena, no máximo um 6,35. Com uma coisa assim, a gente corre o risco de não intimidar suficientemente os guardas. Um deles pode reagir e seremos obrigados a matá-los. Digo não.

O desejo de ação não atormenta só a mim, mas também os meus amigos. Com a diferença de que, em certos dias de desalento, chegam a admitir que o barco que virá nos buscar nos encontre ainda na prisão. Daí a se verem derrotados não vai muito. Discutem mesmo sobre quais poderão ser nossas punições por lá e quais os tratamentos que nos aguardam.

– Não posso mesmo escutar vocês, seus calhordas! Quando quiserem falar desse futuro, discutam na minha ausência, vão para um canto onde eu não esteja. A fatalidade de que falam só é aceitável quando a gente está impotente. Vocês estão impotentes? Tem alguém entre nós a quem cortaram os colhões? Se isso aconteceu, me avisem. Porque, seus merdas, vou lhes dizer: quando penso na fuga penso nela para todos. Quando meu cérebro estoura à força de calcular como fazer para a gente fugir, estou pensando na fuga de todos. E não é fácil pensar numa fuga para seis homens. Porque eu, vou lhes dizer, se vejo o dia chegar sem ter feito nada, é fácil: mato um policial colombiano para ganhar tempo. E, então, terei tempo pela frente. E, como estarei sozinho para fugir, será mais fácil.

Os colombianos preparam outro plano, que não é malpensado. No dia da missa, domingo de manhã, a capela está sempre cheia de visitantes e de prisioneiros. No começo ouve-se a missa, todo mundo junto, e depois, terminando o ofício religioso, ficam na capela os presos que têm visita. Os colombianos me pedem para ir domingo à missa, a fim de verificar bem como a coisa se passa e poder coordenar a ação para o domingo seguinte. Eles me propõem ser o chefe da revolta. Mas eu recuso esta honra: não conheço bastante os homens que vão agir.

Respondo por quatro franceses. O bretão e o homem do ferro de engomar não querem participar da coisa. Não há problema, basta não irem à capela. Domingo, nós, os quatro que estamos no golpe, assistimos à missa. Esta capela é retangular. No fundo, o coro, no meio, de cada lado, duas portas que dão para os pátios. A porta principal dá para um posto de guarda. Ela é guarnecida com uma grade, atrás da qual se acham os guardas, uns vinte. Enfim, atrás deles, a porta para a rua. Como a capela está cheia de arrebentar, os guardas deixam a grade aberta e, durante o ofício, ficam de pé em fileira cerrada. Entre os visitantes, devem vir dois homens e armas. Estas serão trazidas por mulheres, entre suas coxas. Elas passarão as armas assim que todo mundo tenha entrado. Serão dois revólveres grandes de calibre 38 ou 45. O chefe do golpe receberá um revólver de grande calibre de uma mulher, que imediatamente se retirará. A gente deve atacar de uma só vez, ao sinal do segundo toque de sineta do menino do coro. Quanto a mim, devo meter uma faca enorme debaixo da garganta do diretor, Don Gregorio, dizendo: *"Hay que dar la orden de nos dejar pasar, si no, te mato."* (Dê ordem para nos deixarem passar, senão vou matá-lo.)

Um outro deve fazer o mesmo com o padre. Os três outros, de três ângulos diferentes, apontarão suas armas para os policiais em pé, junto à grade da entrada principal da capela. Comunicarão a ordem de abater o primeiro que não deixar cair sua arma. Os que não estiverem armados devem ser os primeiros a sair. O padre e o diretor servirão de escudos na retaguarda. Se tudo se passar normalmente, os policiais colocarão seus fuzis no chão. Os homens com os revólveres devem fazer com que eles entrem na capela. Sairemos, fechando primeiro a grade e a seguir a porta de madeira. O posto de guarda estará vazio, uma vez que todos os policiais assistem à missa obrigatoriamente em pé. Fora, a 50 metros, estará um caminhão com uma pequena escada suspensa atrás, para podermos subir mais depressa. O caminhão arrancará somente depois que o chefe da revolta tiver subido. Deve ser o último a subir. Depois de ter assistido ao desenvolvimento da missa, concordo. Tudo acontece como Fernando me descreveu.

Joseph Dega não virá à visita domingo. Ele sabe por quê. Vai preparar um táxi falso para que não precisemos ir no caminhão, e nos levará a um esconderijo, que também vai preparar. Fico muito excitado durante toda a semana e aguardo a ação com impaciência. Fernando pôde arranjar um revólver por um outro meio. É um 45 da Guarda Civil colombiana, uma arma verdadeiramente temível. Quinta-feira, uma das mulheres de Joseph veio me ver. É muito gentil e me diz que o táxi será de cor amarela, a gente não pode se enganar.

– O.K. Obrigado.

– Boa sorte.

Ela me beija amavelmente nas faces e me parece um pouco comovida.

– Entre, entre. Que esta capela se encha para escutar a voz de Deus – diz o padre.

Clousiot está completamente preparado. Maturette tem os olhos brilhantes e o outro não se afasta de mim um passo. Muito calmo, ocupo meu lugar. Don Gregorio, o diretor, se encontra presente, sentado numa cadeira ao lado de uma mulher grandalhona. Estou em pé, encostado na parede. À minha direita, Clousiot, à minha esquerda, os outros dois, vestidos convenientemente para que não sejamos notados em público se chegarmos à rua. Tenho a faca toda aberta contra meu antebraço direito. Ela está segura por um elástico grosso e coberta pela manga de minha camisa cáqui, bem abotoada no punho. É no momento da elevação, quando todo mundo baixa a cabeça, como se procurasse alguma coisa, que o menino do coro, depois de ter tilintado muito depressa sua sineta, deve fazer ouvir três toques distintos. O segundo é o nosso sinal. Cada qual sabe, então, o que deve fazer.

Primeiro toque, segundo... Eu me jogo em cima de Don Gregorio, a faca sobre seu grosso pescoço encarquilhado. O padre grita: "*Misericordia, no me maten.*" E, sem os ver, ouço os três outros ordenarem aos guardas para jogar os fuzis no chão. Tudo corre bem. Pego Don Gregorio pela gola de seu bonito terno e lhe digo:

– *Sigue y no tengas miedo, no te haré dano.* (Siga-me e não tenha medo, não lhe farei mal.)

O padre está seguro, com uma navalha no pescoço, perto de meu grupo. Fernando diz:

– *Vamos, francés, vamos a la salida.* (Vamos, francês, vamos sair.)

Com a alegria do triunfo, do êxito, empurro todo o meu pessoal para a porta que dá para a rua, quando estouram dois tiros de fuzil ao mesmo tempo. Fernando cai e também um dos que estão armados. Avanço, assim mesmo, 1 metro, mas os guardas se reergueram e nos barram a passagem com seus fuzis. Por sorte, entre eles e nós estão mulheres. Elas os impedem de atirar. Dois outros tiros de fuzil, seguidos por um tiro de revólver. Nosso terceiro companheiro armado acaba de ser abatido, depois de ter tempo de dar um tiro, um pouco a esmo, pois feriu uma moça. Pálido como a morte, Don Gregorio me diz:

– Me dê a faca.

Eu lhe entrego a arma. Já não adiantava continuar a luta. Em menos de trinta segundos, a situação tinha virado.

Mais de uma semana depois, soube que a revolta havia fracassado por causa de um preso de outro pátio, que assistia à missa como curioso, de fora da capela. Desde os primeiros segundos da ação, ele advertiu as sentinelas do muro de ronda. Elas saltaram desse muro de mais de 6 metros para dentro do pátio, uma de um lado da capela, a outra do outro, e, através das barras das portas laterais, atiraram primeiro em cima dos dois que, em pé, sobre um banco, ameaçavam com suas armas os policiais. O terceiro foi abatido alguns segundos depois, ao passar pelo campo de mira deles. A consequência foi uma bela corrida. Quanto a mim, fiquei ao lado do diretor, que gritava ordens. Dezesseis de nós, incluindo os quatro franceses, nos reencontramos com as barras da justiça num calabouço, postos a pão e água.

Don Gregorio recebeu a visita de Joseph. Ele me manda chamar e me explica que, para agradar a Joseph, vai me recolocar no pátio com meus camaradas. Graças a Joseph, dez dias depois da revolta estávamos de novo no pátio, inclusive os colombianos, e na mesma cela. Aí chegando, peço que concedamos a Fernando e aos seus dois amigos mortos na ação alguns minutos de lembrança. Por ocasião de uma visita, Joseph me explicou que havia feito uma subscrição e que, entre todos os caftens, juntou 5.000 pesos, com os quais pôde convencer Don Gregorio. Esse gesto elevou os caftens em nosso conceito.

Que fazer agora? O que inventar? Seja como for, não vou me dar por vencido e esperar, sem qualquer iniciativa, a chegada do barco!

Deitado no banheiro comum, ao abrigo de um sol de chumbo, posso examinar, sem despertar atenção, o movimento das sentinelas sobre o muro de ronda. De noite, a cada dez minutos, elas gritam, cada qual por sua vez: “Sentinelas, posição de sentido!”

Dessa maneira, o chefe do posto é capaz de verificar se alguma das quatro não está dormindo. Se uma não responde, a outra torna a gritar sua ordem, até obter resposta.

Acredito ter encontrado uma falha. Com efeito, de cada abrigo, nos quatro cantos do caminho de ronda, pende uma caixa amarrada a uma corda. Quando a sentinela quer café, chama o *cafetero*, que lhe manda um ou dois cafés pela caixa. O soldado não precisa mais do que puxar a corda. Ora, o abrigo da extrema direita tem uma espécie de torrezinha que avança um pouco por cima do pátio. E eu penso que, se fabricasse um gancho grande, amarrado na ponta de uma corda trançada, ele se engancharia com facilidade. Em poucos segundos, devo ser capaz de atravessar o muro, que dá para a rua. Único problema: neutralizar a sentinela. Como?

Eu a vejo se erguer e dar alguns passos sobre o muro de ronda. O soldado me dá a impressão de estar incomodado pelo calor e de lutar para não cair no sono. O negócio é este, pelo amor de Deus! É preciso que durma. Vou primeiro confeccionar a corda e, se encontrar um gancho seguro, tentar a sorte. Em dois dias, está trançada uma corda de cerca de 7 metros, com todas as camisas de tecido forte que foi possível encontrar, sobretudo as camisas cáqui. O gancho foi relativamente fácil de encontrar. É o suporte de um dos toldos fixados nas portas das celas, para protegê-las da chuva. Joseph Dega me trouxe uma garrafa com um sonífero muito forte. Segundo as indicações, deve ser tomado em doses de dez gotas apenas. A garrafa contém aproximadamente seis colherzonas de sopa. Vou acostumando a sentinela a que aceite que eu lhe ofereça o café. O soldado manda a caixa e eu lhe envio, de cada vez, três cafés. Como todos os colombianos gostam da cachaça e como o sonífero tem um pouco o gosto do anis, mando que me tragam de fora uma garrafa de anis. Digo à sentinela:

– Você quer um café à francesa?

– Como é isso?

– Misturado com anis.

– Vá lá, quero primeiro provar.

Vários soldados experimentaram meu café com anis e, agora, quando ofereço café, me dizem: "À francesa!"

– Como queira.

E zás! Boto o anis no café.

Chegou a hora H. Meio-dia, é um sábado. Faz um calor de rachar. Meus amigos acham que é impossível haver tempo para dois passarem, mas um colombiano de nome árabe, Ali, me diz que subirá atrás de mim. Aceito. Isso evita que um francês faça papel de cúmplice e seja punido mais tarde. Por outro lado, não posso ter a corda e o gancho comigo, porque a sentinela terá todo o tempo para me observar, enquanto lhe dou o café. Em nossa opinião, em cinco minutos ele deverá estar dormindo.

Está na hora. Chamo a sentinela.

– Tudo bem?

– Tudo.

– Quer tomar um café?

– Sim, à francesa, é melhor.

– Espere, vou trazer.

Vou ao cafeteiro: "Dois cafés." Já coloquei na minha garrafa o frasco de sonífero. Se com isso ele não cair duro... Chego debaixo dele e ele me vê derramar o anis bem ostensivamente.

– Você quer forte?

– Sim.

Boto um pouco mais, deposito tudo na caixa e ele puxa a corda depressa.

Cinco minutos, dez, quinze, vinte minutos se passam! O soldado não dorme. Pior ainda, em vez de ficar sentado, dá alguns passos com o fuzil na mão, indo e vindo. No entanto, bebeu tudo. E a mudança da guarda é à 1 hora.

Como quem pisa sobre brasas, observo seus movimentos. Nada indica que esteja drogado. Ah! Cambaleou. Sentou diante da guarita, o fuzil entre as pernas. A cabeça dele se inclina por cima do ombro. Meus amigos e dois ou três colombianos, por dentro desta história, acompanham suas reações tão apaixonadamente quanto eu.

– Depressa – digo ao colombiano –, a corda!

Ele se prepara para lançá-la, quando o guarda se levanta, deixa cair o fuzil no chão, se espicha e começa a movimentar suas pernas como se marcasse passo no mesmo lugar. De repente, o colombiano para. Restam dezoito minutos antes da substituição. É então que começo, mentalmente, a invocar o socorro de Deus: "Eu lhe peço, ajude-me uma vez mais! Eu lhe suplico, não me abandone!" Mas é inútil que invoque este Deus dos cristãos, às vezes tão pouco compreensivo, sobretudo com relação a mim, um ateu.

– E esta agora! – exclama Clousiot, aproximando-se de mim. – É extraordinário que este cretino não adormeça!

A sentinela torna a agarrar seu fuzil e, no momento em que se abaixa para levantá-lo, cai estatelada no caminho de ronda, como que fulminada. O colombiano joga o gancho, mas este não se prende e torna a cair. Jogo uma segunda vez. Agora prendeu. Ele puxa um pouco para ver se ficou bem firme. Eu examino e, no momento em que boto o pé no muro para fazer a primeira tração e começar a subir, ouço Clousiot:

– Cuidado! Aí vem a troca.

Só tenho o tempo justo para me retirar antes de ser percebido. Inspirados por esse instinto de defesa e de camaradagem de prisioneiros, dez colombianos me cercam rapidamente e me misturam no grupo deles. Andamos ao longo do muro, deixando atrás de nós a corda suspensa. Um guarda da turma de troca nota, de um só golpe de vista, o gancho e a sentinela arriada com seu fuzil. O soldado corre 2 ou 3 metros e aperta o botão de alarme, certo de que houve uma fuga.

Chegam para levar o soldado ferrado no sono em uma padiola. Há mais de vinte policiais sobre o caminho de ronda. Don Gregorio está com eles e manda puxar a corda. Segura o gancho nas mãos. Alguns instantes depois, com os fuzis em riste, os policiais investem pelo pátio. É feita a chamada. A cada nome, o interpelado deve voltar à sua cela. Surpresa! Não está faltando ninguém. Todo mundo é fechado à chave, cada um em sua cela.

Segunda chamada e controle, cela por cela. Não, ninguém desapareceu. Lá pelas 3 horas, deixam que a gente saia de novo ao pátio. Ficamos sabendo que a sentinela ronca de punhos fechados e que todos os recursos empregados não conseguiram despertá-la. Meu cúmplice colombiano se acha tão arrasado quanto eu. Ele estava tão convencido de que ia dar certo! Xinga os produtos americanos, porque o sonífero era americano.

– Que fazer?

– *Hombre*, recomeçar!

É tudo o que encontro para lhe dizer. Ele crê que eu quero dizer recomeçar para fazer dormir uma sentinela, ao passo que eu estava pensando em achar outra coisa. Ele me diz:

– Pensa que estes guardas são bastante idiotas para que um deles ainda queira beber um café à francesa?

Apesar do trágico deste instante, não posso deixar de rir.

– Sem dúvida, meu chapa!

O policial dormiu três dias e três noites. Quando, finalmente, acordou, compreendeu muito bem que tinha sido eu, certamente, quem o fez dormir com o café à francesa. Don Gregorio me manda chamar e me põe frente a ele. O chefe do corpo da guarda vem me bater com seu sabre. Salto para um canto do recinto e o provoco. O outro levanta o sabre, Don Gregorio se mete no meio, recebe o golpe em cheio no ombro e cai. Tem a clavícula fraturada. Grita alto para que o oficial não se meta com o que não é da conta dele. Ele o reergue. Don Gregorio chama por socorro. Dos escritórios vizinhos acorrem todos os funcionários civis. O oficial, dois outros policiais e o soldado de sentinela que eu tinha feito dormir lutam contra uma dezena de civis, que querem vingar o diretor. Nessa "*tangana*", vários homens recebem ferimentos leves. O único que não tem nada sou eu. O importante não é mais o meu caso, mas o do diretor com o oficial. O substituto do diretor, que foi transportado para o hospital, me reconduz para o pátio:

– Seu caso será visto mais tarde, francês.

No dia seguinte, o diretor, com o ombro engessado, me pede uma declaração escrita contra o oficial. Declaro com prazer tudo o que ele quer. A história do sonífero ficou completamente esquecida. Isso não interessa a eles, sorte para mim.

Passados alguns dias, Joseph Dega propõe organizar uma ação do exterior. Como lhe tivesse dito que a fuga de noite era impossível por causa da iluminação do caminho de ronda, ele procura um meio de cortar a corrente elétrica. E o encontra, graças a um eletricista: baixando o interruptor de um transformador situado fora da prisão. Quanto a mim, só me resta subornar a sentinela de guarda do lado da rua, como também a do pátio, na porta da capela. Isso foi mais complicado do que a gente pensava. Antes de mais nada, fui obrigado a convencer Don Gregorio a me devolver

10.000 pesos, alegando que pretendia enviá-los à minha família, mas "obrigando-o", está claro, a aceitar 2.000 pesos para comprar um presente para sua mulher. A seguir, depois de ter localizado o homem que organiza os turnos e as horas de guarda, também foi preciso comprá-lo. Ele receberá 3.000 pesos, porém não quer intervir nas negociações com as duas outras sentinelas. Fica por minha conta procurá-las e tratar com elas. Depois disso, darei a ele os nomes delas e ele as colocará no turno de guarda que lhe indicarei.

A preparação desta nova fuga me leva mais de um mês. Afinal, tudo está acertado. Como a gente não precisará se preocupar com o policial do pátio, a barra será cortada com uma serra de metais, dotada de engaste. Tenho três lâminas. O colombiano do gancho ficou avisado. Ele cortará sua grade. Na noite da ação, um dos seus amigos, que há algum tempo está se fingindo de louco, baterá na ponta da folha de zinco e cantará a plenos pulmões. O colombiano sabe que a sentinela não quis fazer um trato senão para a fuga de dois franceses e que disse que, se um terceiro homem subisse, atiraria nele. O colombiano quer tentar a sorte, mesmo assim, e me diz que, trepando bem colados um ao outro, na escuridão, a sentinela não poderá ver se há um ou dois. Clousiot e Maturette tiraram à sorte, para saber quem vai comigo. Ganhou Clousiot.

Chega a noite sem lua. O sargento e os dois policiais receberam a metade das notas que tocam a cada um deles. Desta vez, não precisei cortar as notas, já estavam cortadas. Eles devem procurar as outras metades no Barrio Chino, com a mulher de Joseph Dega.

A luz se apagou. Enfrentamos o corte da barra. Em menos de dez minutos, está serrada. De calças e camisas escuras, saímos da cela. O colombiano se junta a nós, de passagem. Trepo na grade da porta do *calabozo*, que fica no muro, contorno o toldo, jogo o gancho com 3 metros de corda. Em menos de três minutos, estou no caminho de ronda, sem ter feito nenhum barulho. Deitado de barriga no chão, aguardo Clousiot. É uma noite escuríssima. De repente, vejo, ou melhor, adivinho uma mão, que se estende: pego nela e puxo. Um barulho horroroso se faz ouvir. É que Clousiot passou entre o toldo e o muro e ficou preso pelo cinto de sua calça na folha de zinco. Está claro, assim que ouvi o barulho, parei de puxar. O zinco se calou. Puxo de novo Clousiot, julgando que já está desembaraçado, e, no meio do alarido que faz esta folha de zinco, eu o arranco e levanto até o caminho de ronda.

Tiros de fuzil partem dos outros postos, mas não do meu. Apavorados com os tiros, saltamos do lado ruim, na rua que fica a 9 metros abaixo, enquanto que, à direita, há uma outra rua a apenas 5 metros. Resultado: Clousiot volta a fraturar a perna direita. Quanto a mim, não consigo mais me levantar: quebrei os dois pés. Mais tarde, ficarei sabendo que foram atingidos os calcâneos. O colombiano desloca um joelho. Os tiros de fuzil fazem a guarda sair à rua. Somos cercados, sob a luz de um grande refletor, fuzis apontados. Ainda por cima, os policiais não querem admitir que eu não seja capaz de me levantar. É de joelhos, rastejando debaixo de centenas de golpes de baioneta, que volto à prisão. Clousiot salta sobre um pé, o colombiano faz o mesmo. Sangro horrivelmente de um ferimento na cabeça, resultado de uma coronhada.

Os tiros despertaram Don Gregorio, que, por sorte, está de plantão nesta noite, e dormia no seu escritório. Sem ele, seríamos liquidados a golpes de baioneta e coronhadas. O mais encarniçado contra mim é precisamente o sargento que paguei para colocar os dois guardas cúmplices. Don Gregorio detém esse selvagem massacre. Ele os ameaça de mandar para os tribunais, se nos ferirem seriamente. Esta palavra mágica paralisa todo mundo.

No dia seguinte, a perna de Clousiot é engessada no hospital. O colombiano tem seu joelho recolocado no lugar por um preso, prático em luxações, e anda com uma atadura. Durante a noite, como os meus pés incharam ao ponto de ficarem tão volumosos como minha cabeça, rubros e enegrecidos de sangue, intumescidos ao extremo, o médico me manda colocá-los em água morna salgada e depois me aplica sanguessugas três vezes ao dia. Quando ficam fartas de sangue, as sanguessugas se desprendem sozinhas e são colocadas no vinagre para que despejem seu conteúdo. Seis pontos fecharam a ferida na cabeça.

Um jornalista mal-informado publica um artigo a meu respeito. Conta que fui o chefe da revolta da igreja, que "envenenei" uma sentinela e que, por último, organizei uma fuga coletiva com cumplicidade exterior, uma vez que a luz do quarteirão foi cortada com um desarranjo no transformador. "Esperamos que a França não demore em nos livrar do seu gângster número 1", conclui ele.

Joseph veio me ver, acompanhado por sua mulher, Annie. O sargento e os três policiais se apresentaram separadamente para receber a outra metade das notas. Annie veio me perguntar o que deveria fazer. Digo-lhe para pagar, porque eles cumpriram o compromisso. Se a gente fracassou, não foi por culpa deles.

Já há uma semana que me carregam pelo pátio dentro de um carrinho de ferro, que me serve de leito. Fico estendido, os pés levantados, repousando sobre um acolchoado desdobrado entre dois peçados de madeira, fixados verticalmente nos braços do carrinho. É a única posição possível para não sofrer demais. Meus pés enormes, inchados e congestionados de sangue coagulado, não podem se apoiar sobre coisa alguma, mesmo ficando deitado. Assim arrumado, sofro um pouco menos. Cerca de quinze dias depois de ter fraturado os pés, eles desincharam pela metade, e me levam à radiografia. Tenho os dois calcâneos quebrados. Ficarei por toda a vida com os pés chatos.

O jornal de hoje anuncia para o fim do mês a chegada do barco que nos vem buscar, com uma escolta de policiais franceses. Chama-se *Mana*, diz o jornal. Estamos a 12 de outubro. Ainda nos restam dezoito dias, é preciso jogar a última cartada. Mas qual é a jogada possível, com os pés quebrados?

Joseph está desesperado. Na visita, me conta que todos os franceses e todas as mulheres do Barrio Chino estão consternados por terem me visto lutar tanto pela minha liberdade e agora me verem a apenas poucos dias da entrega às autoridades francesas. Meu caso provoca rebuliço em toda a colônia. Fico reconfortado de saber que esses homens e suas mulheres estão moralmente solidários comigo.

Abandonei o projeto de matar um policial colombiano. De fato, não posso tomar a decisão de suprimir a vida de um homem que não me fez nada. Penso que pode ter um pai ou uma mãe, a quem ajuda, uma mulher, filhos. Sorrio pensando que seria preciso que encontrasse um policial malvado e sem família alguma. Por exemplo, poderia perguntar a ele: "Se o assassinasse, você não faria mesmo falta a ninguém?" Estou aporrinhado nesta manhã de 13 de outubro. Olho um pedaço de pedra de ácido pícrico, que deve, depois de engolida, me dar o amarelão. Se me hospitalizarem, talvez possa ser tirado do hospital por homens pagos por Joseph. No dia seguinte, 14, estou mais amarelo do que mamão. Don Gregorio vem me ver no pátio; estou na sombra, metade deitado em meu carrinho, os pés no ar. Rapidamente, sem rodeios, sem prudência, ataco:

– Dez mil pesos para o senhor, se mandar me hospitalizar.

– Francês, vou tentar. Não tanto pelos 10.000 pesos, mas porque dá pena ver você lutar tanto e em vão por sua liberdade. Só que não creio que mantenham você no hospital, por causa do artigo no jornal. Vão ficar com medo.

Uma hora depois, o médico me manda para o hospital. Aí, nem mesmo toquei o chão. Descido de padiola da ambulância, voltei à prisão duas horas depois, após uma observação clínica minuciosa e um exame de urina, sem ter me mexido da padiola.

Estamos a 19, uma quinta-feira. A mulher de Joseph, Annie, veio acompanhada pela mulher de um corso. Elas me trouxeram cigarros e alguns doces. Com suas palavras afetuosas, essas duas mulheres me fizeram um bem imenso. As mais belas coisas, a manifestação da sua pura amizade, verdadeiramente transformaram este dia "amargo" numa bela tarde ensolarada. Não serei capaz de exprimir jamais o quanto a solidariedade do pessoal da "zona" me fez bem, durante minha permanência na prisão 80. Nem quanto devo a Joseph Dega, que chegou a arriscar sua liberdade e sua situação para me ajudar a fugir.

Mas uma palavra de Annie me deu uma ideia. Conversando, ela me diz:

– Meu querido Papillon, você fez tudo o que era humanamente possível para tentar recuperar a liberdade. O destino foi cruel; só lhe falta mesmo explodir a 80!

– E por que não? Por que não mandaria pelos ares esta velha prisão? Prestaria um serviço a estes colombianos. Se eu fizer explodir a prisão, talvez resolvam construir uma nova, mais higiênica.

Ao abraçar estas encantadoras jovens, de quem me despeço para sempre, digo a Annie:

– Diga a Joseph para me ver no domingo.

No domingo, dia 22, Joseph aparece.

– Escute, faça o impossível para que alguém me traga, na quinta, uma banana de dinamite, um detonador e um fio Bickford.

De minha parte, vou fazer o necessário para ter uma broca e três mechas de tijolo.

– Que é que vai fazer?

– Vou explodir o muro da prisão em plena luz do dia. Prometa 5.000 pesos ao táxi falso. Que esteja na rua atrás da Rua Medellín todos os dias, de 8 horas da manhã às 6 da tarde. Receberá 500 pesos por dia, se não acontecer nada, e 5.000 pesos, se acontecer alguma coisa. Pelo buraco que a dinamite vai abrir, chegarei, carregado por um colombiano fortão, até o táxi; ao chofer cabe o resto. Se o táxi falso aceitar, mande a dinamite. Se não, então é o fim, não há mais esperança.

– Conte comigo – diz Joseph.

Às 5 horas faço com que me carreguem nos braços para a capela. Digo que quero rezar sozinho. Sou carregado para lá. Peço que Don Gregorio venha me ver. Ele vem.

– *Hombre*, só tem oito dias para você se despedir de mim.

– Foi por isso que pedi que o senhor viesse. O senhor tem 15.000 pesos, que me pertencem. Quero entregá-los ao meu amigo, antes de partir, para que os mande à minha família. Queira aceitar 3.000 pesos, que lhe ofereço de todo coração, por sempre ter me protegido da brutalidade dos soldados. O senhor me faria um favor se me desse o dinheiro hoje, com um rolo de durex, para que, de hoje até quinta-feira, eu arrume os pesos para entregar ao meu amigo.

– Combinado.

Ele volta e me entrega, sempre cortados em dois, 12.000 pesos. Guarda com ele 3.000.

Regressando ao meu carrinho, chamo ao meu canto solitário o colombiano, aquele que foi comigo da última vez. Conto a ele meu projeto e lhe pergunto se é capaz de me carregar nos braços, por uns 20 ou 30 metros, até o táxi. Ele se compromete formalmente. Estou agindo como se Joseph fosse conseguir as coisas. Segunda-feira, de manhãzinha, vou para o banheiro e Maturette, que, com Clousiot, funciona sempre como “chofer” do meu carrinho, vai à procura do sargento, a quem dei 3.000 pesos e que tão barbaramente me espancou, por ocasião da última tentativa de evasão.

– Sargento López, preciso lhe falar.

– Que é que o senhor quer?

– Pago 2.000 pesos por uma broca muito forte com três velocidades e seis mechas de tijolo. Duas de meio centímetro, duas de 1 centímetro e duas de 2 centímetros e meio de grossura.

– Não tenho dinheiro para comprar isso.

– Tome aí 500 pesos.

– Amanhã, terça-feira, na mudança da guarda, à 1 hora, eu lhe passo a muamba. Prepare os 2.000 pesos.

Na terça-feira recebo tudo à 1 hora, na lata de lixo vazia do pátio, uma lata de papéis que é esvaziada na troca da guarda. Pablo, o colombiano fortão, junta tudo e esconde.

Na quinta-feira, 26, por ocasião da visita, nada de Joseph. Lá pelo fim da visita, sou chamado. É um velho francês, todo enrugado, que vem da parte de Joseph.

– Neste pão está tudo que pediu.

– Aqui estão 2.000 pesos para o táxi. Cada dia, 500 pesos.

– O chofer do táxi é um velho peruano machão. Por este lado, fique descansado. Tchau.

– Tchau.

Num grande saco de papel, para que o pão não desperte curiosidade, botaram cigarros, fósforos, salsichas defumadas, um salsichão, um pacote de manteiga e um frasco de azeite escuro. Enquanto faz a revista do meu embrulho, dou ao guarda da porta um maço de cigarros, fósforos e duas salsichas. Ele me diz:

– Me dá um pedaço de pão.

Só faltava esta!

– Não, o pão você compra. Tome 5 pesos, porque o pão não é suficiente para nós seis.

Ufa! Escapei por um triz. Mas que ideia de oferecer salsichas a este cara! O carrinho se afasta depressa deste policial chato. Fiquei tão surpreendido com o pedido de pão, que ainda estou todo suado.

– É amanhã o foguetório. Tudo está aí, Pablo. É preciso fazer o buraco exatamente debaixo da saliência da torrezinha. O meganha ali de cima não vai poder ver você.

– Mas ele pode ouvir.

– Já previ isso. De manhã, às 10 horas, este lado do pátio está na sombra. É preciso que um dos trabalhadores que lidam com cobre se ponha a aplainar uma folha de cobre, chapeando na parede, a alguns metros de nós, visíveis. Se forem dois, ainda melhor. Dou a cada um deles 500 pesos. Encontre os dois homens.

Ele os encontra.

– Dois amigos meus vão martelar o cobre sem parar. A sentinela não poderá notar o ruído da mecha. Só que é preciso que você, com seu carrinho, fique um pouco de fora da saliência e que arranje um bate-boca com os franceses. Isso me deixará um pouco encoberto para a sentinela da outra esquina.

Em uma hora, está perfurado o buraco. Graças às marteladas no cobre e graças ao azeite, que ajuda a penetração da mecha, a sentinela não percebe nada. A banana de dinamite é colocada dentro do buraco, o detonador fixado, 20 centímetros de mecha.

A banana é calçada com barro. A gente dá o fora. Se tudo correr bem, um buraco se abrirá com a explosão. O soldado de sentinela cairá com a guarita e eu, através do buraco, carregado por Pablo, chegarei ao táxi. Os outros se arrumarão. Logicamente, Clousiot e Maturette, mesmo saindo depois de nós. chegarão ao táxi mais depressa do que eu.

Exatamente antes de tocar fogo, Pablo avisa um grupo de colombianos.

– Se vocês quiserem fugir da prisão, dentro de alguns instantes vai ter um buraco no muro.

– É bom correr, porque os policiais vão atirar nos últimos, que estiverem mais à vista.

Tocamos fogo. Uma explosão infernal estremece o quarteirão. A torrezinha se despencou com o policial. O muro tem grandes rachaduras por todos os lados, tão largas que dá para ver a rua do outro lado, mas nenhuma dessas aberturas tem largura suficiente para que se possa passar por ela. A explosão não produziu nenhuma brecha suficiente, e é só neste momento que admito que estou perdido. Meu destino é mesmo o de voltar para lá, para Caiena.

O bafafá que se segue à explosão é indescritível. Há mais de cinquenta policiais no pátio. Don Gregorio sabe com quem tem a ver.

– *Bueno*, francês. Desta vez, penso que é a última.

O chefe da guarnição está louco de raiva. Não pode dar a ordem de espancar un homem ferido, deitado num carrinho, e eu, para evitar aborrecimentos aos outros, declaro bem alto que fui eu mesmo que fiz tudo sozinho. Seis guardas na frente do muro rachado, seis no pátio da prisão, seis na rua, do lado de fora, ficarão de guarda permanente até que os pedreiros tenham feito os reparos. A sentinela, que caiu do muro de ronda, não sofreu nada, por sorte.

VOLTA AO DEGREDO

Três dias depois, 30 de outubro, às 11 da manhã, os doze guardas do degredo, vestidos de branco, chegam para assumir a nossa responsabilidade. Antes de partir, uma pequena cerimônia oficial: cada um de nós deve ser identificado e reconhecido. Eles trouxeram nossas fichas antropométricas, fotografias, impressões digitais e tudo quanto é troço. Verificadas nossas identidades, o cônsul francês se aproxima para assinar um documento para o juiz do distrito, que é a pessoa encarregada de nossa entrega oficial à França. Todos os presentes se acham admirados com a maneira amistosa pela qual os guardas franceses nos tratam. Nenhuma animosidade, nenhuma palavra dura. Os três que estiveram em cana mais tempo do que nós conhecem vários dos guardas e batem papo com eles como velhos amigos. O chefe da escolta, Comandante Boural, se inquieta com o meu estado, olha meus pés e me diz que terei bom tratamento a bordo, que há um bom enfermeiro no grupo que veio nos buscar.

A viagem no fundo do porão, neste barquinho, foi penosa principalmente por causa do calor abafado e pelo sofrimento de ficar preso pelos dois pés a estas barras da justiça,* que datam do degredo de Toulon. Um único incidente a registrar: o barco foi obrigado a se abastecer de carvão em Trinidad. Uma vez no porto, um oficial da Marinha inglesa exigiu que nos tirassem as barras de ferro. Ao que parece, é proibido acorrentar homens a bordo de um navio. Aproveitei o incidente para dar uma bofetada num outro oficial

---

* Hastes do ferro pelas quais deslizam as correntes colocadas nos pés dos prisioneiros punidos.

inspetor inglês. Com isso, procurava ser detido e levado para terra. O oficial me diz:

– Não vou deter o senhor, nem levá-lo para terra, pelo grave delito que acaba de cometer. O senhor será punido muito mais severamente no lugar para onde está sendo levado.

Não consegui coisa nenhuma. Não, verdadeiramente, meu destino é voltar ao degredo. É uma infelicidade, mas estes onze meses de fuga, de intensas e variadas lutas, terminaram de modo lamentável. E, apesar de tudo, apesar do fracasso estrondoso dessas múltiplas aventuras, a volta à prisão de forçados, com todas as suas amargas consequências, não é capaz de apagar os momentos inesquecíveis que vivi há pouco.

Perto deste porto de Trinidad, que acabamos de deixar, a poucos quilômetros, mora a incomparável família Bowen. Não passamos muito longe de Curaçau, terra de um grande homem, Irénée de Bruyne, que é bispo deste país. Certamente, também passamos roçando pelo território dos índios guajiros, onde conheci o amor mais apaixonadamente puro, em sua forma naturalmente espontânea. Toda a limpidez de que as crianças são capazes, a maneira pura de ver as coisas, que distingue essa idade privilegiada, tudo isto encontrei nessas índias cheias de vontade, ricas de compreensão, de amor simples e de pureza.

E os leprosos da Ilha dos Pombos! Estes miseráveis forçados, atingidos por esta horrível doença, e que, mesmo assim, tiveram a coragem de encontrar em seu coração a nobreza necessária para nos ajudar!

Também o cônsul belga, com sua bondade espontânea, também Joseph Dega, que, mesmo sem me conhecer, se expôs tanto por minha causa! Por esta gente, por estes seres que conheci, a fuga valeu a pena. Mesmo fracassada, ela é uma vitória, nem que seja por ter enriquecido minha alma com o conhecimento dessas pessoas excepcionais. Não, de modo algum, não lamento tudo o que fiz.

Eis o Maroni e suas águas lamacentas. A gente está em cima da coberta do *Mana*. O sol dos trópicos já começou a queimar esta terra. São 9 horas da manhã. Revejo o estuário e torno a entrar lentamente por onde saí tão depressa. Meus companheiros não falam. Os guardas estão contentes por chegar. O mar esteve agitado durante a viagem e muitos entre eles se sentem agora aliviados.

16 DE NOVEMBRO DE 1934

No cais, um mundo louco. A gente sente que são esperados com curiosidade os homens que não tiveram medo de ir tão longe. Como chegamos num domingo, isto constitui uma distração para esta sociedade, que dispõe de tão poucas. Ouço dizerem:

– O ferido é Papillon. Aquele ali é Clousiot. O outro lá, Maturette... – e assim por diante.

No campo da penitenciária, seiscentos homens se acham reunidos em grupos na frente de seus barracões. Junto de cada grupo, vigilantes. O primeiro que reconheço é François Sierra. Chora abertamente, sem se esconder dos outros. Está empoleirado numa janela da enfermaria e me olha. A gente sente que seu sofrimento é verdadeiro. Paramos no meio do campo. O comandante da penitenciária pega um megafone:

– Deportados, vocês puderam constatar a inutilidade das tentativas de fuga. Todos os países prendem vocês para entregá-los à França. Ninguém quer vocês. É melhor, portanto, ficarem sossegados e se conduzirem bem. O que espera estes cinco homens? Uma forte condenação adicional, que deverão cumprir na Reclusão Disciplinar da Ilha de Saint-Joseph e, quanto ao restante de sua pena, o internamento para toda a vida nas Ilhas da Salvação. Aí está o que lucraram com sua fuga. Espero que tenham compreendido. Vigilantes, levem estes homens para o quartel disciplinar.

Alguns minutos depois, estamos numa cela especial no quartel de alta vigilância. Assim que chego, reclamo que tratem dos meus pés, ainda bem intumescidos e muito inflamados. Clousiot diz que o gesso de sua perna lhe incomoda. A gente tenta o golpe... Ah, se eles nos mandassem para o hospital! François Sierra chega com um guarda.

– Aqui está o enfermeiro – diz o guarda.

– Como vai você, Papi?

– Estou doente, quero ir para o hospital.

– Vou tentar mandá-lo para o hospital, mas, depois do que você aprontou lá, acho que isto será quase impossível. Clousiot, a mesma coisa.

Ele faz uma massagem nos meus pés, bota uma pomada, verifica o gesso de Clousiot e vai embora. A gente não pôde falar, porque os guardas estavam aí, mas os olhos dele exprimiam tanta bondade, que fiquei profundamente comovido.

– Não, não resta nada a fazer – me diz ele no dia seguinte, fazendo outra massagem. – Quer que mande você passar para uma sala comum? Será que botam a barra nos seus pés de noite?

– Sim.

– Então é melhor que você vá para a sala comum. Continuará, mesmo assim, com a barra, mas não estará sozinho. Neste momento, ficar no isolamento deve ser horrível para você.

– Combinado.

Sim, o isolamento é, neste momento, ainda mais difícil de suportar do que antes. Eu me sinto num tal estado de espírito que não tenho sequer necessidade de fechar os olhos para vagabundear, tanto pelo passado quanto pelo presente. E como não posso andar, o calabouço é para mim ainda pior do que tinha sido.

Ah! Aí estou eu, de volta ao caminho da podridão. No entanto, consegui me livrar bem rapidamente e voo sobre o mar, para a liberdade, para a alegria de poder voltar a ser um homem, para a vingança também. É preciso não esquecer a dívida que o trio tem de me pagar: Polein, os tiras e o promotor. Quanto à mala, não tenho necessidade de entregá-la aos tiras da porta de entrada da polícia judiciária. Chegarei vestido como empregado dos carros-leitos Cook, um bonito boné da companhia na cabeça. Sobre a mala, uma grande etiqueta: Comissário Divisionário Benoît, 36, Quais des Orfèvres, Paris (Sena). Eu próprio levarei a mala para a sala de informações e, como terei calculado que o despertador só funcionará quando eu tiver saído, a coisa não pode falhar. Fico aliviado de um grande peso, por ter encontrado a solução. Quanto ao promotor, tenho tempo para lhe arrancar a língua. A maneira ainda não está resolvida, mas é como se estivesse. Eu lhe arrancarei a língua aos pedaços, esta língua prostituída.

Na situação imediata, primeiro objetivo: tratar dos meus pés. É preciso que eu volte a andar o mais depressa possível. Não vou comparecer ao tribunal antes de três meses e, em três meses, muita coisa acontece. Um mês para andar, um mês para acertar as coisas e "até logo, senhores". Destino: Honduras britânica. Mas, desta vez, ninguém bota a mão em cima de mim.

Ontem, três dias após o nosso regresso, me levaram para a sala comum. Quarenta homens aguardam aí o conselho de guerra.

Uns acusados de roubo, outros de saque, de incêndio premeditado, de homicídio, de tentativa de homicídio, de assassinato, de tentativa de fuga e até de antropofagia. Somos vinte de cada lado do tabique de madeira, acorrentados à mesma barra de ferro de mais de 15 metros de comprimento. Às 6 horas da tarde, o pé esquerdo de cada homem é ligado à barra comum por uma argola de ferro. Às 6 horas da manhã tiram-nos estes grossos anéis e, durante todo o dia, a gente pode se sentar, passear, jogar damas, conversar no que a gente chama de passeio, uma espécie de aleia de 2 metros de largura, que atravessa a sala. Durante o dia, não tenho tempo para me chatear. Todo mundo vem me ver, aos grupinhos, para que eu conte sobre a fuga. Ficam todos gritando como possessos, quando digo que abandonei voluntariamente minha tribo de índios guajiros, Lali e Zoraima.

– Que é que você procurava, meu camarada? – diz um parisiense, ouvindo a história. – Bondes? Elevadores? Cinemas? A luz elétrica com sua corrente de alta-tensão para acionar a cadeira elétrica? Ou queria tomar banho no chafariz da Praça Pigalle? Mas como é que pode, meu camarada! – continua o garotão. – Você tem duas garotas, cada uma mais bacana do que a outra, vive nu no meio da natureza com um bando de nudistas irados, come, bebe, vai à caça; tem o mar, o sol, a areia quente e até as pérolas das ostras são suas, de graça... e você não acha nada melhor do que abandonar tudo isto para ir aonde? Diga? Para ter de atravessar as ruas na correria para não ser atropelado pelos carros, ser obrigado a pagar aluguel, a pagar ao alfaiate, a conta de luz e do telefone e, se quiser um carro, ter de quebrar o galho ou trabalhar como uma besta para um patrão e ganhar salários só para não morrer de fome? Não compreendo, meu chapa! Você estava no céu e voluntariamente volta ao inferno, onde, além das preocupações com a vida, tem de estar de olho para escapar de todos os tiras do mundo, que correm atrás de você! É verdade que você ainda está com o sangue fresquinho da França e não teve tempo para ver suas faculdades físicas e morais decaírem. Quanto a mim, com meus dez anos de forçado, nem consigo mais compreender você. Enfim, de todo jeito, seja bem-vindo entre nós e, como certamente você tem a intenção de recomeçar, conte com a gente para ajudar. É ou não é, meus chapas? Estão de acordo?

Os caras concordaram e eu agradeço a todos.

São, bem vejo, homens perigosos. Em virtude de nossa promiscuidade, é muito difícil que um ou outro não perceba quem está com um canudo. De noite, como todo mundo está preso à barra da justiça comum, não é difícil matar alguém impunemente. Basta que, de dia, em troca de certa quantidade de grana, o guarda-chaves árabe aceite não fechar bem a argola. Assim, de noite, o homem interessado se solta, faz o que decidiu fazer e tranquilamente volta a se deitar em seu lugar, tomando o cuidado de fechar bem sua argola. Como é indiretamente cúmplice, o árabe fica de boca calada.

Já faz três semanas que voltei. Passaram bem depressa. Começo a andar um pouco, me segurando na barra do corredor que separa as duas fileiras de tabiques. Faço as primeiras experiências. Na semana passada, na instrução, vi os três guardas do hospital, que a gente moeu de pancada e desarmou. Estão muito contentes com a nossa volta e aguardam que, um dia, a gente caia num lugar onde eles estejam de serviço. Porque, depois da nossa fuga, os três sofreram sanções graves: suspensão de seis meses de licença na Europa; suspensão do suplemento colonial do ordenado deles durante um ano. Não é preciso dizer que nosso reencontro não foi muito cordial. Contamos estas ameaças na instrução, a fim de que sejam registradas.

O árabe está mais bem-comportado. Só disse a verdade, sem exagerar e omitindo o papel desempenhado por Maturette. O capitão juiz de instrução insistiu muito para saber quem nos arranjou o barco. Ficamos em dificuldade para lhe contar histórias inverossímeis, como, por exemplo, a confecção de jangadas por nossos próprios meios etc.

Por causa da agressão aos vigilantes, ele nos diz que fará tudo que puder para conseguir cinco anos para mim e Clousiot e três para Maturette:

– E, uma vez que o senhor é o conhecido Papillon (borboleta), não perde por esperar, eu lhe cortarei as asas de modo que não possa mais voar.

Fico com medo de que ele cumpra o prometido.

Mais de dois meses esperando para comparecer ao tribunal. Lamento muito não ter colocado no meu canudo uma ou duas pontas de flechinhas envenenadas. Se as tivesse, poderia talvez jogar no tudo ou nada no quartel disciplinar. Agora faço progresso dia a dia. Caminho cada vez melhor. François Sierra não falta nunca; pela manhã e à tarde, vem me fazer massagem com óleo canforado. Estas massagens-visitas me fazem um bem enorme, aos pés e ao moral. É tão bom ter um amigo na vida!

Observei que esta longa fuga nos deu um prestígio indiscutível junto a todos os forçados. Estou certo de que nos encontramos em segurança completa no meio destes homens. Não corremos o risco de ser assassinados por motivo de roubo. A grande maioria não aceitaria isso e é seguro que os culpados seriam liquidados. Todos, sem exceção, nos respeitam e têm mesmo certa admiração por nós. E as porradas que demos nos guardas levam os outros a pensar que estamos dispostos a fazer o diabo. É muito interessante se sentir em segurança.

Dia a dia, caminho um pouco mais e, com frequência, graças a uma garrafinha que Sierra me deixa, tem gente que se oferece para me fazer massagem não só nos pés, mas também nos músculos das pernas, que esta longa imobilidade atrofiou.

UM ÁRABE ENTREGUE ÀS FORMIGAS

Nesta sala, há dois homens taciturnos, que não falam com ninguém. Sempre colados um com o outro, só falam entre si, numa voz tão baixa que pessoa alguma consegue ouvir. Um dia, ofereço a um deles um cigarro americano de um maço que Sierra me trouxe. Ele me agradece e, a seguir, me diz:

– François Sierra é seu amigo?

– Sim, é meu melhor amigo.

– Talvez um dia, se tudo acabar mal, nós mandemos nossa herança para você por intermédio dele.

– Que herança?

– Nós resolvemos, eu e meu amigo, que, se formos guilhotinados, a gente passa a você nosso canudo, para que lhe sirva para uma nova fuga. Nós entregaremos a François Sierra, para que você o receba.

– Vocês acham que vão ser condenados à morte?

– É quase certo, a gente tem pouca chance de escapar.

– Se é tão certo que vocês vão ser condenados à morte, por que estão nesta sala comum?

– Creio que eles têm medo de que a gente se suicide, se ficarmos sozinhos numa cela.

– Ah! Sim, é possível. E o que é que vocês fizeram?

– A gente colocou um sujeito para ser comido pelas formigas carnívoras. Digo isso a você porque, infelizmente, eles têm provas indiscutíveis. Fomos apanhados em flagrante.

– E onde aconteceu isso?

– No quilômetro 42, no campo da morte, junto à enseada Sparouine.

O companheiro dele se aproxima de nós, é um toulousiano. Eu lhe ofereço um cigarro americano. Ele se senta perto de seu amigo, na minha frente.

– Nunca pedimos a opinião de ninguém – diz o recém-chegado –, mas teríamos a curiosidade de saber o que você pensa a respeito de nós.

– Como quer que diga, sem saber coisa alguma, se você teve razão ou não de dar um homem, mesmo um filho da puta, para ser comido pelas formigas? Para dar minha opinião, precisaria conhecer toda a história, de A a Z.

"Eu vou lhe contar", diz o toulousiano. "O campo do quilômetro 42, a 42 quilômetros de Saint-Laurent, é um campo florestal. Ali, os forçados são obrigados a cortar, todo dia, 1 metro cúbico de madeira dura. Toda noite, a gente deve ficar no mato, junto da madeira que cortou, bem-arrumada. Os guardas, acompanhados de guarda-chaves árabes, vêm verificar se a gente fez o serviço. Quando é recebido, cada estere* de madeira é marcado com tinta vermelha, verde ou amarela. Isso depende dos dias. Eles só aceitam o trabalho se todos os pedaços forem de madeira dura. Para ter melhor resultado, a gente faz uma equipe de dois. Muitas vezes não fomos capazes de cumprir a tarefa. Então botavam a gente, de noite, no calabouço, sem comer, e, de manhã, sempre sem comer,

* Medida de volume equivalente a 1 metro cúbico.

mandavam a gente de volta ao trabalho, com a obrigação de fazer o que faltava da véspera, mais a medida do dia. A gente ia morrer como cachorro.

"Mais a coisa ia, mais a gente enfraquecia e menos era capaz de fazer o serviço. Para cúmulo do azar, botaram em cima de nós um guarda especial, que não era um vigilante, mas um árabe. Ele chegava conosco ao canteiro de obras, se sentava à vontade, o nervo de boi entre as pernas, e não parava de nos insultar. Comia fazendo ruído com as mandíbulas, para que a gente ficasse com água na boca. Em resumo, um tormento contínuo. A gente tinha dois canudos com 3.000 francos cada um, para fugir. Um dia, resolvemos comprar o árabe. A situação ficou pior. Por sorte, ele sempre acreditou que a gente só tinha um canudo. Seu sistema era fácil: por 50 francos, por exemplo, ele nos deixava ir roubar nos esteres, recebidos na véspera, pedaços de madeira que escaparam da pintura e, desse jeito, a gente completava o nosso estere do dia. Assim, hoje 50, amanhã 100 francos, ele nos tirou quase 2.000 francos.

"Como tivéssemos ficado em dia com nosso trabalho, o árabe foi retirado. E então, pensando que ele não nos denunciaria porque nos tinha limpado de tanto dinheiro, procurávamos, no mato, esteres já recebidos para fazer a mesma operação que fazíamos com o árabe. Um dia, o árabe nos seguiu passo a passo, escondido, para ver se a gente roubava madeira. Depois, ele apareceu:

"– Ah! Sempre roubando madeira e nada de pagar! Se não me derem 500 francos, eu denuncio vocês.

"Pensando que se tratava apenas de uma ameaça, a gente recusou. No dia seguinte, ele voltou.

"– Ou pagam ou nesta noite vão para o calabouço.

"A gente tornou a recusar. De tarde, ele voltou acompanhado dos guardas. Foi horrível, Papillon! Depois de nos botarem nus, levaram a gente até os esteres de onde nós tínhamos tirado madeira e, perseguidos por estes selvagens, chicoteados com nervo de boi pelo árabe, fomos obrigados a desfazer os nossos esteres e a completar cada um dos que nós tínhamos roubado. Esta "corrida" durou dois dias, sem comer nem beber. Com frequência, a gente caía. O árabe nos levantava a pontapés ou com chicotadas de nervo de boi. No fim, caímos no chão, não aguentávamos mais. E você sabe como ele fez para nos levantar? Pegou uns ninhos, do tipo de ninho de vespas selvagens, que são habitados por moscas-de-fogo. Cortou o galho, onde o ninho estava pendurado, e botou em cima da gente. Loucos de dor, nós não só nos levantamos, mas corremos feito malucos. Não adianta contar o que a gente sofreu. Você sabe como dói uma picada de vespa. Imagine cinquenta ou sessenta picadas. Essas moscas-de-fogo queimam ainda mais horrivelmente do que as vespas.

"Eles deixaram a gente a pão e água num calabouço, durante dez dias, sem fazer curativos. Mesmo passando mijo por cima, as ferroadas arderam três dias sem parar. Perdi o olho esquerdo, que foi atacado por uma dezena de moscas-de-fogo. Quando nos levaram de volta ao campo, os outros condenados resolveram ajudar a gente. Cada um resolve dar um pedaço de madeira dura cortada do mesmo tamanho. Isso nos dava quase 1 estere diário e nos ajudava muito, porque nós dois juntos só tínhamos 1 estere a fazer por dia. Custava um bocado, mas a gente conseguia fazer. Pouco a pouco, recuperamos as forças. A gente comia muito. E foi por acaso que tivemos a ideia de nos vingar do sujeito com as formigas. Procurando madeira dura, a gente achou um ninho enorme de formigas carnívoras num matagal, começando a devorar uma corça grande como uma cabra.

"O sujeito fazia sempre suas rondas de trabalho e, um belo dia, com uma porretada do cabo do machado, a gente o derrubou e o arrastou para junto do formigueiro. Tiramos a roupa dele e amarramos o homem à árvore, deitado na terra em arco, os pés e as mãos ligados por cordas grossas, que serviam para amarrar a madeira.

"Com o machado, a gente fez nele algumas feridas em diferentes partes do corpo. Enchemos a boca dele com ervas, para que não gritasse, amarramos uma mordaça e ficamos esperando. As formigas só atacaram quando subiram numa vara que mergulhamos no formigueiro e depois sacudimos por cima do corpo do sujeito.

"A coisa não demorou. Meia hora depois, as formigas atacaram aos milhares. Papillon, já viu formigas carnívoras?"

– Não, nunca. Vi formigas pretas grandes.

– Estas são pequenininhas e vermelhas como sangue. Elas arrancam pedacinhos microscópicos de carne e levam para o formigueiro. Se nós sofremos com as vespas, imagine o que ele não teve de sofrer, esfolado vivo por milhares de formigas. Sua agonia durou dois dias completos e uma manhã. Vinte e quatro horas depois, ele não tinha mais olhos.

"Reconheço que fomos impiedosos em nossa vingança, mas é preciso ver o que ele nos fez. Foi por milagre que a gente não morreu. O sujeito, está claro, foi procurado por toda parte pelos outros guarda-chaves árabes, como também pelos vigilantes; suspeitavam que a gente tinha alguma coisa a ver com esse desaparecimento.

"Num outro matagal, fomos abrindo, todo dia, pouco a pouco, um buraco para meter aí os restos do árabe. Ainda não tinham descoberto nada, quando um guarda viu a gente preparando um buraco. Quando a gente ia para o trabalho, ele seguiu atrás de nós, para ver onde íamos parar. Foi aí que nos demos mal.

"Uma manhã, logo quando chegamos ao trabalho, pegamos o árabe ainda cheio de formigas, mas já quase um esqueleto, e, no momento em que íamos arrastar o corpo para a cova (não era possível carregar sem sofrer mordidas de sangrar das formigas), fomos surpreendidos por três árabes guarda-chaves e por dois vigilantes. Eles esperaram pacientemente, bem escondidos, que a gente fizesse aquilo: enterrar o sujeito.

"O negócio é este. Declaramos oficialmente que primeiro matamos e, depois, demos para as formigas. A acusação, apoiada pelo laudo do médico-legista, diz que não tem nenhuma ferida mortal. Sustenta que nós fizemos o árabe ser devorado vivo.

"Nosso guarda defensor (porque, por lá, há vigilantes que trabalham como rábulas) disse que, se nossa tese for aceita, a gente pode esperar salvar a cabeça. Em caso contrário, estamos perdidos. Francamente, temos pouca esperança. Foi por isso que meu amigo e eu escolhemos você para herdeiro, sem lhe dizer nada."

– Esperemos que eu não tenha de herdar de vocês, é o que desejo de todo o coração.

Acendemos um cigarro e vejo que eles olham com o jeito de quem diz: "E agora, vai falar?"

– Escutem, vejo que estão esperando pelo que me pediram antes de contar o caso de vocês: meu modo de julgar o caso, como homem. Uma última pergunta, que não terá nenhuma influência na minha decisão:

– Que pensa a maioria desta sala e por que vocês não falam com ninguém?

– A maioria acha que a gente devia ter matado o homem, mas não botar para ser comido vivo. Quanto ao nosso silêncio, não falamos com ninguém porque, um dia, teve uma ocasião para a gente se revoltar e cair fora e eles não fizeram isso.

– Minha opinião, meus chapas, é esta: fizeram bem de devolver com cem vezes mais o que ele fez para vocês: o golpe do ninho de vespas, ou moscas-de-fogo, é imperdoável. Se forem guilhotinados, no último momento pensem intensamente numa coisa só: "Vão cortar minha cabeça, isso vai durar trinta segundos, entre me amarrarem, me empurrarem para o buraco da guilhotina e fazerem cair o cutelo. A agonia do sujeito durou sessenta horas. Saio ganhando." No que concerne ao pessoal da sala, não sei se vocês têm razão, porque podiam acreditar que uma revolta, naquele dia, permitia uma fuga em comum, enquanto os outros podiam ter opinião diferente. Por outro lado, numa revolta, a gente pode sempre acabar matando, sem planejar isso antes. Ora, entre todos que estão aqui, acho que os únicos que estão com a cabeça perigando são vocês e os irmãos Graville. Meus chapas, cada situação particular traz reações diferentes, obrigatoriamente.

Satisfeitos com a nossa conversação, os dois pobres-diabos se retiram e recomeçam a viver no silêncio, que romperam para mim.

A FUGA DOS ANTROPÓFAGOS

"Eles comeram a perna de pau!" "Um guisado de perna de pau, salta um!" Ou uma voz imitando voz de mulher: "Um pedaço de marmanjo bem grelhado, sem pimenta, traz para mim, mestre!"

Era bem raro, nas noites profundas, não ouvir gritar uma destas frases, quando não eram as três juntas.

Clousiot e eu ficamos intrigados com estas palavras lançadas na noite.

Nesta tarde, consigo a chave do mistério. Quem me conta é um dos protagonistas, chamado Marius de La Ciotat, especialista em cofres-fortes. Quando soube que conheci o pai dele, Titin, não teve medo de falar comigo.

Depois de lhe ter contado uma parte de minha fuga, pergunto, o que é normal:

– E você?

– Ora, eu me meti numa história suja. Estou com receio de pegar cinco anos por causa de uma simples fuga. Estou na que foi apelidada de "fuga dos antropófagos". O que você ouve, às vezes, gritar de noite – "Eles comeram etc." ou "Um guisado etc." – é para os irmãos Graville.

"Tínhamos saído às 6 do quilômetro 42. Na fuga, estavam Dédé e Jean Graville dois irmãos de trinta e 35 anos, lioneses, um napolitano de Marselha e eu, de La Ciotat, mais um cara de Angers, com uma perna de pau, e um rapaz de 23 anos, que lhe servia de mulher. A saída do Maroni foi boa, mas, no mar, nunca conseguimos acertar as coisas e, dentro de poucas horas, estávamos jogados na costa, na Guiana Holandesa.

"Não pudemos salvar nada do naufrágio, nem comida nem coisa alguma. Estávamos no mato, por sorte com roupa. É preciso que saiba que este lugar não tem praia e que o mar penetra na floresta virgem. Esta é um emaranhado impossível de atravessar, por causa das árvores derrubadas, quebradas em sua base ou desenraizadas pelo mar, cruzadas umas com as outras.

"Depois de caminhar um dia inteiro, a gente encontrou a terra seca. Nós nos dividimos em três grupos: os Graville, eu e Guesepi e o perna de pau com seu amiguinho. Para encurtar a história, tendo partido em direções diferentes, doze dias depois nos reencontrávamos, quase no lugar de onde saímos, os Graville, Guesepi e eu. O lugar estava cercado de pantanais e nós não encontramos nenhuma passagem. Nem é bom falar na situação do estômago. Passamos treze dias só comendo algumas raízes e brotinhos. Mortos de fome e de cansaço, arrasados, ficou decidido que eu e Guesepi, com o resto de nossas forças, voltaríamos para a beira do mar e amarraríamos uma camisa numa árvore, o mais alto possível, para ficar visível ao primeiro barco guarda-costa holandês, que não deixaria de passar por aí. Os Graville deviam, depois de descansar algumas horas, procurar o rastro dos outros dois.

"Isto devia ser fácil, porque a gente tinha combinado, no começo, que cada grupo deixaria um rastro de sua passagem com os galhos quebrados.

"Ora, algumas horas depois, eles veem chegar o cara da perna de pau, sozinho.

"– Onde está o garoto?

"– Deixei muito longe, porque ele não podia mais caminhar.

"– É nojento de sua parte abandonar o garoto.

"– Foi ele quem quis que eu voltasse.

"A esta altura, Dédé notou que o único pé do perna de pau estava calçado com um sapato do rapaz.

"– E você, ainda por cima, deixou o menino descalço para pegar o sapato dele? Meus parabéns. E você parece em forma, não está como a gente. Você comeu, está na cara.

"– Sim, achei um macaco grande ferido.

"– Tanto melhor para você.

"E aí Dédé se levanta, a faca na mão, porque julgou compreender, vendo também seu bornal cheio.

"– Abra seu bornal. Que tem aí dentro?

"Ele abre o bornal e aparece um pedaço de carne.

"– Que é isto aí?

"– Um pedaço de macaco.

"– Canalha, matou o garoto para comê-lo!

"– Não, Dédé, juro. Ele morreu de cansaço e eu comi um pedacinho do seu corpo. Perdoa.

"Nem teve tempo de acabar de falar e já tinha a faca enfiada na barriga. Foi então que, revistando-o, Dédé achou uma sacola de couro com fósforos e o respectivo acendedor.

"Imagine a raiva pelo fato de o homem, antes de se separar, não ter partilhado os fósforos! Imagine a fome dos caras. Bem, o fato é que não demorou para acenderem um fogo e digerirem o sujeito.

"Guesepi chega em pleno festim. Eles o convidam. Guesepi recusa. Na beira do mar, tinha comido caranguejos e peixes crus. E ele assiste, sem tomar parte, ao espetáculo dos Graville colocando sobre a brasa outros pedaços de carne e mesmo se servindo da perna de pau para alimentar o fogo. Portanto, Guesepi viu naquele dia e no seguinte os Graville comerem o homem e observou também as partes que devoraram: a panturrilha, a coxa, as duas nádegas.

"Eu", prossegue Marius, "estava na beira do mar, quando Guesepi veio me procurar. A gente encheu um chapéu com peixinhos e caranguejos e fomos cozinhar no fogo dos Graville. Não vi o cadáver, eles o arrastaram para longe. Mas vi vários bocados de carne ainda à margem do fogo, sobre a cinza.

"Três dias depois, um guarda costeiro apanhou a gente e devolveu à penitenciária de Saint-Laurent-du-Maroni.

"Guesepi acabou abrindo o bico. Todo mundo nesta sala sabe do caso, mesmo os guardas. Estou contando a você porque é fato conhecido de todos. E, como os Graville são elementos de mau caráter, aparecem as piadas que você ouve de noite.

"Oficialmente, somos acusados de fuga agravada por antropofagia. A desgraça é que, para me defender, precisaria acusar e isso não é possível. Todo mundo, inclusive Guesepi, nega na instrução. A gente diz que eles desapareceram no mato. Essa é minha situação, Papillon."

– Lamento, meu chapa, porque, de fato, você não pode se defender senão acusando os outros.

Um mês depois, Guesepi foi assassinado com uma facada no coração, durante a noite. Não foi sequer preciso perguntar quem deu a facada.

Esta é a história autêntica dos antropófagos, que comeram o homem, assando-o com sua própria perna de pau, enquanto este mesmo homem havia deglutido o rapazinho que o acompanhava.

Nesta noite, deito-me num outro lugar da barra da justiça. Tomei o lugar de um homem que foi embora e, pedindo a todo mundo para dar uma afastadazinha, consigo com que Clousiot fique junto a mim.

Do lugar onde estou deitado, mesmo com meu pé esquerdo preso à barra por uma argola, posso, ficando sentado, ver o que acontece no pátio.

A vigilância é cerrada; chegou a um ponto em que as rondas não têm ritmo. Sucedem-se sem cessar e outras chegam em sentido contrário a todo momento.

Meus pés já me aguentam muito bem, e somente quando chove eu sinto dor. Logo, estou em condições de empreender uma nova ação, mas como? Esta sala não tem janelas, só uma imensa grade contínua, que cobre toda a largura dela e vai até o teto. Está situada de modo que o vento do nordeste penetra livremente. Apesar de uma semana de observação, não consigo achar uma falha na vigilância dos guardas. Pela primeira vez, chego quase a admitir que eles conseguirão me botar na reclusão da Ilha de Saint-Joseph.

Disseram-me que ela é terrível. É chamada de "devoradora de homens". Outra informação: jamais um homem conseguiu fugir dela, nos 24 anos de sua existência.

Naturalmente, esta meia aceitação de ter perdido a partida me impele a olhar para o futuro. Tenho 28 anos e o capitão instrutor reclama cinco anos de reclusão. Vai ser difícil eu escapar com menos. Terei, por conseguinte, 33 anos quando sair da reclusão.

Ainda tenho muito dinheiro no meu canudo. Logo, se não caio fora, o que é provável, pelo que vejo, ao menos precisarei me manter com boa saúde. Cinco anos de isolamento completo é coisa difícil de suportar sem enlouquecer. Espero, portanto, me alimentar bem e disciplinar, desde o primeiro dia de minha pena, o meu cérebro, segundo um programa bem-estabelecido e variado. Evitar o máximo possível os sonhos fantasiosos e, sobretudo, os sonhos referentes à minha vingança. Eu me preparo, por conseguinte, desde agora, para atravessar como vencedor a terrível punição que me aguarda. Sim, eles é que acabarão perdendo. Sairei da reclusão fisicamente forte e sempre na plena posse de minhas faculdades físicas e mentais.

Fez-me bem estabelecer este plano de conduta e aceitar serenamente o que vem pela frente. A brisa que penetra na sala me acaricia antes de todos e me faz um verdadeiro bem.

Clousiot sabe quando não quero falar. Daí que não tenha perturbado meu silêncio e tenha ficado fumando muito, simplesmente. Percebem-se algumas estrelas, e eu lhe digo:

– Vê as estrelas de onde você está?

– Sim – diz ele, se inclinando um pouco. – Prefiro não olhar para elas, porque me lembram demais as estrelas da fuga.

– Deixa estar, não se preocupe, a gente reverá milhares de estrelas numa outra fuga.

– Quando? Daqui a cinco anos?

– Clousiot, o ano que acabamos de viver, todas estas aventuras que nos aconteceram, as pessoas que conhecemos, será que isso tudo não vale cinco anos de reclusão? Você preferiria não ter fugido e ter continuado nas ilhas desde sua chegada? Por causa do que está à nossa frente e que não vai ser mole, você lamenta ter participado dessa fuga? Responda sinceramente, lamenta ou não?

– Papi, você esquece uma coisa que eu não tive: os sete meses que você passou com os índios. Se tivesse estado com você, pensaria do mesmo modo, mas eu estava na prisão.

– Desculpe, esqueci, estou divagando.

– Não, você não divaga, não. E eu, apesar de tudo, estou muito contente com a nossa fuga, porque também tive momentos inesquecíveis. Só que sinto angústia quanto ao que me espera na "devoradora de homens". Cinco anos é quase impossível de aguentar.

Eu lhe explico, então, o que decidi fazer e sinto que ele reage de modo muito positivo. Fico satisfeito em ver meu amigo reanimado, junto de mim. Estamos a quinze dias do comparecimento diante do tribunal. Conforme certos boatos, o comandante, que vem presidir o conselho de guerra, é conhecido por ser um homem severo, mas, ao que parece, muito correto. Não aceita com facilidade as invencionices da administração. Aí está uma boa notícia.

Clousiot e eu, porque Maturette está na cela desde a nossa chegada, recusamos aceitar um vigilante como advogado. A gente resolveu que eu fale pelos três e vou expor, por mim mesmo, nossa defesa.

O JULGAMENTO

Esta manhã, barbeados e com o cabelo cortadinho há pouco, metidos de novo num macacão de listras vermelhas, calçados, esperamos no pátio o momento de passar pelo tribunal. Já há quinze dias que tiraram o gesso de Clousiot. Caminha normalmente, não ficou manco.

O conselho de guerra começou na segunda-feira. Estamos no sábado de manhã. Já houve, portanto, cinco dias de processos diversos: o processo dos homens das formigas levou um dia inteiro. Condenados ambos à morte, nunca mais voltei a vê-los. Os irmãos Graville pegam quatro anos somente (falta de prova do ato de antropofagia). O processo deles levou mais da metade de um dia. O restante dos homicídios pegou cinco ou quatro anos.

Em geral, contando os catorze que compareceram, as penas impostas são um tanto severas, mas aceitáveis, sem exagero.

Nosso julgamento começa às 7 e meia. Estamos na sala, quando um comandante, em uniforme especial, entra acompanhado de um velho capitão de infantaria e de um tenente, que servirão de assessores.

À direita do tribunal, um vigilante cheio de galões, um capitão, representa a administração, a acusação.

– Caso Charrière, Clousiot, Maturette.

Estamos a cerca de 4 metros do tribunal. Disponho de tempo para estudar a cabeça burilada pelo deserto deste comandante de quarenta a 45 anos, os cabelos embranquecidos nas têmporas. Sobrancelhas grossas encimam olhos negros, enormes, que nos fitam direto nos olhos. É um verdadeiro militar. Seu olhar não tem nada de mau. Ele nos examina, nos avalia em poucos segundos. Meus olhos se fixam nos seus e, a seguir, voluntariamente, os desvio.

O capitão da administração ataca de modo exagerado e isso vai fazer com que perca a partida. Chama de tentativa de assassinato o golpe circunstancial nos vigilantes. Quanto ao árabe afirma que foi um milagre não ter morrido com as nossas numerosas cacetadas. Comete outra falta, dizendo que somos os forçados que, desde que o degredo existe, levaram mais longe, em país estrangeiro, a desonra da França: "Até a Colômbia! Dois mil e quinhentos quilômetros, senhor presidente, percorreram estes homens. Trinidad, Curaçau, Colômbia, todos estes países ouviram certamente as tagarelices mais mentirosas sobre a administração penitenciária francesa.

"Peço duas condenações diferentes, ou seja, um total de oito anos: cinco anos por tentativa de homicídio, por um lado, e três anos por fuga, por outro lado. Isso, para Charrière e Clousiot. Para Maturette, peço somente três anos por fuga, uma vez que se infere do inquérito que ele não participou da tentativa de assassinato."

O presidente: "O tribunal estaria interessado em uma narrativa a mais breve possível desta dilatada odisseia."

Conto, omitindo a parte do Maroni, nossa viagem por mar até Trinidad. Descrevo a família Bowen e suas bondades. Cito o que disse o chefe de polícia de Trinidad: "Não nos cabe julgar a justiça francesa, mas não concordamos com o envio de seus prisioneiros para a Guiana, e é por isso que ajudamos vocês." Curaçau, o Padre Irénée de Bruyne, o incidente do saco de florins, depois a Colômbia, por que e como fomos parar lá. Muito abreviada, uma pequena exposição de minha vida com os índios. O comandante me ouve sem interromper. Só me pede alguns detalhes a mais acerca da minha vida com os índios, passagem que o interessa enormemente. A seguir, as prisões colombianas, particularmente o calabouço submarino de Santa Marta.

– Obrigado, sua narrativa esclareceu a corte e, ao mesmo tempo, a interessou. Vamos fazer um intervalo de quinze minutos. Não vejo os defensores dos senhores, onde estão?

– Não os temos. Eu pediria ao senhor para aceitar que eu mesmo apresente a defesa de meus camaradas e a minha.

– Você pode pedir, o regulamento permite.

– Obrigado.

Um quarto de hora depois, a sesão recomeça.

O presidente: "Charrière, o tribunal o autoriza a apresentar a defesa dos seus camaradas e a sua própria. Não obstante, nós o advertimos de que este tribunal lhe retirará a palavra se o senhor faltar com o respeito ao representante da administração. O senhor pode se defender com toda a liberdade, porém com expressões convenientes. O senhor tem a palavra."

– Peço ao tribunal para afastar pura e simplesmente o delito de tentativa de assassinato. Ele é inverossímil e vou prová-lo: eu tinha, no ano passado, 27 anos e Clousiot, trinta. Estávamos com força total, recém-chegados da França. Temos 1 metro e 74 e 1 metro e 75 de altura. Batemos no árabe e nos vigilantes com as pernas de ferro de nossa cama. Nenhum dos quatro foi seriamente ferido. Eles foram, portanto, golpeados com muita precaução, tendo em vista o objetivo, que alcançamos, de os pôr fora de combate causando-lhes o menor mal possível. O vigilante acusador esqueceu de dizer, ou o ignora, que as barras de ferro estavam envolvidas com trapos de pano, a fim de evitar o risco de matar alguém. O tribunal, formado de soldados de carreira, sabe muito bem o que um homem forte pode fazer batendo na cabeça de uma pessoa simplesmente com a lâmina de uma baioneta. Imaginem, então, o que não se pode fazer com uma perna de ferro de uma cama. Devo observar ao tribunal que nenhuma das quatro pessoas atacadas foi hospitalizada.

"Num caso de condenação à prisão perpétua, creio que o delito de fuga é menos grave do que para um homem condenado a uma pena mínima. É bem difícil aceitar, em nossa idade, que nunca mais vamos viver livremente. Peço para nós três a indulgência do tribunal."

O comandante fala baixinho com os dois assessores, depois bate na mesa com um martelo.

– Acusados, levantem-se!

Nós três, duros como estacas, ficamos na expectativa.

O presidente: "O tribunal, afastando a acusação de tentativa de assassinato, não tem por que ditar uma sentença, mesmo de absolvição, por este fato.

"Quanto ao delito de fuga, nós reconhecemos os senhores culpados em segundo grau. Por este delito, o tribunal os condena a dois anos de reclusão."

Dizemos a uma voz: "Obrigado, comandante." Eu acrescento: "Obrigado ao tribunal."

Na sala, os guardas, que assistiam ao processo, não voltam mais.

Quando tornamos a entrar no edifício onde estão nossos companheiros, todo mundo fica contente com a notícia, ninguém sente inveja. Pelo contrário. Mesmo os que sofreram condenações pesadas nos felicitam sinceramente pela nossa sorte.

François Sierra veio me abraçar. Está louco de alegria.

6 | AS ILHAS DA SALVAÇÃO

A CHEGADA ÀS ILHAS

É amanhã que a gente vai embarcar para as Ilhas da Salvação. Apesar da minha luta toda, aqui estou. E, desta vez, a poucas horas de ser internado pelo resto da vida. Primeiro, terei de cumprir dois anos de reclusão na Ilha Saint-Joseph. Espero desmentir a alcunha que os forçados deram a ela, de "devoradora de homens".

Perdi o *round*, mas meu espírito não é o de um vencido.

Posso me dar por muito feliz de ter só dois anos a cumprir nessa cadeia de outra cadeia. Conforme prometi a mim mesmo, não vou me deixar levar facilmente pelas divagações a que leva o isolamento completo. Para me livrar disso, tenho um esquema: tenho, acima de tudo, de me imaginar livre, saudável e bem-disposto, como um forçado normal das ilhas. Estarei com trinta anos na saída.

Nas ilhas, as fugas são muito raras, bem sei. Mas, mesmo que contados nos dedos de uma das mãos, alguns homens escaparam. Pois bem, quanto a mim, escaparei, tenho certeza. Daqui a dois anos, escaparei das ilhas, vou repetindo a Clousiot, que viaja a meu lado.

– Meu velho Papillon, nada consegue abalá-lo, e essa sua fé de um dia ser livre me dá inveja. Há um ano que você não para de preparar tentativas e nunca desistiu. Mal fracassou uma fuga e você já está preparando outra. Fico até espantado de você não ter tentado nada aqui.

– Aqui, velho, só tem um jeito: fomentar uma revolta. Só que, para mim, não dá tempo de arregimentar todos estes homens. Quase provoquei uma revolta, mas tive medo de ela acabar também comigo. Estes quarenta homens que estão aqui são todos forçados antigos. O caminho da podridão os engoliu, eles reagem diferente da gente. Por exemplo: os antropófagos, os caras das formigas, aquele que botou veneno na sopa e, para matar um homem, não hesitou em envenenar sete outros que nunca lhe tinham feito nada.

– Mas nas ilhas os caras vão ser assim também.

– Certo, mas escaparei das ilhas sem precisar de ninguém.

Vou partir sozinho ou, no máximo, com um cara. Está rindo, Clousiot, por quê?

– Estou rindo porque você nunca abandona o jogo. Esse fogo que lhe queima as tripas, de estar em Paris para acertar as contas com seus três amigos, lhe dá uma tal força que você nem admite que o que mais deseja possa fracassar.

– Tchau, Clousiot. Até amanhã. Pois é, vamos ver essas famosas Ilhas da Salvação. Uma primeira coisa para se perguntar: por que essas ilhas da perdição são chamadas de Ilhas da Salvação?

E, voltando as costas para Clousiot, volto um pouco mais o rosto para o vento da noite.

No dia seguinte, bem cedo, embarcamos para as ilhas. Vinte e seis homens num barco de 400 toneladas, o *Tanon*, embarcação costeira que faz a ligação entre Caiena, as ilhas e São Lourenço.

Dois a dois, temos os pés amarrados com uma corrente e estamos algemados. Dois grupos de oito homens na frente, vigiados cada um por quatro guardas de mosquetão na mão. E mais um grupo de dez atrás, com seis guardas e os dois chefes da escolta. Todo o pessoal está na ponte deste barco e é bem possível que a gente desmaie assim que o tempo engrossar.

Decidi não pensar durante esta viagem, estou querendo me distrair. Por isso, só para chatear, grito para o vigia perto de mim, com a sua cara de coveiro:

– Com as correntes que vocês nos botaram, é certo que não escaparemos se este bote podre afundar, o que é bem possível, no estado em que está, se o mar engrossar.

Ainda sonolento, o guarda reage como o previsto.

– Pode se afogar, tanto faz. A ordem é botar as correntes e pronto. A responsabilidade é daqueles que dão as ordens. Nós, que cumprimos, estamos garantidos.

– De qualquer modo, está certo, seu vigia, com correntes ou sem correntes, se este caixão abrir iremos todos para o fundo.

– Sabe, há muito tempo – diz o estúpido – que este barco faz o percurso e nunca aconteceu nada.

– Exato, mas é justamente porque ele existe há tanto tempo que, na certa, agora pode acontecer alguma coisa de um momento para outro.

Tinha conseguido o que queria: abalar o silêncio geral que me irritava. Logo o assunto foi retomado por vigilantes e forçados.

– Pois é, este barco é um perigo e, além do mais, estamos acorrentados. Sem as correntes, a gente teria uma chance.

– Oh! Dá na mesma. A gente, com a farda, as botas e o mosquetão, também não boia.

– O mosquetão não importa; se o barco afundar, a gente joga fora – diz outro.

A isca pegou, dou o segundo lance:

– Onde estão os botes salva-vidas? Estou vendo só esse pequenininho aqui, para oito homens no máximo. Só o comandante e a tripulação vão encher ele. Para os outros, banana!

Então o troço pega, papo aceso.

– É mesmo, não tem nada e o barco está num estado tal, que é uma irresponsabilidade inaceitável que pais de família tenham que correr perigo para acompanhar esses malandros.

Como estou no grupo de trás, é perto da gente que viajam os dois chefes do comboio. Um deles me olha e diz:

– Você é o Papillon, aquele que está voltando da Colômbia?

– Sou.

– Não me espanta que você tenha ido tão longe, parece que entende de marinha.

Pretensiosamente, respondo:

– Sim, muito.

A resposta gela os caras. Além disso, o comandante desce do passadiço, pois acabamos de sair do estuário do Maroni, e, como é o trecho mais perigoso, ele mesmo pega o timão. Agora, entrega-o para outro. Então, esse comandante, um preto do Sudão, baixote e gordinho, de cara ainda jovem, pergunta onde estão os caras que foram até a Colômbia num pedaço de pau.

– Este, este e aquele lá, ao lado – responde o chefe do comboio.

– Quem era o capitão? – pergunta o anão.

– Eu, senhor.

– Pois olha, meu chapa, como marinheiro, lhe dou os parabéns. Você não é um qualquer. Olhe!

Bota a mão no bolso da japona:

– Pegue este pacote de fumo e o papel. Fume à minha saúde.

– Obrigado, meu comandante. Mas eu também devo dar os parabéns ao senhor pela coragem de navegar com este rabecão, uma ou duas vezes por semana, ao que parece.

Estourara numa gargalhada, para completar a irritação daqueles que eu queria chatear. Diz:

– Ah! Está certo! Faz tempo que eles deviam ter jogado esse bote no cemitério, mas a companhia aguarda que ele afunde para receber o seguro.

Aí corto a conversa com uma observação que é como um soco no estômago:

– Ainda bem que tem um bote salva-vidas para o senhor e a tripulação.

– Sim, ainda bem – responde o comandante sem pensar, sumindo logo em seguida pela escada.

Esta conversa, que eu tinha provocado deliberadamente, distraiu a minha viagem durante mais de quatro horas. Cada um queria acrescentar alguma coisa e o papo se estendeu, não sei como, até a frente do barco.

O mar, hoje, lá pelas 10 da manhã, não está agitado, mas o vento não favorece a viagem. Estamos indo em direção nordeste, isto é, contra as ondas e o vento, o que naturalmente faz balançar e jogar o barco mais que de costume. Alguns guardas e forçados estão doentes. Por sorte, aquele que está acorrentado comigo aguenta o balanço, pois não há nada mais desagradável que um sujeito vomitando perto da gente. Este rapaz é um verdadeiro moleque parisiense. Foi para os trabalhos forçados em 1927. Faz, então, sete anos que está nas ilhas. É relativamente jovem, tem 38 anos.

– Me chamam de Titi la Belote, vou te dizer, meu chapa, porque a belote (jogo de cartas) para mim não tem segredos. Aliás, nas ilhas, é disso que vivo. Vou de belote a noite inteira, a 2 francos o ponto. Com as paradas, isso vai longe. Se você ganha com um duzentos de valete, o cara te paga quatrocentos pacotes e umas ninharias para os outros pontos.

– Quer dizer que tem grana às pampas nas ilhas?

– É, sim, meu velho Papillon! Nas ilhas está assim de canudos que têm grana pra valer. Estou vendo que você é calouro, meu chapa. Parece que você não está por dentro de nada!

– Não, não sei nada de nada sobre as ilhas. Só sei que é muito difícil fugir.

– Fugir? – diz Titi. – Nem vale a pena falar. Faz sete anos que estou aqui, houve duas tentativas. Resultado: três mortos e dois presos. Ninguém conseguiu. Por isso, não tem muitos candidatos para tentar a sorte.

– Por que é que você foi ao continente?

– Fui tirar uma chapa para ver se tenho úlcera.

– E não conseguiu fugir do hospital?

– Por sua causa. Foi você, Papillon, que estragou tudo. E, além do mais, tive a falta de sorte de eles me botarem na mesma sala da qual você fugiu. Já viu a vigilância! Cada vez que a gente se aproximava de uma janela para respirar um pouco, os guardas bronqueavam. E, se a gente queria saber por quê, eles respondiam: "Você pode estar pensando em imitar o Papillon."

– Diga, Titi, este sujeito sentado ao lado do chefe do comboio, quem é? Dedo-duro?

– Está louco! Este sujeito é muito estimado pelo pessoal todo. É um cara bem-nascido, mas sabe se passar por um verdadeiro malandro: não dá trela aos guardas, não pede favores, fica no seu papel de forçado, com distinção. Sabe dar um bom conselho, é um ótimo colega e não quer saber de intimidade com os tiras. Nem o padre e o médico conseguiram se aproximar dele. Este sujeito grã-fino, que tem o jeito de um verdadeiro malandro, é descendente de Luís XV. No duro, meu chapa, é um conde, um conde de verdade, o nome dele é Conde Jean de Bérac. Apesar de ser grande amigo, quando chegou, levou tempo para conquistar a confiança dos homens. Mandaram ele para a cadeia por causa de um troço nojento.

– Que foi que ele fez?

– Bom, chutou o próprio filho por cima de uma ponte, num rio; e, como o garoto caiu num lugar com pouca água, teve a coragem de descer, pegar e jogar ele num lugar mais fundo.

– Não diga! Então é como se tivesse matado duas vezes o próprio filho?

– Diz um amigo meu, que é contador e viu o processo, que o sujeito ficou aterrorizado. A mãe dele tinha botado a mãe do garoto no olho da rua, como uma cadela, era uma criadinha do castelo. Conta o meu amigo que o sujeito era dominado por uma mãe orgulhosa, pedante; ela o humilhou tanto, ele, um conde, por ter ido para a cama com uma criadinha, que o cara não sabia mais o que estava fazendo quando jogou o garoto no rio, depois de ter dito à mãe que o tinha levado à assistência pública.

– A quanto o condenaram?

– Só a dez anos. Pense bem, Papillon, não é um cara como a gente. A condessa, esteio da família, deve ter explicado aos magistrados que matar o filho de uma empregada não é um delito tão grave assim, quando é cometido por um conde que procura salvar o bom nome de sua estirpe.

– Conclusão?

– Pois a minha conclusão (eu, que sou um merda de um jogador parisiense) é a seguinte: livre e sem problemas, este Conde Jean de Bérac era um fidalgo educado de tal modo, que nada importava para ele, só o sangue azul, o resto era insignificante e não merecia a menor preocupação. Talvez os outros não fossem realmente escravos, mas eram pelo menos seres sem maior importância. Esse monstro de egoísmo e pretensão que era a sua mãe o massacrou e aterrorizou a tal ponto, que ele virou um monstro também. Foi na prisão que este grande senhor, que antes pensava ter o direito da primeira noite, se tornou um verdadeiro nobre, na plena significação da palavra. Parece engraçado, mas só agora ele realmente é o Conde Jean de Bérac.

As Ilhas da Salvação, um "desconhecido" para mim, vão deixar de sê-lo daqui a poucas horas. Sei que é muito difícil fugir. Mas não é impossível. E, aspirando o delicioso vento do alto-mar, penso: "Quando é que este vento de proa será transformado em vento de popa, numa fuga?"

Chegamos. Aqui estão as ilhas! Desenham um triângulo. Royale e Saint-Joseph formam a base. A Ilha do Diabo, o vértice. O sol, já declinando, ilumina-as com todos os seus raios, que só nos trópicos têm tal intensidade. Assim, dá para vê-las à vontade. Primeiro Royale, com uma borda plana e baixa que faz a volta de um espigão de mais de 200 metros de altura, o cimo é achatado. O conjunto dá a impressão de um *sombrero* colocado sobre o mar e do qual se teria cortado a ponta. Muitos coqueiros altos, bem verdes também. Casinhas de telhado vermelho dão à ilha um aspecto bastante atraente, e aqueles que não sabem o que é que há lá desejariam viver aí a vida toda. Um farol no planalto deve iluminar à noite, para que, nas tempestades, os barcos não venham se espatifar nos rochedos. Agora, que estamos mais perto, enxergo cinco edifícios grandes e compridos. Titi me diz que primeiro se veem duas imensas salas onde vivem quatrocentos forçados. Depois é o bloco da repressão, com suas celas e masmorras, cercado por um alto muro branco. O quarto edifício é o hospital dos forçados e o quinto é o dos guardas. E, por toda parte, espalhadas pelas encostas, casinhas com telhas cor-de-rosa, onde moram os guardas. Mais longe, mas muito perto da ponta de Royale, Saint-Joseph. Menos coqueiros, menos folhagem e, bem em cima do planalto, um imenso casarão que se enxerga muito bem do mar. Entendo imediatamente: é a reclusão, e Titi la Belote confirma. Ele me mostra, mais abaixo, os prédios onde vivem os forçados que estão cumprindo penas comuns. Estes prédios são perto do mar. As torres de vigilância, com suas ameias, destacam-se com muita nitidez. E mais algumas casinholas, graciosas, com paredes pintadas de branco e telhados vermelhos.

Como o barco pega a entrada da Ilha Royale pelo sul, não dá mais para ver agora a pequena Ilha do Diabo. Pela rápida visão que tive dela, é um enorme rochedo, coberto de coqueiros, sem edificações de importância. Algumas casas à beira-mar, pintadas de amarelo com telhados enegrecidos. Saberei mais tarde que são as casas onde vivem os deportados políticos.

Estamos entrando no porto de Royale, abrigado por um molhe imenso, feito de grandes blocos. Obra cuja construção deve ter custado a vida de muitos forçados.

Após três apitos da sirene, o *Tanon* lança a âncora a mais ou menos 250 metros do cais. Este cais, solidamente construído com cimento e cascalho grosso, é muito comprido e tem mais de 3 metros de altura.

Edifícios pintados de branco, com um certo recuo, são dispostos paralelamente a ele. Leio, em letras pretas sobre fundo branco: POSTO DE GUARDA, SERVIÇO DE BARCOS, PADARIA, ADMINISTRAÇÃO DO PORTO.

Vemos forçados que olham para o barco. Não estão de uniforme, mas todos de calças e com uma espécie de blusão branco. Titi la Belote me explica que, nas ilhas, os que têm dinheiro encomendam aos alfaiates roupas leves, "sob medida", feitas com sacos de farinha cujas letras foram apagadas, e que chegam mesmo a ter uma certa elegância. Quase ninguém, diz, está usando o uniforme de forçado.

Uma canoa se aproxima do *Tanon*. Um guarda no leme, dois guardas armados de mosquetão à esquerda e à direita; atrás, perto do que está no leme, seis forçados em pé, de peito nu, calças brancas, remam com remos imensos. Percorrem rapidamente a distância. Puxam atrás deles, rebocada, uma grande canoa, do tipo salva-vidas, vazia. Encostam. Descem primeiro os chefes do comboio, que vão se instalar atrás. Em seguida, dois guardas, com os mosquetões, ficam na frente. Com os pés desamarrados, mas sempre algemados, vamos descendo na canoa, de dois em dois; os dez do meu grupo, depois os oito do grupo da frente. Os remadores dão a partida. Terão que fazer mais uma viagem para o resto. Desembarcamos no cais e, enfileirados diante do edifício da administração do porto, ficamos esperando. Nenhum de nós tem embrulhos. Sem tomar conhecimento dos guardas, os transportados falam conosco em voz alta, à distância prudente de 5 ou 6 metros. Vários transportados do meu comboio me fazem sinais amistosos. Cesari e Essari, dois bandidos corsos que conheci em Saint-Martin, me dizem que são remadores, no serviço do porto. Neste momento chega Chapar, do caso da Bolsa de Marselha, que conheci em liberdade na França. Sem se preocupar, na frente dos guardas, me diz:

– Tenha calma, Papillon! Pode contar com os amigos, não te faltará nada na reclusão. Qual foi o teu prêmio?

– Dois anos.

– Certo, passa logo e depois você virá para cá com a gente; vai ver, aqui não é ruim.

– Obrigado, Chapar. E Dega?

– É contador lá em cima. Estranho que não esteja aqui. Vai lastimar não ter encontrado você.

Neste momento chega Galgani. Vem na minha direção, o guarda quer impedir que passe, mas ele passa assim mesmo:

– Não vão me impedir de abraçar o meu irmão, não, mas onde já se viu!

Diz, ao me abraçar:

– Conte comigo.

Antes de se retirar, eu digo:

– O que está fazendo?

– Cuido da correspondência.

– E como se sente?

– Estou tranquilo.

Os últimos desembarcaram e se juntaram a nós. Tiram as nossas algemas. Titi la Belote, Bérac e alguns desconhecidos se afastam do grupo. Um guarda diz para eles:

– Agora vamos subir até o campo.

Cada um deles tem um saco de forçado com as suas coisas. Cada um bota o saco nas costas e todos vão seguindo por um caminho que deve levar até o alto da ilha. O comandante das ilhas chega acompanhado por seis guardas. Fazem a chamada. Ele recebe o comboio completo. Nossa escolta vai embora.

– Onde está o contador? – pergunta o comandante.

– Está chegando, chefe.

Vejo Dega chegar, bem-vestido, de branco, com um paletó de botões acompanhado por um guarda: cada um vem trazendo um grande livro debaixo do braço. Os dois tiram os homens das fileiras, um por um, com suas novas classificações:

– Você, recluso fulano, matrícula de transportado número X, terá a matrícula de reclusão Z.

– Quanto?

– X anos.

Quando chega a minha vez, Dega me abraça demoradamente. O comandante vem se aproximando.

– Ele é o Papillon?

– Sim, meu comandante – responde Dega.

– Comporte-se bem na reclusão. Dois anos passam rápido.

A RECLUSÃO

Uma canoa está pronta. Dos dezenove condenados, dez vão na primeira viagem. Sou chamado para partir. Friamente, Dega diz: "Não, esse aqui vai na última viagem."

Desde que cheguei, estou espantadíssimo de ver a maneira de falar dos presos. Não se sente disciplina alguma, eles parecem não ligar para os guardas. Falo com Dega, que se colocou a meu lado. Ele já conhece toda a minha história, a história da minha fuga. Homens que estiveram comigo em Saint-Laurent vieram para as ilhas e lhe contaram tudo. Não chora por mim, é muito arguto. Comenta, em uma única frase, dita com todo o coração: "Merecias ter conseguido, calhorda. Mas fica para a próxima." Não chega sequer a me desejar coragem. Sabe que eu a tenho.

– Estou como encarregado-geral dos serviços de intendência e me dou muito bem com o comandante. Comporte-se bem lá na reclusão, mandarei cigarros e comida, não faltará nada.

– Papillon, vamos! – é a minha vez.

– Até a volta, para todos. Obrigado pelo que disseram.

Embarco na canoa. Vinte minutos depois, chegamos a Saint-Joseph. Tive tempo de observar que há somente três guardas armados a bordo, para seis forçados que remam e dez presos condenados à reclusão. Seria mole comandar a tomada desse barco. Em Saint-Joseph nos espera um comitê de opção. Somos apresentados a dois comandantes: o comandante da penitenciária da ilha e o comandante da reclusão. A pé, algemados, percorremos o caminho que sobe para a reclusão. Não há nenhum forçado em nosso trajeto. Entramos por uma grande porta de ferro, encimada por duas palavras: RECLUSÃO DISCIPLINAR. Compreendemos logo o que há de sério naquela casa. A porta e os quatro muros altos que nos circundam ocultam, antes de mais nada, um pequeno prédio onde se lê: ADMINISTRAÇÃO-DIREÇÃO. E mais três outros prédios: A, B e C. Somos levados ao prédio da direção e entramos numa sala fria. Dispostos em duas filas, ouvimos, os dezenove, o que nos diz o comandante da reclusão:

– Prisioneiros, vocês sabem que essa casa é uma casa de castigo para as faltas cometidas pelos condenados. Aqui, não tentamos corrigi-los, porque sabemos que isso seria inútil. Queremos é domar vocês. Aqui há só uma regra: bico calado. Silêncio absoluto. Qualquer comunicação entre as celas é arriscada: pode dar uma punição bastante dura. Se vocês não estiverem gravemente doentes, não peçam médico, pois uma chamada injustificada resulta em castigo. É tudo o que eu tenho para dizer. Ah, e é rigorosamente proibido fumar! Pronto, guardas, revistem bem cada um deles e coloquem cada um em uma cela. Charrière, Clousiot e Maturette não devem ficar num mesmo prédio. O senhor é pessoalmente responsável por isso, Sr. Santori.

Dez minutos depois, estou trancado na minha cela, a 234 do prédio A. Clousiot está no B e Maturette no C. Despedimo-nos com o olhar. Entrando aqui, compreendemos logo, todos, que, para sair vivo, preciso obedecer a esse regulamento desumano. Vejo-os serem levados, meus companheiros desta fuga tão longa, camaradas firmes e corajosos, que me acompanharam com valor e nunca chorarão nem lamentarão o que fizeram na minha companhia. Após catorze meses de luta lado a lado, pela conquista da nossa liberdade, meu coração se contrai, pois estamos ligados por uma amizade sem limites.

Examino a cela onde me fizeram entrar. Nunca eu teria podido supor ou imaginar que num país como o meu – a França, mãe da liberdade no mundo inteiro, terra que deu à luz os direitos do homem e do cidadão – pudesse haver, mesmo na Guiana Francesa, numa ilha perdida do Atlântico, do tamanho de um lenço de bolso, uma instalação tão barbaramente repressiva como a da reclusão da Ilha de Saint-Joseph. Imaginem vocês cinquenta pequenas celas, lado a lado, cada uma delas com os fundos pegados aos fundos de uma outra cela, todas igualmente cercadas por quatro paredes muito espessas com uma única abertura: a de uma pequena porta de ferro, com seu visor. Embaixo de cada visor, a inscrição pintada na porta: PROIBIDO ABRIR ESTA PORTA SEM ORDEM SUPERIOR. À esquerda, uma placa de madeira embutida na parede com uma almofada de madeira, abrindo e fechando de acordo com o mesmo sistema de Beaulieu. Um pano para coberta, um bloco de cimento num canto, ao fundo, servindo de banquinho. Uma vassourinha, uma caneca de soldado e uma colher de pau. Uma placa vertical de ferro, ocultando uma bacia metálica, presa a ela por uma corrente (pode-se puxá-la para fora a fim de usá-la como latrina ou mergulhá-la dentro a fim de esvaziá-la). A 3 metros de altura, à guisa de janela, uma abertura com enormes barras de ferro, grossas como trilhos, cruzadas de tal maneira que não deixam passar volume algum. Mais alto, a cerca de 7 metros do chão, o verdadeiro teto do prédio. Por cima das celas, na linha que junta os fundos de umas aos fundos das outras, um caminho de ronda, com mais ou menos 1 metro de largura e uma rampa de ferro. Dois vigias caminham incessantemente de cada uma das extremidades até a metade do caminho, onde se encontram e fazem meia-volta. A impressão é horrível. A claridade do dia chega bem até a passarela dos guardas, mas, dentro de cada cela, mesmo em pleno dia, a gente mal consegue enxergar. Começo logo a andar pelo meu cubículo, esperando o apito (ou algo que o valha) para abrir a cama. Para não fazer barulho algum, tanto os prisioneiros como os guardas ficam de meias. Penso imediatamente: "Aqui, na cela 234, Charrière, também chamado Papillon, condenado a uma pena de dois anos, ou melhor, de 730 dias, tentará viver sem ficar maluco. Cabe-lhe desmentir o apelido que deram a esta reclusão de 'devoradora de homens.'"

Um, dois, três, quatro, cinco, meia-volta. Um, dois, três, quatro, cinco, meia-volta. O guarda acaba de passar diante do meu cubículo. Não o ouvi passar, mas o vi. Pam! A luz se acende, mas muito alta, suspensa a mais de 6 metros, lá fora, no teto do prédio. A passarela fica iluminada, as celas permanecem no escuro. Começo a andar, o pêndulo está outra vez em movimento. Durmam tranquilos. Se vocês soubessem para onde me mandaram, acho que se recusariam com um gesto de repulsa a serem cúmplices da aplicação de um castigo assim. Vai ser muito difícil escapar às vagabundagens da imaginação. Quase impossível. Suponho que talvez seja melhor aceitá-las e orientá-las para temas que não sejam demasiado deprimentes, ao invés de tentar suprimi-las completamente.

É um sinal de apito, na verdade, que anuncia que podemos baixar da parede as placas de madeira que nos servirão de cama. Ouço uma voz grossa que diz:

– Os novatos ficam sabendo que, a partir de agora, se quiserem, podem abrir os leitos embutidos e deitar.

Interessam-me somente as palavras "se quiserem". Continuo, portanto, a andar. O momento é crucial demais para dormir. É preciso que eu me habitue a esta jaula aberta no teto. Um, dois, três, quatro, cinco, já consegui um ritmo para o meu passeio, com a cabeça baixa, as mãos atrás das costas, a distância dos passos rigorosamente calculada, vou e volto interminavelmente, como um pêndulo, como um sonâmbulo. Chegando ao final dos cinco passos, já nem vejo a parede, apenas roço nela ao dar meia-volta, de passagem, nessa maratona que não tem chegada nem tempo de duração.

Na verdade, Papi, esta "devoradora de homens" não é de brincadeiras. Quando a sombra do guarda se projeta na parede, o efeito é estranho. Se a gente levanta a cabeça para vê-lo, a situação ainda fica mais deprimente: fica-se com o ar de um leopardo numa fossa, observado, de cima, pelo caçador que acaba de capturá-lo. A impressão é horrível, precisarei de alguns meses para habituar-me a ela.

Cada ano tem 365 dias. Dois anos são 730 dias, se um deles não for bissexto. Essa ideia me faz sorrir. Saber que 730 dias ou 731 é a mesma coisa. Por que é a mesma coisa? Não é verdade.

Um dia a mais são mais 24 horas e 24 horas é um bocado de tempo. Setecentos e trinta dias de 24 horas é muito mais tempo. Quantas horas dá o total? Será que eu consigo calcular de cabeça? Como fazer essa conta? É impossível. Por quê? Posso fazê-la. Vejamos um pouco. Cem dias são 2.400 horas. É muito fácil multiplicá-las por sete, dá 16.800 horas. Ficam por somar ainda trinta dias, que dão 720 horas. Dezesseis mil e oitocentas horas mais 720 dão um total geral de 17.520 horas, se não me enganei nas contas. Prezado Sr. Papillon, o senhor tem 17.520 horas para ir morrendo nesta jaula de paredes lisas, especialmente fabricada para feras selvagens. Quantos minutos precisarei passar aqui? Não interessa. As horas, está certo, mas por que calcular os minutos? Não exageremos. Por que não os segundos? Se isso tem importância ou não, o fato é que eu não estou interessado. Sozinho comigo mesmo, devo preencher com alguma coisa esses dias, essas horas, esses minutos. Quem estará à minha direita? E à minha esquerda? E atrás de mim? Se as celas estão ocupadas, será que esses três homens não deverão estar perguntando também a eles próprios quem acaba de entrar na 234?

Ouço o ruído abafado de uma coisa que acaba de cair atrás de mim, na minha cela. Que será? Será que o meu vizinho teve suficiente habilidade para conseguir me jogar alguma coisa através da grade? Procuro descobrir o que é. Mal consigo avistar um troço comprido e estreito. No momento em que vou apanhá-la, a coisa – que, no escuro, eu mais adivinho do que vejo – começa a se mexer e se deslocar rapidamente na direção da parede. Quando ela se mexeu, tive um movimento de recuo. Chegando ao muro, ela começa a subir, mas logo cai por terra. A parede é tão lisa que a coisa não consegue subir por ela. Deixo-a tentar três vezes a subida; quando ela tenta pela quarta vez e cai, esmago-a com o pé.

Sinto algo mole sob a meia grossa. O que poderá ser? Ponho-me de joelhos e olho-a o mais perto que posso. Por fim, consigo distinguir: é uma enorme centopeia de mais de 20 centímetros de comprimento e dois dedos de largura. Sinto-me tão repugnado, que não a apanho para pôr na bacia; empurro-a com o pé para baixo da cama. Amanhã, durante o dia, verei. Aliás, tive ocasião de ver muitas centopeias: elas caem do teto do prédio, lá de fora. Aprendi a deixá-las caminharem sobre o meu corpo nu quando estou deitado, sem pegá-las e sem fazer-lhes mal. Tive ocasião de aprender quanto sofrimento pode custar um erro tático quando uma centopeia está em cima da gente. Uma picada desse bicho nojento queima horrivelmente durante seis dias e provoca uma febre de cavalo que dura mais de doze dias na pessoa.

De qualquer maneira, será uma distração, um derivativo para os meus pensamentos. Quando eu estiver acordado e cair uma centopeia, torturá-la-ei com a vassoura durante o máximo de tempo que me for possível, ou então me divertirei com ela, deixando-a esconder-se e tentando encontrá-la depois.

Um, dois, três, quatro, cinco... Silêncio total. Ninguém ronca aqui? Ninguém tosse? É verdade que está fazendo um calor de abafar tudo. E é noite! Como não deve ser de dia... Meu destino é o de viver com as centopeias. Quando a água subia no calabouço de Santa Marta, chegava uma grande quantidade delas; eram menores, mas da mesma família destas. Em Santa Marta havia inundação todos os dias, é verdade, mas a gente falava, gritava, escutava os cantos, as vozes e as divagações dos loucos temporários ou definitivos. Não é a mesma coisa. Se eu tivesse que escolher, escolheria Santa Marta. O que estás dizendo é ilógico, Papillon. A opinião unânime é a de que o máximo que um homem poderia resistir lá embaixo seriam seis meses. Ora, aqui, há muitos que têm penas de quatro, cinco anos, ou até mais, por cumprir. Que eles tenham sido condenados a essas penas é uma coisa, mas que as cumpram é outra. Quantos se suicidam? Não vejo como alguém possa se suicidar. No entanto, é possível. Não é fácil, porém, a gente poder se enforcar. Fabricando uma corda com as calças. utilizando a vassourinha para passar a ponta da corda por uma das barras de ferro da janela, trepado na cama. Fazendo essa operação bem junto ao chão do caminho da ronda, é provável que o guarda não veja a corda. Quando o guarda tiver acabado de passar, você se balança no vazio; e, quando ele voltar, você já está frito. Aliás, ele não terá muita pressa em descer e abrir a cela para soltar da corda o corpo do enforcado. Abrir a cela? Ele não pode. Está escrito na porta: "Proibido abrir esta porta sem ordem superior." Então, não precisa se preocupar, quem quiser se suicidar tem muito tempo para isso, antes que venham tirá-lo da corda "por ordem superior".

Toda essa minha descrição talvez não seja muito movimentada e interessante para as pessoas que gostam da ação e dos incidentes. Se eu as estiver aborrecendo, essas pessoas podem pular as páginas. No entanto, creio que devo descrever com a maior fidelidade possível essas primeiras impressões, esses primeiros pensamentos que me apareceram no primeiro contato com a nova cela, essa reação das minhas primeiras horas de enterrado vivo.

Estou caminhando há muito tempo. Ouço um murmúrio no meio da noite – é a troca da guarda. O guarda anterior era grande e magro, este de agora é gordo e baixo. Arrasta um pouco os pés.

O barulho dos pés se arrastando se percebe duas celas antes e permanece até duas celas depois. Não é cem por cento silencioso, como o outro. Continuo a andar. Deve ser tarde. Que horas devem ser? Amanhã terei um controle do tempo mais preciso. Graças às quatro vezes por dia em que se deve abrir a janelinha da porta, saberei aproximadamente as horas. Para a noite, sabendo a hora do começo do primeiro turno da guarda e a duração dele, terei uma boa medida de tempo: primeiro turno, segundo, terceiro etc.

Um, dois, três, quatro, cinco... Automaticamente, continuo nessa caminhada interminável e, com a ajuda do cansaço, consigo facilmente sair do presente e mergulhar no passado. Por contraste com a escuridão da cela, com certeza, sinto-me em pleno sol, sentado na praia da minha tribo. O barco em que Lali está pescando oscila a 200 metros de mim, nesse mar verde-opala, incomparável. Mexo na areia com os pés. Zoraima me traz um peixe grande assado na brasa, enrolado carinhosamente numa folha de bananeira, para conservar o calor. Como com a mão, naturalmente; e ela, sentada de pernas cruzadas diante de mim, me observa. Fica feliz de ver como grandes pedaços do peixe vão sendo facilmente suprimidos e lê no meu rosto a satisfação de saborear uma comida tão deliciosa.

Não estou mais na cela. Nem mesmo sei se existe a reclusão, se existem Saint-Joseph e as ilhas. Rolo na areia, limpando as mãos nestes grãos tão finos, que até parecem de farinha. Depois vou até o mar, para bochechar com essa água tão límpida e também tão salgada. Pego a água com as mãos e passo-a na cara. Esfregando o pescoço, percebo que meus cabelos estão muito compridos. Quando Lali voltar, vou pedir a ela para cortá-los. Passo a noite toda com minha tribo. Tiro o *cache-sexe* de Zoraima e lá, na areia, em pleno sol, acariciado pelo vento do mar, possuo-a. Ela geme amorosamente, como costuma fazer quando goza. Talvez o vento leve até Lali essa música amorosa. De qualquer maneira, Lali está nos vendo, está percebendo que nós estamos abraçados, que estamos fazendo amor, pois a distância não é grande. Na verdade, ela deve ter nos visto, porque o barco volta logo para a praia. Ela desce, sorrindo. Durante o caminho da volta desfaz as tranças e passa os dedos compridos pelos cabelos molhados, que começam a secar, por obra do vento e do sol deste dia maravilhoso. Caminho na direção dela. Com o braço direito, ela me envolve e me puxa na direção da nossa cabana. Enquanto andamos juntos, ela não deixa de me fazer entender: "eu também, eu também." Quando entramos, me derruba numa rede que está dobrada no chão e me faz esquecer dentro dela que o mundo existe. Zoraima é muito inteligente e não quis entrar enquanto, segundo seus cálculos, nossos beijos ainda não tinham terminado. Quando ela chega, cansados e nus, nós ainda estamos deitados na rede. Vem sentar-se perto de nós e, dando uns tapinhas nas bochechas da irmã, repete-lhe uma palavra que sem dúvida deve significar qualquer coisa como "gulosa". Depois, castamente, veste Lali e me cobre com o meu *cache-sexe*, com gestos de pudica ternura. Passei a noite inteira na aldeia guajira. Não dormi nada. Nem sequer me deitei para ver através das pálpebras fechadas as cenas vividas. Andando sempre, numa espécie de hipnose, sem qualquer esforço da minha vontade, voltei àquele dia tão delicioso, vivido há cerca de seis meses.

A luz se apaga e percebe-se que está chegando o dia, invadindo a escuridão da cela, expulsando essa espécie de neblina negra que me impede de ver o que está por baixo, a meu redor. Um sinal de apito. Escuto o barulho das camas que se recolhem às paredes e o ruído do meu vizinho que ajeita seu leito embutido. Meu vizinho tosse e ouço um pouco de água caindo. Como é que a gente se lava aqui?

– Senhor guarda, como é que a gente se lava aqui?

– Prisioneiro, você está perdoado porque não sabia, mas não tem o direito de falar com o guarda, senão pega um castigo duro.

Para se lavar, você deve se colocar embaixo da bacia, pegar a água com o canecão, derramá-la com uma das mãos e se lavar com a outra. Você não desdobrou a coberta?

– Não.

– Dentro dela há uma toalha, pode verificar.

Essa agora! Não se pode falar com a sentinela? Por motivo nenhum? E se a gente estiver sofrendo muito por alguma razão? Se a gente estiver morrendo? Uma crise cardíaca, uma crise de apendicite ou uma crise de asma muito forte? É o cúmulo! Mas não é, não. É normal. Seria muito fácil armar um escândalo quando a resistência acaba e os nervos explodem. Seria fácil fazê-lo para ouvir vozes, para ouvir falarem, ainda que fosse para te dizerem: "Morre, mas fica quieto." Vinte vezes por dia, duas dezenas destes 250 homens que devem estar aqui provocariam uma discussão qualquer para se desfazer, como se fosse num estrondo, da excessiva pressão do gás existente dentro da cabeça deles.

Quem teve a ideia de construir estas jaulas para leões não pode ter sido um psiquiatra: um médico não se desonraria a esse ponto. Também não há de ter sido um médico quem estabeleceu o regulamento. As duas pessoas que fizeram o conjunto, no entanto, o arquiteto e o funcionário que estudou os pormenores da execução da pena, ambos são dois monstros repugnantes, dois psicólogos viciados e cruéis, cheios de ódio sádico pelos condenados.

Dos cárceres da central de Beaulieu, em Caen, por mais fundos que fossem, com dois andares de porões metidos terra adentro, ainda podia se filtrar e um dia chegar ao público o eco das torturas e dos maus-tratos sofridos por alguns dos presos.

A prova é que, quando tiveram de me tirar as algemas e as correntes que prendiam até meus polegares, vi no rosto dos guardas sinais de medo; sem dúvida, eles estavam com medo de ter aborrecimentos.

Aqui, nesta reclusão, onde só entram os funcionários da administração, eles ficam todos muito tranquilos, nada lhes pode acontecer.

Clac, clac, clac, todas as janelinhas das portas são abertas. Chego perto da minha, arrisco uma olhada e depois meto uma parte da cabeça e logo toda a cabeça para fora. Olho à esquerda e à direita, vejo uma porção de cabeças no corredor. Compreendo imediatamente que, assim que as janelinhas se abrem, todas as cabeças se esticam para fora. O vizinho da direita me olha, sem exprimir absolutamente nada no olhar. Sem dúvida está embrutecido pela masturbação. É pálido e flácido, com uma pobre fisionomia opaca de idiota. O vizinho da esquerda me diz, rapidamente:

– Pegou quanto tempo?

– Dois anos.

– Eu, quatro. Já completei um. Seu nome?

– Papillon.

– O meu é Georges, Jojo de Auvergne. Onde te prenderam?

– Em Paris. E você?

Não teve tempo de responder: o café, com a bolota de pão, estava chegando duas celas antes. Recolheu a cabeça e eu fiz o mesmo. Estendo o canecão, enchem-no de café e depois me dão uma bolota de pão. Como não apanho o pão com suficiente rapidez, fecham a janelinha e o pão rola pelo chão. Dali a menos de quinze minutos, o silêncio já voltou. Deve haver duas distribuições, uma em cada corredor, porque a coisa é feita depressa demais. Meio-dia, chega uma sopa com um pedaço de carne cozida. À noite, um prato de lentilhas. Durante dois anos, esse cardápio só varia de noite: lentilhas, feijãomulatinho, ervilhas, creme de ervilhas, feijão-branco ou arroz. A refeição do meio-dia é sempre a mesma.

De quinze em quinze dias, também, a gente mete a cabeça pela janelinha e um preso, com uma máquina de cortar cabelo, nos corta a barba.

Há três dias que estou aqui. Há uma coisa que me preocupa. Em Royale, meus amigos disseram que me mandariam algo para comer e cigarros. Não recebi coisa alguma. Gostaria de saber, aliás, como eles poderiam fazer tamanho milagre. Por isso, não me surpreendo muito de não ter recebido nada. Deve ser muito perigoso fumar; e, de qualquer maneira, seria um luxo. Comer, sim, deve ser considerado vital, porque a sopa do meio-dia é água quente com dois ou três fiapos de folhas de verdura e um pedaço de mais ou menos 100 gramas de carne cozida. De noite, são os feijões e alguns legumes secos que aparecem nadando na água. Para ser franco, desconfio que não é a administração que deixa de nos dar uma refeição razoável, e sim os presos que distribuem ou preparam a comida. Essa ideia me ocorre numa noite em que é um sujeito pequeno de Marselha quem está distribuindo os legumes: a concha vai até o fundo do caldeirão e, quando é ele, recebo mais legumes do que água. Com os outros dá-se o contrário: mexem um pouco a mistura, mas enchem a concha na superfície, com poucos legumes e muita água. Essa subalimentação é extremamente perigosa. Para se ter força de vontade moral é necessária certa força física.

Estão varrendo o corredor, acho que estão varrendo tempo demais diante da minha cela. A vassoura passa insistentemente na base da porta e percebo um pedaço de papel branco aparecendo. Entendo logo que me passaram algo pela soleira, mas não puderam passá-lo direito e estão esperando que eu puxe a coisa antes de ir varrer outros lugares. Puxo o papel, abro-o, é um bilhete escrito com tinta fosforescente. Espero que o guarda passe e leio às pressas:

"Papi, todos os dias, a partir de amanhã, você receberá na bacia cinco cigarros e um coquinho. Quando comer o coquinho, mastigue bem para aproveitar e engula o caroço. Fume de manhã, na hora da limpeza das bacias. *Nunca fume após o café da manhã*, mas pode fumar logo depois da sopa do meio-dia e de noite, quando acabar os legumes. Junto deste bilhete vão papel de sobra e um lápis; quando você quiser algo, peça por escrito. Quando o varredor passar diante da porta, arranhe a porta com os dedos; se ele também arranhar, empurre o seu bilhete. Nunca passe o bilhete antes de ele ter respondido ao sinal. Guarde o papel na orelha e o pedaço de lápis em algum lugar num canto da cela, para não serem descobertos. Coragem. Nós te abraçamos. Ignace – Louis."

Eram Galgani e Dega que estavam me mandando a mensagem. Uma onda de calor me subiu ao pescoço: ter amigos tão fiéis e tão dedicados era algo que me aquecia. Foi com mais fé ainda no futuro e mais seguro ainda de sair vivo desta tumba que recomecei minha caminhada, com passo feliz e alerta: um, dois, três, quatro, cinco, meia-volta etc. Caminhando, penso: que nobreza, que desejo de fazer o bem há nesses homens! É claro que eles se arriscam muito, talvez um arrisque perder o lugar na intendência, o outro o lugar de responsável pela correspondência. É, de fato, grandioso o que eles estão fazendo por mim, sem falar no fato de que lhes deve custar um bocado caro. Quantas pessoas eles precisarão subornar para fazer com que alguma coisa venha de Royale até o meu cubículo na "devoradora de homens"!

Leitor, você precisa ter em mente o fato de que um coquinho seco é cheio de óleo. Sua polpa dura e branca tem tanto óleo, que, se a gente ralar seis coquinhos e deixar na água quente, na manhã seguinte encontrará na superfície 1 litro de óleo. Esse óleo, essa gordura, cheia de vitaminas, é o que de mais importante nos falta no regime alimentar. Um coquinho por dia é quase a saúde assegurada. Pelo menos, não me desidratarei, não morrerei de desnutrição. Hoje completo dois meses nas novas condições, recebendo coquinhos e cigarros. Para fumar, tomo precauções de índio sioux: engulo profundamente a fumaça, depois a ponho para fora aos poucos, abanando com a mão direita aberta como um leque, para que a fumaça desapareça.

Ontem sucedeu uma coisa curiosa. Não sei se agi bem ou mal. Um guarda, na passarela, se deteve junto às grades, olhando para dentro da minha cela. Acendeu um cigarro, deu algumas tragadas e depois deixou-o cair cá para baixo. Depois continuou seu caminho. Esperei que ele tornasse a passar para eu esmagar ostensivamente o cigarro com meu pé. Ele não se deteve por muito tempo: assim que percebeu meu gesto, prosseguiu sua caminhada. Será que ele teve pena de mim ou vergonha da administração (à qual ele mesmo pertence)? Ou será que era uma armadilha? Não sei, e isso me preocupa. Quando a gente sofre, se torna hipersensível. Se, durante alguns segundos, esse guarda quis ser um homem bom, eu não gostaria de tê-lo magoado com meu gesto de desprezo.

Já estou aqui há mais de dois meses. Essa reclusão, a meu ver, é o único lugar onde não se tem nada a aprender. Porque não se pretende ensinar nada. Recorro, portanto, a mim mesmo. Tenho uma tática infalível. Para vagar com intensidade pelas estrelas e ver facilmente aparecerem diferentes etapas, para construir nas nuvens castelos espantosamente sólidos, preciso antes me cansar bastante, preciso caminhar durante várias horas, sem parar, pensando normalmente em alguma coisa, não importa qual. Depois, completamente arrasado, deito-me na cama, ponho a cabeça em cima de metade da coberta e cubro-a com a outra metade. O ar da cela – já por si rarefeito – chega com dificuldade à minha boca e ao meu nariz, filtrado pela coberta. Isso deve provocar uma espécie de asfixia nos meus pulmões e minha cabeça começa a queimar. O calor me sufoca, o ar me falta e – de repente – eu decolo. Ah, essas cavalgadas da alma, que sensações indescritíveis elas me deram! Tive noites de amor realmente mais intensas do que quando estava em liberdade, mais perturbadoras, com sensações ainda mais variadas do que as noites de amor autenticamente vividas no passado. Essa faculdade de viajar no espaço me permite sentar junto de mamãe, morta há dezessete anos. Brinco com o vestido dela e ela me acaricia os cachos dos cabelos, que aos cinco anos eram compridos como se eu fosse uma menina. Acaricio seus dedos longos, tão finos, com pele suave como a seda. Ela ri comigo de meu intrépido impulso de mergulhar no rio, tal como eu vira os outros garotos maiores mergulharem num dia de passeio. Lembro-me dos menores detalhes do seu penteado, da ternura luminosa de seus olhos claros e vivazes. Torno a ouvir suas palavras, doces e inefáveis: "Meu pequeno Riri, você deve ser muito sensato e muito inteligente para que a sua mamãe possa gostar de você durante muito tempo. Mais tarde, você também vai mergulhar no rio de uma altura bem grande. Agora, você ainda é muito pequeno. Espere um pouco, que você não vai demorar a crescer e o dia em que você será grande vai chegar logo, até depressa demais."

De mãos dadas, caminhando ao longo do rio, voltamos para casa. Vejo-me, de fato, na casa da minha infância. Estou nela de um modo tão concreto, que ponho as minhas duas mãos sobre os olhos de mamãe, para impedi-la de ler a música e de continuar a tocar piano para mim. Não é imaginação, não: estou aqui. Estou trepado numa cadeira, colocada atrás do banquinho onde mamãe está sentada, e escondo resolutamente seus olhos grandes com minhas mãos pequenas. Seus dedos ágeis, contudo, continuam a se mover sobre o teclado e a arrancar-lhe notas para me fazer ouvir a "Viúva Alegre" até o fim.

Nem você, promotor desumano, nem vocês, policiais de duvidosa honestidade, nem Polein, miserável que comprou sua liberdade pelo preço de um falso testemunho, nem os doze palermas do júri, que foram suficientemente cretinos para aceitar a tese da acusação e sua maneira de interpretar as coisas, nem os guardas da reclusão, dignos associados da devoradora de homens, ninguém, absolutamente ninguém, nem os muros grossos, nem a distância em que se acha essa ilha perdida no Atlântico, nada, absolutamente nada, coisa alguma de moral ou material impedirá minhas viagens deliciosamente coloridas pelo tom róseo da felicidade, quando decolo e voo para as estrelas.

Há pouco, quando fazia as contas do tempo em que deverei ficar sozinho comigo mesmo, enganei-me, pois só considerei as horas. Foi um erro. Há momentos que precisam ser medidos por minutos. Por exemplo: é depois da distribuição do pão e do café que chega o momento do esvaziamento das bacias de dejetos, mais ou menos uma hora após a comida. Quando me devolvem a bacia vazia, ela vem com o coquinho, os cinco cigarros e, às vezes, um bilhete fosforescente. Não é sempre, mas é muito comum que, nessa ocasião, eu conte os minutos. É fácil, pois controlo o tempo de cada passo para um segundo e meu corpo serve de pêndulo. A cada meia-volta, digo mentalmente: um. Doze idas e vindas perfazem um minuto. Não pensem que fico ansioso para saber se terei o coquinho que se tornou vital para mim, se receberei os cigarros, que me dão o prazer inefável de poder fumar dez vezes por dia no interior desse túmulo, pois fumo um cigarro em duas vezes. Não. Às vezes, uma espécie de angústia me invade na hora do café e tenho medo, sem qualquer razão particular, pelas pessoas que, arriscando sua situação confortável, me ajudam tão generosamente; temo que lhes aconteça alguma coisa. Fico na expectativa e só me sinto aliviado quando vejo o coquinho. Se ele veio, é sinal de que tudo vai bem *para eles*.

Lentamente, bem lentamente, vão passando as horas, os dias, as semanas, os meses. Há quase um ano que estou aqui. Há exatamente onze meses e vinte dias que não converso com ninguém, a não ser algumas palavras trocadas às pressas, mais murmuradas do que articuladas, em menos de quarenta segundos. Porém tive uma oportunidade de trocar palavras em voz alta. Eu tinha pegado um resfriado e tossia muito. Pensando que isso justificaria uma saída do cubículo para ir ao médico, solicitei um exame.

Chega o médico. Para meu grande espanto, abre-se a janelinha da porta e através dela aparece uma cabeça.

– Que é que você tem? Está doente? É uma bronquite? Vire-se. Tussa.

Essa não! É uma piada? No entanto, *é a pura verdade*. Havia um médico da colônia disposto a me examinar através de um visor de porta, fazendo com que eu me virasse a 1 metro de distância, para que ele, com a orelha no visor, me auscultasse. Depois, ele me disse: "Ponha o braço para fora." Maquinalmente, eu ia pôr, quando, por uma espécie de respeito próprio, digo a esse estranho médico: "Obrigado, doutor. Não precisa se incomodar tanto. Não vale a pena." Pelo menos tive a força de caráter necessária para fazê-lo compreender que eu não levava seu exame a sério.

– Como quiser – teve o cinismo de me responder. E partiu. Felizmente, pois eu estava prestes a explodir de indignação.

Um, dois, três, quatro, cinco, meia-volta. Um, dois, três, quatro, cinco, meia-volta. Caminho, caminho incansavelmente, sem parar, hoje caminho com raiva, minhas pernas estão tensas, não estão relaxadas como de hábito. Depois do que acaba de acontecer, dir-se-ia que eu tenho necessidade de chutar alguma coisa. Que posso chutar? Sob os meus pés só tem cimento. Mas chuto muita coisa, enquanto faço a minha caminhada. Chuto a tibieza desse papalvo que, pelas boas graças da administração, se presta a fazer coisas tão deploráveis. Chuto a indiferença de uma classe de homens em face do sofrimento e da dor de outra classe de homens. Chuto a ignorância do povo francês, sua falta de interesse ou de curiosidade por saber para onde vão e como são tratados os homens que constituem a carga embarcada a cada dois anos em Saint-Martin-de-Ré. Chuto os jornalistas dos assuntos policiais que, ante determinado crime, escrevem artigos escandalosos sobre um homem e meses depois já nem sequer se lembram de que ele existe. Chuto os padres católicos que ouviram confissões, sabem o que se passa nas prisões francesas do exterior e se calam. Chuto o sistema processual, que se transforma em competição oratória entre quem acusa e quem defende. Chuto a Liga dos Direitos do Homem e do Cidadão, cuja organização não ergue a voz para dizer: "*Parem com essa guilhotina branca*, suprimam o sadismo coletivo que existe nos empregados da administração." Chuto todas as organizações ou associações que nunca interrogam os responsáveis por esse sistema para lhes perguntar como e por quê, no caminho da podridão, desaparecem em cada dois anos 80 por cento dos que o povoam. Chuto os atestados de óbito da medicina oficial: suicídios, miséria psicológica, morte por subalimentação contínua, escorbuto, tuberculose, loucura furiosa, senilidade precoce. Que tenho, ainda, para chutar? De qualquer maneira, depois do que acaba de acontecer, não estou em condições de caminhar normalmente: a cada passo meu, parece que estou esmagando alguma coisa.

Um, dois, três, quatro, cinco... Transcorrendo lentamente, as horas aplacam pela fadiga minha revolta muda.

Mais dez dias e terei cumprido extamente a metade da minha pena de reclusão. Na verdade, é um belo aniversário a ser festejado, pois, descontada essa gripe forte, estou com boa saúde. Não estou maluco e nem em vias de enlouquecer. Estou seguro, cem por cento seguro de que sairei vivo e equilibrado do ano que vai começar agora.

Acordo ouvindo vozes abafadas. Escuto:

– Ele está inteiramente duro, Sr. Durand. Como foi que o senhor não percebeu antes?

– Não sei, chefe. Como ele ficou pendurado no canto da barra da janelinha que dá para a passarela, passei por ali várias vezes sem ver nada.

– Não tem importância. Mas o senhor deve reconhecer que é ilógico o fato de não ter notado.

Meu vizinho da esquerda se suicidou, é o que eu percebo. Retiram-no. A porta se fecha. Cumpriram o regulamento com todo o rigor, pois a porta se abriu a se fechou na presença de uma "autoridade superior", o comandante da reclusão, cuja voz pude reconhecer. É o quinto que desaparece à minha volta, nestas últimas dez semanas.

Chega o dia do aniversário. Na bacia vem uma lata de leite condensado Nestlé. É uma loucura dos meus amigos. Deve ter custado caríssimo e há de ter acarretado riscos graves para chegar às minhas mãos. Tive um dia de vitória sobre a adversidade. Prometi então a mim mesmo que não decolaria para outras paragens. Estou aqui, na reclusão. Já passou um ano desde que cheguei e me sinto capaz de empreender a fuga amanhã mesmo, se tiver oportunidade. É uma constatação positiva e me sinto orgulhoso de fazê-la.

Pelo varredor da tarde – coisa inusitada – chega um bilhete dos meus amigos: "Coragem. Só te resta um ano por cumprir. Sabemos que estás bem de saúde. Nós estamos bem, normalmente, e te abraçamos. Louis – Ignace. Se puderes, manda imediatamente algumas palavras pelo mesmo portador."

No pequeno papel branco que vejo junto com o bilhete, escrevo: "Obrigado por tudo. Estou forte e espero continuar bem, graças a vocês, por mais um ano. Podem me mandar notícias de Clousiot e Maturette?" De fato, o varredor volta e arranha a minha porta. Passo-lhe o papel, que logo desaparece. Durante todo esse dia e parte da noite, permaneço com os pés em terra firme, na situação em que várias vezes já tinha prometido a mim mesmo que iria permanecer. Dentro de um ano, serei mandado para uma das ilhas. Royale ou Saint-Joseph? Vou me embriagar de fumo e de conversa e logo tratar de combinar a próxima fuga.

Com confiança no meu destino, enfrento a manhã do primeiro desses 365 dias que me restam por fazer. Tinha razão de estar confiante, no que se refere aos oito meses que se seguiram. No nono mês, entretanto, as coisas desandaram. De manhã, na hora da limpeza das bacias, o entregador foi surpreendido, com a mão na massa, no momento em que me passava a bacia na qual pusera o coquinho e os cinco cigarros.

O incidente era tão grave, que durante alguns minutos a regra do silêncio foi esquecida. As pancadas recebidas pelo desgraçado foram claramente ouvidas e, em seguida, ouviu-se o ruído de um homem estertorando, como se estivesse morrendo. O visor da minha porta se abriu e a cabeça congestionada de um guarda me gritou:

– Você não perde nada por esperar!

– Pode vir, canalha! – respondi-lhe, tenso, por ter ouvido o tratamento dispensado ao infeliz que me ajudava.

Isso ocorrera às 7 horas. Foi somente às 11 que uma delegação, chefiada pelo subcomandante, veio me buscar. Abriram a porta que há vinte meses se fechara à minha passagem e desde então nunca fora aberta. Fiquei no fundo da cela, empunhando o canecão, em atitude de defesa, decidido a brigar quanto pudesse, por duas razões: primeiro, para que alguns guardas não batessem impunemente; depois, para ser morto mais depressa. Não houve nada disso. Falaram:

– Prisioneiro, saia.

– Se é para me baterem, fiquem sabendo que vou me defender e que, portanto, não vou sair daqui para ser atacado por todos os lados. Aqui, estou em melhores condições para arrebentar o primeiro que me tocar.

– Charrière, nós não vamos bater em você.

– Quem me garante?

– Garanto eu, o subcomandante da reclusão.

– E você tem palavra?

– Não insulte, que é inútil. Por minha honra, prometo que você não será espancado. Agora saia.

Olha para o canecão, que continuo a empunhar.

– Pode guardá-lo, que não vai ser utilizado.

– Vá lá.

Entre seis guardas e o subcomandante, saio e percorro todo o corredor. Chegando ao pátio, a cabeça começa a girar e os olhos, feridos pela luz, são obrigados a se fechar. Finalmente vejo o recinto onde somos recebidos. Há uma dúzia de guardas nele. Sem me empurrar, fazem-me entrar na sala da administração. No chão, ensanguentado, há um homem que geme. Num relógio de parede vejo que são 11 horas e penso: "Há quatro horas que torturam esse desgraçado." O comandante está sentado atrás de sua escrivaninha, o subcomandante sentado a seu lado.

– Charrière, há quanto tempo você recebe comida e cigarros?

– Aquele ali já lhes deve ter dito.

– Estou perguntando a você.

– Sou amnésico, não sei o que acontece na véspera.

– Está brincando comigo?

– Não. É estranho que isso não conste da minha ficha. Sofro de amnésia desde que levei uma pancada na cabeça.

O comandante fica tão surpreendido com essa resposta, que diz:

– Perguntem a Royale se existe alguma referência a isso na ficha dele.

Enquanto telefonam, ele continua:

– Mas você se lembra de que se chama Charrière?

– Lembro.

E, rápido, para desconcertá-lo ainda mais, passo a falar como um autômato:

– Meu nome é Charrière, nasci em 1906 em Ardèche e fui condenado à prisão perpétua em Paris, no distrito do Sena.

Ele abre os olhos de tal maneira, que ficam redondos como bolas de gude. Sinto que o abalei.

– Você recebeu café e pão hoje de manhã?

– Recebi.

– Qual foi o legume que lhe deram ontem à noite?

– Não sei.

– Então, você quer dizer que não tem memória nenhuma?

– Do que aconteceu, não tenho nenhuma. Porém me lembro das fisionomias. Por exemplo, sei que foi o senhor quem me recebeu, um dia. Quando, não sei.

– Então, você não sabe quanto tempo ainda lhe resta por cumprir?

– Da prisão perpétua? Acho que até eu morrer.

– Não. Estou falando da sua pena de reclusão disciplinar.

– E eu tenho uma pena de reclusão disciplinar? Por quê?

– Ah, isso é o cúmulo! Por Deus! Você vai acabar me deixando fora de mim. Não venha me dizer que você não sabe que está aqui para cumprir uma pena de dois anos de reclusão por ter fugido, ora essa!

Agora é que acabo de liquidá-lo:

– Por ter fugido? Eu? Comandante, sou um homem sério, capaz de assumir a responsabilidade pelo que faz. Venha comigo visitar minha cela e o senhor verá se fugi.

Nesse momento, um guarda lhe diz: "Estão falando de Royale, comandante." Ele pega o telefone: "Não há nada? É estranho. Ele diz que sofre de amnésia, causada por uma pancada na cabeça. Claro, é um simulador. Quem pode saber? Bem, desculpe, comandante, vou verificar. Até já. Informarei logo ao senhor, não há dúvida."

– Venha cá, seu comediante, deixe eu ver a sua cabeça. Ah, de fato, aqui há uma cicatriz bem grande. Como é que você se lembra de que não tem memória alguma depois dessa pancada, hem? Explique isso.

– Não explico, apenas constato que me lembro de ter levado essa pancada, que me chamo Charrière e algumas outras coisas.

– E o que é que você pensa que vai acontecer com você agora?

– É o que estamos discutindo aqui. O senhor me perguntou há quanto tempo me dão comida e cigarros. Minha resposta definitiva é essa: não sei. Pode ser a primeira vez, pode ser a milésima. Sofro de amnésia, não posso responder. É tudo que eu posso lhe dizer. O senhor faça como quiser.

– O que vou querer fazer é simples. Você comeu demais durante muito tempo, agora vai emagrecer um pouco: sua refeição da noite fica suprimida até o final da pena.

Neste mesmo dia recebo um bilhete pelo segundo varredor. Infelizmente não consigo lê-lo, porque não está escrito com tinta fosforescente. De noite acendo um cigarro que me sobrara e que escapara à busca porque estava bem escondido na cama embutida. Avivando-lhe a brasa, consigo decifrar: "O sujeito da bacia não contou. Disse que era a segunda vez que lhe dava comida e que estava agindo por conta própria, porque conheceu você na França. Ninguém teve problemas em Royale. Coragem."

Bem, cá estou eu, sem coquinho, sem cigarros e, de agora em diante, sem notícias dos amigos de Royale. Além disso, sem jantar. Já estava habituado a não passar fome e os dez cigarros me ajudavam a preencher o dia e uma parte da noite. Não penso em mim, somente; penso no pobre-diabo que eles quase mataram de pancada por minha causa. Esperemos que não lhe tenham dado um castigo cruel demais.

Um, dois, três, quatro, cinco, meia-volta... Um, dois, três, quatro, cinco, meia-volta. Não vai ser fácil suportar esse novo regime monstruoso. Não será preciso mudar de tática, já que você vai comer tão pouco? Por exemplo: ficar deitado o máximo possível de tempo, para não gastar energia. Quanto menos eu me mover, menos calorias queimarei. Ficar sentado muitas horas durante o dia. Devo encontrar uma outra forma de vida. Quatro meses são 120 dias que me faltam para passar aqui. No regime em que acabam de me pôr, em quanto tempo ficarei bastante anêmico? Não antes de dois meses, acredito. Portanto, tenho diante de mim dois meses cruciais.

Quando eu estiver bem fraco, os médicos terão um terreno maravilhoso para atacar. Resolvo ficar deitado de 6 horas da tarde às 6 da manhã. Da hora do café à da limpeza das bacias, poderei andar mais ou menos duas horas. Meio-dia, depois da sopa, mais duas horas, aproximadamente. Ao todo, quatro horas de caminhada. O resto do tempo, sentado ou deitado.

Será difícil decolar para outras paragens sem estar cansado, mas vou tentar.

Hoje, depois de ter passado um bom tempo pensando nos meus amigos e no infeliz que foi tão maltratado, começo a treinar adaptando-me à nova disciplina. Tenho bons resultados, embora as horas me pareçam mais longas e minhas pernas, que passam tantas horas quase sem funcionar, pareçam completamente cheias de formigas.

Já dura dez dias esse regime. Agora estou permanentemente com fome. Sinto um cansaço constante, que se apoderou endemicamente de mim. O coquinho me faz muita falta e os cigarros um pouco também. Deito-me cedo e logo fujo virtualmente da minha cela. Ontem estive em Paris, no Rat Mort, bebendo champanhe com alguns amigos, entre os quais Antonio de Londres, nascido nas Ilhas Baleares, mas que fala francês como um parisiense e inglês como um autêntico londrino. De manhã, no Marronnier, Rua de Clichy, ele matara um de seus amigos. São coisas que acontecem no nosso meio, amizades que rapidamente se transformam em ódio mortal. De fato, ontem eu estava em Paris, dançando ao som do acordeão que toca no baile do Petit Jardin, na Avenida Saint-Ouen, para um público inteiramente composto de corsos e marselheses. Todos os amigos desfilam nessa viagem imaginária e com tamanha nitidez, que não duvido nem da presença deles nem da minha nos lugares onde passei noites tão agradáveis.

Sem andar muito, portanto, com esse regime alimentar drástico, chego ao mesmo resultado a que chegava procurando cansar-me. As imagens do passado me tiram da cela com tamanho vigor, que acabo realmente vivendo mais horas de liberdade do que horas de reclusão.

Falta somente um mês. Há três meses que absorvo apenas uma bolota de pão e uma sopa quente ao meio-dia, sem legumes e com seu pedaço de carne cozida. O estado de fome permanente em que me acho faz com que, na própria hora em que me servem, eu examine o pedaço de carne, para ver se não é pura pelanca, como ocorre com certa frequência.

Emagreci bastante, e percebo claramente como aquele coquinho que eu tive ocasião de receber durante vinte meses foi essencial para a conservação da saúde e do equilíbrio, nessa terrível exclusão da vida.

Depois de ter bebido o meu café, hoje de manhã, estou me sentindo muito nervoso. Comi, de uma só vez, metade do meu pão, o que nunca faço. Habitualmente, corto-o em quatro pedaços mais ou menos iguais, como um às 6 horas da manhã, outro ao meio-dia, outro às 6 da tarde e o último à noite. "Por que fizeste isso?", recrimino-me, sozinho. "Quando já estamos chegando ao final é que começas a fraquejar tão seriamente?" "É que estou com fome e me sinto sem forças." "Não sejas tão pretensioso. Como poderias te sentir forte? Comendo o que tu comes? O essencial – e nesse ponto tu és um vitorioso – é que estás fraco mas não estás doente. Com um pouco de sorte, é lógico que a devoradora de homens acabe perdendo a parada para ti." Depois das minhas duas horas de caminhada, sento-me no bloco de cimento que me serve de banquinho. Mais trinta dias vão passar – isto é, 720 horas – e depois a porta se abrirá e me dirão: "Prisioneiro Charrière, saia. Seus dois anos de reclusão terminaram." Que lhe direi, então? Direi: "Terminei, finalmente, esse calvário de dois anos." Não! Se é o comandante para quem você se fez de amnésico, deve continuar friamente a representar. Deve dizer-lhe: "Quer dizer que estou livre? Vou partir para a França? Acabou a minha pena de prisão perpétua?" Só para ver a cara dele e convencê-lo de que o jejum a que me condenou foi uma injustiça. "Que é que se passa com você, caramba?" Injustiça ou não, o comandante não dará importância ao fato de se ter enganado. Que significa um engano desses para uma mentalidade assim? Terás a pretensão de deixá-lo com remorso por te ter castigado injustamente? Hoje, tanto como amanhã, estás proibido de supor que um carcereiro é um ser normal. Nenhum homem digno desse nome pode pertencer à corporação dos torturadores. As pessoas se habituam a tudo na vida, até a serem crápulas. Talvez somente depois da sepultura, se ele tem alguma religião, o temor de Deus o fará arrepender-se e angustiar-se, não por um verdadeiro remorso das canalhices cometidas e sim pelo medo de que Deus o transforme em condenado.

A qualquer ilha que chegues, portanto, leva desde já a convicção de que não podes ter compromisso algum com essa raça. Há uma barricada bem-definida e cada um está de um lado dela. De um lado, está a prepotência, a autoridade pedante e desalmada, o sadismo de reações intuitivas e automáticas; do outro, estou eu com os homens da minha espécie, que certamente cometeram delitos graves, mas nos quais o sofrimento conseguiu criar qualidades incomparáveis: a piedade, a bondade, o espírito de sacrifício, a nobreza, a coragem.

Com toda a sinceridade, prefiro ser um condenado a ser um desses carcereiros.

Faltam só vinte dias. Sinto-me realmente muito fraco. Observei que a minha bolota de pão é sempre das menores. Quem pode ser tão baixo a ponto de querer me prejudicar até na seleção das bolotas de pão? Há vários dias, minha sopa é pura água quente e o pedaço de carne é sempre um osso com pouquíssima carne ou um resto de pele. Tenho medo de ficar doente. Isso está se tornando uma obsessão para mim. Estou tão fraco que, acordado, não me esforço para sonhar coisa alguma. Essa profunda lassidão e uma depressão grave me inquietam. Procuro reagir, mas é com dificuldade que consigo passar as 24 horas de cada dia. Arranham minha porta. Rapidamente recolho um bilhete fosforescente de Dega e Galgani. Leio: "Manda uma palavra. Muito preocupados com teu estado de saúde. Mais dezenove dias. Coragem. Louis – Ignace."

Há um pedacinho de papel branco e outro de lápis preto. Escrevo: "Aguento a parada. Estou muito fraco. Obrigado. Papi."

Quando a vassoura passa novamente e me arranha a porta, mando o bilhete. A palavra recebida foi mais importante para mim do que quaisquer cigarros ou coquinhos. Essa maravilhosa manifestação de amizade firme é o estímulo de que eu precisava. Lá fora sabem como eu estou e, se adoecer, o médico será certamente pressionado por meus amigos para me tratar direito. Eles têm razão: mais dezenove dias e chegarei ao fim dessa corrida exaustiva contra a morte e contra a loucura. Não ficarei doente. Cabe-me fazer o mínimo possível de movimentos para só gastar as calorias indispensáveis. Vou suprimir as duas horas da caminhada matinal e as outras duas da caminhada do meio-dia, é o único modo de aguentar. À noite, passo doze horas deitado; de dia, passo deitado as outras doze, ou então sentado sem me mexer, no banco de pedra. De vez em quando, me levanto e faço algumas flexões e movimentos de braço; em seguida, torno a sentar-me. Assim passo mais dez dias.

Estou passeando pelas ruas de Trinidad, embalado pelo som dos violões de uma corda só que acompanham as canções tristes dos javaneses, quando um grito horrível, inumano, me chama de volta à realidade. É um grito que vem de uma cela atrás da minha, ou então muito próxima. Escuto:

– Desce aqui no meu cubículo, canalha! Não está cansado de ficar me olhando aí de cima? Assim você está perdendo a metade do espetáculo, porque a falta de luz deste buraco não te deixa ver direito...

– Cale a boca ou você vai ser severamente punido – diz o guarda.

– Ah, não me faça rir, seu imbecil! Que castigo pode ser pior do que esse silêncio? Castigue o quanto quiser! Pode me bater, se é do seu agrado, carrasco idiota, mas nada pode ser pior do que esse silêncio em que vocês querem me obrigar a viver! Não, não quero mais ficar calado, quero falar. Há três anos que já devia ter lhe dito: você é um merda, uma pústula! Minha fraqueza foi a de ter esperado 36 meses para lhe dizer o nojo que eu tenho de você, com medo de ser punido. Mas você e todos esses seus companheiros não passam de bonecos podres de merda!

Pouco depois, a porta da cela dele se abre e ouço:

– Não, assim não! Veste ao contrário, que é muito mais eficiente!

E o coitado do prisioneiro urra:

– Podem vestir a camisa de força como quiserem, seus merdas! Podem vestir ao contrário, podem me apertar os laços... podem me machucar com os joelhos. Isso não vai me impedir de dizer que a sua mãe era uma puta barata e que por isso mesmo você só podia ser um saco de merda!

Devem ter colocado uma mordaça nele, pois agora não ouço mais nada. A porta se fecha de novo. Essa cena deve ter emocionado o jovem guarda, porque, após alguns minutos, ele para diante da minha cela e diz:

– Ele deve ter enlouquecido.

– Você acha? Mas o que ele falou é muito sensato.

O guarda fica boquiaberto e, ao prosseguir sua caminhada, resmunga:

– Bem, vai acabar imitando o outro.

Esse incidente me tirou da ilha, dos violões, do meio dos hindus de Port of Spain, para me trazer de volta à triste realidade da reclusão.

Tenho ainda dez dias, isto é, 240 horas para sofrer.

A tática de não me mexer dá bons resultados, talvez porque os dias sejam tranquilos, talvez por causa do bilhete dos meus amigos. Creio, contudo, que me sinto mais forte em virtude de uma comparação. Faltam 240 horas para eu me libertar dessa reclusão; estou fraco, mas meu cérebro está intacto, minha energia requer apenas um pouco mais de força física para voltar a funcionar com perfeição. No entanto, aqui atrás, a 2 metros, do outro lado da parede, há um prisioneiro que entra na primeira fase da loucura, talvez pela pior porta, que é a da violência. Não vai sobreviver por muito tempo. Sua revolta permitirá que lhe apliquem tratamentos estudados com o maior rigor para matá-lo o mais cientificamente possível. Consigo sentir-me mais forte porque o outro foi derrotado. A sensação faz com que eu me pergunte se não serei um daqueles egoístas que, no inverno, bem-agasalhados e bem-calçados, veem passar a massa dos trabalhadores enregelados, malvestidos, com as mãos azuladas pelo frio da manhã, e olhando a multidão que corre para pegar o ônibus ou o metrô, ainda usufruem com maior gosto a comodidade e se sentem melhor do que antes. Tudo na vida é, com frequência, feito de comparações. De fato, estou condenado a dez anos, mas Papillon está condenado à prisão perpétua. De fato, estou condenado à prisão perpétua, mas tenho apenas 28 anos, ao passo que ele tem cinquenta.

Bom, estou chegando ao fim da reclusão e, em menos de seis meses, espero que a saúde, o moral e a energia, em todos os aspectos, me deixem em boa situação para uma fuga espetacular. Falou-se muito da primeira. A segunda há de ficar gravada nas pedras da cadeia. Não tenho dúvida. Antes de seis meses, estou seguro de partir.

Essa é a última noite que passo na reclusão. Há dezessete mil quinhentas e oito horas entrei na cela 234. Uma vez me abriram a porta para me conduzir até o comandante, a fim de que ele me punisse. Alguns segundos por dia, troquei alguns monossílabos com meu vizinho. Afora isso, me falaram quatro vezes. Uma para me dizer que, ao ouvir o apito, eu devia baixar a cama embutida; foi no primeiro dia. Outra vez, foi o médico: "Vire-se, tussa." Depois, uma conversa mais longa e mais movimentada com o comandante. Por fim, outro dia, quatro palavras trocadas com o guarda que se emocionara diante do preso enlouquecido. Não é uma diversão excessiva! Durmo tranquilamente, pensando numa única coisa: amanhã, essa porta vai se abrir definitivamente. Amanhã verei o sol e, se me mandarem para Royale, respirarei o ar marinho. Amanhã estarei livre. Começo a dar gargalhadas. Como, livre? Amanhã recomeçarás a tua pena de trabalhos forçados, a tua prisão perpétua. É isso que consideras ser livre? Sei muito bem, mas é uma vida que não se compara àquela que acabei de suportar aqui. Como encontrarei Clousiot e Maturette?

Às 6 horas me dão o café e o pão. Tenho vontade de dizer: "Vocês estão enganados, hoje estou de saída." Logo me recordo de que sou "amnésico" e de que, se me desmascarar ante o comandante, ele pode me dar um castigo adicional de trinta dias. De qualquer modo, pela lei, devo sair hoje, 26 de junho de 1936, da reclusão disciplinar de Saint-Joseph. Dentro de quatro meses estarei completando trinta anos.

Oito horas. Comi toda a minha bolota de pão. No caminho certamente me darão de comer. Abre-se a porta. Chegam o subcomandante e dois guardas.

– Charrière, hoje é 26 de junho de 1936, você acabou de cumprir a sua pena. Siga-nos.

Saio. No pátio, o sol é suficientemente brilhante para me tontear. Sinto uma espécie de fraqueza. Minhas pernas amolecem e manchas negras dançam diante dos meus olhos. No entanto, caminhei apenas 50 metros, trinta dos quais ao sol.

Chegando ao prédio da administração, vejo Maturette e Clousiot. Maturette está transformado num verdadeiro esqueleto, com o rosto cavado e os olhos fundos. Clousiot está deitado numa padiola, lívido e já com cheiro de morte. Penso: "Não estão bonitos, os meus amigos. Será que eu também estou nesse estado?" Estou doido para me ver num espelho. Digo-lhes:

– Como é? Estamos firmes?

Não respondem. Repito:

– Estamos firmes?

– Estamos – responde debilmente Maturette.

Sinto o impulso de dizer-lhe que a reclusão terminou, que nós temos o direito de conversar. Beijo o rosto de Clousiot. Ele me olha com dois olhos brilhantes e sorri. Diz:

– Adeus, Papillon.

– Não fale assim!

– Falo, sim. Estou nas últimas.

Alguns dias depois, morreu no hospital de Royale. Tinha 32 anos, fora preso com vinte pelo furto de uma bicicleta que não havia cometido. Chega o comandante:

– Tragam os presos aqui para dentro. Maturette e Clousiot se portaram bem. Vou anotar na ficha de vocês: "Boa conduta." Você, não, Charrière. Você cometeu uma falta grave. Vou anotar na sua ficha: "Má conduta."

– Desculpe, comandante, mas qual foi a falta que eu cometi?

– Você não se lembra da descoberta dos cigarros e do coquinho?

– Sinceramente, não.

– Bem, que regime você vem tendo há quatro meses?

– De que ponto de vista? No que se refere à comida? O mesmo de sempre, desde que cheguei aqui.

– Ah, isso é o cúmulo! Que foi que você comeu ontem à noite?

– Não sei. Deram o que costumam dar. Não me lembro. Acho que foi feijão, ou arroz. Ou talvez um legume.

– Mas lhe deram comida ontem à noite? Você comeu?

– Claro que comi! O senhor acha que eu vou desperdiçar comida?

– Não, não é isso. Desisto. Não vou anotar "má conduta". Guarda, faça uma nova ficha de saída para Charrière. Vou anotar "boa conduta" na sua ficha, está bom?

– Está bom e é justo. Não fiz nada que desmerecesse o meu conceito.

Foi com essa frase que nós saímos do escritório.

A grande porta do conjunto de reclusão se abre para passarmos. Escoltados por um único guarda, descemos lentamente o caminho que leva ao porto. Vemos o mar, com seus reflexos brilhantes e prateados da espuma. Em frente se acha Royale, com o verde da vegetação e o vermelho dos tetos. A Ilha do Diabo, austera e selvagem. Peço licença ao guarda para me sentar por alguns minutos. Ele autoriza. Nós nos sentamos, um à esquerda e outro à direita de Clousiot, e automaticamente, sem nos darmos conta, damo-nos as mãos. Esse contato nos causa uma emoção estranha e, sem nos dizermos nada, beijamo-nos no rosto. O guarda diz:

– Vamos, rapazes. É preciso descer.

E lentamente, bem lentamente, descemos até o porto, nós dois adiante, de mãos dadas, o guarda e os dois enfermeiros que vêm carregando o nosso amigo agonizante.

A VIDA EM ROYALE

Assim que entramos no pátio do campo, todos os forçados começam a nos tratar com uma atenção amigável. Reencontro Pierrot le Fou, Jean Sartrou, Colondini, Chissilia. Temos que ir os três para a enfermaria, informa o guarda. Assim, escoltados por uns vinte homens, atravessamos o pátio até a enfermaria. Em alguns minutos, Maturette e eu temos na nossa frente uma dúzia de maços de cigarros e de fumo, café com leite bem quente, chocolate feito com cacau puro. Cada um quer dar alguma coisa para a gente. Clousiot ganha do enfermeiro uma injeção de óleo canforado e uma de adrenalina para o coração. Um preto muito magro diz:

– Enfermeiro, dê as minhas vitaminas para ele, precisa mais do que eu.

É realmente comovedora esta demonstração de bondade solidária para com a gente.

Pierre, o bordelês, diz para mim:

– Você quer grana? Antes da saída de vocês para Royale, dá tempo para fazer uma vaquinha.

– Não, muito obrigado, tenho dinheiro. Mas como você sabe que eu vou para Royale?

– Foi o contador que disse. Vão os três. Acho até que vão os três para o hospital.

O enfermeiro é um bandido das montanhas da Córsega. Se chama Essari. Depois eu o conheci melhor, mais tarde contarei toda a história dele, é muito interessante. As duas horas na enfermaria passam muito depressa. Comemos e bebemos bastante. Repletos e satisfeitos, partimos para Royale. Clousiot ficou o tempo todo de olhos fechados, a não ser quando eu me aproximava e botava a mão na testa dele. Então, abria os olhos já mortiços e dizia:

– Amigo Papi, somos verdadeiros amigos.

– Mais do que isso, somos irmãos – respondia eu.

Ainda com um guarda só, descemos. No meio, a maca com Clousiot, Maturette e eu de cada lado. Na porta do campo, todos os forçados se despedem da gente e nos desejam boa sorte. Agradecemos os presentes, e não queremos aceitá-los, embora eles não nos ouçam. Pierrot le Fou botou no meu pescoço uma sacola cheia de fumo, cigarros, chocolate e latas de leite Nestlé. Maturette também ganhou uma. Não sabe quem lhe deu. Somente o enfermeiro Fernández e um guarda nos levam até o cais. Ele entrega a cada um uma ficha para o hospital de Royale. Adivinho que são os forçados enfermeiros Essari e Fernández que, sem pedir nada ao médico, nos hospitalizam. A canoa está lá. Seis remadores, dois guardas atrás armados com mosquetões e mais um no leme. Um dos remadores é Chapar, do caso da Bolsa de Marselha. Bom, vamos. Os remos penetram no mar e, remando, Chapar me diz:

– Tudo bem, Papi? Você sempre recebeu o coco?

– Não nos últimos quatro meses.

– Eu sei, houve um acidente. O sujeito foi direito. Ele só conhecia a mim, mas não me entregou.

– O que aconteceu com ele?

– Morreu.

– Não é possível! Morreu de quê?

– Parece, pelo que diz um enfermeiro, que fizeram estourar o fígado dele com um pontapé.

Desembarcamos no cais de Royale, a mais importante das três ilhas. No relógio da padaria são 3 horas. Este sol da tarde é muito forte, me ofusca e me esquenta demais. Um guarda pede dois homens para a maca. Dois forçados, corpulentos, impecavelmente vestidos de branco, cada um com o pulso fortalecido por uma pulseira de couro, levantam Clousiot como se fosse uma pena e nós andamos atrás deles. Maturette e eu. Um guarda, com alguns papéis na mão, anda atrás da gente.

O caminho, de mais de 4 metros de largura, é de cascalho, é difícil de subir. Felizmente, os dois homens param de vez em quando e esperam por nós. Sento no braço da maca, do lado da cabeça de Clousiot, e passo levemente a mão na testa dele. Toda vez que faço isso ele sorri, abre os olhos e diz:

– Meu velho Papi!

Maturette pega a mão dele.

– É você, pequenino? – murmura Clousiot.

Ele parece sentir uma felicidade inefável ao perceber a gente perto dele. Damos uma parada, quase na chegada, e encontramos uma turma que vai para o trabalho. São quase todos forçados do meu comboio. Todos, na passagem, têm uma palavra amável para a gente. Chegando ao planalto, na frente de um prédio quadrado e branco, vemos, sentados na sombra, as mais altas autoridades das ilhas. Nos aproximamos do comandante Barrot, alcunhado "Coco Seco", e dos outros chefes da penitenciária. Sem levantar e sem cerimônia, o comandante diz:

– Então, não foi dura demais a reclusão? E aquele na maca, quem é?

– É Clousiot.

Olha para ele e diz:

– Leve todos para o hospital. Quando saírem, bote um aviso para que eles me sejam apresentados antes de entrar no campo.

No hospital, numa grande sala muito bem-iluminada, nos botam em camas bem limpas, com lençóis e travesseiros. O primeiro enfermeiro que vejo é Chatal, o enfermeiro da sala de alta vigilância de Saint-Laurent-du-Maroni. Ele toma logo conta de Clousiot e dá ordens a um guarda para chamar o médico. Este chega lá pelas 5 horas. Depois de um longo e minucioso exame, vejo que ele balança a cabeça, com ar insatisfeito. Escreve a receita e comenta:

– Não somos bons amigos, Papillon e eu – diz para Chatal.

– Estranho, pois é um bom sujeito, doutor.

– Talvez, mas ele tem birra comigo.

– Por causa do quê?

– Por causa de uma consulta que tivemos na reclusão.

– Doutor – digo –, o senhor chama isso de consulta, auscultar pelo visor?

– É ordem da administração: nunca abrir a porta de um condenado.

– Muito bem, doutor, espero que o senhor esteja apenas emprestado a esta administração e que não pertença a ela.

– Falaremos disso mais tarde. Vou tentar fortalecê-los, a você e seu amigo. Quanto ao outro, receio que seja tarde demais.

Chatal me conta que, suspeito de estar preparando uma fuga, ele foi internado nas ilhas. Conta também que Jesus, aquele que me traiu na minha fuga, foi assassinado por um leproso. Ele não sabe o nome do leproso e pergunto para ele se não será um daqueles que nos ajudaram com tamanha generosidade.

A vida dos forçados nas Ilhas da Salvação é completamente diferente do que se pode imaginar. Em sua maioria, os homens são extremamente perigosos, por vários motivos. Primeiro, todo mundo come bem, pois se negocia tudo: álcool, cigarros, café, chocolate, açúcar, carne, verduras frescas, peixe, lagosta, coco etc. Portanto, todo mundo goza de perfeita saúde, num clima muito sadio. Apenas os condenados temporários têm a esperança de serem libertados, mas os condenados à prisão perpétua – perdido por perdido! – são todos perigosos. Todos estão envolvidos nessas negociatas diárias, forçados e guardas. É uma mistura difícil de entender. Esposas de guardas procuram jovens forçados para trabalhos domésticos – e muitas vezes elas os tomam como amantes. São chamados "moços de serviços". Alguns são jardineiros, outros cozinheiros. É essa a categoria que serve de ligação entre o campo e as casas dos guardas. Os "moços de serviços" não são antipatizados pelos outros forçados, pois é graças a eles que se pode negociar de tudo. Mas eles não são considerados puros. Nenhum homem da autêntica malandragem aceitaria se rebaixar a esses servicinhos. Não concordaria em ser chaveiro nem em trabalhar no refeitório dos guardas. Por outro lado, os presos pagam caríssimo pelas ocupações nas quais não tenham relação com os guardas: limpadores de latrinas, varredores de folhas secas, condutores de búfalos, enfermeiros, jardineiros da penitenciária, açougueiros, padeiros, remadores, carteiros, guardas do farol. Todos esses empregos são ocupados pelos verdadeiros duros. Um verdadeiro duro nunca trabalha na manutenção dos muros de contorno das estradas, das escadas, nem planta coqueiros; quer dizer, nunca trabalha nas tarefas ao sol ou sob a vigilância dos guardas. A gente trabalha das 7 horas ao meio-dia e das 2 às 6. Isso dá uma ideia do ambiente criado pela mistura de pessoas tão diferentes que vivem juntas, forçados e guardas, verdadeira aldeia em que se comenta tudo, se julga tudo, em que todo mundo observa a vida dos outros.

Dega e Galgani vieram passar o domingo comigo no hospital. Comemos maionese com peixe, sopa de peixe, batatas, queijo, e bebemos café e vinho branco. Esta refeição, nós a fizemos no quarto de Chatal, ele, Dega, Galgani, Maturette, Grandet e eu. Pediram-me que conte toda a minha fuga, nos menores detalhes. Dega não vai tentar mais nada para fugir. Aguarda da França uma redução de cinco anos em sua pena. Com os três que ele já fez na França e mais três aqui, só faltará cumprir quatro. Se resignou a cumpri-los. Quanto a Galgani, acha que um senador corso está cuidando do caso dele.

Quando chega a minha vez, pergunto quais os lugares mais propícios, aqui, para uma fuga. É um espanto geral. Para Dega, é uma ideia que nem lhe passou pela cabeça; Galgani também não pensa nisso. Por sua vez, Chatal acha que um jardim deve ter suas vantagens para preparar uma jangada. Quanto a Grandet, ele me informa que é ferreiro numa oficina onde, pelo que está dizendo, há de tudo: pintores, carpinteiros, ferreiros, pedreiros, encanadores – 120 homens. Ele trabalha na manutenção dos prédios da administração. Dega, que é contador-geral, me ajudará a obter o lugar que eu quiser. Será só escolher. Grandet me oferece a metade do seu cargo de controlador de jogo, de modo que, com o que eu ganhar sobre os jogadores, poderei viver bem sem gastar o dinheiro do meu canudo. Mais tarde, vou ver que o negócio é muito interessante, mas extremamente perigoso.

O domingo passou com uma rapidez espantosa.

– Já são 5 horas – diz Dega, que está com um lindo relógio –, temos que voltar para o campo.

Na saída, Dega me dá 500 francos para jogar pôquer, pois às vezes há boas partidas na nossa sala. Grandet me dá uma magnífica faca de mola da qual ele mesmo temperou o aço. É uma arma terrível.

– Fique sempre armado, dia e noite.

– E se eles me revistarem?

– Quase todos os guardas que revistam são árabes. Quando um homem é considerado perigoso, eles nunca encontram a arma, nem que a toquem.

– A gente vai se encontrar no campo – diz Grandet.

Antes de sair, Galgani me diz que já guardou um lugar para mim no seu canto e que ficaremos juntos numa patota, repartindo as coisas. Quanto a Dega, não dorme no campo, mas num quarto do prédio da administração.

Já faz três dias que estamos aqui, mas, como passo as noites perto de Clousiot, ainda não me dei muito bem conta da vida desta sala de hospital, onde somos uns sessenta. Depois, Clousiot piorou muito, foi isolado num quarto onde já estava um enfermo grave. Chatal o entupiu de morfina. Receia que não aguente a noite.

Na sala ficam trinta camas de cada lado de uma passagem de 3 metros, quase todas ocupadas. Dois lampiões de petróleo iluminam o conjunto. Maturette diz:

– Lá no fundo estão jogando pôquer.

Eu vou até os jogadores. São quatro.

– Posso ser o quinto?

– Pode, sente. O cacife é de 100 francos. Para começar a jogar, precisa comprar três cacifes, quer dizer, 300 francos. Aqui tem 300 francos de fichas.

Dou 200 para Maturette guardar. Um parisiense chamado Dupont diz para mim:

– Jogamos com o regulamento inglês, sem curinga. Conhece?

– Conheço.

– Então dê as cartas, é você que começa.

É incrível a rapidez com que estes homens jogam. A parada tem que ser muito rápida, senão a aposta é considerada "fora de tempo" e o jeito é aguentar firme. Aí é que descubro uma nova classe de forçados: os jogadores. Vivem do jogo, para o jogo, no jogo. Nada interessa a eles, a não ser jogar. Esquecem tudo que eles foram, suas penas, o que eles poderiam fazer para modificar sua vida. Que o parceiro seja um bom sujeito ou não, uma única coisa interessa: jogar.

Jogamos a noite inteira. Paramos no café. Ganhei 1.300 francos. Vou para a minha cama, quando Paulo se aproxima de mim e me pede emprestados 200 pratas para continuar a jogar belote de dois. Ele precisa de 300 pratas e só tem 100.

– Toma 300. Depois a gente divide.

– Obrigado, Papillon, você é mesmo o sujeito de quem ouvi falar. Vamos ser amigos.

Estendo a mão, aperto-a, e ele vai embora bem contente. Clousiot morreu hoje de manhã. Num momento de lucidez, na véspera, tinha pedido a Chatal para não lhe dar morfina:

– Quero morrer consciente, sentado na minha cama, com meus amigos a meu lado.

É estritamente proibido penetrar nos quartos de isolamento, mas Chatal se responsabilizou e o nosso amigo pôde morrer nos nossos braços. Fechei os olhos dele. Maturette estava transtornado pela dor.

– Lá se foi ele, o companheiro da nossa bela aventura. Vai ser jogado aos tubarões.

Quando ouvi estas palavras, "vai ser jogado aos tubarões", fiquei gelado. De fato, não existe cemitério para os forçados nas ilhas. Quando um forçado morre, eles o jogam no mar, às 6 horas, quando o sol se põe, entre Saint-Joseph e Royale, num lugar infestado de tubarões.

A morte do meu amigo faz com que o hospital se torne insuportável. Mando dizer a Dega que vou sair depois de amanhã. Ele me manda um bilhete: "Peça a Chatal que consiga para você quinze dias de descanso no campo, assim terá tempo para escolher o emprego que convier." Maturette vai ficar mais algum tempo. Talvez Chatal consiga tomá-lo como enfermeiro-assistente.

Assim que saio do hospital, me levam para o prédio da administração, me apresentam ao comandante Barrot, o "Coco Seco".

– Papillon, antes de botá-lo no campo, eu quis conversar um pouco com você. Você tem aqui um amigo precioso, meu contador-geral, Louis Dega. Ele sustenta que você não merece as informações que nos chegam da França. Como ele considera você um condenado inocente, acha natural que você esteja num estado permanente de revolta. Devo dizer que não concordo muito com ele a esse respeito. O que eu gostaria de saber, atualmente, é o seu estado de espírito.

– Primeiro, meu comandante, para poder responder, pode me dizer quais são as informações do meu processo?

– Veja você mesmo.

E ele me passa uma cartolina amarela onde leio mais ou menos o seguinte:

"Henri Charrière, dito Papillon, nascido a 16 de novembro de 1906, em..., Ardèche, condenado aos trabalhos forçados perpétuos por homicídio doloso pelo tribunal do Sena. Perigoso de todos os pontos de vista, deve ser vigiado com muita cautela, não poderá se beneficiar dos empregos de favor.

"*Central de Caen*: Condenado incorrigível. Capaz de fomentar uma revolta. Deve ser vigiado constantemente.

"*Saint-Martin-de-Ré*: Indivíduo disciplinado mas certamente possuidor de muita influência sobre os colegas. Tentará fugir de qualquer lugar.

"*Saint-Laurent-du-Maroni*: Cometeu uma agressão selvagem contra três guardas e um auxiliar da administração para fugir do hospital. Volta da Colômbia. Bom comportamento na preventiva. Condenado a uma pena leve de dois anos de reclusão.

"*Reclusão de Saint-Joseph*: Bom comportamento até a libertação."

– Com isso, meu velho Papillon – diz o diretor quando lhe devolvo a ficha –, a gente não se sente muito seguro quando tem você como pensionista. Você quer fazer um acordo comigo?

– Por que não? Depende do acordo.

– Você é um homem que, sem dúvida, vai fazer de tudo para fugir das ilhas, apesar das grandes dificuldades que existem para a fuga. É possível até que você seja bem-sucedido. Quanto a mim, faltam apenas cinco meses na direção das ilhas. Sabe o que custa uma fuga para o comandante das ilhas? Um ano de soldo normal. Quer dizer, a perda completa do tratamento colonial; férias adiadas de seis meses e reduzidas de três. E, conforme as conclusões do inquérito, se houve desleixo por parte do comandante, a possível perda de um galão. Está vendo que o negócio é sério. Se eu fizer o meu trabalho honestamente, não é porque você é capaz de fugir que tenho o direito de botá-lo numa cela ou numa masmorra. A não ser que eu invente delitos imaginários. E isso não quero fazer. Então, eu gostaria que você me desse a sua palavra de que não tentará fugir até a minha saída das ilhas. Cinco meses.

– Comandante, eu lhe dou a minha palavra de honra de que não vou partir enquanto o senhor estiver aqui, se isso não ultrapassar seis meses.

– Parto dentro de um pouco menos de cinco meses, é absolutamente certo.

– Muito bem, pergunte a Dega, ele dirá ao senhor que sou homem de palavra.

– Acredito.

– Mas, em compensação, peço outra coisa.

– O quê?

– Que, durante os cinco meses que tenho que passar aqui, eu possa ter já os empregos dos quais eu poderia me beneficiar mais tarde, e talvez até mudar de ilha.

– Então está certo. Mas que isso fique estritamente entre nós.

– Sim, meu comandante.

Ele manda vir Dega, que o convence de que o meu lugar não é junto com os presos "bem-comportados", mas com os homens da zona da malandragem, no prédio dos perigosos, onde se encontram todos os meus amigos. Recebo um saco completo com os objetos de forçado e o comandante manda acrescentar algumas calças e algumas japonas brancas pedidas aos alfaiates.

É assim, com duas calças de um branco impecável, novinhas, e três japonas, um chapéu de palha de arroz, que me encaminho, acompanhado por um guarda, para o campo central. Para ir do pequeno prédio da administração até o campo, é necessário atravessar o planalto inteiro. Passamos em frente do hospital dos guardas, ao seguir um muro de 4 metros que faz a volta completa da penitenciária. Depois de ter feito a volta quase completa desse imenso retângulo, se chega à porta principal. PENITENCIÁRIA DAS ILHAS – SEÇÃO DE ROYALE. A imensa porta de madeira é toda aberta.

Tem cerca de 6 metros de altura, com dois postos de guarda e quatro guardas em cada um. Sentado numa cadeira, um graduado. Nada de mosquetão: todos estão com revólver. Vejo também cinco ou seis serventes árabes.

Quando chego debaixo do pórtico, todos os guardas saem. O chefe, um corso, diz:

– Chegou um novo, de gabarito.

Os serventes se preparam para me revistar, mas ele os interrompe:

– Não chateiem, não precisam tirar a tralha toda. Vamos, entre, Papillon. No bloco especial, parece que você tem muitos amigos. Eles estão esperando por você. Meu nome é Sofrani. Boa sorte nas ilhas.

– Obrigado, chefe.

E entro num pátio imenso, onde se erguem três grandes blocos. Sigo o guarda que me leva até um deles. Em cima da porta, uma inscrição: BLOCO A – GRUPO ESPECIAL. Em frente da porta toda aberta, o guarda grita:

– Vigia do compartimento!

Surge então um velho forçado.

– Chegou um novo – diz o chefe e vai embora.

Entro numa sala retangular, muito grande, onde vivem 120 homens. Como no primeiro prédio de Saint-Laurent, uma barra de ferro percorre cada um dos lados maiores, interrompida apenas no espaço das portas; é uma grade que só se fecha de noite. Entre a parede e a barra estão esticadas, muito bem estendidas, lonas que servem de cama e às quais se dá o nome de rede, embora não sejam realmente redes. Essas redes são bem confortáveis e higiênicas. Em cima de cada uma estão afixadas duas tábuas para nós guardarmos nossas coisas: uma para a roupa, a outra para a comida, a tigela etc.

Entre as fileiras de redes, uma passagem de 3 metros de largura, a "avenida". Aqui, também, os homens vivem em pequenas organizações, as patotas. Há patotas de dois homens, mas também de dez.

Assim que chegamos, de todos os lados chegam forçados vestidos de branco: "Papi, venha para cá." "Não, venha com a gente." Grandet pega a minha sacola e diz:

– Ele vai formar patota comigo.

Vou seguindo Grandet. Instalam a lona, bem esticada, que me servirá de cama.

– Tome um travesseiro de penas, meu chapa – diz Grandet. Reencontro uma porção de amigos. Muitos corsos e marselheses, alguns parisienses, todos amigos da França ou sujeitos encontrados na Santé, na Conciergerie ou no comboio. Mas, espantado por encontrá-los aqui, pergunto:

– Vocês não deviam estar trabalhando numa hora dessas?

Aí é uma gargalhada geral.

– Ah! Essa é boa! Neste prédio, quem trabalha não trabalha mais de uma hora por dia. Depois, a gente volta logo para cá.

Esta recepção é realmente calorosa. É de se desejar que continue assim. Mas logo entendo alguma coisa que não tinha previsto: apesar dos dias passados no hospital, preciso aprender de novo a viver numa comunidade.

Vejo algo que eu nunca teria imaginado. Um sujeito entra, vestido de branco, com uma bandeja encoberta por um pano branco limpíssimo e grita:

– Bife, bife, quem quer bife?

Pouco a pouco, vem se aproximando da gente, para, levanta o pano branco e aparece, como num açougue da França, uma bandeja cheia de bifes cuidadosamente empilhados. Percebo que Grandet é freguês constante, pois o rapaz nem pergunta se ele quer bifes, pergunta apenas quantos quer que deixe.

– Cinco.

– Contrafilé ou alcatra?

– Contrafilé. Quanto é? Me dê as contas, porque agora temos um a mais, então vai mudar.

O comerciante de bifes puxa uma caderneta e começa a calcular:

– Dá 135 francos, tudo incluído.

– Cobre e agora recomeçamos de zero.

Depois de o homem ter ido embora, Grandet me diz:

– Aqui, sem grana você se arrebenta. Mas tem um sistema para ter sempre grana: a viração.

Para os duros, a viração é o modo de cada um se virar para conseguir dinheiro. O cozinheiro do campo vende bifes feitos com a própria carne destinada aos prisioneiros. Quando ele recebe a carne na cozinha tira mais ou menos a metade. Conforme os pedaços, prepara bifes, carne para ensopado ou para cozinhar. Uma parte é vendida aos guardas, através das esposas, a outra aos forçados que têm meios para comprar. Claro que o cozinheiro dá uma parte do que ganha ao guarda encarregado da cozinha. O primeiro prédio onde se apresenta com a mercadoria é sempre o do grupo especial, bloco A: o nosso.

Então, a viração é o cozinheiro que vende a carne e a gordura; o padeiro que vende pão fino ou pão de metro bem branco, destinado aos guardas; o açougueiro que, por sua vez, vende carne; o enfermeiro que vende injeções; o contador que recebe dinheiro para fazer com que a gente seja designado para tal ou tal cargo, ou então simplesmente para nos dispensar de uma tarefa; o jardineiro que vende hortaliças frescas e frutas; o forçado empregado no laboratório que vende resultados de análises e chega até a inventar tuberculosos, leprosos, enterites etc.; os especialistas do roubo no pátio das casas dos guardas, que vendem ovos, frangos; os moços de serviços que negociam com a dona da casa onde trabalham, e que trazem o que a gente pedir: manteiga, leite condensado, leite em pó, latas de atum ou de sardinha, queijos e, naturalmente, vinhos e bebidas alcoólicas (tanto assim que na minha patota tem sempre uma garrafa de Ricard e cigarros ingleses ou americanos); aqueles também que têm o direito de pescar e vendem o peixe ou as lagostas.

Mas a melhor viração, a mais perigosa também, é ser controlador de jogo. A regra é que não pode nunca haver mais de três ou quatro controladores de jogo por prédio de 120 homens. Aquele que quiser cuidar dos jogos se apresenta à noite e diz: "Quero um lugar como controlador do jogo." Alguém responde: "Não."

– Todos dizem não?

– Todos.

– Então escolho fulano para tomar o lugar.

Aquele que foi designado entendeu. Levanta-se, vai até o centro da sala e os dois fazem um duelo de faca. Aquele que ganha fica com o lugar. Os controladores cobram 5 por cento em cada lance vitorioso.

Os jogos servem também para outras pequenas virações. Há aquele que prepara os cobertores bem esticados no chão, aquele que aluga bancos pequeninos para os jogadores que não podem sentar com as pernas cruzadas debaixo do traseiro, o vendedor de cigarros. Este coloca em cima do cobertor várias caixas de charutos vazias, nas quais ele põe cigarros franceses, ingleses, americanos e até feitos a mão. Cada um tem um preço, o jogador se serve ele mesmo e coloca cautelosamente na caixa o dinheiro correspondente ao preço marcado. Há também aquele que prepara os lampiões de querosene e toma cuidado para que eles não façam fumaça demais. São lampiões feitos com latas de leite cuja tampa foi furada para deixar passar um pavio que mergulha no querosene e que deve ser aparado com frequência. Para os que não fumam, há bombons e bolos feitos com viração especial. Cada prédio tem um ou dois cafeteiros. O café feito à moda árabe é mantido quente a noite inteira, com dois sacos de estopa que o cobrem. De vez em quando, o cafeteiro passa pela sala e oferece café ou chocolate quente numa espécie de bule norueguês de fabricação caseira.

Finalmente, há as bugigangas. É uma espécie de viração artesanal. Alguns trabalham com o casco das tartarugas capturadas pelos pescadores. Uma tartaruga de escama possui treze placas, cada uma com até 2 quilos. Com isso, o artista faz pulseiras, brincos, colares, piteiras, pentes e ornamentos para escovas. Cheguei a ver uma caixinha de escama clara, verdadeira maravilha. Outros trabalham com cocos, chifres de boi, de búfalo, ébano ou outras madeiras das ilhas. Alguns fazem trabalhos de marcenaria de alta precisão, sem um prego, tudo com uma chanfradura. Os mais hábeis trabalham com bronze. Sem esquecer os pintores.

Pode acontecer que vários destes talentos se juntem para confeccionar um só objeto. Por exemplo, um pescador pega um tubarão. Ele ajeita as mandíbulas de modo a que fiquem abertas, com os dentes bem polidos e bem retos. Um marceneiro faz o modelo reduzido de uma âncora, de madeira bem lisa e de grão fechado, suficientemente larga para que se possa fazer alguma pintura no centro. As mandíbulas são fixadas nesta âncora, em que um pintor pinta as Ilhas da Salvação cercadas pelo mar. O tema mais frequentemente usado é o seguinte: se vê a ponta da Ilha Royale, o canal e a Ilha Saint-Joseph. No mar azul, o sol declinando lança raios fulgurantes. Na água, um barco com seis forçados em pé, peito nu, os remos verticais, e três guardas atrás, de metralhadora na mão. Na frente, dois homens erguem um caixão de onde escorrega, embrulhado num saco de farinha, o corpo de um forçado morto. Tubarões aparecem na superfície da água, esperando o corpo com a goela aberta. Embaixo, à direita do quadro, está escrito: ENTERRO EM ROYALE, com a data.

Estes trabalhos de artesanato são vendidos nas casas dos guardas. As peças mais belas são frequentemente compradas com antecipação ou feitas a pedido. O resto é vendido a bordo dos navios que passam pelas ilhas. É o domínio dos remadores. Há também os brincalhões que pegam uma velha caneca esburacada e gravam nela: ESTA CANECA PERTENCEU A DREYFUS – ILHA DO DIABO e a data." A mesma coisa com as colheres e as tigelas. Para os marinheiros bretões, há um truque que funciona na certa: qualquer coisa com o nome de "Sezenec".

Esse negócio permanente traz muito dinheiro para as ilhas e os guardas têm interesse em tolerá-lo. Entregues aos seus afazeres, os homens são mais fáceis de manejar e se acostumam à nova vida.

A pederastia toma um caráter oficial. Todo mundo (inclusive o comandante) sabe que fulano é a mulher de sicrano e, quando um deles é mandado para outra ilha, providencia-se para que o outro siga logo, se é que já não foram transferidos juntos.

Entre todos estes homens, não chegam a trezentos os que pensam em fugir. Até entre os que têm condenação à prisão perpétua. O único esforço é no sentido de tentar, por todos os meios, ser desinternado e mandado para o continente, para Saint-Laurent, Kourou ou Caiena. O que só interessa aos internados temporários. Para os condenados à prisão perpétua, não há saída fora do assassinato. De fato, quando se mata alguém, eles mandam a gente a Saint-Laurent para ser julgado pelo tribunal. Mas com esse recurso para ir para lá – é necessário esclarecer –, a gente se arrisca a pegar cinco anos, de reclusão disciplinar por assassinato, sem saber se se poderá aproveitar a breve permanência no quartel de Saint-Laurent (três meses, no máximo) para fugir.

Pode-se tentar também o desinternamento por motivos de saúde. Quem é diagnosticado tuberculoso é mandado ao campo para tuberculosos, chamado Novo Campo, a 80 quilômetros de Saint-Laurent.

Existem também a lepra e a enterite crônica. É relativamente fácil chegar a este resultado, mas o risco é muito grande: a coabitação num pavilhão especial, isolado, durante quase dois anos, com os doentes do tipo escolhido. De querer ser falso leproso a pegar a lepra, de ter pulmões fortes pra burro e sair tuberculoso, vai só um pequeno passo, que se dá com frequência. Quanto à disenteria, é ainda mais difícil escapar ao contágio.

Aqui estou eu, instalado no bloco A, com os meus 120 colegas. É necessário aprender a viver nesta comunidade na qual a gente é rapidamente classificado. É necessário primeiro que todo mundo saiba que é perigoso atacar você. Uma vez temido, tem que se fazer respeitar pela maneira como se comporta em relação aos guardas, não aceitar determinados cargos, recusar certas tarefas, nunca reconhecer a autoridade dos serventes, nunca obedecer com humildade, mesmo correndo o risco de ter um incidente com o guarda. Depois de ter jogado a noite inteira, não se deve atender à chamada. O guarda da choça (este bloco é chamado "a choça") grita:

– Doente, deitado.

Nas duas outras choças, os guardas vão às vezes procurar o doente e o obrigam a assistir à chamada. Nunca no bloco dos violentos. Conclusão: o que eles procuram, antes de mais nada, do maior ao menor, é a tranquilidade da prisão.

Meu amigo Grandet, com quem estou associado e reparto as coisas, é um marselhês de 35 anos. Muito alto, magro como um prego, mas muito forte. Somos amigos desde a França. A gente se dava em Toulon, bem como em Marselha e Paris.

É um célebre perfurador de cofres-fortes. É bom, mas pode ser muito perigoso. Hoje estou quase sozinho nesta imensa sala. O chefe da choça varre e passa um pano no chão de cimento. Estou vendo um homem consertando um relógio, com um troço de madeira no olho esquerdo. Em cima da sua rede, uma tábua onde estão dependurados uns trinta relógios. Este rapaz tem os traços de um homem de trinta anos e cabelos inteiramente brancos. Aproximo-me dele e o observo trabalhar, depois tento bater um papo. Nem levanta a cabeça e permanece mudo. Afasto-me um pouco, ofendido, saio para o pátio e me sento perto do tanque. Encontro Titi la Belote, que está treinando com um baralho completamente novo. Seus dedos ágeis baralham constantemente as 52 cartas com uma rapidez incrível. Sem interromper o jogo de suas mãos de prestidigitador, diz:

– Então, velho, tudo bem? Está se dando bem em Royale?

– Sim, mas hoje estou na fossa. Preciso trabalhar um pouco; resolvi sair um pouco da choça. Quis bater um papo com o sujeito que está dando uma de relojoeiro, ele nem abriu a boca.

"Não se incomode, Papi, este sujeito não liga para ninguém. Para ele, só existem os relógios. Para o resto, bolas! É verdade que, depois do que aconteceu para ele, tem o direito de ser maluco. Até por menos. Imagine que este rapaz – pode-se dizer que ele é um rapaz, não tem ainda trinta anos – era condenado à morte, no ano passado, porque ele teria estuprado a mulher de um guarda. Lorota! Fazia tempo que ele trepava com a dona, a esposa de um guarda-chefe bretão. Como ele trabalhava na casa deles, como moço de serviços, cada vez que o bretão tinha plantão de dia, o relojoeiro comia a garota. Só que eles cometeram um erro: a dona nem o deixava mais lavar e passar a roupa. Era ela mesma que fazia tudo, e o cornudo do marido achou estranho, começou a desconfiar, porque sabia que ela era preguiçosa. Mas não tinha prova de seu infortúnio. Então bolou alguma coisa para pegar os dois em flagrante e matá-los. Ele não contava com a reação da dona. Um dia, ele deixa o plantão duas horas depois de ter começado e pede a um guarda para acompanhá-lo até em casa, alegando que queria lhe dar um presunto que tinha recebido de sua terra. Sem barulho, passa pelo portão; mas, assim que abre a porta da casinha, um papagaio se põe a berrar: "Chegou o patrão!", como costumava fazer toda vez que o cara voltava para casa. Logo a mulher se põe a gritar: "Socorro! É uma curra!" Os dois guardas entram no quarto na hora em que a mulher escapa dos braços do forçado, que, surpreendido, pula pela janela, enquanto o cornudo atira nele. Levou um tiro no ombro; a dona, por sua vez, arranhou ela mesma os peitos e a face e rasgou o robe. O relojoeiro caiu, ferido, e, na hora em que o bretão ia acabar com ele, o outro guarda lhe tirou a arma. É verdade que o outro era um corso e entendeu logo que o chefe lhe tinha contado uma lorota, estupro ali era chifre em cabeça de cavalo. Mas o corso não podia falar com o bretão e fingiu que acreditava no estupro. O relojoeiro foi condenado à morte. Até aí, meu velho, nada de extraordinário. É depois que o caso se torna interessante.

"Em Royale, no quartel dos punidos, tem uma guilhotina, cada peça bem guardada num lugar especial. No pátio, tem cinco lajes para erguê-la, bem cimentadas e niveladas. Toda semana, o carrasco e seus assistentes, dois forçados, montam a guilhotina com a faca e o troço todo e cortam um ou dois troncos de bananeira. Assim, ficam certos de que está sempre em bom estado.

"O relojoeiro saboiano estava numa cela de condenado à morte com quatro outros, três árabes e um siciliano. Eles esperavam resposta ao pedido de indulto, feito por guardas que os defenderam.

"Numa manhã, eles montam a guilhotina e abrem bruscamente a porta do relojoeiro. Os carrascos se jogam sobre ele, lhe amarram os pés com uma corda, atam os pulsos com a mesma corda dos pés. Com tesouras, aparam o colarinho e ele, em passos estreitos, na semiobscuridade da alvorada, percorre uns 20 metros. Você sabe, Papillon, que, quando se chega diante da guilhotina, a gente se encontra frente a frente com uma tábua em pé, na qual eles amarram o sujeito com correias presas na tábua. Amarram o cara, começam a deitar a tábua, a cabeça de fora, quando chega o atual comandante, o "Coco Seco", que tem que assistir obrigatoriamente à execução. Leva na mão um enorme lampião de querosene e, na hora em que ele ilumina a cena, percebe que os putos dos guardas se enganaram: eles iam cortar a cabeça do relojoeiro, que, naquele dia, não tinha nada a ver com a cerimônia.

"– Parem, parem! – grita Barrot.

"Fica tão perturbado, que parece até que não consegue mais falar. Deixa cair o lampião, empurra todo mundo, os guardas, os carrascos, e ele mesmo desamarra o relojoeiro saboiano. Finalmente consegue dar uma ordem:

"– Leve-o de volta para a cela, enfermeiro. Trate dele, fique com ele, dê-lhe rum. E vocês, cretinos, vão buscar rápido Rencasseu, é ele que executamos hoje!

"No dia seguinte, o saboiano estava com os cabelos inteiramente brancos, tal como você o viu hoje. Seu advogado, um guarda de Calvi, fez um novo pedido de indulto ao ministro da Justiça, contando-lhe o incidente. A pena do relojoeiro foi comutada e transformada em prisão perpétua. Desde então, ele passa o tempo todo consertando os relógios dos guardas. É a sua paixão. Ele controla os relógios durante muito tempo; é por isso que tem tantos dependurados no seu painel de observação. Agora dá para entender que o sujeito tem o direito de estar um pouco doido, sim ou não?"

– Não tem nem dúvida; depois de um choque desses, ele tem o direito de não ser muito amável. Sinceramente, tenho dó dele.

A cada dia, aprendo um pouco mais sobre esta nova vida. A choça A é realmente uma concentração de homens terríveis, tanto por causa do passado deles como pela maneira de eles reagirem na vida cotidiana. Não trabalho ainda: espero um lugar de limpador de latrinas. É um posto que, depois de 45 minutos de trabalho, me deixará livre na ilha, com direito de ir pescar.

Hoje de manhã, na chamada para a tarefa de plantação de coqueiros, designam Jean Castelli. Ele sai da fileira e pergunta:

– O que é isso? Estão me mandando para o trabalho, eu?

– Sim, você – responde o guarda encarregado da tarefa. – Vai, pega essa picareta!

Friamente, Castelli olha para ele:

– Olhe um pouco pra mim, meu chapa. Você é um caipira de Auvergne. Não está vendo que é preciso ter nascido numa aldeola como a tua para saber usar um instrumento desses? Eu sou corso e marselhês. Na Córsega, a gente joga para muito longe os instrumentos de trabalho, e em Marselha a gente nem sabe que eles existem. Fique você com a picareta e me deixe em paz.

O jovem guarda, que ainda não estava a par da situação, pelo que vim a saber mais tarde, levanta a picareta contra Castelli, cabo para cima. Numa só voz, os 120 homens urram:

– Carniceiro, não toque nele ou você está morto.

– Dispersem! – grita Grandet e, sem levar em conta as posições de ataque tomadas por todos os guardas, voltamos todos para a choça.

A choça B desfila, indo para o trabalho. A choça C também. Doze guardas vêm chegando e, coisa rara, fecham a porta gradeada. Uma hora mais tarde, quarenta guardas estão de cada lado da porta, de metralhadora na mão. Comandante adjunto, vigia-chefe, guarda-chefe, guardas, todos estão aqui, com exceção do comandante, que saiu às 6 da manhã, antes do incidente, para inspecionar a Ilha do Diabo:

O comandante adjunto diz:

– Dacelli, chame os homens, um por um.

– Grandet?

– Presente.

– Saia.

Ele sai, no meio dos quarenta guardas. Dacelli diz para ele:

– Vai trabalhar.

– Não posso.

– Recusa?

– Não, não recuso, estou doente.

– Desde quando? Você não se declarou doente na primeira chamada.

– Hoje de manhã eu não estava doente, mas agora estou.

Os sessenta primeiros chamados respondem exatamente a mesma coisa, um depois do outro. Apenas um chega até a franca recusa de obediência. Ele tinha provavelmente a intenção de ser mandado a Saint-Laurent, passar pelo conselho de guerra. Quando lhe dizem:

– Recusa?

Ele responde:

– Sim, recuso, três vezes.

– Três vezes? Por quê?

– Porque vocês me enchem o saco. Recuso categoricamente trabalhar para sujeitos tão fodidos como vocês.

A situação era muito tensa. Os guardas, principalmente os jovens, não aguentavam ser humilhados assim pelos presos. Só esperavam uma coisa: um gesto de ameaça que lhes permitiria entrar em ação com suas metralhadoras, aliás dirigidas para o chão.

– Todos aqueles que foram chamados, pelados! Em marcha para as celas!

À medida que as roupas iam caindo, ouvia-se às vezes o ruído de uma faca que batia sobre o asfalto do pátio. Aí chega o médico.

– Bom, esperem. O médico está chegando. Podia, doutor, examinar estes homens? Aqueles que não forem reconhecidos como doentes irão para as celas. Os outros ficarão na choça.

– Há sessenta doentes?

– Sim, doutor, com exceção deste, que se recusou a trabalhar.

– O primeiro – diz o médico. – Grandet, o que é que você tem?

– Uma indigestão de carcereiro, doutor. Somos todos homens condenados a longas penas, e a maioria à prisão perpétua, doutor. Nas ilhas não há esperança de fuga. Por isso, o pessoal só aguenta esta vida se houver uma certa elasticidade e compreensão no regulamento. Mas, hoje de manhã, um guarda tomou a liberdade, na frente da gente, de querer bater com um cabo de picareta num colega estimado por todos. Não era um gesto de defesa, já que este homem não tinha ameaçado ninguém. Ele disse que não queria usar uma picareta, nada mais. Essa é a razão da nossa epidemia coletiva. Agora, o senhor que julgue.

O médico abaixa a cabeça, fica pensando por mais de um minuto e diz:

– Enfermeiro, escreva: "Em virtude de uma intoxicação alimentar coletiva, o guarda-enfermeiro fulano tomará as providências necessárias para purgar com vinte gramas de sulfato de sódio todos os transportados que se declararam doentes neste dia. Quanto ao prisioneiro X, que ele seja posto sob observação no hospital, para que se verifique se a sua recusa de trabalho foi feita em posse de todas as suas faculdades mentais."

Ele dá a volta e vai embora.

– Todos para dentro! – grita o segundo-comandante. Peguem as suas coisas e não esqueçam as facas.

Neste dia, todos ficam na choça. Ninguém pôde sair, nem o portador de pão. Pelo meio-dia, no lugar da sopa, o guarda-enfermeiro, acompanhado por dois forçados-enfermeiros, chegou com um balde de madeira, cheio de purgativo de sulfato de sódio. Três apenas tiveram que engolir o purgante. O quarto caiu em cima do balde, fingindo uma crise de epilepsia perfeitamente imitada, jogando assim o purgante, o balde e a concha para todos os lados. Assim se encerrou o episódio, com o trabalho que o chefe da choça teve para enxugar o líquido derramado no chão.

Passei a tarde conversando com Jean Castelli. Ele veio comer com a gente. Ele vive associado a um sujeito de Toulon, Louis Gravon, condenado por roubo de peles. Quando lhe falei da fuga, seus olhos brilharam. Disse:

– No ano passado, quase fugi, mas a coisa gorou. Tinha certeza de que você não era daqueles que ficam quietos aqui. Só que falar em fuga nas ilhas é o mesmo que falar hebreu. Por outro lado, acho que você não entendeu ainda os forçados das ilhas. Tais como você os está vendo, 90 por cento se acham relativamente felizes. Se o cara mata alguém, nunca tem uma testemunha; se rouba, a mesma coisa. Qualquer coisa que um sujeito faça, todos se solidarizam para defendê-lo. Os forçados das ilhas têm medo de uma única coisa: que uma fuga dê certo. Porque, aí, sua relativa tranquilidade fica abalada: investigações constantes, nada de baralho, nada de música – os instrumentos são quebrados nas investigações –, nada de jogo de xadrez e de damas, nada de livros, quer dizer, mais nada! Nada de artesanato, também. Tudo, absolutamente tudo, é suprimido. Revistam sem parar. Açúcar, óleo, bife, manteiga, tudo isso desaparece. Os que conseguiram fugir das ilhas sempre foram presos no continente, perto de Kourou. Mas, para as ilhas, a fuga deu certo: os sujeitos puderam sair da ilha onde estavam. De modo que vêm sanções contra os guardas, que se vingam em cima de todo mundo.

Estou ouvindo com a máxima atenção. Nem estou acreditando. Nunca havia pensado no assunto por esse lado.

– Conclusão – diz Castelli –, no dia em que você quiser preparar uma fuga, tome todas as precauções. Antes de conversar com qualquer cara, se não for um amigo íntimo, pense dez vezes.

Jean Castelli, assaltante profissional, é de uma vontade e de uma inteligência fora do comum. Ele detesta a violência. A alcunha dele é "O Antigo". Por exemplo, ele só se lava com sabão e, se eu me lavei com Palmolive, ele me diz:

– Mas que cheiro de veado, o seu! Você se lavou com sabão de mulher!

Infelizmente, ele já tem 52 anos, mas dá prazer ver sua energia de ferro. Ele me diz:

– Você, Papillon, parece que é meu filho. A vida das ilhas não lhe interessa. Você come bem porque é necessário se manter em boa forma, mas nunca vai se acostumar a viver nas ilhas. Parabéns. Entre todos os forçados, somos apenas uma meia dúzia os que pensam assim. Há, é verdade, uma quantidade de homens que pagam fortunas para serem desinternados e poder ir para o continente, pensando em fugir. Mas, aqui, ninguém acredita na fuga.

O velho Castelli me dá conselhos: aprender inglês e, sempre que puder, falar castelhano com um cara que fale essa língua. Ele me emprestou um livro para aprender o castelhano em 24 lições. Um dicionário francês-inglês. Ele é amigo de um marselhês, Gardès, que entende de tudo a respeito de fugas. Já fugiu duas vezes. A primeira, de uma prisão especial portuguesa; a segunda, da Terra Grande. Ele tem sua opinião a respeito da fuga das ilhas; Jean Castelli, também. Gravon, o cara de Toulon, também vê as coisas ao modo dele. Nenhuma dessas opiniões está de acordo. A partir de agora, tomo a decisão de estudar a situação por mim mesmo e de não falar mais em fuga.

É duro, mas é assim. O único ponto sobre o qual eles concordam é que o jogo só interessa para ganhar dinheiro e que ele é muito perigoso. A qualquer momento, a gente pode ter que entrar numa rixa de faca com o primeiro valentão que encontrar na esquina. Os três são homens de ação e são realmente formidáveis, para a idade que têm: Louis Gravon está com 45 anos e Gardès com quase cinquenta.

Ontem à noite, tive a oportunidade de mostrar a quase toda a nossa sala a minha maneira de ver as coisas e de agir. Um nanico de Toulouse é desafiado à faca por um cara de Nîmes. O sujeito pequeno de Toulouse é alcunhado Sardinha e o corpulento de Nîmes, Carneiro. Carneiro está no meio da passagem, de faca na mão:

– Ou você me paga 25 francos por partida de pôquer ou você não joga.

Sardinha responde:

– Nunca se pagou a ninguém para jogar pôquer. Por que é que você vem contra mim e não vai contra os controladores de jogo à marselhesa?

– Não tem que saber por quê. Ou você paga, ou você não joga. Ou então briga.

– Não, não vou brigar.

– Está com medo?

– Estou. Por que vou me arriscar a levar uma facada ou até morrer por causa de um valentão da sua espécie, que nunca tentou fugir? Eu sou um homem de fuga, e não estou aqui para matar nem para me deixar matar.

Todos estamos na expectativa do que vai acontecer. Grandet me diz:

– É verdade que é corajoso, o pequeno, e é um homem de fuga. Pena que não se possa dizer nada.

Abro minha faca e boto debaixo da perna. Estou sentado na rede de Grandet.

– Então, medroso, você vai pagar ou parar de jogar? Responda!

Ele dá um passo na direção do Sardinha. Aí eu grito:

– Feche a matraca, Carneiro, e deixe esse sujeito em paz!

– Você está louco, Papillon? – me diz Grandet.

Sem me mexer, sempre sentado com a faca aberta debaixo da perna, a mão no cabo, digo:

– Não, não estou louco e prestem todos atenção ao que eu vou dizer. Carneiro, antes de lutar com você, o que vou fazer se você exigir, mesmo depois de eu ter falado, deixe-me dizer a você e a todos que, desde que eu cheguei a esta choça, onde somos mais de cem, todos da zona, eu me dei conta com vergonha de que a coisa mais bela, mais honrada, a única verdadeira – a fuga – não é respeitada. Qualquer homem que mostrou que é um homem de fuga, que tem peito para jogar a própria vida numa fuga, deve ser respeitado por todos acima de qualquer outra coisa. Quem é que diz o contrário? (Silêncio.) Em todas as leis de vocês, falta uma, fundamental: obrigação para todo mundo não só de respeitar, mas também de ajudar, de amparar os homens de fuga. Ninguém está obrigado a ir embora e aceito que quase todos vocês tenham decidido ajeitar a sua vida aqui. Mas se vocês não tiverem a coragem de tentar viver novamente, respeitem pelo menos os que a têm, os homens de fuga. E aquele que esquecer esta lei de homem que espere graves consequências. Agora, Carneiro, se você ainda quiser brigar, vamos!

E pulo no meio da sala, de faca na mão. Carneiro joga a sua faca para o lado e diz:

– Você está certo, Papillon, por isso não quero brigar de faca com você, mas vamos sair na mão, para você saber que não sou um covarde.

Deixo minha faca com Grandet. Brigamos durante quase vinte minutos. No fim, com uma cabeçada bem acertada, ganho por pouco. Juntos, nas privadas, lavamos o sangue que pinga das nossas caras. Carneiro diz:

– É verdade que o pessoal se embrutece nestas ilhas. Faz quinze anos que estou aqui e não cheguei a gastar 1.000 francos para tentar ser desinternado. É uma vergonha.

Quando volto para junto dos amigos, Grandet e Galgani me xingam.

– É uma loucura provocar e insultar todo o pessoal, como você fez! Não sei por que cargas-d'água ninguém pulou na passagem para pegar na faca contra você.

– Não, meus amigos, não é de espantar. Qualquer homem do nosso meio, quando vê que alguém está realmente certo, concorda com ele.

– Bom – diz Galgani. – Mas, sabe, é melhor não brincar demais com este vulcão.

A noite toda, homens vieram falar comigo. Aproximam-se de mim como por acaso, falam de qualquer coisa e antes de se retirar dizem:

– Estou de acordo com o que você disse, Papi.

Este incidente fortaleceu a minha situação junto aos homens.

A partir de então, os meus colegas me consideram provavelmente como um homem do meio deles, mas me veem como uma pessoa que não se dobra diante das coisas sem analisá-las e discuti-las. Me dou conta de que, quando sou eu o controlador dos jogos, há menos brigas. E percebo que, quando dou uma ordem, obedecem logo.

O controlador do jogo, como já disse, retira 5 por cento em cada lance vitorioso. Fica sentado num banco, encostado na parede, para se proteger contra um assassino sempre possível. Um cobertor nos joelhos esconde uma faca aberta. Em volta dele, em círculo, trinta, quarenta e às vezes até cinquenta jogadores de todas as regiões da França, muitos estrangeiros, inclusive árabes. O jogo é muito fácil: há o banqueiro e o cortador. Toda vez que o banqueiro perde, ele passa as cartas para o vizinho. Joga-se com 52 cartas. O cortador divide o maço e guarda uma carta escondida. O banqueiro tira uma carta e descobre. Aí fazem as apostas. Joga-se tanto para o corte como para a banca. Quando as apostas são depositadas em montinho, começa-se a tirar as cartas uma por uma. A carta que tem o mesmo valor que uma das duas em cima da mesa perde. Por exemplo, o cortador escondeu uma dama e o banqueiro tira um cinco. Se sair uma dama antes de um 5, o corte perde. Se for o contrário e sair um 5, é a banca que perde. O controlador do jogo deve conhecer a importância de cada aposta e lembrar-se de quem é cortador ou banqueiro, para saber para quem vai o dinheiro. Nada fácil. É necessário defender os fracos contra os fortes, que estão sempre tentando abusar do prestígio. Quando o controlador de jogos toma uma decisão a respeito de um caso duvido essa decisão tem que ser aceita sem piscar.

Durante a noite mataram um italiano chamado Carlino. Vivia com um rapaz que lhe servia de mulher. Os dois trabalhavam num jardim. Ele devia saber que sua vida estava em perigo, já que, quando dormia, o rapaz ficava de vigia, e vice-versa. Debaixo da rede, eles tinham colocado latas vazias, para que ninguém pudesse se aproximar deles sem fazer barulho. E assim mesmo foi assassinado. Ao seu grito seguiu-se imediatamente um barulhão horrível de latas vazias chutadas pelo assassino.

Grandet dirigia uma partida de marselhesa, com mais de trinta jogadores em volta dele. Eu estava batendo papo perto do jogo. O grito e o barulho das latas vazias interromperam o jogo. Todos se levantam e perguntam o que foi que aconteceu. O jovem amigo de Carlino não viu nada e Carlino deixou de respirar. O chefe da choça pergunta se deve chamar os guardas. Não. Dá para avisá-los amanhã na chamada; já que está morto, não há mais nada a fazer por ele. Grandet fala:

– Ninguém viu nada. Você também não, menino – diz ao colega de Carlino. – Amanhã, quando acordar, você se dará conta de que ele está morto.

E pronto! Vamos, o jogo continua. Os jogadores, como se nada tivesse acontecido, recomeçam a gritar: "Cortador! Não, banqueiro!" etc.

Aguardo com impaciência para saber o que acontece quando os guardas descobrem um assassinato. Às 5 e meia, primeiro toque de sino. Às 6 horas, segundo toque e café. Às 6 e meia, terceiro toque e saímos para a chamada, como todo dia. Mas hoje é diferente. No segundo toque, o chefe da choça diz ao guarda que acompanha o distribuidor de café:

– Chefe, mataram um homem.

– Quem é?

– Carlino.

– Está bem.

Dez minutos mais tarde, chegam seis guardas:

– Onde está o morto?

– Aí.

Eles notam o punhal fincado nas costas de Carlino através da lona. A arma é removida.

– A maca. Podem levá-lo.

Dois homens o levam numa maca. O dia desponta. O terceiro sino toca. Sempre com a faca ensanguentada na mão, o guarda-chefe manda:

– Todo mundo fora, em fila, para a chamada. Hoje não aceitamos doentes deitados.

Todo o pessoal sai. Na chamada da manhã, os comandantes e os guardas-chefes estão sempre presentes. Fazem a chamada. Chegando a Carlino, o chefe da choça responde:

– Morto durante a noite, foi levado para o necrotério.

– Está bem – diz o guarda que faz a chamada.

Depois de todo mundo ter respondido presente, o chefe do campo levanta a faca para cima e pergunta:

– Alguém conhece esta faca?

Ninguém responde.

– Alguém viu o assassino?

Silêncio absoluto.

– Então, ninguém sabe de nada, como de costume. Passem na minha frente, com as mãos estendidas, e depois cada um vai para o trabalho. É sempre a mesma coisa, meu comandante, não dá para saber quem fez o serviço.

– Assunto arquivado – diz o comandante. – Guarde a faca, prenda nela uma ficha indicando que foi usada para matar Carlino.

É só. Entro na choça e deito para dormir, pois não preguei o olho a noite toda. Quase adormecendo, penso que um forçado não é grande coisa. Mesmo se foi assassinado covardemente, ninguém quer se chatear para saber. Para a administração um forçado não é absolutamente nada. Menos que um cachorro.

Decidi começar segunda-feira meu trabalho de limpador de latrinas. Às 4 e meia da madrugada, vou sair com um colega para esvaziar as latrinas do bloco A, as nossas. O regulamento exige que, para esvaziá-las, sejam levadas até o mar. Mas, pagando a um condutor de búfalos, ele nos espera num lugar do planalto, de onde um estreito canal cimentado desce até o mar. Então, rapidamente, em menos de vinte minutos, a gente esvazia todas as tinas neste canal e, para empurrar a matéria, despejam-se 3.000 litros de água do mar, trazidos num enorme barril. O transporte da água custa 20 francos por dia, pagos ao condutor de búfalos, um simpático preto das Antilhas. A descida da matéria é ajudada com uma vassoura muito dura. Por ser meu primeiro dia de trabalho, carregar as tinas com duas barras de madeira me cansou os pulsos. Mas vou me acostumar rapidamente.

Meu novo colega é muito prestativo, mas Galgani me informou que é um homem extremamente perigoso. Teria cometido, parece, sete assassinatos nas ilhas. A viração dele é vender merda. De fato, cada jardineiro tem que fazer seu estrume. Para isso, ele cava uma fossa, bota dentro folhas secas e capim e o meu amigo das Antilhas leva clandestinamente uma ou duas tinas ao jardim indicado. Claro que isso não pode ser feito por uma pessoa só, e tenho que ajudá-lo. Mas sei que é uma falta grave, pois pode haver contaminação das verduras e difundir a disenteria tanto entre os guardas como entre os presos. Resolvo que um dia, quando conhecê-lo melhor, vou impedi-lo de fazer isso. Evidentemente, vou pagar-lhe o que ele perder por interromper seu comércio. Além disso, ele trabalha chifres de boi. No que diz respeito à pesca, ele me diz que não pode fazer nada, mas que, no cais, Chapar ou algum outro podem me ajudar.

Pronto, virei limpador de latrinas. Acabado o serviço, tomo um bom banho, boto um calção e vou todo dia pescar em liberdade onde bem entendo. Só tenho uma obrigação: estar ao meio-dia no campo. Graças a Chapar, não me faltam nem varas nem iscas. Quando volto com peixes enfiados pelas brânquias num arame, é raro que, das casinhas, as esposas dos guardas não me chamem. Todas sabem o meu nome:

– Papillon, me vende 2 quilos.

– Está doente?

– Não.

– Está com uma criança doente?

– Não.

– Então não vendo meu peixe.

Consigo pegar grandes quantidades de peixe, que dou aos amigos do campo. Troco por pão de metro, verduras ou frutas. Meus amigos comem peixe pelo menos uma vez por dia. Um dia, estou de volta com uma dúzia de grandes lagostas e 7 ou 8 quilos de peixe, passo em frente da casa do comandante Barrot. Uma mulher bastante gorda me diz:

– Você teve sorte na pesca, Papillon. O mar está ruim e ninguém consegue pegar nada. Já faz quinze dias que não como peixe.

É pena que você não venda. Meu marido me disse que você se recusa a vender às esposas dos guardas.

– É verdade, senhora. Mas com a senhora pode ser diferente.

– Por quê?

– Porque está gorda e é possível que carne seja ruim para a senhora.

– É verdade, me disseram que só devia comer verduras e peixe cozido. Mas aqui não é possível.

– Pronto, senhora, tome estas lagostas e estes peixes.

E dou para ela mais ou menos 2 quilos de peixe.

A partir desse dia, toda vez que fazia uma pesca farta, dava para ela o necessário para fazer um bom regime. Ela, que sabe que tudo se vende nas ilhas, nunca me disse nada a não ser "obrigada". Teve razão, pois adivinhou que, se me oferecesse dinheiro, eu levaria a mal. Mas frequentemente ela me convidava para entrar na casa dela. Oferece-me um licor ou um copo de vinho branco. Quando recebe *figatelli* da Córsega, ela me dá. Nunca a senhora Barrot fez perguntas sobre o meu passado. Apenas uma frase, um dia, lhe escapou, a respeito dos trabalhos forçados:

– É verdade que não dá para fugir das ilhas, mas é melhor estar aqui, num clima sadio, do que apodrecer como um bicho na prisão da Terra Grande.

Foi ela quem me explicou a origem do nome das ilhas: numa epidemia de febre amarela em Caiena, alguns padres e as freiras de um convento se refugiaram nas ilhas e todos se salvaram. Daí veio o nome de Ilhas da Salvação.

Graças à pesca, vou para qualquer lugar. Já faz três meses que sou limpador de latrinas e conheço a ilha melhor do que ninguém. Vou observar os jardins, a pretexto de oferecer meu peixe em troca de verduras e frutas. O jardineiro de um jardim localizado perto do cemitério dos guardas é Matthieu Carbonieri, que faz parte da minha patota. Ele trabalha sozinho e pensei que, mais tarde, a gente poderia enterrar ou preparar uma jangada no jardim dele. Mais dois meses e o comandante irá embora. Aí vou poder agir livremente.

Estou organizado: limpador titular das latrinas, saio como se fosse para fazer a limpeza, mas quem faz no meu lugar é o cara das Antilhas, mediante dinheiro, é claro. Travei relações de amizade com dois cunhados condenados à prisão perpétua, Narric e Quenier. São chamados "os cunhados do carrinho". Contam que foram acusados de ter transformado em bloco de cimento um cobrador que tinham assassinado. Testemunhas teriam visto eles transportarem num carrinho de mão um bloco de cimento que teriam jogado no Marne ou no Sena. O inquérito estabeleceu que o cobrador foi até a casa deles para receber uma duplicata e, depois, ninguém mais o viu. Eles negaram a vida toda. Até na prisão, eles se diziam inocentes. Embora o corpo nunca tenha sido encontrado, foi achada a cabeça embrulhada num lenço. E na casa deles havia lenços do mesmo tecido e da mesma linha, "conforme os peritos". Mas os advogados e eles mesmos provaram que foram feitos lenços com milhares de metros dessa fazenda. Todo mundo tinha lenços iguais àquele. Finalmente, os dois cunhados pegaram a prisão perpétua e a mulher de um dos dois, irmã do outro, pegou vinte anos de reclusão.

Consegui travar relações com eles. Já que são pedreiros, eles têm entrada e saída livres na oficina de trabalho. Eles poderiam talvez, peça por peça, tirar o necessário para fazer uma jangada. Agora tenho que convencê-los.

Ontem me encontrei com o médico. Levava um peixe de pelo menos 20 quilos, de carne delicada, chamado cherne. Ele e eu caminhamos na direção do planalto. Na metade do caminho, sentamos num murinho. Ele me diz que com a cabeça desse peixe se faz uma sopa deliciosa. Ofereço-lhe a cabeça, com um grande pedaço de carne. Fica espantado com meu gesto e diz:

– Você não guarda ressentimento, Papillon.

– Quer dizer, doutor, este gesto meu, confesso que não o faço por mim. Sou grato ao senhor porque fez o possível para o meu amigo Clousiot.

A gente conversa um pouco e ele me diz:

– Bem que você gostaria de fugir, não é? Você não é um forçado. Parece que você é outra coisa.

– O senhor tem razão, doutor, não pertenço aos trabalhos forçados, estou aqui apenas de passagem.

Começa a rir. Aí ataco:

– Doutor, o senhor acredita que um homem possa se regenerar?

– Acredito.

– O senhor admitiria a ideia de que eu possa viver na sociedade, sem ser um perigo para ela, e me transformar em cidadão honesto?

– Acredito sinceramente que sim.

– Então, por que o senhor não me ajuda para chegar a isso?

– Como?

– Fazendo com que eu seja mandado ao continente como tuberculoso.

Ele confirma, então, alguma coisa de que eu já tinha ouvido falar:

– Não é possível e lhe aconselho a nunca fazer isso. É perigoso demais. A administração só desinterna um homem por doença depois de ele ter ficado pelo menos um ano no pavilhão correspondente à doença.

– Por quê?

– É um pouco vergonhoso dizer isso, mas penso que é para que o sujeito em questão, se for um simulador, saiba que ele tem toda a probabilidade de ser contaminado pela coabitação com os outros doentes e de adoecer mesmo. Portanto, nada posso fazer por você.

Desse dia em diante, nos tornamos bons companheiros, o curandeiro e eu. Até o dia em que o meu amigo Carbonieri quase foi morto por causa dele. De fato, Matthieu Carbonieri, de comum acordo comigo, tinha aceitado ser cozinheiro dos guardas-chefes. Era para ver se dava para roubar três barris de vinho, óleo ou vinagre e achar um meio de amarrá-los e sair para o mar. Isso, claro, depois da saída de Barrot. As dificuldades eram muitas, pois era necessário, na mesma noite, roubar os barris, transportá-los até o mar sem que ninguém nos visse nem ouvisse, e juntá-los com cabos. O que só seria possível numa noite de tempestade, com vento e chuva. Mas, com vento e chuva, o mais difícil seria botar essa jangada no mar, que forçosamente estaria muito agitado.

Carbonieri é agora cozinheiro. O chefe do refeitório dos guardas lhe dá três coelhos para preparar para o dia seguinte, um domingo. Carbonieri manda, sem a pele felizmente, um coelho para o irmão, no cais, e dois para a gente. E então ele mata três grandes gatos e faz um guisado fantástico.

Infelizmente para ele, no dia seguinte, o médico é convidado para comer e, saboreando o coelho, diz:

– Senhor Filidori, dou-lhe os parabéns pelo cardápio, este gato é uma delícia.

– Não brinque comigo, doutor, estamos comendo três ótimos coelhos.

– Não – diz o médico, teimoso como uma mula. – São gatos. Está vendo as costelas que estou comendo? Elas são achatadas e as dos coelhos são redondas. Portanto, é impossível errar: estamos comendo gato.

– Virgem, mãe de Cristo! – diz o corso. – Estou com um gato na barriga.

E sai correndo para a cozinha, bota o revólver na cara de Matthieu e diz:

– Por mais que você seja napoleonista como eu, eu vou te matar porque você me fez comer um gato.

Tinha o olhar de um louco, e Carbonieri, sem saber como a coisa viera à tona, responde:

– Se o senhor acha que aquilo que me deu é gato, não é culpa minha.

– Eu lhe dei coelhos.

– Então foram coelhos que eu cozinhei. Olhe, as peles e as cabeças ainda estão aqui.

Perplexo, o guarda olha para as peles e as cabeças dos coelhos.

– Então o médico não sabe o que diz?

– É o médico que está dizendo isso? – pergunta Carbonieri, aliviado. – Ele está brincando com o senhor. Diga que isso não é brincadeira que se faça.

Acalmado, convencido, Filidori volta para a sala de jantar e diz ao médico:

– Pode falar, pode falar quanto quiser, curandeiro. É o vinho que lhe subiu à cabeça. Achatadas ou redondas as suas costelas, eu sei que foi coelho que eu comi. Acabo de ver os três ternos deles e as três cabeças.

Matthieu tinha escapado por pouco. Mas ele achou melhor se demitir do cargo de cozinheiro alguns dias mais tarde.

Aproxima-se o dia em que vou poder agir. Mais algumas semanas e Barrot irá embora. Ontem fui visitar sua esposa gorda, que, diga-se de passagem, emagreceu muito graças ao regime de peixe cozido e verduras frescas. Essa mulher simpática me convida para entrar na casa dela e me oferece uma garrafa de vermute. Na sala há várias malas sendo arrumadas. Estão preparando a viagem. A comandanta, como todo mundo a chama, me diz:

– Papillon, não sei como agradecer a sua gentileza comigo nesses últimos meses. Eu sei que, em alguns dias de pesca fraca, você me deu tudo o que conseguiu pescar. Agradeço muito. Graças a você, estou me sentindo muito melhor, emagreci 14 quilos. O que poderia fazer para retribuir?

– Uma coisa difícil para a senhora. Me conseguir uma boa bússola. Pequena, mas de precisão.

– O que você está pedindo, Papillon, não é muita coisa e, ao mesmo tempo, é. E, em três semanas, isso vai ser muito difícil.

Oito dias antes da partida, esta nobre mulher, aborrecida por não ter conseguido uma boa bússola, teve a gentileza de tomar um barco costeiro e ir até Caiena. Quatro dias depois, ela voltava com uma magnífica bússola antimagnética.

O comandante e a comandanta Barrot saíram hoje pela manhã. Ontem, ele entregou o comando a um oficial da mesma patente dele, da Tunísia, chamado Prouillet. Boa notícia: o novo comandante manteve Dega no seu cargo de contador-geral. É muito importante para todo mundo, principalmente para mim. No discurso que fez para os forçados reunidos em formação no pátio grande, o novo comandante deu a impressão de ser um homem muito enérgico, mas inteligente. Entre outras coisas, ele disse:

– A partir de hoje, assumo o comando das Ilhas da Salvação. Depois de ter verificado que os métodos do meu predecessor tiveram resultados positivos, não vejo motivos para alterar o que existe. Se, pelo seu comportamento, vocês não me obrigarem a isso, não vejo razão para modificar o seu modo de viver.

Foi com uma alegria bem justificada que vi partirem a comandanta e seu marido, embora estes cinco meses de espera forçada tenham passado com uma rapidez incrível. Esta falsa liberdade de que gozam quase todos os forçados das ilhas, os jogos, a pesca, as conversas, as novas relações, as discussões, as brigas são derivativos poderosos e a gente não tem tempo para se aborrecer.

Mas não me deixei realmente envolver por este ambiente. Toda vez que adquiria um novo amigo, eu me fazia a seguinte pergunta: "É candidato à fuga? Poderia ajudar um outro a preparar uma, mesmo que não queira participar?"

Vivo só para isto: fugir, fugir, sozinho ou acompanhado, mas fugir, é uma ideia fixa, da qual não falo com ninguém, conforme o conselho de Jean Castelli, que sigo à risca. E, sem fraquejar, cumprirei o meu ideal: fugir.

7 | AS ILHAS DA SALVAÇÃO (CONTINUAÇÃO)

UMA JANGADA DENTRO DE UM TÚMULO

Com cinco meses, já cheguei a conhecer até os menores recantos da ilha. E agora estou convencido de que o jardim junto ao cemitério onde trabalhava meu amigo Carbonieri – agora, ele não está mais lá – é o ponto mais seguro para preparar uma jangada. Então peço a Carbonieri que volte ao trabalho do jardim, sem ajudante. Ele concorda. Graças a Dega, confiam-lhe outra vez o jardim.

Hoje de manhã, quando passo em frente à casa do novo comandante, com uma enfiada de pescados num arame, ouço um jovem forçado, moço de serviços, dizer à mulher do tunisiano, ainda moça:

– É este aqui, senhora comandanta, que trazia peixe todo dia para a Sra. Barrot.

E ouço a bonita morena, de tipo argelino, pele bronzeada, responder:

– Então, o Papillon é ele?

Ela se vira para mim e diz:

– Comi as lagostas deliciosas que você pescou, foi a Sra. Barrot que me deu. Entre aqui em casa. Aceite um copo de vinho e um pouco de queijo de cabra, que eu recebi há pouco tempo da França.

– Não, obrigado, minha senhora.

– Por quê? Quando era a Sra. Barrot, você entrava. Por que, agora que sou eu, você não quer entrar?

– É que o marido dela tinha dado autorização para eu entrar.

– Papillon, meu marido é comandante no campo, na casa quem manda sou eu. Pode entrar sem medo.

Percebo que aquela morena bonita, tão decidida, pode ser ou útil ou perigosa. Entro.

Na mesa da sala de jantar, ela me serve um prato de presunto defumado com queijo. Sem fazer cerimônia, ela se senta à minha frente, me oferece vinho, depois café e um delicioso rum da Jamaica.

– Papillon – me diz ela –, apesar dos rebuliços da mudança dela e da nossa chegada, a Sra. Barrot teve tempo de me falar de você. Sei que ela era a única mulher das ilhas que ganhava peixe de você. Espero que você me faça a mesma gentileza.

– É que ela estava doente, mas a senhora está com boa saúde, pelo que vejo.

– Não sei mentir, Papillon. É verdade, tenho boa saúde, mas vim de uma cidade de porto e adoro peixe. Eu sou de Orã. Mas fico sem jeito porque sei também que você não vende seu peixe. E isso é uma pena.

Em suma, ficou entendido que eu traria peixe para ela.

Eu estava fumando um cigarro, depois de dar a ela 3 bons quilos de salmonetes e seis lagostins, quando chega o comandante. Ele me vê e diz:

– Já disse, Juliette, que, fora o moço de serviços, nenhum preso pode entrar aqui em casa.

Levanto, mas ela diz:

– Fique sentado. Este preso é o homem que a Sra. Barrot me recomendou quando foi embora. Portanto, você não tem nada a objetar. Ninguém mais além dele vai entrar aqui. Por outro lado, ele vai me trazer peixe quando eu precisar.

– Está bem – diz o comandante. – Como é que você se chama?

Vou me levantando para falar com ele, mas Juliette põe a mão no meu ombro e me faz sentar outra vez:

– Aqui – diz ela – é a minha casa. O comandante não é mais o comandante, é meu marido, o Sr. Prouillet.

– Obrigado, minha senhora. Meu nome é Papillon.

– Ah! Ouvi falar de você e de sua fuga há mais de três anos do hospital de Saint-Laurent-du-Maroni. Aliás, um dos vigias que você atacou naquela fuga é simplesmente sobrinho meu e da sua protetora.

Diante disso, Juliette começa a rir, um riso jovem cheio de frescor, e diz:

– Então foi você quem atacou Gaston? Isso não altera nada nas nossas relações.

O comandante, que continuava em pé, me diz:

– É incrível a quantidade de morte e de assassinatos que se cometem todos os anos nas ilhas. Em muito maior número do que na Terra Grande. A que você atribui isso, Papillon?

– Aqui, senhor comandante, como os homens não podem fugir, vivem cheios de raiva. Vivem amontoados há muitos anos e é claro que se formam ódios e amizades indestrutíveis. Além disso, só menos de 5 por cento dos assassinatos é que são esclarecidos, o que deixa os assassinos quase certos da impunidade.

– Sua explicação é lógica. Há quanto tempo você pesca, e que trabalho você faz para ter esse direito?

– Sou limpador de latrinas. Às 6 da manhã, já acabei o serviço e posso pescar.

– O resto do dia inteiro? – pergunta Juliette.

– Não, ao meio-dia tenho que estar de volta ao campo e só posso sair outra vez das 3 às 6. Isso é chato, porque, conforme as horas da maré, às vezes eu perco a pesca.

– Você vai dar a ele uma autorização especial, não é, querido? – diz Juliette, virando-se para o marido. – Das 6 da manhã às 6 da tarde, assim ele poderá pescar à vontade.

– Está certo – responde ele.

Vou embora, contente comigo mesmo por ele ter concordado, pois essas três horas, do meio-dia às 3, são preciosas. É a hora da sesta e quase todos os vigilantes dormem nessas horas, a vigilância é afrouxada.

Juliette tomou conta de nós, de mim e da minha pesca. Ela chega ao ponto de mandar o moço de serviços ver onde eu estou pescando, para vir buscar os peixes. Muitas vezes, ele chega me dizendo: "A comandanta mandou buscar tudo o que você pescou, porque ela tem convidados para a refeição e quer fazer um cozido de peixes." Enfim, ela toma conta de minha pesca e até chega a me pedir que pesque este ou aquele peixe ou que mergulhe para pegar lagostins. Isso atrapalha muito o menu da cozinha dos amigos, mas em compensação sou protegido como nenhum outro. Ela também me faz gentilezas: "Papillon, a maré é à 1 hora?" "É sim, senhora." "Venha comer lá em casa, assim você não tem que ir até o campo." E eu como na casa dela, nunca na cozinha, sempre na sala de jantar. Sentada à minha frente, ela me serve a comida e a bebida. Não é tão discreta como a Sra. Barrot. Muitas vezes, ela me faz perguntas sutis sobre o meu passado. Desvio sempre a conversa do assunto que a interessa mais, que é a minha vida em Montmartre, e conto minha juventude e minha infância. Nessa hora, o comandante dorme em seu quarto.

Uma manhã, depois de ter feito uma boa pesca, bem cedo, e de ter apanhado uns sessenta lagostins, passo pela casa dela às 10 horas. Encontro-a sentada, com um roupão branco, e uma outra moça enrolando o cabelo dela. Cumprimento-a e ofereço-lhe uma dúzia de lagostins.

– Não – diz ela –, me dê todos. Quantos você tem?

– Sessenta.

– Ótimo, ponha-os ali, por favor. Quantos peixes você precisa guardar para você e os seus amigos?

– Oito.

– Então pegue os seus oito e dê o resto ao rapaz, que ele vai colocá-los em lugar fresco.

Fico sem saber o que dizer. O jeito como ela me tratou foi de uma intimidade que nunca tivera antes, e ainda por cima na frente de outra mulher, que, sem dúvida, irá correndo comentar isso por aí. Viro-me para ir embora, sentindo um forte encabulamento, mas ela diz:

– Fique aqui à vontade, sente-se e tome um pouco de licor. Você deve estar com calor.

Essa mulher autoritária me deixa tão sem jeito que sento e fico. Saboreio devagar o licor, fumando um cigarro e observando a outra jovem que penteia a comandanta e que de vez em quando dá uma olhada para mim. A comandanta, que está com um espelho na mão, percebe isso e diz à outra:

– É bonitão, este meu xodó, hem, Simone? Vocês estão todas com ciúmes de mim, é ou não é?

E ambas começam a rir. Eu fico que não sei onde me esconder.

Como um bobo, digo:

– Felizmente o seu xodó, como a senhora diz, não tem nada de perigoso e, na situação em que está, não pode ter xodó por ninguém.

– Não venha me dizer que você não tem um xodó por mim – diz a argelina. – Ninguém conseguiu domar um leão como você, mas eu faço o que quero. Não pode ser sem motivo, hem, Simone?

– Eu não sei qual o motivo – diz Simone –, mas o que sei é que você, Papillon, é um bicho do mato com todo mundo, menos com a comandanta. Tanto assim, que na semana passada você estava carregando mais de 15 quilos de peixe, como me contou a mulher do guarda-chefe, e se negou a vender a ela dois peixinhos de nada, que ela estava com uma vontade louca de comprar porque não havia carne no açougue.

– Ah, essa que você está me contando é a maior, Simone!

– E você sabe o que ele disse à Sra. Kargueret outro dia – continua Simone. – Ela vê ele passar com uns lagostins e uma moreia grande: "Me venda essa moreia, ou a metade dela, Papillon. Você sabe que nós da Bretanha sabemos fazer um prato muito gostoso com esse peixe." E ele: "Não é só na Bretanha que se aprecia a moreia, minha senhora. Muita gente, inclusive o pessoal de Ardèche, sabe muito bem, desde o tempo dos romanos, que a moreia é uma iguaria fina." E continuou andando sem lhe vender nada.

Elas se torcem de rir.

Volto para o campo furioso e à noite, na choça, conto a história toda.

– Muito cuidado – diz Carbonieri. – Essa dona pode botar você em perigo. Vá lá o menos possível e só quando tiver certeza de que o comandante está em casa.

Todo mundo é da mesma opinião. Resolvo fazer isso mesmo.

Descobri um marceneiro de Valence. Praticamente conterrâneo meu. Ele matou um guarda-florestal. É jogador apaixonado, sempre endividado: passa o dia fabricando peças de artesanato e à noite perdendo o que ganhou. Muitas vezes, ele fica de fornecer um objeto que ainda vai fazer para compensar o que pede emprestado e perde. Então, abusam dele, e por uma caixinha de pau-rosa de 300 francos pagam-lhe 150 ou 200 francos. Resolvi falar com ele.

Um dia, na lavanderia, eu digo a ele:

– Quero falar com você hoje à noite, espero nas privadas. Faço um sinal.

À noite nos encontramos a sós, para falar sossegados. Digo a ele:

– Bourset, somos conterrâneos, sabe?

– Essa não! Como assim?

– Você não é de Valence?

– Sou.

– E eu sou de Ardèche, por isso somos conterrâneos.

– Bem, e daí?

– Daí que eu não quero que o explorem quando você fica devendo dinheiro e eles querem te pagar a metade do valor de um objeto que você fez. Traga o objeto para mim, eu consigo o preço justo. Só isso.

– Obrigado – diz Bourset.

A toda hora entro em cena para ajudá-lo. Ele tem sempre problemas com seus credores. Consigo resolver sempre tudo a contento, até o dia em que ele tem uma dívida com Vicioli, bandoleiro da Córsega, que é um dos companheiros com quem me entendo bem. Fico sabendo do caso através de Bourset, que vem me contar que Vicioli lhe faz ameaças se ele não pagar os 700 francos que deve, que no momento está fabricando uma pequena escrivaninha quase acabada, mas não sabe quando poderá acabá-la porque é um trabalho escondido. Realmente, não se tem autorização para fazer móveis muito grandes por causa da quantidade de madeira de que se necessita. Respondo a Bourset que vou pensar no caso. E, em combinação com Vicioli, armamos uma história.

Caberá a Vicioli fazer pressão sobre Bourset e mesmo ameaçá-lo do pior. Aí caberá a mim entrar em cena e salvar Bourset. E assim fazemos. Desde esse caso – que, para Bourset, fui eu que resolvi –, Bourset só acredita em mim e me devota uma confiança absoluta. Pela primeira vez na sua vida de forçado, ele pode dormir descansado. Então, resolvo arriscar algo com ele.

– Dou 2.000 francos se você fizer o que eu lhe pedir: uma jangada para dois homens, feita em peças desmontadas.

– Escute, Papillon, eu não faria isso para ninguém, mas por você me disponho a arriscar dois anos de reclusão, se me pegarem. Só tem uma coisa: não posso tirar peças de madeira tão grandes da marcenaria.

– Já tenho quem vai se encarregar disso.

– Quem?

– Os caras do carrinho, Naric e Quenier. Qual é o seu plano de trabalho?

– Primeiro é preciso fazer um desenho com escala, depois as peças uma por uma, com chanfraduras para que tudo se encaixe perfeitamente. O difícil é achar madeira que flutue bem, porque nestas ilhas tudo é madeira dura, que não flutua.

– Quando é que você me dá uma resposta?

– Daqui a três dias.

– Você quer ir embora comigo?

– Não.

– Por quê?

– Tenho medo dos tubarões e de me afogar.

– Você me promete fazer tudo o que puder para me ajudar?

– Juro que sim, pela vida dos meus filhos. Só tem uma coisa, é que vai demorar um bocado.

– Escute bem: desde já, eu vou lhe preparar uma defesa para caso de imprevisto. Vou copiar o desenho da jangada eu mesmo numa folha de caderno. Embaixo eu escrevo: "Bourset, se você não quiser ser assassinado, fabrique uma jangada igual à do desenho acima." Mais tarde, eu vou lhe dar por escrito as ordens para a execução de cada peça. Cada peça que terminar, você deposita no local que eu vou lhe dizer. A peça será levada embora. Não procure saber por quem, nem quando (com isso, Bourset parece aliviado). Assim eu evito que você seja torturado, se pegarem, e você só arrisca um mínimo de uns seis meses.

– E se for você que eles pegarem?

– Então será o contrário. Eu confesso que sou o autor dos bilhetes. Você, é claro, guarde bem as ordens escritas. Está prometido?

– Está.

– Você não está com medo?

– Não, não me assusto mais, e fico contente de ajudar você.

Eu ainda não disse nada a ninguém. Primeiro espero a resposta de Bourset. E é só uma longa e interminável semana mais tarde que consigo falar com ele a sós, na biblioteca. Não há mais ninguém. É um domingo de manhã. Na lavanderia, no pátio, o jogo está no auge. Uns oitenta jogadores e outro tanto de curiosos.

Imediatamente ele me enche o coração de sol:

– O mais difícil era ter certeza de conseguir madeira leve e seca em quantidade suficiente. Resolvi o problema bolando uma espécie de armação de madeira que será forrada de cocos secos, sem tirar a casca de fibra, é claro. Não há nada mais leve que essa fibra e a água não consegue penetrar nela. Quando a jangada estiver pronta, fica a seu cargo conseguir um número suficiente de cocos para pôr dentro. Então, amanhã faço a primeira peça. Vai me levar uns três dias. A partir de quinta-feira, ela pode ser retirada por um dos cunhados, logo na primeira calmaria. Eu nunca começarei uma nova peça antes que a anterior tenha sido retirada da oficina. Está aqui o desenho que eu fiz, copie e escreva a carta que você prometeu. Você já falou com os caras do carrinho?

– Não, ainda não, eu estava esperando a sua resposta.

– Pronto, a minha resposta é sim.

– Obrigado, Bourset, não sei como lhe agradecer. Olhe, tome 500 francos.

Aí, então, me olhando bem nos olhos, ele me diz:

– Não, guarde o seu dinheiro. Se você chegar à Terra Grande, vai precisar dele para depois você dar o fora de lá também. A partir de hoje, eu não vou mais jogar até que você tenha ido embora. Com alguns trabalhos, sempre dá para eu pagar os cigarros e o de comer.

– Por que você não aceita?

– Porque eu não faria isso nem por 10.000 francos. Estou arriscando alto, mesmo com as precauções tomadas. Só que, de graça, se faz. Você me ajudou, você é o único que me estendeu a mão. Mesmo que sinta medo, fico contente de ajudar você a voltar a ser livre.

Vou fazendo a cópia do desenho numa folha de caderno e sinto vergonha diante de tanta nobreza ingênua. Nem passou pela cabeça dele que minhas ações a favor dele eram interesseiras e com segunda intenção. Sou obrigado a dizer a mim mesmo, para subir no meu próprio conceito, que preciso fugir a qualquer preço, e mesmo, se for o caso, ao preço de situações difíceis e nem sempre bonitas. Durante a noite, falo com Naric, apelidado de "Boa-Praça", o qual, mais tarde, ficou de pôr o seu cunhado a par da história. Ele me diz, sem hesitar:

– Pode contar comigo para retirar as peças da oficina. Só que a gente não pode se apressar, porque só dá para retirar quando se sai com uma quantidade grande de material para fazer um trabalho de marcenaria na ilha. Em todo caso, prometo que não vamos perder nenhuma oportunidade.

Certo. Falta falar com Matthieu Carbonieri, porque é com ele que eu quero cair fora daqui. Ele concorda cem por cento.

– Matthieu, já encontrei o homem que vai fabricar a jangada para mim, já encontrei o homem que vai retirar as peças da oficina. A seu cargo fica descobrir no seu jardim o local para enterrar a jangada.

– Não, é perigoso num canteiro de legumes, porque de noite alguns guardas vão roubar legumes e, se passam por cima e sentem que está oco por baixo, acabamos apanhados como fujões. Vou fazer um esconderijo numa parede de sustentação, retirando uma pedra grande e fazendo uma espécie de pequena gruta. Assim, cada vez que me chega uma peça, é só eu levantar a pedra e recolocá-la depois de esconder a madeira.

– É para levar as peças diretamente para o seu jardim?

– Não, seria perigoso demais. Os caras do carrinho não têm nada de justificável a fazer no meu jardim, o melhor é combinarmos que de quando em quando eles a depositem em um lugar diferente, não muito longe do meu jardim.

– Entendido.

Tudo parece estar acertado. Só faltam os cocos. Vou ver como é que poderei, sem chamar atenção, preparar uma quantidade suficiente.

A essa altura, sinto-me renascer. Só me falta falar com Galgani e com Grandet. Não tenho o direito de me calar, porque eles podem ser acusados de cumplicidade. Normalmente, eu deveria me separar deles oficialmente para viver sozinho. Quando digo a eles que vou preparar uma fuga e que devo me separar deles, eles me xingam e recusam categoricamente:

– Prepare a sua fuga o quanto antes. Quanto a nós, a gente se arranja por aqui mesmo. Até lá, fique com a gente, não será a primeira vez.

Já faz um mês que a fuga está se armando. Já recebi sete peças, das quais duas grandes. Fui ver a parede de sustentação onde Matthieu cavou o esconderijo. Não se vê que a pedra foi mexida, porque ele toma o cuidado de pregar musgo em volta. O esconderijo é perfeito, mas a cavidade me parece muito pequena para abrigar tudo. Enfim, por enquanto serve.

O fato de estar armando uma fuga me dá um moral formidável. Como mais do que nunca, e a pesca me mantém em forma física perfeita. Além disso, todas as manhãs pratico mais de duas horas de cultura física nos rochedos. Faço funcionarem sobretudo as pernas, porque a pesca já me faz funcionarem os braços. Descobri um negócio bom para as pernas: avanço mais longe do que faço para pescar e as ondas vêm bater contra as minhas coxas. Para aguentá-las e manter o equilíbrio, contraio os músculos. O resultado é excelente.

Juliette, a comandanta, continua sempre muito amável comigo, mas percebeu que só entro na casa dela quando o marido está. Ela me disse isso francamente e, para me deixar mais à vontade, me explicou que no dia do penteado ela estava brincando. Mas a moça que lhe serve de cabeleireira fica me espiando muitas vezes quando volto da pesca, sempre com umas palavras gentis sobre a minha saúde e o meu moral. Portanto, vai tudo às mil maravilhas. Bourset não perde ocasião de me fazer uma peça. Já há dois meses e meio que começamos.

O esconderijo está repleto, conforme eu havia previsto. Só faltam duas peças, as mais compridas: uma de 2 metros, outra de 1 metro e meio. Essas peças não vão caber na cavidade.

Olhando para os lados do cemitério, avisto um túmulo recente, é o túmulo da mulher de um vigia, que morreu na semana passada. Um maço vagabundo de flores murchas está em cima. O guarda do cemitério é um velho forçado meio cego que chamam de Papá. Ele passa o dia inteiro sentado à sombra de um coqueiro no canto oposto do cemitério e, de onde fica, não dá para ele ver o túmulo nem para ver se alguém chega perto. Então, reflito sobre a ideia de me servir desse túmulo para montar a jangada e meter dentro da armação feita pelo marceneiro o maior número possível de cocos. Mais ou menos uns trinta a 34 cocos, muito menos do que se pensava. Espalhei mais de cinquenta em diferentes lugares. Só no quintal de Juliette tem uma dúzia. O moço de serviços vai pensar que eu os armazenei assim para um dia fazer óleo de coco.

Quando fico sabendo que o marido da morta foi embora para a Terra Grande, resolvo esvaziar uma parte da terra do túmulo, até a altura do caixão.

Matthieu Carbonieri, sentado em cima de uma parede, fica de sentinela. Na cabeça pôs um lenço branco com quatro nós nos cantos. Junto dele está um lenço vermelho, também com quatro nós. Enquanto não houver perigo, ele fica com o branco. Se aparecer alguém, quem quer que seja, ele põe o vermelho.

Esse trabalho muito arriscado não me leva mais do que uma tarde e uma noite. Não tenho que tirar terra até o caixão, porque fui obrigado a alargar o buraco para que ele tenha a largura da jangada: 1 metro e 20 mais uma folga. As horas me pareciam intermináveis e o gorro vermelho apareceu várias vezes. Afinal, hoje de manhã acabei. O buraco está coberto de folhas de coqueiro trançadas, que formam uma espécie de assoalho bem resistente. Por cima, uma pequena camada de terra. Quase não se vê. Meus nervos estão a ponto de estourar.

Já faz três meses que está em andamento esta preparação de fuga. Amarrados e numerados, tiramos os paus do esconderijo. Repousam sobre o caixão da dona, bem escondidos debaixo da terra que recobre as esteiras. Na cavidade da parede pusemos três sacos de farinha e uma corda de 2 metros para a vela, um garrafão cheio de fósforos e de coisas para riscá-los, uma dúzia de latas de leite, e é só.

Bourset está cada vez mais excitado. Até parece que é ele que vai embora e não eu. Naric está arrependido de não ter dito que ia também, no começo. Era só planejar uma jangada para três, em vez de dois.

Estamos na temporada das chuvas, chove todo dia, o que favorece as minhas idas ao túmulo, onde eu quase acabei de montar a jangada. Faltam as duas peças laterais do esqueleto. Aos poucos fui trazendo os cocos para mais perto do jardim do meu amigo. Podem ser apanhados facilmente e sem perigo no curral descoberto dos búfalos. Nunca meus amigos me perguntam em que ponto está o negócio. Apenas de vez em quando me dizem: "Tudo bem?" "Sim, tudo bem." "Demora, não?" "Não dá para andar mais depressa sem arriscar demais." Só isso. Eu estava levando os cocos depositados na casa de Juliette, ela viu e me deu um medo enorme.

– Então, Papillon, vai sair esse óleo de coco? Por que você não faz aqui no quintal? Você tem um martelo para abrir os cocos e eu emprestaria um caldeirão para você pôr a polpa.

– Prefiro fazer o óleo no campo.

– Esquisito, no campo deve ser mais complicado.

Depois pensa um instante e acrescenta:

– Quer saber de uma coisa? Não acredito que você, logo você, vá fazer óleo de coco.

Fico gelado. Ela continua:

– Em primeiro lugar, por que você iria fazer isso, se eu posso lhe dar quanto óleo de oliva você quiser? Esses cocos são para outra coisa, não é?

Fico suando em bagas, desde que ela começou a falar, e só espero que pronuncie a palavra "fuga". Fico sem fôlego. Digo a ela:

– Comandanta, é um segredo, mas vejo que a senhora está tão interessada e curiosa, que vai acabar descobrindo a surpresa que eu queria lhe fazer. Mas só vou lhe dizer que eu escolhi esses grandes cocos para esvaziar a polpa deles e depois fabricar um objeto muito bonito para lhe presentear. Eis a verdade.

Consegui despistá-la, pois ela responde:

– Papillon, não quero lhe dar trabalho, e principalmente eu proíbo você de gastar dinheiro para me fazer qualquer coisa de especial. Agradeço sinceramente, mas não o faça, eu lhe peço.

– Bem, vou ver.

Ufa! E imediatamente peço a ela para tomar um licor, iniciativa que nunca tomo. Ela não percebe minha atrapalhação, felizmente. Deus está do meu lado.

Todo dia chove, sobretudo de tarde e de noite. Fico com medo de que a água se infiltre na fina camada de terra e descubra as esteiras de coqueiro. Matthieu continuamente repõe a terra que escorreu. Por baixo, deve estar tudo alagado. Com a ajuda do Matthieu, tiro as esteiras: a água quase escondeu o caixão, o momento é crítico. Perto há o túmulo de duas crianças mortas muito tempo atrás. Um dia, descerramos a laje, entro e, com uma barra curta, ataco o cimento, o mais baixo possível, do lado do túmulo da jangada. Uma vez quebrado o cimento, assim que enfio a barra na terra a água jorra forte. A água escorre do outro túmulo e entra no buraco. Saio quando ela me chega aos joelhos. Recolocamos a laje e a calafetamos com uma massa branca que Naric me arranjou. Esta operação reduziu a água à metade do nosso túmulo-esconderijo. À noite, Carbonieri me diz:

– Não acabam nunca os problemas que temos com essa fuga.

– Já estamos quase no fim, Matthieu.

– Quase, espero.

É verdade que estamos como que pisando sobre brasas.

De manhã, desci até o cais. Pedi a Chapar para me comprar 2 quilos de peixe, voltarei para buscá-los ao meio-dia. Combinado. Volto ao jardim de Carbonieri. Assim que chego perto, vejo três capacetes brancos. Por que há três guardas no jardim? Estão fazendo uma revista? Isso é novidade. Eu nunca tinha visto três vigias duma só vez no jardim. Espero mais de uma hora e não aguento mais. Resolvo avançar, para ver o que está acontecendo. De cara, vou diretamente pelo caminho que leva ao jardim. Os guardas me veem chegar. Estou desconfiado, estou a uns 20 metros deles, aí Matthieu põe seu lenço branco na cabeça. Respiro aliviado e consigo me refazer antes de chegar até o grupo.

– Bom-dia, senhores vigilantes. Bom-dia, Matthieu. Vim buscar o mamão que você me prometeu.

– Sinto muito, Papillon, mas me roubaram o seu mamão hoje de manhã, quando eu fui buscar as varetas para a minha trepadeira de ervilhas. Mas daqui a quatro ou cinco dias vai ter mais mamão maduro, já estão amarelando. E os senhores, seus guardas, não querem umas alfaces, uns tomates, rabanetes para levar para as suas senhoras?

– Você cuida bem do seu jardim, Carbonieri, parabéns – diz um deles.

Eles aceitam tomates, alfaces e rabanetes e vão embora. Eu vou embora ostensivamente um pouco antes deles, levando umas alfaces.

Passo pelo cemitério. O túmulo está meio descoberto pela chuva que lavou a terra. A dez passos já dá para eu ver as esteiras. Deus está mesmo do nosso lado, se não nos descobriram depois dessa. O vento sopra feito louco toda a noite, varrendo o planalto da ilha com rugidos raivosos, muitas vezes junto com chuva. É o tempo ideal para partir, mas não para o túmulo.

A maior de todas as tábuas, a de 2 metros, chegou sã e salva a seu domicílio. Foi juntar-se às outras peças da jangada. Eu até já montei a peça: ela se encaixou maravilhosamente, sem dificuldade nenhuma, nas chanfraduras. Bourset chegou ao campo correndo, para saber se eu recebi essa peça de importância primordial, mas um bocado grande para transportar. Fica todo contente ao saber que tudo deu certo. Até parecia que ele duvidava que ela pudesse chegar a seu destino. Procuro saber alguma coisa através dele:

– Você tem dúvidas? Acha que alguém está percebendo? Contou alguma coisa a alguém? Responda.

– Não, não e não.

– No entanto, você me dá a impressão de que alguma coisa o preocupa. Fale.

– Uma impressão desagradável que tive por causa de um olhar cheio de curiosidade interessada, de um cara chamado Bébert Celier. Tenho a impressão de que ele viu Naric tirar a peça e enfiá-la debaixo da bancada da marcenaria, dentro de um barril de cal, e depois levá-la. Os dois cunhados iam caiar um prédio. Era por isso que eu estava preocupado.

Pergunto a Grandet:

– Esse Bébert Celier é da nossa choça; então, será que é um dedo-duro?

Ele me diz:

– Esse homem é liberto das Obras Públicas. Já viu tudo: batalhão de sentenciados da África etc. É um desses soldados cabeçudos que passaram por todas as prisões militares do Marrocos e da Argélia, briguento, bom na faca, pederasta apaixonado por mocinhos e jogador. Nunca foi civil. Conclusão: não nos interessa para nada, é um cara extremamente perigoso. Passou a vida inteira nos trabalhos forçados. Se você está com sérias dúvidas sobre ele, pegue a dianteira, assassine ele hoje à noite, assim ele não terá tempo de te denunciar, se tiver essa intenção.

– Não há nenhuma prova de que ele seja dedo-duro.

– Isso é certo – diz Galgani –, mas também não há nenhuma prova de que ele seja um bom rapaz. Você sabe muito bem que forçados desse tipo não gostam de fugas. Elas perturbam demais a vidinha tranquila e organizada deles. Para qualquer outra coisa, eles não deduram de jeito nenhum, mas uma fuga, quem é que vai saber?

Consulto Matthieu Carbonieri. A opinião dele é que devemos matar Celier hoje à noite. Quer fazer o serviço ele mesmo. Cometo o erro de impedi-lo. Assassinar ou deixar matar alguém a partir de meras aparências é coisa que me repugna. E se Bourset fantasiou a história que contou? O medo poderia fazê-lo ver as coisas pelo avesso. Procuro saber alguma coisa através de Naric:

– Boa-Praça, você reparou alguma coisa de suspeito por parte de Bébert Celier?

– Eu, não. Saí com o barril nas costas para que o guarda-chaves da porta não enxergasse nada dentro. O plano combinado era que eu ia me plantar justo na frente do guarda-chaves, sem arriar o barril, esperando que meu cunhado chegasse. Era para o árabe sentir que eu não estava com nenhuma pressa de sair e assim evitar qualquer desconfiança que o levasse a revistar o barril. Mas mais tarde meu cunhado me disse que teve a impressão de que Bébert Celier estava observando a gente atentamente.

– Qual a sua opinião?

– Que, em virtude do tamanho da peça, logo se vê que é para uma jangada, e meu cunhado estava nervoso e com medo. Ele está imaginando que viu mais do que viu mesmo.

– Também acho. Não se fala mais nisso. Na hora da última peça, antes de agir, vocês localizem onde se encontra Bébert Celier. E tomem com ele as mesmas precauções que tomam com um guarda.

A noite inteira eu passei jogando um jogo animadíssimo, a marselhesa. Ganhei 7.000 francos. Quanto mais eu jogava, mais eu ganhava. Às 4 e meia, saio, a pretexto de fazer o meu trabalho. Deixo o antilhano fazendo o trabalho para mim. A chuva parou e lá pelo meio da noite, ainda bem escuro, vou até o cemitério. Ajeito a terra com os pés, porque não acho o ancinho, mas, com os sapatos que uso, o negócio fica bem-ajeitado. Às 7 horas, quando desço para a pesca, já faz um sol maravilhoso. Encaminho-me para o extremo sul de Royale, onde tenho a intenção de lançar a jangada na água. O mar está alto e forte. Não sei, mas tenho a impressão de que não vai ser fácil se afastar da ilha sem ser jogado nos rochedos por uma onda. Ponho-me a pescar e logo apanho uma grande quantidade de peixes. Num instante, apanho mais de 5 quilos. Paro, depois de lavá-los com água do mar. Estou preocupado e cansado, depois dessa noite passada num jogo louco. Sentado à sombra, me recupero, e digo a mim mesmo que esta tensão em que vivo há mais de três meses está chegando ao fim, e pensando no caso de Celier torno a concluir que não tenho o direito de assassiná-lo.

– Vou falar com Matthieu. Do muro do seu jardim se vê bem o túmulo. Pelo caminho tem terra. Ao meio-dia, Carbonieri vai varrê-la. Passo pela casa de Juliette, dou a ela metade dos peixes. Ela diz:

– Papillon, tive sonhos maus com você; vi você cheio de sangue e depois acorrentado. Não faça besteiras, iria me doer demais se lhe acontecesse alguma coisa. Estou tão transtornada com esse sonho, que nem tomei banho nem me penteei. De binóculo, procurava o lugar onde você estava pescando e não achei. Onde você apanhou este peixe?

– Do outro lado da ilha. Por isso é que a senhora não me via.

– Por que vai pescar tão longe, onde eu não posso ver você de binóculo? E se uma onda o leva? Ninguém vai ver, ninguém vai ajudar você a escapar vivo dos tubarões.

– Ora, não exagere!

– Você acha que eu exagero? Eu proíbo você de pescar atrás da ilha e, se me desobedecer, eu mando retirar a sua autorização de pesca.

– Ora, vamos, seja sensata, minha senhora. Para que a senhora fique satisfeita, eu vou dizer ao moço de serviços o local onde eu vou pescar.

– Está bem. Você está com jeito de estar cansado.

– É, vou subir para me deitar no campo.

– Certo, mas estou à sua espera às 4 horas, para tomar café. Você vem?

– Sim, senhora. Até logo.

Só me faltava mais essa para me intranquilizar: o sonho de Juliette. Como se eu já não tivesse problemas concretos o bastante, precisava ainda de mais alguns, sonhados.

Bourset conta que se sente realmente observado. Já faz quinze dias que esperamos pela última peça de 1 metro e meio. Naric e Quenier dizem que não veem nada de anormal, no entanto Bourset persiste em não querer fazer a peça. Se ela não tivesse cinco chanfraduras que têm de se encaixar em 1 milímetro de folga, Matthieu teria fabricado essa peça no jardim. Realmente é nela que precisam se encaixar as cinco outras nervuras da jangada. Naric e Quenier estão encarregados de reformar a capela, e assim tiram e trazem facilmente muito material da oficina. E, ainda por cima, utilizam às vezes uma carreta puxada por um pequeno búfalo. Era preciso aproveitar estas circunstâncias.

Bourset, pressionado por nós, contra a sua vontade, faz a peça. Um dia, ele nos jura que, quando ele vai embora, mexem na peça e depois a recolocam no lugar. Falta talhar uma chanfradura na extremidade. Decidimos que Bourset talhe a chanfradura e depois coloque a madeira debaixo da sua bancada; ele deverá colocar em cima um fio de cabelo, para verificar depois se ela foi mexida. Ele faz a chanfradura e, às 6 horas, é o último a sair da oficina, após verificar que não há mais ninguém lá dentro, além do guarda.

A peça está em seu lugar com o fio de cabelo. Ao meio-dia estou no campo, à espera da chegada dos trabalhadores da oficina, oitenta homens. Naric e Quenier estão lá, mas nada de Bourset. Um alemão vem para o meu lado e me entrega um bilhete bem fechado e colado. Verifico que não foi aberto. Leio: "O fio de cabelo desapareceu, quer dizer que mexeram na peça. Pedi ao guarda para ficar trabalhando durante a hora da sesta, para terminar uma caixinha de pau-rosa que estou fazendo. O guarda me deu autorização. Vou retirar a peça e colocá-la no lugar das ferramentas de Naric. Avise eles. É preciso que às 3 horas eles saiam imediatamente com a peça. Talvez a gente possa fazer isso antes de chegar o cara que mexe na peça."

Naric e Quenier concordam. Estão entre os primeiros que esperam a hora da entrada na oficina. Na hora em que a turma vai começar a entrar na oficina, dois caras vão começar a brigar na frente da porta. Pedimos esse favor a dois conterrâneos de Carbonieri, dois corsos de Montmartre: Massani e Santini. Eles não perguntam por quê, e isso é bom. Naric e Quenier deverão aproveitar o momento para tornar a sair depressa, com um material qualquer, como se estivessem preocupados em chegar logo a seu local de trabalho e não ligassem a mínima para o incidente. Todos concordamos que ainda temos uma oportunidade. Se der certo, eu é que devo ficar bem quietinho durante um mês ou dois, pois não resta dúvida de que muitos estão sabendo que uma jangada está sendo preparada. Eles que muitos quem a tem e onde a colocou.

– Afinal, são 2 e meia, os homens se preparam. Entre a chamada e a saída para os trabalhos, temos meia hora. Partem. Bébert Celier está mais ou menos no meio da coluna das vinte fileiras de quatro.

Naric e Quenier estão na primeira fila, Massani e Santini na 12ª, Bébert Celier na décima. Considero que está bom assim, porque, no momento em que Naric pegar madeiras, barras e a peça, os outros ainda não terão acabado de entrar. Bébert terá chegado quase à porta da oficina ou talvez até um pouco adiante. Quando estourar a briga, como os dois vão urrar como bezerros, automaticamente todo mundo, e Bébert também, vai se virar para olhar. Quatro horas, tudo correu bem, a peça está debaixo de um monte de material na igreja. Eles não puderam retirá-la da capela, mas lá é um ótimo lugar para ela.

Vou falar com Juliette, ela não está em casa. Quando subo de volta, passo pela praça onde fica a administração. Na sombra, em pé, vejo Massani e Jean Santini esperando para entrar na cadeia. Com isso a gente já contava. Passo junto deles e pergunto:

– Quanto?

– Oito dias – responde Santini.

Um guarda corso diz:

– Que vergonha, dois conterrâneos brigarem!

Volto para o campo. Seis horas, Bourset retorna muito feliz.

– Até parece – me diz ele – que eu tinha um câncer e depois o médico me informa que era engano dele, que não tenho nada.

Carbonieri e meus amigos estão triunfantes e me dão parabéns pela maneira como organizei a operação. Naric e Quenier também estão satisfeitos. Vai indo tudo muito bem. Durmo a noite toda, embora, no fim do dia, os jogadores me tivessem convidado. Faço de conta que estou com uma tremenda dor de cabeça. O que ocorre, na verdade, é que estou morto de sono, mas contente e feliz por estar tão perto da solução. Pois o mais difícil está feito.

Hoje de manhã, a peça foi colocada provisoriamente por Matthieu na cavidade da parede. De fato, o guarda do cemitério faz a limpeza das alamedas, pelos lados do túmulo-esconderijo. Não seria prudente chegar perto agora. Todas as manhãs, ao nascer do sol, às pressas, eu pego um ancinho de madeira e vou arrumar a terra em cima do túmulo. Com uma vassoura limpo a alameda; depois, e sempre às pressas, volto ao meu serviço, deixando a vassoura e o ancinho junto com o meu material de limpeza.

Agora já faz quatro meses exatos que a fuga está sendo preparada, e nove dias que afinal recebemos a última peça da jangada. Já não chove mais de dia e às vezes nem durante a noite. Todas os meus sentidos estão em estado de alerta, para as duas horas H: primeiro, para a hora de tirar do jardim de Matthieu a famosa peça e montá-la na jangada, com cada nervura bem encaixada nela. É uma operação que só se pode fazer de dia. Depois, para a hora da partida. Ela não poderá ser imediata, porque, depois de tirarmos a jangada de seu esconderijo, vai ser preciso recheá-la com os cocos e guardar dentro os víveres.

Ontem contei tudo a Jean Castelli e em que pé estão as coisas. Ele ficou contente por mim, de ver que eu estou quase alcançando o meu objetivo.

– A lua – disse-me ele – está em quarto crescente.

– Eu sei. Por isso, à meia-noite, ela não me atrapalha. A maré vazante é às 10 horas, a melhor hora para embarcarmos seria entre 1 e 2 da manhã.

Carbonieri e eu resolvemos precipitar os acontecimentos. Amanhã de manhã, às 9 horas, colocação da peça. Durante a noite, a partida.

No dia seguinte de manhã, em ações bem-coordenadas, indo para o cemitério, passo pelo jardim e pulo o muro com uma pá. Enquanto retiro a terra que está por cima das esteiras, Matthieu desloca sua pedra e vem para o meu lado com a peça. Juntos, levantamos as esteiras e as colocamos ao lado. Surge a jangada bem ajeitada, em perfeito estado. Suja de barro, mas perfeita. Tiramos a jangada da cova porque, para encaixar a peça, é preciso espaço dos lados. Encaixamos as cinco nervuras, cada uma bem ajeitada em seu lugar. Para fazê-las entrar, somos obrigados a martelar com uma pedra. No instante em que finalmente terminamos e estamos recolocando a jangada em seu lugar, aparece um guarda, de carabina na mão:

– Nem um movimento ou morrem!

Deixamos cair a jangada e levantamos as mãos para o alto. Esse guarda, eu o reconheço, é o guarda-chefe da oficina.

– Não façam a besteira de opor resistência, estão presos. Reconheçam a situação em que estão e, pelo menos, salvem as suas peles, que estão por um fio, com a vontade que tenho de passar fogo em vocês. Vamos, andem, de mãos para o alto! Para o comando!

Ao passar pela porta do cemitério, encontramos um árabe servente. O guarda diz a ele:

– Mohamed, obrigado pelo favor. Passe pela minha casa amanhã de manhã, eu lhe dou o que prometi.

– Obrigado – diz o canalha. – Irei sem falta, mas diga, chefe, Bébert Celier também tem que me pagar, não é?

– Acerte com ele – diz o guarda.

Aí eu digo:

– Foi Bébert Celier quem nos dedurou, chefe?

– Não fui eu que lhe disse isso.

– Tanto faz quem disse, é bom saber.

O guarda, sempre com a mira da carabina em cima da gente, diz:

– Reviste eles, Mohamed.

O árabe tira a faca enfiada na minha cintura e a faca de Matthieu. Digo a ele:

– Mohamed, você é bem esperto. Como é que você nos descobriu?

– Eu trepava no alto de um coqueiro todo dia, para ver onde vocês tinham enfiado a jangada.

– Quem lhe mandou fazer isso?

– Primeiro foi Bébert Celier; depois foi o vigilante Bruet.

– Vamos – diz o guarda –, já houve conversa demais. Agora, vocês podem baixar as mãos e andar mais depressa.

Os 400 metros que tínhamos de percorrer para chegar ao comando me pareceram o caminho mais comprido de toda a minha vida. Eu estava arrasado. Tanta luta, para nos deixarmos apanhar como uns fodidos.

Meu Deus, como sois cruel contra mim!

Foi um belo escândalo a nossa chegada ao comando. Pois, à medida que íamos avançando, encontrávamos mais guardas e vigilantes que se juntavam ao nosso, que continuava nos ameaçando com a carabina. Ao chegarmos, tínhamos uns sete ou oito guardas atrás de nós.

O comandante, prevenido pelo árabe que viera correndo na nossa frente, está à soleira da porta do prédio da administração, bem como Dega e cinco guardas-chefes.

– O que está acontecendo, Sr. Bruet? – pergunta o comandante.

– Está acontecendo que apanhei em flagrante delito estes dois homens escondendo uma jangada que me parece estar pronta.

– Papillon, o que tem a dizer?

– Nada, deixo para falar na instrução.

– Meta-os na cela.

Colocam-me numa cela que dá, pela sua janela tapada, para o lado da entrada do comando. A cela é completamente escura, mas ouço as pessoas que falam na rua do comando.

Os acontecimentos se precipitam. Às 3 horas nos tiram e nos põem algemas.

Na sala, uma espécie de tribunal: comandante, subcomandante, guarda-chefe. Um guarda funciona como escrivão. Sentado, mais afastado, diante de uma mesinha, Dega, com um lápis na mão, tem provavelmente a incumbência de anotar na hora e fielmente as declarações.

– Charrière e Carbonieri, ouçam o relatório que o Sr. Bruet fez contra vocês. "Eu, Bruet Auguste, guarda-chefe, diretor da oficina das Ilhas da Salvação, acuso de roubo, desvio de material pertencente ao Estado, os dois forçados Charrière e Carbonieri. Acuso de cumplicidade o marceneiro Bourset. Acredito também poder responsabilizar por cumplicidade Naric e Quenier. Acrescento que surpreendi em flagrante delito Charrière e Carbonieri, que estavam violando a sepultura da Sra. Privat, que servia de esconderijo para ocultar a jangada deles."

– Que tem você a dizer? – pergunta o comandante.

– Em primeiro lugar, que Carbonieri não tem nada a ver com isso. A jangada é planejada para levar um único homem, eu. Eu o obriguei a me ajudar na retirada das esteiras de cima do túmulo, operação que eu não podia fazer sozinho. Portanto, Carbonieri não é culpado de desvio e roubo de material pertencente ao Estado nem de cumplicidade na fuga, uma vez que ela não se efetivou. Bourset é um pobre coitado que agiu sob ameaça de morte. Quanto a Naric e Quenier, são indivíduos que eu mal conheço. Afirmo que eles não têm relação nenhuma com o caso.

– Não é nada disso que meu informante contou – diz o guarda.

– Esse tal de Bébert Celier, que é o seu informante, pode muito bem servir-se deste caso para se vingar de alguém, comprometendo-o falsamente. Quem é que pode confiar num dedo-duro?

– Em suma – diz o comandante –, você é oficialmente acusado de roubo e de desvio de material pertencente ao Estado, de profanação de sepultura e de tentativa de fuga. Queira ter a bondade de assinar o documento.

– Só assino se se acrescentar minha declaração a respeito de Carbonieri, Bourset e os dois cunhados, Naric e Quenier.

– Concordo. Acrescente isso no documento.

Assino. Não consigo exprimir com clareza tudo o que se desenrola dentro de mim desde esse fracasso de última hora. Estou como louco dentro desta cela, mal como, não ando, mas fumo, sem parar, um cigarro atrás do outro. Por sorte, Dega me abastece fartamente de fumo.

Todos os dias, fazemos uma hora de marcha pela manhã ao sol, no pátio das celas disciplinares.

Hoje de manhã, o comandante veio falar comigo. Coisa curiosa, ele, que seria o mais prejudicado se a fuga tivesse se concretizado, é quem tem menos raiva de mim.

Fala-me, sorrindo, que sua esposa disse que era normal que um homem, se não está podre, tente fugir. Com muita habilidade, ele procura ver se confirmo a cumplicidade de Carbonieri. Tenho a impressão de que o convenci, de que lhe expliquei bem que era praticamente impossível Carbonieri recusar-me ajuda por alguns momentos, para retirar as esteiras.

Bourset mostrou o bilhete de ameaça e o desenho feito por mim. Quanto a Bourset, aliás, o comandante está completamente convencido de que as coisas se passaram assim mesmo. Pergunto a ele a quanto pode, na sua opinião, chegar essa acusação de roubo de material. Ele me diz:

– No máximo, dezoito meses.

Em suma, recomeço a subir a encosta do abismo em que afundara. Recebi um recado de Chatal, o enfermeiro. Avisou-me que Bébert Celier está em quarto isolado, no hospital, com perspectiva de ser desinternado com um diagnóstico raro: abscesso no fígado. Deve ser um estratagema combinado entre a administração e o médico, para proteger Celier contra represálias.

Nunca revistaram nem a minha cela nem a mim. Aproveito para mandar vir uma faca. Mando dizer a Naric e a Quenier que requeiram uma acareação entre o vigia da oficina, Bébert Celier, o marceneiro e eu, e solicitem ao comandante que, após esse confronto, tome a decisão que achar mais justa em relação aos dois cunhados: ou prisão preventiva, ou punição disciplinar, ou liberdade limitada no interior do campo...

Durante o passeio de hoje, Naric me disse que o comandante aceitou. A acareação vai ser feita amanhã, às 10 horas. A essa audiência assistirá um guarda-chefe que funcionará como instrutor. Passo a noite inteira tentando racionalizar minhas emoções, pois tenho intenção de matar Bébert Celier. Não consigo raciocinar. Não, seria injusto demais que esse homem fosse desinternado após ter prestado esse serviço, e que depois, da Terra Grande, ele vá embora numa bela fuga, como recompensa por ter impedido uma outra fuga. Sim, mas eu, eu posso ser condenado à morte, podem me acusar de premeditação. Pois que seja. É a minha conclusão, tão desesperado estou. Quatro meses de esperança, de alegria, de medo de ser apanhado, de inventivas e, afinal, quando estava a ponto de conseguir, acabar tudo tão lamentavelmente pela língua de um dedo-duro. Aconteça o que acontecer, amanhã eu vou ver se mato Celier!

A única maneira de não ser condenado à morte é fazer que ele puxe a sua faca. Para conseguir isso, é preciso que ostensivamente eu o faça ver que estou com a minha faca aberta. Aí, é certo que ele puxe a dele. Seria preciso fazer isso um pouco antes, ou imediatamente depois da acareação. Não posso matá-lo durante a acareação, me arrisco a que um guarda me dê um tiro de revólver. Conto com a negligência crônica dos guardas.

Passo a noite inteira lutando contra essa ideia. Não consigo vencê-la. Existem verdadeiramente na vida coisas imperdoáveis. Sei que não se tem direito de fazer justiça com as próprias mãos, mas isso é coisa para gente de outra classe social. Como admitir que não se possa pensar em punir inexoravelmente um indivíduo tão abjeto? Não lhe fiz mal algum, a esse rebotalho de caserna, ele nem mesmo me conhece. Portanto, ele me condenou à reclusão sem ter nada contra mim. O que ele fez foi tentar me enterrar para poder renascer. Não, não e não! É impossível eu deixar ele aproveitar esse seu ato nojento. Impossível. Sinto que estou perdido. Perdido por perdido, que ele o esteja também, e ainda mais do que eu. E se me condenarem à morte? Seria bem estúpido morrer por um personagem tão ignóbil. Consigo chegar a prometer a mim mesmo uma única coisa: se ele não puxar a faca, não o mato.

Não dormi nem um pouco a noite inteira, fumei um maço inteiro de cigarros. Restam-me dois cigarros quando chega o café da manhã, às 6 horas. Tamanha é a minha tensão que, mesmo diante do guarda – embora seja proibido –, digo ao distribuidor de café:

– Você podia me arranjar uns cigarros ou um pouco de fumo, com a permissão aqui do chefe? Estou em ponto de bala, Sr. Antartaglia.

– Tá bom, dá para ele, se você tem aí. Eu não fumo. Sinceramente, Papillon, tenho pena de você. Eu, que sou corso, aprecio os homens, detesto a falta de caráter.

Quinze para as dez, estou no tribunal à espera da hora de entrar na sala. Naric, Quenier, Bourset, Carbonieri estão presentes. O guarda que nos vigia é Antartaglia, o mesmo do café. Conversa em corso com Carbonieri. Entendo que ele está dizendo que é uma pena o que lhe aconteceu, a Carbonieri, que bem pode pegar três anos de reclusão. Nesse momento, a porta se abre e entram na sala o árabe do coqueiro, o árabe guarda da porta da oficina e Bébert Celier. Assim que me vê, ele faz um movimento de recuo, mas o guarda que o acompanha lhe diz:

– Entre e coloque-se à parte, aqui à direita. Antartaglia, não deixe eles se comunicarem.

Pronto, estamos a menos de 2 metros um do outro. Antartaglia diz:

– É proibido falar entre os dois grupos.

Carbonieri continua sua conversa em corso com seu conterrâneo que vigia os dois grupos. O guarda ajeita o nó do cordão do sapato, faço um sinal a Matthieu, para ele vir um pouco mais para a frente. Ele imediatamente entende a situação, olha para o lado de Bébert Celier e escarra nessa direção. Quando o guarda se levanta, Carbonieri começa a falar com ele sem parar e monopoliza sua atenção tão completamente que dou um passo para a frente sem que o guarda perceba. Abro a faca na palma da minha mão, de modo que só Bébert Celier possa ver. E, com uma rapidez inesperada, ele puxa a sua faca, que estava aberta dentro da calça, e me dá um golpe que me abre fundo o músculo do braço direito. Eu, que sou canhoto, com um único golpe enfio-lhe a faca no peito até o cabo. Um grito de animal: "A-a-ah." Ele cai como um saco de batatas. Antartaglia, de revólver em punho, me diz:

– Sai daí, rapaz, sai daí. Não bate nele no chão senão sou obrigado a lhe dar um tiro, e eu não quero fazer isso.

Carbonieri se aproxima de Celier e com o pé mexe a cabeça dele. Diz uma frase em corso. Entendo que ele diz que o outro está morto. O guarda repete:

– Me dá a sua faca, rapaz.

Eu dou, ele guarda o revólver no coldre, vai para a porta de ferro e bate. Um guarda abre e ele diz ao outro:

– Mande trazer uma maca, para levar um morto.

– Quem está morto? – indaga o guarda.

– Bébert Celier.

– Ah! Pensei que fosse Papillon.

Mandam-nos de volta para as celas. Está suspensa a acareação. Carbonieri me diz, antes de entrar no corredor:

– Papi, meu filho, desta vez você entrou pelo cano mesmo.

– Certo, mas eu estou vivo e ele está morto.

O guarda volta só, abre a porta bem devagar e me diz, ainda meio abalado:

– Bata na porta, fale que você está ferido. Foi ele que atacou primeiro, eu vi bem.

E fecha a porta novamente, bem devagar.

Esses guardas corsos são incríveis; ou completamente maus ou completamente bons. Bato na porta e grito:

– Estou ferido, quero que me levem para o hospital, para fazer curativo.

O guarda volta com o guarda-chefe do setor disciplinar.

– O que é que você tem? Pra que tanto barulho?

– Estou ferido, chefe.

– Ah! Você está ferido? Eu pensava que ele não tinha feito nem um arranhão, quando atacou você.

– Estou com o músculo do braço direito cortado.

– Abra – diz o outro guarda.

A porta se abre, eu saio. Realmente, há um grande corte no músculo.

– Ponha as algemas nele e leve-o ao hospital. Não saia de perto dele lá no hospital. Traga ele de volta para cá depois de tratar do ferimento.

Na hora em que saímos, há mais de dez guardas com o comandante. O guarda da oficina me diz:

– Assassino!

Antes de qualquer resposta minha, o comandante diz a ele:

– Cale-se, guarda Bruet. Papillon foi atacado.

– Não é fácil de acreditar – diz Bruet.

– Eu vi tudo e sou testemunha – diz Antartaglia. – E saiba, Sr. Bruet, que um corso não mente.

No hospital, Chatal chama um médico. Ele costura meu braço sem anestesia, nem mesmo anestesia local, depois me põe oito grampos, sem me dirigir uma palavra. No fim, ele diz:

– Eu não pude fazer anestesia local, não tenho mais injeções de anestesia.

E acrescenta:

– Não está certo o que você fez.

– Ah, que nada! De qualquer maneira, ele não ia continuar vivo muito tempo, com aquele abscesso no fígado.

Minha resposta inesperada deixou o homem embasbacado.

A instrução prossegue. A responsabilidade de Bourset é completamente eliminada. Admitem que ele estava aterrorizado e eu colaboro para fazer aceitarem esta versão. Quanto a Naric e Quenier, também se safam, por inexistência de provas. Sobramos eu e Carbonieri. Para Carbonieri, eliminam a acusação de roubo e desvio de material pertencente ao Estado. Fica a acusação de cumplicidade em tentativa de fuga. Não lhe podem dar mais de seis meses. Quanto a mim, as coisas se complicam. Com efeito, apesar de todos os testemunhos a meu favor, o encarregado da instrução não quer admitir a legítima defesa. Dega, que viu o dossiê inteirinho, me diz que, apesar dos esforços do instrutor, é impossível que me condenem à morte, pelo fato de eu ter recebido um ferimento. Uma coisa em que a acusação se apoia para me arrasar é que os dois guardas árabes declaram que fui eu que puxei a faca primeiro.

A instrução terminou. Aguardo o momento de descer até Saint-Laurent, para passar pelo tribunal militar. Só fico fumando, quase não ando. Deram-me o direito de um segundo passeio de uma hora, durante a tarde. Nunca o comandante nem os guardas, salvo aquele da oficina e o da instrução, demonstraram hostilidade para comigo. Todos falam comigo sem rancor e me deixam mandar vir quanto fumo eu quiser.

A minha partida está marcada para sexta-feira, hoje é terça. Na quarta de manhã, às 10 horas, estou no pátio já faz umas duas horas, quando o comandante manda me chamar e diz:

– Venha falar comigo.

Saio com ele, sem escolta. Pergunto para onde vamos, ele pega o caminho da casa dele. A certa altura, ele me diz:

– Minha esposa quer falar com você antes da sua partida. Não quero impressioná-la, por isso não mandei vir junto nenhum guarda armado. Espero que você se comporte corretamente.

– Sim, meu comandante.

Chegamos à casa dele.

– Juliette, eu lhe trouxe o seu protegido, conforme prometi. Você sabe que preciso levá-lo de volta antes do meio-dia. Você tem quase uma hora para conversar com ele.

E ele se retira discretamente.

Juliette se aproxima de mim e põe a mão no meu ombro, olhando-me nos olhos. Os olhos dela brilham ainda mais assim cheios de lágrimas, que felizmente ela contém.

– Você está louco, meu amigo. Se você tivesse me dito que queria ir embora, eu acho que poderia ter sido capaz de facilitar as coisas. Pedi a meu marido que ajudasse você o máximo possível e ele me disse que isso não depende dele, infelizmente. Mandei buscar você, em primeiro lugar, para ver como está. Dou-lhe parabéns pela sua coragem, você está com um aspecto melhor do que esperava. E também para dizer que eu quero lhe pagar o peixe que você tão generosamente me deu durante tantos meses. Olhe, tome 1.000 francos, é tudo o que eu posso lhe dar. Lamento não poder fazer mais por você.

– Olhe, minha senhora, não estou precisando de dinheiro. Eu lhe peço, por favor, compreenda que eu não devo aceitar; isso seria, na minha opinião, manchar a nossa amizade.

E afasto com um gesto as duas notas de 500 francos que ela me oferecia tão generosamente.

– Não insista, lhe peço, por favor.

– Como você preferir – diz ela. – Aceita um pouco de licor?

E durante mais de uma hora, essa mulher admirável conversa comigo uma conversa encantadora. Ela considera que eu serei certamente absolvido pela morte daquele canalha e que vou pegar talvez de dezoito meses a dois anos pelas outras acusações.

No instante da despedida, ela me aperta a mão entre as suas, demoradamente, e me diz:

– Até breve, boa sorte.

Explodem os soluços.

O comandante me leva de volta à cela. No caminho, digo a ele:

– Comandante, o senhor tem a mulher mais nobre do mundo.

– Eu sei, Papillon, ela não é feita para viver aqui, é cruel demais para ela. E, no entanto, o que fazer? Afinal, daqui a quatro anos, me aposento.

– Aproveito este momento em que estamos sós, comandante, para lhe agradecer, porque graças ao senhor recebi o melhor tratamento possível. Sei que poderia ter prejudicado seriamente o senhor, se eu tivesse conseguido o meu intento.

– É verdade, você poderia ter me causado grandes aborrecimentos. Apesar disso, quer saber de uma coisa? Você merecia ter conseguido.

E, já às portas do bloco das celas disciplinares, ele acrescenta:

– Adeus, Papillon. Que Deus o proteja, você vai precisar.

– Adeus, comandante.

Ah! Sim, bem que era necessária a proteção de Deus para mim, porque o tribunal militar presidido por um oficial de quatro galões foi inexorável. Três anos por roubo e desvio de material pertencente ao Estado, profanação de sepultura e tentativa de fuga, e mais cinco anos, sem prejuízo da primeira pena, pela morte de Celier. Total: oito anos de reclusão. Se eu não tivesse sido ferido, é garantido que me condenavam à morte.

Esse mesmo tribunal, tão severo comigo, foi mais compreensivo ante um polaco da cavalaria francesa chamado Dandosky, que tinha matado dois homens. O tribunal o condenou a apenas cinco anos e, no entanto, no caso dele havia premeditação indiscutível.

Dandosky era um padeiro encarregado de fazer somente o fermento. O horário dele era apenas das 3 às 4 da manhã. Como a padaria ficava no cais, diante do mar, ele passava todas as suas horas de folga pescando. Era um tipo tranquilo, falava mal o francês e não se dava com ninguém. Esse condenado aos trabalhos forçados perpétuos dedicava todos os seus sentimentos de ternura a um belo gato preto de olhos verdes, que praticamente vivia com ele. Os dois dormiam juntos, o gato o seguia como um cachorro ao trabalho, para lhe fazer companhia. Em resumo, havia uma grande estima entre ele e o bichinho. O gato o acompanhava na pesca, mas, quando fazia calor demais e não havia uma sombrinha por perto, voltava sozinho até a padaria e se deitava na rede de seu amigo. Ao meio-dia, quando batia o sino, saía ao encontro do polaco e pulava para pegar o peixinho com que o homem o atiçava, até o gato agarrá-lo.

Os padeiros moram todos juntos numa sala pegada à padaria. Um dia, dois forçados chamados Corrazi e Angelo convidam Dandosky a comer um guisado de coelho preparado por Corrazi, como ele fazia pelo menos uma vez por semana. Dandosky senta-se à mesa com eles e comem juntos; para a refeição, Dandosky levara, por sua vez, uma garrafa de vinho. À noite, o gato não voltou para casa. O polaco procurou o gato por toda parte, em vão. Passa uma semana inteira e nada do gato. Triste com a perda do companheiro, Dandosky não se interessa mais por nada. Era mesmo triste que o único ser que Dandosky amava e que tão bem lhe retribuía esse amor tivesse desaparecido misteriosamente. A esposa de um vigia, quando soube da imensa dor de Dandosky, deu-lhe de presente um filhotinho de gato. Dandosky expulsou o gatinho, indignado, e perguntou à mulher como é que ela podia conceber que ele pudesse gostar de outro gato que não o dele; seria, dizia ele, uma grave ofensa à memória do amado desaparecido.

Um dia, Dandosky agrediu um aprendiz de padeiro que era também distribuidor de pão. O aprendiz não morava na mesma sala dos padeiros, mas lhe diz:

– Quer saber de uma coisa, o coelho que Corrazi e Angelo te fizeram comer era o teu gato.

– Cadê a prova? – grita o polaco, agarrando o outro pelo pescoço.

– Debaixo da mangueira que fica atrás dos canoeiros, um pouco mais para lá, eu vi Corrazi, quando ele estava enterrando a pele do seu gato.

Como um louco, o polaco vai verificar e realmente encontra a pele. Recolhe a pele, já meio podre, a cabeça em decomposição. Lava-a com água do mar, estende-a ao sol para que seque, depois a envolve num pano muito limpo e enterra-a num local seco, bem fundo para que as formigas não a comam. Foi isso que ele me contou.

De noite, à luz de um lampião de petróleo, Corrazi e Angelo um ao lado do outro, sentados num banco de tábuas muito grossas, na sala dos padeiros, jogam cartas com mais dois parceiros. Dandosky é um homem de uns quarenta anos, estatura mediana, entroncado, largo de ombros, muito forte. Prepara um grande porrete de pau-ferro, aliás tão pesado como esse metal; aproxima-se por trás e sem uma palavra vibra um fortíssimo golpe na cabeça de cada um dos dois. Os crânios se abrem como duas romãs e escorrem os miolos pelo chão. Possuído de raiva furiosa, Dandosky não se satisfaz simplesmente com a morte dos dois, ele pega os miolos e os esmaga contra a parede da sala. Fica tudo borrado de sangue e miolos.

Se eu, por um lado, não encontrei compreensão por parte do comandante da gendarmeria, presidente do tribunal militar, Dandosky, por outro lado, embora tivesse cometido dois assassinatos com premeditação, encontrou tanta compreensão que foi condenado a apenas cinco anos.

SEGUNDA RECLUSÃO

Amarrado ao polaco, eu fui levado para as ilhas. Não demoramos muito no presídio de Saint-Laurent. Chegamos numa segunda-feira, passamos pelo tribunal militar na quinta, e na sexta de manhã nos embarcavam de volta para as ilhas.

Vão nesta viagem para as ilhas dezesseis homens, dos quais doze para a reclusão. A travessia se faz com um mar muito agitado, muitas vezes o passadiço é varrido por um vagalhão mais forte que os outros. Meu desespero é tanto, que chego a desejar que esse barco afunde. Não falo com ninguém, vou concentrado, preocupado comigo mesmo, por causa desse vento molhado que me fustiga o rosto. Não protejo o rosto, pelo contrário. De propósito deixo voar meu chapéu, não vou precisar dele durante mais oito anos de reclusão. Com o rosto virado de frente para o vento, aspiro até perder o fôlego esse ar que me açoita. Primeiro, desejei o naufrágio; depois, consigo novamente pôr as ideias no lugar: "Bébert Celier foi devorado pelos tubarões; eu tenho trinta anos e oito a passar na reclusão." Mas será que é possível sobreviver oito anos na devoradora de homens?

Segundo a experiência que já tenho, acredito que seja impossível. Quatro ou cinco anos devem ser o limite extremo da resistência possível. Se eu não tivesse matado Celier, teria apenas três anos a cumprir, talvez mesmo só dois, porque a morte dele agravou todas as outras coisas, inclusive a fuga. Eu não devia ter matado aquele crápula. Meu dever de homem para comigo mesmo não é de fazer a minha justiça; é, em primeiro lugar e acima de tudo, viver, viver para fugir. Como é que eu pude cometer tamanho erro? Sem contar que, por pouco, era ele que me matava, aquele merda. Viver, viver, viver é o que deveria ter sido e deverá ser a minha única religião.

Entre os guardas que escoltam o grupo de forçados há um cara, me lembro muito bem, que saiu com uma saúde razoável e que eu conheci na reclusão. Não sei como ele se chama, mas estou louco de vontade de perguntar uma coisa a ele.

– Chefe, queria lhe perguntar uma coisa.

Espantado, ele chega mais para perto de mim e diz:

– O quê?

– Você sabe de algum homem que conseguiu passar oito anos na reclusão?

Ele fica pensativo durante uns momentos e depois me diz:

– Não, mas já vi muitos que passaram cinco anos, e até um cara, me lembro muito bem, que saiu com uma saúde razoável e bem equilibrado após seis anos. Eu estava na reclusão quando ele foi liberado.

– Obrigado.

– De nada. Você, se não me engano, vai para ficar oito anos?

– Certo, chefe.

– Você só pode sair dessa se não pegar nenhuma punição, nenhuma vez.

E ele se afasta.

Essa frase é muito importante. É verdade, só saio vivo se não for punido nenhuma vez. Isso porque, como as punições são na base de suprimir parte ou toda a alimentação durante algum tempo, em seguida a isso, mesmo voltando ao regime normal, a gente não se recupera nunca mais. Certas punições mais severas impedem que se resista até o fim, a gente se acaba antes do fim. Conclusão: não devo aceitar cocos nem cigarros, nem mesmo escrever ou receber bilhetes.

Durante todo o resto da viagem rumino incessantemente essa decisão. Nada, absolutamente nada, nem com o exterior nem com o interior. Ocorre-me uma ideia: o único jeito de receber apoio, sem arriscar a comida, é que do exterior alguém pague aos distribuidores de sopa para que eles escolham um dos maiores e melhores pedaços de carne no almoço. É fácil, porque há um que serve o caldo e outro que vem atrás, com uma bandeja, e põe na tigela um pedaço de carne. É preciso que ele remexa até o fundo do ensopado e me dê uma concha com o máximo possível de legumes. Só o fato de eu ter tido essa ideia já me reanima. Realmente, assim eu poderia muito bem comer o suficiente para matar a fome e quase que satisfatoriamente, se esse esquema for bem montado. E eu, por minha vez, que trate de sonhar e de me ausentar o máximo possível, escolhendo temas agradáveis, senão fico louco.

Chegamos às ilhas. São 3 horas da tarde. Assim que desembarco, vejo o vestido amarelo-claro de Juliette, ela ao lado do marido. O comandante se aproxima de mim rapidamente, antes mesmo que a turma tenha tido tempo de se pôr em fila, e me diz:

– Quanto?

– Oito anos.

Ele volta para junto da esposa e fala com ela. Emocionada, com certeza, ela se senta numa pedra. Completamente prostrada.

Seu marido a segura pelo braço, ela se levanta e, depois de me lançar um sombrio olhar com aqueles seus imensos olhos, os dois vão embora sem se virar mais.

– Papillon – pergunta Dega –, quanto?

– Oito anos de reclusão.

Ele não responde nada e não tem coragem de olhar para mim. Galgani se aproxima e, antes que ele fale, eu digo:

– Não me mande nada e nem me escreva nada. Com uma pena tão longa, eu não posso me arriscar a uma punição.

– Compreendo.

Em voz baixa, acrescento apressadamente:

– Dê um jeito para que eles me sirvam o melhor possível no almoço e no jantar. Se você conseguir isso, talvez a gente volte a se ver um dia. Adeus.

Voluntariamente me dirijo para a primeira canoa que vai nos levar para Saint-Joseph. Todo mundo me olha como se olhasse um caixão que está baixando para a sepultura. Ninguém fala nada. Durante a curta viagem, eu repito a Chapar o que disse a Galgani. Ele me responde:

– Acho que dá pra arranjar isso. Coragem, Papi.

E acrescenta:

– E Matthieu Carbonieri?

– Me desculpe, eu tinha me esquecido dele. O presidente do tribunal militar solicitou que seja feita uma complementação de informação sobre o caso dele antes de tomar uma decisão; isso é bom ou mau sinal?

– É bom sinal, acho eu.

Sou dos primeiros na pequena coluna de doze homens que escala a encosta para chegar à reclusão. Subo rápido, tenho pressa, engraçado, de me ver só na minha cela. Apresso tanto o passo, que o guarda me diz.

– Mais devagar, Papillon. Até parece que você está com pressa de chegar à casa de onde você saiu há tão pouco tempo.

Estamos chegando.

– Sentido! Apresento-lhes o comandante da reclusão.

– Lamento que você tenha voltado para cá, Papillon – diz ele.

E em seguida:

– Reclusos, para cá etc.

Faz seu discurso habitual:

– Prédio A, cela 127. É a melhor, Papillon, porque você fica em frente da porta do corredor, e assim tem um pouco mais de luz e é sempre ventilada. Espero que você mantenha uma boa conduta. É muito tempo, oito anos, mas quem sabe, pode ser que, com um excelente comportamento você venha a merecer uma comutação de um ou dois anos na sua pena. É o que eu lhe desejo, porque você é um homem corajoso.

Pronto, estou na 127. Realmente, ela fica bem em frente de uma grande porta gradeada que dá para o corredor. Embora sejam quase 6 horas, ainda há uma certa claridade. A cela também não tem aquele sabor e aquele cheiro de podre da minha primeira cela. Isso me anima um pouco:

"Meu velho Papillon", digo a mim mesmo, "eis aqui as quatro paredes que vão ficar olhando você durante oito anos. Negue-se a contar os meses e as horas, é inútil. Se você quiser tomar uma unidade de medida aceitável, é de seis em seis meses que você deve contar. Dezesseis vezes seis meses e você estará livre outra vez. De qualquer jeito, você tem uma vantagem. Se esticar as canelas aqui e se for de dia, terá pelo menos a satisfação de morrer na luz. É muito importante. Não deve ser muito divertido morrer no escuro.

Se você ficar doente, pelo menos aqui o médico vai enxergar a sua cara. Você não tem nada que se arrepender por ter tentado viver novamente por meio de uma fuga e, aliás, verdade seja dita, nem por ter matado Celier. Imagine só o quanto torturaria, ficar pensando que, enquanto está aqui, ele fugiu. O tempo dirá. Pode ser que aconteça uma anistia, uma guerra, um terremoto, um furacão que destrua esta fortaleza. Por que não? Pode surgir um homem de caráter, que volte para a França e consiga fazer com que os franceses passem a enxergar, e estes, por sua vez, obriguem a administração penitenciária a suprimir esta forma de guilhotinar gente sem usar a guilhotina. Quem sabe se um médico, revoltado, não vai contar tudo isso a um jornalista, a um padre, sei lá eu quem mais?... De qualquer forma, Celier há muito tempo que foi digerido pelos tubarões. Eu não, eu estou aqui e, se for digno de mim mesmo, tenho de sair vivo deste sepulcro".

Um, dois, três, quatro, cinco, meia-volta; um, dois, três, quatro, cinco, outra meia-volta, começo a andar e reencontro imediatamente a posição da cabeça, dos braços, e a medida exata da passada, para que o passeio funcione com precisão. Resolvo andar apenas duas horas de manhã e duas horas de tarde, até saber se posso contar com uma alimentação privilegiada em quantidade. Nada de começar a desperdiçar energia inutilmente com esse nervosismo dos primeiros dias.

Sem dúvida, é lamentável ter fracassado na etapa final. Claro que era só o primeiro episódio da fuga, além disso era preciso fazer uma travessia bem-sucedida de mais de 50 quilômetros, com aquela frágil jangada. E, depois que aportássemos na Terra Grande, talvez precisássemos executar de novo uma fuga. Se a partida funcionasse bem, a vela de três sacos de farinha teria impelido a jangada a mais de 10 quilômetros por hora. Em menos de quinze horas, talvez doze, nós tocaríamos a terra. Isso, claro, se chovesse durante o dia, porque apenas com chuva podíamos nos arriscar a içar vela. Se bem me lembro, no dia seguinte ao dia em que me fecharam na cela, choveu. Não tenho muita certeza. Procuro encontrar falhas ou erros cometidos. Encontro só dois. O marceneiro quis fazer uma jangada muito bem-feita demais, segura demais, e por isso, para encaixar os cocos, precisou fazer uma armação especial; praticamente, eram duas jangadas, uma dentro da outra. Daí, havia um número grande demais de peças para fabricar, e ele precisava de tempo demais para fabricá-las com todas as precauções.

Em segundo lugar, o mais grave: logo à primeira dúvida séria sobre Celier, na mesma noite, eu devia ter matado ele. Se eu tivesse feito isso, quem sabe onde estaria agora! Mesmo se a coisa desse certo ao chegarmos à Terra Grande ou se eu fosse apanhado na hora do embarque, só pegaria três anos e não oito, e me ficaria a satisfação da ação realizada. Onde eu estaria agora, se tudo tivesse dado certo, nas ilhas ou na Terra Grande! Quem é que vai saber. Talvez conversando com Bowen, em Trinidad, ou protegido em Curaçau pelo Bispo Irénée de Bruyne. E, então, só se tornaria a partir depois de estarmos seguros de que tal ou tal outro país nos receberia. Caso contrário, para mim seria fácil voltar sozinho, diretamente, num barco pequeno, para Guajira, para minha tribo.

Adormeci muito tarde, consegui dormir um sono normal. Essa primeira noite não foi tão deprimente. Viver, viver, viver. Devo repetir cada vez que estiver a ponto de me entregar ao desespero, três vezes, essa palavra de esperança: "Enquanto há vida, há esperança."

Passou-se uma semana. Desde ontem notei modificações das porções da minha comida. Um espetacular pedaço de carne cozida no almoço, e no jantar uma tigela de lentilhas puras, quase sem água. Como criança, digo a mim mesmo: lentilhas têm ferro, que é muito bom para a saúde.

Se continuar assim, vou poder andar dez a doze horas por dia, e à noite, então, bem cansado, estarei em estado propício para viajar pelas estrelas. Não, não é delírio, estou com os pés na terra, bem na terra, penso em todos os casos de forçados que conheci nas ilhas. Cada um tem a sua história, antes e durante. Penso também nas lendas que correm de boca em boca nas ilhas. Uma dessas lendas, que tenho intenção de verificar se é verdadeira, caso eu volte às ilhas, é a lenda do sino.

Conforme já contei, os forçados não são enterrados, são jogados ao mar entre Saint-Joseph e Royale, num ponto infestado de tubarões. O morto é envolvido em sacos de farinha, tendo aos pés uma corda amarrada a uma grande pedra. Um caixão retangular, sempre o mesmo, é instalado na horizontal, na parte dianteira do barco. Uma vez chegados ao local designado, os seis forçados remadores levantam os remos horizontalmente, à altura da borda. Um homem inclina o caixão e outro abre uma espécie de alçapão. Então o corpo desliza para dentro da água. É certo, e não há margem para nenhuma dúvida que os tubarões imediatamente cortam a corda. Nunca dá para um morto afundar muito. Volta à superfície e os tubarões começam a disputar esse manjar de festa. Ver comer um homem, segundo aqueles que já assistiram a esse espetáculo, é impressionante, porque, além de tudo, quando os tubarões são muitos, conseguem levar a mortalha com seu conteúdo para fora da água, e então, dilacerando os sacos de farinha, carregam grandes nacos do cadáver.

Tudo se passa exatamente conforme descrevi, mas há uma coisa que não pude verificar. Os condenados, sem exceção, contam que o que atrai os tubarões àquele local é o som do sino que tocam na capela quando há um morto. Dizem que às vezes a gente pode ficar na ponta do quebra-mar de Royale às 6 da tarde sem ver um único tubarão. Quando batem o sino da igrejinha, na mesma hora o local se infesta de tubarões à espera do cadáver. Além do sino, não há nada que explique por que eles acorrem a esse ponto nessa hora precisa. Esperemos que eu não venha a servir de prato do dia para os tubarões de Royale em semelhantes condições. Que eles me devorem vivo durante uma fuga, pouco ligo, pelo menos terá sido durante uma iniciativa minha na luta pela liberdade. Mas, depois de uma morte por doença numa cela, isso não, isso não pode acontecer.

Podendo comer bastante, graças à organização montada pelos meus amigos, estou em perfeita saúde. Ando das 7 horas da manhã às 6 da tarde sem parar. Dessa forma, a tigela do jantar, cheia de legumes secos, feijão, lentilha, ervilha seca ou arroz na gordura, fica vazia em pouco tempo. Como sempre tudo sem ter de me esforçar. Andar me faz bem, o cansaço que isso dá é sadio e consigo me transformar noutro homem enquanto ando. Ontem, por exemplo, passei o dia todo nos campos de uma aldeia de Ardèche que se chama Favras. Muitas vezes, depois que minha mãe morreu, eu ia passar umas semanas na casa da minha tia, irmã da minha mãe, professora primária do lugarejo. Pois bem, ontem eu estava virtualmente nesse bosque de castanheiros, colhendo cogumelos, e depois ouvia meu pequeno amigo, o pastor, dar ordens a seu cachorro treinado, que obedecia com grande eficiência trazendo de volta uma ovelha desgarrada ou castigando uma cabra muito passeadeira. E, mais ainda, cheguei até a sentir na boca o sabor fresco da fonte ferruginosa, me deliciei com as leves cócegas das bolhas minúsculas que me subiam ao nariz. Essa capacidade tão autêntica e verdadeira de reencontrar momentos passados há mais de quinze anos, essa faculdade de revivê-los sentidamente com tanta intensidade só podem ser conseguidas, numa cela, longe de tudo quanto é barulho, no silêncio mais completo.

Chego a ver a cor amarela do vestido de tia Outine. Ouço o murmúrio do vento nos castanheiros, o ruído seco que faz a casca da castanha ao cair no chão seco e macio, quando mergulha num tapete de folhas. Um enorme javali apareceu por entre as esbeltas giestas e me deu um medo tão grande, que saí correndo, deixando cair pelo caminho grande parte dos cogumelos colhidos. Sim, passei – enquanto andava – o dia inteiro em Favras com a titia e meu coleguinha, o pastor Julien. Essas lembranças revividas, tão doces, tão límpidas, tão precisas, não há ninguém que possa me impedir de me refugiar nelas, de buscar nelas a paz que é necessária ao meu espírito atormentado e magoado.

Para a sociedade, estou em uma dessas inúmeras celas da devoradora de homens. Na realidade, roubei-lhes um dia inteiro, que passei em Favras nos campos, entre os castanheiros, e até mesmo bebi água mineral na chamada Fonte do Pessegueiro.

Já passaram os seis primeiros meses. Eu me determinara a contar por unidades de seis meses; mantive meu propósito. Só hoje de manhã diminuí de dezesseis para quinze... Mais quinze vezes seis meses.

Vamos fazer o balanço da situação. Nenhum incidente pessoal nestes seis meses. A comida é sempre a mesma, mas, por outro lado, a ração que recebo é bem razoável e assim minha saúde não vai ser prejudicada. À minha volta, muitos suicidas e loucos furiosos, que felizmente logo são levados embora, pois é deprimente ficar ouvindo gritarem, gemerem ou se queixarem durante horas, ou dias inteiros. Bolei um recurso bom, só que faz mal para o ouvido. Corto um pedaço de sabão e enfio nos dois ouvidos, para não ouvir mais esses gritos horripilantes. Infelizmente, o sabão me prejudica os ouvidos, que começam a doer muito daí a um ou dois dias.

Pela primeira vez desde que estou nos trabalhos forçados, me rebaixo a pedir uma coisa a um guarda. Acontece que um guarda que traz a sopa é de Montélimar, perto da minha terra. Eu o conheci na Ilha Royale e peço a ele para me arranjar uma pequena bola de cera, para me ajudar a suportar a barulheira que fazem os loucos antes de serem levados embora. No dia seguinte, ele me traz uma bola de cera do tamanho de uma noz. É incrível o alívio que dá não ouvir mais esses infelizes.

Já tenho bastante prática com as grandes lacraias. Em seis meses, só fui mordido uma vez. Resisto muito bem, quando acordo e há uma passeando pelo meu corpo nu. A gente se acostuma com qualquer coisa, é só questão de se controlar, porque as cócegas que as patas e as antenas das lacraias fazem são muito desagradáveis. Mas, se a gente pega a lacraia de mau jeito, ela morde. Vale mais a pena esperar que desça espontaneamente de cima da gente e, aí sim, ir para cima dela e matá-la. Em cima do meu banco de cimento há sempre dois ou três pedacinhos de pão fresco. Forçosamente, o cheiro do pão as atrai e elas vão para lá. Então eu as mato.

Preciso afastar uma ideia fixa que me persegue. Por que não matei Bébert Celier no mesmo dia em que tive dúvidas sobre sua função nefasta? Então, incessantemente, argumento e contra-argumento comigo mesmo: quando é que se tem o direito de matar? Em seguida, me defino: o fim justifica os meios. O fim, para mim, era lograr a fuga, eu tive a oportunidade de terminar uma jangada bem construída, de escondê-la em local seguro. O embarque seria dentro de alguns dias. Uma vez que eu estava a par do perigo que Celier representava – e isso na época da penúltima peça, que, por milagre, chegara a seu destino –, deveria ter executado o homem sem hesitação. E se eu estivesse enganado, se as aparências fossem falsas? Teria matado um inocente. Que horror! Mas é ilógico que eu me coloque um problema de consciência, eu, um condenado aos trabalhos forçados perpétuos. Pior do que isso, condenado a oito anos de reclusão no meio de uma pena perpétua!

E o que é que você pretende, que é você, sobra de lixo, tratado como uma imundície da sociedade? Só queria saber se os doze jurados de merda que o condenaram se perguntaram, uma vez que fosse, se achavam que verdadeiramente, conscientemente, fizeram bem em condená-lo a uma pena tão dura. E se o promotor (ainda estou escolhendo com qual instrumento vou arrancar a língua dele) se perguntou se não foi um pouco exagerado no seu requisitório. Com certeza, nem mesmo os meus advogados se lembram mais de mim! Na certa aludem em termos gerais a "aquele caso infeliz do Papillon" no julgamento de 1932: "Vocês sabem, prezados colegas, naquele dia eu não estava lá muito em forma e, para meu azar, o promotor Pradel estava num de seus melhores dias. Ele ganhou esse caso para a acusação de forma magistral. É verdadeiramente um adversário de grande classe."

Visualizo e ouço tudo isso como se estivesse ao lado do Dr. Raymond Hubert, no meio de uma conversa entre advogados, ou em uma reunião mundana, ou mais precisamente nos corredores do Palácio da Justiça.

Um único homem, sem sombra de dúvida, tem uma posição de magistrado probo e honesto, o presidente do tribunal, Bévin. Este, sim, pode muito bem, homem imparcial que é, discutir entre colegas ou numa reunião mundana o perigo que existe em julgar um homem por jurados, sem dúvida ele deve dizer, evidentemente que com palavras bem adequadas, que os doze sacanas do júri não estão preparados para uma tal responsabilidade, que eles se impressionam demais pelo brilho da acusação ou da defesa, conforme uma das duas domina esse torneio de oratória; que eles absolvem depressa demais, ou condenam sem saber muito bem como, conforme a atmosfera positiva ou negativa que o mais forte dos dois partidos consegue criar.

Isso quanto ao presidente, e também à minha família, mas a minha família talvez tenha ficado com raiva de mim, por causa dos problemas que criei para ela. Só um, papai, meu pobre pai, é que não deve ter se queixado da cruz que seu filho lhe pôs nos ombros, tenho certeza. Essa cruz tão pesada, ele a carrega sem acusar seu menino, sem censurá-lo, e isso apesar de, como professor primário, ser respeitador da lei e até ensine a compreendê-la e a aceitá-la. Tenho certeza de que, do fundo do seu coração, ele exclama: "Seus sórdidos, vocês mataram meu filho, fizeram pior, condenaram ele a morrer aos pouquinhos, com 25 anos!" Se meu pai soubesse onde anda agora o menino dele, o que fizeram com o menino dele, era capaz de virar anarquista.

Hoje à noite, a devoradora de homens esteve mais do que nunca à altura da sua fama. Percebi que houve dois enforcados e um que se sufocou enfiando trapos de pano na boca e nas narinas. A cela 127 fica perto do lugar onde os guardas fazem o revezamento de horário e, às vezes, ouço pequenos trechos das conversas deles. Hoje de manhã, por exemplo, eles falaram bem baixinho, para eu não ouvir o que diziam sobre os acontecimentos da noite.

Mais seis meses se passaram. Faço um balanço da situação e acabo de gravar na madeira um belo "14". Tenho um prego que uso apenas de seis em seis meses. Faço o balanço: a saúde continua boa e o moral vai muito bem.

Graças às minhas viagens por entre as estrelas, é muito raro que eu tenha crises demoradas de desespero. Bem depressa eu as supero, e armo com todos os detalhes uma viagem real ou imaginária que afugenta as ideias sombrias. A morte de Celier me ajuda muito a sair vitorioso desses momentos de crises agudas. Digo a mim mesmo: "Eu estou vivo, estou vivo, estou vivo e preciso continuar vivo, viver, viver para um dia reviver livre. Ele, que me impediu de fugir, ele está morto e nunca vai ser livre como eu vou ser um dia, é certo, é garantido. De qualquer maneira, se eu sair com 38 anos, não é ainda a velhice, e a próxima fuga vai ser definitiva, tenho certeza."

Um, dois, três, quatro, cinco, meia-volta; um, dois, três, quatro, cinco, outra meia-volta. Já faz alguns dias que minhas pernas estão pretas e minhas gengivas sangram. Deveria me declarar doente? Aperto com o polegar a minha perna perto do calcanhar e a marca fica estampada. Tenho a impressão de que estou cheio de água. Já faz uma semana que não posso mais andar dez ou doze horas por dia, fico muito cansado só com seis horas de marcha, em duas vezes. Quando limpo os dentes, não posso mais esfregá-los com a toalha felpuda embebida em sabão, porque as gengivas doem e sangram muito. E até um dente caiu, sem mais nem menos, ontem, um incisivo do maxilar superior.

É com uma verdadeira revolução que terminam os seis meses seguintes. Efetivamente, ontem nos mandaram pôr a cabeça para fora e passou um médico que levantava os lábios de cada um de nós. E, hoje de manhã, depois de exatamente dezoito meses que estou nesta cela, a porta se abriu e me disseram:

– Saia, encoste-se na parede e fique esperando.

Eu era o primeiro ao lado da porta, saíram uns setenta homens.

– Meia-volta, esquerda.

Sou agora o último de uma fila que se alonga até a outra extremidade do prédio e sai para o pátio.

São 9 horas. Um jovem doutorzinho, com camisa cáqui de mangas curtas, está sentado ao ar livre, junto a uma mesa de madeira. Ao lado dele, dois forçados enfermeiros e um guarda-enfermeiro. Todos eles, e o médico também, me são desconhecidos. Dez guardas, de carabina em punho, fazem a cobertura do cerimonial. Comandante e guarda-chefe, em pé, contemplam a cena em silêncio.

– Todo mundo nu – grita o guarda-chefe. – A roupa debaixo do braço. O primeiro. Seu nome?

– X...

– Abra a boca, as pernas. Arranque estes três dentes dele. Álcool iodado primeiro, azul de metileno depois, xarope de cocleária duas vezes por dia, antes das refeições.

Sou o último.

– Seu nome?

– Charrière.

– Puxa, você é o único que está com um corpo apresentável. Você chegou há pouco tempo?

– Não.

– Há quanto tempo está aqui?

– Faz hoje dezoito meses.

– Por que você não está magro como os outros?

– Não sei.

– Bom, eu vou lhe dizer por quê. É porque você come melhor do que eles, salvo se você se masturba menos. A boca, as pernas. Dois limões por dia: um de manhã, um na hora do jantar. Chupe os limões e passe o suco nas gengivas, você está com escorbuto.

Limpam-me as gengivas com álcool iodado, depois me pincelam com azul de metileno, me dão um limão. Meia-volta, sou o último da fila e volto para a minha cela.

O que acaba de acontecer é uma verdadeira revolução, levar para fora os doentes até o pátio, deixá-los ver o sol, mostrá-los ao médico, de perto. Isso nunca se viu na reclusão. O que estará acontecendo? Será que, afinal, um médico se recusou a ser cúmplice calado desse famoso regulamento? Este médico, que mais tarde vai se tornar meu amigo, se chama Germain Guibert. Morreu na Indochina. Sua esposa me contou isso, muitos anos depois desse dia, numa carta que me escreveu para Maracaibo, na Venezuela.

De dez em dez dias, consulta ao sol. Sempre a mesma receita: álcool iodado, azul de metileno, dois limões. Meu estado não piora, mas também não melhora. Duas vezes eu pedi xarope de cocleária e duas vezes o médico me negou, e isso começa a me irritar, porque continuo sem poder andar mais de seis horas por dia, a parte de baixo das minhas pernas está preta e inchada.

Um dia, ao esperar a minha vez na consulta, percebo que a pequena árvore raquítica que me protege um pouco contra os raios do sol é um limoeiro sem limões. Arranco uma folha, mastigo-a e, em seguida, maquinalmente, corto fora um pequeno ramo com algumas folhas, sem ideia preconcebida. Quando o médico me chama, meto o ramo no traseiro e digo a ele:

– Doutor, não sei se é culpa dos seus limões, mas olhe só o que me brotou atrás.

E me viro com o meu raminho cheio de folhas no traseiro.

Os guardas primeiro caem na gargalhada e depois o guarda-chefe diz:

– Você terá uma punição, Papillon, por falta de respeito ao médico.

– De jeito nenhum – diz o médico. – Este homem não deve ser punido, uma vez que eu não fiz queixa. Você não quer mais limões? É isso que você quis dizer?

– É isso, doutor, já chega de limões, isso não me cura. Quero experimentar o xarope de cocleária.

– Não lhe receitei porque tenho muito pouco e economizo para os doentes graves. Mas vou lhe receitar uma colherada por dia e vamos continuar com os limões.

– Doutor, já vi índios comerem algas do mar, e sei que existem as mesmas algas na Ilha Royale. Deve ter também na Ilha Saint-Joseph.

– Você me deu uma ideia brilhante. Vou mandar distribuir para vocês todo dia uma certa alga que realmente eu também já vi na praia. Os índios a comem crua ou cozida?

– Crua.

– Está bem, obrigado. Meu comandante, espero que este homem não seja punido, confio no senhor.

– Certo, capitão.

Um milagre aconteceu. Sair toda semana para o sol por duas horas, ou ficar à espera do momento da consulta, espiando a consulta dos outros, ver caras de gente, murmurar algumas palavras; quem poderia sonhar que uma coisa tão maravilhosa pudesse acontecer? É uma transformação fantástica para todos: os mortos se erguem e caminham sob o sol; esses enterrados vivos, afinal, podem dizer algumas palavras. É um balão de oxigênio que insufla vida nova a cada um de nós.

Clac, clac, infinidades de clacs abrem todas as portas das celas uma quinta-feira de manhã, às 9 horas. Todo recluso recebe ordem de ficar de pé na soleira de sua porta.

– Reclusos – grita uma voz –, inspeção do governador.

Acompanhado por cinco oficiais, sem dúvida todos médicos, um homem alto, elegante, cabelos grisalhos prateados, passa lentamente ao longo do corredor, diante de cada cela. Ouço que lhe indicam quais os de pena mais pesada e os motivos delas. Antes de chegar à altura da minha cela, levantam um homem que não teve forças para esperar por tanto tempo em pé. É um dos antropófagos Graville. Um dos militares diz:

– Mas é um cadáver ambulante, esse aí!

O governador responde:

– Estão todos em estado deplorável.

A comissão chega até a minha cela. O comandante diz:

– Este aqui tem a pena mais pesada da reclusão.

– Como se chama? – pergunta o governador.

– Charrière.

– Sua pena?

– Oito anos por roubo de material do Estado etc., morte, três e cinco anos, com distinção entre as penas.

– Quanto já cumpriu?

– Dezoito meses.

– Seu comportamento?

– Bom – diz o comandante.

– De saúde?

– Sofrível – diz o médico.

– Que tem a declarar?

– Que este regime é desumano e pouco digno de um povo como o da França.

– Os motivos?

– Silêncio absoluto, nenhuma saída ao pátio e até poucos dias nenhum cuidado médico.

– Mantenha-se em boa conduta e talvez a sua pena seja comutada, se eu continuar no cargo de governador.

– Obrigado.

A partir desse dia, por ordem do governador e do médico-chefe vindos da Martinica e de Caiena, todos os dias, uma hora de saída ao pátio e banho de mar, em uma espécie de piscina improvisada onde os banhistas são protegidos dos tubarões por grandes blocos de pedra.

Às 9 horas, toda manhã, em grupos de cem, descemos da reclusão, completamente nus, para o banho. As esposas e os filhos dos vigias têm ordem de ficar dentro de casa, para a gente poder ir nu.

Já faz um mês que as coisas estão assim. As caras dos homens se transformaram completamente. Essa hora de sol, esse banho em água salgada, o fato de poder falar uma hora por dia, tudo isso transformou radicalmente a manada de reclusos, doentes física e moralmente.

Um dia, no caminho de volta da piscina para a reclusão, estou entre os últimos, quando se ouvem gritos desesperados de mulher e dois tiros de revólver. Percebo:

– Socorro! Minha filha está se afogando!

Os gritos vêm do cais, que não passa de um declive cimentado que entra mar adentro e onde encostam as canoas. Mais gritos:

– Os tubarões!

E mais dois tiros de revólver. Como todo mundo se virou para o lado dos gritos e tiros de revólver, sem pensar duas vezes eu empurro um guarda e saio correndo nu para o cais. Quando chego, vejo duas mulheres gritando como duas perdidas, três vigias e uns árabes.

– Entrem na água! – grita a mulher. – Ela não está longe! Eu não sei nadar, senão eu ia. Corja de covardes!

– Os tubarões! – diz um guarda.

E dá outro tiro.

Uma menina com seu vestido azul e branco flutua no mar, levada devagar por uma correnteza fraca. Ela vai sendo levada diretamente para a confluência das correntezas que serve de cemitério para os forçados, mas ainda está muito longe desse ponto. Os guardas atiram sem parar e sem dúvida acertaram vários tubarões, porque há umas reviravoltas perto da menina.

– Parem de atirar! – grito eu.

E, sem pensar duas vezes, me atiro na água. Com a ajuda da correnteza, me dirijo rapidamente para o lado da menina, que continua flutuando por causa de seu vestido, batendo os pés com toda a força, para espantar os tubarões.

Só me faltam uns 30 ou 40 metros para alcançá-la, quando chega uma canoa que veio de Royale e que viu a cena de longe. Alcança a menina antes de mim, agarra-a e a põe a salvo. Choro de ódio, sem nem pensar nos tubarões. Por minha vez, também sou pescado para bordo. Arrisquei a vida por nada.

Era isso pelo menos o que eu pensava, porque um mês depois, como uma espécie de recompensa, o Dr. Germain Guibert obtém uma suspensão da minha pena de reclusão, por motivo médico.

8 | A VOLTA A ROYALE

OS BÚFALOS

É assim, por um verdadeiro milagre, que estou de volta a Royale, para cumprir uma pena normal. Deixei a ilha com uma pena de oito anos de reclusão disciplinar e, por causa de uma tentativa de salvamento, estou de volta dezenove meses depois.

Reencontro os amigos: Dega sempre contador, Galgani carteiro, Carbonieri, que foi absolvido no caso de minha fuga, Grandet, Bourset, o carpinteiro, e os homens do carrinho: Naric e Quenier. Também Chatal na enfermaria e meu cúmplice na primeira fuga, Maturette, que continua em Royale, como enfermeiro-ajudante.

Os bandidos corsos continuam todos aqui: Essari, Vicioli, Césari, Razori, Fosco, Maucuer e Chapar, responsável por La Griffe ir para a guilhotina, no caso da Bolsa de Marselha. Todas as vedetes da crônica policial dos anos de 1927 a 1935 estão aqui.

Marsino, o assassino de Dufrêne, morreu na semana passada de desnutrição. Nesse dia, os tubarões tiveram uma refeição privilegiada. Deram a eles um dos peritos em pedras preciosas mais bem-conceituados de Paris.

Também está aqui Barrat, apelidado "a Comediante", milionário campeão de tênis em Limoges que assassinou um motorista e seu amiguinho íntimo, íntimo demais. Está tuberculoso. Barrat era chefe do laboratório e farmacêutico no hospital de Royale. A gente vira tuberculoso, nas ilhas, por contágios através das coxas, segundo um médico brincalhão.

Enfim, a minha chegada em Royale é um verdadeiro terremoto. Quando entro de novo no bloco dos violentos, é um sábado de manhã. Quase todo mundo está lá, e todos, sem exceção, me recebem de braços abertos e manifestam a sua amizade. Até o sujeito dos relógios, que não fala nunca desde aquela famosa manhã em que quase o guilhotinaram por engano, se manifesta e vem me cumprimentar.

– Então, meus velhos, todo mundo vai bem?

– Sim, Papi, seja bem-vindo.

– Você continua com o seu lugar aqui – diz Grandet. – Ficou vago desde o dia em que você foi embora.

– Obrigado a todos. O que há de novo?

– Uma boa notícia.

– O quê?

– Esta noite, em frente, na sala dos "bem-comportados", acharam morto o servente que denunciou você, dando a sua pista de cima do coqueiro. Foi provavelmente coisa de algum amigo, que não quis que você o encontrasse vivo e lhe poupou o trabalho.

– Sem dúvida, bem que eu gostaria de saber quem foi para agradecer.

– Um dia, talvez, ele venha a lhe dizer. Acharam o homem hoje de manhã, na chamada, com uma faca fincada no coração. Ninguém viu nem ouviu nada.

– É melhor assim. E o jogo?

– Tudo bem. O seu lugar está garantido.

– Bom. Então recomeçamos a viver nos trabalhos forçados a pena de prisão perpétua. Um dia vamos saber como e quando vai acabar esta história.

– Papi, ficamos realmente todos chateados quando soubemos que você tinha oito "cajus" para mastigar na solitária. Agora que você voltou, acho que não há nas ilhas um único homem capaz de lhe negar ajuda para qualquer coisa que seja, mesmo correndo grandes riscos.

– O comandante está chamando você – diz um servente. Saio com ele. No posto de guarda, vários guardas me cumprimentam gentilmente. Sigo o servente e me encontro com o Comandante Prouillet.

– Tudo bem, Papillon?

– Tudo bem, comandante.

– Estou feliz por você ter sido indultado e lhe dou os parabéns pelo seu ato de coragem com a filhinha do meu colega.

– Obrigado.

– Vou botá-lo como vaqueiro, aguardando que você possa voltar à limpeza de latrinas, com o direito de pescar.

– Se isso não o comprometer demais, ótimo.

– Isso é da minha conta. O guarda da oficina não está mais aqui e eu, daqui a três semanas, vou para a França. Bom, então você volta ao seu lugar amanhã.

– Não sei como agradecer ao senhor, comandante.

– Esperando um mês antes de tentar uma nova fuga – sugere Prouillet, rindo.

Na sala vejo os mesmos homens, o mesmo modo de viver que antes de partir. Os jogadores, categoria à parte, só pensam e vivem em função do jogo. Os homens que têm garotos vivem, comem e dormem com eles. Verdadeiros casais em que a paixão e o amor entre homens tomam conta de todos os pensamentos, noite e dia. Cenas de ciúme, paixões desenfreadas em que a "mulher" e o "homem" se vigiam mutuamente e que provocam crimes inevitáveis se um deles se cansa do outro e bate asas para outros ninhos.

Pela bela Charlie (Barrat), um preto chamado Simplon matou na semana passada um sujeito que se chamava Sidero. É o terceiro que Simplon mata por causa de Charlie.

Faz apenas duas horas que estou no campo e já dois sujeitos vêm falar comigo.

– Diga, Papillon, queria saber se Maturette é o seu garoto.

– Por quê?

– Problema meu.

– Escute bem. Maturette participou de uma fuga comigo de 2.500 quilômetros e ele procedeu como homem, é tudo o que lhe posso dizer.

– Quero saber se ele está com você.

– Não, não conheço Maturette pelo sexo. Gosto dele como um amigo, o resto não é da minha conta, salvo se alguém o prejudicar.

– Mas, se um dia ele fosse a minha mulher?

– Então, se ele está de acordo, não vou me intrometer. Mas, se você o ameaçar para que ele se torne o seu garoto, vai ter que acertar contas comigo.

Que os pederastas sejam passivos ou ativos dá na mesma, tanto uns como os outros afundam na sua paixão sem pensar em outra coisa.

Achei o italiano daquela história do comboio. Veio me cumprimentar. Digo a ele:

– Você ainda aqui?

– Fiz tudo. Minha mãe me mandou 12.000 francos, o guarda tomou 6.000 de comissão, gastei 4.000 para que me desinternassem, consegui que me mandassem tirar chapa em Caiena e não pude fazer nada. Depois, fiz com que me acusassem por ter ferido um amigo, você o conhece, Razori, o bandido corso.

– Conheço, e então?

– Combinamos que ele faria uma ferida na barriga e fui para o conselho de guerra com ele, ele como acusador e eu como culpado. Nem conseguimos ficar lá. Em quinze dias estava tudo acabado. Fui condenado a seis meses, que curti na reclusão no ano passado. Você nem soube que eu estava lá. Papi, não aguento mais, tenho vontade de me suicidar.

– É melhor que você morra no mar, numa fuga, pelo menos você morrerá livre.

– Estou pronto para qualquer coisa, você tem razão. Se planejar alguma coisa, me avise.

– De acordo.

A vida em Royale recomeça. Agora estou de vaqueiro. Tenho um búfalo chamado Brutus. Pesa 2.000 quilos, é um assassino de búfalos. Já matou dois outros machos.

– É a última oportunidade dele – me diz o guarda Angosti, que cuida desse serviço. – Se matar mais um, vamos abatê-lo.

Hoje de manhã, travo conhecimento com Brutus. O preto da Martinica que o guia deve ficar comigo uma semana para me ensinar. Tornei-me imediatamente amigo de Brutus, mijando no focinho dele: sua grande língua adora recolher o mijo salgado. Em seguida, dei a ele algumas mangas verdes que apanhei no jardim do hospital. Desço com Brutus preso no timão de uma carroça digna do tempo dos reis gauleses, de tão rústica que ela é, e na qual se acha um barril para 3.000 litros de água. Meu trabalho e o do meu chapa Brutus consiste em ir até o mar encher o barril de água e subir esta terrível encosta até o planalto. Aí, abro a torneira do barril e a água escoa pelas valetas, levando tudo o que sobrou da limpeza das latrinas feita na parte da manhã. Começo às 6 horas e lá pelas 9 já acabei.

Depois de quatro dias, o preto da Martinica declara que posso me virar sozinho. Só há um problema: de manhã, às 5 horas, tenho que nadar no laguinho à procura de Brutus, que se esconde, pois não gosta de trabalhar. Como ele tem o focinho muito sensível, prendeu-se nele uma argola de ferro na qual uma corrente de 50 centímetros fica pendurada o tempo inteiro. Quando encontro Brutus, ele se afasta, mergulha e reaparece mais longe. Às vezes levo mais de uma hora para pegá-lo na água estagnada e nojenta, cheia de bichos e vitórias-régias. Enfureço-me sozinho: "Fodido! Filho da mãe! Teimoso como um bretão! Você vai sair daí, sim ou não? Seu merda!" Mas ele só reage à puxada na corrente, quando consigo pegá-lo. Às ofensas, ele nem liga. Quando, finalmente, ele sai da água, então se torna meu chapa.

Tenho dois barris de gordura vazios, que enchi de água doce. Começo por tomar um banho, limpar-me bem desta água viscosa do lago. Depois de eu ter me ensaboado e enxaguado bem, sobra em geral mais da metade de um barril de água doce. Aí lavo Brutus com água e gordura de coco. Esfrego bastante as partes sensíveis e o borrifo, para limpá-lo. Brutus esfrega então a cabeça nas minhas mãos e, sozinho, vai se colocar na frente do timão da carroça. Nunca o pico com o dardo, como fazia o sujeito da Martinica. Brutus é grato, pois anda mais depressa comigo do que com ele.

Há uma linda bufalazinha que está apaixonada por Brutus: ela nos acompanha, andando ao nosso lado. Não a mando embora, como fazia o outro vaqueiro, antes pelo contrário. Deixo que ela beije Brutus e nos acompanhe aonde quer que a gente vá. Por exemplo, não os incomodo quando eles se beijam, e Brutus fica agradecido, pois sobe os 3.000 litros de água a uma velocidade incrível. Parece que ele quer compensar o tempo que me fez perder nas suas sessões de língua com Marguerite, já que a búfala se chama Marguerite.

Ontem, na chamada das 6 horas, houve um pequeno escândalo por causa de Marguerite. O preto da Martinica, parece, desaparecia todos os dias para os lados onde costumava ficar a búfala. Apanhado em flagrante por um guarda, pegou trinta dias de cana. "Coito com animal", motivo oficial. Pois ontem, na chamada, Marguerite chegou ao campo, passou na frente de mais de sessenta homens e, chegando à altura do preto, deu um pequeno mugido de reconhecimento, parou, virou-se e ficou à espera. Foi uma gargalhada geral, e o preto ficou cinzento de vergonha.

Tenho que fazer três viagens de água por dia. O que mais demora é os dois carregadores de baixo encherem o barril, mas é relativamente rápido. Às 9 horas já acabei e vou pescar.

Fiz um acordo com Marguerite para tirar Brutus da água. Coçando-a no ouvido, ela emite um som parecido com o de uma égua no cio. Aí Brutus sai sozinho. Embora não tenha mais que me lavar, continuo a lhe dar banho, melhor do que antes. Limpinho e sem o cheiro nauseabundo da água nojenta onde ele passa a noite, agrada mais ainda a Marguerite e fica numa alegria imensa por causa disso!

Voltando do mar, na metade da encosta, há um lugar achatado com uma grande laje. Brutus tem o hábito de tomar fôlego aí durante uns cinco minutos; calço então a carroça e assim ele descansa melhor. Mas hoje de manhã, um outro búfalo, Danton, tão grande quanto ele, nos esperava escondido atrás de pequenos coqueiros que ainda só têm folhas, pois ali é um viveiro de plantas. Danton surge e ataca Brutus, que se afasta; o golpe é desviado e o outro bate na carroça. Um dos chifres dele penetra no barril. Danton faz esforços desmedidos para se livrar; eu liberto Brutus dos arreios. Então Brutus toma distância, do lado mais alto, pelo menos 30 metros, e a galope se precipita contra Danton. O medo ou o desespero fazem com que este, antes que o meu búfalo o tenha atingido, se livre do barril, deixando nele um pedaço de chifre, mas Brutus não consegue brecar em tempo e bate na carroça, que vira.

Aí assisto a uma coisa muito curiosa. Brutus e Danton encostam os chifres sem se empurrar, esfregam apenas seus imensos chifres um no outro. Parece que estão conversando e, no entanto, eles não berram, resfolegam apenas. Em seguida, a búfala sobe lentamente a encosta, seguida pelos dois machos, que de vez em quando param e voltam a esfregar e entrelaçar os chifres. Quando demoram demais, Marguerite geme lânguida e continua em direção ao planalto. Os dois mastodontes, um ao lado do outro, prosseguem na caminhada. Depois de três paradas com a mesma cerimônia, chegamos ao planalto. Estamos na parte que está diante do farol, uma praça vazia de aproximadamente 300 metros de comprimento. No fundo, o campo dos forçados; à direita e à esquerda, os prédios dos dois hospitais: para prisioneiros e para militares.

Danton e Brutus continuam seguindo a vinte passos. Marguerite, por sua vez, vai tranquilamente até a parte central da praça e para. Os dois inimigos chegam até ela. De vez em quando, ela solta o seu gemido, longo e positivamente sexual. Eles tocam novamente os chifres, mas desta vez tenho realmente a impressão de que estão se falando, pois ao resfolegar se misturam sons que devem significar alguma coisa.

Depois dessa conversa, um deles se afasta pela direita, lentamente, e outro pela esquerda. Vão se colocando nas extremidades da praça. Há, portanto, entre eles, 300 metros. Marguerite, sempre no meio, espera. Entendi: vai haver um duelo nos devidos termos, aceito pelas duas partes, tendo a jovem búfala como troféu. Aliás, a garota búfala está de acordo, orgulhosa porque os dois apaches vão lutar por ela.

A um berro de Marguerite eles se atiram um sobre o outro. Na trajetória que cada um pode percorrer, cerca de 150 metros, é inútil dizer que os seus 2.000 quilos se multiplicam pela velocidade que eles chegam a alcançar. O choque das duas cabeças é tão violento, que os dois ficam nocauteados durante mais de cinco minutos. As pernas de ambos amoleceram. O mais rapidamente refeito é Brutus, que, a galope, volta a seu lugar. A batalha se prolonga por duas horas. Alguns guardas queriam matar Brutus, mas me opus a isso e, num dado momento, num choque, Danton quebrou o chifre que ele já havia danificado contra o barril. Fugiu, perseguido por Brutus. A batalha-perseguição se prolongou até o dia seguinte. E por onde passaram – jardins, cemitério, lavanderia – destruíram tudo.

Só depois de terem brigado a noite inteira é que, na manhã seguinte, lá pelas 7 horas, Brutus conseguiu encurralar Danton contra a parede do açougue, que está à beira-mar, e aí enfiou um chifre inteiro na barriga do outro. Para acabar com ele definitivamente, Brutus girou duas vezes sobre si mesmo, a fim de que o chifre também girasse dentro da barriga de Danton. E, no meio de um riacho de sangue e tripas, este caiu vencido, agonizante.

Essa batalha de colossos enfraqueceu Brutus a ponto de eu ter que ajudá-lo a retirar o chifre da barriga do outro búfalo, para ele poder se levantar. Cambaleando, ele se afastou pelo caminho à beira-mar e lá Marguerite se pôs a andar ao lado dele, amparando com sua cabeça sem chifres o pesado pescoço dele.

Não assisti à noite de comemoração da vitória, pois o guarda responsável pelos búfalos me acusou de ter soltado Brutus e, então, perdi o meu lugar de condutor de búfalos.

Pedi para falar com o comandante a respeito de Brutus.

– Papillon, então, o que foi que aconteceu? Brutus deve ser abatido, ele é perigoso demais. Já são três os belos machos que ele mata.

– Vim aqui justamente para pedir ao senhor para salvar Brutus. Este guarda encarregado dos búfalos não entende nada do assunto. Deixe-me contar para o senhor como Brutus agiu em legítima defesa.

O comandante sorri:

– Estou ouvindo.

– ... Portanto, o senhor entendeu, meu comandante, que meu búfalo foi agredido – concluí, depois de ter contado todos os detalhes.– Ainda mais, se eu não tivesse soltado Brutus, Danton o teria matado, já que ele estava atado à carroça, logo, incapaz de se defender.

– É verdade – diz o comandante.

Nisso, o guarda chega.

– Bom-dia, comandante. Estava lhe procurando, Papillon, pois hoje de manhã você saiu como se fosse trabalhar, mas não tinha nada para fazer.

– Saí, Sr. Angosti, para ver se conseguia parar essa batalha; infelizmente, eles estavam enfurecidos.

– Sim, é possível, mas agora não terá mais que guiar o búfalo, como eu já disse. Aliás, domingo de manhã, vamos abatê-lo, isso vai dar carne para a penitenciária.

– Não vão fazer isso.

– Não é você que vai me impedir.

– Eu não, mas o comandante. E, se não bastar, o Dr. Germain Guibert, a quem vou pedir para intervir e salvar Brutus.

– Em que você está metendo o nariz?

– Naquilo que é da minha conta. O búfalo, sou eu que o guio e ele é meu camarada.

– Seu camarada? Um búfalo? Você está brincando?

– Olhe, Sr. Angosti, quer me deixar falar um pouquinho?

– Deixe-o tomar a defesa do búfalo dele – diz o comandante.

– Bom, fale.

– O senhor acha, Sr. Angosti, que os bichos falam entre si?

– Por que não? Acho que eles se comunicam.

– Então Brutus e Danton fizeram um duelo de comum acordo.

E de novo explico tudo, do início até o fim.

– *Cristacho*! – diz o corso –, você é um sujeito curioso, Papillon. Faça um acordo com Brutus, mas, no próximo que ele matar, ninguém o salva, nem o comandante. Ponho você de novo no cargo de vaqueiro. Dê um jeito para o Brutus trabalhar.

Dois dias mais tarde, consertada a carroça pelos operários da oficina, Brutus, em companhia de sua legítima esposa, Marguerite, voltava a transportar diariamente água do mar.

REVOLTA EM SAINT-JOSEPH

As ilhas são extremamente perigosas por causa dessa pseudoliberdade de que gozamos. Sofro ao ver todo mundo confortavelmente acomodado numa vida sem problemas. Uns esperam o fim de sua pena e nada mais, enquanto chafurdam nos seus vícios.

Esta noite, estou esticado na minha rede. No fundo da sala há um jogo infernal, a tal ponto que meus dois amigos, Carbonieri e Grandet, foram obrigados a se juntar para controlá-lo. Um só não dava. Quanto a mim, tento fazer aparecer lembranças do meu passado. Elas se negam a vir: parece que o tribunal nunca existiu. Por mais que eu faça força para esclarecer as imagens difusas deste dia fatal, não consigo ver nenhum personagem nitidamente. Apenas o promotor se apresenta com toda a sua cruel verdade. Meu Deus! Pensava ter vencido você definitivamente quando me vi em Trinidad, na casa de Bowen. Qual é a praga que tu me rogaste, nojento, para que seis fugas não me tenham dado a liberdade? Na primeira, quando tu recebeste, dos trabalhos forçados, a notícia, pudeste dormir tranquilo? Bem que eu gostaria de saber se tu tiveste medo ou apenas raiva, ao saber que tua presa escapara do caminho da podridão no qual a jogaras quarenta dias antes. Eu tinha estourado a gaiola. Que fatalidade me perseguiu para que eu tivesse de voltar aos trabalhos forçados onze meses depois? Talvez Deus tenha me punido por eu desprezar a vida primitiva, mas tão bela, que poderia ter levado pelo tempo que quisesse?

Lali e Zoraima, meus dois amores, esta tribo sem polícia, sem outra lei que a maior compreensão entre os seres que a constituem, sim, estou aqui por culpa minha, mas tenho que pensar numa única coisa: fugir; fugir ou morrer. Quando soubeste que eu fora preso novamente e voltara para os trabalhos forçados, se tu tiveste de novo o teu sorriso de vencedor do tribunal, pensando: "Tudo está bem assim, ele está de novo no caminho da podridão onde o coloquei", tu te enganas. Jamais minha alma ou meu espírito pertencerão a este caminho degradante. Tu tens só o meu corpo: teus guardas, teu sistema penitenciário constatam todo dia, duas vezes por dia, que estou presente e isto te basta. Seis horas da manhã:

"Papillon?" "Presente." Seis horas da tarde: "Papillon?" "Presente". Está tudo bem. Já há seis anos que nós o seguramos, ele já deve ter começado a apodrecer e, com um pouco de sorte, num dia próximo, o sino chamará os tubarões para recebê-lo com todas as honras, no festim diário que lhes oferece gratuitamente o teu sistema de eliminação por desgaste.

Tu te enganas, teus cálculos não estão certos. Minha presença física nada tem a ver com a minha presença moral. Queres que eu te diga uma coisa? Não pertenço aos trabalhos forçados, não assimilei nada dos hábitos dos meus colegas nem dos hábitos dos meus amigos mais íntimos. Sou candidato permanente à fuga.

Estou conversando com meu acusador, quando dois homens se aproximam da minha rede:

– Está dormindo, Papillon?

– Não.

– Queríamos falar com você.

– Falem. Falando baixinho, aqui não dá para ninguém ouvir.

– Bem, estamos preparando uma revolta.

– Seu plano?

– Mataremos todos os árabes, todos os guardas, todas as esposas dos guardas, com as crianças, porque são sementes de tiras. Para isso, eu, Arnaud, e meu amigo Hautin, com a ajuda de quatro homens que estão de acordo, atacaremos o depósito de armas do comandante. Estou trabalhando lá para manter as armas em bom estado. Tem 23 metralhadoras e mais de oitenta fuzis, carabinas e Lebel. A ação será feita de...

– Pare, não diga mais nada. Me nego a topar. Agradeço a confiança, mas não estou de acordo.

– A gente pensava que você gostaria de ser o chefe da revolta. Deixa eu lhe dar os detalhes que estudamos e vai ver que não tem chance de dar errado. Faz cinco meses que estamos preparando o golpe. Já temos mais de cinquenta homens de acordo.

– Não me dá nenhum nome, me nego a ser o chefe e mesmo a atuar nesse golpe.

– Por quê? Você nos deve uma explicação, depois da confiança que tivemos em lhe dizer tudo.

– Não pedi para você contar os seus projetos. Depois, só faço na vida o que quero e não o que os outros querem. Além disso, não sou um assassino em série. Posso matar alguém que me fez algo de grave mas não mulheres e crianças que não me fizeram nada. O mais grave vocês não estão vendo e eu vou dizer a vocês: mesmo que a revolta dê certo, vocês vão fracassar.

– Por quê?

– Porque a coisa principal, fugir, não é possível. Vamos admitir que cem homens sigam a revolta, como é que vão partir? Há apenas dois barcos nas ilhas. No máximo, não aguentam mais de quarenta presos, as duas. O que vão fazer com os outros sessenta?

– Nós estaremos entre os quarenta que vão partir com os barcos.

– É o que você está imaginando, mas os outros não são mais cretinos que vocês, estarão armados como vocês e, se eles tiverem um pouco de miolo na cabeça, depois de eliminar aqueles de quem você falou, vocês vão começar a atirar uns contra os outros, para ter o direito de subir num barco. O mais importante é que nenhum país vai querer receber esses dois barcos, os telegramas vão chegar antes de vocês a todos os países para onde poderiam ir, ainda mais com uma legião de mortos deixada atrás de vocês. Em qualquer lugar a que cheguem serão presos e devolvidos à França. Vocês sabem que voltei da Colômbia, sei muito bem o que estou dizendo.

Dou a minha palavra de que, depois de um golpe desse, eles devolvem a gente de qualquer lugar.

– Bom. Então, você recusa.

– Recuso.

– É a última palavra?

– É a minha decisão irrevogável.

– Então, vamos, não temos mais nada a fazer aqui.

– Espere um pouco. Peço para vocês não falarem desse projeto com nenhum dos meus amigos.

– Por quê?

– Porque sei de antemão que eles vão recusar; então, não adianta.

– Muito bem.

– Acham que não podem abandonar este projeto?

– Sinceramente, não, Papillon.

– Não entendo o ideal de vocês, já que, muito seriamente, estou explicando que, mesmo que a revolta dê certo, vocês não vão ficar livres.

– Queremos sobretudo nos vingar. E agora que você explicou que é impossível chegar a um país que receba a gente, então entraremos no mato e organizaremos uma turma na selva.

– Dou a minha palavra de que não falarei disso nem ao meu melhor amigo.

– Disso estamos certos.

– Bom, uma última coisa: me avisem oito dias antes para eu ir para Saint-Joseph, a fim de que eu não esteja aqui quando a coisa acontecer.

– Você será avisado em tempo para mudar de ilha.

– Não posso fazer nada para que vocês mudem de ideia? Querem combinar outra coisa comigo? Por exemplo, roubar quatro carabinas e numa noite atacar o posto que guarda os barcos, sem matar ninguém, tomarmos um barco e fugirmos juntos.

– Não, sofremos demais. O principal para a gente é a vingança, mesmo que nos custe a vida.

– E as crianças? E as mulheres?

– Tudo isso é a mesma coisa, o mesmo sangue, tudo isso tem que morrer...

– Não falemos mais nisso.

– Você não nos deseja boa sorte?

– Não. Digo para vocês: desistam, há coisas melhores para fazer do que esta porcaria.

– Você não admite que a gente tenha o direito de se vingar.

– Admito, mas não com inocentes.

– Boa-noite.

– Boa-noite. Não falamos nada, certo, Papi?

– Certo, caras!

E Hautin e Arnaud vão embora. Essa não, curiosa história! São dois doidos esses sujeitos e, além disso, dizem que têm cinquenta ou sessenta comprometidos e na hora H mais de cem! História de doido! Nenhum dos meus amigos tocou no assunto, parece certo que os dois caras só falaram com sujeitos que estão por fora. Não é possível que homens da autêntica malandragem estejam nesse golpe. E isso ainda é mais grave porque na malandragem tem verdadeiros assassinos, mas é fora dela que estão os facínoras capazes desse tipo de coisa.

Esta semana, discretamente, tomei informações sobre Arnaud e Hautin. Arnaud foi condenado, parece que injustamente, à prisão perpétua, por um delito que não merecia nem dez anos. Os jurados o condenaram tão severamente porque no ano anterior o irmão dele tinha sido guilhotinado por ter matado um tira.

O promotor falou mais do irmão que dele mesmo, para criar uma atmosfera de hostilidade, e ele foi condenado a essa pena terrível. Além disso, contam que foi horrivelmente torturado quando o prenderam, sempre por causa do que o irmão tinha feito.

Hautin nunca conheceu a liberdade, está na cadeia desde os nove anos de idade. Antes de sair de um reformatório, aos dezenove anos, matou um sujeito, na véspera do dia em que ia ser libertado para entrar na Marinha, onde se alistara para sair do reformatório. Deve estar um pouco louco, pois seu projeto era, parece, chegar à Venezuela, trabalhar numa mina de ouro e fazer explodir a perna para receber uma grande indenização. Sua perna está paralisada por causa de uma injeção de não sei que produto, que ele aplicou por conta própria em Saint-Martin-de-Ré.

Grande lance teatral. Hoje de manhã, na chamada, convocaram Arnaud, Hautin e o irmão de meu amigo Matthieu Carbonieri. Jean, o irmão dele, é padeiro, portanto fica no cais, perto das barcas.

Foram enviados a Saint-Joseph sem explicação e sem motivo aparente. Tento saber. Não transpira nada; no entanto, Arnaud estava havia quatro anos na manutenção das armas e Jean Carbonieri há cinco anos era padeiro. Pode ser um simples acaso. Deve ter havido uma traição, mas que tipo de traição e até onde?

Resolvo falar com meus três amigos íntimos: Matthieu Carbonieri, Grandet e Galgani. Nenhum dos três sabe de nada. Portanto, Hautin e Arnaud só procuraram presos que não eram do meu grupo.

– Por que falaram comigo, então?

– Porque todo mundo sabe que você quer fugir a qualquer preço.

– Mas não a este preço.

– Não perceberam a diferença.

– E seu irmão Jean?

– Não sei como é que ele foi suficientemente estúpido para se envolver nessa história.

– Pode ser que aquele que fez o serviço o tenha envolvido sem que ele tenha nada a ver com o caso.

Os acontecimentos se precipitam. Esta noite assassinaram Girasolo na hora em que ele estava entrando nas privadas. Acharam sangue na camisa do vaqueiro da Martinica. Quinze dias depois de uma instrução excessivamente rápida e com base nas declarações de um outro preto que foi posto no isolamento, o antigo vaqueiro foi condenado à morte por um tribunal especial.

Um velho forçado, chamado Garvel e apelidado "o Saboiano", vem falar comigo no tanque do pátio.

– Papi, estou com um problema, pois fui eu que matei Girasolo. Gostaria de salvar o pretão, mas estou com medo de ser guilhotinado. A este preço, não me apresento. Mas, se achasse um meio para pegar apenas três ou cinco anos, me entregaria.

– Qual é a sua pena de trabalhos forçados?

– Vinte anos.

– Já fez quantos?

– Doze.

– Ache o meio de pegar a prisão perpétua, assim você não irá para a reclusão.

– Como fazer isso?

– Me deixe pensar, hoje à noite lhe digo.

A noite chega. Digo a Garvel:

– Você não pode ser denunciado e depois confessar os fatos.

– Por quê?

– Você corre o risco de ser condenado à morte. O único meio para escapar à reclusão é pegar a prisão perpétua. Você tem que denunciar a si mesmo. Motivo: você não pode, em boa consciência, deixar guilhotinarem um inocente. Escolha um guarda corso como defensor. Direi a você o nome depois de ter falado com ele. Temos que agir depressa. Seria pena se eles liquidassem rápido demais o crioulo. Espere dois ou três dias.

Falei com o guarda Collona, ele me dá uma ideia fantástica: eu mesmo o levo até o comandante e digo que Garvel me pediu que o defendesse e o acompanhasse para confessar; que eu assegurei a ele que, após um gesto de dignidade desses, era impossível que o condenassem à morte; que, no entanto, o caso era gravíssimo e que devia contar com uma condenação à prisão perpétua.

Deu tudo certo. Garvel salvou o pretão, que foi posto em liberdade na hora. A falsa testemunha da acusação recebeu um ano de cadeia. Robert Garvel pegou a prisão perpétua.

Isso se deu faz dois meses. Garvel, só agora que tudo acabou, me explica o resto. Girasolo era o homem que, depois de ter sabido dos pormenores da conspiração para a revolta, da qual tinha aceito participar, denunciou Arnaud, Hautin e Jean Carbonieri. Não sabia, felizmente, de mais nenhum nome.

Diante da enormidade da denúncia, os guardas não acreditaram. No entanto, por medida de precaução, mandaram para Saint-Joseph os três presos delatados, sem dizer nada para eles, nem interrogá-los, nem nada.

– Que explicação você deu, Garvel, para o assassinato?

– Que ele tinha roubado meu canudo. Que eu dormia na frente dele, o que era verdade, e que de noite eu tirava o meu canudo do rabo e o escondia debaixo do cobertor que me serve de travesseiro. Uma noite, fui à privada; quando voltei, o meu canudo tinha desaparecido. Acontece que, à minha volta, só um homem não estava dormindo, era Girasolo. Os guardas acreditaram na minha explicação, nem me disseram que ele tinha denunciado uma revolta.

– Papillon! Papillon! – gritam no pátio, chamando.

– Presente.

– Pegue suas coisas. Embarque para Saint-Joseph.

– Ah! Que merda!

A guerra acaba de estourar na França. Trouxe uma disciplina nova: os chefes de serviço responsáveis por uma fuga serão destituídos. Os prisioneiros capturados em fuga, condenados à morte. As autoridades considerarão que a fuga é motivada pelo desejo de se juntar às forças francesas que traem a pátria. Tolera-se tudo, menos a fuga.

O Comandante Prouillet foi embora faz mais de dois meses. Não conheço o novo comandante. Nada feito. Despeço-me dos meus amigos. Às 8 horas tomo a barca para Saint-Joseph.

O pai da Lisette não está mais no campo de Saint-Joseph. Ele foi para Caiena com a família, na semana passada. O comandante de Saint-Joseph se chama Dutain, é do Havre. É ele que me recebe. Chego só, aliás, e no cais sou entregue ao guarda de serviço pelo guarda-chefe da barca, com alguns documentos que me acompanham.

– Você é o Papillon?

– Sim, comandante.

– Você é um curioso personagem – diz ao consultar o meu processo.

– Por que curioso?

– Porque você é dado como perigoso, de todos os pontos de vista, principalmente numa anotação com tinta vermelha: "Em contínuo estado de preparação para a fuga." Mas, depois, há um adendo: "Tentou salvar a filha do comandante de Saint-Joseph no meio dos tubarões." Eu tenho duas netas, quer vê-las?

Ele chama as meninas, de três e cinco anos, que, loirinhas, entram na sala acompanhadas por um jovem árabe, todo vestido de branco, e uma mulher morena, muito bonita.

– Querida, está vendo este homem? Foi ele que tentou salvar a sua afilhada, Lisette.

– Oh! Me deixe apertar-lhe a mão – diz a moça.

Apertar a mão de um forçado é a maior honra que se possa lhe fazer. Nunca se dá a mão a um forçado. Fico comovido com a sua espontaneidade e com seu gesto.

– Sim, eu sou a madrinha da Lisette. Somos muito ligados com os Grandoit. O que você vai fazer por ele, querido?

– Primeiro, ele vai para o campo; depois, você vai me dizer o emprego que você quer que eu lhe dê.

– Obrigado, comandante, obrigado, minha senhora. Pode me dizer o motivo por que me mandaram aqui para Saint-Joseph? É quase uma punição.

– A meu ver, não há motivo. Só que o novo comandante receia que você fuja.

– Não está errado.

– Aumentaram as sanções contra os responsáveis por uma fuga. Antes da guerra, era possível que o oficial viesse a perder um galão; agora, é automático, sem falar do resto. É por isso que ele mandou você para cá. Prefere que fuja de Saint-Joseph, onde ele não tem responsabilidade, do que de Royale, que fica exatamente sob a sua jurisdição.

– Quanto tempo o senhor deve ficar aqui, comandante?

– Dezoito meses.

– Não posso esperar tanto tempo, mas vou encontrar um meio de voltar a Royale, para não prejudicar o senhor.

– Obrigado – diz a mulher. – Estou feliz por saber que é tão nobre. Se precisar de qualquer coisa, venha aqui com toda a confiança. Você, papai, dê a ordem ao posto de guarda do campo para que deixem Papillon me visitar quando ele pedir.

– Vou pedir, querida. Mohamed, acompanhe Papillon até o campo, e você, Papillon, escolha a choça para a qual quer ser designado.

– Ah! Para mim, é fácil: o bloco dos perigosos.

– Não é difícil – diz rindo o comandante.

Prepara um documento, que entrega a Mohamed.

Deixo a casa que serve de moradia e de escritório ao comandante, à beira do cais, a antiga casa de Lisette, e, acompanhado pelo jovem árabe, chego ao campo.

O chefe do posto de guarda é um velho corso muito violento e assassino conhecido. Chama-se Filissari.

– Então, Papillon, é você que está chegando? Você sabe que eu sou inteiramente bom ou inteiramente ruim. Não tente fugir comigo porque, se fracassar, mato você que nem um coelho. Daqui a dois anos, vou ter a aposentadoria, não quero que me aconteça nada agora.

– O senhor sabe que sou amigo de todos os corsos. Não vou dizer ao senhor que não vou fugir, mas, se fugir, vou dar um jeito para que seja numa hora em que o senhor não esteja de serviço.

– Assim está bom, Papillon. Então, não vamos ser inimigos. Os jovens, você entende, eles podem aguentar melhor os aborrecimentos de uma fuga, mas eu, já viu! Na minha idade e na véspera da aposentadoria, não dá pé. Então, está entendido? Vá para o bloco que lhe indicaram.

Estou no campo, numa sala exatamente igual à de Royale, de cem a 120 detentos. Lá estão Pierrot le Fou, Hautin, Arnaud e Jean Carbonieri. Logicamente eu deveria ficar na patota de Jean, já que é o irmão de Matthieu, mas Jean não tem o nível do irmão e, por causa da amizade dele com Hautin e Arnaud, não me convém. Por isso, deixo-o de lado e vou me instalar perto de Carrier, o bordelês, alcunhado Pierrot le Fou.

A Ilha de Saint-Joseph é mais selvagem que Royale, um pouco menor, mas parece maior por ser mais comprida. O campo se acha a meia altura da ilha, pois ela é composta de dois planaltos superpostos. No primeiro, o campo; no planalto lá de cima, a temível reclusão. Entre parênteses: os reclusos continuam a ir tomar banho todo dia durante uma hora. Esperemos que isso prossiga sempre assim.

Todo dia, ao meio-dia, o árabe que trabalha na casa do comandante me traz três marmitas superpostas, presas num ferro achatado que acaba com um cabo de madeira. Ele deixa as três marmitas e leva as da véspera. A madrinha de Lisette me manda todo dia exatamente a mesma coisa que ela preparou para a família.

Domingo, fui visitá-la para agradecer. Passei a tarde falando com ela e brincando com as crianças. Ao acariciar estas cabecinhas loiras, pensei que às vezes é difícil saber qual é o nosso dever. É terrível o perigo que paira sobre as cabeças desta família, caso os dois trouxas ainda estejam com as mesmas ideias. Depois da denúncia de Girasolo, em que os guardas não acreditaram (não os isolaram, apenas os transferiram para Saint-Joseph), se eu abrir a boca para que os isolem, confirmo a veracidade e a gravidade da primeira delação. E qual seria, então, a reação dos guardas? É melhor calar.

Na choça, Arnaud e Hautin quase não falam comigo. É melhor assim, as nossas relações são amáveis, mas sem familiaridade. Jean Carbonieri não fala comigo, ficou magoado porque não topei me instalar junto dele. Nós somos uma patota de quatro: eu, Pierrot le Fou, Marquetti, segundo prêmio de Roma no violino (que frequentemente toca horas a fio, o que me deixa melancólico), e Marsori, um corso de Seta.

Não falei nada com ninguém e me parece que ninguém está informado da preparação da revolta abortada em Royale. Continuarão com as mesmas ideias? Os três trabalham num serviço pesado. Eles devem puxar, ou melhor, levantar grandes pedras com uma correia. Estas pedras servem para fazer uma piscina no mar. Uma grande pedra é presa com correntes, prende-se nela uma outra corrente comprida de 15 ou 20 metros e, pela direita e pela esquerda, cada forçado, com sua correia em volta do busto e dos ombros, pega com um gancho um elo da corrente. E, então, de uma vez só, exatamente como animais, puxam a pedra até o seu destino. No sol, é um serviço muito pesado e, principalmente, deprimente.

Tiros de fuzil, de mosquetão, de revólver, do lado do cais. Entendi: os loucos passaram à ação. O que está acontecendo? Quem estará vencendo? Sentado na sala, não me mexo. Todos os presos dizem:

– É a revolta!

– A revolta? Que revolta?

Quero que fique claro que não sei de nada. Jean Carbonieri, que não foi trabalhar hoje, vem para perto de mim, branco como um morto, apesar do rosto queimado pelo sol. Baixinho, ouço:

– É a revolta, Papi.

Friamente, respondo:

– Que revolta? Não estou a par.

Os tiros de fuzis continuam. Pierrot le Fou entra correndo na sala.

– É a revolta, mas parece que fracassaram. Que turma de loucos! Papillon, puxa a tua faca. Pelo menos vamos matar o maior número possível antes de morrer!

– Vamos – repete Carbonieri –, vamos matar quantos pudermos!

Chissilia tira uma navalha. Todo mundo pega uma faca aberta na mão. Digo para eles:

– Não sejam estúpidos. Quantos somos?

– Nove.

– Que sete joguem a arma fora. Mato o primeiro que ameaçar um guarda. Não tenho vontade de ser fuzilado nesta sala como um coelho. Você está nesse golpe?

– Não.

– E você?

– Nem eu.

– E você?

– Não sabia de nada.

– Bem. Aqui somos todos homens da malandragem, ninguém sabia nada dessa revolta dos porras-loucas. Entenderam?

– Sim.

– Cada um de nós precisa compreender que abrir a boca é reconhecer que está a par de alguma coisa. Os que fizerem isso serão abatidos. Não vai haver vantagem nenhuma para aquele que for imbecil a ponto de falar. Joguem as armas na latrina, eles não vão demorar a chegar.

– E se foram os presos revoltados que ganharam?

– Se foram os presos, eles que deem um jeito para completar a vitória com uma fuga. Mas eu, a este preço, não quero, e vocês?

– Nós também não – dizem juntos os oito, inclusive Jean Carbonieri.

Não disse uma palavra do que eu sei, ou seja, que o tiroteio parou, os presos perderam. De fato, o massacre previsto não poderia já ter terminado.

Os guardas chegam feito loucos, empurrando com coronhadas, pauladas, pontapés os trabalhadores do serviço de pedras. Obrigam-nos a entrar no bloco ao lado, para o qual todos se precipitam.

Os violões, os bandolins, os jogos de xadrez e de damas, as lâmpadas, os banquinhos, as garrafas de óleo, o açúcar, o café, as roupas brancas, tudo é espezinhado com raiva, destruído e jogado fora. Eles se vingam sobre tudo, o que não é regulamentar.

Ouvem-se dois tiros, com certeza de revólver.

Há oito blocos no campo, eles fazem a mesma coisa em todos e, de vez em quando, com violentas coronhadas. Sai um homem pelado, correndo para as celas disciplinares, furiosamente espancado pelos guardas encarregados de levá-lo para a masmorra.

Eles vão em frente, à direita, ao nosso lado. Agora se encontram na sétima choça. Só falta a nossa. Estamos os nove aqui, cada um no seu lugar. Dos que estavam fora trabalhando, nenhum voltou. Cada um de nós está petrificado no seu lugar. Ninguém fala. Estou com a boca seca, pensando: "Oxalá um fodido qualquer não aproveite a oportunidade para me abater impunemente!"

– Estão chegando – diz Carbonieri, morto de medo.

Eles se atiram para dentro, mais de vinte, todos de fuzil ou revólver, prontos para disparar.

– Como – grita Filissari – ainda não estão pelados? O que estão esperando, monte de lixo? Vamos fuzilar vocês. Fiquem pelados, não estamos com vontade de tirar a roupa dos cadáveres.

– Senhor Filissari...

– Cale a boca, Papillon! Agora não dá mais para pedir perdão. O que vocês tentaram fazer é grave demais! E, nessa sala de perigosos, vocês estavam todos na jogada, com certeza!

Os olhos lhe pulam da cara, estão injetados de sangue, com reflexos assassinos, é impossível haver engano.

– Temos direito de defesa – diz Pierrot.

Resolvo apostar tudo de uma vez:

– Me espanta que um napoleonista como o senhor queira assassinar inocentes. Quer atirar? Pois muito bem, nada de discurso, não nos interessa. Atire, mas, merda, atire depressa! Eu achava que você era um homem, velho Filissari, um verdadeiro napoleonista, me enganei. Não faz mal. Vamos, nem quero ver você quando atirar, eu vou lhe dar as costas. Todos, deem as costas a estes guardas, para que não possam dizer que a gente ia atacar.

E todos, como se fossem um homem só, voltaram as costas. Os guardas ficam espantados com a minha atitude, ainda mais que (soubemos depois) Filissari tinha fuzilado dois infelizes nas outras choças.

– O que é que você ainda tem para dizer, Papillon?

Ainda de costas, respondo:

– Esta história de revolta, não acredito nela. Por que uma revolta? Para matar os guardas? E fugir? Para ir aonde? Eu sou um homem de fuga, volto de muito longe, da Colômbia. Pergunto: qual é o país que daria asilo a assassinos fugitivos? Como se chama este país? Não sejam estúpidos, nenhum homem digno deste nome pode estar envolvido numa história como essa.

– Você talvez, mas Carbonieri? Ele está, tenho certeza, porque hoje de manhã Arnaud e Hautin estranharam ele não ter se declarado doente, para não ir ao trabalho.

– Simples impressão, tenho certeza.

Viro-me para ele:

– Vai entender logo. Carbonieri é meu amigo, ele conhece todos os detalhes de minha fuga, não dá para ele continuar a ter ilusões, ele sabe qual é o resultado final de uma fuga depois de uma revolta.

Aí chega o comandante. Fica do lado de fora. Filissari sai e o comandante diz:

– Carbonieri!

– Presente.

– Levem eles para a cela, sem brutalidade. Guarda fulano, acompanhe-o. Saiam todos, que fiquem aqui apenas os guardas-chefes. Vamos, tragam todos os presos dispersos na ilha. Não matem ninguém, tragam todos para o campo, sem exceção.

Na sala entram o comandante, o subcomandante e Filissari, que volta com quatro guardas.

– Papillon, acaba de acontecer algo muito grave – diz o comandante. – Como comandante da penitenciária, devo assumir uma responsabilidade muito importante. Antes de tomar certas medidas, quero obter rapidamente algumas informações. Eu sei que, numa ocasião tão crucial, você se teria negado a falar em particular comigo, por isso vim aqui. O guarda Duclos foi assassinado. Tentaram tomar as armas depositadas na minha casa; trata-se, portanto, de uma revolta. Só tenho alguns minutos, confio em você: sua opinião?

– Se tivesse havido uma revolta, será que não estaríamos a par? Por que não nos teriam informado? Quantas pessoas estariam comprometidas? A estas três perguntas que faço, comandante, vou responder, mas antes quero que o senhor me diga quantos homens entraram em ação, depois de terem matado o guarda e tomado a arma dele.

– Três.

– Quem são?

– Arnaud, Hautin e Marceau.

– Entendi. Qualquer que seja o seu ponto de vista, concluo que não houve revolta.

– Você mente, Papillon – diz Filissari. – Esta revolta devia se dar em Royale, Girasolo a tinha denunciado, mas nós não acreditamos. Hoje, percebo que tudo o que ele disse era verdade. Portanto, você está nos enganando, Papillon!

– Mas, então, se são vocês que têm razão, eu sou um frouxo e Pierrot le Fou também e Galgani e todos os bandidos corsos de Royale e os homens da zona. Apesar do que aconteceu, não acredito. Se tivesse havido uma revolta, os chefes seríamos nós e nenhum outro.

– Não posso aceitar o que você está me dizendo. Ninguém está envolvido nisso? Impossível.

– Onde está a ação dos outros? Além desses três loucos, alguém se mexeu? Será que alguém mais teve um gesto, esboçado que seja, para tomar o posto de guarda onde se encontram quatro guardas armados, mais o chefe, o Sr. Filissari, com carabinas? Quantos barcos há em Saint-Joseph? Só uma chalupa. E então: uma chalupa para seiscentos homens? Nós somos doidos, somos? E matar para fugir! Vamos supor que vinte consigam fugir; é só para se fazerem prender em qualquer lugar e serem devolvidos. Comandante, ainda não sei quantos homens os seus guardas ou o senhor mesmo mataram, mas estou quase certo de que eram todos inocentes. E, agora, o que significa isso, destruir as poucas coisas que possuímos? Sua ira parece justificada, mas não esqueça que o dia em que não deixar um mínimo de vida agradável para os forçados, neste dia, então sim, pode ocorrer uma revolta, a revolta dos desesperados, a revolta de um suicídio coletivo; morrer por morrer, morremos todos juntos: guardas e forçados. Sr. Dutain, falei de coração aberto, acredito que o senhor mereça de nós toda a franqueza, pelo simples fato de ter vindo até a gente para se informar antes de tomar decisões. Deixe-nos em paz.

– E aqueles que estão comprometidos? – fala de novo Filissari.

– Vocês que os procurem. Nós não sabemos de nada, não podemos ser úteis para vocês a esse respeito. Repito, esta história é uma loucura de porras-loucas, não temos nada a ver com isso.

– Senhor Filissari, depois de os homens entrarem na choça dos perigosos, mande fechar as portas até nova ordem. Dois guardas na porta, nenhuma sevícia contra esses homens e nada de destruir o que lhes pertence. Vamos.

E foi embora com os outros guardas.

Ufa! Livramo-nos por pouco. Ao fechar a porta, Filissari me sai com esta:

– Você teve sorte de eu ser napoleonista!

Em menos de uma hora, quase todos os homens do nosso bloco já entraram. Faltam dezoito: os guardas percebem que, na sua precipitação, os fecharam em outros blocos. Quando eles se juntam a nós, ficamos sabendo o que aconteceu, pois estes homens estavam no serviço. Um ladrão me conta baixinho:

"Imagine, Papi, que a gente tinha puxado uma pedra de quase 1 tonelada durante 400 metros mais ou menos. O caminho onde içamos as pedras não tem trechos muito íngremes e chegamos até um poço a mais ou menos 50 metros da casa do comandante. Este poço sempre serviu de parada. Está à sombra dos coqueiros e na metade do caminho que a gente tem que fazer. Então, paramos, como de costume, puxamos um grande balde de água fresca e bebemos. Alguns molharam o lenço para botar na cabeça. Como a parada é de uns dez minutos, o guarda também se sentou na beirada do poço. Ele tirou o capacete e estava enxugando a testa e a cabeça com um grande lenço, quando Arnaud se aproximou por trás com uma enxada na mão sem levantá-la, assim ninguém podia gritar para avisar o guarda. Levantar a enxada e abater o gume bem no meio da cabeça do guarda foi um movimento que durou só um segundo. Com a cabeça aberta em dois, o guarda se esticou sem um grito. Assim que ele caiu, Hautin, que estava naturalmente colocado na frente dele, apanhou o fuzil e Marceau lhe tirou o cinturão com o revólver. De revólver na mão, Marceau se voltou para a turma toda e disse: 'É uma revolta. Quem estiver com a gente, que nos siga.' Nenhum dos serventes se mexeu nem gritou, e nenhum dos homens da turma de serviço manifestou a intenção de segui-los. Arnaud nos olhou a todos – prossegue o cara – e nos disse: 'Corja de covardes, vamos mostrar para vocês o que é ser homem!' Arnaud tomou o fuzil das mãos de Hautin e os dois correram na direção da casa do comandante. Marceau ficou aí, um pouco afastado. Ele tinha na mão o revólver grande e dava ordens: 'Não se mexam, não falem, não gritem. Vocês, árabes sujos, deitem de cara no chão.' De lá onde estava, vi tudo o que aconteceu.

"Quando Arnaud estava subindo a escada para entrar na casa do comandante, o árabe que trabalha lá, nesse momento preciso, abriu a porta com duas crianças, com uma no colo e dando a mão à outra. Os dois ficaram espantados, o árabe com a menina no colo deu um pontapé em Arnaud. Este quis matar o árabe, mas o cara se defendeu botando a criança na frente dele. Ninguém gritou. Nem o árabe, nem os outros. Quatro ou cinco vezes, o fuzil foi dirigido de ângulos diversos contra o árabe. Toda vez, ele botava a menina na frente do cano. Sem subir a escada, Hautin segurou a bainha das calças do árabe. Ele estava para cair, então, jogou a menina contra o fuzil de Arnaud. Desequilibrando-se na escada, Arnaud, a menina e o árabe, que Hautin puxava pela perna, caíram embolados. Aí surgiram os primeiros gritos, no início das crianças, depois do árabe, seguidos pelos insultos de Arnaud e Hautin. O árabe pegou no chão, mais rápido do que eles, a arma que tinha caído, mas segurou-a com a mão esquerda e apenas pelo cano. Hautin pegou novamente a perna dele nas mãos. Arnaud lhe segurou o braço direito e lhe deu uma chave de braço. O árabe jogou o fuzil a mais de 10 metros.

"No momento em que os três se precipitavam para apanhá-lo, houve o primeiro tiro, foi um guarda do serviço de folhas secas. O comandante apareceu pela janela e começou a dar tiros, um atrás do outro, mas, com medo de ferir o árabe, atirou no lugar onde estava o fuzil. Hautin e Arnaud fugiram na direção do campo pela estrada à beira-mar, perseguidos pelos tiros. Hautin, com sua perna dura, corria mais devagar e foi abatido antes de chegar ao mar. Arnaud entrou na água, você sabe, entre a piscina em construção e a dos guardas. Lá está sempre cheio de tubarões. Arnaud foi cercado pelos tiros, já que um outro guarda veio ajudar o comandante e o guarda das folhas secas. Arnaud estava atrás de uma grande pedra.

"– Se entregue – gritaram os guardas – e nós poupamos a sua vida!

"– Nunca – respondeu Arnaud –, prefiro servir de boia para os tubarões, assim nunca mais verei suas caras de fodidos.

"E entrou no mar, direto no lugar dos tubarões. Acho que ele levou um tiro, porque, num determinado momento, parou. Apesar disso, os guardas continuaram a atirar. Ele continuou caminhando, sem nadar. O peito dele ainda não tinha afundado todo na água, quando os tubarões atacaram. Vimos muito bem quando ele deu um soco num tubarão que, metade fora da água, se jogou sobre ele. Depois, foi totalmente esquartejado pelos tubarões, que o puxavam por todos os lados, sem cortar os braços nem as pernas. Em menos de cinco minutos, tinha desaparecido.

"Os guardas deram pelo menos cem tiros de fuzil na massa constituída por Arnaud e os tubarões. Só morreu um tubarão, cujo corpo chegou à praia de barriga para cima. Como tinham chegado guardas por todos os lados, Marceau pensou em salvar a pele jogando a arma no poço, mas os árabes se levantaram e, com pauladas, com pontapés e com os próprios punhos, o empurraram na direção dos guardas, dizendo que ele estava metido no golpe. Embora estivesse cheio de sangue com as mãos para cima, os guardas o mataram com tiros de revólver e fuzil e, para acabar com ele, um guarda lhe esmagou a cabeça com uma coronhada de carabina usada como tacape.

"Todos os guardas descarregaram os revólveres sobre Hautin. Cada um tinha 36 tiros; morto ou vivo, ele levou quase 150 tiros. Os sujeitos que foram mortos por Filissari são homens que os árabes denunciaram como se tivessem tentado, no início, seguir Arnaud e que depois desistiram por medo. Mentira pura, porque, se tinha cúmplices, ninguém se mexeu."

Já faz dois dias que estamos todos trancados nas salas correspondentes a cada categoria. Ninguém sai para trabalhar. Na porta, as sentinelas se revezam a cada duas horas. Proibido falar de um bloco para o outro. Proibido aproximar-se das janelas. É da passagem formada pelas duas fileiras de redes que, ficando um pouco recuado, pela porta gradeada, um preso pode ver o pátio. Como reforços, chegaram guardas de Royale. Nenhum preso sai. Os árabes também estão controlados. Todo mundo está trancado. De vez em quando, sem grito, sem brutalidade, vê-se passar um homem pelado que, seguido por um guarda, se dirige para as solitárias. Pelas janelas laterais, os guardas olham com frequência para dentro da sala. Na porta, uma à direita, uma à esquerda, ficam as duas sentinelas. A duração do plantão é curta, duas horas, mas não se sentam nunca nem botam a arma a tiracolo: a carabina fica encostada no braço, pronta para atirar.

Resolvemos jogar pôquer em pequenos grupos de cinco. Nada de marselhesa nem de jogos com muita gente, são muito barulhentos. Marquetti, que tocava uma sonata de Beethoven no violino, foi obrigado a parar.

– Para com esta música. Nós, guardas, estamos de luto.

Uma tensão pouco comum paira não só na choça, mas no campo inteiro. Nada de café. Nada de sopa. Uma bola de pão pela manhã, *corned-beef* ao meio-dia, *corned-beef* à noite, uma lata para cada quatro homens. Como aqui não destruíram nada, temos café e algum alimento: manteiga, óleo, farinha etc. As outras choças não têm mais nada. Quando a fumaça do fogo para fazer café saiu das privadas, um guarda mandou apagar o fogo. Era um velho de Marselha, velho duro, chamado Niston, que estava fazendo café para vender. Teve o peito de responder ao guarda:

– Se você quiser que se apague o fogo, venha apagá-lo você mesmo.

Então, o guarda atirou várias vezes pela janela. Café e fogo foram rapidamente destroçados.

Niston recebeu uma bala na perna. Tamanha é a tensão, que a gente pensou que eles iam começar a nos fuzilar, e nos jogamos todos de bruços no chão.

O chefe do posto de guarda, neste momento, ainda é Filissari. Ele corre feito louco, acompanhado por quatro guardas. O guarda que atirou explica o que aconteceu, é um sujeito de Auvergne.

Filissari o insulta em corso, e o outro, que não entende bulhufas, não sabe o que responder:

– Não entendo...

Voltamos para as nossas redes. A perna de Niston sangra.

– Não diga que estou ferido, podem acabar comigo lá fora.

Filissari se aproxima da grade. Marquetti fala com ele em corso. Ele diz:

– Faça seu café, o que acaba de acontecer não se repetirá.

E vai embora.

Niston teve a sorte de a bala não ter ficado alojada: penetrou na parte inferior do músculo e saiu na metade da perna. Amarram a perna dele para estancar o sangue e fazem um curativo com vinagre.

– Papillon, saia.

São 8 horas da noite, portanto já está escuro.

O guarda me chama, não o conheço, deve ser um bretão.

– Por que vou sair a esta hora? Não tenho nada para fazer aí fora.

– O comandante quer falar com você.

– Diga para ele vir aqui. Eu não saio.

– Recusa?

– Sim, recuso.

Meus amigos me cercam. Fazem um círculo à minha volta. O guarda fala da porta fechada. Marquetti vai até a porta e diz:

– Não deixaremos Papillon sair sem a presença do comandante.

– Mas é ele quem o manda buscar.

– Diga para ele mesmo vir.

Uma hora depois, dois jovens guardas aparecem na porta. Estão acompanhados pelo árabe que trabalha na casa do comandante. Aquele que o salvou e que impediu a revolta.

– Papillon, sou eu, Mohamed. Venho buscá-lo, o comandante quer falar com você, ele não pode vir até aqui.

Marquetti me diz:

– Papi, o sujeito está armado com um fuzil.

Saio então do círculo dos meus amigos e me aproximo da porta. De fato, Mohamed tem um fuzil debaixo do braço. Nos trabalhos forçados acontecem as coisas mais incríveis. Um forçado oficialmente armado de fuzil!

– Venha – me diz o árabe –, estou aqui para protegê-lo e defendê-lo, se for necessário.

Custo a acreditar.

– Venha conosco!

Saio, Mohamed se coloca ao meu lado e os dois guardas, atrás. Vou falar com o comandante. Passando pelo posto de guarda, na saída do campo, Filissari me diz:

– Papillon, espero que você não tenha nada contra mim.

– Nem eu, pessoalmente, nem ninguém na choça dos perigosos. Nos outros lugares, não sei.

Descemos até o comando. A casa e o cais estão iluminados com lâmpadas de carbureto que tentam espalhar luz à sua volta, sem conseguir. No caminho, Mohamed me dá um maço de cigarros. Ao entrar na sala fortemente iluminada com duas lâmpadas de carbureto, vejo, sentados, o comandante de Royale, o subcomandante de Saint-Joseph, o da reclusão e o segundo-comandante de Saint-Joseph.

Fora, entrevi, vigiados por guardas, quatro árabes. Reconheci dois que estavam no serviço em questão.

– Papillon chegou – diz o árabe.

– Boa-noite, Papillon – diz o comandante de Saint-Joseph.

– Boa-noite.

– Sente aqui, nessa cadeira.

Estou de frente para todo mundo. A porta da sala está aberta para a cozinha, onde a madrinha de Lisette me faz um aceno amistoso.

– Papillon – diz o comandante de Royale –, você é considerado pelo Comandante Dutain como um homem digno de confiança, redimido pela tentativa de salvamento da afilhada de sua esposa. Eu só o conheço pelas anotações oficiais que apresentam você como perigoso, de todos os pontos de vista. Quero esquecer essas anotações e acreditar no meu colega Dutain. Vamos ao assunto: vai chegar, sem dúvida, uma comissão de inquérito e todos os presos de todas as categorias terão de declarar o que sabem. É certo que você e mais alguns outros têm uma grande influência sobre todos os condenados e eles seguirão fielmente as instruções de vocês. Queremos saber qual é a sua opinião sobre a revolta e também se, por alto, você pode prever o que atualmente a sua choça, primeiro, e depois as outras, poderiam declarar.

– Eu não tenho nada a dizer, não tenho que influenciar os outros. Se a comissão vem com a intenção de fazer realmente um inquérito, nessa atmosfera de agora os senhores serão todos destituídos.

– O que você está dizendo, Papillon? Impedi a revolta, eu e meus colegas de Saint-Joseph!

– Talvez o senhor possa se salvar, mas não os chefes de Royale.

– Explique-se!

E os dois comandantes de Royale se levantam e sentam logo em seguida.

– Se continuarem a falar oficialmente em revolta, estão todos perdidos. Se aceitarem as minhas sugestões, todos se salvarão menos Filissari.

– Que sugestões?

– Primeiro, que a vida retome seu curso normal, imediatamente, a partir de amanhã de manhã. Só se a gente puder conversar é que se pode ter influência sobre todo mundo, a respeito do que os caras devem declarar à comissão. Correto?

– Sim – diz Dutain. – Mas por que nós, segundo você, estamos numa situação delicada?

– Vocês, de Royale, não são apenas os chefes de Royale, mas também chefes das três ilhas.

– Sim.

– Acontece que receberam uma denúncia de Girasolo delatando uma revolta em preparação. E indicando os chefes: Hautin e Arnaud.

– Carbonieri também – acrescenta o guarda.

– Não, isto não é verdade. Carbonieri era inimigo pessoal de Girasolo desde Marselha, então ele o incluiu gratuitamente na história. Mas a revolta, os senhores não acreditaram nela. Por quê? Porque ele disse que a revolta tinha como objetivo matar mulheres, crianças, árabes e guardas, coisa que parecia impossível. Por outro lado, haveria só duas chalupas para oitocentos homens em Royale e uma para seiscentos em Saint-Joseph. Nenhum homem sério podia aceitar se envolver numa história dessas.

– Como é que sabe tudo isso?

– Problema meu. Mas, se continuarem a falar em revolta, nem que me façam sumir, e mais ainda se o fizerem, tudo isso será dito e provado. Então aparecerá a responsabilidade de Royale, que mandou estes homens a Saint-Joseph, mas sem separá-los um do outro. Embora reconheça que era difícil acreditar nessa história de loucos, a medida lógica era mandar um deles para a Ilha do Diabo e o outro para Saint-Joseph. E, se o inquérito descobrir isso, vocês não escaparão a sanções graves. Se falarem em revolta, continuo insistindo, vão se afundar. Então, devem aceitar as minhas sugestões: primeiro, como já disse, que a partir de amanhã a vida recomece normalmente; segundo, que todos os homens encarcerados nas celas por serem suspeitos de ter conspirado saiam de imediato, e que não sejam interrogados sobre a sua cumplicidade na revolta, já que ela não existiu; terceiro, que Filissari seja enviado imediatamente a Royale, para a sua segurança pessoal, porque, se não houve revolta, como justificar o assassinato dos três homens? E também porque esse guarda é um assassino nojento e, quando agiu durante o incidente, estava com um medo louco e queria matar todo mundo, inclusive a gente lá na choça. Se aceitarem estas sugestões, farei com que todo mundo declare que Arnaud, Hautin e Marceau agiram de modo a fazer todo o mal possível antes de morrer. O que eles fizeram era imprevisível. Eles não tinham nem cúmplices, nem confidentes. Afinal de contas, são sujeitos que resolveram se suicidar desse modo, matar o maior número possível de pessoas antes de serem mortos eles mesmos, o que provavelmente estavam querendo. Se quiserem, eu vou ficar na cozinha e poderão assim discutir para me dar uma resposta.

Entro na cozinha e fecho a porta. A Sra. Dutain me aperta a mão, me dá um café e conhaque. O árabe Mohamed diz:

– Você não disse nada em meu favor?

– Isto é da conta do comandante. Já que ele lhe deu uma arma, é sinal de que tem intenção de indultá-lo.

A madrinha de Lisette me diz, baixinho:

– Você mandou brasa no pessoal de Royale.

– Claro, para eles era fácil demais aceitar uma revolta em Saint-Joseph, onde todo mundo devia estar informado, menos o seu marido.

– Papillon, ouvi tudo e logo entendi que você queria nos ajudar.

– É verdade, Sra. Dutain.

A porta se abre.

– Entre, Papillon – diz um guarda.

– Sente, Papillon – diz o comandante de Royale. – Após deliberação, concluímos por unanimidade que você tinha provavelmente razão. Não houve revolta. Os três forçados tinham resolvido se suicidar, matando antes a maior quantidade possível de gente. Portanto, amanhã a vida continua como antes. O Sr. Filissari será transferido hoje mesmo para Royale. Seu caso é da nossa conta e a este respeito não lhe pedimos nenhuma colaboração. Esperamos que você mantenha a sua palavra.

– Contem comigo. Até logo.

– Mohamed e os guardas, levem Papillon à sala. Façam entrar Filissari, ele vai conosco a Royale.

No caminho, digo a Mohamed que espero que ele seja posto em liberdade. Ele me agradece.

– Então, o que queriam os guardas?

Num silêncio absoluto, conto em voz alta, palavra por palavra, exatamente o que aconteceu.

– Se houver alguém que não está de acordo ou que pensa poder criticar este acordo que fiz com os guardas em nome de todos, que o diga.

Em coro, todos estão de acordo.

– Você acha que eles acreditaram que não tem mais ninguém envolvido?

– Não, mas se não quiserem cair, eles têm que acreditar. E nós, se não quisermos aborrecimentos, também temos que acreditar.

Hoje de manhã, às 7 horas, esvaziaram todas as celas do bloco disciplinar. Havia mais de 120 homens. Ninguém saiu para o trabalho, mas todas as salas foram abertas e o pátio está cheio de forçados que, em liberdade, falam, fumam, tomam sol ou ficam na sombra, à vontade. Niston foi para o hospital. Carbonieri me diz que tinham colocado a indicação “Suspeito de cumplicidade na revolta” em pelo menos oitenta das cem portas das celas.

Agora que estamos todos reunidos, ficamos sabendo a verdade. Filissari só matou um homem, os dois outros foram mortos por guardas jovens, ameaçados por homens que, encurralados e pensando que os outros fossem matá-los, investiam de faca aberta, para tentar matar pelo menos um antes de morrer. E foi assim que uma verdadeira revolta – que, felizmente, fracassou no nascedouro – se tornou o original suicídio de três forçados, tese aceita por todo mundo: administração e condenados. Ficou uma lenda ou uma história verdadeira, não sei exatamente, algo entre estas duas palavras.

Dizem que o enterro dos três mortos do campo, além de Hautin e Marceau, foi feito do seguinte modo: como há apenas um caixão com corrediça para jogar os cadáveres no mar, os guardas os botaram todos na canoa e os cinco de uma vez foram jogados ao mar. Isso foi feito na suposição de que os últimos teriam o tempo de afundar com as pedras nos pés, enquanto seus amigos eram devorados pelos tubarões. Disseram-me que nenhum dos cadáveres conseguiu desaparecer no mar e que os cinco, à noitinha, dançaram um bailado de mortalha branca, verdadeiros bonecos animados pelo focinho ou pelo rabo dos tubarões neste festim digno de Nabucodonosor. Os guardas e os remadores teriam, inclusive, fugido diante de tanto horror.

A comissão veio e ficou quase cinco dias em Saint-Joseph e dois em Royale. Não me fizeram interrogatório especial, foi igual aos outros. Pelo Comandante Dutain, soube que tudo correu do melhor modo possível. Deram licença a Filissari até a aposentadoria, portanto ele não vai voltar. Mohamed foi indultado. O Comandante Dutain recebeu um galão a mais.

Como há sempre insatisfeitos, um bordolês me perguntou ontem:

– E o que é que nós ganhamos por ter feito um acordo com os guardas?

Olho o sujeito:

– Quase nada: cinquenta ou sessenta forçados não vão fazer cinco anos de reclusão disciplinar por cumplicidade na revolta, você acha que isso não é nada?

Essa tempestade felizmente se acalmou. Uma espécie de tácita cumplicidade entre guardas e forçados descontrolou completamente a famosa comissão, que, talvez, só queria isso: que tudo se ajeitasse da melhor maneira.

Eu, pessoalmente, não ganhei nem perdi nada, a não ser que meus colegas me agradeceram por terem escapado a uma vida que certamente ia ser mais severa. Pelo contrário, a vida agora até melhorou: chegaram até a suprimir a tarefa de içar pedras. Esse horrível serviço foi abolido. Agora são búfalos que puxam as pedras e os forçados as botam no lugar. Carbonieri voltou para a padaria. Por mim, procuro voltar para Royale. De fato, aqui não há oficina, portanto é impossível construir uma jangada.

A chegada de Pétain ao governo fez piorarem as relações entre forçados e guardas. Todo o pessoal da administração declarou bem alto que é petainista, a ponto de um guarda normando me dizer:

– Quer que eu lhe diga uma coisa, Papillon? Eu nunca fui republicano.

Nas ilhas, ninguém tem rádio e não se recebem notícias. Além do mais, dizem que, na Martinica e em Guadalupe, abastecemos os submarinos alemães. Há sempre polêmicas.

– Merda, quer que eu lhe diga, Papi? É agora que a gente precisa se revoltar para dar as ilhas aos franceses de De Gaulle.

– Você acha que o Grand Charles precisa dos forçados? Para quê?

– Eh! Para conseguir mais 2.000 ou 3.000 homens!

– Leprosos, trouxas, tuberculosos, doentes de disenteria? Você está brincando! Este sujeito não é um fodido para se meter com os forçados.

– E os 2.000 que ainda estão sadios?

– Isso já é outra coisa. Mas nem por serem homens sadios são bons para a guerra. Você acha que a guerra é um assalto à mão armada! Um assalto dura dez minutos; a guerra dura anos. Para ser um bom soldado, é preciso ter a fé do patriota. Que você goste disso ou não, a verdade é que não vejo aqui um sujeito capaz de dar a vida pela França.

– E por que a gente daria a vida pela França, depois de tudo o que ela nos fez?

– Então, está vendo que tenho razão. Ainda bem que o Grand Charles tem outros homens além de vocês para fazer a guerra. Fico doente só de pensar que esses alemães nojentos estão na nossa casa! E pensar que há franceses colaborando com os boches! Os guardas aqui, sem exceção, declaram que estão com Pétain.

O Conde de Bérac diz:

– Seria uma maneira de um condenado se redimir.

Aí se dá o seguinte fenômeno: nunca antes um sujeito falava em se redimir. E agora todo mundo, homens da malandragem e da periferia, todos esses coitados estão vendo um clarão de esperança.

– Para ser incorporados às fileiras de De Gaulle, Papillon, não devemos fazer esta revolta?

– Lamento muito, mas não tenho que me redimir aos olhos de ninguém. Estou me lixando para a justiça francesa e seu capítulo Reabilitação. Já me declarei reabilitado eu mesmo, meu dever é fugir e, depois de livre, ser um homem normal que vive numa sociedade sem ser um perigo para ela. Não acho que um sujeito possa provar essa coisa de um outro modo. Estou, portanto, a favor de qualquer ação voltada para uma fuga. Tomar as ilhas para De Gaulle é coisa que não me interessa e tenho certeza de que a ele também não. Além disso, se você fizer um negócio desses, sabe o que os caras importantes vão dizer? Que vocês tomaram as ilhas para se libertarem, e não para fazer um gesto em favor da França livre. E, além disso, quem tem razão? De Gaulle ou Pétain? Não sei absolutamente de nada. Sofro como um pobre fodido porque meu país foi invadido, penso nos meus, em meus pais, minhas irmãs, minhas sobrinhas.

– Não devemos ser bestas, não é para se preocupar tanto por causa de uma sociedade que não teve nenhuma piedade pela gente.

– Mas isso é normal, porque os tiras e o sistema judiciário francês, e estes policiais e estes guardas, nada disso é a França; é uma gangue feita de pessoas com mentalidade completamente deformada. Quantos destes caras não estão dispostos hoje a se tornar criados dos alemães? Quer apostar que a polícia francesa prende compatriotas para entregá-los às autoridades alemãs? Bom. Eu digo e repito, não topo uma revolta, qualquer que seja o motivo. Topo uma fuga, mas que fuga?

Discussões muito graves se travam entre os clãs. Uns são a favor de Pétain, outros estão com De Gaulle. No fundo, não se sabe nada porque não temos, como já disse, nenhum rádio, nem com os guardas nem com os prisioneiros. As notícias chegam pelos barcos que passam e trazem um pouco de farinha, de legumes secos e de arroz. Para nós, a guerra, vista de tão longe, é difícil de entender.

Teria chegado a Saint-Laurent-du-Maroni, parece, um aliciador das forças livres. Nos trabalhos forçados, não se sabe de nada, a não ser que os alemães ocuparam a França toda.

Um incidente divertido: chegou um padre a Royale e fez um sermão depois da missa. Disse:

– Se as ilhas forem atacadas. vocês receberão armas para ajudar os guardas a defender a terra da França.

É autêntico. Engraçado, esse padre, e só podia pensar muito mal da gente! Pedir aos prisioneiros para defender sua cela! Só faltava essa, nos trabalhos forçados!

A guerra, para nós, se traduz no seguinte: dobra do efetivo de guardas, desde o simples vigilante ao comandante e guarda-chefe; muitos fiscais, alguns com um sotaque alemão ou alsaciano muito forte; muito pouco pão: recebemos quatrocentos gramas; muito pouca carne.

Enfim, a única coisa que aumentou é o preço da fuga fracassada: condenado à morte e executado. Pois, na acusação, acrescentam: "Tentou passar para as fileiras dos inimigos da França."

Estou em Royale já faz quase quatro meses. Tornei-me amicíssimo do médico Germain Guibert. Sua esposa, uma senhora excepcional, me pediu que lhe fizesse uma horta para ajudá-la a viver com esse regime de cinto apertado. Fiz uma horta com alfaces, rabanetes, vagens, tomates e berinjelas. Ela está encantada e me trata como um bom amigo.

Esse médico nunca apertou a mão de um guarda, de qualquer patente, mas frequentemente apertou a minha ou a de alguns forçados que ele soube conhecer e estimar.

Depois de devolvido à liberdade, entrei novamente em contato com o Dr. Germain Guibert, por intermédio do Dr. Rosenberg. Ele me enviou uma fotografia dele e de sua esposa na Canebière, em Marselha. Estava de volta do Marrocos e me dava os parabéns por me saber livre e feliz. Morreu na Indochina, ao tentar salvar um ferido que tinha ficado para trás. Era um indivíduo excepcional e sua mulher era digna dele. Quando fui à França, em 1967, tive vontade de visitá-la. Mas desisti, porque ela havia deixado de me escrever, depois que eu lhe pedi um atestado em meu favor, o que ela fez, aliás. Mas, depois, nunca mais deu sinal de vida. Não sei a causa desse silêncio, mas guardo na minha alma, para os dois, a mais alta gratidão pelo modo como me trataram no seu lar em Royale.

Depois de alguns meses, consegui voltar para Royale.

9 | SAINT-JOSEPH

MORTE DE CARBONIERI

Ontem, meu amigo Matthieu Carbonieri levou uma facada em pleno coração. Este assassinato vai desencadear uma série de outros. Ele estava no banheiro, se lavando, e foi com o rosto cheio de sabão que levou essa facada. Quando a gente toma banho, tem o hábito de abrir a faca e deixá-la sob as roupas, a fim de ter tempo de pegá-la se alguém que a gente pensa ser inimigo se aproxima subitamente. Não ter feito isso foi um erro que custou a vida dele. Quem matou meu amigo foi um armênio, um tipo perigoso.

Com a autorização do comandante, ajudado por um outro, desci meu amigo até o cais. Ele é pesado e, descendo o costão, tive que descansar três vezes. Fiz com que lhe amarrassem uma grande pedra aos pés e, em lugar de corda, um fio de ferro. Assim, os tubarões não poderão cortá-lo e ele afundará no mar sem ser devorado por eles.

O sino toca e chegamos ao cais. São 6 horas da tarde. O sol se deita no horizonte. Entramos no bote. No famoso caixão, que serve para todo mundo, abaixada a tampa, Matthieu dorme para sempre. Acabou-se para ele.

– Para a frente! Empurrem aí! – grita o guarda à turma.

Em menos de dez minutos, chegamos à corrente formada pelo canal entre Royale e Saint-Joseph. E então, de repente minha garganta se aperta. Dezenas de barbatanas de tubarões saem da água, girando velozmente num espaço restrito de menos de 400 metros. Aí estão os come-condenados, chegaram ao encontro na hora, no lugar exato.

Que o bom Deus faça com que não tenham tempo de apanhar meu amigo. Os remos são erguidos, em sinal de adeus. Suspendemos o caixão. Enrolado nos sacos de farinha, o corpo de Matthieu escorrega, puxado pelo peso da grande pedra, e rapidamente toca o mar.

Horror! Assim que entrou na água e eu penso que desapareceu, ele torna a subir, erguido no ar por, não sei, sete, dez ou vinte tubarões – quem pode saber? Antes que o bote se afaste, os sacos de farinha que o envolvem são arrancados e então acontece uma coisa inexplicável. Matthieu aparece, cerca de dois ou três segundos, de pé em cima da água. O antebraço direito já foi amputado. Com metade do corpo fora da água, ele avança direto para o bote; depois, em meio a um torvelinho mais forte, desaparece para sempre. Os tubarões passaram sob nosso bote, esbarrando no fundo. Um homem perde o equilíbrio e quase cai na água.

Todo mundo está petrificado, inclusive os guardas. Pela primeira vez, eu tive vontade de morrer. Faltou pouco para que eu me atirasse aos tubarões, a fim de desaparecer para sempre deste inferno.

Lentamente, subo do cais ao barracão. Ninguém me acompanha. Pus a padiola no ombro e chego à planície onde meu búfalo Brutus atacou Danton. Paro e me sento. A noite caiu, são apenas 7 horas da tarde. A oeste, o céu é um pouco iluminado por algumas línguas do sol, que desapareceu no horizonte. O resto é negro, furado por instantes pelo pincel do farol da ilha; tenho o coração pesado.

Merda! Você queria ver um enterro e, ainda por cima, o enterro do seu amigo, não queria? Pois bem, viu e bem visto! Com sino e tudo o mais! Está satisfeito? Sua curiosidade doentia foi satisfeita.

Só falta abotoar o cara que matou seu amigo. Quando? Esta noite. Por que esta noite? É muito cedo, o cara vai estar mais alerta do que nunca. São dez na corriola dele. Não posso me afobar e ter pressa demais nesse golpe. Vejamos, com quantos homens posso contar? Quatro, mais eu: cinco. Está bem. Liquidar o cara. Sim, e, se possível, vou tratar de me mandar. Dessa vez, nada de jangada, de preparação, nada; dois sacos de cocos e me enfio pelo mar. A distância até a costa é relativamente curta, 40 quilômetros em linha reta. Com as ondas, os ventos e as marés, isso deve se transformar em 120 quilômetros. É só uma questão de resistência. Sou forte e devo poder aguentar dois dias no mar, montado a cavalo nos sacos.

Pego a padiola e subo para o barracão. Quando chego à porta, revistam-me, coisa extraordinária. Isso nunca acontece. O guarda em pessoa tira-me a faca.

– Querem que me matem? Por que me desarmam? Sabem que me mandam para a morte, fazendo isso? Se me matarem, a culpa será de vocês.

Ninguém responde, nem os guardas nem os carcereiros árabes. Abrem a porta e eu entro na sala.

– Não se enxerga nada aqui, por que uma lâmpada só em lugar de três?

– Papi, venha por aqui – Grandet me puxa pela manga.

A sala não está muito ruidosa. Sente-se que alguma coisa grave vai acontecer ou já aconteceu.

– Não tenho mais minha mudinha (faca). Tiraram-me na revista.

– Não vai precisar dela esta noite.

– Por quê?

– O armênio e seu amigo estão na privada.

– Que estão fazendo lá embaixo?

– Estão mortos.

– Quem esfriou eles?

– Eu.

– Andou depressa. E os outros?

– Restam quatro na corriola deles. Paulo me deu sua palavra de homem que não iam se mexer e que esperariam para saber se você está de acordo em parar a coisa por aí.

– Dê-me uma faca.

– Tome, pegue a minha. Fico neste canto. Vá falar com eles.

Avanço para a corriola deles. Agora, meus olhos se acostumaram à pouca luz. Enfim, consigo distinguir o grupo. De fato, os quatro estão de pé diante de suas redes, colados uns aos outros.

– Paulo, você quer falar comigo?

– Sim.

– Só ou na frente dos seus amigos? Que é que você quer?

Deixo, prudentemente, 1 metro e 50 entre mim e eles. Minha faca está aberta dentro da manga esquerda e o cabo está bem colado na palma da minha mão.

– Eu queria lhe dizer que acho que o seu amigo foi suficientemente vingado. Você perdeu seu melhor amigo, nós perdemos dois. Na minha opinião, isso devia parar por aí. Que acha?

– Paulo, tomo nota da sua oferta. O que podemos fazer, se você estiver de acordo, é que as duas corriolas se comprometam a não fazer nada durante oito dias. Enquanto isso, veremos o que se deve fazer. De acordo?

– Está bem.

Afasto-me.

– Então, que foi que eles disseram?

– Que acham que Matthieu, com a morte do armênio e de Sans-Souci, foi suficientemente vingado.

– Não foi, não – diz Galgani.

Grandet não diz nada. Jean Castelli e Louis Gravon estão de acordo em fazer um pacto de paz.

– E você, Papi?

– Primeiro, é preciso lembrar quem matou Matthieu? Foi o armênio. Bem. Propus um acordo. Dei minha palavra a eles, e eles toparam, que durante oito dias ninguém vai fazer nada.

– Não quer vingar Matthieu? – diz Galgani.

– Velho, Matthieu já foi vingado, dois morreram por ele. Por que matar os outros?

– Pelo menos eles sabiam? Isso é que precisamos descobrir.

– Boa-noite a todos, desculpem-me. Vou dormir, se puder.

Tenho necessidade de ficar sozinho e me deito em minha rede. Sinto uma mão que desliza por mim e retira suavemente a faca. Uma voz cochicha docemente na noite:

– Durma se puder, Papi, durma tranquilo. Nós, de qualquer jeito, cada um por sua vez, vamos ficar de guarda.

A morte de meu amigo, tão brutal, repugnante, aconteceu sem motivo sério. O armênio matou-o porque, à noite, no jogo, ele o obrigara a pagar uma aposta de 170 francos. Sentiu-se diminuído porque foi obrigado a tomar uma atitude diante de trinta ou quarenta jogadores. Com receio de ser atacado dos dois lados por Matthieu e Grandet, não pudera deixar de obedecer.

Covardemente, matou um homem que era o tipo do aventureiro limpo e direito em seu meio. Esse golpe me atingiu fortemente e não tive senão uma satisfação, a de que os assassinos não viveram mais do que algumas horas depois de seu crime. É bem pequena.

Grandet, como um tigre, com a rapidez digna de um campeão de florete, cortou-lhes o pescoço, antes que tivessem tempo de se pôr em guarda. Imagino: o lugar onde caíram deve estar inundado de sangue. Penso, bestamente: "Tenho vontade de perguntar quem os atirou na privada." Mas não quero falar. Com as pálpebras fechadas, vejo o sol tragicamente vermelho e violeta, clareando com seus últimos raios esta cena dantesca: os tubarões disputando meu amigo... E aquele tronco de pé, já com o antebraço amputado, avançando para o bote!... Então, é verdade que o sino chama os tubarões e que aqueles sujos sabem que vão lhes servir a boia quando o sino toca... Vejo ainda aquelas dezenas de barbatanas, lúgubres reflexos prateados, passar como submarinos, girando em círculo... Realmente, eram mais de cem... Para Matthieu, para o meu amigo, acabou-se: o caminho da podridão fez seu trabalho até o fim.

Morto com uma facada, por uma bagatela, aos quarenta anos! Pobre amigo. Eu, por mim, não posso mais. Não. Não. Não. Quero que os tubarões me digiram, mas vivo, arriscando-me pela liberdade, sem sacos de farinha, sem pedra, sem cordas. Sem espectadores, nem forçados, nem guardas. Sem sino. Se tenho que virar boia, pois bem... vão me apanhar vivo, lutando contra os elementos para chegar a alcançar a Terra Grande.

Acabou-se, bem-acabado. Nada de fuga muito bem-montada. A Ilha do Diabo, dois sacos de cocos e deixar tudo, seja como for, nas mãos de Deus.

Afinal, não vai passar de uma questão de resistência física. Quarenta e oito ou sessenta horas? Será que um tempo tão longo de imersão na água do mar, e mais o esforço dos músculos das coxas, contraídos sobre os sacos de cocos, não vão, em certo momento, paralisar minhas pernas? Se tenho a chance de ir para a Ilha do Diabo, farei as tentativas. Primeiro sair de Royale e ir para a Ilha do Diabo. Depois verei.

– Você está dormindo, Papi?

– Não.

– Quer um pouco de café?

– Se você quiser trazer...

Sento-me sobre a rede, aceitando o quarto de café quente que Grandet me estende com um cigarro aceso.

– Que horas são?

– Uma hora da manhã. Entrei de guarda à meia-noite, mas, como vi que você não parava de se mexer, achei que não estava dormindo.

– Tem razão. A morte de Matthieu me transtornou, mas seu enterro com os tubarões me afetou ainda mais. Aquilo foi horrível, sabe?

– Não me diga nada, Papi, suponho o que possa ter sido. Você não devia ter ido.

– Pensava que a história do sino era conversa. Depois, com um fio de ferro segurando a grande pedra, eu jamais teria acreditado que os tubarões iam ter tempo de apanhá-lo na queda. Pobre Matthieu, vou continuar a ver aquela horrível cena pelo resto da minha vida. E você, como fez para eliminar tão depressa o armênio e Sans-Souci?

– Eu estava na ponta da ilha, colocando uma porta de ferro no açougue, quando soube que ele tinha matado o nosso amigo.

Era meio-dia. Em lugar de subir para o barracão, fui para a oficina com a desculpa de consertar a fechadura. Pude encaixar um punhal, afiado dos dois lados, num tubo de 1 metro. O cabo do punhal era oco e o tubo também. Entrei no barracão, às 5 horas, com o tubo na mão. O guarda me perguntou o que era aquilo, respondi que a travessa de madeira de minha cama quebrara e que eu ia utilizar aquele tubo naquela noite. Ainda era dia quando entrei na sala, mas havia deixado o tubo no lavatório. Antes da chamada, tornei a pegá-lo. A noite começava a cair. Rodeado por nossos amigos, encaixei rapidamente o punhal no tubo. O armênio e Sans-Souci estavam de pé em seus lugares, diante de suas redes, Paulo um pouco para trás. Você sabe, Jean Castelli e Louis Gravon são muito valentes, mas são velhos e falta-lhes agilidade para lutar num tumulto bem-organizado.

– Eu queria agir antes que você chegasse, para evitar que se metesse naquilo. Com seus antecedentes, se fôssemos apanhados, você ia pegar o máximo. Jean foi ao fundo da sala e apagou um dos lampiões; Gravon, do outro lado, fez a mesma coisa. A sala estava quase sem luz, só com um lampião no meio. Eu tinha uma grande lanterna de bolso, que Dega me deu. Jean saiu na frente, eu atrás. Quando chegou perto deles, ergueu o braço e acendeu a lanterna. O armênio, ofuscado, levou o braço esquerdo aos olhos, eu tive tempo de atravessar-lhe o pescoço com minha lâmina. Sans-Souci, também ofuscado, atirou a faca para a frente, sem saber bem para onde, no vazio. Dei-lhe um golpe tão forte com minha lâmina, que o transpassei de lado a lado. Paulo se atirou de barriga no chão e rolou para baixo das redes. Como Jean apagara a lanterna, desisti de perseguir Paulo sob as redes, foi o que o salvou.

– E quem os arrastou para a privada?

– Não sei. Acho que foram os rapazes da corriola deles mesmo, para evitar maiores encrencas.

– Mas devia haver um mar de sangue desgraçado...

– Isso mesmo. Completamente degolados, devem ter se esvaziado de toda a resina. O golpe da lanterna me ocorreu enquanto eu preparava a minha lança. Um guarda, na oficina, estava trocando as pilhas da dele. Isso me deu a ideia e logo falei com Dega para que me arranjasse uma. Eles podem fazer uma revista em regra. A lanterna já saiu daqui e foi devolvida a Dega por um carcereiro árabe, o punhal também. Portanto, nada de encrenca por esse lado. Nada tenho a me reprovar. Eles mataram nosso amigo com os olhos cheios de sabão, eu os matei com os olhos cheios de luz. Estamos quites. Que acha, Papi?

– Você fez muito bem e não sei como lhe agradecer por ter agido tão depressa para vingar nosso amigo e, ainda por cima, por ter tido a ideia de me manter afastado dessa história.

– Não falemos nisso. Fiz o meu dever: você sofreu muito e quer tanto ser livre... Eu é que tinha de agir.

– Obrigado, Grandet. Sim, quero ir embora, mais do que nunca. Ajude-me, também, para que esse negócio pare por aí. Com toda a franqueza, ficaria muito surpreendido se o armênio tivesse posto sua corriola a par antes de agir. Paulo não teria aceitado um assassinato tão covarde. Ele sabia as consequências.

– Também penso assim. Só Galgani acha que todos eles são culpados.

– Vamos ver o que vai acontecer às 6 horas. Não vou sair para fazer limpeza nas latrinas. Vou fingir que estou doente, para assistir aos acontecimentos.

Cinco horas da manhã. O guarda do barracão se aproxima de nós:

– Rapazes, vocês acham que devo avisar o posto de guarda? Acabo de descobrir dois caras sangrados na privada!

Esse velho condenado de setenta anos quer nos fazer acreditar, logo nós, que desde as 6 e meia da tarde, hora em que os caras haviam sido esfriados, ele não sabia de nada. A sala deve estar cheia de sangue, pois obrigatoriamente os homens, andando, pisotearam a mancha, que fica bem no meio da passagem.

Grandet responde, no mesmo tom do velho:

– Como? Há dois defuntos na privada? Desde que horas?

– Sei lá! – diz o velho. – Eu estava dormindo desde as 6 horas. Só agora, quando fui mijar, escorreguei numa poça viscosa, quase quebrei a cabeça. Acendi meu isqueiro, vi que era sangue e encontrei os caras nas privadas.

– Avise e vamos ver.

– Vigilantes! Vigilantes!

– Por que está gritando tão alto, velho resmungão? Pegou fogo na sua choça?

– Não, chefe. Há dois defuntos estirados na privada.

– Que quer que eu faça? Que os ressuscite? São 5 e 15, às 6 horas a gente vê isso. Não deixe ninguém se aproximar das privadas.

– Isso que você está querendo é impossível. A esta hora, perto do levantar geral, todo mundo vai mijar ou cagar.

– É verdade, espere, vou avisar o chefe da guarda.

Voltam, três guardas, um vigilante-chefe e outros dois. A gente pensa que vão entrar, mas não, ficam à porta gradeada.

– Você disse que há dois mortos na privada?

– Sim, chefe.

– Desde que horas?

– Não sei, acabo de encontrá-los, quando fui mijar.

– Quem são?

– Não sei.

– Está bem, velho cabeçudo, vou lhe dizer. Um é o armênio. Vá ver.

– De fato, são o armênio e Sans-Souci.

– Bem, vamos esperar a chamada – e eles vão embora. Seis horas, o primeiro sino toca. Abrem a porta. Os dois distribuidores de café passam servindo um por um, atrás seguem os distribuidores de pão.

Seis e meia, o segundo sino. O dia nasceu e o corredor está cheio de marcas dos pés que pisaram no sangue esta noite.

Os dois comandantes chegam. O dia já vai alto. Oito vigilantes e o médico os acompanham.

– Todo mundo em pelo, em posição de sentido, diante de suas camas! Mas é um verdadeiro açougue, há sangue por todo lado!

O segundo comandante é o primeiro a entrar nas latrinas. Quando sai, está branco como linho:

– Eles foram completamente degolados. Claro, ninguém viu nada, ninguém ouviu nada, não é?

Silêncio absoluto.

– Você, velho, é o guarda da sala; estes homens estão numa fria. Doutor, há quanto tempo eles estão mortos, aproximadamente?

– Oito a dez horas – diz o médico.

– E você os descobriu só às 5 horas? Não viu nada, não ouviu nada?

– Não, tenho ouvidos moucos, quase não enxergo, e ainda por cima tenho setenta anos nas costas, dos quais quarenta de prisão. Então, o senhor compreende, durmo bastante. Às 6 horas estava dormindo e foi a vontade de mijar que me acordou às 5 horas. Foi uma sorte, porque de hábito só acordo com o sino.

– Tem razão, foi uma sorte – diz, ironicamente, o comandante. – Para nós também. Então todo mundo dormiu tranquilo a noite toda, vigilantes e condenados. Padioleiros, retirem aqueles dois cadáveres e levem-nos para o anfiteatro. Quero que lhes faça uma autópsia, doutor. E vocês, um por um, saiam para o pátio, todos nus.

Um de cada vez, passados diante dos comandantes e do doutor. Examinam minuciosamente os homens, todas as partes do corpo. Ninguém tem ferimentos, vários têm salpicos de sangue. Explicam que escorregaram ao irem à privada. Grandet, Galgani e eu somos examinados mais minuciosamente que os outros.

– Papillon, qual é o seu lugar? – remexem toda a minha mochila. – E a sua faca?

– Minha faca foi tomada às 7 horas da noite, na porta, pelo vigilante.

– É verdade – diz o guarda. – Ele fez um barulhão, dizendo que queríamos que o assassinassem.

– Grandet, esta faca é sua?

– É, sim, está no meu lugar, portanto é minha – ele examina escrupulosamente a faca, limpa como um centavo novo, sem uma mancha.

O médico volta das privadas e diz:

– Foi um punhal com fio duplo que serviu para degolar aqueles homens. Foram mortos de pé. Não dá para compreender. Um condenado não se deixa degolar como um coelho, sem se defender. Deveria haver alguém ferido.

– O senhor mesmo está vendo, doutor, ninguém tem sequer um arranhão.

– Aqueles dois homens eram perigosos?

– Demais, doutor. O armênio devia ser, seguramente, o assassino de Carbonieri, que foi morto ontem no lavatório, às 9 horas da manhã.

– Negócio claro – diz o comandante. – De qualquer modo, guardem a faca de Grandet. Para o trabalho, todo mundo, menos os doentes. Papillon, você se declarou doente?

– Sim, comandante.

– Não perdeu tempo em vingar o seu amigo. Não sou pateta, você sabe. Infelizmente, não tenho provas e sei que não as encontraremos. Ainda uma última vez, ninguém tem nada a declarar? Se um de vocês pode esclarecer esse duplo crime, dou minha palavra que será solto e enviado para a Terra Grande.

Silêncio absoluto.

Toda a corriola do armênio declarou-se doente. Vendo isso, Grandet, Galgani, Jean Castelli e Louis Gravon também dizem que não se sentem bem, no último momento. A sala fica vazia de seus 120 homens. Ficam cinco da minha corriola e quatro da corriola do armênio, mais o relojoeiro, o guarda-rancho, que reclama sem parar por causa da limpeza que vai ter de fazer, e dois ou três outros duros, um dos quais é um alsaciano, o grande Sylvain.

Esse homem vive sozinho entre os duros, não tem amigos. Autor de um ato pouco comum que lhe rendeu vinte anos, é um homem de ação muito respeitado. Sozinho, atacou um vagão postal, no rápido Paris-Bruxelas, matou os dois guardas a pancadas, jogou os selos postais pela janela, e, recolhidos por cúmplices ao longo da via, eles renderam uma soma importante.

Sylvain, vendo as duas corriolas cochichando, cada qual em seu canto, e ignorando que havíamos feito o acordo de não agir uma contra a outra, permitiu-se tomar a palavra:

– Espero que vocês não vão se bater em tumulto arranjadinho, gênero dos três mosqueteiros?

– Por hoje não – diz Galgani. – Ficará para mais tarde.

– Por que mais tarde? Não se deve deixar para amanhã o que se pode fazer hoje – diz Paulo –, mas eu não vejo razão para nos matarmos. Que acha, Papillon?

– Uma pergunta só: vocês sabiam o que o armênio ia fazer?

– Minha palavra de homem, Papi, não sabíamos de nada e quer saber o que lhe digo? Não sei como receberia a notícia se o armênio não tivesse morrido.

– Então, se é assim, por que não parar essa história para sempre? – diz Grandet.

– Nós estamos de acordo. Apertemos as mãos e não se fala mais nesse triste episódio.

– Sou testemunha – diz Sylvain. – Fico satisfeito por ver isso acabado.

– Não se fala mais.

À noite, às 6 horas, o sino toca. Não me posso impedir, ao escutá-lo, de rever a cena da véspera, e meu amigo com metade do corpo erguido, vindo para o bote. A imagem é tão impressionante, mesmo 24 horas depois, que não desejo, nem por um segundo, que o armênio e Sans-Souci sejam levados pela horda dos tubarões.

Galgani não diz uma palavra. Ele sabe o que aconteceu com Carbonieri. Olha para o nada, balançando as pernas que pendem à direita e à esquerda de sua rede. Grandet ainda não voltou. O dobre de finados terminara bem há uns dez minutos quando Galgani, sem me olhar, sempre balançando as pernas, diz a meia-voz:

– Espero que nenhum pedaço daquele armênio sujo seja comido por um dos tubarões que engoliram Matthieu. Seria péssimo se eles, separados em vida, fossem se encontrar na barriga de um tubarão.

Vai ser realmente um vazio para mim a perda desse amigo nobre e sincero. É melhor que eu vá embora de Royale e aja o mais depressa possível. Todos os dias me repito isto.

UMA FUGA DOS LOUCOS

– Como estamos em guerra e as punições foram reforçadas em caso de fuga malsucedida, não é o momento de arriscar uma fuga, não é, Salvidia?

O italiano do plano do ouro do comboio e eu discutimos, no banho, depois de termos lido o cartaz que nos comunica as novas disposições em caso de fuga. Eu lhe digo:

– Mas não é porque isso pode nos levar a ser condenados à morte que vai me impedir de partir. E você?

– Eu, Papillon, não aguento mais e vou fugir. Aconteça o que acontecer. Pedi para trabalhar no asilo de loucos como enfermeiro. Sei que na despensa do asilo há dois tonéis de 225 litros, o suficiente para fazer uma jangada. Um está cheio de óleo de oliva, o outro de vinagre. Bem ligados um ao outro, de modo a não poderem se separar em caso algum, parece que assim haveria uma boa chance de alcançar a Terra Grande. Não há vigilância por trás do muro que rodeia o pavilhão dos loucos. Lá dentro há apenas a vigilância permanente de um guarda-enfermeiro, ajudado por duros, sobre os que se fazem de doentes. Quer ir comigo lá para cima?

– Como enfermeiro?

– Impossível, Papillon. Você sabe que nunca lhe darão um emprego no asilo. Sua localização afastada no barracão, sua pouca vigilância, tudo faz com que não mandem você para lá. Mas poderia ir para lá como louco.

– Isso é muito difícil, Salvidia. Quando um doutor classifica você de biruta, está lhe dando praticamente o direito de fazer qualquer coisa que queira. De fato, você é reconhecido como irresponsável por seus atos. Percebe a responsabilidade que um médico assume quando admite isso e assina o diagnóstico? Você pode matar um duro, até mesmo um guarda ou a mulher de um guarda, ou um filho. Você pode fugir, cometer não importa qual delito, a justiça não tem mais nenhum recurso contra você. O máximo que poderiam lhe fazer é enfiá-lo em uma cela acolchoada, em pelo, com a camisa de força. Esse regime não pode durar mais do que um certo tempo, um dia eles têm de suavizar o tratamento. Resultado: por não importa qual ação muito grave, inclusive fuga, você não é punido por coisa alguma.

– Papillon, tenho confiança em você, gostaria de fugir com você. Faça o possível para ficar junto comigo, como louco. Como enfermeiro, eu poderia ajudá-lo a preparar o golpe o melhor possível e aliviá-lo nos momentos mais duros. Reconheço que deve ser terrível encontrar-se, não estando doente, no meio daquelas pessoas tão perigosas.

– Vá para o asilo, Romeo, eu vou estudar o caso a fundo, vou procurar me informar sobre os primeiros sintomas de loucura, para conseguir convencer o médico. Não é má ideia fazer com que o médico me considere irresponsável.

Começo a estudar seriamente a coisa. Não há nenhum livro sobre o assunto na biblioteca da prisão. Cada vez que posso, discuto com homens que foram doentes durante um tempo mais ou menos longo. Consigo, aos poucos, obter uma ideia bastante clara:

1º – todos os loucos têm dores atrozes no cérebro;

2º – frequentemente têm zumbido nos ouvidos;

3º – como são muito nervosos, não podem ficar muito tempo deitados na mesma posição sem serem sacudidos por uma verdadeira descarga de nervos que os acorda e os faz sobressaltarem-se, com o corpo todo tenso a ponto de quebrar.

Portanto, é preciso fazer com que descubram esses sintomas sem os indicar diretamente. Minha loucura deve ser justamente perigosa o bastante para obrigar o doutor a tomar a decisão de me mandar para o asilo, mas não violenta a ponto de justificar os maus-tratos dos vigilantes: camisa de força, surras, supressão de alimento, injeção de brometo, banho frio ou quente demais etc. Se eu representar bem o papel, devo conseguir enrolar o médico.

Há uma coisa em meu favor: por quê, qual seria a razão para eu me tornar um simulador? Se o médico não encontrar qualquer explicação lógica para esta pergunta, é provável que eu possa ganhar a partida. Não há outra solução para mim. Recusaram-se a me mandar para a Ilha do Diabo. Não posso mais suportar o barracão depois do assassinato de meu amigo Matthieu. Para o inferno as hesitações! Está decidido. Segunda-feira vou à consulta. Não. Não devo eu mesmo me apresentar como doente. É melhor que um outro faça isso e que esse outro esteja de boa-fé. Tenho que fazer uma ou duas cenas anormais na sala. Então, o chefe da choça vai falar com o guarda e ele próprio marcará minha consulta.

Há três dias que não durmo, não me lavo e não me barbeio. Masturbo-me várias vezes por noite e como muito pouco. Ontem, perguntei ao meu vizinho por que tirou de meu lugar uma fotografia que jamais existiu. Ele jurou por todos os deuses que não havia tocado em minhas coisas. Inquieto, mudou de lugar. Quase sempre, a comida fica numa tina alguns minutos antes de ser distribuída. Acabo de me aproximar da tina e, na frente de todo mundo, mijei lá dentro. A coisa esfriou o ambiente, mas minha cara deve ter impressionado todo mundo, ninguém murmurou uma palavra, só meu amigo Grandet me disse:

– Papillon, por que fez isso?

– Porque esqueceram de pôr sal – e sem prestar atenção em mais ninguém fui buscar minha tigela e estendi-a para o chefe da choça, para que me servisse.

Num silêncio total, todo mundo me olhou comer minha sopa.

Esses dois incidentes bastaram para que nesta manhã eu me encontre diante do médico, sem ter pedido.

– Então, vai ou não vai, doutor? – repito minha pergunta.

O médico, estupefato, me olha. Eu o encaro com os olhos deliberadamente muito naturais.

– Vai, sim – diz o médico. – E você, está doente?

– Não.

– Então, por que veio para consulta?

– Por nada. Disseram-me que o senhor estava doente. É um prazer ver que isso não é verdade. Até logo.

– Espere um pouco, Papillon. Sente-se aí, na minha frente. Olhe para mim.

E o médico me examina os olhos com uma lanterna que emite um pequeno feixe de luz.

– Você não viu nada, médico. Que esperava descobrir? Sua luz não é bastante forte, mas assim mesmo acho que você compreendeu, não é? Diga-me, você os viu?

– O quê? – diz o médico.

– Não banque o trouxa, porra! Você é doutor ou veterinário? Não vá me dizer que não teve tempo de vê-los antes que se escondessem, ou me toma por um idiota completo.

Tenho os olhos brilhantes de fadiga. Meu aspecto, nem barbeado, nem lavado, pesa a meu favor. Os guardas escutam, assombrados, mas não faço nenhum gesto violento que possa justificar sua intervenção. Conciliando e entrando no meu jogo para não me excitar, o médico se levanta e põe a mão no meu ombro. Continuo sentado.

– Sim, eu não queria lhe dizer, Papillon, mas tive tempo de vê-los.

– Está mentindo, médico. (Mantenho o sangue-frio.) Porque você não viu nada, absolutamente! O que eu pensei que você estivesse procurando são os três pontinhos pretos que tenho no olho esquerdo. Só consigo vê-los quando olho para o vazio ou quando leio. Quando pego um espelho, vejo nitidamente meu olho, mas nem sinal dos três pontos. Eles se escondem mal, eu pego o espelho para vê-los.

– Levem-no para o hospital – diz o médico. – Levem-no imediatamente, sem que ele volte ao barracão. Papillon, você disse que não está doente? Talvez seja verdade, mas acho-o muito fatigado, por isso vou pô-lo alguns dias no hospital, para descansar. Você quer?

– Isso não me incomoda. No hospital ou no barracão, tudo a mesma coisa: são as ilhas.

O primeiro passo está dado. Meia hora depois, encontro-me no hospital, numa cela bem-iluminada, uma boa cama bem limpa, com roupas brancas. Na porta, um cartaz: EM OBSERVAÇÃO. Pouco a pouco, sugestionado a fundo, me transformo em palerma. É um jogo perigoso: o tique de entortar a boca e apertar o lábio inferior entre os dentes, esse tique estudado num caco de espelho escondido, eu o trabalhei tão bem que chego a me surpreender fazendo-o sem ter tido a intenção. É preciso não se divertir muito tempo nessa brincadeira, Papi. À força de se obrigar a se sentir virtualmente desequilibrado, isso pode ser perigoso e deixar taras. No entanto, é preciso fingir a fundo, se quiser conseguir um bom resultado. Entrar no asilo, ser classificado como irresponsável e depois empreender a fuga com meu amigo não vai ser fácil. Fuga! Essa palavra mágica me transporta, já me vejo sentado sobre os dois tonéis, impelido para a Terra Grande em companhia de meu amigo, o enfermeiro italiano.

O médico passa todos os dias para visita. Examina-me longamente, sempre nos falamos polida e gentilmente. Ele está perturbado, o cara, mas ainda não está convencido. Portanto, vou informá-lo de que tenho pontadas na nuca, primeiro sintoma.

– Como vai, Papillon? Dormiu bem?

– Sim, doutor. Obrigado, vou indo. Obrigado pelo *Match* que me emprestou. Quanto a dormir, isso é outra coisa. De fato, atrás da minha cela há uma bomba d'água, certamente para regar não sei o quê, mas o pam-pam que o braço da bomba faz a noite inteira chega até a minha nuca e parece que faz eco lá dentro: pam-pam! E isso a noite inteira. É impossível dormir. Eu agradeceria se me mudasse de cela.

O médico volta-se para o guarda-enfermeiro e murmura rapidamente:

– Há alguma bomba d'água?

O guarda faz sinal que não com a cabeça.

– Vigilante, mude-o de cela. Aonde quer ir?

– O mais longe possível dessa maldita bomba, no fim do corredor. Obrigado, doutor.

A porta se fecha, eu me encontro só em minha cela. Um ruído quase imperceptível me alerta, estão me observando pelo visor, certamente é o médico, pois não ouvi os passos se afastarem quando eles se retiraram. Então, depressa, estendo o punho para a parede que esconde a bomba imaginária e grito, não muito alto: "É melhor parar, sua máquina suja! Não vai acabar de regar nunca, jardineiro de meia-tigela?" E deito-me na cama, a cabeça escondida sob o travesseiro.

Não ouvi o pequeno pedaço de cobre se fechar sobre o visor, mas percebi passos que se afastavam. Conclusão: o cara do visor era mesmo o médico.

À tarde me mudaram de cela. A impressão que causei nesta manhã deve ter sido boa, pois, para me acompanhar alguns metros, até o fim do corredor, vieram dois guardas e dois enfermeiros. Como não me dirigiram a palavra, também não falei. Limitei-me a acompanhá-los, sem dizer uma palavra. Dois dias depois, o segundo sintoma: ruídos nos ouvidos.

– Como vai, Papillon? Terminou a revista que lhe mandei?

– Não, não consegui ler, passei o dia inteiro e uma parte da noite tentando sufocar o mosquito ou mosca que fez um ninho na minha orelha. Enfiei um pedaço de algodão, não adiantou. O barulho das asas dele não para: zum-zum-zum... E, ainda mais, faz umas cócegas desagradáveis, e o zumbido é contínuo. Isso acaba enervando, doutor. Que acha? Como não consegui asfixiá-lo, talvez consiga afogá-lo. Que me diz?

Meu tique da boca não para e vejo que o médico já o notou. Segura-me a mão e olha-me bem nos olhos. Eu sinto que está perturbado e aflito.

– Sim, meu caro Papillon, vamos afogá-lo. Chatal, mande fazer-lhe uma lavagem nos ouvidos.

Toda manhã, essas cenas se repetem com variantes, mas o doutor não está com jeito de se decidir a me mandar para o asilo.

Chatal, por ocasião de uma injeção de brometo, avisou-me:

– Tudo bem, por enquanto. O médico está seriamente abalado, mas ainda pode demorar muito até que ele o mande para o asilo. Mostre ao médico que você pode ser perigoso, se quiser que ele se decida logo.

– Como vai, Papillon? – o médico, acompanhado por guardas-enfermeiros e por Chatal, cumprimenta-me gentilmente, abrindo a porta de minha cela.

– Pare seu carro, doutor – minha atitude é agressiva. – Sabe muito bem que não vou bem. E quero saber quem de vocês é cúmplice do cara que me tortura.

– Quem o tortura? Quando? Como?

– Primeiro, quero saber se você conhece os trabalhos do Dr. d'Arsonval?

– Sim, eu espero...

– Sabe que ele inventou um oscilador de ondas múltiplas para ionizar o ar em volta de um doente atacado de úlceras duodenais? Com esse oscilador, podem-se enviar correntes elétricas aonde se quiser. Pois bem, imagine que um inimigo meu instalou um aparelho desses no hospital de Caiena. Cada vez que estou dormindo bem tranquilo, ele aperta um botão, a descarga me atinge em plena barriga e nas coxas. Eu me distendo de repente, dando um salto de mais de 10 centímetros de altura em minha cama. Como quer que eu possa aguentar tudo isso e dormir? Esta noite o troço não parou. Assim que começo a fechar os olhos, pam!, a corrente chega. Todo o meu corpo se distende, como uma mola que se solta. Não posso mais, doutor! Avise a todo mundo que o primeiro que eu descobrir que é cúmplice do cara vai ser esfriado. Não tenho arma, é verdade, mas tenho bastante força para estrangulá-lo, seja ele quem for. Para bom entendedor, meia palavra basta! E deixe-me em paz com seus "bons-dias" hipócritas e seus "como vai, Papillon?" Repito, doutor: pare seu carro!

O incidente deu resultado. Chatal me disse que o médico avisou aos guardas para prestarem muita atenção. Que nunca abrissem a porta de minha cela sem serem dois ou três, e que falassem sempre gentilmente comigo. Ele está sofrendo de mania de perseguição, disse o médico, é preciso mandá-lo o quanto antes para o asilo.

– Acho que, com um vigilante, eu posso me encarregar sozinho de levá-lo para o asilo – propôs Chatal, para evitar que me enfiem a camisa de força.

– Papi, você comeu bem?

– Sim, Chatal, estava bom.

– Quer vir comigo e com o Sr. Jeannus?

– Aonde nós vamos?

– Até o asilo, levar uns remédios. Assim, você dará um passeio.

– Vamos.

E nós três saímos do hospital a caminho do asilo. Enquanto andamos, Chatal fala; depois, em dado momento, quando estamos quase chegando, diz:

– Você não está cansado de ficar no barracão, Papillon?

– Oh, sim. Estou cheio, principalmente depois que meu amigo Carbonieri não está mais lá.

– Por que não fica alguns dias no asilo? Assim, o cara do aparelho talvez não o encontre para lhe dar choques.

– É uma ideia, meu caro, mas acha que vão me aceitar, mesmo eu não sendo doente da cabeça?

– Deixe comigo, eu falo por você – diz o guarda, todo feliz ao ver que eu caí na falsa armadilha de Chatal.

Enfim, eis-me no asilo, com uma centena de loucos. Não é mole viver com malucos! Em grupos de trinta a quarenta, tomamos ar no pátio, enquanto os enfermeiros limpam as celas. Todo mundo vive completamente nu. Felizmente faz calor. Para mim, deixaram-me a cueca.

Acabo de receber um cigarro aceso do enfermeiro. Sentado ao sol, penso em que já estou ali há cinco dias e não consegui entrar em contato com Salvidia.

Um louco se aproxima de mim. Sei a história dele, chama-se Fouchet. Sua mãe havia vendido a casa para enviar-lhe 15.000 francos por um vigilante, a fim de que ele fugisse. O guarda devia ficar com 5.000 e entregar-lhe 10.000. O tal guarda embolsara tudo e depois partira para Caiena. Quando Fouchet soube, por outra via, que a mãe tinha lhe enviado a grana e perdera tudo inutilmente, tornara-se louco furioso e no mesmo dia atacara os vigilantes. Dominado, não tivera tempo de causar mal a ninguém. Desde esse dia, há três ou quatro anos, ele está com os loucos.

– Quem é você – olho esse pobre homem, jovem, cerca de trinta anos, plantado diante de mim e que me interroga.

– Quem sou? Um homem como você, nem mais, nem menos.

– Sua resposta é besta. Vejo que é um homem, pois você tem um pau e colhões: se você fosse mulher, teria um buraco. Estou perguntando quem é você. Quer dizer, como se chama.

– Papillon.

– Papillon? Você é uma borboleta? Coitado de você. Uma borboleta voa e tem asas, onde estão as suas?

– Perdi.

– Trate de encontrá-las, assim você poderá fugir. Os guardas não têm asas. Com as suas asas, você vai sacanear eles. Me dê o cigarro.

Antes que eu tenha tempo de dá-lo, ele o arranca de meus dedos. Depois, senta-se à minha frente e fuma deliciado.

– E você, quem é? – pergunto-lhe.

– Eu sou o pato. Cada vez que eles têm que me dar alguma coisa que me pertence, me fazem de bobo.

– Por quê?

– Porque fazem. Também eu mato guardas o máximo que posso. Esta noite, enforquei dois. Mas não conte nada a ninguém.

– Por que você os enforcou?

– Porque eles roubaram a casa de minha mãe. Imagine só, minha mãe me mandou a casa dela, e eles, como a acharam bonita, ficaram com ela e moram lá dentro. Não fiz bem em enforcá-los?

– Tem razão. Assim eles não podem aproveitar a casa da sua mãe.

– Aquele guarda gordo, que você está vendo lá embaixo, atrás das grades, está vendo? Ele também mora na casa. Eu vou acabar com ele também, pode confiar no que digo.

Nesse ponto, ele se levanta e vai embora.

Ufa! Não é divertido ser obrigado a viver no meio de loucos, e é perigoso. À noite, há gritos de todos os lados; e, quando há lua cheia, os loucos ficam mais excitados do que nunca. Como a lua pode influir na agitação dos loucos? Não posso explicar, mas constatei isso uma porção de vezes.

Os guardas fazem relatórios sobre os loucos em observação. Comigo, fazem experiências. Por exemplo, esquecem-se de me levar para o pátio, de propósito. Esperam para ver se eu reclamo. Ou, então, não me dão uma das refeições. Tenho uma vara com um barbante e faço os gestos de um pescador.

– Estão mordendo a isca, Papillon?

– Não podem morder! Imagine que, sempre que eu pesco, há um peixinho que me acompanha por todo lado e, quando um grande vai morder a isca, o pequeno adverte: "Dê o fora, não morda, é Papillon que está pescando." Por isso, nunca consigo pescar nada. Mas continuo assim mesmo. Talvez, um dia, apareça um peixe que não acredite nele.

Ouço o guarda dizer ao enfermeiro:

– Então, ele está bem ruinzinho!

Quando me fazem comer à mesa comum do refeitório, jamais posso acabar o prato de lentilhas. Há um gigante, de 1 metro e 90, pelo menos, com braços, pernas e tronco peludos como os de um macaco, que me escolheu como vítima. Primeiro, senta-se sempre a meu lado. As lentilhas são servidas muito quentes; então é preciso esperar que esfriem, para a gente poder comer. Com uma colher de madeira, pego um pouco, assoprando, e consigo comer algumas colheradas. Ele, Ivanhoé – ele pensa que é Ivanhoé –, pega seu prato, põe as mãos em funil e engole tudo num piscar de olhos. Depois, pega o meu, rispidamente, e faz a mesma coisa. Depois de limpar o prato, joga-o de maneira ruidosa à minha frente, olhando-me com os enormes olhos injetados de sangue, com o ar de quem diz: "Viu como se come lentilhas?" Começo a ficar chateado com Ivanhoé, e, como ainda não fui classificado como louco, decidi usá-lo para dar o golpe final. Estamos de novo num dia de lentilhas. Ivanhoé, não me tapeará mais. Está sentado a meu lado. Seu rosto de idiota está radiante: saboreia antecipadamente a alegria de comer suas lentilhas e as minhas. Puxo para a minha frente um jarro pesado e grande, cheio de água. Assim que o gigante pega meu prato, ergue-o e começa a deixar as lentilhas caírem em sua garganta, levanto-me e, com toda a força, quebro o jarro de água na cabeça dele. O gigante desaba com um grito de animal. No mesmo instante, todos os loucos começam a se atirar uns contra os outros, armados com pratos. Desencadeia-se uma balbúrdia espantosa. O tumulto coletivo é orquestrado por gritos de todos os tipos.

Carregado, encontro-me logo na minha cela, onde quatro fortes enfermeiros me puseram depressa e sem contemplações. Grito como um perdido que Ivanhoé me roubou a carteira com a cédula de identidade. Desta vez, consegui! O médico decidiu me classificar como irresponsável por meus atos. Todos os guardas estão de acordo em reconhecer que sou um louco pacífico, mas que tenho momentos muito perigosos. Ivanhoé está com um belo curativo na cabeça. Parece que a abri em mais de 8 centímetros. Felizmente, ele não passeia nas mesmas horas que eu.

Pude falar com Salvidia. Já conseguiu a duplicata da chave da despensa onde os tonéis estão guardados. Está tentando reunir fio de ferro suficiente para uni-los. Digo-lhe que tenho medo de que os fios de ferro arrebentem devido à pressão que os tonéis irão fazer no mar; que seria melhor ter cordas, seriam mais elásticas. Vai tentar arranjá-las, deve haver cordas e fios de ferro. É preciso que ele faça, também, três chaves: uma da minha cela, uma do corredor que dá para ela e uma da porta principal do asilo. As rondas são pouco frequentes. Um só guarda para cada turno de quatro horas. Das 9 horas à 1 hora da manhã e da 1 às 5 horas. Dois dos guardas, quando estão de vigia, dormem o tempo todo e não fazem nenhuma ronda. Contam com o condenado-enfermeiro que fica de turno com eles. Portanto, tudo vai ser questão de paciência. Um mês, no máximo, para darmos o golpe.

O guarda-chefe me deu um cigarro ruim, aceso, quando entrei no pátio. Mesmo ruim, ele me parece delicioso. Olho esse rebanho de homens nus, cantando, chorando, fazendo gestos desordenados, falando sozinhos. Todos molhados ainda do banho que cada um toma antes de entrar no pátio, seus corpos martirizados por surras recebidas ou por pancadas que eles mesmos se deram, marcas dos cordões da camisa de força apertada demais. É bem o espetáculo do fim do caminho da podridão. Quantos desses loucos foram reconhecidos como responsáveis por seus atos pelos psiquiatras da França?

Titin – a gente o chama de Titin – é do meu grupo de 1933. Matou um cara em Marselha, depois pegou um fiacre, pôs a vítima dentro, mandou que o cocheiro tocasse para um hospital e, ao chegar lá, disse: "Tomem, cuidem dele, acho que está doente." Preso na mesma hora, os jurados tiveram o descaramento de não lhe reconhecer nenhuma atenuante, nem ao menos a da irresponsabilidade. No entanto, é preciso que a gente já esteja biruta para fazer um negócio desses. O mais imbecil dos caras, normalmente, saberia que ia ser fisgado. Aí está Titin, sentado a meu lado. Tem uma disenteria permanente. É um verdadeiro cadáver ambulante. Olha-me com seus olhos cinzentos, sem inteligência. Diz:

– Tenho macaquinhos na barriga, companheiro. Há uns que são maus. Eles me mordem os intestinos, e é por isso que cago sangue, quando eles estão zangados. Outros, uma raça de peludos, bem cheios de pelos, têm as mãos suaves como a pluma. Eles me acariciam docemente e impedem que os macacos maus me mordam. Quando esses macaquinhos bons querem me defender, não cago sangue.

– Você se lembra de Marselha, Titin?

– Puxa, se me lembro de Marselha. Muito bem, até. A praça da Bolsa com os botecos e a rapaziada...

– Você lembra do nome de alguns? O Ange, o Lucre? O Gravat? Clément?

– Não, não me lembro de nomes, só me lembro de um cocheiro sacana que me levou ao hospital com um amigo doente e que disse que eu era o causador da doença do meu amigo. É só.

– E os seus amigos?

– Não sei.

Pobre Titin, dou-lhe minha ponta de cigarro e me levanto com uma imensa piedade no coração por esse pobre ser que vai morrer como um cão. Sim, é muito perigoso coabitar com loucos, mas o que fazer? Em todo caso, é o único modo, suponho, de preparar uma fuga sem condenação.

Salvidia está quase pronto. Já tem duas das chaves, só falta a da minha cela. Arranjou também uma corda muito boa e, além disso, fez uma outra com os fios do tecido da maca, que, segundo me disse, são formados por cinco outros fios. Por esse lado, tudo vai bem.

Tenho pressa de passarmos à ação, pois é realmente duro continuar desempenhando meu papel nesta comédia. Para ficar na parte do asilo em que se encontra minha cela, tenho que arranjar uma crise de vez em quando.

Arranjei uma tão bem representada, que os guardas-enfermeiros me puseram numa banheira com água muito quente e me deram duas injeções de brometo. A banheira é coberta por um tecido muito resistente, de modo que não posso sair. Só minha cabeça fica de fora, por um buraco. Estou nesse banho há mais de duas horas, com essa espécie de camisa de força, quando entra Ivanhoé. Fico terrificado pelo modo como aquele bruto me olha. Tenho um medo tremendo de que ele me estrangule. Não posso sequer me defender, já que estou com os braços debaixo do pano.

Ele se aproxima de mim, seus grandes olhos me fitam atentamente, tem o ar de procurar saber onde já viu essa cabeça que emerge dali como de um buraco de guilhotina. Seu hálito e seu cheiro de podridão me inundam o rosto. Tenho vontade de gritar por socorro, mas temo torná-lo ainda mais furioso com meus gritos. Fecho os olhos e espero, certo de que ele vai me estrangular com suas grandes mãos de gigante. Não vou esquecer tão cedo esses segundos de terror. Enfim, ele se afasta de mim, anda pela sala, depois vai até os registros da água. Fecha a água fria e abre inteiramente a água fervente. Berro, como um perdido, pois estou a ponto de cozinhar completamente. Ivanhoé sai. Há vapor na sala inteira, sufoco-me respirando-o e faço esforços sobre-humanos, em vão, para tentar arrebentar este pano miserável. Enfim, chegam em meu socorro. Os guardas viram o vapor que saía pela janela. Quando me tiram daquela água fervente, tenho queimaduras horríveis e sofro como um danado. Principalmente nas coxas e nas partes onde a pele se desprendeu. Besuntado de ácido pícrico, deitam-me na pequena sala de enfermaria do asilo. Minhas queimaduras são tão graves que resolvem chamar o doutor. Algumas injeções de morfina me ajudam a passar as primeiras 24 horas. Quando o médico me pergunta o que aconteceu, digo-lhe que um vulcão surgiu na banheira. Ninguém compreende o que aconteceu. E o guarda-enfermeiro acusa o que preparou o banho de ter regulado mal as saídas de água.

Salvidia acaba de sair, depois de me untar com pomada pícrica. Está pronto e me faz reparar que é uma sorte eu estar na enfermaria, pois, caso a fuga fracasse, poderemos voltar para essa parte do asilo sem sermos vistos. Ele deverá fazer rapidamente uma chave da enfermaria. Acaba de tirar o molde num pedaço de sabão. Amanhã teremos a chave. Eu é que devo dizer o dia em que me sentir suficientemente curado para aproveitar o primeiro turno de um dos guardas que não fazem ronda.

Marco para esta noite, durante a guarda da 1 às 5 horas da manhã. Salvidia não está de serviço. Para ganhar tempo, ele vai esvaziar o tonel de vinagre às 11 horas da noite. O outro, o de óleo, vamos rolá-lo cheio, pois o mar está muito ruim e talvez o óleo possa nos servir para acalmar as vagas quando o derramarmos na água.

Tenho uma calça de sacos de farinha cortada nos joelhos e um blusão de lã, uma boa faca na cintura. Tenho também um saco impermeável que vou pendurar no pescoço; nele estão cigarros e um isqueiro de estimação. Salvidia preparou uma mochila impermeável com farinha de mandioca embebida em óleo e açúcar. Mais ou menos uns 3 quilos, me disse ele. É tarde. Sentado em minha cama, espero meu companheiro. Meu coração dá fortes pancadas. Dentro de alguns instantes, a fuga vai começar. Que a sorte e Deus me favoreçam! Que eu consiga sair para sempre do caminho da podridão!

É estranho: dedico ao passado apenas um pensamento rápido, que vai para meu pai e minha família. Nenhuma imagem do tribunal, dos jurados ou do promotor.

No momento em que a porta está se abrindo, relembro, a contragosto, Matthieu carregado de pé pelos tubarões.

– Papi, a caminho!

Sigo-o. Rapidamente, ele fecha a porta e esconde a chave num canto do corredor.

– Depressa, vamos.

Chegamos à despensa, a porta está aberta. Tirar o tonel vazio é uma brincadeira. Ele envolve o tonel com cordas, eu com fios de ferro. Pego a mochila de farinha e na noite escura começo a rolar meu tonel para o mar. Ele vem atrás, com o tonel de óleo.

Felizmente, ele é muito forte e consegue controlá-lo com facilidade nesta descida quase vertical.

– Devagar, devagar, tome cuidado para que ele não pegue velocidade.

Espero-o, para o caso de ele soltar seu tonel, que assim seria forçado a parar, ao bater contra o meu. Desço de costas, eu na frente e o tonel atrás. Sem qualquer dificuldade, chegamos lá embaixo. Há um pequeno acesso ao mar, mas primeiro devemos transpor rochedos que são difíceis de ultrapassar.

– Esvazie o tonel. Não vamos poder passar pelos rochedos com ele cheio.

O vento sopra com força e as vagas rebentam raivosamente contra os rochedos. Pronto, está vazio.

– Enfie a rolha, bem apertada. Espere, ponha esta placa de lata por cima. Os buracos estão feitos. Enfie bem as pontas.

Com o barulho do vento e das vagas, as pancadas não podem ser ouvidas.

Bem presos um ao outro, não é fácil erguer os dois tonéis acima dos rochedos. Cada um deles é de duzentos e vinte e cinco litros. São volumosos e difíceis de manejar. O lugar escolhido por meu amigo para entrarmos no mar não facilita as coisas.

– Empurre para cima, em nome de Deus! Erga um pouco. Cuidado com essa onda!

Nós dois fomos derrubados, com tonéis e tudo, e jogados com força contra o rochedo.

– Cuidado! Eles podem rachar. E nós podemos quebrar a perna ou um braço!

– Acalme-se, Salvidia. Passe na frente, para o mar, ou venha aqui por trás. Lá, está bem localizado. Puxe para você, de uma vez, assim que eu gritar. Vou empurrar ao mesmo tempo, e certamente vamos nos distanciar dos rochedos. Mas, para isso, é preciso primeiro nos mantermos firmes no lugar, mesmo quando a onda nos cobrir.

Gritando essas ordens ao meu companheiro, no meio da barulheira do vento e das ondas, creio que ele as entendeu: um enorme vagalhão cobre completamente o compacto bloco que formamos, os tonéis, ele e eu. É então que, raivosamente, com todas as minhas forças, empurro a jangada. Ele também puxa, seguramente, pois de repente nos encontramos soltos e levados pela onda. Ele sobe nos tonéis antes de mim e, no momento em que subo, uma enorme vaga nos apanha por baixo e nos atira como uma pluma sobre um rochedo pontudo, mais avançado que os outros. A espantosa pancada é tão forte que os tonéis se desmancham, os pedaços se espalham por todos os lados. Quando a vaga se retira, leva-me a mais de vinte metros do rochedo. Nado e deixo-me levar por uma outra vaga, que rola direto sobre a costa. Aterrisso, praticamente sentado, entre dois rochedos. Tenho tempo de me agarrar antes de ser arrastado de novo. Contundido por toda parte, consigo sair dali, mas quando piso em seco, percebo que meu amigo foi arrastado para mais de cem metros do ponto em que havíamos entrado no mar.

Sem precauções, grito: "Salvidia! Romeo! Onde você está?" Não há resposta. Aniquilado, deito-me no chão, tiro as calças, o blusão de lã e me encontro nu, só de cueca. Meu Deus, meu amigo, onde está ele? E grito de novo, o mais alto que posso: "Onde você está?" Apenas o vento, o mar, as vagas me respondem. Fico ali, sem saber quanto tempo, atônito, completamente aniquilado, física e moralmente. Depois, choro de raiva, jogando para longe o saquinho com cigarro e isqueiro que pendurara no pescoço, gentileza fraternal feita pelo meu amigo, pois ele não fumava.

De pé, rosto ao vento, encarando aquelas vagas monstruosas que acabavam de destruir tudo, ergo meu punho e insulto os céus: "Sujos, porcos, nojentos, pederastas, vocês não têm vergonha de se encarniçar assim contra mim. Pervertidos, sujos, filhos da puta." E não chega. Continuo contra Deus: "Um bom Deus, você? Nunca mais pronunciarei o seu nome! Você não merece!"

O vento abaixa e essa calma aparente me faz bem e me traz de volta à realidade.

Vou tornar a subir para o asilo e, se puder, vou entrar de novo na enfermaria. Com um pouco de sorte, vai ser possível.

Subo o costão com uma única ideia: entrar e tornar a me deitar em meu colchão. Nem visto, nem reconhecido. Sem aborrecimentos, chego ao corredor da enfermaria. Saltei o muro do asilo, pois não sei onde Salvidia pôs a chave da porta principal.

Sem procurar muito, encontro a chave da enfermaria. Entro e fecho a porta atrás de mim, com duas voltas. Vou à janela e jogo a chave bem longe, ela cai do outro lado do muro. E eu me deito. A única coisa que poderia me denunciar é minha cueca molhada. Tiro-a e vou torcê-la na privada. Com a colcha cobrindo-me o rosto, vou me esquentando aos poucos. O vento e a água do mar me deixaram gelado. Será que meu amigo se afogou, realmente? Talvez tenha sido carregado para mais longe do que eu e conseguido se agarrar na ponta da ilha. Será que não voltei depressa demais? Devia ter esperado mais um pouco. Reprovo-me por ter admitido muito depressa que meu companheiro estava perdido.

Na gaveta da mesinha de cabeceira há dois comprimidos para dormir. Engulo-os sem água. Minha saliva basta para fazê-los descer.

Estou dormindo quando, sacudido, vejo o guarda-enfermeiro diante de mim. A sala está cheia de sol e a janela aberta. Três doentes olham lá de fora.

– Então, Papillon? Você dorme como uma pedra. São 10 horas da manhã. Ainda não tomou seu café? Está frio. Olhe, beba.

Mal desperto, percebo que, no que concerne a mim, parece que não há nada de anormal.

– Por que me acordou?

– Porque, como suas queimaduras já sararam, precisamos da cama. Você vai voltar para a cela.

– Está bem, chefe.

E eu o sigo. Ao passar pelo pátio, ele me deixa lá. Aproveito para secar minha cueca ao sol.

Há três dias que a fuga fracassou. Não se falou nada. Vou de minha cela para o pátio, do pátio para minha cela. Salvidia não apareceu mais, portanto ele morreu, coitado, certamente arrebentado contra os rochedos. Eu mesmo escapei de boa e seguramente me salvei porque estava atrás ao invés de estar na frente. Como saber? É preciso que eu saia do asilo. Vai ser difícil fazer com que acreditem que estou curado ou, pelo menos, apto a voltar ao barracão; vai ser mais difícil do que foi vir para o asilo. Agora preciso convencer o doutor de que estou melhor.

– Sr. Rouviot (é o enfermeiro-chefe), sinto frio à noite. Prometo não sujar minhas roupas. Por que não me dá uma calça e uma camisa, por favor?

O guarda está estupefato. Olha-me, muito espantado, depois me diz:

– Sente-se aqui comigo, Papillon. Conte-me, que há?

– Estou surpreendido, chefe, de me encontrar aqui. É o asilo; portanto, estou entre os loucos? Será que, por acaso, perdi o rumo? Por que estou aqui? Diga-me, chefe, por gentileza.

– Meu velho Papillon, você esteve doente, vejo que está com uma aparência melhor. Quer trabalhar?

– Sim.

– Que quer fazer?

– Qualquer coisa.

E eis-me vestido, ajudo a limpar as celas. Nesta noite deixaram minha porta aberta até as 9 horas e foi somente quando o guarda da noite começou seu turno que me fecharam.

Um cara de Auvergne, condenado-enfermeiro, falou comigo pela primeira vez ontem à noite. Estávamos a sós no posto de guarda. O guarda ainda não havia chegado. Eu não conhecia esse cara, mas ele me conhecia bem, e disse:

– Não vale a pena continuar a luta, meu chapa.

– Que quer dizer?

– Deixe disso! Pensa que não manjei a sua jogada? Sou enfermeiro de birutas há sete anos e desde a primeira semana percebi que você era um simulador.

– Então, e daí?

– Daí, lamento sinceramente que tenha fracassado em sua fuga com Salvidia. Para ele, isso custou a vida. Sinceramente, tenho pena, porque era um bom amigo, apesar de ele não ter me dito nada, mas não o quero mal por isso. Se precisar de alguma coisa, é só me dizer, ficarei contente em lhe ser útil.

Seus olhos têm um olhar tão franco, que não duvido de sua retidão. E, se não ouvi ninguém falar bem dele, também não ouvi falar mal; portanto, deve ser um bom rapaz.

Pobre Salvidia! Deve ter havido um barulhão quando perceberam que ele sumiu. Encontraram os pedaços dos tonéis devolvidos pelo mar. Têm certeza que ele foi devorado pelos tubarões. O médico fez um barulho dos diabos por causa do óleo jogado fora. Diz que, com a guerra, não é fácil se conseguir óleo.

– Que me aconselha a fazer?

– Vou fazer com que nomeiem você para o grupo que sai do asilo todos os dias para ir buscar víveres no hospital. Será um passeio. Comece a se comportar bem. E, em dez conversas, mantenha oito dentro do bom senso. Nunca se deve sarar muito depressa.

– Obrigado. Como é seu nome?

– Dupont.

– Obrigado. Não vou esquecer seus bons conselhos.

Faz quase um mês que tentei a fuga. Seis dias depois encontraram o corpo do meu companheiro boiando. Por um acaso inexplicável, os tubarões não o comeram. Mas outros peixes devoraram, parece, suas entranhas e uma parte da perna, segundo me conta Dupont. Seu crânio estava quebrado. Devido ao adiantado grau de decomposição, não fizeram autópsia. Pergunto a Dupont se há possibilidade de eu mandar uma carta. Seria preciso fazê-la chegar às mãos de Galgani, para que a enfie dentro do saco do correio na hora de selá-lo.

Escrevo para a mãe de Romeo Salvidia, na Itália:

"Minha senhora, seu filho morreu sem ferros nos pés. Morreu no mar, corajosamente. Morreu livre, lutando valentemente para conquistar sua liberdade. Prometemo-nos mutuamente escrever às nossas famílias se alguma desgraça acontecesse a um de nós. Cumpro este doloroso dever, beijando-lhe filialmente as mãos.

Um amigo de seu filho,

Papillon."

Depois de cumprido o meu dever, decido não pensar mais nesse pesadelo. É a vida. Resta sair do asilo, chegar à Ilha do Diabo, custe o que custar, e tentar outra fuga.

O guarda nomeou-me jardineiro de seu jardim. Há dois meses que me comporto bem e fiz com que ele me apreciasse de tal maneira, que o veado do guarda não quer me largar mais. O cara de Auvergne disse que, em sua última visita, o médico queria me tirar do asilo para me pôr no barracão em "saída de experiência". O guarda se opôs, dizendo que seu jardim jamais estivera tão bem-cuidado.

Então, hoje de manhã, arranquei todos os morangueiros e joguei-os no lixo. No lugar de cada morangueiro, plantei uma pequena cruz. Tantos morangueiros, tantas cruzes. Contar o escândalo não vale a pena. O gordo e pesado guarda-chefe quase estourou, tão grande foi sua indignação. Ele babava e bufava, querendo falar, mas os sons não queriam sair. Finalmente, sentado num carrinho de mão, ele chorou lágrimas verdadeiras. Acho que exagerei, mas o que fazer?

O médico não levou a coisa para o lado trágico. Esse doente, insiste, deve ser posto em "saída de experiência" e ir para o barracão, a fim de se readaptar à vida normal. Foi de estar sozinho no jardim que lhe veio essa ideia bizarra.

– Diga-me, Papillon, por que arrancou os morangueiros e pôs cruzes no lugar?

– Não posso explicar essa ação, doutor, e peço desculpas ao vigilante. Ele gostava tanto dos morangueiros, que estou realmente desolado. Vou pedir ao bom Deus que lhe dê outros.

Eis-me no barracão. Reencontro meus amigos. O lugar de Carbonieri está vazio, ponho minha rede ao lado desse espaço vazio, como se Matthieu continuasse lá.

O doutor me fez bordar em meu blusão: EM TRATAMENTO ESPECIAL. Ninguém, a não ser o médico, pode me dar ordens. Ele me ordenou que catasse folhas, das 8 às 10 horas da manhã, diante do hospital. Bebi o café e fumei alguns cigarros em companhia do médico, em uma poltrona, diante da casa. Sua mulher está sentada conosco e o médico tenta fazer com que eu fale de meu passado, ajudado pela sua mulher.

– E então, Papillon, e depois? Que foi que lhe aconteceu depois que deixou os índios pescadores de pérolas?...

Passo todas as tardes com essas duas pessoas admiráveis.

– Venha me visitar todos os dias, Papillon – disse-me a mulher do doutor. – Primeiro, porque quero vê-lo; depois, para ouvir as histórias da sua vida.

Todo dia, passo algumas horas com o médico e sua mulher, às vezes só com a mulher dele. Obrigando-me a contar minha vida passada, eles estão persuadidos de que isso contribui para me equilibrar definitivamente. Decidi pedir ao médico que me mande à Ilha do Diabo.

Está feito: devo partir amanhã. Esse doutor e sua mulher sabem por que vou à Ilha do Diabo. Foram tão bons comigo que não quis enganá-los:

– Doutor, não aguento mais esta prisão, faça com que me mandem para a Ilha do Diabo, faça com que eu escape ou estoure, mas que isto acabe!

– Eu o compreendo, Papillon. Este sistema de repressão me desgosta, esta administração é podre. Então, adeus e boa sorte!

10 | A ILHA DO DIABO

O BANCO DE DREYFUS

É a menor das Ilhas da Salvação. Aquela que fica mais ao norte, também, e a mais batida pelo vento e pelas ondas. Depois de uma baixada estreita que se estende ao longo do mar por todo o litoral, eleva-se rapidamente até um planalto onde estão instalados o posto de guarda dos vigilantes e uma única enfermaria para os presos, uns dez mais ou menos. Para a Ilha do Diabo, oficialmente, não são mandados os condenados comuns, mas apenas os presos e deportados políticos.

Cada um vive numa casinha coberta de folhas de flandres. Às segundas-feiras recebem os víveres crus para a semana e todos os dias recebem um pão. São uns trinta. O enfermeiro é o Dr. Léger, que envenenou toda a família em Lyon ou algum lugar próximo. Os políticos não se dão com os comuns e às vezes escrevem para Caiena, queixando-se de um ou outro preso comum da ilha. Então, este é removido e levado de volta a Royale.

Um cabo liga Royale à Ilha do Diabo, porque muito frequentemente o mar está agitado demais para que o barco de Royale possa aportar numa espécie de pontão de cimento.

O chefe dos guardas do presídio (são três) chama-se Santori. É um grandalhão sujo e muitas vezes fica com uma barba de oito dias.

– Papillon, espero que você se porte bem na Ilha do Diabo. Não me encha o saco e eu vou deixar você sossegado. Suba para o presídio, vejo você lá.

Na enfermaria encontro seis forçados: dois chineses, dois negros, um sujeito de Bordéus e um de Lille. Um dos chineses me conhece bem, estava junto comigo em Saint-Laurent, preso preventivamente por assassinato. É um indochinês, um sobrevivente da revolta do presídio de Poulo Condor, na Indochina.

Pirata de profissão, atacava os barcos e às vezes assassinava toda a tripulação com a família. Excessivamente perigoso, tem no entanto uma maneira de viver em comum com os outros presos que capta a confiança e a simpatia.

– Como vai, Papillon?

– Bem. E você, Chang?

– Vou indo. Aqui a gente está bem. Você comer comigo. Você dormir lá, perto de mim. Eu cozinhar duas vezes por dia. Você pegar peixe. Aqui bastante peixe.

Santori chega:

– Ah, já se instalou? Amanhã de manhã, você vai com Chang dar de comer aos porcos. Ele leva os cocos e você parte os cocos com um machado. Precisa separar os cocos moles para os leitões que não têm dentes. À tarde, às 4 horas, a mesma coisa. Excetuadas estas duas horas, uma de manhã e outra de tarde, você está livre para fazer o que quiser na ilha. Cada pescador tem que levar 1 quilo de peixe para meu cozinheiro, ou de lagostim. Assim, todo mundo fica satisfeito. Está certo?

– Certo, Sr. Santori.

– Sei que você é um fujão inveterado, mas, como daqui a fuga é impossível, nem vou ligar. De noite, você fica trancado, mas eu sei que há alguns que fogem assim mesmo. Você podia ficar como guarda dos deportados políticos. Todos eles têm um facão de mato. Se você chegar perto das casas deles, vão pensar que você vai roubar um frango ou ovos. Eles podem até matar ou machucar você, porque eles enxergam você, e você não os vê.

Depois de dar de comer a mais de duzentos porcos, fiquei andando pela ilha o dia todo, acompanhado por Chang, que a conhece a fundo. Um velho, com uma longa barba branca, cruzou conosco na picada que dá volta à ilha pela praia. É um jornalista de Nova Caledônia que, durante a guerra de 1914, escrevia contra a França, a favor da Alemanha. Vi também o porco que mandou fuzilar Edith Cavell, a enfermeira inglesa ou belga que salvou os aviadores ingleses em 1917. Este repugnante personagem, grande e gordo, tinha um pau na mão e sovava um peixe enorme, de mais de 1 metro e 50 de comprimento e grosso como a minha coxa.

O enfermeiro também mora numa dessas casinhas que deveriam ser somente dos presos políticos.

O Dr. Léger é uma ótima pessoa. Sujo e atarracado, dele só o rosto é limpo, um rosto emoldurado de cabelos grisalhos e muito compridos sobre o pescoço e as têmporas. Suas mãos estão avermelhadas de feridas mal cicatrizadas, provavelmente provocadas pelo atrito com as asperezas das rochas do mar.

– Se precisar de alguma coisa, venha aqui, que eu arranjo para você. Venha só se estiver doente. Não gosto de que venham me procurar e menos ainda de me procurar para bater papo comigo. Vendo ovos e de vez em quando um frango ou uma galinha. Se matar um leitão escondido, traga um pernil e eu lhe dou um frango e seis ovos. Já que você está aqui, leve este vidro com 120 cápsulas de quinino. Você veio aqui para fugir, se por milagre você conseguir, vai precisar disso na mata.

Pesco quantidades astronômicas de salmonetes de manhã e de noite. Mando de 3 a 4 quilos todos os dias para a cozinha dos guardas. Santori está radiante, nunca recebeu tanta variedade de peixe e de lagostim. Às vezes, mergulhando na maré baixa, pego trezentos lagostins.

O médico Germain Guibert veio ontem à Ilha do Diabo. Como o mar estava bom, veio o comandante de Royale e a Sra. Guibert. Esta mulher admirável é a primeira a pôr os pés nesta ilha. De acordo com o comandante, jamais um civil botou os pés aqui. Pude falar mais de uma hora com ela. Foi comigo até o banco onde Dreyfus sentava olhando para o mar, em direção à França que o rejeitara.

– Se esta pedra polida pudesse contar os pensamentos de Dreyfus... – diz, acariciando a pedra. – Papillon, esta é seguramente a última vez que nós nos vemos, porque todos dizem que daqui a pouco você vai tentar nova fuga. Vou rezar para você conseguir. E eu lhe peço que, antes de partir, fique um minuto nesse banco que eu acariciei e peço que você o acaricie também ao se despedir dele.

O comandante me deu a autorização para mandar pelo cabo, sempre que eu quiser, lagostins e peixe para o doutor. Santori concordou.

– Adeus, doutor, adeus, senhora.

Despeço-me deles o mais naturalmente possível antes que a chalupa se afaste do pontão. Os olhos da Sra. Guibert se fixam em mim, imensos, francos, como para dizer: “Lembre-se sempre de nós, e nós não esqueceremos de você nunca mais.”

O banco de Dreyfus fica bem no alto da ponta norte da ilha. Domina o mar a mais de 40 metros.

Não fui pescar hoje. Num viveiro natural, tenho mais de 100 quilos de salmonetes e, numa pipa de ferro presa por uma corrente, mais de quinhentos lagostins. Assim, não preciso me ocupar com a pesca. Tenho o suficiente para mandar para o médico, para Santori, para o chinês e para mim.

Estamos em 1941, há onze anos que estou na cadeia. Tenho 35 anos. Passei os dez anos mais bonitos da minha vida na cela ou na masmorra. Tive apenas sete meses de liberdade completa com a minha tribo de índios. Os filhos que fui obrigado a ter com minhas duas mulheres índias estão agora com oito anos. Que horror! Como o tempo passou depressa! Mas, olhando para trás, contemplo estas horas, estes minutos, e recordo como custaram a passar quando os suportava, como cada um deles ficou integrado nesse calvário.

Trinta e cinco anos! Onde estão Montmartre, a Praça Blanche, Pigalle, o salão de baile do Petit Jardin, o bulevar de Clichy? Onde está Nénette, com seu rosto de madona, verdadeiro camafeu, Nénette que, com seus grandes olhos negros, desesperada, gritou no tribunal: "Não se preocupe, meu querido, estarei com você até lá"? Onde está Raymond Hubert com seu "Seremos absolvidos"? Onde estão os doze veados do júri? E os guardas? E o promotor? Que é feito de meu pai e das famílias que minhas irmãs constituíram sob o jugo alemão?

Quantas fugas! Vejamos, quantas?

A primeira, quando fugi do hospital, depois de derrubar os guardas a cacetadas.

A segunda na Colômbia, em Rio Hacha. A mais bonita. Lá, eu fora completamente vitorioso. Por que fui deixar minha tribo? Um estremecimento de desejo percorre meu corpo. Tenho a impressão de sentir ainda dentro de mim as sensações dos atos do amor com as duas irmãs índias.

Depois a terceira, a quarta, a quinta e a sexta em Barranquilla. Quanto azar nessas fugas! O golpe da missa, tão desgraçadamente malogrado! A dinamite que explodiu! Clousiot, que ficou pendurado pelas calças! E a demora do narcótico!

A sétima, em Royale, onde aquele puto do Bébert Celier me denunciou. Aquela teria dado certo, claro, se não fosse por ele. Se ele tivesse calado a boca, eu estaria livre com meu pobre amigo Carbonieri.

A oitava, a última, a do asilo. Um erro, um grande erro da minha parte, ter deixado o italiano escolher o lugar de entrar no mar. Duzentos metros mais para baixo, perto do matadouro, teríamos certamente mais facilidade para soltar a jangada.

Este banco – onde Dreyfus, condenado inocente, encontrou a coragem de continuar a viver apesar de tudo – deve servir-me para alguma coisa. Nunca me darei por vencido. Tentarei outra fuga.

Sim, esta pedra lisa, polida, em cima desse precipício, onde as ondas batem enraivecidas sem parar, será para mim um apoio e um exemplo. Dreyfus nunca se deixou abater e sempre, até o fim, lutou pela sua reabilitação. É verdade que ele teve Émile Zola com seu famoso *Eu Acuso* para defendê-lo. Todavia, não fosse um homem de muita fibra, diante de tanta injustiça teria se jogado com certeza no abismo, deste mesmo banco. Ele aguentou o golpe. Não devo ser menos forte do que ele e preciso largar de lado essa ideia de tentar uma nova fuga como alternativa: vencer ou morrer. Preciso esquecer a palavra morrer, para pensar somente em vencer e ser livre.

Nas longas horas que passo sentado no banco de Dreyfus, meus pensamentos vagueiam, sonham com o passado e constroem um furo cor-de-rosa. Meus olhos ficam frequentemente ofuscados por tanta luz, pelos reflexos da crista das ondas. De tanto olhar sem realmente enxergar este mar, conheço todos os caprichos possíveis e imagináveis das ondas que acompanham o vento. O mar, inexoravelmente, sem jamais se cansar, ataca os rochedos mais avançados da ilha. Ele os escava, corrói as rochas, parece dizer à Ilha do Diabo: "Vá embora, você precisa desaparecer, você me estorva quando eu me lanço sobre o continente, você barra o meu caminho. É por isso que cada dia, sem parar, eu arranco um pedacinho de você." Quando há tempestade, o mar se entrega à loucura e não apenas raspa, arrancando o que consegue destruir, mas ainda procura penetrar em todos os cantos para, pouco a pouco, minar por baixo esses gigantes de pedra, que parecem dizer: "Por aqui não se passa."

Então descubro uma coisa importantíssima. Justo embaixo do banco de Dreyfus, diante de imensas rochas em forma de ferradura, as ondas atacam, arrebentam e se retiram com violência. As toneladas de água não podem se dispersar, porque ficam presas entre esses dois penedos que formam uma ferradura de cerca de 5 ou 6 metros de largura. À frente fica o penhasco, portanto a água das ondas não tem outra saída senão voltar para o mar.

Isso é muito importante porque, se na hora em que a onda bate e volta eu me jogar do rochedo com um saco de cocos, mergulhando diretamente dentro dela, sem sombra de dúvida ela me arrastará consigo ao se retirar.

Eu sei onde posso pegar muitos sacos de juta; no mangueirão há sacos à vontade, para o recolhimento dos cocos.

A primeira coisa a fazer é uma experiência. Quando há lua cheia, a maré é mais alta e, portanto, as ondas são mais fortes. Vou esperar a lua cheia. Um saco de juta bem-costurado, cheio de cocos secos com sua casca de fibra, fica bem escondido numa espécie de gruta: para entrar nela, é preciso mergulhar e passar debaixo da água. Descobri essa gruta mergulhando para apanhar lagostins. Eles ficam grudados no teto da gruta, que só recebe ar quando a maré está baixa. Num outro saco, que amarrei ao saco de cocos, coloquei uma pedra que deve pesar 35 ou 40 quilos. Como vou partir com dois sacos de cocos em vez de um e peso 70 quilos, a proporção é a mesma: um saco para 35 quilos.

Estou excitadíssimo com a experiência. Este lado da ilha é tabu. Ninguém jamais poderá imaginar que alguém vá escolher o local mais batido pelas ondas, e portanto o mais perigoso, para fugir.

E, no entanto, é o único lugar de onde, se eu conseguir me afastar da costa, serei levado para o largo e não poderei de maneira alguma ir me espatifar na Ilha Royale.

É deste lugar que eu tenho que sair.

O saco de cocos e a pedra são muito pesados e nada fáceis de carregar. Não consegui empurrá-los para cima do rochedo. A rocha é escorregadia e está sempre molhada pelas ondas. Chang, com quem falei, vai me ajudar. Ele pegou todos os apetrechos de pesca, linhas de fundo, porque, se formos surpreendidos, vamos dizer que fomos colocar as linhas para apanhar tubarões.

– Vamos, Chang. Um pouco mais e vai dar.

A lua cheia clareia a cena como em pleno dia. O barulho das ondas me ensurdece. Chang pergunta:

– Você está pronto, Papillon? Jogue naquela lá.

A onda, de uns 5 metros de altura, levanta-se e se precipita como louca contra o rochedo, vai quebrar debaixo da gente, mas o choque é tão violento que a crista passa por cima do rochedo e nos molha inteiramente. Apesar disso, a gente joga o saco no momento exato em que ela forma um redemoinho antes de se retirar. Carregado como uma palha, o saco entra no mar.

– Aí, Chang, está bom.

– Espere para ver se saco não voltar.

Menos de cinco minutos depois, desanimado, vejo chegar o saco empoleirado na crista de um imenso vagalhão, de 7, 8 metros de altura ou mais. A onda levanta o saco de cocos e a pedra, e carrega-os em cima da crista, um pouco antes da espuma. E, com uma força espantosa, os devolve para o lugar de onde partiram, um pouco à esquerda. A coisa se espatifa sobre a rocha em frente. O saco se abre, os cocos se espalham e a pedra rola para o fundo do abismo.

Ensopados até os ossos, porque a onda nos molhou inteiramente e praticamente nos derrubou – felizmente para trás, em terra –, esfolados e chateados, Chang e eu, sem olhar mais para o mar, afastamo-nos o mais depressa possível desse lugar maldito.

– Nada bom, Papillon. Nada bom esta ideia de fugir da Ilha do Diabo. É melhor Royale. Do lado sul, você pode sair melhor do que daqui.

– É, mas em Royale a fuga pode ser descoberta em duas horas, no máximo. No saco de cocos, só com o impulso da onda, posso ser facilmente apanhado de novo pelas três lanchas da ilha. Ao passo que aqui, para começar, não existem barcos; em segundo lugar, com certeza tenho toda a noite pela frente antes de o pessoal perceber a fuga; depois, podem pensar que eu me afoguei pescando. Na Ilha do Diabo não há telefone. Se eu fugir com mau tempo, não existe chalupa capaz de chegar até aqui. Portanto, é daqui que preciso partir. Mas como?

Sol a pino ao meio-dia. Um sol tropical que quase faz ferver o cérebro dentro do crânio. Um sol que calcina todas as plantas que conseguiram brotar, mas não conseguiram crescer até se tornarem bastante fortes para resistir a ele. Um sol que faz evaporar em algumas horas toda poça de água do mar não muito profunda e deixa uma película branca de sal. Um sol que faz dançar o ar. Sim, o ar se mexe, na verdade se mexe diante dos meus olhos e a reverberação de sua luz sobre o mar queima minhas pupilas. Entretanto, outra vez no banco de Dreyfus, tudo isso não me impede de estudar o mar. E, então, percebo que sou um verdadeiro idiota.

O vagalhão, duas vezes maior que todas as outras ondas, que vomitou o saco sobre os rochedos, esmigalhando-o completamente, só se repete a cada sete ondas.

Do meio-dia ao pôr do sol, fiquei observando se isso era automático, se não havia mudanças bruscas, se não havia alguma alteração na periodicidade e na forma dessa onda gigantesca.

Não, nem uma vez o vagalhão apareceu antes ou depois. Seis ondas de uns 6 metros, depois, formando-se a mais de 300 metros da costa, o vagalhão. Aproxima-se reto como um I. Conforme vem vindo, aumenta de volume e altura. Quase sem espuma na crista, ao contrário das outras seis. Muito pouca. Faz um ruído particular, como uma trovoada que rola e vai se extinguindo ao longe. Quando bate nos dois rochedos e se precipita na passagem entre eles e vem se chocar no penhasco, a massa de água, muito maior que a das outras ondas, comprime-se, rodopia várias vezes dentro da cavidade e são necessários dez ou quinze segundos para que o redemoinho, como um turbilhão, encontre novamente a saída e se afaste, arrancando e rolando consigo grandes pedras que não param de ir e vir, com um estrondo parecido ao de centenas de carroças de pedras descarregadas brutalmente.

Coloco uns dez cocos no mesmo saco, enfio uma pedra de mais ou menos 20 quilos e assim que o vagalhão se quebra jogo o saco.

Não consigo acompanhá-lo com os olhos, porque há muita espuma branca dentro do abismo, mas posso vê-lo por um segundo quando a água, como que sugada, se precipita em direção ao mar. O saco não voltou. As seis outras ondas não tiveram força suficiente para devolvê-lo à costa e, quando a sétima se forma, a cerca de 300 metros, o saco já deve ter passado do ponto onde ela nasce, porque não o vejo mais.

Cheio de alegria e de esperança, volto para o presídio. Aí está, descobri uma largada perfeita. Nada de aventuras nesse golpe. Vou fazer mesmo um ensaio mais sério, com os dados exatos: dois sacos de cocos bem amarrados um ao outro e, em cima, 70 quilos de peso, divididos entre duas ou três pedras. Falo com Chang, o chinês, meu camarada de Poulo Condor, que escuta minhas explicações com os ouvidos bem abertos.

– É bom, Papillon. Acho que você descobriu. Eu ajudar você no ensaio de verdade. Esperar maré alta de 8 metros. Logo equinócio.

Ajudado por Chang, aproveitando a maré do equinócio, de mais de 8 metros, jogamos na famigerada onda dois sacos de cocos carregados com três pedras que devem ter uns 80 quilos.

– Como chamar a menina que você quis salvar em Saint-Joseph?

– Lisette.

– Nós chamar a onda que um dia levar você Lisette. Certo?

– Certo.

Lisette chega com o estrondo de um trem entrando na estação. Formou-se a mais de 250 metros e, aprumada como um penhasco, avança crescendo a cada segundo. É realmente muito impressionante. Ela arrebenta com tanta força, que Chang e eu somos varridos do rochedo e, sozinhos, os sacos caíram dentro do abismo.

Percebendo imediatamente, numa fração de segundo, que não podíamos ficar em cima do rochedo, jogamo-nos para trás, não escapamos do jato de água, mas também não caímos no abismo. Fazemos este ensaio às 10 da manhã. Não há perigo, porque os três guardas estão ocupados no outro lado da ilha com uma vistoria geral. O saco foi embora, distingue-se claramente, bem longe da costa. Será que foi jogado mais longe do ponto onde nasce a onda? Não temos indicação para saber se foi mais longe ou mais perto. As seis ondas que vêm depois de Lisette não chegam a pegá-lo no seu impulso. Outra vez, Lisette se forma e torna a vir. Não traz mais os sacos consigo. Portanto, eles saíram de sua zona de influência.

Subindo depressa no banco de Dreyfus para conseguir enxergá-los mais uma vez, temos a alegria de vê-los por quatro vezes; apareceu muito longe, na crista das ondas, não na direção da Ilha do Diabo, mas indo para o oeste. Indiscutivelmente, a experiência é positiva. Partirei para a grande aventura no dorso de Lisette.

– Lá está, olhe.

Uma, duas, três, quatro, cinco, seis... e lá vem Lisette.

O mar fica sempre agitado na ponta do banco de Dreyfus, mas hoje está particularmente de mau humor. Lisette avança com seu barulho característico. Parece mais enorme ainda, deslocando, sobretudo na base, ainda mais água do que habitualmente. Essa massa monstruosa vai atacar o rochedo mais rapidamente e mais aprumada do que nunca. E, quando rebenta e se precipita no espaço contra as enormes pedras, o golpe parece ainda mais ensurdecedor do que em todas as outras vezes.

– É lá que você diz que a gente vai se jogar? Bom, companheiro, você escolheu o lugar a dedo. Eu não vou. Quero sair daqui, é verdade, mas não me suicidar.

Sylvain fica muito impressionado com a descrição de Lisette, que acabo de lhe fazer. Está na Ilha do Diabo há três dias e, naturalmente, propus a ele partirmos juntos. Cada um numa jangada. Assim, se ele aceitar, terei um camarada para prosseguir a fuga no continente. No mato, sozinho, não é nada divertido.

– Não tenha medo antes do tempo. Reconheço que, à primeira vista, qualquer um dá para trás. Mas é a única onda capaz de levar a gente bastante longe, de maneira que as outras ondas que vêm atrás não terão a força de nos jogar de novo sobre os rochedos.

– Calma, olhe, nós experimentamos – diz Chang. – E, certo, depois que você for, não pode voltar à Ilha do Diabo, nem chegar a Royale.

Levei uma semana para convencer Sylvain. Um sujeito cheio de músculos, 1 metro e 80, bem proporcionado em todo o seu corpo de atleta.

– Bom. Admito que vamos ser arrastados para bem longe.

– Quanto tempo você acha que vamos levar para chegar à Terra Grande, com as marés?

– Francamente, Sylvain, não sei. A deriva pode ser mais ou menos longa, vai depender de muita coisa. O vento quase não vai influir, vamos estar muito dentro da água. Mas, se houver mau tempo, as ondas serão mais fortes e nos levarão mais depressa para a mata. Com sete, oito ou dez marés, no máximo, devemos ser jogados na praia. Portanto, vai levar de 48 a sessenta horas.

– Como é que você calcula?

– Das ilhas direto até a costa não são mais de 40 quilômetros.

"À deriva, é como a hipotenusa de um triângulo retângulo. Veja o sentido das ondas. Mais ou menos, precisamos fazer de 120 a 150 quilômetros, no máximo. Quanto mais a gente se aproximar da costa, mais diretamente as ondas vão nos dirigir e jogar sobre ela.

À primeira vista, você não acha que um destroço a esta distância da costa vai a 5 quilômetros por hora?"

Ele me olha e ouve atentamente minhas explicações. Este rapagão é muito inteligente.

– Não, você não está falando besteira, reconheço. Se não fosse pelas marés baixas, que vão nos fazer perder tempo, porque são elas que vão nos levar ao largo, com certeza a gente chegaria em menos de trinta horas à costa. Com as marés baixas, acho que você tem razão: entre 48 e sessenta horas, a gente chega à costa.

– Você se convenceu, vai comigo?

– Quase. Suponhamos que a gente esteja no continente, no mato. O que é que a gente faz?

– Precisamos chegar perto de Kourou. Lá tem uma aldeia bastante importante de pescadores, seringueiros e garimpeiros. É preciso aproximar-se com cuidado, porque há também uma colônia penal estrangeira. Deve ter certamente umas picadas no mato para chegar até Caiena e a um presídio de chineses, chamado Inini. Precisamos pegar um preso ou um civil negro e obrigá-lo a nos levar até Inini. Se o cara se portar bem, damos para ele 500 pratas – e que desapareça. Se bancar o durão, vamos obrigá-lo a fugir conosco.

– Que é que vamos fazer em Inini, nesse presídio especial para indochineses?

– O irmão de Chang está lá.

– É, meu irmão estar lá. Ele fugir com vocês, ele encontrar com certeza barco e comida. Se vocês encontrar Cuic-Cuic, vocês ter tudo para fuga. Um chinês nunca faz jogo polícia. Também qualquer chinês vocês encontrar no mato, vocês falar com ele e ele avisar Cuic-Cuic.

– Por que é que chamam seu irmão de Cuic-Cuic? – diz Sylvain.

– Não sei, os franceses batizar ele Cuic-Cuic.

E continua:

– Atenção. Quando vocês quase chegar Terra Grande, vocês encontrar areia. Nunca pisar na areia, ela não boa, ela chupar vocês. Esperar que outra maré leve vocês dentro do mato para poder agarrar cipós e galhos árvores. Senão, vocês fodidos.

– Ah! é, Sylvain. Nunca pisar na areia, nem bem perto da costa. Precisamos esperar até alcançar um galho ou um cipó.

– Tá bom, Papillon. Resolvi.

– Fazendo as duas jangadas iguais, mais ou menos, como temos o mesmo peso, com certeza não vamos ficar muito longe um do outro. Mas nunca se sabe. No caso de a gente se perder, como é que vamos nos encontrar de novo? Daqui não se vê Kourou. Porém, quando estava em Royale, você deve ter reparado que à direita de Kourou, aproximadamente a 20 quilômetros, há umas rochas brancas que se enxergam bem quando o sol bate nelas.

– Sei.

– São os únicos rochedos de toda a costa. À direita e à esquerda, até o infinito, é só areia. Essas rochas são brancas por causa da merda dos pássaros. Como ninguém jamais vai até lá, é um esconderijo para se aproveitar antes de afundar na mata. A gente pode comer ovos e os cocos que levar. Não se pode acender nenhum fogo. O primeiro que chegar espera o outro.

– Quantos dias?

– Cinco. É impossível que em menos de cinco dias o outro não chegue ao lugar combinado.

Fazemos as duas jangadas. Usamos sacos duplos, para obter mais resistência. Pedi dez dias a Sylvain para ficar o maior tempo possível treinando montar a cavalo num saco. Ele faz a mesma coisa. Percebemos que, quando os sacos estão a ponto de virar, é necessário um esforço suplementar para o montador ficar em cima. Sempre que possível, vai ser preciso deitar em cima do saco. Cuidado para não dormir, porque a gente pode perder o saco, caindo na água e não conseguindo mais agarrá-lo. Chang costurou um saquinho impermeável que vou prender no pescoço com uns cigarros e um isqueiro. Vamos ralar dez cocos, cada um, para levar. Sua polpa nos permitirá aguentar a fome e também matar a sede. Parece que Santori tem uma espécie de bexiga de couro para pôr vinho. Ele não usa isso. Chang, que às vezes vai até a casa do guarda, tentará passar a mão nela.

Vai ser domingo às 10 da noite. A maré, com a lua cheia, terá 8 metros. Lisette estará, pois, em toda a sua força. Chang vai dar de comer sozinho aos porcos domingo de manhã. Eu vou dormir sábado o dia todo e todo o domingo. Partiremos às 10 horas da noite, a vazante deve começar duas horas depois.

É impossível que meus dois sacos se separem um do outro. Estão amarrados com cordas de cânhamo trançado, arame, e costurados um ao outro com uma linha grossa para velas. Encontramos sacos maiores que os outros e a boca de um está encaixada na boca do outro. Os cocos não vão escapar.

Sylvain não para de fazer ginástica e eu me deixo massagear as coxas pelas ondas pequenas, que batem sobre elas durante longas horas. Com os golpes repetidos da água sobre minhas coxas e as contrações que sou obrigado a fazer para resistir a cada onda, criei pernas e coxas de ferro.

Num poço abandonado da ilha há uma corrente de cerca de 3 metros. Prendi-a às cordas que seguram meus sacos. Um parafuso de ferro passa através dos anéis. Se por acaso não aguentar mais, eu me amarro aos sacos com a corrente. Talvez assim eu possa dormir sem correr o risco de cair na água e perder minha jangada. Se os sacos virarem, a água vai me despertar e eu os colocarei novamente na posição certa.

– Então, Papillon. Mais três dias.

Sentados no banco de Dreyfus, olhamos para Lisette.

– É, mais três dias, Sylvain. Eu tenho fé que a gente vai conseguir. E você?

– É certo, Papillon. Terça de noite ou quarta de manhã, vamos estar no mato. E então vai ser sopa.

Chang vai ralar dez cocos para cada um. Além das facas, levamos dois sabres roubados do depósito de ferramentas.

O presídio de Inini fica a leste de Kourou. Somente andando de manhã, contra o sol, vamos ter certeza de seguir a direção certa.

– Segunda de manhã, Santori vai ficar bobo – diz Chang. – Eu não falar que você e Papillon desaparecidos antes de segunda 3 horas da tarde, quando guarda acabar sesta.

– E por que é que você não pode chegar correndo e dizer que uma onda carregou a gente enquanto a gente pescava?

– Não, eu nada complicações. Eu dizer: "Chefe, Papillon e Stephen não vir trabalhar hoje. Eu sozinho dei comer aos porcos." Só isso.

A FUGA DA ILHA DO DIABO

Domingo, 7 horas da noite. Acabo de acordar. Propositadamente, durmo desde sábado de manhã. A lua só sai às 9. Lá fora, a noite está negra. Poucas estrelas no céu. Grandes nuvens carregadas de chuva passam velozes por cima de nossas cabeças. Acabamos de sair do barracão. Como muitas vezes vamos pescar clandestinamente de noite ou mesmo passear pela ilha, todos os outros acham a coisa natural.

Um rapaz entra com seu amante – um árabe forte. Com certeza acabaram de fazer amor num canto qualquer. Olhando-os enquanto levantam a tábua para voltar à enfermaria, penso que, para o árabe, poder fazer amor com seu amigo duas ou três vezes por dia é o auge da felicidade. Poder satisfazer à saciedade suas necessidades eróticas é coisa que transforma a prisão num paraíso para ele. Para o garoto bonito é o mesmo. Deve ter uns 23 ou 25 anos. Seu corpo é o de um adolescente. Por mais que viva na sombra para conservar sua pele cor de leite, já deixou de ser um Adônis. Na prisão, contudo, tem mais amantes do que poderia pretender se estivesse em liberdade. Além do amante do coração, o árabe, ele pega clientes a 25 francos cada um, exatamente como uma puta da Rua Rochechouart, em Montmartre. Além do prazer que os clientes provocam nele, ganha dinheiro suficiente para ele e seu "homem" viverem comodamente. Eles e seus clientes se dedicam obstinadamente ao vício e, desde o dia em que puseram os pés na prisão, sua cabeça só teve um ideal: o sexo.

O procurador que os condenou fracassou na tentativa de castigá-los, colocando-os no caminho da corrupção. Nessa corrupção é que eles encontraram a felicidade.

Descida a prancha na bunda do veadinho, ficamos sós, Chang, Sylvain e eu.

– Vamos andando.

Logo estamos no norte da ilha.

Tiramos as duas jangadas da gruta. Logo ficamos os três molhados. O vento sopra com os uivos característicos do vento desencadeado do alto-mar. Sylvain e Chang me ajudam a puxar minha jangada até o alto do rochedo. Na última hora, resolvo prender o pulso esquerdo à corda do saco. Tenho medo, de repente, de perder o saco e de ser carregado sem ele. Sylvain sobe no rochedo em frente, com a ajuda de Chang. A lua já está bem alta, enxerga-se muito bem. Enrolei uma toalha em volta da cabeça. Temos que esperar seis ondas. Leva tempo.

Chang chega perto de mim. Envolve-me o pescoço, depois me abraça. Deitado sobre a rocha e abaixado numa depressão da pedra, ele vai segurar minhas pernas para ajudar-me a aguentar a arrebentação de Lisette.

– Mais uma – grita Sylvain –, a próxima é a nossa!

Fica na frente da sua jangada, para cobri-la com o corpo e protegê-la contra a água que vai passar sobre ela. Estou na mesma posição e, além disso, para me segurar, tenho as mãos de Chang, que no nervosismo me enfia as unhas na panturrilha.

Está chegando, a Lisette que vem nos buscar. Vem empinada como a torre de uma igreja. Com seu costumeiro estrondo ensurdecedor, quebra-se sobre os dois rochedos e afunda em direção ao penhasco.

Atirei-me uma fração de segundo antes de meu companheiro, que parte imediatamente, e nas duas jangadas, coladas uma à outra, Lisette nos arrasta ao largo com uma rapidez vertiginosa. Em menos de cinco minutos estamos a mais de 300 metros da costa. Sylvain ainda não subiu na sua jangada. Eu já estava em cima dela no minuto seguinte. Com um pano branco na mão, empoleirado no banco de Dreyfus, onde teve que trepar depressa, Chang manda seu último adeus. Já faz cinco minutos que saímos do lugar perigoso onde as ondas se formam para ir direto contra a Ilha do Diabo. As que nos levam são bem mais compridas, quase sem espuma, e tão regulares que vamos à deriva, formando um só corpo com elas, sem balançar e sem que a jangada corra o perigo de virar.

Subimos e descemos estas ondas profundas e altas, levados suavemente para o largo com a vazante.

Ao subir na crista de uma dessas ondas, uma vez mais, virando completamente a cabeça, posso enxergar o pano branco de Chang. Sylvain não está muito longe de mim, a uns 50 metros em direção ao alto-mar. Várias vezes, ele levanta o braço e o agita em sinal de alegria e de vitória.

A noite não foi dura e sentimos fortemente a mudança de atração do mar. A maré com a qual partimos nos atirou ao largo, esta nos empurra agora para a Terra Grande.

O sol se levanta no horizonte, são portanto 6 horas. Estamos muito junto da água para conseguir avistar a costa. Vejo que estamos bastante longe das ilhas, pois, embora o sol as ilumine completamente, mal se distinguem e não se percebe que são três. Vejo uma massa, só isso. Não podemos distinguir os detalhes, penso que estão a pelo menos 30 quilômetros.

Tenho um sorriso de triunfo, pelo êxito total.

E se eu sentasse na jangada? O vento me empurraria melhor, batendo nas minhas costas.

Pronto, sentei. Desenrolo a corrente e dou uma volta em torno da minha cintura. Com o parafuso bem engraxado, é fácil fechar a porca. Levanto as mãos no ar para secá-las no vento. Vou fumar um cigarro. Pronto. Longamente, profundamente, aspiro as primeiras tragadas e assopro a fumaça docemente. Não tenho mais medo. Porque é inútil descrever a dor de barriga que eu tive antes, durante e depois dos primeiros momentos de ação. Não, não tenho medo, de modo que, terminado o cigarro, resolvo comer um pouco de coco ralado. Como um belo punhado, depois fumo outro cigarro.

Sylvain está bastante longe, agora. De tempos em tempos, quando nos encontramos no mesmo momento sobre a crista de uma onda, conseguimos nos enxergar furtivamente. O sol bate com uma força dos diabos sobre o meu crânio, que começa a ferver. Molho minha toalha e enrolo-a na cabeça. Tirei a malha de lã. Apesar do vento, sufoco com ela.

Meu Deus, minha jangada virou e quase me afoguei. Bebi dois bons goles de água salgada. Não conseguia, apesar dos meus esforços, virar os sacos e tornar a subir em cima deles. A culpa é da corrente. Meus movimentos não são bastante livres por causa dela. Enfim, fazendo-a deslizar sempre no mesmo sentido, consegui nadar ao lado dos sacos e respirar profundamente. Experimento livrar-me completamente da corrente, meus dedos procuram inutilmente desaparafusar a porca. Irrito-me e, talvez por estar muito nervoso não tenho força suficiente nos dedos para soltá-la.

Ufa! Enfim, aqui está! Passei um mau pedaço. Fiquei completamente louco, pensando na impossibilidade de me livrar da corrente.

Não me preocupo em endireitar a jangada. Sinto-me esgotado, não tenho força suficiente. Subo na jangada. Que importa que a parte de baixo esteja virada para cima? Nunca mais vou ficar amarrado, nem com a corda nem com nada. Já percebi a besteira que fiz na hora da saída, prendendo meu pulso. Isso me servirá de experiência.

O sol, inexoravelmente, queima os meus braços, as minhas pernas. Meu rosto está em fogo. Molhá-lo é pior, acho, porque imediatamente a água se evapora e queima mais ainda.

O vento diminui bastante e, se a viagem é mais cômoda, porque agora as ondas são menos altas, em compensação avanço menos rápido. Muito melhor, portanto, o vento e o mar agitado do que a calmaria.

Tenho cãibras tão fortes na perna direita que grito, como se alguém pudesse me ouvir. Com o dedo, faço umas cruzes sobre a cãibra, lembrando-me de que minha avó dizia que isso faz a dor passar. O remédio da boa avó fracassa miseravelmente. O sol desceu bastante a oeste. São aproximadamente 4 da tarde, é a quarta maré depois da partida. Parece que esta maré montante puxa com mais força do que a outra em direção à costa.

Agora vejo sempre Sylvain e ele também me vê muito bem. Ele desaparece muito raramente, porque as ondas são pouco profundas. Tirou a camisa e está de peito nu. Sylvain me faz uns sinais. Está mais de 300 metros à minha frente, porém mais para o largo. Parece que está remando com as mãos, pela leve espuma em volta dele. Parece que quer segurar a jangada, para que eu chegue perto dele. Deito em cima dos sacos, mergulhando os braços na água, e remo. Se ele brecar e eu empurrar, será possível diminuir a distância entre nós?

Escolhi bem meu cúmplice nessa fuga, está à altura, cem por cento.

Paro de remar com as mãos. Sinto-me cansado. Preciso guardar minhas forças. Vou comer e tentar virar a jangada. A sacola da comida está embaixo e também a garrafa de couro com a água doce. Estou com sede e com fome. Meus lábios já estão partidos e queimam. A melhor maneira de virar os sacos é pendurar-me neles, na frente da onda, e depois empurrar com os pés na hora em que estão no alto da onda.

Deito em cima dos sacos, mergulhando os braços na água, e remo, uma vez só. Estou esgotado, pelo esforço que acabo de fazer, e subo com dificuldade nos sacos.

O sol está alto no horizonte e em pouco tempo vai desaparecer. É perto de 6 horas. Esperamos que a noite não seja muito agitada, porque vejo que são as longas imersões que me tiram as forças.

Bebo na bolsa de couro de Santori um bom gole de água, depois de comer dois punhados de polpa de coco. Satisfeito, as mãos secas pelo vento, tiro um cigarro e fumo, deliciado. Antes que escureça, Sylvain agita sua toalha e eu a minha, em sinal de boa-noite. Está sempre longe de mim. Estou sentado, com as pernas esticadas. Torço o máximo possível minha malha de lã e a visto. Estas malhas, mesmo molhadas, esquentam; e, desaparecido o sol, começo logo a sentir frio.

O vento refresca. Somente as nuvens a oeste estão banhadas de luz rosa no horizonte. Todo o resto, agora, está mergulhando na penumbra do crepúsculo, que se acentua de minuto em minuto. A leste, de onde vem o vento, nenhuma nuvem. Portanto, não há perigo de chuva para a noite.

Não penso absolutamente em nada. Não me pergunto se é bom eu me segurar, não me molhar inutilmente, nem me pergunto se seria preferível, caso o cansaço me vença, amarrar-me aos sacos, ou se isso é muito perigoso depois da experiência que eu tive. Então percebo que eu me sentia preso nos movimentos porque a corrente era muito curta, uma extremidade ficava inutilizada, enrolada nas cordas e nos arames do saco. Esta ponta é facilmente recuperável. Vou ter, então, os movimentos mais livres. Arrumo a corrente e prendo-a de novo na cintura. A porca cheia de graxa funciona sem dificuldade. Não preciso apertá-la demais, como da primeira vez. Assim, me sinto mais tranquilo, porque tenho um medo louco de pegar no sono e perder a jangada.

É, o vento aumentou e as ondas também. A jangada funciona otimamente, mas com as diferenças de nível cada vez mais acentuadas.

É noite completa. O céu está cravejado de milhões de estrelas e o Cruzeiro do Sul brilha mais que todas as outras.

Não vejo meu companheiro. Esta noite que começa é muito importante, porque, se a sorte permitir que o vento sopre durante toda a noite com a mesma força, vou andar bastante até amanhã de manhã.

Mais a noite avança, mais forte sopra o vento. A lua sai lentamente do mar, está de um vermelho pardacento e, quando, enfim livre, se apresenta enorme, inteira, distingo claramente suas manchas negras, que lhe dão o aspecto de um rosto.

Já são mais de 10 horas da noite. A noite fica cada vez mais clara. À medida que a luz se levanta, o clarão lunar fica mais intenso. As ondas ficam platinadas e sua estranha reverberação queima meus olhos. Não é possível deixar de olhar esses reflexos prateados, mas realmente machucam e queimam meus olhos, que já estão irritados pelo sol e a água salgada.

Por mais que eu mesmo ache que estou exagerando, não tenho vontade de resistir e fumo três cigarros seguidos.

Nada de anormal com a jangada, que, num mar fortemente agitado, sobe e desce sem problemas. Não posso ficar por muito tempo com as pernas esticadas sobre o saco de cocos, porque a posição sentada me dá logo cãibras horríveis.

Estou permanentemente molhado até a cintura. O peito está quase seco, o vento secou a malha, as ondas não me molham acima da cintura. Meus olhos ardem cada vez mais. Fecho-os. De vez em quando, pego no sono. "Você não pode dormir." Fácil dizer, mas não aguento mais. Merda! Luto contra estes entorpecimentos. E, cada vez que retomo o senso da realidade, sinto uma dor aguda no cérebro. Tiro o isqueiro. De vez em quando me queimo, encostando a chama no braço direito ou no pescoço.

Sinto uma angústia horrível que procuro afastar com toda a minha energia. Será que vou dormir? E, se cair na água o frio vai me acordar? Fiz bem de me prender de novo com a corrente. Não posso perder esses dois sacos, eles são a minha vida. Vai ser mesmo o diabo se, ao cair na água, eu não acordar mais.

Depois de alguns minutos estou de novo todo molhado. Uma onda rebelde, que com certeza não queria seguir na direção normal das outras, veio se chocar contra mim do lado direito. Não só ela me molhou, mas também me pôs atravessado, e duas outras ondas normais me cobriram completamente, da cabeça aos pés.

A segunda noite está bem adiantada. Que horas poderão ser? Pela posição da lua, que começa a descer a oeste, devem ser mais ou menos 2 ou 3 horas da manhã. Há cinco marés, trinta horas, que estamos na água. Ficar molhado até os ossos me serve para alguma coisa: o frio me acordou completamente. Estou tiritando, mas conservo os olhos arregalados sem esforço. As pernas ficam endurecidas e resolvo dobrá-las, colocando os pés debaixo das nádegas. Levantando-me com as duas mãos, uma de cada vez, consigo sentar-me em cima das pernas. Os dedos dos pés estão gelados, quem sabe se agora vão esquentar.

Fico bastante tempo assim, sentado com as pernas cruzadas. Mudar de posição me fez bem. Tento ver Sylvain, pois a lua ilumina bastante o mar. Só que ela já desceu e, com ela de frente, não consigo distinguir direito. Não, não enxergo nada. Ele não tinha nada para se amarrar aos sacos, será que ainda está em cima deles? Procuro por ele desesperadamente, é inútil. O vento está forte, mas é regular, não muda de repente, e isto é muito importante. Acostumei-me com seu ritmo e meu corpo forma um só volume com os sacos.

De tanto procurar em volta, só tenho uma ideia fixa na cabeça: ver meu companheiro. Seco os dedos no vento e assobio com todas as minhas torças, com os dedos na boca. Escuto. Ninguém responde. Será que Sylvain sabe assobiar com os dedos? Não sei. Devia perguntar para ele antes de partir. Podíamos até fazer dois apitos. Reprovo-me por não ter pensado nisso. Depois coloco as duas mãos diante da boca e grito: "Hu-Hu!" Só o barulho do vento me responde e o chuá-chuá das ondas.

Então, sem me importar mais, levanto-me e, de pé em cima dos sacos, levantando a corrente com a mão esquerda, fico me equilibrando enquanto cinco ondas me carregam na sua crista. Quando chego lá em cima fico completamente de pé e, para descer e tornar a subir, fico agachado. Nada à direita, nada à esquerda, nada pela frente. Será que ele está atrás de mim? Não tenho coragem de ficar de pé e olhar para trás. A única coisa que tenho a impressão de ter visto, sem nenhuma dúvida, é uma linha preta marcada nesta noite de lua. Com certeza é a floresta.

De dia vou ver as árvores, isso me faz bem. "De dia, você vai ver a floresta, Papi! Se Deus quiser, você vai ver também seu companheiro!"

Estiquei de novo as pernas depois de ter esfregado os dedos dos pés. Depois resolvo secar as mãos e fumar um cigarro. Fumo dois. Que horas serão? A lua está bastante baixa. Não lembro mais há quanto tempo antes do nascer do sol ela desapareceu na noite passada. Tento me lembrar com os olhos fechados, recordando as imagens da primeira noite. Inútil. Ah, é! De repente vejo claramente o sol levantar-se a leste e, ao mesmo tempo, uma ponta da lua ainda visível na linha do horizonte, a oeste. Então, devem ser quase 5 horas. A lua é bastante vagarosa para cair no mar. O Cruzeiro do Sul desapareceu há muito tempo, a Ursa Maior e a Ursa Menor também. Somente a estrela Polar brilha mais que todas as outras. Depois que o Cruzeiro do Sul sumiu, a Polar é a rainha do céu.

O vento parece aumentar. Pelo menos está mais denso, por assim dizer, do que durante a noite. Agora, as ondas estão mais fortes e mais profundas; e, na sua crista, a espuma branca é maior do que no começo da noite.

Há trinta horas que estou no mar. Preciso reconhecer que, por enquanto, as coisas vão mais bem do que mal e que o dia mais duro vai ser o que começa.

Ontem, por ter ficado exposto diretamente ao sol das 6 da manhã às 6 da noite, fiquei tremendamente cozido e assado. Hoje, com o sol batendo de novo em cima de mim, não vai ser fácil atravessar o dia. Meus lábios já estão rachados e, no entanto, estou ainda no frescor da noite. Ardem tanto quanto os olhos. Os braços e as mãos, a mesma coisa. Se puder, não vou descobrir os braços. Se for possível aguentar a malha de lã, vou ficar vestido com ela. O que me arde terrivelmente, também, é entre as coxas e o ânus. Nesse lugar, não é por causa do sol, mas da água salgada e da fricção em cima dos sacos.

De qualquer maneira, meu caro, queimado ou não, você está fugindo e, para estar onde está, vale bem a pena aguentar isto e muito mais. As perspectivas de chegar vivo na Terra Grande são 90 por cento positivas, e isto é alguma coisa, é ou não é? Nem que eu chegue completamente esfolado e vivo pela metade, não é preço alto por uma viagem dessas e um resultado desses. Imagine que não vi um único tubarão. Estão todos de férias? Você não pode negar que é um cara de muita sorte. Desta vez, você vai ver, vai dar certo. De todas as fugas muito estudadas, muito preparadas, afinal, a fuga bem-sucedida vai ser a mais idiota. Dois sacos de cocos e depois o vento e o mar levam você. Não precisa sair de Saint-Cyr para saber que todo destroço volta para a praia.

Se o vento e as ondas continuarem durante o dia com a mesma força desta noite, com certeza vamos chegar à terra durante a tarde.

O monstro dos trópicos surge atrás de mim. Parece bastante decidido a torrar tudo hoje, porque sai com todo o fogo. Ele expulsa a noite de lua em dois tempos. Não espera nem sair completamente de seu leito, para já se impor como o dono, o rei indiscutível dos trópicos. O vento num instante já ficou quase morno. Em uma hora vai fazer calor. Uma primeira sensação de bem-estar se desprende de todo o meu corpo. Mal os primeiros raios me tocam, um doce calor me percorre da cintura até a cabeça. Levanto a toalha feito um capuz, expondo o rosto ao sol, como se estivesse diante de um fogo de lenha. O monstro, antes de me queimar, quer me fazer sentir que ele é a vida antes de ser a morte.

O sangue corre fluido nas minhas veias e até minhas coxas molhadas sentem a circulação deste sangue vivificador.

Vejo claramente a floresta, o topo das árvores. Tenho a impressão de que não está muito longe. Vou esperar que o sol suba mais um pouco, para ficar de pé em cima dos sacos e ver se consigo avistar Sylvain.

Em menos de uma hora, o sol já está alto. É, vai fazer calor, diabo! Meu olho esquerdo está meio fechado e grudado. Pego um pouco de água nas mãos em conchas e esfrego. Arde. Tiro a malha: fico de peito nu alguns instantes antes que o sol me queime demais.

Uma onda mais forte que as outras me carrega por baixo e me leva bem para o alto. Na hora em que ela engrossa, antes de descer, vejo meu amigo por um segundo. Está sentado de peito nu sobre sua jangada. Não me viu. Está a menos de 200 metros de mim, um pouquinho para a frente, à esquerda. O vento está sempre forte e, para me aproximar dele, que está à minha frente, quase que na mesma linha, resolvo enfiar a malha só nos braços, levantá-los no ar e segurar a parte de baixo com a boca. Certamente este tipo de vela vai me empurrar mais rápido do que ele.

Mantenho a vela durante cerca de meia hora. Mas a malha me machuca os dentes e as forças que preciso gastar para resistir ao vento me esgotam depressa demais. Quando paro, contudo, tenho a sensação de ter andado mais rapidamente do que se tivesse me deixado carregar pelas ondas.

Hurra! Acabei de ver o meu amigo. Está a menos de 100 metros. Mas o que é que está fazendo? Não parece estar preocupado em saber onde estou. Quando outra onda me levanta bastante, torno a vê-lo uma, duas, três vezes. Notei distintamente que ele estava com a mão direita sobre os olhos, observando o mar. Olhe para trás, seu idiota! Deve ter olhado para o meu lado, decerto, mas não conseguiu me ver.

Fico de pé e assobio. Subindo do fundo da onda, vejo Sylvain de pé na minha frente. Levanta a malha no ar. Dissemo-nos bom-dia pelo menos umas vinte vezes antes de tornar a sentar. Cada onda que sobe, acenamos um para o outro; e por sorte ele sobe ao mesmo tempo que eu. Nas duas últimas ondas, ele estende os braços em direção à floresta, que agora podemos distinguir muito bem. Estamos a menos de 10 quilômetros. Perdi o equilíbrio e caí em cima da jangada. Ao ver meu camarada e a mata tão próxima, uma alegria imensa me invade, uma emoção tão grande que choro como uma criança. Nas lágrimas que limpam meus olhos purulentos, vejo mil cristais de todas as cores e penso bestamente: parecem os cristais de uma igreja. Deus está com você hoje, Papi. É no meio dos elementos monstruosos da natureza, o vento, a imensidão do mar, a profundeza das ondas, a abóbada verde imponente da floresta, que a gente se sente infinitamente pequeno relativamente a tudo que nos cerca e, talvez, sem procurá-lo, encontramos Deus, tocamos nele. Assim como o sentia de noite nas mil horas que passei nas masmorras lúgubres onde estava enterrado vivo sem um raio de luz, toco nele hoje, neste sol que se levanta para devorar aquilo que não tem força suficiente para suportá-lo, toco realmente em Deus, sinto-o em volta de mim, dentro de mim. Ele sussurra mesmo no meu ouvido: "Você sofre e vai sofrer mais ainda, mas desta vez resolvi ficar com você. Você será livre e vencerá, prometo."

Nunca ter recebido instrução religiosa, não conhecer o *á-bê-cê* da religião cristã, ser ignorante ao ponto de não saber quem é o pai de Jesus e se sua mãe era realmente a Virgem Maria e seu pai um carpinteiro ou um cameleiro, toda essa ignorância crassa não nos impede de encontrar Deus quando realmente o procuramos, e chegamos a identificá-lo com o vento, o mar, o sol, a mata, as estrelas, até com os peixes que ele teve que distribuir em profusão para que o homem se alimente.

O sol subiu rapidamente. Devem ser mais ou menos 10 horas da manhã. Estou completamente seco da cintura até a cabeça. Molhei a toalha e tornei a colocá-la como um capuz em volta da cabeça. Coloco a malha porque meus ombros, meus braços e minhas costas queimam horrivelmente. Até minhas pernas, que, no entanto, são frequentemente molhadas pela água, estão vermelhas como camarões.

Com a costa mais próxima, a atração é mais forte e as ondas se dirigem quase que perpendicularmente na sua direção. Vejo os detalhes da floresta, o que me faz supor que hoje de manhã, em quatro ou cinco horas, nos aproximamos de um modo estranhamente rápido. Graças à minha primeira fuga, sei calcular as distâncias. Quando se distinguem bem os detalhes das coisas, a gente está a menos de 5 quilômetros; percebo a diferença de distância entre os troncos das árvores e, da crista de uma onda mais alta, posso distinguir bem claramente uma árvore imensa caída, atravessada, molhando sua folhagem no mar.

Olhe, golfinhos e pássaros! Espero que os golfinhos não se divirtam a empurrar a jangada. Ouvi dizer que eles costumam empurrar em direção à costa os destroços ou os homens e que, além disso, os afogam com os golpes de seu focinho com a melhor das intenções, procurando ajudá-los. Não, eles dão voltas e mais voltas, são uns três ou quatro, vieram farejar, ver o que é, mas vão embora sem ao menos roçar na minha jangada. Ufa!

Meio-dia, o sol está bem acima da minha cabeça. Está mesmo com a intenção de fazer um assado comigo. Meus olhos supuram sem parar e a pele dos meus lábios e do nariz já foi embora. As ondas são mais curtas e se precipitam raivosamente, com um ruído ensurdecedor, em direção à costa.

Vejo Sylvain quase continuamente. Ele não desaparece quase nunca, as ondas não são mais muito profundas. De vez em quando, ele se vira e levanta o braço. Está sempre de peito nu, a toalha em cima da cabeça.

Não são mais ondas grandes, são pequenas ondas que nos levam para a costa. Existe uma espécie de barra onde elas se chocam com um ruído espantoso; depois, vencida a barra cheia de espuma, afundam, atacando a floresta.

Estamos a menos de 1 quilômetro da costa. Percebo os pássaros brancos e rosados, com suas plumas aristocráticas, que passeiam ciscando na areia. São milhares. Quase nenhum deles voa a mais de 2 metros de altura. Estes pequenos voos curtos são para não se molharem com a espuma. Há muita espuma e o mar está de um amarelo lamacento, nojento. Estamos tão perto, que enxergo nos troncos das árvores a linha suja que a água deixa na sua altura máxima.

O barulho das ondas não chega a cobrir os gritos agudos desses milhares de aves pernaltas de todas as cores. Pam! Pam! Mais 2 ou 3 metros. Pluft! Toquei o fundo, estou a seco, sobre a areia. Não há água suficiente para me levar. Pelo sol, são 2 horas da tarde. Há quarenta horas que parti. Foi anteontem, às 10 da noite, depois de duas horas de maré vazante. Portanto, é a sétima maré e é normal que eu esteja no seco: é a maré baixa. A maré alta vai começar lá pelas 3. De noite, vou estar no mato. Guardo a corrente, para não ser arrancado dos sacos, porque o momento mais difícil será aquele em que as ondas vão começar a passar por cima de mim, por falta de fundo, e vão me levar consigo. Não vou poder flutuar antes de pelo menos duas ou três horas de montante.

Sylvain está à minha direita, na frente, a mais de 100 metros. Olha para mim e faz uns gestos. Penso que ele quer gritar alguma coisa, mas sua garganta parece que não pode emitir som algum, senão eu ouviria. As ondas desapareceram, estamos em cima da areia, sem nenhum outro ruído para nos perturbar a não ser os gritos das aves pernaltas. Eu estou mais ou menos a 500 metros da floresta e Sylvain a 100 ou 150 metros de mim, na minha frente. Mas o que é que esta grande besta está fazendo? Está de pé e abandonou a jangada. Está louco? Ele não pode andar, senão vai afundar um pouco a cada passo e talvez não consiga mais voltar até a jangada. Quero assobiar, não posso. Tenho ainda um pouco de água, esvazio a bolsa, depois tento gritar para ele parar. Não consigo emitir nenhum som. Da lama saem algumas bolhas de gás, é apenas uma crosta fina, embaixo está o lodo, e o sujeito que se deixar apanhar está mesmo frito.

Sylvain se vira de novo para mim, me olha e faz sinais que não compreendo. Eu faço grandes gestos para ele, querendo dizer: não, não, não saia da jangada, você nunca vai chegar até a floresta! Como está atrás dos seus sacos de cocos, não sei se está perto ou longe da jangada. No começo penso que deve estar bastante perto e que, no caso de afundar, ele pode se pendurar nela.

De repente, percebo que ele se afastou bastante e que está afundado na lama sem poder se desgrudar e voltar para a jangada. Um grito chega até onde estou. Então, deito-me de bruços sobre meus sacos e afundo as mãos na areia, puxando com todas as minhas forças. Os sacos avançam e eu chego a deslizar mais de 20 metros. É então que, andando em linha oblíqua à esquerda, quando me ponho de pé, vejo, sem ser mais atrapalhado pelos sacos, meu companheiro, meu amigo, enterrado até a barriga. Está a mais de 10 metros de sua jangada. O terror me devolve a voz e eu grito: "Sylvain! Sylvain! Não se mexa, deite na areia! Se puder, solte as pernas!" O vento leva as minhas palavras e ele as compreende. Abaixa e levanta a cabeça para dizer sim. Fico de novo de bruços e arranco a lama fazendo deslizar os sacos. A raiva me dá forças sobre-humanas e bastante rapidamente avanço na sua direção mais de 30 metros. Demorei mais de uma hora certamente, mas estou bastante perto dele, talvez a 50 ou 60 metros. Enxergo mal.

Sentado, com as mãos, os braços, o rosto cheio de lodo, tento enxugar o olho esquerdo, pois entrou lama salgada, que arde e me impede de ver, não só desse olho, mas também do outro, do direito. Para ajudar, meu olho direito começa a chorar. Enfim, vejo-o; não está mais deitado, está de pé, só o seu peito se ergue acima da lama.

A primeira onda acaba de passar. Pulou por cima de mim, sem todavia me desgrudar, e foi se espalhar mais longe, cobrindo a areia com sua espuma. Passou também por cima de Sylvain, que está ainda com o peito de fora. Rapidamente penso: "Mais as ondas vão chegando, mais a lama vai ficar mole. Preciso chegar até ele, custe o que custar."

Uma energia de animal que vai perder sua cria apodera-se de mim e, como uma mãe que quer arrancar seu filho do perigo iminente, puxo, puxo, puxo sobre a lama para chegar até ele. Ele me olha sem uma palavra, sem um gesto, seus olhos grudados nos meus, que o devoram. Meus olhos cravados nele só se preocupam de não largar seu olhar e se desinteressam completamente de ver onde afundo as mãos. Arrasto-me um pouco, mas, por causa de duas outras ondas que passaram por cima de mim, cobrindo-me completamente, a areia ficou menos consistente e eu avanço muito menos rapidamente do que uma hora atrás. Uma onda enorme acaba de passar, quase me afogou e quase me desprendeu. Sento para ver melhor. Sylvain está na lama até as axilas. Estou a menos de 40 metros dele. Ele me olha intensamente. Percebo que ele sabe que vai morrer, afundado lá dentro, como um pobre imbecil, a 300 metros da terra prometida.

Torno a deitar e a arrancar esta lama que agora está quase líquida. Meus olhos e os seus estão fixos uns nos outros. Ele me faz sinal como para dizer que eu não insista, para não fazer mais esforços. Continuo, mesmo assim, e estou a menos de 30 metros quando chega uma onda grande que me cobre com sua massa de água e quase me arranca dos sacos, que, desprendendo-se, avançam 5 ou 6 metros.

Quando a onda passa, olho. Sylvain desapareceu. A lama, recoberta de uma leve camada de água espumosa, está completamente lisa. Nem mesmo a mão do meu pobre amigo aparece para me dar um último adeus. Minha reação é horrivelmente bestial, repugnante, o instinto de conservação acaba com qualquer sentimento: "Você está vivo. Você está sozinho e quando estiver no mato, sem amigo, não vai ser mole conseguir fugir."

Uma onda que se quebra nas minhas costas, porque estou sentado, chama-me à razão. Dobrou-me em dois e o golpe foi tão forte, que perco a respiração durante alguns minutos. A jangada desliza ainda alguns metros e somente então, olhando a onda morrer perto das árvores, choro Sylvain: "Estávamos tão perto! Se você não tivesse se movido... A menos de 300 metros das árvores! Por quê? Mas, me diga, por que você fez uma besteira dessas? Como você podia supor que essa crosta seca era bastante firme para permitir que você chegasse a pé até a costa? O sol? A reverberação? O que sei eu? Você não conseguia mais resistir a esse inferno? Diga-me por que um homem como você não conseguiu aguentar assar-se algumas horas mais?

As marolas se sucedem sem parar com um barulho de trovoada. Chegam cada vez mais próximas umas às outras e sempre maiores. Toda vez fico inteiramente coberto e toda vez deslizo mais alguns metros, sempre sobre a lama. Lá pelas 5 horas, as marolas se transformam de repente em ondas, eu desencalho e flutuo. As ondas, agora, quase não fazem barulho. A trovoada das marolas acabou. O saco de Sylvain já entrou no meio da vegetação.

Chego, não muito depressa, e sou depositado a apenas 20 metros da floresta virgem. Quando a onda se retira, estou de novo a seco, sobre a areia, e plenamente resolvido a não me mexer de meu saco até ter um galho ou um cipó nas mãos. Uns 20 metros. Levo mais de uma hora antes de chegar a um lugar bastante fundo e ser novamente levantado e levado para dentro do mato. A onda que me empurrou, rugindo, me jogou sobre as árvores. Solto o parafuso e me livro da corrente. Não vou jogá-la fora, pode ser que eu precise dela.

NA FLORESTA

Rápido, antes que o sol se ponha, penetro no mato meio nadando, meio caminhando, porque lá também há lama que suga a gente. A água penetra muito longe dentro do mato e, quando a noite cai, eu ainda não estou no seco. Um cheiro de podre chega até o meu nariz e tem tanto gás que meus olhos ardem. Estou com as pernas cheias de capim e folhas. Ainda empurro o saco de cocos. Cada vez que dou um passo, meus pés apalpam antes o terreno debaixo da água, e é só quando este não afunda que vou em frente.

Passo minha primeira noite em cima de uma grande árvore caída. Um monte de bichos passa por cima de mim. Meu corpo arde e queima. Acabo de colocar a malha, depois de amarrar bem o saco de cocos, que puxei para cima da árvore e prendi dos dois lados. Nos sacos está a vida, porque os cocos abertos me permitirão comer e aguentar o rojão. Meu facão está preso ao pulso direito. Estico-me, esgotado, em cima da árvore, no ponto onde dois galhos formam uma espécie de nicho grande, e adormeço antes de ter tempo de pensar em nada. Talvez tenha murmurado duas ou três vezes "Pobre Sylvain!", antes de cair no sono como uma pedra.

São os gritos dos pássaros que me acordam. O sol penetra muito longe dentro da floresta, chega horizontalmente; devem ser então 7 ou 8 da manhã. Em volta de mim está cheio de água, o mar deve estar na montante. É, talvez, o fim da décima maré.

Sessenta horas desde que saí da Ilha do Diabo. Não percebo se estou longe do mar. De qualquer maneira, vou esperar que a água se retire, para ir à beira do mar secar-me e tomar um pouco de sol. Não tenho mais água doce. Restam ainda três punhados de polpa de coco, que como deliciado; passo um pouco de coco também sobre minhas feridas. Em seguida, fumo dois cigarros. Penso em Sylvain, desta vez sem egoísmo. Antes de tudo, será que eu não devia ter fugido sem um amigo? Eu tinha mesmo a pretensão de me safar sozinho. Então, nada está mudado, só uma grande tristeza aperta o meu coração e eu fecho os olhos, como se isso pudesse me impedir de ver a cena do afundamento do meu pobre amigo. Para ele, está tudo acabado.

Firmei bem os sacos dentro do nicho e começo a tirar um coco. Consigo descascar dois, batendo-os com todas as minhas forças contra a árvore, no meio das pernas. Preciso bater na ponta, para que a casca se abra. É melhor do que com o facão. Como um coco fresco inteirinho e bebo o pouco de água muito açucarada que ele contém. Rapidamente, o mar se retira e posso andar na areia com facilidade e chegar até a praia.

O sol está brilhante e o mar de uma beleza sem igual. Demoradamente olho para o lugar onde suponho que Sylvain desapareceu. Minhas roupas ficam secas depressa e também meu corpo, que lavei com água salgada tirada de um buraco. Fumo um cigarro. Ainda um último olhar para o túmulo do meu amigo e entro na floresta, caminhando sem muita dificuldade. Com o saco em cima do ombro, lentamente, vou me enfiando debaixo das árvores. Em menos de duas horas encontro finalmente um terreno que nunca fica inundado. Nenhuma marca aos pés das árvores, para indicar que a maré chega até aqui. Vou acampar aqui e descansar bem durante 24 horas. Vou abrir os cocos aos poucos, retirar a polpa para colocá-la toda dentro do saco, pronta para eu comer quando quiser. Posso acender um fogo, mas acho que não é prudente.

O resto do dia e da noite se passou sem novidade. O barulho dos pássaros me acorda ao nascer do sol. Acabo de tirar a polpa dos cocos e, com uma pequena trouxa no ombro, dirijo-me para o oeste.

Lá pelas 3 da tarde encontro uma picada. É um caminho de seringueiros, madeireiros ou fornecedores dos garimpeiros. A picada é estreita mas limpa, sem galhos atravessados, deve ser usada continuamente. De vez em quando, algumas pegadas de burro ou de mula sem ferradura. Em alguns buracos de barro seco, percebo marcas de pés de homem, o dedão distintamente moldado na lama. Resolvo caminhar até anoitecer. Vou mascando coco, isso me alimenta e ao mesmo tempo tira a sede. Algumas vezes, com esta mistura bem mastigada, cheia de óleo e de saliva, esfrego o nariz, os lábios e o rosto. Meus olhos ficam muitas vezes colados e estão cheios de pus. Assim que puder, vou lavá-los com água doce. No saco, junto com os cocos, eu tinha uma caixa vedada com um pedaço de sabonete, um aparelho de barbear Gillette, doze lâminas e um pincel. Recuperei-a intacta.

Caminho com o facão na mão, mas não preciso usá-lo porque o caminho está livre de obstáculos. Percebo até, nas beiradas, cortes recentes de galhos. Por esse caminho passa gente, preciso ir com cuidado.

A floresta não é a mesma que eu conheci na minha primeira fuga, a de Saint-Laurent-du-Maroni. Essa tem duas camadas e não é tão cerrada como a do Maroni. A primeira vegetação vai até 5 ou 6 metros de altura, e, mais para cima, a abóbada da floresta fica a mais de 20 metros. É dia só do lado direito do caminho. Do lado esquerdo, é quase noite.

Caminho rapidamente, às vezes encontro alguma clareira, formada por um incêndio provocado pelo homem ou por um raio. Percebo alguns raios de sol. Sua inclinação mostra que não está muito longe de se pôr. Dou-lhe as costas, dirigindo-me para o leste, em direção à aldeia dos negros de Kourou ou à penitenciária do mesmo nome.

De repente, é noite. Não posso andar de noite. Vou entrar na floresta e procurar um lugar para me deitar.

A mais de 30 metros da picada, bem abrigado debaixo das folhas lisas de uma espécie de bananeira, deito em cima de um montão dessas folhas, que cortei com o facão. Vou dormir imediatamente, no seco, e tenho sorte de não estar chovendo. Fumo dois cigarros.

Não estou muito cansado nesta noite. O coco me sustenta. Só a sede seca minha boca e não consigo ter saliva facilmente.

A segunda parte da fuga começou e esta é a terceira noite que passei sem incidentes desagradáveis na Terra Grande.

Ah, se Sylvain estivesse aqui comigo! Não está, meu caro Papillon, o que é que você pode fazer? Para agir, você nunca na vida precisou de alguém que lhe desse conselho ou apoio. Você é homem ou não é? Não seja besta, Papillon, apesar do desgosto natural pela perda de seu amigo, apesar de estar sozinho no mato, você não deixa de ser forte. Estão muito longe os caras de Royale, Saint-Joseph e da Ilha do Diabo, há seis dias que você os deixou. Kourou deve estar informada. Os guardas do presídio dos estrangeiros, os negros da aldeia, todos já devem saber. Deve haver um posto de polícia ali também. Será conveniente ir até a aldeia? Não conheço nada dos arredores. O presídio fica entre a aldeia e o rio. É tudo o que sei de Kourou.

Em Royale, tinha pensado em agarrar o primeiro cara que aparecesse e obrigá-lo a me levar às proximidades do presídio de Inini, onde se encontram os chineses e portanto Cuic-Cuic, o irmão de Chang. Para que mudar o plano? Se na Ilha do Diabo concluíram que nós nos afogamos, não há perigo nenhum. Mas, se acharam que houve uma fuga, Kourou se torna perigosa. Como há um presídio de estrangeiros, deve estar cheio de árabes e, portanto, de caçadores de homens em quantidade. Cuidado, Papi! Nada de erros. Não se deixe apanhar. Você tem que enxergar o cara, seja quem for, antes que ele veja você. Conclusão: não devo andar pela picada e sim pelo mato, ao lado do caminho. Você cometeu um grande erro correndo o dia todo por esta picada, tendo o facão como única arma. Não foi leviandade, não: foi uma loucura. Então, amanhã vou andar pelo mato.

Levanto cedinho, acordado pelos gritos dos animais e dos pássaros que saúdam o nascer do dia, desperto junto com a floresta. Para mim, também começa um outro dia. Engulo um punhado de coco bem mastigado. Passo um pouco no rosto e me ponho a caminho.

Bem perto da picada, mas no meio das árvores, caminho com bastante dificuldade, porque, apesar de os cipós e os galhos não serem muito grandes, preciso afastá-los para seguir em frente. De qualquer maneira, fiz bem em sair do caminho, porque ouço um assobio. Na minha frente, a picada segue reta por uns 50 metros. Não vejo a pessoa que assobia. Ah, aí vem ela! É um negro do Sudão. Carrega um fardo no ombro e um fuzil na mão direita. Está com uma camisa cáqui e um *short*, as pernas nuas e os pés descalços. Com a cabeça abaixada, não tira os olhos do chão, as costas dobradas pelo peso do fardo volumoso.

Escondido atrás de uma árvore grande, na beirada mesmo do caminho, espero, com o facão preparado, que ele chegue perto de mim. Na hora em que ele passa na frente da árvore, caio em cima dele. Minha mão direita agarra no ar o braço que segura o fuzil e, torcendo-o, obrigo-o a largá-lo. "Não me mate! Tenha dó de mim, pelo amor de Deus!" Está de pé, com a ponta da minha faca encostada do lado esquerdo de seu pescoço. Abaixo e agarro o fuzil, uma velha espingarda de um cano só, mas que deve estar carregada de pólvora e chumbo até o pescoço. Armo o gatilho e, afastando-me 2 metros, ordeno:

– Ponha de lado o fardo, deixe-o cair. Não tente fugir correndo, porque eu o mato.

O pobre negro, aterrorizado, obedece. Depois olha para mim.

– O senhor é um foragido?

– Sou.

– Que é que o senhor quer? Tudo que eu tenho, pode pegar. Mas, por favor, não me mate, tenho cinco filhos. Pelo amor de Deus, me deixe vivo.

– Cale a boca. Como é que você se chama?

– Jean.

– Aonde vai?

– Levar mantimentos e remédios aos meus dois irmãos, que estão cortando lenha no mato.

– De onde você vem?

– De Kourou.

– Você é da aldeia?

– Nasci lá.

– Conhece Inini?

– Conheço, às vezes faço uns biscates com os chineses do presídio.

– Está vendo isso?

– O que é?

– Uma nota de 500 francos. Você escolhe: ou faz o que eu mando e eu lhe dou de presente esses 500 francos e devolvo o fuzil; ou você recusa, ou tenta me enganar, e então eu o mato. Escolha.

– O que é que eu tenho que fazer? Vou fazer tudo que o senhor mandar, mesmo sem ganhar nada.

– Você precisa me levar sem nenhum risco até perto do presídio de Inini. Depois que eu tiver entrado em contato com um chinês, você pode partir. Entendido?

– Está certo.

– Não tente me enganar, senão você é um homem morto.

– Não, eu juro que vou ajudar o senhor, honestamente.

Ele tem leite condensado. Tira seis latas e dá para mim, e também um pão de 1 quilo e toicinho defumado.

– Esconda seu saco no mato, pode pegar mais tarde. Olhe, aqui está uma marca na árvore que eu fiz com o facão.

Bebo uma lata de leite. Ele me dá também uma calça comprida novinha, um macacão de mecânico. Visto-o, sem largar a espingarda.

– De agora em diante, Jean, tome cuidado para ninguém ver a gente, porque, se alguém nos descobrir, a culpa será sua e, então, pior para você.

Jean sabe andar no mato melhor do que eu e custo a ir atrás dele, tão facilmente ele se desvia dos galhos e dos cipós. Esse desgraçado anda completamente à vontade no mato.

– O senhor veja, em Kourou ficamos sabendo que dois condenados fugiram das ilhas. Também quero ser honesto com o senhor: vai ser muito perigoso quando a gente passar perto do presídio de Kourou.

– Você parece bom e honesto, Jean. Espero não estar me enganando. Como você acha que é melhor para a gente ir a Inini? Pense que a minha segurança é a sua vida, porque, se os guardas ou os caçadores de homens me apanharem, vou ser obrigado a matar você.

– Como devo chamar o senhor?

– Papillon.

– Bom, Sr. Papillon, precisamos entrar completamente no mato e passar bem longe de Kourou. Garanto que eu levo o senhor até Inini pela floresta.

– Confio em você. Vá pelo caminho que você achar mais seguro.

No interior da floresta, andamos com muita cautela, mas, depois que deixamos as proximidades da picada, percebo que o negro está mais calmo. Não sua mais tanto e sua fisionomia está menos contraída; ele se sente como que tranquilizado.

– Parece que você tem menos medo agora, Jean.

– Sim senhor, Sr. Papillon. Perto do caminho era muito perigoso para o senhor, e então era perigoso para mim também.

Avançamos rapidamente. Esse preto é inteligente, nunca se afasta mais de 3 ou 4 metros de mim.

– Pare, quero fazer um cigarro.

– Tome um maço de Gauloises.

– Obrigado, Jean, você é um bom sujeito.

– Sou mesmo, muito bom. Veja o senhor, sou católico e sofro de ver como vocês presos são tratados pelos guardas brancos.

– Você viu muitos? Onde?

– No presídio estrangeiro de Kourou. Dá dó de ver eles morrendo aos poucos, destruídos por este trabalho de cortar a lenha, pela febre e a disenteria. Nas ilhas, vocês estão melhor. É a primeira vez que eu vejo um condenado como o senhor em perfeita saúde.

– É, a gente está melhor nas ilhas.

Sentamos um pouco num grande galho de árvore. Ofereço-lhe uma de suas latas de leite. Ele recusa e prefere mastigar a polpa do coco.

– Sua mulher é jovem?

– É, tem 32 anos. Eu tenho quarenta. Temos cinco filhos, três meninas e dois meninos.

– Você ganha bem a vida?

– Com o pau-rosa, a gente se defende mais ou menos e minha mulher lava e passa a roupa para os guardas. Isso ajuda um pouquinho. Somos muito pobres, mas dá para matar a fome e os meninos vão para a escola. Eles têm sempre sapatos para pôr.

Pobre negro, que pelo fato de seus filhos terem sapatos acho que está tudo bem. É quase do meu tamanho, seu rosto de negro não tem nada de antipático. Pelo contrário, seus olhos mostram claramente que é um homem dotado de sentimentos, trabalhador, sadio, bom pai de família, bom marido, bom cristão.

– E o senhor, Papillon?

– Eu, Jean, estou tentando tornar a viver. Estou enterrado vivo há dez anos, nunca paro de fugir para chegar um dia a ser como você, livre com uma mulher e filhos, sem fazer mal a ninguém nem com o pensamento. Você mesmo disse, esta prisão é podre e um homem de respeito deve fugir desta sujeira.

– Vou ajudar honestamente o senhor a conseguir isso. Vamos andando.

Com um maravilhoso senso de orientação, sem nunca hesitar no seu caminho, Jean me leva diretamente aos arredores do presídio dos chineses, onde nós chegamos quando a noite já caiu há umas duas horas. De longe ouvem-se uns disparos, não se vê luz alguma. Jean explica que, para chegar mesmo perto do presídio, precisamos evitar um ou dois postos avançados. Resolvemos parar para passar a noite.

Estou morto de cansaço, tenho medo de pegar no sono. E se eu estiver enganado a respeito do negro? Se for um farsante e me tomar o fuzil enquanto eu estiver dormindo e me matar? Ele ganharia em dobro me matando: livra-se do perigo que represento para ele e recebe uma recompensa por matar um fujão.

É, ele é muito inteligente. Sem falar, sem esperar, deita para dormir. Tenho ainda minha corrente e o parafuso. Tenho receio de prendê-lo, porque acho que ele pode desaparafusá-lo tão bem quanto eu e, agindo com precaução, se eu estiver dormindo, não vou perceber nada. Logo, vou tentar não dormir. Tenho um maço inteiro de Gauloises. Vou fazer tudo para não dormir. Não posso confiar nesse homem, que, além de tudo, é honesto, e naturalmente me considera um bandido.

A noite é completamente negra. Ele está deitado a 2 metros de mim, eu só enxergo o branco da planta de seus pés nus. A floresta tem os ruídos característicos da noite: ouço sempre o berro do macaco de papo grande, grito rouco e possante que se ouve a quilômetros. É muito importante, pois se for regular é porque seu bando pode comer ou dormir tranquilo. Não revela terror nem perigo, portanto não há animais ferozes nem homens fazendo a ronda.

Completamente tenso, aguento sem muito esforço o sono, ajudado por algumas queimaduras de cigarros e sobretudo por uma nuvem de mosquitos absolutamente decididos a me sugar todo o sangue. Poderia livrar-me deles passando saliva misturada com fumo. Se passar este suco de nicotina, fico livre dos mosquitos, mas sem eles sinto que vou pegar no sono. Só posso esperar que esses mosquitos não sejam portadores de malária ou de febre amarela.

Aqui estou eu, saído, provisoriamente talvez, do caminho da podridão. Quando entrei nele, tinha 25 anos, em 1931. Estamos em 1941. São dez anos. Foi em 1932 que Pradel, o promotor sem coração, conseguiu, por meio de um requisitório impiedoso e desumano, jogar-me jovem e forte nesse poço que é a penitenciária, fossa cheia de líquido visguento, que deveria me dissolver lentamente e me fazer desaparecer. Consegui, enfim, a primeira parte da fuga. Saí do fundo desse poço e estou na boca. Preciso mobilizar toda a minha energia e a minha inteligência para ganhar a segunda parte.

A noite corre lentamente, mas vai passando e eu não durmo. Nem larguei o fuzil. Fiquei tão acordado, ajudado pelas queimaduras e pelas picadas dos mosquitos, que nem uma vez sequer a arma caiu da minha mão. Posso ficar satisfeito comigo mesmo, não arrisquei minha liberdade capitulando sob o peso de tanto esforço. O espírito foi mais forte do que a matéria e eu me felicito quando ouço os primeiros gritos dos pássaros que anunciam o próximo nascer do dia. Os que "se levantam mais cedo que os outros" são o prelúdio do que não se faz esperar por muito tempo.

O negro senta-se, depois de ter se espreguiçado com todo o corpo, e começa a coçar os pés.

– Bom-dia, o senhor não dormiu?

– Não.

– Que besteira, já falei para o senhor que não precisava ter medo de mim. Decidi ajudar o senhor, para que tenha êxito no seu plano.

– Obrigado, Jean. O dia vai demorar a penetrar na floresta?

– Daqui a pouco mais de uma hora. Somente os bichos percebem tanto tempo antes de todo mundo que o dia vai nascer. Nós vamos ver um pouco de claridade daqui a uma hora. Empreste-me a sua faca, Papillon.

Sem hesitar, dou a faca para ele. Ele anda dois ou três passos e corta um galho de uma planta gorda. Dá um pedaço grande para mim e guarda o outro.

– Beba a água que está dentro e passe um pouco no rosto.

Nessa estranha bacia, bebo e me lavo. O dia já chegou. Jean devolve a faca. Acendo um cigarro e Jean também fuma. Vamos andando. É lá pelo meio do dia, depois de ter patinhado muitas vezes dentro de grandes poças de lama muito difíceis de atravessar, que, sem nenhum encontro, bom ou ruim, chegamos aos arredores do presídio de Inini.

Chegamos perto de uma verdadeira estrada de acesso ao presídio. Uma estreita linha de estrada de ferro corre ao lado desse amplo terreno desbravado. "São trilhos", diz ele, "por onde passam somente os carros empurrados pelos chineses. Esses carros fazem um barulho terrível, a gente ouve longe". Assistimos à passagem de um deles, em cima há um banco onde ficam sentados dois guardas. Atrás, dois chineses com longas varas de madeira freiam o vagão. Saem faíscas das rodas. Jean explica que as varas têm uma ponta de aço e que servem para empurrar ou para brecar.

A estrada é muito movimentada. Passam uns chineses carregando nos ombros rolos de cipós, outros um porco-do-mato; e outros, ainda, montes de folhas de coqueiro. Todas essas pessoas parecem dirigir-se ao presídio. Jean diz que há muitas razões para ir ao mato: caçar, procurar cipós para fazer móveis, folhas de coco para fazer esteiras que protegem os legumes da horta do calor do sol, caçar borboletas, abelhas, cobras etc. Certos chineses têm permissão para ir ao mato durante algumas horas, depois de terminar a tarefa imposta pela administração. Todos têm que voltar antes das 5 da tarde.

– Tome, Jean. Aqui estão os 500 francos e o seu fuzil (que previamente descarreguei). Tenho a minha faca e o meu facão. Pode ir. Obrigado. Deus lhe pague melhor do que eu por ter ajudado um desgraçado a tentar viver de novo. Você foi honesto, obrigado mais uma vez. Espero que, quando contar essa história a seus filhos, você diga: "Aquele condenado parecia um bom rapaz, não me arrependo de tê-lo ajudado."

– Sr. Papillon, é tarde, não vou poder andar muito antes da noite. Fique com o fuzil, fico com o senhor até amanhã de manhã. Gostaria, se o senhor quiser, de chamar eu mesmo o chinês que o senhor escolher para avisar o seu amigo. Ficará com menos medo de mim do que se ele encontrar um branco foragido. Deixe que eu vá pela estrada. Mesmo um guarda, se aparecer, não vai estranhar a minha presença. Direi que vim procurar pau-rosa para o entreposto de madeira Symphorien de Caiena. Tenha confiança em mim.

– Então, tome seu fuzil, vão achar estranho ver um homem desarmado no mato.

– É verdade.

Jean está plantado no caminho.

– Vou assobiar de leve quando aparecer o chinês que eu escolher.

– Bom-dia, sinhô – diz em patoá um velhinho chinês que carrega no ombro um tronco de bananeira, certamente um palmito, delicioso de comer. Assobio, porque este velho educado que cumprimentou Jean (foi o primeiro a cumprimentar) me agrada.

– Bom-dia, chinês. Pare, eu falar com você.

– Que querer, sinhô? – e para.

Falam por uns cinco minutos. Não ouço a conversa. Dois chineses passam, carregam uma corça grande enfiada numa vara. Está pendurada pelos pés, sua cabeça raspa o chão. Passam sem cumprimentar o negro, mas falam alguma coisa em chinês para o seu patrício, que responde com duas ou três palavras.

Jean manda o velho entrar no mato. Chegam até onde estou. Aproximando-se, ele estende a mão.

– Você fugiu?

– É

– De onde?

– Da Ilha do Diabo.

– Bom – ele ri e me olha com seus olhos puxados. – Bom, como você chamar?

– Papillon.

– Eu não conhecer.

– Eu amigo Chang, Cang Vauquien, irmão Cuic-Cuic.

– Ah! Bom – e me dá novamente a mão. – Que querer você?

– Avisar Cuic-Cuic que eu espero ele aqui.

– Impossível.

– Por quê?

– Cuic-Cuic roubar sessenta patos chefe de presídio. Chefe querer matar Cuic-Cuic. Cuic-Cuic fugiu.

– Há quanto tempo?

– Dois meses.

– Foi por mar?

– Não sei. Eu ir presídio falar outro chinês amigo íntimo Cuic-Cuic. Ele resolver. Você não sair daqui. Eu voltar essa noite.

– A que horas?

– Não sei. Mas eu voltar trazer comida para você, cigarros, você não acender fogo aqui. Eu assobiar "La Madelon". Quando você ouvir, você sair na estrada. Compreender?

– Compreendi.

E ele vai embora.

– O que é que você acha, Jean?

– Nada está perdido porque, se o senhor quiser, nós voltamos até Kourou e eu arranjo para o senhor um barco, comida e uma vela para partir por mar.

– Jean, eu vou para muito longe, é impossível ir completamente só. Obrigado pela oferta. No pior dos casos pode ser que eu aceite.

O chinês deu um pedaço grande de palmito para a gente. Comemos. É fresco e delicioso, com um gosto pronunciado de avelã. Jean vai ficar vigiando, confio nele. Passo suco de fumo no rosto e nas mãos, porque os mosquitos começam a atacar.

– Papillon, alguém está assobiando "La Madelon".

Jean me acorda.

– Que horas são?

– Não muito tarde, talvez 9 horas.

Saímos para a estrada. A noite está negra. Aproxima-se aquele que está assobiando, eu respondo. Ele se aproxima, está bastante perto, eu ouço mas não enxergo. Sempre assobiando, um de cada vez, chegam perto da gente. São três. Cada um deles toca na minha mão. A lua vai aparecer logo mais.

– Vamos sentar na beira da estrada – diz um deles em francês perfeito. – Na sombra ninguém vai ver a gente.

Jean junta-se a nós.

– Coma antes, depois pode falar – diz o letrado do bando.

Jean e eu comemos uma sopa de legumes bem quente. Esquenta a gente e resolvemos guardar o resto da comida para mais tarde. Bebemos chá açucarado, quente, com sabor de hortelã; é delicioso.

– Você é o amigo íntimo de Chang?

– Sou, ele me disse que viesse procurar Cuic-Cuic para fugir com ele. Eu já fugi uma vez, fui muito longe, até a Colômbia. Sou um bom marinheiro, é por isso que Chang quer que eu leve seu irmão. Ele confia em mim.

– Muito bem. Quais são as tatuagens de Chang?

– Um dragão no peito, três pontos na mão esquerda. Ele me disse que estes três pontos são a marca de que ele foi um dos chefes da revolta de Poulo Condor. Seu melhor amigo é outro chefe da revolta, chama-se Van Hue. Tem um braço cortado.

– Sou eu – diz o intelectual. – Você é mesmo amigo de Chang; portanto, é nosso amigo. Escute bem: Cuic-Cuic ainda não conseguiu partir por mar porque não sabe pilotar um barco. Além disso, está sozinho, está na floresta, a uns 10 quilômetros daqui. Faz carvão de lenha. Uns amigos vendem o carvão e levam o dinheiro para ele. Quando tiver guardado bastante, vai comprar um barco e procurar alguém para fugir pelo mar com ele. Onde está, não há perigo nenhum. Ninguém pode chegar à espécie de ilha onde ele está, porque é cercada de areia movediça. Qualquer um afunda no barro, se se aventurar sem saber. Virei buscá-lo de madrugada, para levá-lo até Cuic-Cuic. Venha conosco.

Seguimos pela beira da estrada, porque a lua surgiu e está bastante claro para enxergar a uns 50 metros. Chegamos a uma ponte de madeira e ele diz:

– Desça para debaixo da ponte. Durma lá, virei procurar você amanhã de manhã.

Apertamos as mãos e eles partem. Andam sem se esconder. Se forem apanhados, dirão que foram verificar umas armadilhas colocadas no mato durante o dia. Jean diz:

– Papillon, você não dorme aqui. Você dorme no mato, eu durmo aqui. Quando ele vier, eu chamo você.

– Tá.

Volto para o mato e adormeço feliz, depois de fumar alguns cigarros, a barriga cheia de sopa gostosa.

Van Hue chega antes do nascer do dia. Para ganhar tempo, seguimos pela estrada até amanhecer. Caminhamos depressa durante mais de quarenta minutos. De repente, o dia desponta e ouve-se ao longe o ruído de um carro que avança sobre a linha. Entramos no meio das árvores.

– Adeus, Jean, obrigado e boa sorte. Que Deus o abençoe, você e sua família.

Insisto para que ele aceite os 500 francos. Explicou-me, no caso de não dar certo a coisa com Cuic-Cuic, como chegar até a sua aldeia, contorná-la e voltar pelo caminho onde eu o encontrei. Ele precisa passar por lá duas vezes por semana. Aperto a mão deste nobre negro da Guiana e ele pula para a estrada.

– Vamos em frente – diz Van Hue, penetrando no mato.

Sem hesitar, orienta-se e nós avançamos bastante depressa, porque a floresta não é impenetrável. Ele evita cortar com seu facão os galhos ou os cipós que o atrapalham; prefere afastá-los.

CUIC-CUIC

Em menos de três horas, estamos diante de um charco de lama. Nenúfares em flor e grandes folhas verdes estão presos no barro. Seguimos pela borda do banco de lama.

– Cuidado para não escorregar, senão você afunda sem nenhuma esperança de sair – adverte Van Hue, que acaba de me ver escorregar.

– Vá indo, eu sigo você e vou prestar mais atenção.

Na nossa frente, uma ilhota, a uns 150 metros. Do meio da minúscula ilha, sai um pouco de fumaça. Deve ser da carvoaria. Vejo um jacaré dentro do barro, só aparecem os olhos. Do que será que esse bicho se alimenta nesse barco?

Depois de andar mais de 1 quilômetro pela margem dessa espécie de lago de lama, Van Hue para e começa a cantar em chinês aos berros. Um sujeito se aproxima da borda da ilha. É baixo e veste somente um *short*. Os dois chinas conversam. Demoram e começo a perder a paciência, quando, finalmente, eles param.

– Vamos aguardar aqui – diz Van Hue.

Sigo-o, voltamos pelo mesmo caminho.

– Está tudo bem, é um amigo de Cuic-Cuic. Cuic-Cuic foi caçar, não vai demorar para voltar, precisamos esperar aqui.

Sentamos. Menos de uma hora depois, Cuic-Cuic chega. É um sujeitinho seco, amarelo, com dentes muito brilhantes, olhos inteligentes e francos.

– Você é amigo de meu irmão Chang?

– Sou.

– Está bem. Você pode partir, Van Hue.

– Obrigado – diz Van Hue.

– Tome, leve essa perdiz.

– Não, obrigado.

Aperta minha mão e vai embora.

Cuic-Cuic me leva atrás de um porco que anda à sua frente. Ele o segue de perto.

– Preste bem atenção, Papillon. O menor passo em falso e você afunda. Se acontecer um acidente, não podemos nos ajudar um ao outro, porque então não é um, mas são dois que desaparecem. O caminho para atravessar nunca é o mesmo porque a lama se mexe, mas o porco encontra sempre uma passagem. Uma vez tive que esperar dois dias para passar.

De fato, o porco preto fareja e rapidamente se embrenha na lama. O chinês fala com ele na sua língua. Fico desconcertado de ver esse animalzinho que lhe obedece como um cão. Cuic-Cuic observa e eu arregalo os olhos, assombrado. O porco chega do outro lado sem nunca afundar mais do que alguns centímetros. Rapidamente, meu novo amigo se embrenha por sua vez e diz:

– Ponha os pés nas marcas dos meus. Precisa andar bem depressa, porque os buracos que o porco deixou se apagam imediatamente.

Atravessamos sem dificuldade. Nunca cheguei a ficar com a lama acima da panturrilha e, mesmo assim, só no final.

O porco fez dois desvios compridos, o que nos obrigou a andar em cima dessa crosta firme por mais de 200 metros. O suor escorre de todos os lados. Não posso dizer que sentia somente medo, estava realmente aterrorizado.

Na primeira parte do trajeto, perguntava-me se meu destino queria que eu morresse como Sylvain. Tornava a ver o coitado no seu último instante e, embora estivesse bem acordado, enxergava seu corpo, mas seu rosto parecia ter os meus traços. Que impressão me produziu essa passagem! Não vai ser fácil esquecê-la.

– Dê-me a mão.

Cuic-Cuic, o sujeitinho que é só pele e osso, ajuda-me a pular na beirada.

– Bom, meu caro, não vai ser aqui que os caçadores de homens vão procurar a gente.

– Ah, quanto a isso, pode ficar sossegado!

Penetramos na ilhota. Um cheiro de gás carbônico penetra minha garganta. Tusso. É a fumaça das duas carvoarias que queimam. Aqui não tem perigo de que os mosquitos nos ataquem. A sota-vento, envolvida na fumaça, uma choça, um casebre com telhado de folhas e as paredes também igualmente de folhas, trançadas como esteiras. Uma porta e, na frente dela, o pequeno chinês que vira antes de Cuic-Cuic.

– Bom-dia, sinhô.

– Fale francês com ele e não patoá, é um amigo de meu irmão.

O china, um homem de tamanho reduzido, me examina da cabeça aos pés. Satisfeito com sua inspeção, me estende a mão, sorrindo com uma boca desdentada.

– Entre, sente.

É limpo o único cômodo desse casebre. Alguma coisa cozinha no fogo, num caldeirão. Só existe uma cama feita de galhos de árvores, a 1 metro do chão, pelo menos.

– Ajude-me a fazer um lugar para ele dormir essa noite.

– Tá bom, Cuic-Cuic.

Em menos de meia hora, meu catre está pronto. Os dois chineses põem a mesa e nós tomamos uma sopa deliciosa, depois arroz com carne e cebolas.

O sujeito, amigo de Cuic-Cuic, é aquele que vende o carvão de lenha. Não mora na ilha, por isso, quando escurece, ficamos sozinhos, Cuic-Cuic e eu.

– Pois é, roubei todos os patos do chefe do presídio, e é por isso que fugi.

Com os nossos rostos iluminados por alguns instantes pelas chamas do pequeno fogo, sentamos um em frente ao outro. Examinamo-nos e, falando, cada um de nós procura conhecer e compreender o outro.

O rosto de Cuic-Cuic não é bem amarelo. Com o sol, seu amarelo natural ficou cor de cobre. Seus olhos bastante oblíquos, de um preto brilhante, olham bem de frente quando ele fala. Fuma uns cigarros compridos feitos por ele mesmo com folhas de fumo preto.

Eu continuo fumando um cigarro enrolado num papel de arroz que o maneta trouxe.

– Então tive que fugir, porque o chefe, o dono dos patos, queria me matar, faz três meses. O azar é que perdi no jogo não só o dinheiro dos patos, mas também o do carvão das duas carvoarias.

– Onde é que você joga?

– No mato. Toda noite, tem o jogo dos chineses do presídio de Inini e dos libertos que vêm de Cascade.

– Você resolveu embarcar?

– Mal consigo aguentar a espera e, quando vendi o carvão de lenha, pensei em comprar um barco, em encontrar um sujeito que saiba lidar com ele e que queira ir comigo. Mas, em três semanas, com a venda do carvão, a gente vai poder comprar o barco e ir embora, já que você sabe navegar.

– Eu tenho algum dinheiro, Cuic-Cuic. Não precisamos esperar a venda do carvão para comprar o barco.

– Então está bom. Existe um bom barco para vender por 1.500 francos. É um negro, cortador de lenha, que vende.

– Bom, você já viu?

– Vi.

– Quero ver também.

– Amanhã vou ver Chocolat, é o nome dele. Conte-me a sua fuga, Papillon. Achava que era impossível fugir da Ilha do Diabo. Por que é que meu irmão não saiu com você?

Falo da fuga, da onda Lisette, da morte de Sylvain.

– Entendi por que Chang não quis partir com você. É mesmo arriscado. Você é um homem privilegiado pela sorte, é por isso que conseguiu chegar vivo até aqui. Fico contente.

Há mais de três horas que eu e Cuic-Cuic conversamos. Dormimos cedo, porque ele quer ir de madrugada procurar Chocolat. Depois de colocar um galho enorme no fogo para durar a noite toda, deitamos. A fumaça me faz tossir e me fecha a garganta, mas tem uma vantagem: nem um mosquito.

Esticado no meu catre, coberto com uma boa coberta, bem quentinho, fecho os olhos. Não consigo pegar no sono. Estou excitado demais. É, a fuga está indo bem. Se o barco for bom, antes de oito dias estou no mar. Cuic-Cuic é baixo, seco, mas deve ter uma força fora do comum e uma resistência a toda prova. Com certeza é honesto e correto com seus amigos, mas deve ser também muito cruel com seus inimigos. É difícil ler o rosto de um asiático, não exprime nada. Todavia, seus olhos depõem a seu favor.

Adormeço e sonho com um mar banhado de sol, meu barco vencendo alegremente as ondas, no caminho da liberdade.

– Quer café ou chá?

– O que é que você está tomando?

– Chá.

– Quero chá.

O dia está nascendo, o fogo ficou aceso desde ontem, a água ferve numa panela. Um galo canta seu alegre cocorocó. Os pássaros não cantam à nossa volta, com certeza a fumaça das carvoarias os espanta. O porco preto está deitado embaixo da cama de Cuic-Cuic. Deve ser um preguiçoso, porque continua dormindo. Uns biscoitos feitos de farinha de arroz assam na brasa. Depois de me servir de chá, meu amigo corta pela metade um biscoito, besunta-o de margarina e o dá para mim. Comemos bastante. Como três biscoitos bem assados.

– Vou sair, acompanhe-me. Se alguém gritar ou assobiar, não responda. Não tem perigo, ninguém consegue vir aqui. Mas você aparecer na beira da lama, podem matar você com um tiro de fuzil.

O porco se levanta aos gritos de seu dono. Come e bebe, depois sai, nós vamos atrás dele. Vai direto pela areia adentro. Bastante longe do lugar de onde viemos ontem, desce. Depois de andar uns 10 metros, volta. Não gostou da passagem. Depois de três tentativas, consegue passar. Cuic-Cuic, imediatamente e sem susto, percorre a distância até a terra firme.

Cuic-Cuic vai voltar só à noitinha. Comi sozinho a sopa que ele colocou no fogo. Depois de apanhar oito ovos no galinheiro, fiz uma pequena omelete de três ovos com margarina. O vento mudou de direção e a fumaça das duas carvoarias na frente da cabana se dirige para o outro lado. Ao abrigo da chuva que caiu à tarde, deitado calmamente na minha cama de madeira, não fui incomodado pelo gás carbônico.

De manhã, dei uma volta na ilha. Quase no centro, há uma clareira bastante grande. As árvores caídas e a lenha cortada indicam que é dali que Cuic-Cuic tira a lenha para fazer carvão. Vejo também um monte enorme de argila branca, de onde ele tira certamente a terra necessária para cobrir a lenha, para que ela se queime sem chama. As galinhas vão ciscar na clareira. Um rato enorme foge debaixo dos meus pés e, uns metros mais adiante, encontro uma cobra morta de uns 2 metros de comprimento. Sem dúvida foi o rato que acabou de matá-la.

Durante todo esse dia passado sozinho na ilhota, fiz uma série de descobertas. Por exemplo, encontrei uma família de tamanduás. A mãe e três filhotes. Um enorme formigueiro estava em polvorosa à volta deles. Uns dez macacos minúsculos pulam de árvore em árvore na clareira. À minha chegada, os saguis gritam de partir o coração.

Cuic-Cuic volta à tardinha.

– Não vi Chocolat nem o barco. Ele teve que procurar mantimentos em Cascade, a aldeia onde fica a casa dele. Você comeu bem?

– Comi.

– Quer mais?

– Não.

– Trouxe dois pacotes de fumo pardo, é fumo grosso, de soldado, mas só tinha esse.

– Obrigado, tanto faz. Quando Chocolat sai, quanto tempo fica na aldeia?

– Dois ou três dias, mas eu vou amanhã mesmo e pretendo insistir todos os dias, porque não sei quando ele foi.

No dia seguinte, cai uma chuva torrencial. Mesmo assim, Cuic-Cuic parte, nu em pelo. Carrega suas roupas debaixo do braço, embrulhadas num plástico. Não o acompanho.

– Não vale a pena você se molhar – ele me diz.

A chuva parou. Pelo sol, deve ser entre 10 e 11 horas. Uma das duas carvoarias, a segunda, desmoronou com a violência da chuva. Aproximo-me para ver o desastre. O dilúvio não conseguiu apagar completamente a lenha. Ainda sai fumaça do monte disforme. De repente, esfrego os olhos antes de olhar de novo, tão inesperado é o que estou enxergando: cinco sapatos se destacam da carvoaria. Percebo em seguida que estes sapatos estão, cada um, acompanhados de um pé e uma perna. Então, há pelo menos três homens assando dentro da carvoaria. Nem preciso descrever minha primeira reação: dá um certo arrepio nas costas descobrir uma coisa dessas. Debruço-me e, empurrando com o pé um pouco de carvão de lenha meio calcinado, descubro o sexto pé.

O Cuic-Cuic é fogo: ele incinera em série os caras que ele liquida. Fico tão impressionado, que logo me afasto da carvoaria e vou até a clareira para apanhar um pouco de sol. Preciso de calor. Pois é, nessa temperatura sufocante, de repente sinto frio e tenho necessidade do sol dos trópicos.

Ao ler isso, vão pensar que é ilógico, que eu devia suar depois de uma descoberta semelhante. Bom, não suo: estou enregelado de frio, congelado moral e fisicamente. Só muito tempo depois, mais de uma hora, as gotas de suor começam a escorrer da minha testa, porque, quanto mais penso, mais me convenço de que, depois de falar para ele que eu tinha bastante dinheiro no canudo é um milagre se ainda estou vivo. Ou será que ele está me guardando para me colocar numa terceira carvoaria?

Lembro-me de que seu irmão Chang me contou que ele foi condenado por pirataria e assassinato a bordo de um junco. Quando eles atacavam um navio para pilhá-lo, suprimiam toda a família, em nome de razões políticas. São sujeitos já acostumados aos assassinatos em série. Por outro lado, eu estou prisioneiro aqui. É uma situação difícil.

Vejamos, vamos fazer os cálculos. Se eu matar Cuic-Cuic na ilhota e o colocar também na carvoaria, ninguém vai saber de nada.

Mas o porco não vai me obedecer, não entende nem francês, esse desgraçado desse porco manso. Então, nada de sair da ilha. Se eu capturar o china, ele vai me obedecer, mas, depois de obrigá-lo a me tirar da ilha, vou precisar matá-lo em terra firme. Se eu o jogar dentro da areia, vai desaparecer, mas deve haver uma razão para ele queimar os caras e não jogá-los dentro da areia, o que seria mais fácil. Pelos guardas, nem me incomodo; mas, se os chineses amigos dele descobrem que o matei, vão se transformar em caçadores de homens e, com seu conhecimento do mato, vai ser fogo ter os caras atrás de mim.

Cuic-Cuic tem só um fuzil de um cano, desses que são carregados pela boca. Nunca larga ele, nem para fazer a sopa. Dorme com ele e o carrega até quando se afasta da cabana para ir à latrina. Preciso estar sempre com a minha faca pronta, mas preciso também dormir. Bom, e eu, que o escolhi como sócio para fugir!

Não comi o dia todo. Ainda não tomei uma decisão, quando ouço cantarem. É Cuic-Cuic que vem voltando. Escondido atrás dos galhos, vejo-o chegar. Carrega um pacote na cabeça e só quando ele está bem perto da margem é que eu apareço. Sorrindo, ele me passa o fardo enrolado num saco de farinha, pula ao meu lado e rápido dirige-se para o casebre. Vou atrás dele.

– Boas notícias, Papillon, Chocolat voltou. Tem ainda o barco. Diz que pode levar uma carga de mais de 500 quilos sem afundar. O que você está levando aí são sacos de farinha para fazer a vela e um cutelo. É a primeira carga. Amanhã vamos levar os outros, porque você irá comigo para ver se o barco serve.

Tudo isso, Cuic-Cuic explica sem se virar. Caminhamos enfileirados: primeiro o porco, depois ele e em seguida eu. Penso rapidamente que ele não parece ter planejado me torrar na carvoaria, já que amanhã vai me levar para ver o barco e começa a fazer despesas para a fuga. Comprou até os sacos de farinha.

– Olhe, uma carvoaria desabou. Foi a chuva, sem dúvida. Caiu um tremendo pé-d'água, que não é de espantar.

Cuic-Cuic não vai ver a carvoaria e entra direto na cabana. Não sei mais o que dizer nem que decisão tomar. Fazer de conta que não vi nada é pouco aceitável. Pode parecer estranho que durante o dia todo eu não tenha chegado perto da carvoaria, que fica a 25 metros da cabana.

– Você deixou apagar o fogo?

– Deixei, não reparei.

– Mas você não comeu?

– Não, não estava com fome.

– Está doente?

– Não.

– Então, por que é que não tomou a sopa?

– Cuic-Cuic, sente-se, preciso falar com você.

– Espere eu acender o fogo.

– Não. Quero falar com você já, enquanto ainda é dia.

– O que que há?

– O que há é que a carvoaria desabou, quando isso aconteceu, apareceram três homens que você estava assando lá dentro. Quero uma explicação.

– Ah, é por isso que eu estava achando você esquisito!

E, sem se emocionar nem um pouquinho, olha bem para mim:

– Depois desta descoberta, você não ficou sossegado. Eu compreendo você, é natural. Tive até muita sorte de você não ter me esfaqueado pelas costas. Escute, Papillon, esses três sujeitos eram caçadores de homens. Bom, faz uma semana, ou dez dias, eu vendi uma boa quantidade de carvão para Chocolat. O chinês que você viu me ajudou a tirar os sacos da ilha. É uma história complicada: com uma corda de mais de 200 metros, puxamos uma fileira de sacos que deslizam na lama. Enfim, daí até um riacho onde estava a barca de Chocolat, deixamos um bocado de marcas. Uns sacos meio arrebentados deixaram cair uns pedaços de carvão. Foi então que o primeiro caçador de homens começou a rodear. Pelos gritos dos bichos, percebi que tinha alguém no mato. Vi o sujeito sem que ele me visse. Atravessar do lado oposto onde ele estava e surpreendê-lo por trás não foi difícil. Morreu sem mesmo ver quem o matou. Eu sabia que a lama devolve os cadáveres, que, depois de afundar, voltam à superfície no fim de alguns dias; então, eu o trouxe para cá e o botei na carvoaria.

– E os outros dois?

– Foi três dias antes de você chegar. A noite era escuríssima e silenciosa, o que é muito raro na floresta. Aqueles dois estavam em volta do brejo desde o anoitecer. Um deles, quando a fumaça ia na sua direção, tinha às vezes acessos de tosse. Foi esse ruído de tosse que me anunciou a presença dele. Antes do amanhecer, tentei passar pela lama do lado oposto ao local onde eu tinha percebido a tosse. Para encurtar a história, vou lhe dizer que degolei o primeiro caçador de homens. Não teve tempo nem de gritar. O outro, armado com um fuzil de caça, estava tão empenhado em espiar através da vegetação da ilha para ver o que se passava lá dentro, que se descobriu. Derrubei-o com um tiro de espingarda e, como não estava morto, enterrei minha faca no coração dele. São esses, Papillon, os três caras que você descobriu na carvoaria. Eram dois árabes e um francês. Atravessar a lama com um deles nas costas não foi fácil. Tive que dar duas viagens porque pesavam demais. Enfim, consegui colocá-los na carvoaria.

– Foi isso mesmo que aconteceu?

– Foi, Papillon, juro.

– Por que é que você não botou eles na areia?

– Já falei para você, a lama devolve os cadáveres. Às vezes caem lá dentro uns veados grandes e uma semana depois sobem à superfície. A gente sente o cheiro de carne podre até que os corvos os devoram. Logo, seus gritos e voos chamam a atenção dos curiosos. Papillon, eu juro, comigo você não precisa ter medo de nada. Tome, para você ter mais certeza, pegue o fuzil se quiser. Pode ficar com ele.

Tenho uma vontade louca de aceitar a arma, mas me domino e o mais naturalmente possível digo:

– Não, Cuic-Cuic. Se estou aqui, é porque me sinto com um amigo, em segurança. Amanhã, você precisa queimar os sapatos dos homens, pois não sabemos o que pode acontecer quando a gente for embora daqui. Não estou com vontade de ser acusado, mesmo ausente, de três assassinatos.

– Tá, vou tornar a queimá-los amanhã. Mas fique sossegado, nunca ninguém vai botar os pés nesta ilha. É impossível passar sem afundar.

– E com uma balsa de borracha?

– Não tinha pensado nisso.

– Se alguém trouxer a polícia até aqui e eles encasquetarem de vir até a ilha, acredite que com uma balsa eles vão poder passar, é por isso que precisamos sair o mais rápido possível.

– De acordo. Amanhã vamos acender de novo a carvoaria, que aliás não está nem apagada. Só é preciso fazer duas chaminés de ventilação.

– Boa-noite, Cuic-Cuic.

– Boa-noite, Papillon. E, repito, durma bem, pode confiar em mim.

Puxo uma coberta até o queixo, aproveito o calor que ela me dá. Acendo um cigarro. Menos de dez minutos depois, Cuic-Cuic está roncando. Seu porco ao seu lado respira com força. O fogo não tem mais chamas, mas o tronco da árvore – cheio de brasas que ficam avermelhadas quando a brisa penetra no casebre – dá uma impressão de paz e de serenidade. Saboreio esse conforto e adormeço com um pensamento: ou amanhã eu acordo e então tudo irá bem entre Cuic-Cuic e eu, ou o chinês é um artista melhor do que Sacha Guitry para esconder suas intenções e contar histórias, e então não verei mais o sol, porque sei coisas demais a seu respeito e isso pode incomodá-lo.

Com uma caneca de café na mão, o especialista em assassinatos em série me acorda e, como se nada tivesse acontecido, deseja-me um bom-dia com um sorriso magnificamente cordial. O dia desponta.

– Tome, tome o seu café, pegue uma bolacha, já está com margarina.

Depois de comer e beber, me lavo lá fora, apanhando a água dentro de um tonel que está sempre cheio.

– Você quer me ajudar, Papillon?

– Quero – digo sem perguntas.

Puxamos pelos pés os cadáveres meio queimados. Reparo, sem dizer nada, que os três têm a barriga aberta: o simpático china deve ter procurado nas tripas deles se tinham algum canudo. Será que eram mesmo caçadores de homens? Por que não seriam caçadores de borboletas ou de animais? Ele os matou para se defender ou para roubá-los? Enfim, chega de pensar nisso. São de novo colocados num buraco da carvoaria, bem cobertos de lenha e de argila. Duas chaminés de ventilação são abertas e a carvoaria volta às suas duas funções: fazer carvão de lenha e transformar em cinzas os defuntos.

– Vamos andando, Papillon.

O porquinho encontra uma passagem em pouco tempo. Como carneirinhos, atravessamos a lama. Sinto uma angústia insuportável na hora de me arriscar a passar por cima dela. O afundamento de Sylvain deixou em mim uma impressão tão forte, que não posso me aventurar despreocupadamente. Enfim, pingando suor frio, caminho atrás de Cuic-Cuic. Cada um dos meus pés pisa na marca dos dele. Não há problema: se ele passa, devo passar.

Mais de duas horas de caminhada nos levam ao lugar onde Chocolat corta lenha. Não encontramos ninguém na floresta e portanto não precisamos nos esconder.

– Bom-dia, sinhô.

– Bom-dia, Cuic-Cuic.

– Como vai?

– Vou indo.

– Mostre o barco ao meu amigo.

O barco é muito forte, uma espécie de barcaça de carga. É muito pesada, mas firme. Enfio minha faca em tudo que é lugar. Não penetra em nenhum ponto mais de meio centímetro. O fundo também está intacto. A madeira com a qual o barco foi fabricado é de primeira qualidade.

– Por quanto quer vender?

– Dois mil e quinhentos francos.

– Dou dois mil.

Negócio fechado.

– Este barco não tem quilha. Pago 500 francos mais, mas você precisa pôr uma quilha, um leme e um mastro. A quilha deve ser de madeira de lei, o leme também. O mastro tem que ter 3 metros de madeira leve e flexível. Quando vai ficar pronto?

– Daqui a oito dias.

– Aqui estão duas notas de 1.000 e uma de 500 francos. Vou rasgá-las em dois, dou a outra metade na entrega. Guarde as três metades das notas com você. Entendeu?

– Está certo.

– Quero permanganato, um tonel de água, cigarros e fósforos, comida para quatro homens por um mês: farinha, óleo, café e açúcar. Estes mantimentos vão ser pagos à parte. Você vai me entregar tudo no rio, o Kourou.

– Sinhô, não posso acompanhar o senhor na embocadura.

– Não pedi isso. Falei para você me entregar o barco no rio e não na enseada

– Aqui estão os sacos de farinha, uma corda, agulhas e linha para vela.

Voltamos, Cuic-Cuic e eu, para o nosso esconderijo. Chegamos tarde da noite, sem aborrecimentos. Na volta, ele carregou o porco nas costas, porque o bicho estava cansado.

Hoje estou sozinho de novo, costurando a vela, quando ouço uns gritos. Escondido no meio das árvores, aproximo-me da lama e olho do outro lado: Cuic-Cuic discute com o chinês intelectual e gesticula. Tenho a impressão de que ele quer atravessar até a ilha e Cuic-Cuic não quer. Cada um deles está com um facão na mão. O mais exaltado é o maneta. Espero que ele não mate Cuic-Cuic. Resolvo me mostrar. Assobio. Eles se viram na minha direção.

– O que é que está acontecendo, Cuic-Cuic?

– Quero falar com você, Papillon – grita o outro. – Cuic-Cuic não quer me deixar passar.

Depois de mais dez minutos de discussão em chinês, o porco os precede e chegam os dois à ilha. Sentados na cabana, cada um com uma caneca de chá na mão, espero que decidam falar.

– É isso – diz Cuic-Cuic. – Ele quer a todo custo fugir com a gente. Eu explico que não tenho nada com esse negócio, que é você quem paga e manda em tudo. Não quer acreditar em mim.

– Papillon – diz o outro –, Cuic-Cuic é obrigado a me levar com ele.

– Por quê?

– Foi ele, dois anos atrás, que me cortou o braço numa briga por uma questão de jogo. Me fez jurar que eu não o matava. Jurei, com uma condição: toda a vida vai ter que me sustentar, ou pelo menos enquanto eu exigir. Agora, ele vai embora, nunca mais vou ver ele em toda a minha vida. Por isso, ou ele deixa você partir sozinho, ou me leva também.

– Essa é boa! Acontece cada coisa comigo! Escute, concordo em levar você. O barco é bom e grande, podemos partir juntos, os três. Se Cuic-Cuic estiver de acordo, eu levo você.

– Obrigado – diz o maneta.

– O que é que você diz, Cuic-Cuic?

– Se você quer, eu concordo.

– Uma coisa importante. Você pode sair do presídio sem ser declarado desaparecido e procurado por fuga e chegar ao rio antes da noite?

– Não tem problema. Posso sair às 3 horas da tarde e, em menos de duas horas, estar na beira do rio.

– De noite, você pode achar o lugar, Cuic-Cuic, para a gente embarcar seu amigo sem perder tempo?

– Posso, sem dúvida nenhuma.

– Venha daqui a uma semana, para saber o dia da saída.

O maneta vai embora alegre, depois de apertar a minha mão. Vejo-os quando se despedem na outra margem. Eles apertam as mãos antes de se deixarem. Está tudo bem. Quando Cuic-Cuic está de novo na cabana, eu começo outra vez:

– Você fez um contrato muito gozado com o seu colega: aceitar sustentá-lo a vida toda é um truque fora do comum. Por que é que você cortou o braço dele?

– Uma briga de jogo.

– Era melhor que você tivesse matado ele.

– Não, porque é um grande amigo. No conselho de guerra a que fui levado por causa disso, ele me defendeu de todo jeito, dizendo que me atacou e que eu agi em legítima defesa. Eu aceitei livremente o acordo, preciso respeitá-lo com muita honestidade. A única coisa é que eu não tinha coragem de contar sobre isso para você, porque você é que está pagando toda a fuga.

– Está certo, Cuic-Cuic, não falemos mais nisso. Quando estiver livre, se Deus quiser, você pode fazer o que bem entender.

– Vou manter minha palavra.

– O que pensa fazer, se um dia ficar livre?

– Um restaurante. Sou um ótimo cozinheiro e ele é especialista em *chow mein*, uma espécie de espaguete chinês.

Este incidente me deixou de bom humor. Essa história é tão gozada, que não consigo deixar de provocar Cuic-Cuic.

Chocolat manteve a palavra: cinco dias mais tarde está tudo pronto. Com uma chuva forte, fomos ver o barco. Não preciso fazer nenhuma crítica. Mastro, leme e quilha foram adaptados perfeitamente, com material de primeira qualidade. Numa espécie de cotovelo do rio, o barco espera a gente com o tonel e os mantimentos. Falta avisar o maneta. Chocolat se encarrega de ir até o presídio para falar com ele. Para evitar o perigo de se aproximar até a margem para apanhá-lo, ele mesmo vai levá-lo diretamente a um lugar seguro.

A saída do rio Kourou está marcada por dois faróis. Se chover, podemos sair sem risco nenhum bem no meio do rio, sem içar as velas, bem entendido, para não sermos vistos. Chocolat deu para a gente tinta preta e um pincel. Vamos pintar na vela um grande K e o número 21. Esse K 21 é a matrícula de um barco de pesca que, às vezes, sai para pescar de noite. No caso de sermos vistos desenrolar a vela na saída para o mar, vão pensar que é o outro barco.

Vai ser amanhã à noite, às 19 horas, uma hora depois do anoitecer. Cuic-Cuic afirma que vai encontrar o caminho e assegura que me levará direto para o esconderijo. Vamos deixar a ilha às 5 horas, para aproveitar uma hora de dia para andar.

A volta à choupana é alegre. Cuic-Cuic, sem se virar, porque eu caminho atrás dele, carrega o porquinho no ombro e não para de falar:

– Enfim, vou deixar a colônia. Graças a você e a meu irmão Chang, estarei livre. Talvez um dia, quando os franceses saírem da Indochina, eu possa voltar ao meu país.

Em suma, ele confia em mim; e, sabendo que gostei do barco, está contente como uma criança. Durmo pela última noite na ilha, minha última noite na terra da Guiana, espero.

Se sair do rio e entrar no mar, será a liberdade, na certa. O único perigo é o naufrágio, porque desde a guerra não devolvem mais os foragidos de nenhum país. Quanto a isso, pelo menos, a guerra serve para alguma coisa, nos dá uma vantagem. Se nos apanham, somos condenados à morte, é verdade, mas vão precisar primeiro nos prender. Penso em Sylvain: estaria aqui comigo, perto de mim, se não tivesse cometido aquela imprudência. Adormeço redigindo um telegrama: "Senhor promotor Pradel – Enfim, definitivamente, venci o caminho da podridão onde o senhor me jogou. Foram necessários nove anos."

O sol está bastante alto quando Cuic-Cuic me acorda. Chá e bolachas. Está tudo cheio de caixas. Vejo duas gaiolas de vime.

– O que é que vai fazer com essas gaiolas?

– Vou pôr as galinhas para a gente comer na viagem.

– Você é doido, Cuic-Cuic! Não vamos levar as galinhas.

– Eu quero levar.

– Está doente? Se por causa da vazante saímos pela manhã e as galinhas e os galos resolvem gritar e cantar no rio, você não percebe o perigo?

– Mas não vou jogar fora as galinhas.

– Asse-as e coloque-as na gordura e no óleo. Ficarão conservadas e nos três primeiros dias a gente papa elas.

Finalmente convencido, Cuic-Cuic parte em busca das galinhas, mas os gritos das quatro primeiras que ele conseguiu apanhar junto ao cheiro da fumaça das outras, devem ter contribuído para o chinês não conseguir agarrar mais nenhuma, foram todas se esconder na floresta. Mistério: os animais pressentiram, não sei como, o perigo.

Carregados como burros, atravessamos a lama atrás do porco. Ele me suplicou para levar o porco com a gente.

– Você garante que ele não vai gritar?

– Juro que não. Ele fica quieto quando eu mando. Mesmo quando uma onça duas ou três vezes perseguiu a gente, e ficava dando voltas para nos pegar, ele não gritou. E, no entanto, estava com todos os pelos do corpo em pé.

Convencido da boa-fé de Cuic-Cuic, concordo em levar seu porco querido. Quando chegamos ao esconderijo, já é noite. Chocolat está lá com o maneta. Duas lâmpadas elétricas me permitem verificar tudo. Não falta nada: as argolas da vela passadas no mastro, o cutelo arrumado no seu lugar, pronto para ser içado. Cuic-Cuic faz duas ou três vezes a manobra que eu indico. Rapidamente, ele fica sabendo o que eu espero dele. Pago ao negro, que foi muito correto. Ele é tão simples que trouxe fita adesiva e as metades das notas. Pede que eu cole para ele. Nem por um instante pensou, que eu poderia tirar o dinheiro dele. As pessoas que não têm maus pensamentos em relação às outras são boas e direitas. Chocolat era um homem bom e honesto. Depois que viu como tratam os forçados, não teve nenhum remorso em ajudar três deles a fugir desse inferno.

– Adeus, Chocolat. Boa sorte para você e sua família.

– Muito obrigado.

11 | O ADEUS À PRISÃO

FUGA DOS CHINESES

Embarco por último e, empurrado por Chocolat, o barco avança para o rio. Nada de vela, mas dois bons remos, um manejado por Cuic, na frente, e o outro por mim. Em menos de duas horas entramos no rio.

Chove há mais de uma hora. Um saco de farinha tingido me serve de chapéu; Cuic igualmente tem um e o maneta também. O rio é rápido e sua água cheia de turbilhões. Apesar da força da corrente, em menos de uma hora estamos no meio do curso de água. Ajudados pela vazante, três horas depois passamos entre dois faróis. Sei que o mar está próximo, pois os faróis ficam bem no ponto da embocadura. Vela e cutelo no ar, saímos do Kourou sem nenhum aborrecimento. O vento nos pega de lado com tanta força, que sou obrigado a fazê-lo deslizar sobre a vela. Entramos no mar duramente e, como uma flecha, passamos o canal, afastando-nos rapidamente da costa. Diante de nós, a 40 quilômetros, o farol de Royale nos indica a rota.

Há treze dias eu estava por trás daquele farol, na Ilha do Diabo. Esta saída de noite para o mar, esse rápido afastamento da Terra

Grande, não é saudado por uma explosão de alegria por seus amigos chineses. Esses filhos do céu não têm a mesma maneira de exteriorizar seus sentimentos que nós. Uma vez no mar, Cuic-Cuic diz apenas, em voz normal:

– Saímos muito bem.

O maneta acrescenta:

– Sim, entramos no mar sem nenhuma dificuldade.

– Estou com sede, Cuic-Cuic. Passe-me um pouco o cantil.

Depois de me ter servido, eles também tomam um bom gole de rum.

Parti sem bússola, mas em minha primeira fuga eu havia aprendido a me orientar pelo sol, pela lua, as estrelas e o vento. Portanto, sem hesitar, com o mastro apontado para a Polar, enfio-me alto-mar adentro. O barco se comporta bem: sobe nas ondas com leveza e quase não balança. Como o vento era forte, já de manhã nos vemos muito longe da costa e das Ilhas da Salvação. Se a manobra não fosse muito arriscada, eu teria me aproximado da Ilha do Diabo para, rodeando-a, contemplá-la à vontade de longe.

Durante seis dias, tivemos um tempo agitado, mas sem chuva e sem tempestade. O vento muito forte nos empurrou depressa para o oeste. Cuic-Cuic e Hue são admiráveis companheiros. Nunca se queixam, nem do mau tempo, nem do sol, nem do frio da noite. Só tem um problema: nenhum deles quer pegar o leme e conduzir o barco durante algumas horas, para que eu possa dormir. Três a quatro vezes por dia, fazem comida. Todos os frangos e galos já foram comidos. Ontem, brincando, eu disse a Cuic:

– Quando vamos comer o porco?

Ele ficou na maior infelicidade.

– Esse animal é meu amigo e, antes de alguém matá-lo para comer, vai ter que me matar primeiro.

Meus camaradas cuidam bem de mim. Não fumam para que eu fossa fumar o quanto quiser. Constantemente há chá quente. Fazem tudo, sem que seja preciso eu lhes dizer nada.

Há sete dias que partimos. Não posso mais. O sol bate com tal ardor, que até mesmo os chineses estão cozidos como camarões. Vou dormir. Amarro o leme e deixo só um pedacinho de vela. O barco vai como o vento sopra. Durmo como uma pedra por mais de quatro horas.

Sou despertado, em sobressalto, por uma sacudidela muito forte. Quando passo água no rosto, fico agradavelmente surpreendido ao constatar que Cuic me barbeou enquanto eu dormia e não senti nada. Graças a ele, meu rosto está também untado de óleo.

Desde ontem à tarde eu faço oeste-quarto-sul, pois acho que subi muito para o norte. Esse barco pesado tem a vantagem, além de se manter bem no mar, de não derivar facilmente. Acho que é por isso que subi demais, contei com a deriva e quase não houve. Olhe, um balão dirigível! É a primeira vez em minha vida que vejo um. Não parece estar vindo na nossa direção e está longe demais para que se perceba seu tamanho.

O sol que se reflete em seu metal de alumínio dá-lhe reflexos prateados e tão brilhantes que não se pode fixar o olhar. Mudou de rota, dir-se-ia que se dirige para nós. De fato, ele cresce rapidamente e em menos de vinte minutos está sobre nós. Cuic e o maneta estão surpreendidos por ver tal engenho e não param de papaguear em chinês.

– Falem francês, em nome de Deus, para que eu os entenda!

– Salsicha inglesa – diz Cuic.

– Não, isso não é uma salsicha. É um dirigível.

O aparelho é enorme, pode-se vê-lo bem, agora que está baixo e gira ao nosso redor, em círculos estreitos. Aparecem bandeiras e fazem sinais. Como não compreendemos nada, não podemos responder. O dirigível insiste, passando ainda mais perto de nós, ao ponto de podermos distinguir as pessoas na carlinga. Depois vão direto para a terra. Menos de uma hora depois, chega um avião que passa várias vezes em cima de nós.

O mar engrossa e de repente o vento se torna mais forte. O horizonte está claro de todos os lados, não há perigo de chuva.

– Olhe – diz o maneta.

– Onde?

– Lá embaixo, naquele ponto, na direção do lugar onde deve estar a terra. Aquele ponto preto é um navio.

– Como é que você sabe?

– Acho que é. E digo mais: é um torpedeiro rápido.

– Por quê?

– Porque não solta fumaça.

De fato, uma hora depois, distinguimos nitidamente um navio de guerra cinzento, que está com todo jeito de se dirigir diretamente para nós. Ele cresce – portanto deve avançar com uma velocidade prodigiosa –, com a proa voltada para nós, a tal ponto que eu começo a ter medo de ele chegar perto demais. Seria perigoso, pois o mar está forte e sua esteira contrária às ondas poderia fazer a gente virar.

É um torpedeiro, o *Tarpon*, podemos ler quando, esboçando um semicírculo, ele se mostra em todo o seu comprimento. Bandeira inglesa tremulando na proa, o torpedeiro, depois de fazer o semicírculo, vem para cima de nós, lentamente, por trás. Cuidadosamente, mantém-se à mesma altura que nós, na mesma velocidade que nós. Uma parte da tripulação está na ponte, vestida com o uniforme azul da Marinha inglesa. Da passarela, com um alto-falante à boca, um oficial de branco grita:

– *Stop. You stop!*

– Desça as velas, Cuic!

Em menos de dois minutos, vela e cutelo são arriados. Sem vela, ficamos quase parados, só as ondas nos empurram. Não posso ficar muito tempo assim, sem correr perigo. Um barco que não tem impulso próprio, motor ou vento, não obedece ao leme. Isso é muito perigoso, quando as ondas são altas. Servindo-me das mãos como amplificador, grito:

– O senhor fala francês, capitão?

Um outro oficial pega o alto-falante do primeiro:

– Sim, capitão, eu entendo francês.

– Que é que vocês querem?

– Subir o barco de vocês a bordo.

– Não, é muito perigoso. Não quero que arrebentem meu barco.

– Somos um barco de guerra que vigia o mar, vocês têm que obedecer.

– Pouco me importa, nós não estamos fazendo guerra.

– Vocês não são náufragos de um navio torpedeado?

– Não. Nós somos foragidos do *bagne* francês.

– Que *bagne*, que é isso? Que quer dizer *bagne*?

– Prisão, penitenciária. *Convict* em inglês. *Hard labour.*

– Ah! Sim, sim, compreendo. Caiena?

– Sim, Caiena.

– Para onde vão?

– Honduras britânica.

– Não é possível. Têm que rumar para sul-quarto-oeste e ir para Georgetown. Obedeçam, é uma ordem.

– O.K.

Digo a Cuic para subir as velas e partimos na direção dada pelo torpedeiro.

Ouve-se um motor atrás de nós, é uma chalupa que saiu do torpedeiro e nos alcança depressa. Um marinheiro, com o fuzil a tiracolo, está de pé na proa. A chalupa vem pelo lado direito, encosta-se a nós completamente, sem parar nem pedir que a gente pare. Com um salto, o marinheiro passa para o nosso barco. A chalupa continua e volta para o torpedeiro.

– *Good afternoon* (boa-tarde) – diz o marinheiro.

Avança para mim, senta-se a meu lado, depois pega o leme e dirige o barco mais para o sul do que eu estava fazendo. Deixo com ele a responsabilidade de conduzir, observando seu modo de trabalhar. Ele sabe manobrar muito bem, não há dúvida nesse ponto. Apesar de tudo, fico em meu lugar. Nunca se sabe.

– Cigarros?

Ele pega três maços de cigarros ingleses e dá um a cada um de nós.

– Com certeza – diz Cuic – deram-lhe os maços de cigarros quando ele desembarcou, pois ele não deve andar por aí com três maços.

Rio da reflexão de Cuic, depois observo o marinheiro inglês que sabe manejar o barco melhor do que eu. Tenho toda a liberdade para pensar. Desta vez, a fuga deu certo para sempre. Sou um homem livre, livre. Um calor sobe-me à garganta; acredito mesmo que lágrimas saem dos meus olhos. É verdade. Estou definitivamente livre, uma vez que, com a guerra, nenhum país devolve foragidos.

Antes que a guerra termine, terei tempo de me fazer estimar e conhecer, não importa em que país eu me estabeleça. O único inconveniente é que com a guerra eu talvez não possa escolher o país em que quiser ficar. Isso não tem importância, não interessa onde eu viva, terei tempo de ganhar a estima e a confiança da população e das autoridades por meu modo de viver, que deverá ser irrepreensível. Até melhor: exemplar.

A segurança de ter, enfim, vencido o caminho da podridão é tal, que não penso em outra coisa. Enfim, você ganhou, Papillon. Ao fim de nove anos, você é de novo vencedor. Obrigado, meu Deus, talvez você não tenha podido fazê-lo antes, mas seus caminhos são misteriosos, não me queixo de você, pois graças à sua ajuda ainda sou jovem, sadio e livre.

É pensando no caminho percorrido nesses nove anos de trabalho forçado, mais os dois anos de cadeia cumpridos na França, antes (num total de onze), que sigo o braço estendido do marinheiro, que me indica: "a terra."

Às 17 horas, depois de contornar um farol apagado, entramos num enorme rio, o Demerara. A chalupa reaparece, o marinheiro me devolve o leme e vai se colocar à frente. Recebe pelo ar uma grossa corda, que amarra no banco da frente. Ele mesmo desce as velas e, suavemente puxados pela chalupa, subimos uns vinte quilômetros nesse rio amarelo, seguidos a uns 200 metros. Depois de um cotovelo, uma grande cidade surge:

– Georgetown – grita o marinheiro inglês.

De fato, é na capital da Guiana Inglesa que entramos, suavemente puxados pela chalupa. Muitos cargueiros e navios de guerra. Canhões sobre pequenas torres estão alinhados à beira do rio. Há todo um arsenal, tanto nas unidades navais como em terra.

É a guerra. No entanto, há mais de dois anos que estamos em guerra, mas eu não havia sentido. Georgetown, a capital da Guiana Inglesa, porto importante no rio Demerara, está cem por cento em pé de guerra. Uma cidade em armas me causa uma impressão esquisita. Assim que encostamos num embarcadouro militar, o torpedeiro que nos seguia aproxima-se lentamente e também encosta.

Cuic com seu porco, Hue com uma trouxinha na mão e eu sem nada, subimos os três para o cais. Nenhum civil nesse embarcadouro, reservado para a Marinha. Somente marinheiros e militares. Um oficial chega, reconheço-o. É aquele que me falou em francês do torpedeiro. Gentilmente, ele me estende a mão e diz:

– Você está com boa saúde?

– Sim, capitão.

– Perfeito. No entanto, tem que passar pela enfermaria, onde vai tomar várias injeções. Seus amigos também.

12 | GEORGETOWN

A VIDA EM GEORGETOWN

À tarde, depois de termos tomado diferentes vacinas, fomos transferidos para a Central de Polícia da cidade, uma espécie de comissariado gigantesco, onde centenas de policiais entram e saem sem parar. O superintendente da polícia de Georgetown, primeira autoridade da polícia, responsável pela tranquilidade desse porto importante, recebe-nos imediatamente em seu escritório. Ao redor dele, oficiais ingleses vestidos com uniforme cáqui, impecáveis em seus *shorts* e meias brancas. O coronel nos faz sinal para sentarmos diante dele e, num excelente francês, nos diz:

– De onde vinham quando os encontraram no mar?

– Da penitenciária da Guiana Francesa.

– Queira me dizer o ponto exato de onde fugiram.

– Eu, da Ilha do Diabo. Os outros, de um campo semipolítico de Inini, perto de Kourou, Guiana Francesa.

– Qual a sua condenação?

– Prisão perpétua.

– E o motivo?

– Assassinato.

– E os chineses?

– Assassinato, também.

– Condenação?

– Prisão perpétua.

– Sua profissão?

– Eletricista.

– E eles?

– Cozinheiros.

– Você é partidário de De Gaulle ou Pétain?

– Não temos nada a dizer sobre isso. Somos homens prisioneiros e procuramos voltar a viver honestamente em liberdade.

– Vamos dar-lhes uma cela que ficará aberta o dia inteiro e à noite. Ficarão em liberdade depois que examinarmos suas declarações. Se nos disserem a verdade, nada têm a temer. Compreendam, estamos em guerra e temos que tomar mais precauções do que em tempo normal.

Logo, oito dias depois, somos postos em liberdade. Aproveitamos esses oito dias passados na Central de Polícia para adquirir roupas decentes. Foi corretamente vestidos que meus dois amigos chineses e eu nos encontramos, às 9 horas da manhã, na rua, munidos de uma carteira de identidade com nossas fotografias.

A cidade, de 250.000 habitantes, é quase toda de madeira, construída à inglesa: ao nível do solo, cimento; o resto em madeira. As ruas e avenidas estão cheias de gente de todas as raças: brancos, gente cor de chocolate, negros, hindus, marinheiros ingleses e americanos, nórdicos, *coolies*. Estamos um pouco embriagados por nos encontrarmos nessa multidão tão matizada. Há uma alegria transbordante em nós, tão grande em nossos corações, que deve ser percebida em nossos rostos, mesmo nos dos chinas, pois muitas pessoas nos olham e nos sorriem gentilmente.

– Para onde vamos? – diz Cuic.

– Tenho uma indicação. Um policial negro me deu o endereço de dois franceses, em Penitence River.

Segundo as informações, é um bairro onde vivem exclusivamente hindus. Vou a um policial vestido de branco, impecável. Mostro-lhe o endereço. Antes de responder, ele nos pede as carteiras de identidade. Orgulhosamente, eu a entrego. "Muito bem, obrigado." Então, ele nos põe num bonde, depois de ter falado com o condutor. Saímos do centro da cidade e, vinte minutos depois, o condutor nos indica que desçamos. Deve ser ali. Na rua, perguntamos. "*Frenchmen*?" Um rapaz nos faz sinal para segui-lo. Nos leva diretamente a uma casa baixa. Assim que me aproximo, três homens saem da casa, com gestos acolhedores:

– Como, você aqui, Papi?

– Não é possível! – diz o mais velho, de cabelos brancos.

– Entre. Esta é minha casa. Os chineses estão com você?

– Estão.

– Entrem, sejam bem-vindos.

O velho forçado chama-se Guittou Auguste, vulgo Le Guittou, é um tipo bem característico de Marselha, estava no mesmo grupo que eu no *La Martinière*, em 1933, há nove anos. Depois de uma fuga malsucedida, foi dispensado da sua pena principal e ficou cumprindo uma pena acessória; foi nesta situação que tornou a fugir, há três anos, disse-me ele. Dos outros dois, um é Petit-Louis, um cara de Arles, e o outro é um sujeito de Toulon, o Julot. Eles também partiram depois de terminar suas penas principais, mas deveriam ter ficado na Guiana Francesa o mesmo número de anos a que haviam sido condenados, dez e quinze anos (esta segunda pena chama-se duplicata).

A casa tem cinco cômodos: dois quartos, uma cozinha, uma sala de jantar e um escritório. Eles fazem calçados em balata, uma espécie de borracha natural recolhida no mato, que, trabalhada com água quente, torna-se maleável e modela-se bem. O único defeito é que, se fica muito exposto ao sol, o negócio se derrete, porque não é borracha vulcanizada. Procuram evitar isso intercalando folhas de tecido entre as camadas de balata.

Maravilhosamente recebidos, com o coração que o sofrimento enobreceu, Guittou arranja um quarto para nós três e nos instala nele sem hesitar. Só há um problema, o porco de Cuic, mas Cuic afirma que ele não vai sujar a casa, que irá fazer suas necessidades lá fora.

Guittou diz:

– Bem, vamos ver; por enquanto, pode ficar com ele.

Provisoriamente, preparamos três camas no chão com velhas cobertas de soldado.

Sentados diante da porta, todos os seis fumando alguns cigarros, conto a Guittou todas as minhas aventuras de nove anos. Seus dois amigos e ele escutam com atenção e vivem intensamente minhas aventuras, pois as sentem em suas próprias experiências. Dois conheceram Sylvain e lamentam sinceramente sua horrível morte. Diante de nós passam e repassam pessoas de todas as raças. De vez em quando, entra alguém que compra sapatos ou uma vassoura, pois Guittou e seus amigos também fazem vassouras para ganhar a vida. Fico sabendo por eles que entre forçados e exilados há uns trinta fugitivos em Georgetown. Encontram-se à noite num bar do Centro, onde bebem juntos rum ou cerveja. Todos trabalham para suprir suas necessidades, conta Julot, e a maioria se comporta bem.

Enquanto tomamos um ar na sombra, diante da porta da casinha, passa um chinês e Cuic o interpela. Sem me dizer nada, Cuic vai com ele e o maneta também. Não devem ir longe, pois o porco sai atrás. Duas horas depois, Cuic volta com um asno puxando uma pequena carroça. Orgulhoso como Artaban, para o burrico, com quem fala em chinês. O asno tem jeito de compreender essa língua. Na carroça estão três camas de ferro desmontáveis, três colchões, travesseiros, três malas. A que ele me dá está cheia de camisas, cuecas, malhas, mais dois pares de sapatos, gravatas etc.

– Onde encontrou isso, Cuic?

– Meus compatriotas me deram. Amanhã iremos visitá-los, você quer?

– Está combinado.

Esperamos que Cuic volte para devolver o asno e a carroça, mas isso não acontece. Ele desatrela o asno e amarra-o no pátio.

– Eles me deram também o asno e a carroça de presente. Com isto, disseram, eu posso ganhar a vida facilmente. Amanhã de manhã, um conterrâneo meu virá me ensinar.

– Esses chineses não perdem tempo.

Guittou concorda em que o asno e a carroça fiquem provisoriamente no quintal. Tudo corre bem para nosso primeiro dia livre. À noite, todos os seis ao redor da mesa de trabalho, tomamos uma boa sopa de legumes feita por Julot, e um bom prato de macarrão.

– Vamos nos revezar para lavar a louça e fazer a limpeza da casa – diz Guittou.

Essa refeição em comum é o símbolo de uma primeira pequena comunidade cheia de calor. Esta sensação de se saber ajudado nos primeiros passos dados na vida livre é bastante reconfortante. Cuic, o maneta e eu somos real e plenamente felizes. Temos um teto, uma cama, amigos generosos que, em sua pobreza, encontraram nobreza bastante para nos ajudar. Que pedir de melhor?

– Que quer fazer esta noite, Papillon? – diz-me Guittou. – Quer ir à cidade, a esse bar onde vão todos os foragidos?

– Eu preferia ficar por aqui esta noite. Vá, se você quiser, não se preocupe comigo.

– Sim, eu vou, pois preciso encontrar uma pessoa.

– Eu ficarei com Cuic e o maneta.

Petit-Louis e Guittou se vestiram, engravataram-se e foram ao centro. Só Julot ficou, para terminar alguns pares de sapatos. Meus companheiros e eu damos uma volta pelas ruas próximas para conhecer o bairro. Tudo aqui é hindu. Muito poucos negros, quase nenhum branco, alguns raros restaurantes chineses.

Penitence River (é o nome do bairro) é um canto das Índias ou de Java. As moças são admiravelmente belas e os velhos usam longos mantos brancos. Muitos andam com os pés nus. É um bairro pobre, mas todo mundo está vestido limpamente. As ruas são mal-iluminadas, os bares onde se come e bebe estão cheios de gente, por todo lado há música hindu.

Um negro lustroso, vestido de branco e engravatado, me detém:

– O senhor é francês?

– Sim.

– É um prazer encontrar um compatriota. Quer aceitar um trago?

– Se o senhor quiser, mas estou com dois amigos.

– Não tem importância. Eles falam francês?

– Falam.

Estamos os quatro instalados numa mesa de bar, junto da calçada. Esse martiniquenho fala um francês mais elegante do que o nosso. Diz para tomarmos cuidado com os negros ingleses porque, diz ele, são todos mentirosos. "Não são como nós, os franceses: nós temos palavra, eles não."

Sorrio comigo mesmo ao vê-lo dizer "nós os franceses" e, depois, sinto-me realmente perturbado. Perfeitamente, esse senhor é um francês, um francês mais puro do que eu, penso, pois reivindica sua nacionalidade com calor e fé. Ele é capaz de se deixar matar pela França, eu não. Portanto, é mais francês do que eu. Eu sou o comum.

– É um prazer encontrar um compatriota e falar minha língua, pois falo muito mal o inglês.

– Eu me exprimo corretamente em inglês. Se lhe puder ser útil, estou à sua disposição. Está há muito tempo em Georgetown?

– Oito dias, não mais.

– De onde veio?

– Da Guiana Francesa.

– Impossível! É um fugitivo ou um guarda da penitenciária que quer passar para o lado de De Gaulle?

– Não. Sou um fugitivo.

– E seus amigos?

– Também.

– Senhor Henri, não quero saber o seu passado, é o momento de ajudar a França e de se redimir. Eu estou com De Gaulle e espero embarcar para a Inglaterra. Vá me ver amanhã no Martiner Club, aqui está o endereço. Ficarei feliz se o senhor se juntar a nós.

– Como é seu nome?

– Homère.

– Sr. Homère, não posso me decidir assim de repente, tenho primeiro que me informar sobre minha família e, também, antes de tomar uma decisão tão séria, preciso analisar a situação friamente.

Na verdade, Sr. Homère, a França me fez sofrer muito, tratou-me de modo desumano.

O martiniquenho, com uma flama e um calor admiráveis, procura me convencer com todo o seu coração. É realmente emocionante escutar os argumentos desse homem em favor da França.

Muito tarde, voltamos para casa e, deitado, penso em tudo que me disse esse grande francês. Preciso refletir seriamente sobre sua proposta. Afinal de contas, os tiras, os dedos-duros, os imbecis, a administração penitenciária, isso não é a França. Sinto, bem dentro de mim, que não deixei de amá-la. E dizer que há boches por toda a França! Meu Deus, como devem estar sofrendo os meus e que vergonha para todos os franceses!

Quando acordo, o asno, a carroça, o porco, Cuic e o maneta desapareceram.

– Então, meu chapa, dormiu bem? – perguntam Guittou e seus amigos.

– Sim, obrigado.

– Olhe, quer café com leite ou chá? Café e fatias de pão com manteiga?

– Obrigado – enquanto como, fico olhando eles trabalharem.

Julot prepara a massa de balata no tamanho e medida necessários, põe os pedaços duros na água quente e os amassa até ficarem moles.

Petit-Louis prepara pedaços de tecido e Guittou faz as solas.

– Vocês produzem muito?

– Não. Trabalhamos para ganhar 20 dólares por dia. Com 5 pagamos o aluguel e a comida. Restam 5 para cada um, para gastos variados, para se vestir etc.

– Vendem tudo?

– Não. Às vezes é preciso que um de nós saia vendendo sapatos e vassouras nas ruas de Georgetown. É duro, a pé, em pleno sol, sair vendendo mercadoria.

– Se for preciso, eu vou de boa vontade. Não quero ser um parasita aqui. Preciso contribuir para ganhar comida.

– Está bem, Papi.

Passeei o dia inteiro pelo bairro hindu de Georgetown. Vejo um grande cartaz de cinema e sinto um desejo louco de ouvir e ver, pela primeira vez em minha vida, um filme falado, em cores. Vou pedir a Guittou que me traga ao cinema esta noite. Andei pelas ruas de Penitence River a manhã toda. A polidez das pessoas me agradou enormemente. Elas têm duas qualidades: são limpas e muito educadas. Este dia passado sozinho nas ruas desse bairro de Georgetown é para mim ainda mais grandioso do que minha chegada a Trinidad, há nove anos.

Em Trinidad, em meio a todas as maravilhosas sensações nascidas de me misturar à multidão, eu tinha uma interrogação constante: um dia, antes de duas semanas, no máximo três, eu teria que tornar a partir pelo mar. Qual seria o país que iria me querer? Haveria uma nação para me dar asilo? Qual seria o futuro? Aqui é diferente. Sou definitivamente livre, posso mesmo, se quiser, ir para a Inglaterra e me engajar nas forças francesas livres. Que devo fazer? Se decidir ser partidário de De Gaulle, não irão dizer que sou porque não tinha onde me enfiar? No meio de pessoas sadias, não vão me tratar como um forçado que não encontrou outro refúgio e que, por isso, está com eles? Dizem que a França está dividida em duas partes, Pétain e De Gaulle. Como é que um marechal da França não sabe onde está a honra e o interesse da França? Se um dia eu entrar para as forças livres, não vou ser obrigado, mais tarde, a atirar contra franceses?

Aqui vai ser duro, muito duro, conseguir alcançar uma situação aceitável. Guittou, Julot e Petit-Louis estão longe de ser imbecis e trabalham por 5 dólares por dia. Primeiro, preciso aprender a viver em liberdade. Desde 1931 – e estamos em 1942 – sou prisioneiro. Não posso, no primeiro dia da minha liberdade, resolver todas essas incógnitas. Não conheço sequer os primeiros problemas que se apresentam a um homem para abrir caminho na vida. Sou um pouquinho eletricista, mas qualquer eletricista temporário sabe mais do que eu. Devo prometer apenas uma coisa a mim mesmo: viver limpamente, pelo menos o máximo possível de acordo com uma moral minha.

São 6 horas quando volto para casa.

– Então, Papi, é bom saborear os primeiros bocados de ar da liberdade? Você passeou bastante?

– Sim, Guittou, fui e vim por todas essas ruas deste grande subúrbio.

– Viu os chineses?

– Não.

– Estão no quintal. Seus amigos são espertíssimos. Já ganharam 40 dólares e queriam, a todo custo, que eu ficasse com vinte. Recusei, bem entendido. Vá vê-los.

Cuic está cortando uma couve para seu porco. O maneta lava o asno, que se deixa lavar, alegre.

– Tudo bem, Papillon?

– Sim, e vocês?

– Nós estamos bem contentes, ganhamos 40 dólares.

– Que foi que fizeram?

– Saímos às 3 horas da manhã pelo campo, junto com um conterrâneo nosso, para nos mostrar como proceder. Ele havia trazido 200 dólares. Com isso, compramos tomates, alface, berinjelas, enfim, toda espécie de legumes verdes e frescos. Algumas galinhas, ovos e leite de cabra. Fomos ao mercado perto do porto da cidade e vendemos um pouco a pessoas do lugar, primeiro, e depois vendemos tudo aos marinheiros americanos. Ficaram tão contentes com o preço, que amanhã nem vou precisar entrar no mercado: eles me disseram que esperasse diante da entrada do porto. Eles vão comprar tudo. Tome, olhe o dinheiro. É sempre o chefe que deve guardar o dinheiro.

– Você sabe, Cuic, que tenho dinheiro e não preciso desse.

– Guarde o dinheiro ou não trabalhamos mais.

– Escute, os franceses vivem com mais ou menos 5 dólares. Nós vamos ficar cada um com 5 dólares e dar 5 à casa, para comida. O resto, a gente põe de lado para devolver aos seus conterrâneos os 200 dólares que eles emprestaram.

– Entendido.

– Amanhã, eu vou com vocês.

– Não, você vai dormir. Se quiser, encontra com a gente às 7 horas, na frente da porta grande do porto.

– Está bem.

Todo mundo está feliz. Primeiro nós, por sabermos que podemos ganhar a vida e não ser uma carga para nossos amigos. Depois Guittou e os outros dois, que, apesar de todo o seu bom coração, deveriam estar se perguntando em quanto tempo nós estaríamos em condições de ganhar nossa vida.

– Para festejar essa verdadeira façanha dos seus amigos, Papillon, vamos fazer 2 litros de *pastis.*

Julot vai e vem com álcool branco de cana-de-açúcar e ingredientes. Uma hora depois, bebemos *pastis* como em Marselha. O álcool ajuda, as vozes se elevam e os risos da alegria de viver são mais fortes do que de hábito. Vizinhos hindus, que ouvem que está havendo festa na casa dos franceses, vêm sem cerimônia, fazem-se convidar, três homens e duas moças. Trazem espetinhos de carne de galinha e de porco, bem-temperados e apimentados. As duas moças são de uma beleza pouco comum. Vestidas inteiramente de branco, pés nus, com braceletes de prata nos tornozelos esquerdos. Guittou me diz:

– Não cometa gafes. São verdadeiras moças de família. Não vá dizer alguma palavra ousada demais só porque elas estão com os seios descobertos sob o véu transparente. Para elas, isso é natural. Eu não me meti a conquistador, porque sou muito velho. Mas Julot e Petit-Louis tentaram, logo no começo, quando viemos para cá, e fracassaram. Elas ficaram muito tempo sem voltar aqui.

Essas duas hindus são de uma beleza maravilhosa. Um ponto tatuado no meio da testa lhes dá um ar estranho. Falam gentilmente conosco e o pouco de inglês que sei me permite compreender que nos desejam boas-vindas a Georgetown.

Esta noite, Guittou e eu fomos ao centro da cidade. Dir-se-ia uma outra civilização, completamente diferente desta em que vivemos. A cidade ferve de gente: brancos, negros, hindus, chineses, soldados e marinheiros em fardas militares e vários marinheiros civis. Um grande número de bares, restaurantes, cabarés e boates ilumina as ruas com suas luzes cruas, como em pleno dia.

Depois da tarde em que assisti pela primeira vez em minha vida à apresentação de um filme colorido e falado, ainda todo aturdido por essa nova experiência, sigo Guittou, que me arrasta para um enorme bar. Mais de vinte franceses ocupam um canto da sala. A bebida: cuba-libre (rum e Coca-Cola).

Todos esses homens são fugitivos, forçados. Uns partiram depois de terem sido libertados, haviam terminado suas penas e deveriam fazer a duplicata em regime de livramento condicional. Morrendo de fome, sem trabalho, malvistos pela população oficial e também pelos civis da Guiana Francesa, preferiram partir para um país onde acreditavam poder viver melhor. Mas é duro, comentam.

– Eu corto lenha no mato por 2 dólares e 50 por dia, para John Fernandes. Desço todos os meses a Georgetown, para passar oito dias. Estou desesperado.

– E você?

– Eu faço coleções de borboletas. Vou caçar no mato e, quando tenho uma boa quantidade de borboletas diversas, arranjo-as numa caixa com vidro e vendo a coleção.

Outros são descarregadores no porto. Todos trabalham, mas mal ganham o suficiente para viver. "É duro, mas a gente é livre", dizem eles. "A liberdade é tão boa!"

Esta noite, um exilado vem nos ver: Faussard. Paga bebida para todo mundo. Estava a bordo de um navio canadense que, carregado de bauxita, foi torpedeado à saída do rio Demerara. Ele é *survivor* (sobrevivente) e recebeu dinheiro por ter naufragado. Quase toda a tripulação se afogou. Ele teve a sorte de poder embarcar numa chalupa de salvamento. Conta que o submarino alemão subiu à superfície e que os boches falaram com eles. Perguntaram quantos navios estavam no porto à espera de sair, cheios de bauxita. Responderam que não sabiam e o homem que os interrogava começou a rir: "Ontem", disse ele, "eu estava em tal cinema em Georgetown. Veja o canhoto da entrada". Abrindo a jaqueta, disse-lhes: "Esta roupa é de Georgetown." Os incrédulos protestaram contra a mentira, mas Faussard insiste e deve ser verdade. O submarino até mesmo os avisara de que tal barco iria recolhê-los. Efetivamente, foram salvos pelo barco indicado.

Cada um conta sua história. Estou sentado com Guittou ao lado de um velho parisiense de Halles: se apresentou como Petit-Louis da Rua dos Lombards.

– Meu velho Papillon, eu havia arranjado um jeito de viver sem fazer nada. Quando aparecia no jornal o nome de um francês na rubrica "morto lutando pelo rei", ou a rainha, não lembro mais, procurava um marmorista e mandava fazer a foto de uma lápide tumular em que estava escrito o nome do navio, a data em que fora torpedeado e o nome do francês. Depois, apresentava-me nas ricas mansões dos ingleses e lhes dizia que era preciso que contribuíssem para a compra de uma lápide para o francês morto lutando pela Inglaterra, a fim de que houvesse no cemitério uma lembrança dele. Isso foi assim até a semana passada, quando um filho da puta de Breton, que havia sido dado como morto num torpedeamento, apareceu bem vivo e bem-disposto por aí. Visitou algumas bondosas senhoras, justamente algumas daquelas às quais eu havia pedido 5 dólares, cada uma, para o túmulo desse morto que berrava aos quatro ventos que estava bem vivo e que eu jamais em minha vida comprara uma lápide de marmorista algum. Vou ter que arranjar outra coisa para viver, pois na minha idade não posso mais trabalhar.

Com a ajuda da cuba-libre cada um se exterioriza em altas vozes. Convencidos de que só nós compreendemos o francês, surgem as histórias mais inesperadas.

– Eu, eu faço bonecas de balata – diz um outro – e punhos para bicicletas. Infelizmente, quando as meninas esquecem as bonecas ao sol, no jardim, elas se derretem ou se deformam. Imagine o escarcéu quando me esqueço de que já vendi em tal rua. Daqui a um mês não vou mais poder passar de dia por metade de Georgetown.

As bicicletas, a mesma coisa. Quem a deixa ao sol, quando torna a pegá-la, fica com as mãos coladas nos punhos de balata que vendi.

– Eu – diz outro – faço chicotinhos com cabeça-de-negro, também de balata. Aos marinheiros, digo que sou um sobrevivente de Mers el-Kébir e que são obrigados a comprar, pois é por culpa deles que estou como estou. Oito em dez compram.

Esse pátio dos milagres moderno me diverte e, ao mesmo tempo, me faz ver que efetivamente não é fácil ganhar o pão.

Um sujeito liga o rádio do bar: ouvimos um apelo de De Gaulle. Todo mundo escuta essa voz francesa que, de Londres, encoraja os franceses das colônias e de além-mar. O apelo de De Gaulle é patético, absolutamente ninguém abre a boca. De repente, um dos forçados que bebeu cuba-libre demais se levanta e diz:

– Ah, merda, os caras! Isso até que é bom! De repente aprendi inglês, estou entendendo tudo que ele diz, o Churchill!

Todo mundo rebenta de rir, ninguém se dá ao trabalho de explicar ao sujeito que ele estava fazendo uma dupla confusão de língua e de pessoa.

Sim, preciso fazer as primeiras tentativas para ganhar a vida, e, pelo que vejo com os outros, não vai ser fácil. Não estou preocupado. De 1930 a 1942, perdi completamente a responsabilidade e a habilidade para me conduzir sem ninguém. Um ser que foi prisioneiro por tanto tempo, sem ter que cuidar da comida, de um apartamento, de se vestir; um homem que se manietou, virou, revirou, que habituaram a não fazer nada por si mesmo e a executar automaticamente as ordens mais diversas sem analisá-las; esse homem que em algumas semanas se encontra, de repente, numa grande cidade, que tem de reaprender a andar pelas calçadas sem esbarrar em ninguém, a atravessar uma rua sem se deixar atropelar, a achar natural que a seu comando lhe sirvam de beber ou de comer, este homem tem que reaprender a viver. Por exemplo, tem reações inesperadas. No meio de todos esses forçados que fugiram e exilados clandestinos, misturando em seu francês palavras em inglês ou espanhol, escuto com interesse os casos, e eis que de repente, nesse canto de bar inglês, tenho vontade de ir ao banheiro. Pois bem, é inconcebível, mas durante um quarto de segundo procurei o vigilante ao qual deveria pedir autorização. Foi muito rápido, mas também muito esquisito quando percebi isso: Papillon, agora você não tem que pedir autorização a ninguém se quiser mijar ou fazer outra coisa.

No cinema, também, no momento em que a lanterninha procurava lugares para nos sentarmos, tive, num relâmpago, vontade de lhe dizer: "Por favor, não se incomode por mim, não passo de um pobre condenado que não merece nenhuma atenção." Andando na rua, voltei-me várias vezes no trajeto do cinema ao bar. Guittou, que conhece essa tendência, me disse:

– Por que você se vira tanto para olhar para trás? Está olhando para ver se o guarda o segue? Aqui não há guardas, meu velho Papi. Você os deixou nas ilhas.

Na língua figurada dos presos, a gente diz que é preciso se despojar da casaca dos forçados. É mais do que isso, pois a roupa de um sentenciado não é mais do que um símbolo. É preciso não apenas se despojar da casaca, é preciso também arrancar da alma e do cérebro a marca a fogo de uma matrícula de infâmia.

Uma patrulha de policiais negros ingleses, impecáveis, acaba de entrar no bar. Mesa por mesa, eles vão exigindo os documentos de identidade. Quando chegam ao nosso canto, o chefe olha atentamente todos os rostos. Encontra um que não conhece, o meu.

– Sua carteira de identidade, por favor, senhor.

Eu a dou, ele dá uma olhada, devolve-a e acrescenta:

– Desculpe-me, eu não o conhecia. Seja bem-vindo a Georgetown – e se retira.

Paul, o saboiano, acrescenta, depois que ele vai embora:

– Esses rosbifes são maravilhosos. Os únicos estrangeiros nos quais eles confiam cem por cento são os forçados que fogem. Poder provar às autoridades inglesas que você é um foragido da prisão de forçados é obter a liberdade imediatamente.

Se bem que tenhamos voltado muito tarde para casa, às 7 horas da manhã estou na porta principal do porto. Menos de meia hora depois, Cuic e o maneta chegam com a carroça cheia de legumes frescos, cortados de madrugada, ovos e alguns frangos. Estão sozinhos. Pergunto onde está o conterrâneo que lhes ensinou o trabalho. Cuic responde:

– Ele nos mostrou ontem, é o suficiente. Agora não precisamos de mais ninguém.

– Você foi muito longe buscar isso?

– Sim, a mais de duas horas e meia daqui. Saímos às 3 horas da madrugada e chegamos agora.

Como se fizesse assim há vinte anos, Cuic toma chá quente e bolachas. Sentados no passeio, perto da carroça, comemos, esperando os fregueses.

– Acha que eles vão vir, os americanos de ontem?

– Espero que sim, mas, se não vierem, outros virão.

– E os preços? Como você faz?

– Eu não digo: “Isto custa tanto.” Eu digo: “Quanto me oferece?”

– Mas você não sabe falar inglês.

– É verdade, mas sei mexer os dedos e as mãos. Assim é fácil.

– Primeiro vai você, que fala o suficiente para vender e comprar – me diz Cuic.

– Sim, mas primeiro eu quero ver como você faz.

Não demora muito, chega um automóvel grande, chamado carro de comando. O motorista, um suboficial e dois marinheiros descem. O suboficial sobe na carroça, examina tudo: alfaces, berinjelas etc. Depois de inspecionar cada coisa, apalpa os frangos.

– Quanto, tudo? – e começa a discussão.

O marinheiro americano fala pelo nariz. Não compreendo nada do que ele diz; Cuic fala uma mistura de chinês e francês. Vendo que não conseguem se entender, chamo Cuic de lado.

– Quanto você gastou?

Ele remexe os bolsos e encontra 17 dólares.

– Cento e oitenta e três dólares.

– Quanto ele está oferecendo?

– Acho que duzentos e dez, não é o bastante.

Eu me aproximo do oficial. Ele me pergunta se falo inglês. Digo que um pouquinho.

– Fale lentamente – digo-lhe.

– O.k.

– Quanto o senhor paga? Não, não é possível, não podemos vender por 210 dólares; 240.

Ele não quer.

Ele faz que vai embora, depois volta, torna a ir, entra no carro, mas eu sinto que é uma comédia. No momento em que torna a descer, chegam minhas duas belas vizinhas, as hindus, semiveladas. Certamente observaram a cena, pois fingem não nos conhecer. Uma delas sobe na carroça, examina a mercadoria e dirige-se a nós:

– Quanto, tudo?

– Duzentos e quarenta dólares – respondo.

Ela diz: “Está bem.”

Mas o americano tira os 240 dólares e os dá a Cuic, dizendo às hindus que já havia comprado. Minhas vizinhas não se retiram e olham os americanos descarregarem a carroça e carregarem o carro de comando. No último instante, um marinheiro pega o porco, pensando que ele faz parte do negócio. Cuic não quer que levem o porco, é claro. Começa uma discussão, não conseguimos explicar que o porco não estava incluído na venda.

Tento fazer as hindus entenderem isso, para que expliquem a eles, mas é muito difícil. Elas não compreendem. Os marinheiros americanos não querem deixar o porco, Cuic não quer devolver o dinheiro, a coisa vai virar bagunça. O maneta já pegou uma tábua da carroça, quando passa um jipe da polícia militar americana. O suboficial apita. A polícia militar se aproxima. Eu digo a Cuic para devolver o dinheiro, ele não quer ouvir nada. Os marinheiros estão com o porco e não querem devolvê-lo. Cuic está plantado diante do carro deles, impedindo-os de ir embora. Um grupo de curiosos, bastante numeroso, formou-se em torno da cena barulhenta. A polícia americana dá razão aos americanos e, aliás, não entende nada do que falamos. Pensam, sinceramente, que quisemos enganar os marinheiros.

Não sei mais o que fazer, quando me lembro de que tenho o número do telefone do Mariner Club, com o nome do martiniquenho. Dou-o ao oficial de polícia, dizendo: "Intérprete." Ele me leva até um telefone. Ligo e tenho a sorte de encontrar meu amigo gaullista. Peço-lhe que explique ao policial que o porco não estava à venda, que é domesticado, é como um cachorro para Cuic, e que havíamos esquecido de dizer aos marinheiros que ele não entrava no negócio. Depois, passo o telefone para o policial. Três minutos bastam para que ele compreenda tudo. Ele mesmo pega o porco e o devolve a Cuic, que, todo feliz, toma-o nos braços e coloca-o na carroça. O incidente acaba bem e os meus amigos amarelos riem como crianças. Todo mundo vai embora, tudo terminou bem.

À noite, em casa, agradecemos às hindus, que riem bastante deste caso.

Estamos em Georgetown há três meses. Hoje nos instalamos na metade da casa de nossos amigos hindus. Dois quartos claros e espaçosos, uma sala de jantar, uma pequena cozinha com fogão a carvão de lenha e um quintal imenso com um canto coberto de zinco para estábulo. A carroça e o asno estão abrigados. Vou dormir sozinho numa grande cama, comprada a preço de ocasião, com um bom colchão. No quarto ao lado, cada um numa cama, ficam os meus dois amigos chineses. Temos também uma mesa, seis cadeiras e dois tamboretes. Na cozinha, todos os utensílios necessários para cozinhar. Depois de ter agradecido a Guittou e seus amigos pela hospitalidade, tomamos posse da nossa casa, como diz Cuic.

Diante da janela da sala de jantar que dá para a rua está uma poltrona de junco, como um trono, presente das hindus. Na mesa da sala de jantar, num jarro, algumas flores trazidas por Cuic.

Essa impressão de meu primeiro lar, humilde mas limpo, esta casa clara e asseada que me rodeia, primeiro resultado de três meses de trabalho em equipe, me dá confiança em mim e no futuro.

Amanhã é domingo, não há mercado, portanto a gente está livre o dia inteiro. Assim, nós três decidimos oferecer um almoço em nossa casa a Guittou, seus amigos, às hindus e seus irmãos. O convidado de honra será o chinês que ajudou Cuic e o maneta, aquele que lhe deu de presente o asno e a carroça e que nos emprestou os 200 dólares para que pudéssemos iniciar nosso comércio. Em seu guardanapo, ele encontrará os 200 dólares e um bilhete de agradecimento, da nossa parte, escrito em chinês.

Depois do porco, que ele adora, sou eu que tenho toda a amizade de Cuic. Ele tem constantes atenções para comigo: sou o mais bem-vestido dos três e frequentemente ele chega em casa com uma camisa, uma gravata ou uma calça para mim. Tudo isso, ele compra com seu dinheiro. Cuic não fuma, também quase não bebe, seu único vício é o jogo. Só sonha com uma coisa: ter bastante economia para ir ao clube dos chineses e jogar.

Não temos nenhuma dificuldade séria para vender nossos produtos comprados de madrugada. Já falo bastante bem o inglês para comprar e vender. Cada dia, ganhamos de vinte a 35 dólares os três. É pouco, mas estamos muito satisfeitos por termos encontrado tão depressa um meio de ganhar nossa vida. Não vou sempre comprar com eles, se bem que obtenha melhores preços do que eles, mas agora sou sempre eu que vendo. Muitos marinheiros americanos e ingleses que são destacados para vir a terra fazer compras para seus navios me conhecem. Gentilmente discutimos a venda, sem acalorar muito a discussão. Há um bom cara, cantineiro ítalo-americano de um rancho de oficiais americanos, que sempre fala comigo em italiano. Fica feliz da vida por eu lhe responder em sua língua e só discute para se divertir. No fim, acaba sempre comprando pelo preço que pedi no começo da conversa.

Entre as 8 e meia e as 9 horas da manhã, a gente está de volta a casa. O maneta e Cuic deitam-se depois de nós três termos comido uma refeição ligeira. Eu vou ver Guittou ou minhas vizinhas vêm à nossa casa. Nada de muita faxina a fazer: varrer, lavar roupa, arrumar as camas, manter a casa limpa, as duas irmãs fazem tudo isso para nós, por quase nada, 2 dólares por dia. Aprecio plenamente isso de ser livre sem angústia pelo futuro.

MINHA FAMÍLIA HINDU

O meio de locomoção mais empregado nesta cidade é a bicicleta.

Portanto, comprei uma para ir a qualquer lugar sem problema. Como a cidade é plana, assim como seus arredores, podem-se percorrer longas distâncias sem esforço. Na bicicleta há dois porta-bagagens muito fortes, um na frente e outro atrás. Posso, portanto, como muitos nativos, levar facilmente duas pessoas.

Pelo menos duas vezes por semana, dou um passeio de uma hora ou duas com minhas amigas hindus. Elas ficam loucas de alegria e começo a perceber que uma delas, a mais moça, está quase apaixonada por mim.

Seu pai, que eu nunca tinha visto, veio ontem. Não mora muito longe da minha casa, mas nunca tinha vindo nos visitar e eu só conhecia seus irmãos. É um velho grande, com barba muito longa, branca como a neve. Seus cabelos também são platinados e descobrem uma fronte inteligente e nobre. Só fala hindu, sua filha traduz. Convida-me para ir visitá-lo em sua casa. Não é longe, de bicicleta, manda que a princesinha, como ele chama a filha, me diga. Prometo-lhe que irei visitá-lo em breve.

Depois de comer alguns doces, tomando chá, ele vai embora, não sem que eu tenha notado que examinou os menores detalhes da casa. A princesinha está toda feliz por ver seu pai ir embora satisfeito com a visita e conosco.

Tenho 36 anos e estou com muito boa saúde, sinto-me jovem ainda e todo mundo, felizmente, me considera jovem: não aparento mais de 30 anos, dizem todos os amigos. Ora, essa garota está com dezenove anos e tem a beleza de sua raça, calma e cheia de fatalismo em seu modo de pensar. Seria para mim um presente do céu amar e ser amado por essa moça esplêndida.

Quando nós três saímos, ela sempre senta no bagageiro da frente e sabe muito bem que ficando bem sentada, com o busto ereto, quando eu tenho que forçar os pedais, preciso me inclinar um pouco para a frente e fico muito próximo de seu rosto. Se ela joga a cabeça para trás, vejo toda a beleza de seus seios nus sob o véu melhor do que se não estivessem cobertos por gaze. Seus grandes olhos negros brilham intensamente por ocasião dessas quase apalpadelas e sua boca, vermelho-escura na pele mate, entreabre-se com vontade de ser beijada. Dentes admiráveis e de brilhante beleza completam essa boca maravilhosa. Ela tem um jeito de pronunciar certas palavras, de fazer aparecer uma pontinha da língua rosa na boca entreaberta, que tornaria libertinos os santos mais santos que nos deu a religião católica.

Devemos ir ao cinema, hoje à noite, só nós dois. Sua irmã está com dor de cabeça, dor de cabeça essa que me parece simulada para nos deixar a sós. Ela chega com um vestido de musselina branca que vai até os tornozelos, os quais, quando ela anda, aparecem nus, rodeados por três aros de prata. Está calçada com sandálias cujas tiras douradas passam pelo dedão do pé. Isso torna seu pé muito elegante. Na narina direita, ela colocou uma conchinha minúscula de ouro. O véu de musselina na cabeça é curto e cai-lhe ligeiramente abaixo dos ombros. Uma fita dourada o mantém preso ao redor da cabeça. Da fita até o meio da testa pendem três fios guarnecidos com pedras de todas as cores. Linda indumentária. Quando balança, é claro, deixa ver a tatuagem muito azul da fronte.

Toda a família hindu e a minha, representada por Cuic e o maneta, nos olha partir, com rostos felizes por nos verem exteriorizar nossa felicidade. Todos têm ar de saber que vamos voltar noivos do cinema.

Bem sentada sobre a almofada no bagageiro de minha bicicleta, rodamos os dois para o centro. É num longo trecho de uma avenida mal- iluminada que essa moça esplêndida, por iniciativa própria, me aflora a boca num beijo rápido e furtivo. Era tão inesperado que ela tomasse a iniciativa, que eu quase caí da bicicleta.

Mãos entrelaçadas, sentados no fundo da sala, eu lhe falo com os dedos e ela responde. Nosso primeiro dueto de amor, nessa sala de cinema, onde passava um filme que não vimos, foi completamente mudo. Seus dedos, suas unhas longas, bem-cuidadas e esmaltadas, as pressões das palmas das mãos cantam e me comunicam bem melhor do que se ela falasse sobre todo o amor que sente por mim e o desejo de ser minha. Ela reclinou a cabeça em meu ombro, o que me permite dar-lhe beijos no rosto tão puro.

Esse amor tão tímido, tão demorado em desabrochar, transformou-se depressa em paixão total. Eu lhe expliquei, antes que ela fosse minha, que não podia me casar com ela, já era casado na França. Isso a deixou contrariada durante um dia. Uma noite, ficou comigo, em minha casa. Por causa de seus irmãos, disse-me, e por causa de certos vizinhos e vizinhas hindus, preferia que eu fosse morar com ela na casa de seu pai. Aceitei e instalei-me na casa de seu pai, que mora só com uma jovem hindu, uma parenta afastada, que o serve e cuida da casa. Não fica muito longe da casa em que Cuic mora, 500 metros, mais ou menos. Meus dois amigos vêm me visitar todos os dias e passam uma boa hora conosco. Muitas vezes comem conosco.

Continuamos, sempre, nossa venda de legumes no porto. Saio às 6 e meia e quase sempre minha hindu me acompanha. Levo uma grande garrafa térmica cheia de chá, um pote de geleia e um pão torrado num grande saco de couro e ficamos esperando Cuic e o maneta, para que tomemos o chá juntos. Ela mesma prepara esse lanche e faz questão absoluta do ritual: tomarmos os quatro, juntos, a primeira refeição do dia. Em sua bolsa há todo o necessário: uma pequena toalha bordada e com renda que, muito cerimoniosamente, ela estende sobre o passeio, que varre antes com uma escova, e sobre a qual põe as quatro xícaras de porcelana com seus pires. E, sentados no passeio, muito seriamente, tomamos nossa primeira refeição.

É gozado estar no passeio, tomando chá, como se estivéssemos numa sala, mas ela acha isso natural e Cuic também. Aliás, eles não fazem caso algum das pessoas que passam, e acham normal agir assim. Não quero contrariá-la. Ela fica tão contente por nos servir e passar geleia nas torradas, que, se eu não quisesse, iria deixá-la triste.

Sábado passado aconteceu uma coisa que me deu a chave do mistério. De fato, há dois meses que estamos juntos e, frequentemente, ela me dá pequenas quantidades de ouro. São sempre pedaços de joias quebradas: a metade de um anel de ouro, um brinco só, um pedaço de corrente, um quarto ou metade de uma medalha ou moeda. Como não tenho necessidade disso para viver, se bem que ela me diga para vendê-los, guardo-os em uma caixa. Tenho quase quatrocentos gramas. Quando lhe pergunto de onde vem aquilo, ela me arrasta, me beija, ri, mas não dá nenhuma explicação.

Pois bem, sábado, às 10 horas da manhã, minha hindu me pediu que levasse seu pai, já não lembro mais para onde, de bicicleta: "Meu pai", disse-me ela, "indicará o caminho. Vou ficar em casa para arrumá-la um pouco". Intrigado, penso que o velho quer fazer uma visita longe e de bom grado concordo em levá-lo.

Sentado no bagageiro da frente, sem falar, pois ele apenas fala hindu, tomo os caminhos que ele me aponta. É longe, há mais de uma hora que eu pedalo. Chegamos a um bairro rico, perto do mar. Nada além de belas mansões. A um sinal do "sogro", eu paro e observo. Ele tira uma pedra redonda e branca de sob a túnica e se ajoelha no primeiro degrau de uma casa. Rolando a pedra sobre o degrau, canta. Passam-se alguns minutos, uma mulher trajando roupa hindu sai da casa, aproxima-se dele e lhe dá alguma coisa, sem dizer uma palavra.

De casa em casa, ele repete a cena até as 16 horas. É uma cena longa e não consigo compreendê-la. Na última mansão, é um homem vestido de branco que vem até ele. Faz com que se levante e, com um braço enfiado no dele, leva-o para a casa. Fica lá dentro mais de um quarto de hora e torna a sair, acompanhado pelo senhor, que, antes de deixá-lo, beija-lhe a testa ou, antes, os cabelos brancos. Voltamos para casa, eu pedalo o mais depressa que posso, para chegar logo, pois passa das 4 e meia.

Antes do anoitecer, felizmente, estamos em casa. Minha linda hindu, Indara, primeiro leva o pai, depois puxa-me pelo pescoço e me cobre de beijos, arrastando-me para o chuveiro, para que eu tome um banho. Roupa limpa e fresca está à minha espera e, lavado, barbeado e trocado, sento-me à mesa. Ela mesma me serve, como de hábito. Quero interrogá-la, mas ela se mexe para lá e para cá, bancando a muito ocupada, para adiar o maior tempo possível o momento das perguntas. Ardo por saber. Sei, no entanto, que não se deve jamais forçar um hindu ou um chinês a dizer qualquer coisa. Há sempre um tempo a respeitar antes de interrogar. Então, eles falam por si sós, pois adivinham, sabem que a gente espera uma confidência deles e, se acham o cara digno, fazem-na. Foi isso que aconteceu com Indara.

Depois que, deitados, fizemos longamente amor, quando ela, satisfeita, pousou no vão de minha axila nua o rosto ainda ardente, falou, sem me olhar:

– Sabe, querido, quando papai vai buscar ouro, ele não age mal, ao contrário. Chama os espíritos para que protejam a casa em que rola sua pedra. Para agradecer, em geral, dão-lhe um pedaço de ouro. É um velho costume de nossa terra, em Java.

É o que a minha princesa me conta. Mas, certo dia, uma de suas amigas conversa comigo no mercado. Nessa manhã, nem ela nem os chineses haviam chegado ainda. A bonita moça, de Java também, contou-me uma outra história:

– Para que você trabalha, uma vez que vive com a filha do feiticeiro? Ela não tem vergonha de fazer você se levantar tão cedo, mesmo quando está chovendo? Com o ouro que o pai dela ganha, você poderia viver sem trabalhar. Ela não sabe amá-lo, pois não devia deixá-lo levantar-se tão cedo.

– E o que o pai dela faz? Explique-me, pois eu não sei de nada.

– O pai dela é um feiticeiro de Java. Se quiser, ele chama a morte para você ou sua família. O único jeito de escapar ao sortilégio que ele faz com sua pedra mágica é dar-lhe bastante ouro, para que a faça rolar em sentido contrário daquele que chama a morte. Então, desfaz todos os malefícios e chama, ao contrário, a saúde e a vida para você e todos os que moram em sua casa.

– Isso não é nada parecido com o que Indara me contou.

Prometo a mim mesmo fazer uma verificação, para saber qual das duas tem razão. Alguns dias depois, eu estava com meu "sogro" de longa barba branca na beira de um riacho que atravessa Penitence River e deságua no Demerara. A atitude dos pescadores hindus me esclareceu amplamente. Cada um lhe oferecia um peixe e se afastava o mais depressa possível da margem. Compreendi. Não há mais necessidade de perguntar nada a ninguém.

Para mim, meu sogro feiticeiro não me incomoda em nada. Ele só fala comigo em hindu e acha que já compreendo um pouco.

Não chego jamais a apreender o que ele quer dizer. Isso tem seu lado bom: não se pode estar sempre de acordo. Ele me arranjou trabalho, apesar de tudo: tatuo as frontes de todas as mocinhas de treze a quinze anos. Algumas vezes, ele descobre os seios delas e tatuo neles folhas ou pétalas de flores em cor, rosa e azul, deixando o bico surgir como o pistilo de uma flor. As corajosas, pois é muito doloroso, pedem que tatue em amarelo-canário o círculo negro em volta do bico do seio, e algumas, mais raramente, querem o bico do seio em amarelo.

Diante da casa, ele colocou uma tabuleta escrita em hindu onde está anunciado, parece: ARTISTA TATUADOR — PREÇO MÓDICO — TRABALHO GARANTIDO. Esse trabalho é bem-pago e tenho duas satisfações: admirar os lindos seios das javanesas e ganhar dinheiro.

Cuic encontrou um restaurante à venda, perto do porto. Todo orgulhoso, ele me conta a novidade e propõe que o compremos. O preço está acertado, 800 dólares. Vendendo o ouro do feiticeiro, mais as nossas economias, podemos comprar o restaurante. Vou vê-lo. Fica numa rua pequena, mas muito perto do porto. Uma sala bastante grande, quadriculada em branco e preto, oito mesas à esquerda, oito à direita, no meio uma mesa redonda onde podem ser expostos os antepastos e as frutas. A cozinha é grande, espaçosa, bem-iluminada. Dois grandes fornos e dois fogões imensos.

RESTAURANTE E BORBOLETAS

Fizemos o negócio. Indara vendeu todo o ouro que possuíamos. O papai primeiro ficou surpreendido por eu jamais haver tocado nos pedaços de ouro que ele dava à filha para nós dois. Disse:

– Eu os dei a vocês para que aproveitassem. São de vocês dois, não têm que me perguntar se podem dispor deles. Façam o que quiserem.

Meu "sogro feiticeiro" não é nada mau. Ela é uma coisa à parte, como amante, como mulher e como amiga. Nunca corremos o risco de brigar, porque ela sempre responde sim a tudo que digo. Só se arrepia um pouco quando tatuo as maminhas de suas compatriotas.

Portanto, eis-me dono do restaurante Victory, na Rua Water, em pleno coração do porto da cidade de Georgetown. Cuic ficará na cozinha, ele gosta disso, é a sua profissão. O maneta fará as compras e o *chow mein*, uma espécie de macarrão chinês. É feito da seguinte maneira: farinha de trigo misturada e amassada com quantidades de gemas de ovos. Sem água, essa massa é trabalhada dura e longamente. É uma massa dura como pedra, ao ponto de ele ter que trabalhá-la pulando com a coxa em cima de um bastão bem polido, fixado no centro da mesa. Com uma coxa a cavalo por cima do bastão, que ele segura com sua única mão, corre, saltando num só pé, ao redor da mesa, surrando assim a massa, que, trabalhada com essa força, torna-se logo uma massa leve e deliciosa. Por fim, um pouco de manteiga acaba de lhe dar um gosto exótico.

Esse restaurante, que fora à falência, rapidamente adquire fama. Ajudada por uma jovem hindu muito bonita, chamada Daya, Indara serve os numerosos clientes que acorrem para degustar a comida chinesa. Todos os forçados fugitivos vêm. Os que têm dinheiro pagam; os outros comem de graça. "Dá sorte dar de comer aos que têm fome", diz Cuic.

Um só inconveniente: a atração das duas garçonetes, uma das quais é Indara. As duas exibem os seios nus sob o ligeiro véu de seus vestidos. E mais, abriram os vestidos, dos tornozelos até os quadris. Quando fazem certos movimentos, descobrem a perna toda e a coxa – canadenses e noruegueses comem, alguns duas vezes por dia, para gozar o espetáculo. Meus amigos chamam meu restaurante de restaurante dos zoiudos. Eu represento o patrão. Para todo mundo, eu sou o *boss*. Não há caixa registradora, as garçonetes me trazem o dinheiro, que ponho no bolso, e dou troco quando é necessário.

O restaurante abre às 8 da noite e fica aberto até 5 ou 6 horas da manhã. Não vale a pena dizer que, ali pelas 3 horas da manhã, todas as putas do bairro que fizeram uma boa noite vêm comer, com seu homem ou com um cliente, um frango ao *curry* ou uma salada de feijão. Também tomam cerveja, principalmente inglesa, uísque, rum de cana-de-açúcar do país, muito bom, com soda ou Coca-Cola. Como se tornou o ponto de encontro dos franceses em fuga, sou o refúgio, o conselheiro, o juiz e o confidente de toda a colônia de forçados e exilados.

Isso às vezes me traz encrencas. Um colecionador de borboletas me explica sua maneira de caçar no mato. Corta um papelão em forma de borboleta, depois, cola sobre ele as asas da borboleta que quer caçar. O papelão é afixado na ponta de um bastão de 1 metro. Quando caça, ele segura o bastão com a mão direita e faz movimentos de modo que a falsa borboleta pareça estar voando. Enfia-se pelo mato, sempre em clareiras onde o sol penetra. Sabe as horas de aparição de cada espécie. Há espécies que não vivem mais de 48 horas. Então, quando o sol banha essa clareira, as borboletas que acabam de sair do casulo precipitam-se para a luz, procurando acasalar-se o mais depressa possível. Quando percebem a isca, vêm de longe para se precipitar sobre ela. Se a falsa borboleta é um macho, é um macho que vem para lutar. Com a mão esquerda, onde segura a redinha, rapidamente ele o apanha.

A bolsa tem um estreitamento, que permite que o caçador continue a apanhar borboletas sem temer que as outras escapem.

Se a isca for feita com as asas de uma fêmea, os machos vêm beijá-la e o resultado é o mesmo.

As mais belas borboletas são as da noite, mas, como batem frequentemente em obstáculos, é difícil encontrar uma com as asas intactas. Quase todas têm as asas esfrangalhadas. Para apanhar essas borboletas noturnas, ele sobe no alto de uma grande árvore e faz um quadrado com pano branco, que ilumina por trás com luz de carbureto. As grandes borboletas da noite, com 15 a 20 centímetros da ponta de uma asa à outra, vêm colar-se ao pano branco. Basta, então, asfixiá-las, comprimindo-lhes bem depressa e com bastante força o tórax, sem esmagá-lo. Não se pode deixar que se debatam, porque estragariam as asas, perdendo parte do valor.

Tenho sempre numa vitrine pequenas coleções de borboletas, de moscas, de pequenas serpentes e de vampiros. Há mais compradores do que mercadoria. Assim, os preços são altos.

Um americano desenhou para mim uma borboleta com as asas de trás de um azul-aço e as superiores de um azul-claro. Ofereceu-me 500 dólares se eu encontrasse uma borboleta dessa espécie. Trata-se, aliás, de uma borboleta hermafrodita.

Falando com o caçador, ele me disse que uma vez tivera uma nas mãos, muito bonita, que lhe haviam pagado 50 dólares e que ficara sabendo depois, por um colecionador sério, que aquela espécie valia quase 2.000 dólares.

– O americano está querendo embrulhar você, Papillon – disse-me o caçador. – Está pensando que você é idiota. Mesmo que a peça valesse só 1.500 dólares, ele estaria se aproveitando sordidamente da sua ignorância.

– Tem razão, ele é um sujo. E se nós o tapearmos?

– Como?

– Teríamos que fixar numa borboleta fêmea, por exemplo, as asas de um macho, e vice-versa. O difícil é descobrir como fixá-las sem que se perceba.

Depois de várias tentativas infelizes, conseguimos colar perfeitamente, sem que se note, duas asas de um macho num magnífico exemplar de fêmea: introduzimos as pontas numa minúscula incisão, depois colamos com leite de balata. Bem segura, a ponto de se poder erguer as asas coloridas. Pomos a borboleta sob o vidro junto com outras, numa coleção qualquer de 29 dólares, como se eu jamais a tivesse visto. Assim que o americano a percebe, tem o topete de vir com uma nota de 20 dólares na mão, para comprar a coleção. Eu digo que ela já estava prometida, que um sueco encomendou uma caixa e que aquela é para ele.

Em dois dias, o americano pegou aquela caixa nas mãos pelo menos umas dez vezes. Enfim, não aguentando mais, ele me chama.

– Compro a borboleta do meio por 20 dólares e você fica com a coleção.

– O que essa borboleta tem de extraordinário? – e começo a examiná-la; depois me espanto: – Veja só, mas é uma borboleta hermafrodita!

– Que está dizendo? Sim, é verdade. Antes, eu não tinha muita certeza – diz o americano. – Através do vidro não se via bem. Dá licença? – examina a borboleta de todos os lados e diz: – Quanto quer por ela?

– Dia desses você não me disse que um exemplar assim tão raro vale 500 dólares?

– Repeti isso a vários caçadores de borboletas e não quero me aproveitar da ignorância do que apanhou este aqui.

– Então, 500 dólares ou nada.

– Compro-a, guarde-a para mim. Tome, aqui estão 60 dólares que tenho comigo, como sinal de que a compra está feita. Dê-me um recibo, amanhã eu trarei o resto. E, principalmente, tire-a dessa caixa.

– Está bem, vou guardá-la noutro lugar. Aqui está seu recibo.

Bem, na hora de abrir a casa, lá está o descendente de Lincoln. Examina de novo a borboleta, dessa vez com uma pequena lupa. Sinto um medo terrível quando ele a vira do outro lado. Satisfeito, faz o pagamento, põe a borboleta numa caixa que trouxe, pede-me outro recibo e vai embora.

Dois meses depois sou levado pela polícia. Chegando ao comissariado, o superintendente da polícia explica-me em francês que fui preso por ter sido acusado de trapaça por um americano:

– É o sujeito da borboleta na qual você colou asas – diz o comissário. – Graças a esse estratagema, vendeu-a por 500 dólares.

Duas horas depois, Cuic e Indara lá estão com um advogado. Ele fala muito bem o francês. Explico-lhe que nada sei das borboletas, que não sou caçador nem colecionador. Vendo as caixas para ajudar os caçadores, que são meus clientes, que foi o americano que ofereceu 500 dólares, não eu que os pedi, e que, aliás, ele a examinara para ter certeza de que ela era o que pensava, que o ladrão, então, era ele, pois nesse caso a borboleta valeria cerca de 2.000 dólares.

Dois dias depois, passo ao tribunal. O advogado me serve também de intérprete. Repito minha tese. Em seu favor, o advogado tem um catálogo com preços de borboletas. Um espécime parecido está cotado no livro acima de 1.500 dólares. O americano é duramente criticado pelo tribunal. Terá, ainda por cima, que pagar os honorários do meu advogado, mais 200 dólares.

Todos os duros e hindus estão reunidos, festejamos a libertação com *pastis* feito em casa. Toda a família de Indara foi ao tribunal, estão orgulhosos de ter na família – depois da absolvição – um super-homem. Pois eles não eram patetas e duvidaram muito de que eu não tivesse colado as asas.

Pronto, fomos obrigados a vender o restaurante, isso ia acabar acontecendo. Indara e Daya eram bonitas demais e aquela espécie de s*trip-tease* delas, sempre apenas esboçado sem jamais continuar, desvairava ainda mais aqueles marinheiros sanguíneos do que se fosse um desnudamento integral. Tendo reparado que, quanto mais colocavam suas maminhas embaixo do nariz dos marujos, mais recebiam de gorjeta, bem inclinadas sobre a mesa, nunca acabavam de fazer a conta ou encontrar o troco certo. Depois desse tempo de exposição bem calculado, endireitavam-se e diziam: "E a minha gorjeta?" "Ah!" Os pobres sujeitos eram generosos e aqueles amorosos acesos, sem jamais serem apagados, não sabiam bem onde estavam com a cabeça.

Um dia, aconteceu o que eu previa. Um enorme diabo de um ruivo cheio de sardas não se contentou em ver apenas a coxa inteira descoberta: a uma aparição fugaz da calcinha, ergueu a mão e seus dedos de bruto, mantendo a minha javanesa presa como que a um torno. Como ela estava com um jarro de vidro na mão, não levou muito tempo para quebrá-lo na cabeça dele. Com o golpe, ele larga a calcinha e desaba. Corro para erguê-lo. Os amigos dele pensam que eu vou espancá-lo e, antes que eu diga ui, recebo um soco magistral em pleno olho. Talvez o marinheiro-boxeador tenha mesmo querido defender seu amigo. Ou queria surrar o marido da linda hindu, responsável pelo que não podia se fazer com ela? Sabe-se lá! De qualquer modo meu olho recebe o direto bem em cheio. Ele conta muito depressa com sua vitória, pois se coloca em guarda de boxe diante de mim e grita: *Boxe, boxe, man!* Com um pontapé na genitália, seguido por uma cabeçada à Papillon, o boxeador fica estendido no chão.

A balbúrdia se torna geral. O maneta sai da cozinha em meu socorro e distribui golpes de bastão, usando o porrete que serve para fazer macarrão especial. Cuic chega com um longo garfo nos dentes e mergulha na confusão. Um vagabundo parisiense, aposentado dos bailes de gaita da Rua da Lappe, serve-se de uma cadeira como clava. Achando-se certamente desprotegida pela perda de sua calcinha, Indara se retira da batalha.

Conclusão: cinco americanos seriamente feridos na cabeça, outros com dois furos do garfo de Cuic em várias partes do corpo. Há sangue por todo lado. Um policial negro coloca-se à porta, para que ninguém saia. Felizmente, pois chega um jipe da polícia militar. Polainas brancas e bastão erguido, eles querem entrar à força e, vendo todos os seus marinheiros cheios de sangue, certamente têm intenção de vingá-los. O policial negro os repele, depois coloca o braço e o bastão atravessados na porta e diz: *"Her Majesty Police"* (Polícia de Sua Majestade).

Só quando chegam os policiais ingleses é que nos deixam sair e subir no tintureiro. Somos levados ao comissariado. Além de mim, que tenho o olho preto, nenhum de nós está ferido, o que faz com que não queiram acreditar em nossa legítima defesa.

Oito dias depois, no tribunal, o presidente aceita nossa tese e nos põe em liberdade, salvo Cuic, que pega três meses por pancadas e ferimentos. Era difícil encontrar uma explicação para os múltiplos furos duplos distribuídos em profusão por Cuic.

Como, para completar, em menos de quinze dias ele tivera seis encrencas, não podíamos mais apoiá-lo. Os marinheiros decidiram não considerar essa briga como terminada e, como há gente que vem todo dia com novidades, como saber se são amigos ou inimigos?

Portanto, vendemos o restaurante, pelo mesmo preço que havíamos pagado. É verdade que, com a má fama que tinha adquirido, não havia fila de compradores.

– Que vamos fazer, maneta?

– Enquanto esperamos que Cuic saia, vamos descansar. Não podemos recuperar a carroça e o asno, porque os vendemos. O melhor é não fazer nada, descansar. Depois, a gente vê.

Cuic saiu. Diz que foi bem tratado: "O único aborrecimento", conta, "foi que fiquei perto de dois condenados à morte". Ora, os ingleses têm um hábito sujo: avisam ao condenado, 45 dias antes da execução, que ele vai ser enforcado, numa corda bem alta e curta, a tal dia e tal hora, porque a rainha recusou sua graça. "Então", conta Cuic, "todas as manhãs os condenados gritam um para o outro: 'Um dia a menos, Johnny, só restam tantos dias!' E o outro não parava de insultar seu cúmplice o dia inteiro". Fora isso, Cuic estava tranquilo e com boa aparência.

A CABANA DE BAMBU

Pascal Fosco desceu das minas de bauxita. É um dos homens que haviam tentado um ataque à mão armada contra o correio de Marselha. Seu cúmplice foi guilhotinado. Pascal é o melhor de todos nós. Bom mecânico, não ganha mais do que 4 dólares por dia; mas, mesmo assim, sempre arranja um jeito de ajudar um ou dois forçados em dificuldades.

Essa mina de terra de alumínio fica bem longe, no mato. Uma cidadezinha se formou em torno do acampamento, onde vivem operários e engenheiros. No porto, carrega-se sem cessar o minério em numerosos cargueiros. Tenho uma ideia: por que não montarmos um cabaré naquele povoado perdido na mata? As pessoas de lá devem se aborrecer demais à noite.

– É verdade – me diz Fosco –, lá não há nenhuma distração. Lá não tem nada.

Indara, Cuic, o maneta e eu, alguns dias depois, estamos num barco, que em dois dias de navegação nos leva pelo rio até Mackenzie, nome da mina.

O acampamento dos engenheiros, dos chefes e dos operários especializados é limpo, claro, com casinhas confortáveis, todas munidas de tela metálica para proteger dos mosquitos. O povoado, em si, é uma nojeira. Nenhuma casa de tijolo, de pedra ou cimento. Nada mais do que taperas feitas de barro e bambus, tetos de folhas de palmeiras selvagens ou, as mais modernas, de folhas de zinco. Quatro bares horríveis regurgitam de clientes. Os marinheiros lutam para conseguir uma cerveja quente mesmo. Nenhum estabelecimento tem geladeira.

Pascal tem razão, há o que fazer nesse povoado. Afinal de contas, estou em fuga, é aventura, não posso viver normalmente como meus companheiros. Trabalhar para ganhar apenas o indispensável para viver, isso não me interessa.

Como as ruas ficam pegajosas de barro quando chove, escolho um lugar mais elevado, um tanto retirado do centro do povoado.

Estou certo de que não vai ser inundado quando chover, nem por dentro, nem ao redor da construção que pretendo fazer.

Em dez dias, ajudados por carpinteiros negros que trabalham na mina, construímos uma sala retangular de 20 metros de comprimento por 8 de largura. Trinta mesas de quatro lugares permitirão que 120 pessoas se sentem comodamente. Um estrado onde se exibirão os artistas, um bar da largura da sala e uma dúzia de banquinhos altos. Ao lado do cabaré, uma outra construção, com oito cômodos, onde poderão viver muito bem dezesseis pessoas.

Quando desci a Georgetown para comprar material, cadeiras, mesas etc., contratei quatro jovens negras esplêndidas para atender os clientes. Daya, que trabalhava no restaurante, resolveu ir conosco. Um *coolie* vai martelar o velho piano que aluguei. Falta o espetáculo.

Depois de muita confusão e blá-blá-blá, consegui convencer duas javanesas, uma portuguesa, uma chinesa e duas morenas a abandonarem a prostituição e a se tornarem strippers. Uma velha cortina vermelha comprada de um vendedor de bugigangas servirá para começar e encerrar o espetáculo.

Subo com todo mundo, numa viagem especial que um velho pescador chinês concorda em fazer para mim com sua barcaça. Uma casa de bebidas forneceu-me toda espécie imaginável de líquido a crédito. Confia em mim: pagarei a cada trinta dias, por tudo que for sendo vendido. Em compensação, ela me fornecerá as bebidas que forem necessárias. Um velho fonógrafo e discos usados fornecerão a música quando o pianista parar de martirizar o piano. Toda espécie de vestidos, saias, meias pretas e coloridas, ligas, *soutiens*, ainda em bom estado e que escolhi, por suas cores berrantes, na casa de um hindu que havia recolhido dos despojos de um teatro ambulante, formarão o "guarda-roupa" de minhas futuras "artistas".

Cuic comprou todo o material de madeira e o que era necessário para os quartos; Indara, os vidros e tudo que é necessário para um bar; eu me encarrego das bebidas e cuido da parte artística. Para conseguir isso tudo em uma semana, foi preciso se virar. Enfim, está pronto, material e pessoas ocupam o barco todo.

Dois dias depois, chegamos ao acampamento. As dez moças produzem uma verdadeira revolução nesse povoado perdido no meio da mata. Cada um carregando um embrulho, subimos até a "Cabana de Bambu", nome que demos à nossa boate. Os ensaios começaram. Ensinar minhas "artistas" a se porem nuas em pelo não é coisa fácil. Primeiro, porque falo muito mal o inglês e minhas explicações não são bem compreendidas; depois, em toda a sua vida, elas se despiram depressa, para despachar logo o cliente. Ao passo que agora tudo é ao contrário: quanto mais lentamente elas o fazem, mais *sexy* é a coisa. Para cada moça há uma tática diferente a empregar. Esse modo de agir deve, também, aproveitar bem as roupas.

A marquesa de espartilho cor-de-rosa e vestido de crinolina, com grandes calças de rendas brancas, despe-se lentamente, escondida por um biombo, diante de um grande espelho no qual o público pode admirar pouco a pouco cada pedaço de carne que ela descobre.

Depois, há a Rápida, uma moça de ventre liso, morena, cor de café com leite muito claro, magnífico exemplar de sangues misturados, certamente filha de um branco com uma negra já clara. Sua tez de grão de café apenas dourado ao fogo faz sobressair suas formas perfeitamente bem equilibradas. Longos cabelos negros caem, naturalmente ondulados, pelos ombros divinamente arredondados. Seios cheios, altos e arrogantes, apesar de seu peso, dardejam duas pontas magníficas um pouquinho mais escuras do que a carne. Essa é a Rápida. Todas as peças de sua roupa abrem-se com zíper. Ela se apresenta em calças de vaqueiro, com um chapéu muito amplo na cabeça e uma blusa branca cujos punhos terminam em franjas de couro. Ao som de uma marcha guerreira, ela aparece em cena e se descalça, fazendo cada sapato voar do pé de cada vez. A calça se abre dos dois lados das pernas e cai de repente aos seus pés. A blusa se abre em dois pedaços, por um fecho de correr em cada braço.

Para o público, o golpe é violento, pois os seios nus aparecem como em cólera por terem estado fechados durante tanto tempo. Com as coxas e o busto nus, ela abre as pernas, olha o público bem de frente, tira o chapéu e joga-o a uma das primeiras mesas.

A Rápida não faz trejeitos nem gestos de pudor para tirar a calcinha. Desabotoa ao mesmo tempo os dois lados da pequena peça e mais a arranca do que retira. Em traje de Eva, seu sexo aveludado aparece e, no mesmo momento, uma outra moça lhe passa um enorme leque de plumas inteiramente aberto com o qual ela se esconde.

A Cabana de Bambu está cheia de arrebentar no dia da inauguração. O estado-maior da mina está lá inteirinho. A noite termina com o pessoal dançando e o dia já vai alto quando os últimos clientes vão embora. É um verdadeiro sucesso, não se podia esperar melhor. Temos despesas, mas os preços são muito altos, isso compensa, e o cabaré em plena mata terá em muitas noites, acredito sinceramente, mais clientes do que espaço a oferecer.

Minhas quatro garçonetes negras não conseguem dar conta do serviço. Com vestidos muito curtos, decote bem aberto, um turbante vermelho na cabeça, também impressionaram de modo favorável a clientela. Indara e Daya supervisionam cada qual uma parte da sala. No bar, o maneta e Cuic cuidam de atender aos pedidos da sala. E eu, em toda parte, corrigindo o que está errado ou ajudando quem esteja atrapalhado.

– Eis um sucesso certo – diz Cuic, quando garçonetes, artistas e patrão se encontram finalmente sozinhos na grande sala.

Comemos todos juntos, como uma família, patrão e empregados, mortos de fadiga, mas felizes com o resultado. Todo mundo vai se deitar.

– Então, Papillon, você não vai levantar?

– Que horas são?

– Dezoito horas – me diz Cuic. – Sua princesa nos ajudou. Há duas horas que ela está de pé. Tudo está em ordem, pronto para recomeçar a noite.

Indara chega com uma bacia de água quente. Barbeado, lavado, fresco e disposto, eu a pego pela cintura e entramos na Cabana de Bambu, onde sou recebido por mil perguntas.

– Estava bem, *boss*?

– Eu me despi direitinho? Ou acha que não estava bem?

– Estou cantando certo? O que vale é que, felizmente, o público não é exigente.

Essa nova equipe é verdadeiramente simpática. Essas putas transformadas em artistas levam o trabalho a sério e parecem felizes por terem deixado sua profissão anterior. O negócio vai bem, não se pode querer melhor. Apenas uma dificuldade: para tantos homens solitários, muito poucas mulheres. Todos os clientes queriam a companhia, se não a noite inteira pelo menos por algum tempo, de uma moça, principalmente uma artista. Isso desperta ciúmes. De vez em quando, por acaso, duas mulheres estão na mesma mesa e há protestos por parte dos clientes.

As negrinhas também são solicitadas, primeiro porque são bonitas e depois porque nesse mato não há mulheres. Por trás do bar, de vez em quando, Daya passa a servir e conversa com todos. Pouco mais de uma vintena de homens gozam da presença da hindu, realmente uma beleza rara.

Para evitar ciúmes e reclamações dos clientes para ter uma artista em sua mesa, instituí uma loteria. Depois de cada número de nu ou de canto, uma grande roda numerada de 1 a 32, um número por mesa e dois números para o bar, decide onde a moça deve ficar. Para participar da loteria, é preciso comprar um bilhete que custa o preço de uma garrafa de uísque ou de champanhe.

Esta ideia (eu pensava) tem duas vantagens. Primeiro, evita qualquer reclamação. Quem ganha aproveita a companhia da boneca durante uma hora em sua mesa, pelo preço da garrafa de bebida que é servida da seguinte maneira: enquanto a artista, completamente nua, é escondida pelo imenso leque, faz-se girar a roda. Quando sai o número, a moça sobe em um grande prato de madeira pintado de cor de prata, quatro rapazes o erguem e levam-no à feliz mesa ganhadora. Ela mesma abre o champanhe, toma um gole, sempre nua, desculpa-se e, cinco minutos depois, vai sentar-se, de novo vestida.

Durante seis meses, tudo correu bem, mas a estação de chuvas passou e chegou uma clientela nova. São os catadores de ouro e diamantes que vasculham livremente esta terra tão rica de aluviões. Procurar ouro e brilhantes com meios arcaicos é excessivamente duro. Assim, todo mundo anda armado e, quando têm um saquinho de ouro ou um punhado de brilhantes, os caras não resistem à tentação de gastá-los loucamente. As moças, em cada garrafa, recebem uma grande porcentagem. Daí, beijando o cliente, elas derramarem no balde de gelo o champanhe ou uísque, para que a garrafa acabe mais depressa. Alguns, apesar do álcool ingerido, percebem a coisa e suas reações são tão brutais que fui obrigado a mandar pregar mesas e cadeiras.

Com a nova clientela, aconteceu o que tinha de acontecer. A gente chamava uma das moças de "Flor de Canela". Efetivamente, sua pele tinha a cor da canela. Essa nova boneca, que tirei dos antros de Georgetown, deixava os clientes completamente loucos com seu modo de se despir.

Quando era sua vez de entrar, trazíamos um canapé de cetim branco para o palco e não apenas ela se punha em pelo com uma ciência perversa pouco comum, mas também, depois de ficar nua como um verme, deitava-se no canapé e acariciava a si mesma. Seus longos dedos afilados deslizavam por toda a carne nua, brincando com o próprio corpo, dos cabelos às pontas dos pés. Nenhuma parte escapava às suas apalpadelas. Inútil dizer qual era a reação desses homens, frustrados pela mata e cheios de álcool.

Como era muito interesseira, ela exigira que, para participar de sua loteria, os jogadores deveriam pagar o preço de duas garrafas de champanhe e não só de uma, como faziam em relação às outras. Depois de jogar inutilmente várias vezes, tentando a sorte e se esforçando por ganhar Flor de Canela, um mineiro atarracado, portador de uma barba negra bem espessa, não encontrou outro jeito, quando minha hindu passou vendendo os números do último *strip* de Flor de Canela, senão o de comprar os trinta números da sala. Só restaram, portanto, os dois números do bar.

Certo de ganhar, depois de ter pago as sessenta garrafas de champanhe, o barbudo esperava, confiante, o desnudamento de Flor de Canela e a extração da loteria. Flor de Canela estava muito excitada, por ter bebido muito nessa noite. Eram 4 horas da manhã quando começou sua última apresentação. Com a ajuda do álcool, ela foi mais sensual do que nunca e seus gestos ainda mais ousados do que de costume. Rrrrran! Fizemos girar a roleta, que, com seu pequeno indicador de chifre, vai mostrar o ganhador.

O barbudo baba de excitação, depois de ter visto a exibição da boneca Flor de Canela. Espera, está certo de que ela vai lhe ser servida, em pelo, sobre o prato prateado, coberta com o famoso leque de plumas e, entre suas magníficas coxas, as duas garrafas de champanhe. Catástrofe! O cara dos trinta números perde. É o 31 que ganha; é o bar, portanto. Primeiro, ele não entende bem a tragédia e só percebe completamente quando vê a artista ser erguida e colocada no balcão. Então, o barbudo fica louco, derruba a mesa que está à sua frente e em dois saltos está no bar. Sacar o revólver e dar três tiros na moça foi coisa que não durou três segundos.

Flor de Canela morreu em meus braços. Eu a pegara depois de pôr aquele animal para dormir com um golpe de cassetete da polícia americana, que trago sempre comigo. Por estar repreendendo uma garçonete, por causa da sua bandeja, não agi a tempo, o que deu tempo para o animal cometer a loucura. Resultado: a polícia fechou a Cabana de Bambu e voltamos para Georgetown.

Eis-nos de novo em nossa casa. Indara, como uma verdadeira hindu, fatalista, não muda de caráter. Para ela, essa ruína não tem nenhuma importância. A gente faz outra coisa, pronto. Os chineses pensam da mesma forma. Nada muda em nosso harmonioso grupo. Nem uma reprovação por minha ideia ridícula de tirar as moças na sorte, ideia que, no entanto, foi a causa do nosso fracasso. Com nossas economias, depois de ter pago escrupulosamente todas as nossas dívidas e dar uma soma em dinheiro à mãe de Flor de Canela, não ficamos de mau humor. Todas as noites, vamos ao bar onde os forçados se reúnem. Passamos noites encantadoras, mas Georgetown, por causa das restrições da guerra, começa a me cansar. Quanto ao mais, minha princesa nunca foi ciumenta e eu sempre tive toda liberdade. Mas, agora, ela não me larga um só instante e fica horas sentada a meu lado, em qualquer lugar onde eu esteja.

As probabilidades de comerciar em Georgetown se complicam. Assim, um belo dia, sinto vontade de partir da Guiana Inglesa para outro país. Não é nada arriscado, há a guerra. Nenhum país nos devolverá, pelo menos é o que suponho.

FUGA DE GEORGETOWN

Guittou está de acordo. Ele também acha que devem existir países melhores e mais fáceis de se viver do que a Guiana Inglesa. Começamos a preparar uma fuga. De fato, sair da Guiana Inglesa é um delito muito grave. Estamos em tempo de guerra e nenhum de nós tem passaporte.

Chapar, que fugiu de Caiena depois de ser desinternado, está aqui há três meses. Trabalha, por 1 dólar e 50 por dia, fazendo doces numa confeitaria chinesa. Ele também quer ir embora de Georgetown. Um forçado de Dijon, Deplanque, e um bordelês também são candidatos à fuga. Cuic e o maneta preferem ficar. Sentem-se bem aqui.

Como a saída do Demerara é extremamente vigiada e está sob o fogo dos ninhos de metralhadoras, dos lança-torpedos e de canhões, copiaremos exatamente um barco de pesca inscrito em Georgetown e sairemos, fazendo-nos passar por ele. Eu me recrimino por não corresponder à dedicação de Indara e não corresponder como deveria ao seu amor total. Mas não posso fazer nada, ela se gruda tanto a mim, que isso me irrita; agora, ela me enerva. Os seres simples, claros e sem inibições em seus desejos não esperam que a pessoa que amam os solicite para fazer amor. Essa hindu reage exatamente como as irmãs índias de Guajira. No momento em que sentem vontade de se expandir, oferecem-se e, se a gente não as possui, a ofensa é muito grave. Uma dor verdadeira e tenaz germina no mais profundo de meu eu e isso me irrita, pois, mais do que às irmãs índias, não quero fazer Indara sofrer e tenho que me esforçar para que ela goze o máximo possível em meus braços.

Ontem, assisti à coisa mais linda que se pode ver, do ponto de vista mímico, como expressão do que a gente sente. Na Guiana Inglesa existe uma espécie de escravatura moderna. Os javaneses vêm trabalhar nas plantações de algodão, de cana-de-açúcar ou de cacau com contratos de cinco e dez anos. O marido e a mulher são obrigados a sair todos os dias para o trabalho, a menos que estejam doentes. Quando o médico não os considera doentes, eles têm que conceder um mês de trabalho suplementar ao fim do contrato. E outros meses se acrescentam, ainda, por delitos menores. Como todos são jogadores, endividam-se até o pescoço na plantação e, para pagar aos credores, assinam, para receber um prêmio, um prolongamento de um ou vários anos.

Praticamente não saem mais. Para eles, que são capazes de apostar suas mulheres e cumprir escrupulosamente a palavra, uma só coisa é sagrada: os filhos. Fazem tudo para mantê-los *frees* (livres). Passam as maiores dificuldades e privações, mas muito raramente um de seus filhos assina um contrato com a plantação.

Pois bem, hoje é o casamento de uma moça hindu. Todo mundo está vestido com mantos compridos: as mulheres de *voile* branco e os homens com túnicas brancas que descem até os pés. Muitas flores de laranjeira. A cena, depois de várias cerimônias religiosas, desenrola-se no momento em que o noivo vai levar sua mulher. Os convidados ficam à esquerda e à direita da porta da casa.

De um lado, mulheres; do outro, homens. Sentados na soleira da porta aberta, o pai e a mãe. Os noivos beijam seus parentes e passam entre as duas fileiras, que têm alguns metros de comprimento. De repente, a noiva escapa do braço do marido e corre para sua mãe. A mamãe tapa os olhos com uma das mãos e com a outra manda-a de volta ao marido.

Este estende os braços e chama, ela faz gestos com os quais demonstra que não sabe o que fazer. Sua mãe deu-lhe a vida e, muito bem, ela representa uma criança saindo do ventre de sua mãe. Depois, a mãe lhe deu o seio. Ela vai esquecer isso tudo para seguir o homem que ama? Talvez, mas não seja apressado, diz ela com gestos, espere mais um pouco, deixe-me contemplar ainda estes pais tão bons que, até eu encontrar você, foram a razão de minha vida.

Então, ele também faz mímica, com a qual faz compreender que a vida exige que ela seja, também, esposa e mãe. Tudo isso ao som de cantos de jovens e rapazes que lhes respondem. Por fim, depois de ter escapado mais uma vez dos braços do marido, é ela própria quem dá alguns passos, correndo, salta nos braços do marido, que a leva bem depressa para a carroça, enfeitada com guirlandas de flores, que os espera.

A fuga é minuciosamente preparada. Um barco grande e comprido, com uma boa vela, uma bujarrona e um leme de primeira qualidade, é preparado com precauções para que a polícia não perceba.

No rio Penitence, o riozinho que desemboca no grande rio, o Demerara, escondemos o barco num trecho que passa pelo nosso bairro. Está exatamente pintado e numerado como um barco de pesca de chineses matriculado em Georgetown. Iluminado pelos faróis, apenas a tripulação é diferente. Para dar bem a impressão que queremos, não podemos ficar de pé, pois os chineses do barco copiado são pequenos e magros, nós somos altos e fortes.

Tudo se passa sem maiores complicações e saímos calmamente do Demerara para entrar no mar. Apesar da alegria de termos saído e de termos evitado o perigo de sermos descobertos, uma só coisa me impede de saborear completamente esse êxito: é o fato de ter partido como um ladrão, sem ter avisado minha princesa. Não estou contente comigo mesmo. Ela, seu pai e sua raça não me fizeram mais do que o bem e em troca eu lhes paguei com o mal. Não procuro encontrar argumentos para justificar minha conduta. Acho que o que fiz é pouco elegante e não estou nada contente comigo. Ostensivamente, deixei 600 dólares em cima da mesa, mas o dinheiro não paga essas coisas recebidas.

Devemos navegar durante 48 horas na direção norte-norte. Retomando minha antiga ideia, quero ir para as Honduras britânica. Para isso, teremos que pegar dois dias em alto-mar.

A fuga é formada por cinco homens – Guittou, Chapar, Barrière (um bordelês), Deplanque (um cara de Dijon) e eu, Papillon, capitão, responsável pela navegação.

Mal completamos trinta horas de mar, somos apanhados por uma tempestade espantosa, seguida de uma espécie de tufão, um ciclone. Relâmpagos, trovões, chuva, vagalhões enormes e desordenados, vento de furacão turbilhonando no mar levam-nos, sem que possamos resistir, numa louca e dramática cavalgada sobre um mar que eu jamais havia visto ou imaginado. Pela primeira vez, em minha experiência, os ventos giram mudando de direção, ao ponto de os alísios serem completamente anulados e a tormenta nos fazer valsar em direção oposta. Se isso durasse oito dias, voltaríamos aos trabalhos forçados nas ilhas.

Esse tufão, aliás, foi memorável, eu soube depois em Trinidad, pelo Sr. Agostini, o cônsul francês. O tufão derrubou mais de 6.000 coqueiros da sua plantação. Esse tufão em forma de verruma serrou, completamente, os coqueiros à altura de um homem. Casas foram arrancadas e levadas pelos ares para muito longe, caindo na terra ou no mar. Perdemos tudo: víveres e bagagens, assim como os tonéis de água. O mastro se quebrou, ficando com menos de 2 metros, sem vela, e, o mais grave, o leme se quebrou. Por milagre, Chapar salvou um remo, e é com esse pequeno pau que tento conduzir o barco. Para completar, ficamos todos nus em pelo para confeccionarmos uma espécie de vela. Usamos tudo, paletós, calças e camisas. Nós cinco estamos de cuecas. Essa vela, confeccionada com nossas roupas e costurada com um rolinho de arame que havia a bordo, quase nos permite navegar com o mastro quebrado.

Os ventos alísios retomaram seu curso e aproveito para tentar ir direto ao sul, para alcançar não importa que terra, até mesmo a Guiana Inglesa. A condenação que nos espera por lá será bem-vinda. Meus companheiros se comportaram dignamente durante e depois, eu não diria mais essa tempestade, pois não seria o bastante, mas sim esse cataclismo, esse dilúvio, esse ciclone, melhor.

É somente no fim de seis dias, dos quais dois de completa calmaria, que vemos terra. Com o pedaço de vela que o vento enfuna, apesar dos furos, não podemos navegar exatamente como queremos. O pequeno remo não é suficiente para dirigir firmemente a embarcação. Estando em pelo, temos queimaduras ardentes em todo o corpo, o que diminui nossa força para lutar. Nenhum de nós tem pele sobre o nariz, os narizes estão em carne viva. Os lábios, os pés, as entrecoxas e as coxas também estão com a carne completamente à mostra. A sede nos atormenta a tal ponto, que Deplanque e Chapar chegaram a beber água salgada. Depois dessa experiência sofrem mais ainda. Há, apesar da sede e da fome que nos atazanam, algo de bom: ninguém, absolutamente ninguém, se queixa. Nenhum de nós jamais dá um conselho a outro. O que quer beber água salgada, o que joga água do mar no próprio corpo, dizendo que isso refresca, logo percebe sozinho que a água salgada abre chagas e queima ainda mais pela evaporação.

Sou o único a ter os olhos completamente abertos e sãos, todos os meus camaradas estão com os olhos cheios de pus, que se colam constantemente. Os olhos precisam ser lavados, custe o que custar, apesar da dor, porque faz bem abrir os olhos e enxergar direito. Um sol de chumbo nos ataca as queimaduras com tal intensidade, que é quase irresistível. Deplanque, meio louco, fala em se atirar na água.

Há mais de uma hora me parecia distinguir terra no horizonte. Bem entendido, eu me dirigi imediatamente para ela sem dizer nada, pois não tinha certeza. Pássaros aparecem e voam ao nosso redor; portanto, não me enganei. Seus gritos advertem meus camaradas que, embrutecidos pelo sol e pela fadiga, deitaram-se no fundo do barco, protegendo o rosto do sol com os braços.

Guittou, depois de enxaguar a boca para conseguir fazer sair algum som, me diz:

– Está vendo terra, Papi?

– Estou.

– Em quanto tempo acha que podemos chegar?

– Cinco ou sete horas. Escutem, meus amigos, eu não posso mais. Além das mesmas queimaduras que vocês, estou com as nádegas em carne viva por causa do atrito na madeira do banco e por causa da água do mar. O vento não está muito forte, estamos avançando tão lentamente que tenho cãibra nos braços constantemente e minhas mãos estão dormentes de segurar com força durante tanto tempo o remo que nos serve de leme. Querem aceitar uma coisa? Vamos retirar a vela e estendê-la sobre o barco, para nos abrigarmos desse sol de fogo até a noite. O barco irá à deriva, sozinho, para a terra. É preciso fazer isso, a menos que algum de vocês queira tomar meu lugar ao leme.

– Não, não, Papi. Vamos fazer isso e dormir todos, menos um, à sombra da vela.

É ao sol, às 13 horas, que faço tomarem essa decisão. Com uma satisfação animal, deito-me no fundo do barco, enfim à sombra. Meus camaradas cederam-me o melhor lugar para que, na frente, eu possa receber o ar de fora. O que está de guarda fica sentado, mas abrigado à sombra da vela. Todo mundo, mesmo o homem de guarda, mergulha rapidamente no nada. Rendidos de fadiga e gozando essa sombra que enfim nos permite escapar ao sol inexorável, adormecemos.

Um berro de sirene acorda todo mundo de repente. Afasto a vela, é noite lá fora. Que horas podem ser? Quando me sento em meu lugar, ao leme, uma brisa fresca acaricia todo meu pobre corpo pelado e imediatamente sinto frio. Mas que sensação de bem-estar não ser queimado!

Erguemos a vela. Depois de ter limpado os olhos com água do mar – felizmente, só um deles é que está ardendo e supurado –, vejo terra nitidamente à minha direita e à minha esquerda. Onde estamos? Para qual das duas devo me dirigir? Mais uma vez, ouve-se o uivo da sirene. Compreendo que o sinal vem da terra da direita. Que diabo quer dizer?

– Onde você acha que estamos, Papi? – diz Chapar.

– Francamente, não sei. Se essa terra não for isolada e se isso for um golfo, talvez estejamos na ponta da Guiana Inglesa, a parte que vai do Orenoco (grande rio da Venezuela que faz fronteira). Mas, se a terra da direita é cortada por uma grande distância da que está à esquerda, então esta terra é uma ilha, e é Trinidad. À esquerda seria a Venezuela, portanto estaríamos no golfo de Paria.

Minhas lembranças das cartas marítimas, que tive ocasião de estudar, dão-me essa alternativa. Se é Trinidad à direita e a Venezuela à esquerda, qual das duas vamos escolher? Essa decisão põe o nosso destino em jogo. Não vai ser muito difícil, por causa desse gostoso vento fresco, nos dirigirmos para a costa. Por enquanto, não vamos nem para uma nem para outra. Em Trinidad estão os rosbifes, mesmo governo da Guiana Inglesa.

– Temos certeza de sermos bem-tratados – diz Guittou.

– Sim, mas que decisão vão tomar por termos deixado, em tempo de guerra, seu território sem autorização e clandestinamente?

– E a Venezuela?

– Não sabemos como é por lá – diz Deplanque. – Na época do Presidente Gómez, os forçados eram obrigados a trabalhar nas estradas em condições extremamente penosas, depois eram devolvidos à França.

– Sim, mas agora não é assim. Estamos em guerra.

– Eles, segundo o que ouvi dizer em Georgetown, não estão em guerra, são neutros.

– Tem certeza?

– Tenho.

– Então é perigoso para nós.

Distinguimos luzes na terra da direita e também na da esquerda. Mais uma vez a sirene, que desta vez dá três uivos em seguida. Sinais luminosos aparecem na costa da direita. A lua acaba de sair, está bastante longe de nós, mas em nossa trajetória. Em frente, dois imensos rochedos negros e pontudos emergem do mar, muito altos. Deve ser esse o motivo da sirene: avisam-nos de que é perigoso.

– Olhe, boias flutuantes! Há uma porção delas. Por que não esperamos o dia agarrados a uma delas? Baixe a vela, Chapar.

Ele desce imediatamente aqueles trapos de calças e camisas que pretensiosamente eu chamo de vela. Contendo o barco com o remo, amarro a uma das boias a ponta da embarcação que, felizmente, ficou com um bom pedaço de corda pendurado no gancho, um pedaço que o tufão não conseguiu arrancar. Pronto, estamos amarrados. Não diretamente nessa estranha boia, porque ela não tem nada em que possa ser amarrada a corda, mas ao cabo que a liga a outra boia. Estamos bem amarrados ao cabo dessa delimitação de um canal, sem dúvida. Sem nos preocuparmos com os uivos que a costa da direita continua a emitir, deitamo-nos todos no fundo do barco, cobertos com a vela, para nos protegermos do vento. Um calor invade-me o corpo transido pelo frio e o frescor da noite e certamente sou um dos primeiros a começar a roncar.

O dia é claro quando acordo. O sol está saindo de sua cama, o mar está um pouco agitado e seu azul-verde indica que o fundo é de coral.

– Que vamos fazer? Decidimos ir a terra? Estou morrendo de fome e sede.

É a primeira vez que alguém se queixa depois desses dias de jejum, exatamente sete dias, hoje.

– Estamos tão perto da terra que não vai ser difícil alcançá-la – foi Chapar que falou.

Sentado em meu lugar, vejo claramente diante de mim, depois dos dois rochedos que surgem no mar, a fratura da terra. Portanto, à direita é Trinidad, à esquerda a Venezuela. Sem nenhuma dúvida, estamos no golfo de Paria e, se a água está azul e não amarelada pelas aluviões do Orenoco, é porque estamos na corrente do canal que passa entre os dois países e se dirige para o largo.

– Que vamos fazer? É melhor voltarmos, pois é muito grave a decisão que vamos tomar. À direita, a ilha inglesa de Trinidad; à esquerda, a Venezuela. Por força das condições do barco e do nosso estado físico, temos que ir o mais depressa possível para a terra. Há dois liberados entre nós: Guittou e Barrière. Nós três, Chapar, Deplanque e eu, estamos numa situação mais perigosa. Cabe a nós decidirmos. Que dizem?

– O mais certo é ir para Trinidad. A Venezuela é o desconhecido.

– Não temos necessidade de tomar decisões. Essa lancha que vem chegando vai decidir por nós – diz Deplanque.

Uma lancha, de fato, avança rapidamente na nossa direção. Lá está, distante mais de 50 metros. Um homem pega um alto-falante. Percebo uma bandeira que não é inglesa. Cheia de estrelas, muito bonita, eu nunca vi essa bandeira em minha vida. Mais tarde, essa bandeira vai ser a "minha bandeira", a da minha nova pátria, para mim, o símbolo mais emocionante, o de ter, como todo homem normal, reunidas num pedaço de pano, as qualidades mais nobres de um grande povo, meu povo.

– *Quién sois vosotros?* (Quem são vocês?)

– Somos franceses.

– *Están locos?* (Estão loucos?)

– Por quê? .

– *Porque son amarrados a minas.* (Porque estão amarrados a minas.)

– É por isso que não se aproximam?

– Sim. Desamarrem, depressa.

– Pronto.

– Em três segundos, Chapar desfaz o nó da corda. Estávamos nem mais, nem menos, amarrados a uma cadeia de minas flutuantes.

Um milagre não termos voado pelos ares, explica-me o comandante da lancha à qual somos amarrados. Sem subir a bordo, a tripulação nos passa café, leite quente bem açucarado, cigarros.

– Vão para a Venezuela, serão bem tratados, eu lhes asseguro.

Não podemos rebocá-los para terra porque temos que ir buscar com urgência um homem gravemente ferido no farol de Barimas. Principalmente, não tentem ir a Trinidad, pois há nove chances em dez que vocês se choquem com uma mina, e então...

Depois de um "*Adiós, buena suerte*" (Adeus, boa sorte), a lancha vai embora. Deixaram-nos 3 litros de leite. Arranjamos a vela. Já às 10 horas da manhã, o estômago quase estourando por causa do café com leite, um cigarro à boca, sem tomar nenhuma precaução, dirijo-me para a areia do fim de uma praia, onde umas cinquenta pessoas reunidas esperavam para ver quem chegava na estranha embarcação, encimada por um mastro quebrado e uma vela de camisas, calças e paletós.

13 | A VENEZUELA

OS PESCADORES DE IRAPA

Descubro um mundo, gentes, uma civilização para mim inteiramente desconhecida. Esses primeiros minutos no solo venezuelano são tão emocionantes, que seria necessário um talento superior ao pouco que tenho para explicar, expressar, pintar a atmosfera do caloroso acolhimento que nos foi dado por esse povo generoso. A população é constituída de brancos ou pretos, a grande maioria de cor muito clara, do tom de uma pessoa de raça branca que passou muitos dias exposta ao sol; quase todos os homens têm as calças enroladas até a altura do joelho.

– Pobres rapazes, em que estado vocês estão! – exclamam os homens.

A aldeia de pescadores aonde chegamos chama-se Irapa, município de um estado denominado Sucre. As moças, todas bonitas, de estatura baixa mas muito graciosas, as mulheres maduras, bem como as velhas, sem exceção, se transformam em enfermeiras, irmãs de caridade ou mães extremosas.

Reunidos no galpão de uma casa, onde penduraram cinco redes de lã e colocaram mesa e cadeiras, fomos lambuzados com manteiga de cacau da cabeça aos pés. Nem um centímetro de carne viva foi esquecido. Mortos de fome e de canseira, nosso jejum tão prolongado provocou-nos desidratação, e essa boa gente do litoral sabe que precisamos dormir, mas também comer em pequenas quantidades.

Enquanto estamos bem acomodados nas redes, dorme, não dorme, as enfermeiras improvisadas vão enfiando bocados de comida em nossas bocas, como se fôssemos criancinhas. Eu estava tão entregue, tão completamente desprovido de força quando me estenderam na rede, minhas chagas em carne viva bem besuntadas de manteiga de cacau, que me sentia como que derretendo, dormindo, comendo, bebendo, sem me dar conta exatamente do que se passava.

As primeiras colheradas de um pirão parecido com a nossa tapioca não foram aceitas pelo meu estômago vazio. Isso aconteceu também com os outros. Todos nós vomitamos, várias vezes, uma parte ou toda a comida que as mulheres introduziam em nossas bocas.

Os habitantes dessa aldeia são muito pobrezinhos. Contudo, cada um deles, sem exceção, contribui para nos ajudar. Dentro de três dias, graças aos cuidados dessa boa gente e graças à nossa juventude, estamos quase de pé. Deixamos as redes durante longas horas e, sentados no rancho coberto de folhas de coqueiro que proporcionam uma sombra fresca, meus camaradas e eu conversamos com esse povo. Não são suficientemente ricos para nos vestir todos de uma só vez. Formaram pequenos grupos de ajuda. Um se ocupa sobretudo de Guittou, outro de Deplanque etc. Mais ou menos umas dez pessoas cuidam de mim.

Nos primeiros dias, eles nos vestiram com algumas roupas usadas, mas rigorosamente limpas. Agora, cada vez que podem, compram para nós uma camisa nova, uma calça, uma cinta, um par de chinelos. Entre as mulheres que tratam de mim estão algumas moças muito novas, de tipo índio mas já misturado com sangue espanhol ou português. Uma se chama Tibisay e a outra Nenita. Compraram para mim uma camisa, uma calça e um par de chinelos, que elas chamam alpergratas. É uma sola de couro sem salto, com um tecido trançado para cobrir o pé. Só o peito do pé fica coberto, os dedos permanecem de fora e a tira do tecido prende o calçado ao calcanhar.

– Não é preciso perguntar de onde vocês vêm. Pelas tatuagens, sabemos que vocês são fugitivos da penitenciária francesa.

Isso me emociona ainda mais. Como! Sabendo que somos homens condenados por delitos graves, fugidos de uma prisão cuja severidade eles conhecem pelos livros ou jornais, essas humildes criaturas acham natural nos socorrer e nos ajudar? Vestir alguém quando a gente é rica ou abastada, dar de comer a um estrangeiro que tem fome quando nada falta em casa para a família e para si próprio são maneiras de demonstrar bondade. Mas dividir em dois um pedaço de broa de milho ou de mandioca, espécie de torta cozida no forno, preparada por suas próprias mãos, e que não é bastante para si mesmo e para os seus, repartir a refeição frugal, que mais serve de subalimentação que de nutrição, com um estrangeiro e, ainda mais, um fugitivo da justiça, isto é admirável!

Hoje de manhã, toda a gente, homens e mulheres, está silenciosa. Eles parecem estar contrariados e preocupados. Que se passa? Tibisay e Nenita estão perto de mim. Pela primeira vez nestes últimos quinze dias pude fazer a barba. Já há oito dias somos hóspedes dessa gente que tem o coração na mão. Havendo se formado uma pele muito fina sobre as minhas queimaduras, arrisquei-me a fazer a barba. Por causa da barba, as mulheres só faziam uma vaga ideia da minha idade. Agora estão satisfeitas de verem que sou jovem e o dizem sem rebuços. Tenho 36 anos, mas aparento só 28 ou trinta. Sim, estou percebendo que todas essas mulheres e esses homens hospitaleiros estão preocupados por nossa causa.

– Que está acontecendo? Fale, Tibisay, que foi que houve?

– Estamos esperando as autoridades de Guiria, uma aldeia vizinha de Irapa. Aqui não há chefe civil (comissário), mas, não se sabe como, a polícia soube que vocês estão aqui e está para chegar.

Uma preta forte e bonita se aproxima, acompanhada por um moço de torso nu, calça branca enrolada nos joelhos, de corpo hercúleo e bem-proporcionado. Chama-se Negrita – é um modo carinhoso de chamar as mulheres de cor, muito usado na Venezuela, onde não existe nenhum preconceito racial ou religioso.

– *Señor Enriquez* – diz Negrita –, a polícia vai chegar. Não sei se é para seu bem ou para seu mal. Você não quer se esconder por algum tempo na montanha? Este meu irmão pode levá-lo para uma casinha onde ninguém poderá encontrá-lo. Tibisay, Nenita e eu levaremos todo dia comida para você e daremos as notícias.

Muito emocionado, quero beijar a mão dessa boa mulher, mas ela não deixa e, com muita gentileza, me dá um beijo na face.

Chegam uns cavaleiros a galope. Todos trazem um machete, espécie de facão que serve para cortar a cana-de-açúcar e que fica pendurado no lado esquerdo da cinta, como se fosse uma espada; do lado direito, um revólver dentro de sua capa. Eles apeiam. Um homem de cara mongólica, olhos oblíquos de índio, pele bronzeada, alto e seco, de seus quarenta anos, com um grande chapéu de palha de arroz na cabeça, aproxima-se de nós.

– Bom-dia. Eu sou o chefe civil (o comissário de polícia).

– Bom-dia, meu senhor.

– Vocês aí, por que não avisaram antes que tinham cinco fugitivos de Caiena? Já faz oito dias que estão aqui, pelo que me disseram.

– É que estávamos esperando que pudessem andar e estivessem curados das queimaduras.

– Viemos buscá-los e levá-los para Guiria. Um caminhão vai chegar mais tarde.

– Um cafezinho?

– Pois não, muito obrigado.

Sentados em círculo, todos tomam café. Olho para o comissário de polícia e seus ajudantes. Eles não têm cara de ruins. Tenho a impressão de que estão obedecendo a ordens, contrariados.

– Vocês são foragidos da Ilha do Diabo?

– Não, viemos de Georgetown, na Guiana Inglesa.

– Por que não ficaram por lá?

– A vida lá é muito dura.

Sorrindo, ele diz:

– Vocês pensaram que estariam melhor aqui do que com os ingleses?

– É verdade, porque somos latinos que nem vocês.

Um grupo de sete ou oito homens se aproxima do nosso círculo. À sua frente está um homem de cinquenta anos, cabelos brancos, 1 metro e 75 ou mais de altura, pele cor de jambo. Olhos imensos, negros, denotando inteligência e ânimo pouco comuns. Sua mão direita está colocada sobre o cabo de um machete pendurado na cinta.

– Chefe, que vai fazer com esses homens?

– Vou levá-los para a prisão de Guiria.

– Por que não os deixa viver aqui conosco? Cada família tomará conta de um.

– Não é possível, é ordem do governador.

– Mas eles não praticaram nenhum delito em território venezuelano.

– Sei disso. Mas, apesar de tudo, são homens muito perigosos; para terem sido condenados ao presídio de Caiena, devem ter cometido crimes muito graves. Além disso, são fugitivos sem documentos de identidade e a polícia francesa certamente vai pedir a extradição deles, quando souber que estão na Venezuela.

– Nós queremos que fiquem aqui com a gente.

– Não é possível, é ordem do governador.

– Tudo é possível. Que é que o governador sabe da vida desses desgraçados? Um homem nunca está completamente perdido. Qualquer que seja o mal que ele possa ter feito no passado, em certo momento da sua vida ele tem uma chance de se recuperar e de se transformar num homem bom e útil à sociedade. Não é verdade, digam vocês todos?

– É verdade – respondem os homens e as mulheres em coro. – Deixem os coitados aqui com a gente, vamos ajudá-los a refazer a vida deles. Em oito dias já os conhecemos bem, e estamos certos de que são bons rapazes.

– Gente mais civilizada do que nós colocou-os no calabouço para que não pudessem mais praticar o mal – diz o comissário.

– Chefe, o que é que o senhor chama de civilização? O senhor pensa que, porque nós temos elevadores, aviões e trens subterrâneos, os franceses são mais civilizados do que essa gente que nos recebeu e tratou? Pois fique sabendo que na minha opinião há mais civilização humana, mais riqueza de alma, mais compreensão em cada membro desta comunidade, que vive com simplicidade no meio da natureza, embora desprovida dos benefícios da civilização mecânica. Mas, se eles não têm o conforto do progresso, têm o sentido da caridade cristã muito mais desenvolvido que os pretensos civilizados do mundo. Prefiro um analfabeto deste povoado a um doutor em letras da Sorbonne de Paris, se este tiver um dia a alma do promotor que me fez condenar. O primeiro é sempre um homem, o segundo esqueceu que é.

– Eu compreendo, mas tenho que executar ordens. O caminhão está chegando. Por favor, me ajude, tenha uma atitude sensata, para que tudo se passe sem incidentes.

Cada grupo de mulheres abraça aquele de que elas trataram. Tibisay, Nenita e Negrita me abraçam chorando. Cada homem nos aperta a mão, demonstrando assim o seu sentimento de tristeza pela nossa volta à prisão.

Até logo, gente de Irapa, gente nobre que teve a coragem de enfrentar e censurar as próprias autoridades para defender uns pobres-diabos até ontem desconhecidos. O pão que comi com vocês, o pão que vocês tiveram a coragem de tirar da própria boca para nos dar, esse pão, símbolo da fraternidade humana, foi para mim o sublime exemplo dos tempos antigos: "Não matar, fazer o bem aos que sofrem mais, mesmo à custa de privações. Ajudar sempre quem é mais infeliz do que você." E, se mais tarde eu alcançar a liberdade, ajudarei os outros cada vez que puder, conforme me ensinaram os primeiros venezuelanos que encontrei.

E encontrei muitos outros depois.

O PRESÍDIO DE ELDORADO

Duas horas mais tarde, chegamos a uma grande aldeia, porto de mar que tem a pretensão de ser cidade: chama-se Guiria. O chefe civil (espécie de prefeito de departamento na França) nos entrega ele mesmo ao comandante da polícia. No comissariado, não nos tratam mal, mas nos submetem a longo interrogatório; e o encarregado, sujeito tapado, não quer de modo nenhum acreditar que tenhamos vindo da Guiana Inglesa, onde éramos livres. Além disso, quando nos pede para explicar o motivo da nossa chegada à Venezuela num estado de nudez e de esgotamento, depois de uma viagem tão curta de Georgetown ao golfo de Paria, ele diz que estamos caçoando dele com a nossa história do furacão.

– Dois grandes transportes de banana se perderam totalmente nesse tornado, um cargueiro carregado de minério de bauxita afundou com toda a equipagem e vocês, numa embarcação de 5 metros, aberta às intempéries, conseguiram se salvar? Quem vai acreditar nessa história? Nem mesmo o mendigo débil mental que pede esmola no mercado. Vocês estão mentindo, há qualquer coisa suspeita nesse negócio.

– O senhor pode pedir informações em Georgetown.

– Não quero bancar o idiota diante dos ingleses.

Esse escrivão ou investigador, sujeito cretino e cabeçudo, incrédulo e cheio de si, faz não sei que espécie de relatório, destinado não sei a quem. De qualquer maneira, certa manhã somos acordados às 5 horas, acorrentados, carregados num caminhão, com destino desconhecido.

Conforme expliquei, o porto de Guiria fica no golfo de Paria, diante de Trinidad. Tem a vantagem de estar na proximidade da foz do Orenoco, rio enorme, quase tão grande como o Amazonas.

Acorrentados num caminhão, onde estamos cinco companheiros mais dez policiais, rodamos para Ciudad Bolivar, importante capital do Estado do mesmo nome. A viagem, toda feita em estradas de terra, foi muito cansativa. Policiais e presos, apertados, sacudidos dentro do caminhão, pulavam mais do que numa montanha-russa. A viagem durou cinco dias. À noite, dormíamos dentro do próprio caminhão e, de madrugada, partíamos novamente, numa corrida louca para um destino desconhecido.

A mais de 1.000 quilômetros do mar, numa floresta virgem cortada por uma faixa de estrada que vai de Ciudad Bolivar a El Dorado, foi que terminamos nossa viagem arrasadora.

Tanto prisioneiros como soldados se achavam bastante machucados quando chegamos à povoação de El Dorado.

Mas o que é El Dorado? A princípio, foi a esperança dos conquistadores espanhóis: vendo que os índios vindos dessa região traziam ornamentos de ouro, acreditaram cegamente que naquele lugar havia uma montanha de ouro, ou, pelo menos, metade ouro, metade terra. Resultado: hoje, El Dorado não é mais que uma aldeia à beira de um rio cheio de caribes ou piranhas, peixes carnívoros que em alguns minutos devoram um homem ou um animal; um rio também repleto de peixes-elétricos, ali chamados *tembladores*, que, girando em volta da sua presa, homem ou bicho, matam a vítima por meio de descargas elétricas e, a seguir, chupam o corpo em decomposição. No meio desse rio há uma ilha e, bem no centro, um verdadeiro campo de concentração. São as galés venezuelanas.

Essa colônia de trabalhos forçados é a coisa mais dura que já vi em toda a minha vida, a mais selvagem e a mais desumana, onde as bordoadas chovem constantemente sobre os presos. É um quadrado de apenas 150 metros de lado, cercado por fios de arame farpado. Cerca de quatrocentos homens dormem ali ao relento, pois não há mais que algumas folhas de zinco servindo de abrigo em volta do campo.

Sem que nos tenham dado qualquer palavra de explicação, sem justificarem essa decisão, somos incorporados ao presídio de

El Dorado às 3 horas da tarde, quando ali chegamos, esgotados pela viagem, sempre acorrentados no caminhão. Às 3 e meia, sem que se faça a chamada ou o registro dos nossos nomes, os guardas acenam para nós e entregam uma pá para dois de nós e uma picareta para os outros três. Cercados por cinco soldados, de fuzil e nervo de boi na mão, comandados por um cabo de esquadra, somos levados, sob ameaça de pancadas, ao local de trabalho. Compreendemos logo que é uma espécie de demonstração de força, encenada pela guarda dessa penitenciária. Seria perigosíssimo não obedecermos, no momento. Mais tarde, veremos o que se pode fazer.

Chegando ao lugar onde os sentenciados estão trabalhando, mandam-nos abrir uma trincheira ao lado da estrada que estão construindo na floresta virgem. Obedecemos sem dizer palavra e trabalhamos sem levantar a cabeça, cada um de acordo com sua capacidade. Isso não nos impede de ouvir os insultos e as pancadas selvagens que os demais prisioneiros recebem a todo momento. Nenhum do nosso grupo recebe uma só chicotada. Essa sessão de trabalho forçado, que nos proporcionaram logo após a nossa chegada, era sobretudo destinada a nos fazer ver como são tratados os prisioneiros.

Era um sábado. Depois do trabalho, cobertos de suor e de poeira, fomos incorporados a esse campo de prisioneiros, sem o menor registro ou formalidade.

– Os cinco caienenses por aqui – é o cabo dos presos que está falando. É um mestiço de 1 metro e 90 de altura. Tem o seu nervo de boi na mão. Esse imundo brutamontes é o encarregado da disciplina no campo.

Indicaram-nos o lugar onde devemos pendurar as redes, perto da porta de entrada do campo, ao ar livre. Mas ali, pelo menos, há um teto de folhas de zinco e, assim, estaremos mais ou menos abrigados da chuva e do sol.

A grande maioria dos prisioneiros é colombiana e os restantes são venezuelanos. Nenhum dos campos disciplinares das penitenciárias francesas pode se comparar com o horror desta colônia de trabalho. Um burro morreria com os maus-tratos suportados por esses homens. Contudo, quase todos aparentam saúde, porque há uma coisa: a alimentação destinada aos sentenciados, aqui, é muito farta e apetitosa.

Nosso grupo reúne-se num pequeno conselho de guerra. Se um de nós for espancado por um soldado, o melhor a fazer é parar de trabalhar, debruçar-se no chão e, seja qual for o tratamento infligido, não se levantar. De qualquer maneira, terá que aparecer uma autoridade, à qual poderemos perguntar como e por que estamos neste campo de trabalhos forçados sem ter cometido qualquer delito. Os dois libertos, Guittou e Barrière, dizem que vão pedir para serem devolvidos à França. A seguir, decidimos chamar o cabo dos presos. Sou eu que devo falar com ele. Ele é chamado de "Negro Blanco". Guittou vai procurá-lo. O carrasco chega, sempre de chicote na mão. Nós cinco, franceses, colocamo-nos em círculo em volta dele.

Sou eu quem toma a palavra:

– Queremos dizer a você umas poucas palavras: comprometemo-nos a não cometer jamais qualquer infração ao regulamento, assim você não terá motivo para esbordoar qualquer um de nós. Mas, como reparamos que você agride qualquer um sem o menor motivo, nós chamamos você para avisar que, no dia que você espancar um de nós, é um homem morto. Está entendido?

– Sim – diz Negro Blanco.

– Mais uma advertência.

– O que é? – diz ele, com voz rouca.

– Se você tiver que repetir o que acabamos de dizer, diga isso a um oficial e não a um soldado.

– Está entendido – e ele se retira.

Esta cena se passa no domingo, dia de folga dos presos. Aparece um sujeito cheio de galões.

– Como é que você se chama? – diz ele para mim.

– Papillon.

– É você o chefe dos caienenses?

– Somos cinco e todos são chefes.

– Por que foi você que tomou a palavra para falar com o cabo dos presos?

– Porque sou eu quem fala melhor espanhol.

Agora é um capitão da guarda nacional que fala comigo. Diz que não é ele o comandante da guarda. Há dois chefes mais graduados que ele, mas não estão aqui. Desde que chegamos, é ele quem está no comando. Os dois mais graduados chegarão terça-feira.

– Você ameaçou, em seu nome e no dos seus companheiros, matar o cabo dos presos se ele batesse num de vocês. É verdade?

– É verdade, e vocês têm que nos levar a sério. Mas também disse a ele que não daríamos qualquer pretexto para justificar um castigo corporal. O senhor sabe, capitão, que nenhum tribunal nos condenou, pois não cometemos nenhum delito na Venezuela.

– Nada sei a respeito. Vocês chegaram ao campo sem qualquer papel, apenas com uma nota do diretor que está na aldeia: "Pôr esses homens para trabalhar assim que chegarem."

– Pois, senhor capitão, já que é militar, deve ser bastante justo para, enquanto aguarda a chegada dos chefes, dar ordem aos soldados para nos darem um tratamento diferente do que dão aos outros presos. Afirmo mais uma vez que não somos nem podemos ser condenados, porque não cometemos nenhum delito na Venezuela.

– Vou dar ordens nesse sentido. Espero que não tenham me enganado.

Tenho tempo de observar os presos toda a tarde desse primeiro domingo. A primeira coisa que me espanta é que todos estão bem de saúde. Em segundo lugar, as pancadas se tornaram tão rotineiras, que eles se acostumaram com elas; hoje, por exemplo, domingo, dia de descanso, em que poderiam facilmente evitar as bordoadas comportando-se bem, parece que eles encontram um prazer masoquista em brincar com o fogo. Não param de fazer coisas proibidas: jogar dados, ter contato sexual com jovens nas privadas, roubar um companheiro, dizer obscenidades às mulheres que vêm da aldeia trazer doces ou cigarros aos presos. Elas também fazem trocas. Uma cesta trançada, um objeto esculpido, por algum dinheiro ou pacotes de cigarros. Pois bem, há alguns presos que dão um jeito de pegar através do arame farpado aquilo que a mulher oferece para vender e saem correndo sem lhe entregar o objeto negociado, escondendo-se em meio aos outros. Conclusão: os castigos corporais são aplicados tão indiscriminadamente e por motivos fúteis, que o couro dos presos está completamente curtido pelos chicotes; reina o terror no campo de concentração, sem qualquer benefício para a ordem ou a sociedade, e a brutalidade de nada serve para reeducar esses desgraçados.

Contudo, a reclusão na Ilha de Saint-Joseph, com o seu silêncio obrigatório, é bem mais terrível do que isto. Aqui, o medo é momentâneo e o fato de poder conversar à noite, fora das horas de trabalho, bem como a alimentação, rica e abundante, permitem que um homem chegue ao fim da sua pena, que em nenhum caso pode ultrapassar cinco anos.

Passamos o domingo fumando e tomando café, sempre conversando só entre nós. Alguns colombianos se aproximam, mas nós os afastamos, com boas maneiras porém com firmeza. É preciso que nos considerem prisioneiros à parte, do contrário estamos fritos.

No dia seguinte, segunda-feira, às 6 horas, depois de haver comido fartamente, vamos para o trabalho com os outros. Eis como se prepara o trabalho: duas fileiras de homens, frente a frente, cinquenta prisioneiros, cinquenta ferramentas: picaretas, pás ou machados. As duas filas de homens se observam: os prisioneiros, angustiados, e os soldados, nervosos e sádicos.

O sargento grita: "Fulano, picareta!"

O desgraçado se abaixa às pressas e, no momento em que agarra a picareta para lançá-la ao ombro e partir correndo para o trabalho, o sargento grita: "Número", o que equivale a dizer: "Soldado, um, dois etc." O soldado pula atrás do coitado e o açoita com seu nervo de boi. Essa cena horrorosa repete-se duas vezes por dia. No caminho entre o campo e o local de trabalho, a gente tem a impressão de que são tropeiros tocando seus burros a chicote.

Estávamos gelados de pavor e apreensivos, aguardando a nossa vez. Felizmente, conosco foi diferente.

– Os cinco caienenses, por aqui! Os mais moços peguem estas picaretas e vocês, os mais velhos, estas duas pás.

Sem correr, mas em marcha batida, vigiados por quatro soldados e um cabo, vamos para o campo de trabalho, uma clareira na floresta. Esta jornada foi mais longa e mais desesperadora que a primeira. Alguns homens especialmente manjados, no limite das suas forças, gritavam como loucos e imploravam de joelhos que não lhes batessem mais. À tarde, deviam limpar os restos de uma queimada, juntando numa só pilha os tocos e os galhos ainda fumegantes. Outros deviam roçar atrás deles. E, assim, umas oitenta ou cem fogueiras já quase consumidas deviam se transformar num único braseiro no centro do campo. A golpes de nervo de boi, cada soldado espancava seu prisioneiro para que recolhesse os resíduos e os levasse correndo para o centro da área. Essa corrida diabólica provocava em alguns deles verdadeira crise de loucura e, na sua precipitação, eles agarravam às vezes os galhos pelas pontas ainda em brasa. As mãos queimadas, estupidamente açoitados, pisando descalços sobre galhos ou brasas ainda fumegantes, essa fantástica cena durou três horas. Nenhum de nós foi convidado a participar da limpeza dessa clareira recém-desmoitada. Foi melhor assim, porque havíamos decidido, trocando frases curtas, sem levantar a cabeça, enquanto trabalhávamos na enxada, que saltaríamos sobre os cinco praças, inclusive os cabos, que os desarmaríamos e daríamos tiros nessa súcia de brutos.

Hoje, terça-feira, não saímos para o trabalho. Fomos chamados ao escritório dos dois majores da guarda nacional. Os dois oficiais estão muito surpresos por estarmos em El Dorado sem qualquer documento que comprove a decisão de algum tribunal. De qualquer maneira, eles nos prometem pedir, no dia seguinte, explicações ao diretor da colônia penal.

Não demorou muito. Esses dois majores da guarda da penitenciária são certamente muito severos, pode-se mesmo dizer que exageram na repressão, mas são corretos, pois exigiram que o diretor da colônia viesse pessoalmente nos dar explicações.

Aqui está ele, diante de nós, acompanhado pelo seu cunhado, Russian, e pelos dois oficiais da guarda nacional.

– Franceses, eu sou o diretor da colônia de El Dorado. Vocês querem falar comigo. Que desejam?

– Em primeiro lugar, qual foi o tribunal que, sem nos ouvir, nos condenou a cumprir uma pena nesta colônia de trabalhos forçados?

Por quanto tempo e por qual delito? Chegamos por mar a Irapa, na Venezuela. Não cometemos o menor delito. Então, o que estamos fazendo aqui? E como se justifica que sejamos obrigados a trabalhar?

– Em primeiro lugar, estamos em guerra. Portanto, precisamos saber exatamente quem vocês são.

– Muito bem, mas isto não justifica a nossa incorporação neste presídio.

– Vocês são fugitivos da justiça francesa. Por isso, precisamos saber se vocês estão sendo reclamados por ela.

– Certo, mas volto a insistir: por que nos trata como se tivéssemos uma pena a cumprir?

– Por enquanto, vocês estão aqui devido a uma lei sobre vagabundos e meliantes; vocês estão aqui em depósito, aguardando esclarecimentos e documentação.

A discussão poderia ter durado muito tempo, se um dos oficiais não houvesse dado a sua opinião e resolvido o caso:

– Diretor, honestamente, não podemos tratar esses homens como os outros presos. Sugiro que, enquanto Caracas não está a par do assunto, encontremos um meio de empregá-los em outra coisa que não seja a construção da estrada.

– São homens perigosos. Eles ameaçaram matar o cabo de presos se este batesse neles. É ou não é verdade?

– Sim, senhor diretor, não somente o ameaçamos, mas qualquer um que queira se divertir batendo em nós será assassinado.

– E se for um soldado?

– A mesma coisa. Nada fizemos para ter de aguentar um regime desses. Nossas leis e nossos regimes penitenciários talvez sejam mais horríveis e desumanos que os seus, mas sermos esbordoados como animais é uma coisa que não podemos aceitar.

O diretor, virando-se triunfalmente para os oficiais, diz:

– Os senhores veem que esses homens são muito perigosos!

O major da guarda mais idoso hesita um ou dois segundos e, para grande espanto de todos, declara:

– Esses fugitivos franceses têm razão. Nada na Venezuela justifica que eles sejam obrigados a cumprir uma pena e a obedecer aos regulamentos desta colônia. Dou razão a eles. Por isso, das duas, uma: ou o senhor arranja para eles um trabalho separado dos outros presos, ou eles não saem para trabalhar. Misturados com os outros, serão um dia agredidos por um soldado.

– Vamos tratar do assunto. No momento, eles que fiquem no campo. Amanhã direi o que se deve fazer.

E o diretor se retira, acompanhado pelo cunhado.

Agradeço aos oficiais. Eles nos dão cigarros e nos prometem ler, no relatório da noite, uma nota aos oficiais e soldados, advertindo-os de que não devem nos bater, sob qualquer pretexto.

Já estamos aqui há oito dias. Não trabalhamos mais. Ontem, domingo, ocorreu-se uma cena pavorosa. Os colombianos tiraram à sorte para saber quem deveria matar o cabo Negro Blanco. A sorte caiu sobre um homem de trinta anos. Deram-lhe uma colher de ferro, com o cabo afiado sobre o cimento em forma de punhal pontiagudo e corte nos dois lados. Corajosamente, o homem manteve o pacto. Acaba de dar três estocadas, visando ao coração do Negro Blanco. O cabo é levado com urgência para o hospital, enquanto o agressor é amarrado a um poste no meio do campo. Enlouquecidos, os soldados revistam tudo, procuram em toda parte outras armas. Desvairado, um deles, como eu não tirasse a calça depressa o bastante, me deu uma lambada na coxa com a sua chibata. Barrière agarra um banco e o balança sobre a cabeça do soldado. Outro soldado lhe dá um golpe de baioneta que lhe atravessa o braço e, no mesmo momento, eu derrubo a sentinela que me bateu com um pontapé na barriga. Já agarrei o fuzil no chão, quando se ouve uma ordem gritada com força:

– Parados! Não toquem nos franceses. Francês, largue o fuzil!

É o capitão Flores, aquele que nos recebeu no primeiro dia, que acaba de berrar essa ordem.

A intervenção desse oficial chegou no exato momento em que eu ia atirar no miserável. Se não fosse isso, teríamos matado um ou dois soldados, mas também teríamos perdido a vida, estupidamente, no sertão da Venezuela, no fim do mundo, nesse presídio onde nada tínhamos que fazer.

Graças à enérgica intervenção do capitão, os soldados se afastam do nosso grupo e vão saciar mais adiante o seu desejo de carnificina. Foi então que assistimos à cena mais abjeta que se possa imaginar.

O infeliz amarrado ao poste no centro do campo é moído de pancadas, sem interrupção, por três homens ao mesmo tempo, um cabo e dois soldados. O suplício dura das 5 horas da tarde até o dia seguinte, às 6 da manhã. É muito demorado matar um homem somente com pancadas no corpo. O massacre foi interrompido algumas vezes, por alguns segundos, unicamente para perguntarem ao infeliz quem eram seus cúmplices, quem lhe fornecera a colher afiada. O homem não denunciou ninguém, nem mesmo com a promessa de pararem o suplício se falasse. Perdeu muitas vezes os sentidos. Atiraram-lhe baldes de água, para reanimá-lo. O cúmulo da selvageria foi às 4 horas da manhã. Percebendo que a pele já não reagia sob os golpes, nem mesmo por contrações, os carrascos pararam de bater.

– Ele está morto? – pergunta um oficial.

– Não se sabe.

– Desamarrem ele e ponham de quatro.

Seguro por quatro homens, ele está mais ou menos de quatro patas no chão. Então um dos carrascos lhe manda uma pancada de nervo de boi justamente no rego das nádegas e a ponta do látego atinge e rasga as partes sexuais. Esse golpe magistral do refinado torturador consegue arrancar ao desgraçado um urro de dor.

– Continuem – diz o oficial –, ele não está morto.

Bateram nele até o raiar do dia. Essa tortura medieval, que teria matado um cavalo, não conseguiu liquidar com o homem. Depois de uma hora de descanso e vários baldes de água fria, ele consegue levantar-se, ajudado por dois soldados. Chega a ficar de pé sozinho, por um momento. O enfermeiro chega com um copo na mão:

– Beba esse purgante – diz o oficial –, você ficará bom.

O sujeito hesita, mas logo engole o purgante de uma só vez. Um minuto depois, ele desmorona para sempre. Agonizante, sai-lhe da boca uma frase:

– Imbecil, eles te envenenaram.

Inútil dizer que nenhum dos prisioneiros (nem os do nosso grupo) teve coragem de mexer um dedinho que fosse. Todo mundo, sem exceção, estava aterrorizado. Foi a segunda vez na minha vida que tive vontade de morrer. Durante alguns minutos fui tentado por um fuzil que um soldado segurava distraidamente não longe de mim. O que me reteve foi o pensamento de que seria certamente morto antes de poder manobrar a culatra e atirar na súcia de vândalos.

Um mês depois, o Negro Blanco era novamente, e mais do que nunca, o terror do campo. Contudo, o seu destino estava escrito, que era o de ser assassinado em El Dorado. Um soldado da guarda, certa noite, apontou-lhe a arma, quando passava perto dele:

– Fique de joelhos – ordena o soldado.

Negro Blanco obedece.

– Faça uma oração, você vai morrer.

Deixou-o fazer uma curta oração e o abateu com três balas de fuzil. Os prisioneiros diziam que o soldado o havia matado porque estava enojado de ver o carrasco bater como um tarado nos pobres prisioneiros. Outros contavam que Negro Blanco havia denunciado o soldado aos seus superiores, dizendo que o conhecera em Caracas como ladrão, antes do serviço militar. Foi enterrado não longe do homem que tentara matá-lo, ladrão certamente, mas homem de coragem e de valor pouco comuns.

Todos esses acontecimentos impediram que se tomasse uma decisão a nosso respeito. Aliás, os outros prisioneiros ficaram quinze dias sem sair para trabalhar. O golpe de baioneta que Barriere recebeu foi muito bem tratado por um médico da aldeia.

No momento, somos respeitados. Chapar partiu ontem para a aldeia, para trabalhar como cozinheiro do diretor. Guittou e Barriere foram libertados, pois chegaram da França informações sobre nós todos. Como eles já haviam cumprido a pena, foram postos em liberdade. Eu tinha dado um nome falso, italiano; mas veio a ficha com meu verdadeiro nome, impressões digitais e indicação da minha pena de prisão perpétua; também a informação de que Deplanque e Chapar estão condenados a vinte anos. Muito orgulhoso, o diretor nos comunica as notícias recebidas da França:

– Todavia – diz ele –, já que vocês não cometeram nenhum delito na Venezuela, vamos segurar vocês durante algum tempo e depois libertá-los. Mas, para isso, vocês precisam trabalhar e comportar-se bem: vocês estão em período de observação.

Conversando comigo, os oficiais haviam se queixado várias vezes da dificuldade de obter legumes frescos na aldeia. A colônia tem um campo de agricultura, mas não produz legumes. Só cultiva arroz, milho, feijão-preto e nada mais. Ofereço-me para fazer uma horta, se me derem as sementes. Eles aceitam.

Primeira vantagem: saímos do campo. Deplanque e eu, e, como chegaram mais dois deportados presos em Ciudad Bolivar, eles se juntam a nós. Um é parisiense, chama-se Totó, e o outro é natural da Córsega. Trabalhando em equipe de quatro, fazemos duas casinhas bem-construídas em madeira e cobertas de folhas de palmeira. Numa delas, moramos Deplanque e eu; na outra, moram os dois companheiros.

Totó e eu construímos umas mesas bastante altas, cujas pernas são mergulhadas em latas cheias de gasolina, para evitar que as formigas subam e comam as sementes. Logo dispomos de brotos robustos de tomates, berinjelas, melões e ervilhas verdes. Começamos a replantá-los em canteiros comuns, pois agora os brotos são bastante fortes para resistir às formigas. Para plantar os novos tomateiros, cavamos em volta uma espécie de fosso, que será mantido cheio de água. Dessa maneira, a terra ficará sempre úmida e os parasitas, muito numerosos nesta terra virgem, não poderão chegar até as nossas plantas.

– Ora veja, o que é isto? – diz Totó. – Olhe como brilha esta pedrinha.

– Lave bem ela, meu chapa.

E ele me passa a pedra. É um pequeno cristal do tamanho de um grão-de-bico. Depois de lavado, brilha ainda mais no lado em que a sua ganga está quebrada, pois a pedra está recoberta por uma espécie de casca de arenito muito dura.

– Será que não é um diamante?

– Cale essa boca, Totó. Não é hora de falar, se for um brilhante. Você já pensou se a gente tivesse a sorte de encontrar uma mina de diamantes? Vamos esperar até de noite e esconderei esse troço.

À noite, estou dando lições de matemática a um cabo (hoje coronel, que se prepara para o exame de oficialato). Esse homem, dotado de nobreza de alma e retidão a toda prova (que me demonstrou durante mais de 25 anos de amizade), é agora o Coronel Francisco Bolagno Utrera.

– Chico, o que é isto? É um cristal de rocha?

– Não – diz ele, após examinar minuciosamente a pedra. – É um diamante, Esconda bem e não deixe ninguém ver. Onde foi que você encontrou?

– Na minha plantação de tomates.

– Isso é meio esquisito. Será que você não o pegou quando tirava água do rio? Você não arrasta o balde e tira um pouco de areia com a água?

– Justamente, é o que acontece.

– Então é isso. Você tirou do rio Caroni esse brilhante. Você pode procurar, mas preste atenção para ver se não pegou outras pedrinhas, porque a gente nunca encontra uma pedra preciosa isolada. Onde se encontra uma, é garantido que há outras mais.

Totó se põe a trabalhar com afinco.

Nunca trabalhou tanto em sua vida. Os nossos dois companheiros, a quem nada havíamos contado, diziam a ele:

– Para de trabalhar, Totó! Você quer se arrebentar, trazendo tantos baldes de água do rio! E você ainda traz areia com a água!

– É para que a terra fique mais leve, meu chapa – respondia Totó. – Misturando com areia, ela filtra melhor a água.

Totó, apesar das brincadeiras de nós todos, continua a carregar baldes de água sem parar. Certa vez, era meio-dia, ele tropeça e se esparrama diante de nós que estamos sentados na sombra. E, no meio da areia derramada, aparece uma pedra com duas vezes o tamanho de um grão-de-bico. A ganga, mais uma vez, está quebrada; se não fosse isso, não se veria a pedra. Mas Totó se trai, escondendo a pedra muito depressa.

– Ora, ora – diz Deplanque, será que não é um diamante? Uns soldados me disseram que esse rio tem muito ouro e diamantes.

– É por isso que eu carrego tanta água! Vocês veem que não sou tão cretino como vocês pensam! – diz Totó, satisfeito de poder finalmente explicar por que motivo ele trabalha tanto.

Encurtando a história, em seis meses Totó reúne de 7 a 8 quilates de brilhantes. Quanto a mim, tenho uma dúzia deles, além de mais de trinta pedrinhas menores, e o negócio está se tornando "comercial", segundo a gíria dos mineradores. E um belo dia encontro uma pedra de mais quilates, a qual, lapidada mais tarde em Caracas, rendeu mais ou menos 4 quilates. Essa pedra está ainda comigo e eu a trago sempre no dedo, nunca a tiro. Deplanque e Antartaglia também conseguiram juntar algumas pedras preciosas. Ainda estou de posse do canudo que usava na penitenciária e coloco as pedras dentro dele. Os meus companheiros também fabricaram umas imitações de canudos em chifre de boi, dentro dos quais eles guardam suas pequenas fortunas.

As autoridades não sabem de nada, salvo o futuro coronel, o cabo Francisco Bolagno. Os tomates e as outras plantas cresceram. Os oficiais pagam escrupulosamente pelos legumes que levamos todos os dias à sua mesa.

Gozamos de relativa liberdade. Trabalhamos sem qualquer vigilância e dormimos em nossas duas casinhas. Não vamos mais para o campo de trabalho. Somos respeitados e bem tratados. Naturalmente, sempre que se apresenta a oportunidade, insistimos com o diretor para que nos ponha em liberdade. Toda vez ele responde "logo mais", porém já estamos aqui há oito meses e nada acontece. Começo então a falar de fugir. Totó não quer saber de nada.

Os outros também. Para estudar o rio, arranjei uma linha de pesca e uma isca. Assim também posso vender peixe, especialmente as famosas piranhas, peixes carnívoros que chegam a pesar 1 quilo e cujos dentes estão dispostos como os dos tubarões e são terríveis como os deles, ou ainda mais.

Hoje deu-se um alarme geral. Gaston Duranton, o Torto, fugiu, carregando 70.000 bolívares do cofre do diretor. Esse duro tem uma história original.

Ainda criança, achava-se no reformatório da Ilha de Oléron e trabalhava como sapateiro na oficina. Um dia, arrebenta-se a correia de couro que segura o calçado sobre o joelho e passa por baixo do pé. O menino desloca o quadril. Mal tratado, o quadril liga-se pela metade e ele fica torto por toda a sua vida de menino e parte de sua vida adulta, como veremos mais adiante. Vai para a colônia penal aos 25 anos. Não é de admirar que, depois de longas temporadas em reformatórios de menores, ele tenha se transformado em experimentado ladrão.

Todos o chamam de Torto. Quase ninguém conhece seu verdadeiro nome, Gaston Duranton. Torto ficou, Torto é chamado. Apesar de manquitola, ele consegue escapar do presídio e chega à Venezuela. Deu-se isto no tempo do tirano Gómez. Poucos fugitivos sobreviveram à sua repressão. Houve algumas exceções: por exemplo, o Dr. Bougrat, porque ele salvou toda a população da ilha das pérolas Margarita, ameaçada por uma epidemia de febre amarela.

O Torto, detido pela “sagrada” (era o nome da polícia especial do ditador Gómez), foi mandado trabalhar nas estradas da Venezuela. Os prisioneiros franceses e venezuelanos eram mantidos acorrentados a bolas de ferro que traziam gravada a flor de lis das galés de Toulon. Quando os franceses se queixavam, os guardas diziam: "Mas estas correntes, estas algemas, estas bolas vêm do seu país! Vejam só a flor de lis!" Para encurtar, o Torto fugiu do campo volante onde trabalhava na abertura da estrada. Foi recapturado em poucos dias e devolvido ao presídio ambulante. Diante de todos os presos, deitam-no pelado, de bruços, e o condenam a receber cem golpes de nervo de boi.

É muito raro que um homem resista a mais de oitenta golpes. A sorte que ele tem é de ser magro, pois, deitado de bruços, as pancadas não podem lhe atingir o fígado, órgão que arrebenta se for atingido diretamente. É costume, depois dessa flagelação, em que as nádegas ficam retalhadas, jogar sal sobre a carne lanhada e deixar o homem esticado ao sol. Contudo, cobrem-lhe a cabeça com uma folha de bananeira ou outra planta, pois admitem que o homem morra de pancadas, mas não de insolação.

O Torto sai vivo desse suplício digno da Idade Média e, quando se levanta pela primeira vez, verifica, muito surpreso, que não está mais torto. As pancadas quebraram-lhe a ligadura malfeita e lhe colocaram a anca exatamente no lugar. Soldados e prisioneiros gritam "Milagre!", ninguém compreende o que aconteceu. Nesse país supersticioso, acreditam que foi Deus que o recompensou por ter resistido dignamente às torturas. A partir desse dia, tiram-lhe os ferros e a bola. Passa a ser protegido e fica encarregado da distribuição de água aos trabalhadores forçados. Ele então se desenvolve fisicamente e, comendo bastante, transforma-se num rapaz grande e atlético.

A França veio a saber que os sentenciados fugitivos trabalhavam na construção de estradas na Venezuela. Pensando que essas energias seriam mais bem aproveitadas na Guiana Francesa, o Marechal Franchet d'Esperey foi enviado como embaixador especial para solicitar ao ditador – muito feliz com essa mão de obra gratuita – a devolução desses homens à França.

Gómez aceita e, em Puerto Cabello, um navio vem buscá-los. Então, acontecem brincadeiras terríveis e de mau gosto, pois há homens que procedem de outros campos de trabalho e não conhecem a história do Torto.

– Eh! Marcel, como vai?

– Quem é você?

– O Torto.

– Você está rindo, não deboche – respondiam todos os outros, vendo esse rapaz forte, bem-aprumado, sobre pernas firmes.

O Torto, que era moço e brincalhão, durante todo o tempo que durou o embarque não deixou de interpelar todos os seus conhecidos. E todos, bem entendido, não podiam compreender como o Torto se havia endireitado. De volta à Guiana, fiquei sabendo da história pela sua própria boca e outros presidiários confirmaram o episódio da Ilha Royale.

Tendo fugido de novo em 1943, veio parar em El Dorado. Como já vivera na Venezuela – e certamente não contou que fora como prisioneiro –, arranjou logo o lugar de cozinheiro, substituindo Chapar, que passou a jardineiro. Trabalhava na casa do diretor, na aldeia situada na outra margem do rio.

No escritório do diretor se achava o cofre e o dinheiro da colônia. Naquele dia, roubou 70.000 bolívares, que correspondiam então a mais ou menos 20.000 dólares. Foi isso que provocou a algazarra em nossa horta: o diretor, o cunhado do diretor, os dois majores da guarda nacional. O diretor queria nos mandar imediatamente para o campo de concentração. Os oficiais recusaram, talvez interessados no fornecimento de legumes e verduras. Conseguimos finalmente convencer o diretor de que nada sabíamos do caso; se tivéssemos sabido, teríamos fugido com o Torto, talvez, mas, afinal de contas, o nosso objetivo era ficar na Venezuela e não na Guiana Inglesa, único lugar para onde ele poderia ter fugido. Poucos dias depois, guiados pelos urubus que o devoravam, os policiais encontraram o seu cadáver a mais de 70 quilômetros dentro da mata, bem perto da fronteira inglesa.

A primeira versão, a mais cômoda, foi que ele fora assassinado pelos índios. Muito tempo depois, um homem foi preso em Ciudad Bolivar. Estava trocando notas de 500 bolívares, novas demais. O banco que havia entregue o dinheiro ao diretor da colônia penal de El Dorado anotara os números, o que comprovou que se tratava das mesmas notas. O sujeito confessou e deu o nome de dois cúmplices, que nunca foram encontrados. Essa foi a vida e foi assim que acabou meu bom amigo Gaston Duranton, alcunhado Torto.

Reservadamente, alguns oficiais mandaram uns prisioneiros procurar ouro e brilhantes no rio Caroni. Os resultados foram positivos, não espetaculares, mas suficientes para estimular as pesquisas. Na parte baixa da minha horta, dois homens trabalham o dia todo com a bateia, uma espécie de chapéu chinês invertido, a ponta para baixo e a beirada para cima. Enchem a bateia de terra e vão mexendo. Como o diamante é mais pesado que os demais elementos que o cercam, ele fica no fundo do "chapéu". Já houve um morto: estava roubando seu "patrão". Em consequência desse pequeno incidente, foram suspensos os trabalhos nessa "mina" clandestina.

No campo, há um sujeito com o torso todo tatuado. No pescoço está escrito: "Merda para o barbeiro." É paralítico do braço direito. Sua boca torta e a língua quase sempre pendente e babosa indicam claramente que sofreu um ataque de hemiplegia. Onde foi que isso aconteceu? Ninguém sabe. Estava aqui antes da nossa chegada.

O certo é que é um sentenciado ou um deportado que fugiu. No peito está tatuado "Bat d'Af" (Batalhão Penitenciário da África). Esta tatuagem e a tal de "Merda para o barbeiro" que se lê na nuca comprovam, sem qualquer dúvida, que se trata de um duro.

Ele é chamado Picolino, pelos guardas e pelos presos. É bem tratado e recebe escrupulosamente a sua comida, três vezes ao dia, ganhando também cigarros. Seus olhos azuis são muito expressivos e seu olhar nem sempre é triste. Quando olha para alguém de quem gosta, suas pupilas brilham de alegria. Compreende tudo o que lhe dizem, mas não pode nem falar nem escrever: o braço direito paralisado não o permite, e na mão esquerda faltam o polegar e mais dois dedos. Esta ruína humana fica grudada nos fios de arame farpado, esperando para me ver passar com os legumes, pois é o caminho que tomo para ir à cantina dos oficiais. Por isso, toda manhã, quando passo com meus legumes, paro um pouco para conversar com Picolino. Encostado nos fios de arame, ele me olha com seus belos olhos azuis cheios de vida, brilhando num corpo quase morto. Eu lhe digo umas palavras amáveis e ele, com a cabeça ou as pálpebras, me faz compreender que "pegou" toda a conversa. Seu pobre rosto paralisado ilumina-se por um momento e seus olhos brilham, parecendo querer dizer muitas coisas. Levo sempre para ele alguns petiscos: uma salada de tomate, alface ou pepino, bem preparada com molho vinagrete, um pequeno melão ou um peixe assado na brasa. Ele não tem fome, porque a comida é abundante no presídio venezuelano, mas assim pode variar um pouco o cardápio. Também sempre lhe dou alguns cigarros. Esta rápida visita ao Picolino se transformou em rotina, tanto que os soldados e os presos já o estão chamando de "filho do Papillon".

A LIBERDADE

É uma coisa esquisita, mas os venezuelanos são tão simpáticos, tão cativantes, que resolvi acreditar neles. Não quero mais fugir. Embora prisioneiro, aceito essa situação anormal, esperando um dia fazer parte desse povo. Pode parecer um paradoxo. A sua maneira selvagem de tratar os presos não deveria me encorajar a viver nessa terra, mas percebo que eles acham coisa normal os castigos corporais, tanto os presidiários como os soldados. Se um soldado comete uma falta, também recebe umas chicotadas. E, alguns dias depois, esse mesmo soldado conversa com o mesmo cabo, sargento ou oficial que o havia espancado, com a maior naturalidade.

Esse bárbaro sistema é uma reminiscência da ditadura Gómez, que assim tratou o povo venezuelano durante longos anos. O costume sobreviveu, de modo que um chefe civil ainda castiga os habitantes que estão sob a sua jurisdição dessa maneira, isto é, com algumas chibatadas.

É graças a uma revolução que estou em vésperas de ser libertado. Um golpe de Estado, meio civil e meio militar, derrubou da sua poltrona o presidente da República, General Angarita Medina, um dos maiores liberais que a Venezuela conheceu. Era tão bom, tão democrata, que não soube ou não pôde resistir ao golpe de Estado. Ao que dizem, recusou-se categoricamente a derramar o sangue de seus patrícios para se manter no poder. É certo que esse grande militar democrata não estava a par do que se passava em El Dorado.

De qualquer maneira, um mês após a revolução, todos os oficiais são substituídos. É aberto inquérito a respeito daquele infeliz que foi morto por um "purgante". O diretor do presídio e o seu cunhado desaparecem e são substituídos por um antigo diplomata e advogado.

– Sim, Papillon, vou pô-lo em liberdade amanhã, mas gostaria que você levasse consigo o pobre Picolino, por quem tanto interesse tem demonstrado. Ele não possui qualquer identidade, mas vou conseguir uma carteira para ele. Quanto a você, aqui está uma carteira de identidade, perfeitamente em ordem e com seu nome verdadeiro. As condições são as seguintes: você tem que viver numa cidadezinha do interior durante um ano, antes de poder se estabelecer numa grande cidade. Será uma espécie de liberdade provisória, não vigiada, mas que nos permitirá ver você viver e observar a maneira como você se defende na vida. Se no fim de um ano, como acredito, o chefe civil da localidade lhe der um atestado de boa conduta, então ele próprio dará fim ao seu *confinamiento*. Creio que Caracas será para você a cidade ideal. De qualquer maneira, você está autorizado a viver legalmente neste país. Seu passado, para nós, não interessa. Fica a seu cargo demonstrar que você está à altura da oportunidade que lhe damos de se transformar em homem respeitável. Espero que, antes de cinco anos, você se torne meu patrício, mediante uma naturalização que lhe dará nova pátria. Que Deus o acompanhe! Obrigado por concordar em tomar conta desse destroço que é o Picolino. Só posso libertá-lo se alguém assumir por escrito a responsabilidade de tratar dele. Esperemos que num hospital ele consiga ficar bom.

É amanhã às 7 horas que vou poder sair em plena liberdade, na companhia de Picolino. Uma onda de calor invade meu coração; finalmente, deixei para sempre o caminho da podridão. Estamos em agosto de 1944. Há treze anos que estou esperando este dia.

Quis ficar sozinho na minha casinha da horta. Pedi desculpas aos meus companheiros, preciso estar só. A emoção é muito forte e muito bela para que eu a possa mostrar aos outros. Viro e reviro nas mãos a carteira de identidade que me foi entregue pelo diretor: minha fotografia no canto esquerdo, em cima o número 1 728 629, emitida em 3 de julho de 1944. Bem no centro, meu sobrenome; embaixo, meu nome de batismo. Atrás, a data do nascimento, 16 de novembro de 1906. O documento de identidade está perfeitamente em ordem; está mesmo assinada e carimbada pelo diretor da Identificação. Minha situação na Venezuela: "Residente." É formidável, essa palavra "residente" significa que sou domiciliado na Venezuela. Meu coração bate descontroladamente. Gostaria de me pôr de joelhos e agradecer a Deus, mas não sei rezar e não fui batizado. A que Deus vou me dirigir se não pertenço a nenhuma religião? Ao bom Deus dos católicos? Dos protestantes? Dos judeus? Dos muçulmanos? Qual deles vou escolher para lhe dedicar a oração que vou ser obrigado a inventar em todas as palavras, já que não sei nenhuma oração completa? Mas por que procuro hoje o Deus a quem me dirigir? Pois em toda a minha vida, quando o chamei ou o amaldiçoei, não pensei nesse Deus menino Jesus em sua manjedoura, ao lado do boi e do burro? Será que no meu subconsciente ainda guardo rancor às boas freiras da Colômbia? E, então, por que não pensar somente no único, no sublime bispo de Curaçau, Dom Irénée de Bruyne, ou, ainda mais longe, no bom padre da Conciergerie?

Amanhã estarei livre, completamente livre. Dentro de cinco anos serei venezuelano naturalizado, pois estou certo de não cometer nenhuma falta nesta terra que me deu asilo e me renovou a confiança. Preciso ser, na vida, duas vezes mais honesto que qualquer um.

De fato, se sou inocente do homicídio de que me acusaram, e pelo qual um promotor, alguns tiras e doze jurados cretinos me despacharam para os duros, isto só pôde acontecer porque eu era um vagabundo, um marginal. Foi porque eu era um aventureiro que puderam facilmente tecer em torno de mim aquele amontoado de mentiras. Abrir os cofres dos outros não é profissão muito recomendável e a sociedade tem o direito e o dever de se defender. Se fui lançado, finalmente, no caminho da podridão foi porque, devo reconhecê-lo honestamente, eu era candidato permanente a ser para lá enviado algum dia. Se o castigo não foi digno de um país como a França, se uma sociedade tem o dever de se defender, mas não de se vingar tão sordidamente, isso é outra questão. Meu passado não pode ser apagado com uma simples esfregadela de esponja, preciso me reabilitar aos meus próprios olhos e, a seguir, aos olhos dos outros. Agradeça portanto, Papi, ao bom Deus dos católicos, prometa-lhe fazer algo muito importante.

– Meu Deus, perdoe se não sei rezar, mas olhe dentro de mim e verá que não tenho palavras suficientes para expressar minha gratidão por você ter me conduzido até aqui. A luta foi dura, a subida desse calvário que me foi imposto pelos homens não foi fácil e, por certo, se consegui ultrapassar todos os obstáculos e continuar a viver com saúde até este dia bendito, foi porque você tinha a mão sobre mim para me ajudar e proteger. Que posso fazer para provar que estou sinceramente agradecido pela sua bondade?

– Renunciar à vingança.

Será que ouvi, ou pensei ter ouvido essa frase? Não sei, mas ela me atingiu tão brutalmente (como se fosse uma bofetada), que quase acredito que a escutei realmente.

– Oh, não! Isso não! Não me peça isso. Essa gente me fez sofrer demais. Como é que você quer que eu perdoe os tiras corruptos, a falsa testemunha, Polein? Como vou desistir de arrancar a língua do promotor desumano? Não é possível. Você está pedindo muita coisa. Não, não e não! Sinto muito contrariá-lo, mas por preço nenhum deixarei de executar minha vingança.

Saio, tenho medo de fraquejar, não quero abdicar. Dou alguns passos na minha horta. Totó está arranjando as hastes de feijão para que subam e se enrolem nas estacas. Os três se aproximam de mim: Totó, o parisiense esperançoso das "bocas do lixo" da Rua da Lappe, Antartaglia, batedor de carteira, nascido na Córsega, mas que durante muitos anos "aliviou" os bolsos dos parisienses, e Deplanque, natural de Dijon, que matou um cafetão seu colega. Olham para mim, seus rostos mostram alegria pela minha liberdade. Logo será a vez deles, decerto.

– Você não trouxe da aldeia uma garrafa de vinho ou de rum para festejar a partida?

– Me desculpem, mas eu estava tão emocionado que nem pensei nisso. Me perdoem o esquecimento.

– Mas não, nada temos a perdoar, vou fazer um bom café – diz Totó.

– Você está contente, Papi, porque você está definitivamente livre depois de tantos anos de luta. Estamos felizes por você.

– Espero que logo chegue a vez de vocês.

– Certo – diz Totó –, o capitão me disse que a cada quinze dias um de nós vai sair. O que vai fazer quando estiver em liberdade?

Hesitei um ou dois segundos, mas, corajosamente, embora receando parecer um pouco ridículo diante desse degredado e dos dois duros, respondi:

– O que vou fazer? Ora, não é complicado: vou começar a trabalhar e hei de ser sempre honesto. Neste país, que me abriu um crédito de confiança, eu teria vergonha de cometer um delito.

Em vez de uma resposta irônica, fico surpreendido, porque todos os três dizem, quase ao mesmo tempo:

– Eu também decidi viver corretamente. Você tem razão, Papillon, vai ser duro, mas vale a pena e esses venezuelanos merecem o nosso respeito.

Não acredito no que ouço. Totó, o malandro do submundo do bairro da Bastilha, agora com essas ideias? É realmente assombroso! E Antartaglia, que viveu toda a vida esvaziando os bolsos dos outros, falando desse jeito? É maravilhoso. E Deplanque, cafetão inveterado, renunciando aos seus projetos de achar uma mulher para explorá-la? Isso é ainda mais espantoso. Todos começamos a rir juntos.

– Puxa! Esta história então vale ouro e, se você voltar amanhã a Montmartre, aparecer na Place Blanche, e contar ao pessoal, ninguém vai acreditar!

– Os homens da nossa laia vão acreditar, sim. Eles compreenderiam, meu chapa. Os que não podem admitir isso são os burgueses decadentes. A grande maioria dos franceses deformados não admite que uma pessoa possa, com o passado que temos, se transformar num homem de bem em todos os sentidos. Aí está a diferença entre o povo venezuelano e o nosso. Eu lhes contei a opinião daquele sujeito de Irapa, um pobre pescador, explicando ao chefe civil que um homem nunca está perdido para sempre, que é preciso lhe dar uma chance e ajudá-lo para que se transforme em pessoa honesta. Esses pescadores quase analfabetos do golfo de Paria, no fim do mundo, perdidos no imenso estuário do Orenoco, têm uma filosofia humanista que falta a muitos dos nossos concidadãos. Excesso de progresso mecânico, vida agitada, sociedade que só tem um ideal: novas invenções mecânicas, vida sempre mais fácil e melhor. Saborear as descobertas da ciência como se lambe um sorvete é coisa que provoca uma sede de conforto ainda maior e o desejo de lutar constantemente para o conseguir. Tudo isso mata a alma, destrói a compaixão, a solidariedade, a compreensão e a nobreza. Não há tempo para cuidar dos outros, e muito menos dos que já sofreram alguma condenação. Até mesmo as autoridades deste sertão são diferentes das nossas, pois elas são responsáveis pelo sossego público e, apesar disso, se arriscam a graves aborrecimentos só por estarem convencidas de que vale a pena arriscar um pouco para salvar um homem. E isso é uma coisa magnífica.

Ganhei um belo terno azul-marinho, oferecido pelo meu aluno, hoje coronel. Ele partiu faz um mês para a escola de oficiais, classificado entre os três primeiros no concurso. Estou satisfeito em ter contribuído para o seu sucesso, com as aulas que lhe dei. Antes de partir, ele me ofereceu roupas quase novas que me caem muito bem. Vou sair decentemente vestido graças a ele, Francisco Bolagno, cabo da guarda nacional, casado e pai de família.

Esse oficial superior, hoje coronel da guarda nacional, me honrou durante 26 anos com a sua amizade nobre e indestrutível. Simboliza realmente a retidão, a nobreza e os sentimentos mais elevados que um homem pode possuir. Apesar da sua alta posição na hierarquia militar, nunca deixou de me testemunhar a sua fiel amizade, nem de me ajudar em tudo e por tudo. Devo muito ao Coronel Francisco Bolagno Utrera.

Sim, vou fazer o impossível para me tornar e permanecer honesto. O único i A sua solicitação de audiência já foi encaminhada ao Dr. Bermudez nconveniente é que nunca trabalhei, não sei fazer nada. Terei que fazer qualquer coisa para ganhar a vida. Não será fácil, mas tenho certeza de que conseguirei. Amanhã serei um homem igual aos outros. Promotor, você perdeu a partida: *saí definitivamente do caminho da podridão.*

Viro-me e reviro-me na rede, no nervosismo da última noite de minha odisseia como prisioneiro. Levanto-me, atravesso a horta, que trabalhei tão bem nestes últimos meses. A lua ilumina tudo como se fosse dia. A água do rio corre sem ruído para a embocadura. Não se ouvem pássaros, estão dormindo. O céu está cheio de estrelas, mas a lua brilha tanto, que é preciso ficar de costas para ela, para poder ver as estrelas. À minha frente, a floresta virgem, com apenas uma clareira, onde se ergue a aldeia de El Dorado. Descanso nessa profunda paz da natureza. Minha agitação diminui aos poucos e a serenidade do momento dá a calma de que necessito.

Consigo imaginar muito bem o lugar onde, amanhã, desembarcarei da chata para pisar a terra de Simón Bolivar, o homem que libertou este país do jugo espanhol e que legou aos seus filhos os sentimentos de humanidade e de compreensão, graças aos quais tenho hoje a possibilidade de recomeçar a minha vida.

Estou com 37 anos, sou moço ainda. Meus estado físico é perfeito. Nunca estive seriamente doente e posso afirmar que meu equilíbrio mental é perfeitamente normal. O caminho da podridão não deixou marcas degradantes em mim porque, na realidade, acredito que nunca me adaptei a ele.

Nas primeiras semanas da minha liberdade, terei que achar um modo de ganhar a vida, e terei ainda que tratar e ser responsável pela vida do pobre Picolino. Foi uma grande responsabilidade que assumi. Contudo, apesar de constituir um fardo pesado para mim, vou cumprir a promessa feita ao diretor e não abandonar esse infeliz até que possa interná-lo num hospital, entregue a mãos competentes.

Vou comunicar a meu pai que estou livre? Há muitos anos que ele não tem notícias minhas. Como vou saber onde está morando? As únicas notícias que teve a meu respeito foram as visitas da polícia, em cada uma das minhas fugas. Não, não adianta ter pressa. Não tenho o direito de remexer na ferida que talvez os anos transcorridos já cicatrizaram. Vou escrever para ele quando estiver bem de vida, quando tiver adquirido uma situação modesta mas estável, livre de problemas, e quando lhe puder dizer: "Paizinho, teu filho está livre, tornou-se um homem bom e honesto. Vive deste ou daquele jeito. Não precisas mais baixar a cabeça quando falam dele, e é por isso mesmo que te escrevo, e para te dizer que te amo e que te venero sempre."

Estamos em plena guerra mundial. Quem sabe se os alemães se instalaram em minha pequena aldeia natal? O departamento de Ardèche não é uma região muito importante da França. A ocupação ali não deve ser muito rigorosa. Que é que os alemães iriam fazer lá, a não ser colher castanhas? Sim, só vou escrever para casa quando estiver com a vida em ordem.

E agora, para onde vou? Acho que ficarei nas minas de ouro, num lugar chamado Callao. Aí poderei passar o ano que me pediram para viver numa pequena comunidade. Que vou fazer ali? Quem é que sabe! Mas não quero levantar problemas antes da hora. Mesmo que tenha de cavar a terra para ganhar meu pão, estou disposto a fazer isso mesmo. A primeira coisa a fazer é aprender a viver em liberdade. Não vai ser fácil. Faz treze anos – com exceção daqueles poucos meses em Georgetown – que não tenho a preocupação de saber de onde vem a comida. Todavia, em Georgetown, eu soube me defender. A aventura continua, tenho que inventar uns truques para viver, naturalmente sem fazer mal a ninguém. Vamos ver o que acontece. Amanhã, então, Callao.

São 7 horas da manhã. Belo sol tropical, céu azul sem nuvens, passarinhos cantando sua alegria de viver, meus amigos todos reunidos à porta da nossa horta, Picolino vestido à paisana e bem-barbeado. Parece que a natureza, os bichos e os homens respiram contentamento e festejam a minha libertação. Um tenente se acha entre os meus amigos, ele vai nos acompanhar até a aldeia de El Dorado.

– Mais um abraço – diz Totó –, e vá embora. É melhor para todo mundo acabar logo com isso.

– Adeus, meus chapas. Quando vocês passarem por Callao, venham me procurar. Se eu tiver uma casa, ela estará aberta para vocês.

– Adeus, Papi, boa sorte!

Dirigimo-nos rapidamente para o embarcadouro e subimos na chata. Picolino caminha muito bem. Ele está paralisado só dos quadris para cima, as pernas se mexem bem. Em menos de quinze minutos, atravessamos o rio.

– Vamos, aqui estão os papéis de Picolino. Boa sorte, franceses. Vocês estão livres a partir deste momento. *Adiós!*

Pois, vejam, não foi difícil largar as correntes que carregávamos havia treze anos! "Vocês estão livres a partir deste momento." Viram as costas para você e abandonam a vigilância. E nada mais. O caminho de pedregulhos que sobe do rio é logo transposto. Só temos um pequeno pacote com três camisas e uma calça para trocar. Estou com o terno azul-marinho, uma camisa branca e uma gravata azul para combinar.

Mas é claro que não se reconstrói uma vida como se costura um botão de calça. E se hoje, 25 anos depois, sou casado, tenho uma filha, vivo feliz em Caracas como cidadão venezuelano, isso se deve a muitos outros acontecimentos, a sucessos e fracassos, mas sempre como homem livre e cidadão correto. Talvez um dia eu venha a contar estas últimas aventuras, bem como algumas outras histórias um pouco banais que não couberam nesta narrativa.

O AUTOR E SUA OBRA

Henri Charrière tornou-se famoso da noite para o dia, como Papillon, ao escrever um livro sobre a extraordinária aventura de sua vida – a fantástica história que se iniciou quando ele foi condenado, aos 25 anos, em 1932, à prisão perpétua, que o levou ao presídio de Caiena, do qual, depois de várias tentativas, conseguiu fugir.

Seu livro, que teve por título a sua alcunha, "Papillon", alcançou, ao ser traduzido para as mais diversas línguas, mais de catorze milhões de exemplares. Com as suas sucessivas edições, os lucros do autor se elevaram a cerca de quatro milhões de dólares, afora seiscentos mil dólares que recebeu pela adaptação cinematográfica da obra. Esse é um aspecto de seu sucesso editorial. Mas ele obteve outros tipos de consagração, como a conferência que pronunciou, em 1969, na Faculdade de Direito da Universidade da Sorbonne, em Paris. Cidade em que também se realizou uma "Noite da Borboleta", em homenagem a Monsieur Henri Charrière, ou, antes, Papillon (Borboleta). À festa compareceram mais de quinhentas personalidades, entre escritores, políticos, juristas, artistas etc. Papillon havia se transformado numa atração da sociedade parisiense.

O livro *Papillon* pode ser considerado como um exemplo típico de literatura "oral"; suas aventuras foram narradas com emoção e clareza. A verdade é que ele – indomável, jovial, inteligente, espontâneo, falador e sensível – soube estabelecer uma adequação perfeita entre o homem Henri Charrière e o personagem (verdadeiro) Papillon. Havia uma razão bastante profunda para isso: ambos nasceram, literariamente, de um só sofrimento, de uma só esperança de liberdade e de um mesmo amor, entranhado, à vida. Foi por isso, disse ele, que escreveu *Papillon*, nele "colocando toda a sua alma". Henri Charrière faleceu em julho de 1973.

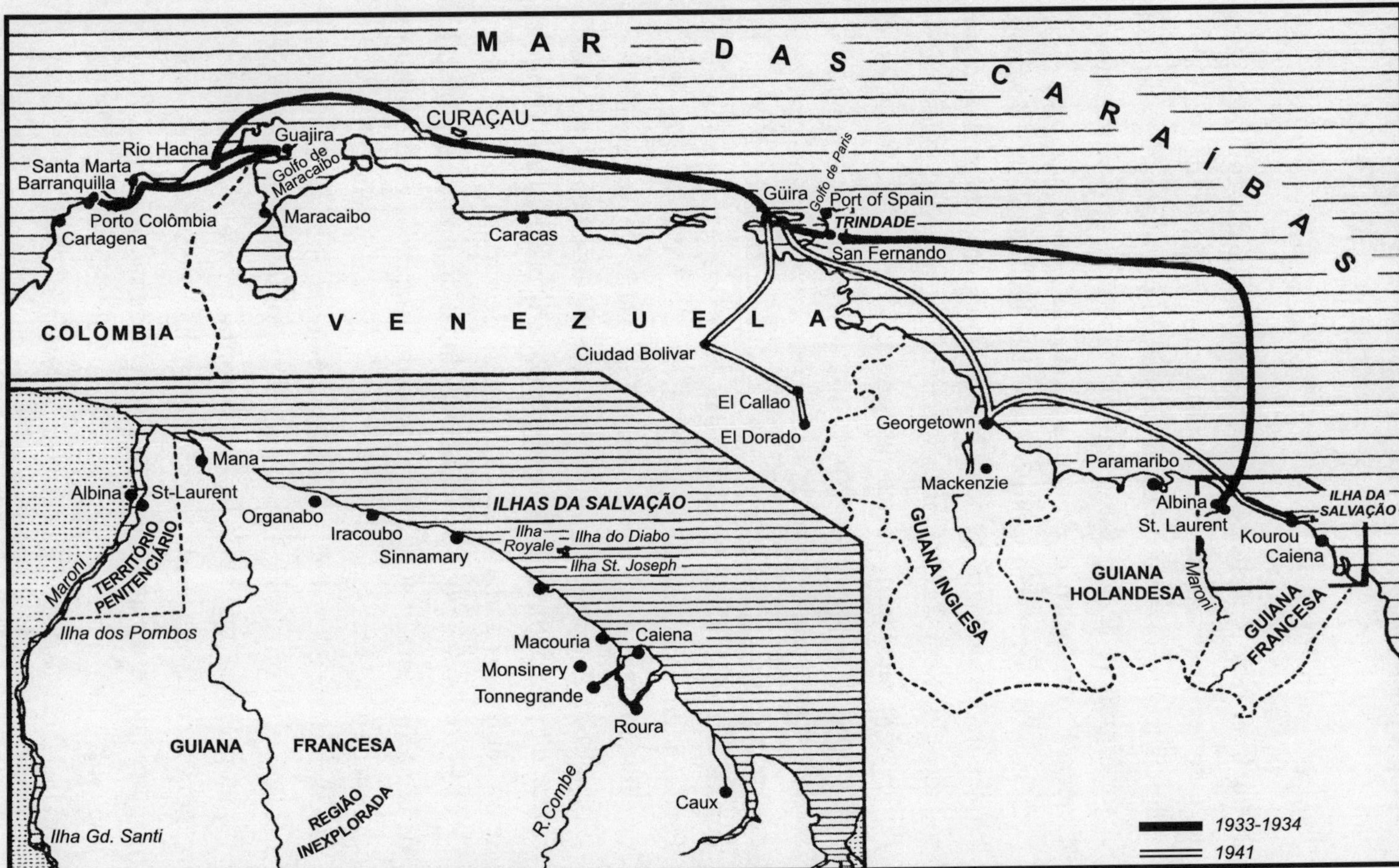
MAR DAS CARAÍBAS
CURAÇAU
Guajira
Rio Hacha
Santa Marta
Barranquilla
Golfo de Maracaibo
Porto Colômbia
Cartagena
Maracaibo
Caracas
Güira
Golfo de Paris
Port of Spain
TRINDADE
San Fernando
COLÔMBIA
VENEZUELA
Ciudad Bolivar
El Callao
El Dorado
Georgetown
Mackenzie
GUIANA INGLESA
Paramaribo
Albina
St. Laurent
Kourou
Caiena
ILHA DA SALVAÇÃO
GUIANA HOLANDESA
Maroni
GUIANA FRANCESA
Mana
Albina
St-Laurent
TERRITÓRIO PENITENCIÁRIO
Maroni
Ilha dos Pombos
Organabo
Iracoubo
Sinnamary
ILHAS DA SALVAÇÃO
Ilha Royale
Ilha do Diabo
Ilha St. Joseph
Macouria
Caiena
Monsinery
Tonnegrande
Roura
GUIANA
FRANCESA
R. Combe
REGIÃO INEXPLORADA
Caux
Ilha Gd. Santi
1933-1934
1941

Este livro foi composto na tipografia
Berthold Baskerville Book, em corpo 12/16,5, e
impresso em papel off-white no Sistema Digital Instant
Duplex da Divisão Gráfica da Distribuidora Record.